suhrkamp taschenbuch
wissenschaft 1051

Markiert vom Spannungsbogen Distanz-Dialog hat in den achtziger Jahren im Umkreis der Ethnologie und Kulturanthropologie eine grundsätzliche Debatte zu Fragen der Repräsentation, der – textlichen – Objektivierung der Anderen eingesetzt. Mit der Ethno-Graphie, der Darstellung des Fremden, rückte ein lange vernachlässigter und unterschätzter Aspekt der kognitiven Aneignung »nicht-westlicher« Gesellschaften ins Blickfeld. Konzentriert ist diese Diskussion in den angelsächsischen Ländern und vor allem in den USA. Wie die Beziehung zum Anderen selbst verweist auch die Reflexion auf diese Beziehung auf eine spezifische historische Konstellation.

Bisher finden sich im deutschsprachigen Raum nur wenige Beiträge zu dieser Debatte. Der vorliegende Band möchte in die Diskussion der konstitutiven Bedingungen – und Aporien – der sozial- und kulturwissenschaftlichen Fremdrepräsentation einführen und zentrale Beiträge vorstellen.

Kultur,
soziale Praxis,
Text

Die Krise
der ethnographischen
Repräsentation

Herausgegeben von Eberhard Berg
und Martin Fuchs

Suhrkamp

Die Deutsche Bibliothek – CIP-Einheitsaufnahme
Kultur, soziale Praxis, Text:
die Krise der ethnographischen Repräsentation /
hrsg. von Eberhard Berg und Martin Fuchs. –
1. Aufl. – Frankfurt am Main : Suhrkamp, 1993
(Suhrkamp-Taschenbuch Wissenschaft ; 1051)
ISBN 3-518-28651-X
NE: Berg, Eberhard [Hrsg.]; GT

suhrkamp taschenbuch wissenschaft 1051
Erste Auflage 1993
© Suhrkamp Verlag Frankfurt am Main 1993
Suhrkamp Taschenbuch Verlag
Alle Rechte vorbehalten, insbesondere das
des öffentlichen Vortrags, der Übertragung
durch Rundfunk und Fernsehen
sowie der Übersetzung, auch einzelner Teile.
Satz und Druck: Wagner GmbH, Nördlingen
Printed in Germany
Umschlag nach Entwürfen von
Willy Fleckhaus und Rolf Staudt

1 2 3 4 5 6 – 98 97 96 95 94 93

Inhalt

Vorwort 7

EINLEITUNG

Martin Fuchs und Eberhard Berg
Phänomenologie der Differenz. Reflexionsstufen
ethnographischer Repräsentation 11

REPRÄSENTATION DES FREMDEN
UND DIE POSITION DER ETHNOGRAPHEN

James Clifford
Über ethnographische Autorität 109

Paul Rabinow
Repräsentationen sind soziale Tatsachen. Moderne und
Postmoderne in der Anthropologie 158

ASPEKTE DER KULTURREPRÄSENTATION

James Clifford
Über ethnographische Allegorie 200

Robert J. Thornton
Die Rhetorik des ethnographischen Holismus 240

DIALOG UND ÜBERSETZUNG

Dennis Tedlock
Fragen zur dialogischen Anthropologie 269

Stephen Tyler
Zum »Be-/Abschreiben« als »Sprechen für«.
Ein Kommentar 288

Dennis Tedlock
Über die Repräsentation des Diskurses im Diskurs.
Eine Replik 297

Talal Asad
Übersetzen zwischen Kulturen. Ein Konzept der
britischen Sozialanthropologie 300

DISTANZ UND REFLEXIVITÄT

Johannes Fabian
Präsenz und Repräsentation. Die Anderen und das
anthropologische Schreiben 335

Pierre Bourdieu
Narzißtische Reflexivität und wissenschaftliche Reflexivität 365

GRENZEN EINER METAANTHROPOLOGIE DES TEXTES

Renato Rosaldo
Der Kummer und die Wut eines Kopfjägers. Über die
kulturelle Intensität von Emotionen 375

Veena Das
Der anthropologische Diskurs über Indien. Die Vernunft
und ihr Anderes 402

Quellennachweise 426

Hinweise zu den Autoren 428

Vorwort

Das Andere der eigenen Kultur, dem wir im Fremden begegnen, bildet eine Herausforderung, die den Horizont der eigenen Lebensweise transzendiert und für andere Möglichkeiten der Existenz öffnet, die eigene Lebensweise aber auch in Frage stellt. Indem sich das Selbst durch das Andere definiert, hält es dies zugleich auf Distanz und wehrt es ab. Die koloniale und postkoloniale Konstellation gibt dieser Beziehung eine besondere Brisanz: Die Konfrontation von Sprachspielen und Lebenswelten, die einander fremd sind, wird überlagert – »überdeterminiert« – durch den Gegensatz von Tradition und Moderne. Die Moderne, wie sie im Westen inkarniert ist, zugleich von spezifischer Differenz und mit einem Überlegenheitsanspruch daherkommend, bedient sich anderer Lebensformen als Spiegel und Gegenüber, um sich global zu verorten. Die Anderen dienen als Hintergrund, von dem die Moderne sich abhebt, und sind zu gleicher Zeit Objekt und Opfer ihres Subsumtions- und Appropriationsanspruchs.
In der Ethnologie hat sich der moderne Diskurs über das Fremde als Wissenschaft ausdifferenziert. Die Paradoxie einer Wissenschaft des Fremden wird jedoch erst heute in breiterem Umfang zum Thema. Die Ethnologie als Verwalterin dessen, von dem die Moderne sich abgrenzt und das durch diese Ausgrenzung seine Bestimmung erhält, offenbart in ihrer Geschichte den prekären Status ihres Objektbereichs. Sie ist der Versuch, andere Diskurse im eigenen Diskurs zum Sprechen zu bringen, die Differenz in der Sprache der Identität einzufangen, die mit dem Anspruch auf universale Geltung daherkommt. Aus einem Akt der Negation soll positives Wissen hervorgehen. Ethnologie redet *über* und *für* Andere, mit denen sie doch zuvor in einem Dialog gestanden haben muß.
Markiert vom Spannungsbogen Distanz–Dialog hat in den achtziger Jahren im Umkreis der Ethnologie und Kulturanthropologie eine grundsätzliche Debatte zu Fragen der Repräsentation, der – textlichen – Objektivierung der Anderen eingesetzt. Mit der Ethno-Graphie, der Darstellung des Fremden, rückte ein lange vernachlässigter und unterschätzter Aspekt der kognitiven Aneignung »nicht-westlicher« Gesellschaften ins Blickfeld. Konzen-

triert ist diese Diskussion in den angelsächsischen Ländern und vor allem in den USA. Wie die Beziehung zum Anderen selbst verweist auch die Reflexion auf diese Beziehung auf eine spezifische historische Konstellation.

Bisher finden sich im deutschsprachigen Raum nur wenige Beiträge zu dieser Debatte. Der vorliegende Band möchte in die Diskussion der konstitutiven Bedingungen – und Aporien – der sozial- und kulturwissenschaftlichen Fremdrepräsentation einführen und zentrale Beiträge vorstellen.

Es handelt sich bei den dokumentierten Artikeln nur um eine Auswahl; nicht jede Autorin oder jeder Autor, die oder der wichtige Beiträge geleistet haben, kann mit einem eigenen Artikel vorgestellt werden. Zum einen hat sich ein einführender Band wie dieser im Umfang zu beschränken, zum anderen sind manche Texte, obwohl von zentraler Relevanz, von der Argumentationsstruktur her gesehen für diesen Zweck nicht geeignet. Da ein solcher Band eine längere Vorlaufzeit hat, scheiden auch Texte aus, deren Veröffentlichung erst kurz zurückliegt. Es wurde versucht, die grundlegenden Fragen und die wichtigsten Diskursfelder zu repräsentieren, einige Spezialdiskussionen sowie regionalspezifische Erörterungen mußten unberücksichtigt bleiben. Im Falle von Pierre Bourdieu und Veena Das handelt es sich um Originalbeiträge, die anderen sind englischsprachigen Publikationen entnommen.

In unserem eigenen Beitrag versuchen wir, die ethnographische Debatte nicht nur im Kontext neuerer Tendenzen innerhalb der Wissenschaftsforschung und Wissenschaftskritik zu verorten und die Kernpunkte und Grundfragen der Debatte, die uns besonders relevant erscheinen, herauszuarbeiten, sondern auch die Problemgeschichte der ethnographischen Repräsentation anhand der wichtigsten Protagonisten, Bronislaw Malinowski und Clifford Geertz, zu beleuchten. Die Anordnung der nachfolgenden Beiträge schlägt einen Bogen von einer allgemeinen – und selbst kontroversen – Erörterung der Problematik der Repräsentation (Clifford, Rabinow) über Vorstöße in verschiedene Teilbereiche der Problematik (Clifford, Thornton, Tedlock/Tyler, Asad) zurück zu einer Reflexion auf den Gesamtzusammenhang der ethnologischen und sozialwissenschaftlichen Aneignungspraxis (Fabian, Bourdieu), um mit Hinweisen auf konstitutive Schranken der Debatte zu enden (Rosaldo, Das).

Die Debatte hat ihre eigene Idiomatik, die anfangs »fremd«, unvertraut klingen mag. Sie ergibt sich zum Teil aus der Fragestellung und der eingenommenen Perspektive. So haben wir das in solchem Zusammenhang im Deutschen bislang nicht sehr gebräuchliche Wort der »Repräsentation« für »Darstellung«, »Vorstellung«, »Vergegenwärtigung«, »Vergegenständlichung« in den meisten Fällen beibehalten, um den Sinn für die angesprochene Problematik wachzuhalten, der bei der Eindeutschung verlorengegangen oder abgeschwächt worden wäre. Ähnlich hat sich der Begriff der »Anderen« im englisch- und französischsprachigen Kontext (nicht nur der Anthropologie) durchgesetzt, während im Deutschen eher vom »Fremden« gesprochen wurde. So sehr beide Begriffe sich in einem weiten Bereich decken, erschließen sie doch zugleich auch unterschiedliche Dimensionen der Reflexion. Das Bild vom Anderen betont die Beziehung, die die Ethnologie zu ihrem Gegenüber unterhält, und leitet die Überlegungen in der hier vorgestellten Debatte. Die Frage der Gegenstandskonstruktion wird auf diese Interaktion, den Dialog zwischen Ethnologen und Anderen, zurückbezogen.

Eine zusätzliche terminologische Schwierigkeit besteht darin, daß das grammatikalisch geschlechtsneutrale »the Other« in der Übersetzung eine geschlechtliche Spezifikation erfordert. Wir haben uns zum Teil durch Ausweichen auf die Form des Neutrums (»das Andere«) oder den Plural (»die Anderen«) beholfen. Weniger systematisch sind wir bei den Kategorien Ethnologie und Anthropologie verfahren. Wir haben nicht versucht, den Gebrauch dieser Begriffe in den deutschen Übertragungen zu vereinheitlichen. Beide bezeichnen nicht nur eine Disziplin, sondern auch ein intellektuelles Feld, das in beiden Fällen etwas anders ausgelegt wird. Wo Autoren auf das breitere Bedeutungsspektrum der Anthropologie Bezug nehmen, wird an diesem Wort auch in den Übersetzungen vielfach festgehalten. Ein besonderes Problem der Übersetzung bildet der Versuch einiger Autoren, den in eingefahrenen Sprachmustern reflektierten männlichen *bias* zu vermeiden. Dies ist im Deutschen nicht so elegant möglich und ging bei den Übersetzungen häufig verloren.

Es fällt auf, daß es sich um eine Debatte handelt, die fast ausschließlich im Westen geführt wird und an der Autoren aus »nicht-westlichen« Gesellschaften nur am Rande beteiligt sind. Auch ist die Beteiligung von Wissenschaftlerinnen an dieser De-

hatte, nimmt man ihren Anteil am gesamten heutigen ethnologischen Publikationsmarkt zur Basis, vergleichsweise gering.
Diejenigen, deren Diskurs in Frage steht, übernehmen die Kritik selbst. In der methodischen und umfassenden Selbstreflexion und Selbstobjektivierung der etablierten Wissenschaft liegt einerseits die Stärke der Debatte, auf der auch ein Großteil ihrer über das Fach hinausgehenden Resonanz beruht. Andererseits wird die Abwesenheit der Anderen damit weiter zementiert und die Kritik an die Grenzen des kritisierten Diskurses gebunden. Sie wird zur Dekonstruktion, die es erlaubt, sich gegenüber anderen Erkenntnistraditionen abzuschließen (siehe dazu Veena Das in diesem Band).
Wir verdanken viele Anregungen den Diskussionen, die in den letzten Jahren an den ethnologischen Instituten in Zürich und Heidelberg geführt wurden. Insbesondere danken wir den Teilnehmerinnen und Teilnehmern an den Seminaren und Kolloquien, die unter unserer Beteiligung zwischen 1989 und 1991 zu den in diesem Buch angesprochenen Fragen stattfanden, sowie den Kollegen Prof. Lorenz G. Löffler und Rony Weissberg, die mit uns gemeinsam die meisten dieser Veranstaltungen durchführten, für das intensive und fruchtbare Gespräch. In besonderer Weise haben wir Antje Linkenbach zu danken. Ohne ihre beständige Kritik, die die Entstehung dieses Bandes von Anbeginn begleitete, wären viele Punkte nicht in der nötigen Weise zugespitzt worden. Jóhan P. Arnason und Ulrich Demmer danken wir für ihre kritischen Anmerkungen zu unserem Beitrag.
Nicht zuletzt gilt unser Dank den Autoren und Autorinnen, die Originalbeiträge geschrieben oder bereits im Englischen veröffentlichte Beiträge zur Verfügung gestellt haben – aber auch denen, deren Beiträge dann doch nicht aufgenommen werden konnten; ebenso den Verlagen und Zeitschriftenherausgebern, die der Überlassung der Beiträge zustimmten, den Übersetzerinnen und Übersetzern sowie vor allem Friedhelm Herborth und Horst Brühmann. Sie alle haben durch ihr Entgegenkommen und die engagierte Zusammenarbeit wesentlich zur Entstehung dieses Buches beigetragen.

Delhi, im April 1992

Martin Fuchs und Eberhard Berg
Phänomenologie der Differenz
Reflexionsstufen ethnographischer Repräsentation

1. Der neue Stellenwert der Ethnographie: Wissenschaft als Objekt

Über andere zu reden heißt, über sich selbst zu reden. Die Konstruktion der Anderen ist zugleich die Konstruktion des Selbst. Wie eng Fremdbild und Selbstbild, die Darstellung, die man vom Fremden gibt, mit der Vorstellung, die man von der eigenen Welt hat, verknüpft ist, ist in jüngster Zeit eindringlich vor Augen geführt worden. Dies ist von besonderer Relevanz dort, wo eine grundlegende Asymmetrie zwischen beiden Seiten, Selbst und Anderem, besteht. In solchen Fällen kann der dominante Diskurs eine für die andere Seite durchaus folgenreiche Handlungsmacht erlangen. Die kulturelle Aneignung des Fremden ist in einen spezifischen Interaktionszusammenhang verwoben, der, wie im Fall der kolonialen und postkolonialen Verhältnisse besonders offensichtlich, von Beziehungen politischer und ökonomischer Herrschaft und Abhängigkeit bzw. Unterdrückung strukturell geprägt ist. Ohne einfach nur Ausdruck dieser Verhältnisse zu sein und ohne in ihnen aufzugehen, ist die wechselseitige kulturelle Repräsentation[1] vielmehr an ihrer Produktion und Reproduktion – und Kritik – entscheidend beteiligt.

Edward W. Saids Untersuchung zum *Orientalismus* (1979; dt. 1981), die an dieser Stelle stets genannt wird, hat entscheidend zu einer Beachtung dieser Zusammenhänge beigetragen, wenn er sie auch etwas eng faßt. An Saids Buch wird aber sofort ein grundlegendes Dilemma jeder Kritik an herrschenden Repräsentationsformen unter heutigen Bedingungen deutlich: Worauf läßt sich die

---

[1] Die andere Seite repräsentiert auch. Auch wenn das Augenmerk bisher weitgehend durch die dominante Repräsentation – den westlichen Diskurs – gefangengehalten ist, so ist doch die andere Seite alles andere als *nur* ein passives Objekt und Opfer dieser Repräsentation – sie ist, wie mittlerweile klarer wird, an diesem Prozeß selbst, kritisch oder auch affirmativ, beteiligt.

Unterscheidung zwischen schlechterer und besserer Repräsentation gründen? Ist eine grundsätzlich veränderte Form der Repräsentation überhaupt vorstellbar? Bewegt sich die Position, von der aus man die Konstruktionen vorangegangener Autoren beurteilt, nicht im gleichen Diskurskontext, wäre die Alternative, die man dem kritisierten Bild entgegenhielte, nicht ebenso eine Konstruktion oder Projektion? Ist die eigene Interpretation nicht genauso von einer spezifischen Form der Beziehung zu den Anderen, über die man spricht, getragen?[2]

Diesem Dilemma läßt sich nicht auf leichte Art entkommen in einer Zeit, in der transzendentale Sicherheiten fehlen. Es ist dies auch kein Problem, das sich auf die Wissenschaften vom Fremden (Ethnologie, »außer«europäische Kultur-, Sprach- und Literaturwissenschaften usw.) beschränkt. Es betrifft ebenso andere textuelle wie nichttextuelle Repräsentationen, wie es auch ganz generell an die Grundlagen des humanwissenschaftlichen (sozial- und kulturwissenschaftlichen) Selbstverständnisses rührt. Man braucht nur auf Michel Foucault zu verweisen, auf dessen Analytik auch Saids Buch gründet: Foucault kann sich den Konsequenzen seiner Kritik an den Grundlagen der Humanwissenschaften nur entziehen, indem er sich in eine Argumentation flüchtet, die die Prämissen der eigenen Position ontologisiert (vgl. Honneth 1989).

Die Diskussion, die sich in den Wissenschaften vom Anderen, parallel zu ähnlichen Entwicklungen auf benachbarten Feldern, zur Frage der interkulturellen Repräsentation entsponnen hat, meint nicht, dieses Dilemma in kanonischer Weise lösen zu können. In gewissem Sinne bescheidener, aber zugleich differenzierter und damit der Komplexität der Problematik angemessener versucht man, die praktizierten Formen der Repräsentation – so wie sie auf der Seite des dominanten Diskurses erscheinen – zunächst einmal in ihren verschiedenen Aspekten näher aufzuklären. Vor allem im angelsächsischen Raum und hier wieder besonders in den USA hat sich in den letzten etwa fünfzehn Jahren ein breiter

---

2 Unter den Kritikern an Said hat dieses Dilemma am besten James Clifford herausgearbeitet: »... it is increasingly difficult to maintain a cultural and political position ›outside‹ the Occident from which, in security, to attack it« (1988 a: 11). »Can one ultimately escape procedures of dichotomizing, restructuring, and textualizing in the making of interpretive statements about foreign cultures and traditions?« (1988 d: 261).

Reflexionsprozeß zu diesen Fragen entwickelt, die zugleich, unlösbar damit verbunden, Fragen sind, die den Akt der Repräsentation überhaupt betreffen.

Die Beschäftigung mit diesen Fragen konzentriert sich in der Literaturwissenschaft einerseits und der Ethnologie oder Anthropologie andererseits.³ Hier sollen die Beiträge aus dem letzteren, stärker sozialwissenschaftlichen Zusammenhang den Ausgangspunkt bilden. Die Überlegungen kreisen im Kern um den Prozeß des Schreibens oder der Verschriftlichung von Einsichten und Lernvorgängen, von Erfahrungen und Beobachtungen, von Gesprächen und Diskursen, der die Grundlage der Sozial- und Kulturwissenschaften bildet. Dabei hat der Bereich der Ethnographie, lange das Stiefkind der Ethnologie und als Synonym für empirisches Arbeiten »im Feld« auf die Funktion eines Datenlieferanten reduziert, eine signifikante Aufwertung und Neubestimmung erfahren. Ethno-Graphie, in einer Rückkehr zum wörtlichen Sinn des Begriffs⁴, wird jetzt als ursprünglicher Akt der Inskription, in dem die Anderen distanziert und objektiviert werden, als primärer Prozeß der Produktion des Bildes der Anderen thematisiert – im Englischen hat man diesen Akt der Abgrenzung mit dem Neologismus des »othering« belegt. Zugleich zeigt sich eine Tendenz, den Begriff der Ethnographie unterderhand auszuweiten und das Gesamtspektrum der Fremdrepräsentation erfassen zu lassen: Für manche repräsentiert Ethnographie jetzt das gesamte Fach und wird fast zum Synonym von Ethnologie bzw. Anthropologie.

Viele Beiträge zu diesem Themenkomplex konzentrieren sich auf die Diskussion literarischer oder rhetorischer Aspekte der Darstellung der Anderen, Aspekte, die ehedem kaum beachtet wurden. Und schon daraus ergeben sich wichtige neue Einsichten in die Produktion sozialwissenschaftlicher Erkenntnis. Doch was die ethnologische Debatte über die ethnographische Repräsentation darüber hinaus auszeichnet, ist die konsequente Einbettung all die-

---

3 Statt des im deutschsprachigen Raum üblichen Begriffs »Ethnologie« wird vor allem in der englischsprachigen Literatur der Terminus »Anthropologie« (zunehmend ohne qualifizierende Zusätze) verwendet, der zugleich umfassender ist und deutlichere ontologische und epistemologische Konnotationen besitzt. Wo es dem verfolgten Gedankengang angemessener ist, haben wir diesen Begriff beibehalten.

4 Zum Begriff »Ethnographie« siehe unter anderem Fabian 1990: 757-760 [deutsche Übersetzung in diesem Band, S. 340-345].

ser Fragen in das Beziehungsgeflecht zwischen Forscher bzw. Forscherin und den Anderen. Die Akzente mögen verschieden sein, mit zum Teil differierenden theoretischen und epistemologischen Implikationen, je nachdem ob man diese Beziehung nun eher unter dem Stichwort der Interaktion, des Dialoges oder der sozialen Praxis – und auch dies wieder mit jeweils unterschiedlichen Konnotationen – konzipiert. Von Bedeutung ist, daß Repräsentation als prozeßhafter, kontingenter Vorgang, der sich zwischen mindestens zwei Seiten abspielt, aufgefaßt wird. Das sozialwissenschaftliche Handlungsverstehen, das zunächst auf einen äußeren Gegenstand gerichtet ist, wird direkt auf die Beziehung von Wissenschaftler und »Objekt« (in der Sprache einer älteren Epistemologie) angewandt[5], die Forschenden werden im Kontext ihres Objektbereichs, als Teilnehmer in ihrem Forschungsfeld gesehen.

Hierin liegt ein spezifischer Beitrag der Ethnographie zur Wissenschaftskritik und Wissenschaftsforschung. Nachdem man in bisweilen qualvollen Prozessen der Selbsterkenntnis, wie sie die »bekennende« Literatur zur Feldforschung dokumentiert (siehe dazu weiter unten, S. 64 ff., einige Hinweise), gelernt hatte, sich selbst *im Feld* zu sehen, zusammen mit den Anderen, die man untersucht, werden auch die Fragen, die früher einer unabhängigen, kontextneutralen Epistemologie und Methodologie vorbehalten schienen, im Kontext der Forschungsinteraktion gesehen. Das Prinzip der teilnehmenden Beobachtung (samt seiner inhärenten Spannungen), das bisher nur mit Blick auf das externalisierte Gegenüber eingesetzt wurde, erhält eine reflexive Wendung und wird auf die Untersuchung des ethnographischen Forschungsprozesses selbst übertragen. Die ethnologische Sichtweise wird auf den Erkenntnisprozeß ausgedehnt, indem man versucht, die Teilhabe des Forschers an diesem Prozeß zu beobachten und zu beschreiben. Verschiedentlich ist die Rede – zunächst noch als programmatische Forderung – von einer »Ethnologie der anthropologischen Tätigkeit« (so Scholte 1974: 442), einer »Anthropologie der Anthropologie« (Rabinow 1986: 253, in diesem Band, S. 185) oder einer »Auto-Ethnographie« (Fardon 1990b: 5) oder davon, daß

---

[5] Bereits 1981 beobachtet Wolf Lepenies Tendenzen zu einer Soziologisierung der Anthropologie, die sich aber mehr auf die Untersuchung des Hintergrundes der Anthropologen bezieht als auf die Betrachtung der Forschungsinteraktion (Lepenies 1981: 183).

der Metaanthropologe zum »Ethnographen der Ethnographen« wird (so Paul Rabinow 1986: 243, in diesem Band S. 171, über James Clifford, den dann wiederum er beobachtet...; vgl. auch Kapferer 1988: 77 und 95).[6] Allerdings wird der spezifischen, tropologisch ausgedrückt ironischen Verschiebung, die das ethnographische bzw. anthropologische Konzept dabei erfährt, zu wenig Beachtung geschenkt: daß ein Verfahren der Objektivierung zu reflexiven Zwecken eingesetzt wird. Die Verfahren und Einstellungen, die frag-würdig geworden sind und den Gegenstand dieses neuen Blicks der Wissenschaft auf sich selbst bilden – Beobachtung, Objektivierung –, erfahren, so scheint es, auf einer Metaebene eine neue (eine letzte?) Bestätigung: »die Objektivierung objektivieren« (P. Bourdieu), »die Beobachter beobachten« (G. Stocking), »die Teilnahme beobachten« (B. Tedlock).

Die Tendenz zu einer Ethnographie des ethnographischen Erkenntnisprozesses, die Anthropologisierung der Anthropologie bildet das vorläufige Ergebnis eines längeren Prozesses der Auseinandersetzung mit Verfahren und Formen der Repräsentation, dessen Linien in den späteren Abschnitten dieses Beitrages zum Teil nachgezeichnet werden. Diese Entwicklung ist einerseits Teil einer breiteren Bewegung verstärkter Selbstobjektivierung der Wissenschaft. Zugleich ist ihre Bedeutung nicht auf die Anthropologie oder Ethnologie im engeren Sinne beschränkt, im Gegenteil wird die ethnographische Haltung zum Teil zu fast etwas wie einem Modell für reflexive Bemühungen in anderen Sozialwissenschaften – wie hier und da schon zu Zeiten der Konjunktur des Strukturalismus wird die Ethnographie bzw. Ethnologie jetzt weniger wegen ihres fremden Gegenstandes, sondern vor allem wegen ihrer methodischen Einstellung rezipiert. Im Bereich der Wissenschaftsforschung, besonders der Wissenschaftssoziologie, und im Zuge der hermeneutischen Neuorientierung der Wissenschaften sind die Querverbindungen auffällig (sie sollen hier nur angedeutet werden):

1. Schon seit einiger Zeit läßt sich eine »Anthropologisierung« der wissenschaftssoziologischen und wissenschaftstheoretischen Diskussion beobachten (vgl. Lepenies 1981; Hollis und Lukes 1982b:

---

[6] Jean-Paul Dumont zieht den Begriff der »Anthropographie« vor, um auf eine »Reflektion der Ontologie – wenn nicht Deontologie – der Ethnographie« abzuheben (1986: 348).

1). Dies erfolgt auf eine allgemeinere und eine spezifischere Weise.

Die anthropologische Problematik findet nicht nur Eingang in die Fragestellung der Wissenschaftsforschung und geht eine Verbindung mit nach-transzendentalen und post-positivistischen Tendenzen der Wissenschaftsphilosophie ein; eine anthropologische Orientierung bestimmt vielmehr auch in vielen Fällen die Einstellung zum »Gegenstand«, der wissenschaftlichen Erkenntnisproduktion und der wissenschaftlichen Rationalität. Einen zentralen Stellenwert nimmt die Idee der sozio-kulturellen Kontingenz von Vorstellungen und Wissen ein: Wissenschaft erscheint jetzt wie die anderen Bereiche des sozialen Lebens auch als kulturelles Artefakt, die apriorische Privilegierung und kontextunabhängige Geltung wissenschaftlicher Erkenntnis wird bestritten. Der Erkenntnisprozeß selbst kann als soziales Phänomen untersucht werden. Verbunden damit ist eine Wendung zur Interpretation, die an der »Teilnehmerperspektive«, genauer: an den Kategorien und Interpretationen der Untersuchten (hier der Wissenschaftler, über die geforscht wird) ansetzt und diese zu objektivieren sucht. Das Spektrum reicht von der britischen Debatte über Rationalität und Relativität (Wilson [Hg.] 1970, Hollis und Lukes [Hg.] 1982a, Kippenberg und Luchesi [Hg.] 1978) über Yehuda Elkanas *Anthropologie der Erkenntnis* (1986) – Elkana baut direkt auf Clifford Geertz' Kulturbegriff auf – bis zu den Diskursanalysen und Laboratoriumsstudien innerhalb der *sociology of scientific knowledge* (Latour und Woolgar 1979, Knorr-Cetina und Mulkay [Hg.] 1983, Gilbert und Mulkay 1984, Knorr-Cetina 1984, Mulkay 1985, Lynch und Woolgar [Hg.] 1988 u. a.[7]; deutsch zum Teil auch in Bonß und Hartmann [Hg.] 1985 a).

In letzterem Fall wird obendrein gezielt auf das spezifische Verfahren der teilnehmenden Beobachtung zurückgegriffen: die »Ethnographie der wissenschaftlichen Forschungspraxis« verfolgt die »Fabrikation von Erkenntnis« (Knorr-Cetina) unmittelbar am Arbeitsplatz und in der Interaktion der Wissenschaftler; im Fokus

---

[7] Wie Lynch und Woolgar in ihrer Einleitung zu einem Heft über die Praxis wissenschaftlicher Repräsentation formulieren (1988: 109), setzen Vertreter der neueren Wissenschaftssoziologie nicht bei dem Versuch einer grundsätzlichen Klärung eines Konzepts oder Vorgangs (etwa der Repräsentation) an, sondern an der Frage »What do the participants, *in this case*, treat as representation?«

steht die Frage nach dem »Wie« der Erkenntnis, ihrer Konstruktion. Dies wird ergänzt durch Analysen der Diskurse und Diskursformen der an der untersuchten Forschungspraxis beteiligten Wissenschaftler (siehe besonders Mulkay).

Aus diesen Ansätzen erwächst auch in der Soziologie der wissenschaftlichen Erkenntnis ein reflexiver Trend, bei dem die Haltung, die man anderen Wissenschaftlern gegenüber einnimmt, auf die eigene Forschungspraxis und Forschungsbeziehung und den eigenen Diskurs zurückbezogen wird. Die implizit noch in Anspruch genommene metawissenschaftliche Perspektive wird grundsätzlich in Frage gestellt, die eigene Anwesenheit im erforschten Feld zum Ausgangspunkt genommen. Diese reflexive Bewegung erfolgt etwa gleichzeitig mit der parallelen Bewegung in der Ethnographie, doch trotz der großen thematischen Konvergenz erscheint hier die gegenseitige Beeinflussung vergleichsweise gering, zumindest wird nur gelegentlich direkt aufeinander Bezug genommen (zu den wenigen Beispielen gehören besonders Woolgar 1988b sowie Ashmore 1989 einerseits, Fabian 1990 und Fabian 1991c andererseits). Beide Bewegungen sind aber denselben literaturtheoretischen und postmodernistischen Trends ausgesetzt – der Infragestellung oder Dekonstruktion »realistischer« Repräsentation sowie jeglicher Metaposition, der Betonung der Polyvokalität, der Konzentration auf Fragen der Inskription und Rhetorik und dem Experimentieren mit neuen, u. a. mit dialogischen Formen des Schreibens (im Falle der Wissenschaftssoziologie s. neben den bereits genannten Titeln auch Mulkay 1991).

Was die Wissenschaftssoziologie, noch in diesen jüngsten Verästelungen jedoch grundsätzlich von der »Ethnographie der Ethnographie« unterscheidet, ist, daß erstere, bei aller Reflexion auf ihr eigenes Tun, bisher selten das eigene Mutterfach, die Soziologie oder die Sozialwissenschaften überhaupt zum Gegenstand nimmt, sondern sich fast ganz auf ihr Anderes, die Naturwissenschaften konzentriert (vgl. Bonß/Hartmann 1985b: 11). Erste Ansätze in diese Richtung finden sich bei so unterschiedlichen Autoren wie Joachim Matthes, Niklas Luhmann oder Pierre Bourdieu.[8]

---

8 So plädiert Matthes (1985) für eine Reflexion und Kritik des Wirklichkeitsverhältnisses und der Forschungspraxis der Soziologie, die sich gerade der Forschungserfahrung der Sozial- und Kulturanthropologie zu bedienen hätte. Allerdings geht er nicht so weit, eine Ethnographie des

Das paradoxe, in sich spannungsgeladene Konzept der teilnehmenden Beobachtung – Teilnahme und Distanznahme –, auf dem Ethnographie und Anthropologie ursprünglich gründen, ist, so läßt sich dieser kurze Überblick über bestimmte Trends in der Wissenschaftsforschung interpretieren, in die Rolle eines Paradigmas für einen neuen Zugang zum Praxisfeld der Wissenschaften gelangt. Dabei löst sich der Begriff der Ethnographie aber von seinem »exotischen« Gegenstand (bzw. wird erweitert und exotisiert Bereiche, die vertraut schienen). Dies birgt die Gefahr einer Reduktion von Ethnographie auf Methodologie.[9]

2. Diese Gefahr besteht teils auch in der heutigen inner-ethnologischen Diskussion über den Status und das Verfahren einer Ethnographie des Fremden selbst. Einer methodologischen Verselbständigung der Ethnographie steht jedoch im Rahmen der Ethnologie immer noch die Rückbindung an die reale Beziehung zum Anderen und an die erkenntniskonstituierende Praxis entgegen.

Die Ethnologie oder Anthropologie, mit ihrer eigenen Tradition der Kulturanalyse, fand erst spät Anschluß an die neuen hermeneutischen und interpretativen Strömungen in den anderen Sozialwissenschaften. Abgesehen von einigen obendrein eher einseitig verlaufenden Querverbindungen vor allem in den USA zu der damals selbst marginalen phänomenologischen Soziologie – Soziologen der ethnomethodologischen Richtung ließen sich von der Ethnologie anregen, umgekehrt war die Wirkung langsamer (vgl. Knorr 1981: 112, 121 f.) –, bedurfte es erst eines Brüchigwerdens des struktural-funktionalistischen Konsenses, den lange Zeit auch viele marxistische Ansätze in der Ethnologie teilten, bis auch hier eine interpretative Wende auf breiter Bahn vollzogen wurde. Vermittelt wurde dieser Orientierungswechsel von der Konjunk-

soziologischen Tuns zu fordern. – Umgekehrt verdanken sich Bourdieus Überlegungen zu einer »reflexiven Soziologie« einer Kritik ethnologischer [Objekteinstellungen und] Objektivierungsformen (siehe seinen Beitrag in diesem Band; vgl. unten, Anm. 12). – Luhmann (1990a und b) setzt seine Reflexionen zur »Wissenschaft der Gesellschaft« an der Beobachtung der Beobachtung und Selbstbeobachtung an.

9 Die Universalisierung der ethnographischen Einstellung zeigt sich im Extrem in ihrer Aufnahme in den Kanon der von der qualitativen Markt- und Meinungsforschung im Westen verwendeten Methoden, wo sie in der Zeit der *Lifestyle*-Mentalität und *Lifestyle*-Erforschung als »Ethnographie des Alltags« eine modisch starke Konjunktur hat.

tur linguistischer Ansätze (und darüber hinaus einer Akzentverlagerung von semiotischen zu semantischen Analysen). Neben Symboltheorien, Sprachphilosophie und poststrukturalistischen Diskurskritiken wurden in der Ethnologie seit dem Ende der sechziger Jahre Hermeneutiker wie Wilhelm Dilthey, Hans-Georg Gadamer und Paul Ricœur, ein wenig auch Jürgen Habermas, sowie Literaturtheoretiker wie Kenneth Burke, Northrop Frye, später auch Michail Bachtin und der »Dekonstruktivismus« der amerikanischen Literaturwissenschaft verstärkt rezipiert. Das Schwergewicht dieser Rezeption lag wieder in den USA, die als dominante Weltmacht nicht nur in den sogenannten *area studies* die Führung übernommen hatten, sondern wo auch in auffälliger Parallele zur Verunsicherung der vorherrschenden kognitiven Schemata, die mit der Krise der amerikanischen Macht Ende der sechziger Jahre einherging, die intensivsten Diskussionen über die wissenschaftliche Aneignung des Anderen und die Interpretation nicht-westlicher Kulturen entbrannten. Zu auch international herausragenden Leitfiguren avancierten vor allem Clifford Geertz sowie Victor Turner.

Die Gedanken der Hermeneutik und anderer interpretativer Ansätze schienen der Anthropologie in ihrer damaligen Verfassung geradezu kongenial.[10] Diese nachholende Entwicklung löste einen starben Schub in der Beschäftigung mit dem eigenen Wissenschaftsverständnis aus (vgl. Webster 1982). Durch die Verbindung mit Hermeneutik etc. schienen alte Probleme dieses stets in seiner Identität prekären Faches – die Beziehung zum jeweils Anderen, die politisch-ethische Frage der Aneignung und Destruktion des Fremden, Objektivismus und Enteignung von Subjektivität... – auf neue Art als Fragen der Vertextlichung formulierbar. Umgekehrt wurden ethnologische Fragen und ethnologische Interpretationen »nicht-westlicher« Kulturen dank dieser neu gefundenen Sprache über den Kreis weniger Phänomenologen hinaus auch Nicht-Ethnologen leichter vermittelbar, waren doch die Interpretationen des Fremden jetzt in ein Idiom gekleidet, das vertraut

---

10 Johannes Fabian verweist darauf, daß der Öffnung der Anthropologie für diese Ansätze durch die *new ethnography* – die *ethnoscientists* und die *ethnography of speaking* – ein wenig das Feld bereitet worden sei (1990: 759f.; Übersetzung in diesem Band, S. 343f.; siehe auch J.-P. Dumont 1986: 357).

war und sie der klassischen Auslegungsweise der europäischen Geisteswissenschaften, die mit Texten arbeiten, anglich.

Diese Integration der Ethnographie in den Kreis der hermeneutischen Wissenschaften droht aber das Moment der Differenz, des Nicht-Identischen aufzulösen in einen allgemeinen Begriff des Verstehens und eine universale positive Methodologie hermeneutischer Aneignung des passend zugerichteten Fremden.

3. Die Spannung im Verstehensbegriff zwischen dem Anerkennen der Differenz des Anderen und ihrer Auflösung oder Subsumtion unter eine eigene, verallgemeinerte Begrifflichkeit verweist auf die zwei Seiten der Hermeneutik, auf die unter anderen Vorzeichen und in anderem Gewande schon Gadamer (1960) hingewiesen hat: einerseits eine Methode, um einen (externen) Sprachgegenstand zu bearbeiten – zu lesen und zu interpretieren[11] –, thematisiert Hermeneutik andererseits die Beziehung zwischen Anderem und Selbst (das Verhältnis zwischen Interpret und Interpretandum, das Verhältnis des Interpreten zur Welt) und zieht den Interpreten in die Interpretation mit hinein.

In der neueren ethnographischen Diskussion, in der Hermeneutik ein Einflußmoment neben anderen bildet, geht sie eine Verbindung ein mit dem vorherrschenden Trend zu einer (Selbst-)Objektivierung der Forschungspraxis des Faches. Die konstatierte Ambiguität der Hermeneutik (Verfahren der Objektivation und reflexiver Selbst- bzw. Weltbezug) wiederholt sich als Ambiguität bei der Objektivierung des Erkenntnisvorgangs: es stellt sich die Frage, wie weit damit nur die Praxis Anderer objektiviert und damit auch auf Distanz gehalten oder wie weit die eigene Praxis und Forschungsbeziehung einbezogen wird. Die Ethnographie der Ethnographie, die »Beobachtung der Beobachter« bezieht sich häufig allein auf die Vorgänger im Fach und auf deren Tun

---

11 Eine methodologische Verengung der hermeneutischen Beziehung verkörpert nicht nur Ricœurs vielgelesener Aufsatz vom Modell des Texts (1978), auf den sich auch Clifford Geertz und durch ihn die anschließende ethnographische Debatte beziehen. Einem objektivistischen Hermeneutikverständnis in Hinblick auf nicht-westliche Kulturen leistet indirekt auch Gadamer dadurch Vorschub, daß er einen ontologischen »wirkungsgeschichtlichen« Zusammenhang als Grundlage der Beziehung zwischen Interpret und Interpretandum annimmt und damit all die Welten, die nicht dem okzidentalen Traditionskontinuum zuzurechnen sind, externalisiert.

und läßt die eigene Repräsentationspraxis außen vor: Daraus ist mittlerweile schon eine eigene Spezialität einer geschichtlichen Rekonstruktion der konzeptionellen Entwicklung des Faches entstanden (Clifford, Stocking...).
Dieser Zwiespalt scheint kennzeichnend für alle Versuche der Anthropologisierung oder Soziologisierung von Erkenntnisvorgängen. In der neueren Wissenschaftssoziologie zeigen sich deutliche Differenzen hinsichtlich des Sinns und der Notwendigkeit einer reflexiven Wendung der eigenen Forschungsverfahren (siehe zum Beispiel die verschiedenen Positionen in Woolgar [Hg.] 1988 a). Auf einem anderen benachbarten Gebiet, auf dem die Selbstethnologisierung einen prominenten Stellenwert erlangt hat, bei der Analyse des Kategorien- und Wertsystems, das die moderne Welt bestimmt, durch Wissenschaftler aus dem Umkreis des französischen Strukturalismus, kommt der gleiche Zwiespalt zum Tragen.[12]
Für die wissenschaftliche Beobachtung der Wissenschaftspraxis

12 Michel Foucault und Louis Dumont etwa bedienen sich ausdrücklich ethnologischer Perspektiven bei ihren Versuchen, die Grundlagen des modernen Bewußtseins und der modernen Humanwissenschaften zu objektivieren und zu kritisieren und zu den eigenen kulturellen Voraussetzungen auf Abstand zu gehen (siehe unter anderem Foucault 1971: 447 ff., 1987; Dumont 1990). Sie verbinden dies allerdings mit dem Anspruch, sich selbst, zumindest in der Rolle als Analytiker, von den Konsequenzen dieser Analyse ausnehmen und die kategorialen Grundlagen der eigenen Welt (zeitweilig) transzendieren zu können, vermögen diesen Anspruch aber letztlich nur durch den Rückgriff auf ontologische Argumentationen abzusichern. Demgegenüber versucht Pierre Bourdieu die eigene Position als soziologisch-ethnologischer Beobachter und Autor der entsprechenden Untersuchungen einerseits, als gesellschaftlicher Akteur andererseits in die Sozioanalyse der westlichen kulturellen und akademischen Welt einzubeziehen. Allerdings war auch Bourdieu stets darum bemüht, noch die Fäden der Inszenierung der Kritik des (eigenen) wissenschaftlichen Tuns in der Hand zu behalten. Siehe Bourdieu 1987, 1988 und seinen Beitrag zum vorliegenden Band. Bourdieus neues Buch (zusammen mit Loïc Wacquant), *Réponses. Pour une anthropologie réflexive* (Paris 1992) lag uns noch nicht vor. Vgl. in diesem Zusammenhang auch die Überlegungen von Marilyn Strathern (1987 b) zur »Auto-Anthropologie«. Zu Foucaults, Dumonts und Bourdieus Versuchen der Objektivierung des eigenen kulturellen Horizonts siehe Fuchs 1991.

haben die gleichen Bedingungen zu gelten wie für die Beobachtung fremder Sozialpraktiken. Diejenigen, die über Ethnographie schreiben, thematisieren in der Diskussion des Werkes anderer Ethnographen de facto auch ihre eigene Interpretationspraxis, ihre eigene Ethnographie.[13] Viele Ethnologen nehmen denn auch die Objektivierung der ethnologischen Forschungstradition als Herausforderung zur Selbstreflexion der eigenen Repräsentationspraxis an, die mittels der objektivierenden Versachlichung der Selbstbeziehung die Stufe der subjektiven Bekenntnisse hinter sich zu lassen erlaubt.

In der Idee der (Selbst-)Beobachtung des wissenschaftlichen Tuns lebt, nach außen verlagert, die Idee der inneren Selbstbetrachtung weiter, die in der klassischen Reflexionsphilosophie verankert ist. Die Anthropologisierung und Soziologisierung der Wissenschaftsbetrachtung bedeutet auch nicht unbedingt, wie diesen Ansätzen von vielen Seiten unterstellt wird, daß die konventionellen Weisen der Weltaneignung relativiert werden. Vielmehr ergibt sich oft ein gegenteiliger Effekt: Die kritische Reflexion der anthropologischen und soziologischen Erkenntnisweise mit deren eigenen Mitteln bekräftigt diese eher und festigt deren Hegemonialanspruch. Noch das Anknüpfen des reflektierenden Forschungssubjekts an seinen eigenen Erfahrungen perpetuiert die einseitige Gewichtung innerhalb der Erkenntnisrelation: Das aktive Moment der Konstitution der Interaktionsbeziehung zwischen Subjekt und Objekt und die Konstruktion des Objekts werden weiter schwergewichtig der Seite zugeschrieben, die sich als forschende einsetzt. Allerdings wächst inzwischen gerade in der ethnographischen Forschung die Sensibilität dafür, die Objektkonstitution als interaktiven und kommunikativen Prozeß zu begreifen, an dem die andere Seite, »das Objekt« – selbst wenn es zunächst ohne eigenes Zutun in diese Beziehung hineingezogen wurde –, genauso beteiligt ist.

4. Ethnographie selbst, Inbegriff einer Verschränkung von Teilnahme und Beobachtung, so konstitutiv diese Verbindung für die Aneignung des Fremden auch von außen bisweilen erscheinen

---

13 Dennis Tedlock fügt hinzu: Autoren wie Clifford seien durch ihr Eingreifen in die ethnologische Selbstverständnisdiskussion längst zu Fachkollegen geworden, die innerhalb und nicht mehr oberhalb der Debatte stehen (Tedlock 1987: 335; in diesem Band, S. 284).

mag, verkörpert jedoch – wie schon hier und da anklang – keineswegs eine gesicherte Methode. Auch die Ethnographie war von dem vorherrschenden Wissenschaftsverständnis nicht ausgenommen (im Gegenteil, als »weiches« Fach war sie lange Zeit bemüht, ihre Wissenschaftlichkeit im Sinne des herrschenden Objektivismus nachzuweisen). So wurde das eine Moment ihrer paradoxen Konzeption, das der Teilnahme, lange auf den Aspekt der Authentisierung der jeweiligen Forschungsergebnisse zurückgeschnitten, diese selbst dann aber, um »Beobachtbares« konzentriert, davon abgesondert in einer objektivistischen Manier vorgetragen. Die während der Interaktion im Feld manchmal mehr, manchmal weniger stark aufgebrochene Distanz zum Anderen – die zum Teil nur mit Mühe und unter großem psychischem Aufwand aufrechtzuerhalten war (Malinowski 1986a) – wurde wenigstens nachträglich, in der Deskription und Analyse, so schnell als möglich wieder aufgerichtet. Die Anderen werden aus dem Text herausgehalten, ihre Stimmen werden nicht gehört. Die neuere anthropologische Diskussion und die Bemühungen um eine reflexive Ethnographie setzen denn auch bei einer (selbst-)kritischen Diskussion der eigenen ethnographischen Tradition und des bis dahin prägenden holistisch-monographischen Repräsentationsmodells ein. Es mag wie ein kleines Paradox erscheinen, daß in dem Moment, in dem die Ethnographie eine gewisse Breitenwirkung als Methode über das Fach hinaus erzielt, im Fach selbst die Tradition, die das Fach bisher trug, starken Selbstzweifeln ausgesetzt ist und einer kritischen Revision unterzogen wird (vgl. schon Lepenies 1981: 192; ebenfalls Rabinow 1986: 241 f.; in diesem Band, S. 169; oder Fabian 1991c). Während andere die Ethnographie als Mittel zur Schaffung von Distanz gegenüber bislang mehr oder minder selbstverständlich praktizierten (eigenen) Handlungs- und Denkweisen, als Mittel der (Selbst-)Verfremdung nehmen, wird zur gleichen Zeit in der Ethnographie selbst diese Distanz oder Distanzierung gerade zum Problem. Während die Ethnographie der Wissenschaften das wissenschaftliche Tun (innerhalb der Ethnologie wie in den anderen Disziplinen) zu objektivieren sucht, rückt in der Ethnographie des Fremden zugleich der Dialog mit den Anderen in den Vordergrund. Aber vielleicht liegt ja gerade in dieser Öffnung, diesem Ausbruch aus eingeschliffenen Verfahrensweisen der neu erwachte intellektuelle Reiz der Ethnographie?

Die selbstkritische Wendung der Ethnographie erschließt einen Komplex von Problemen, die den sozial- bzw. kulturwissenschaftlichen Forschungs- und Erkenntnisprozeß insgesamt tangieren. Wie ist der Zusammenhang zwischen Teilnahme und Distanznahme, zwischen Präsenz im Feld und Repräsentation (um Fabians Wortspiel aufzugreifen) zu konzipieren? Um was für eine Art sozialer Praxis handelt es sich hierbei, und was für eine Form wäre der Repräsentation dieser Praxis und des Verhältnisses Forscher/Erforschte adäquat? Insofern die Beziehung zu »dem« oder den »Anderen« zunehmend in ihrer grundlegenden Bedeutung für die Humanwissenschaften erkannt wird, ist eine Beschäftigung mit diesen Fragen von Relevanz über die häufig allzu rigide gezogenen Grenzen zwischen den Disziplinen hinaus.

Der vorliegende Beitrag dient der Einführung in die Problematik. In Form einer Logik der Problemabfolge, deren Darstellung auf einige wichtige Stationen beschränkt bleiben muß, wird auf den heutigen Diskussionsstand hingeführt. Diese Diskussion erwies sich als äußerst produktiv, sie hat eine umfangreiche und stark verästelte Literatur hervorgebracht. Es kann nicht Aufgabe dieser problemorientierten Einführung sein, das gesamte Feld mit allen Teil- und Nebendebatten abzudecken. Statt dessen versuchen wir zum Abschluß den erreichten Diskussionsstand anhand einiger Linien, die uns signifikant erscheinen, zu charakterisieren und seine Offenheit zu betonen. Aus dieser Perspektive stellt sich die Geschichte der modernen Ethnographie als dreistufiger Prozeß dar, der von der »klassischen« Monographie bei Malinowski (Teil 2) über die Stufe der hermeneutischen und der »Bekenntnis«-Literatur (Teil 3) zur reflexiven textualistischen Debatte führt.

2. Feldforschung und Inskription: Malinowskis Ethnographie als Paradigma

»Teilnehmende Beobachtung« steht als Formel für einen Objektzugang, der, bevor er auch in anderen Zusammenhängen Bedeutung erlangte, zunächst zum Kennzeichen der sich als eigenständige Disziplin konstituierenden modernen Ethnographie wurde. Auf der »teilnehmenden Beobachtung« gründete und gründet auch heute weitgehend die Identität einer wissenschaftlichen Ethnologie, die, noch während sie sich im Kreis der Humanwissenschaften zu etablieren suchte, gleichzeitig von Anbeginn bemüht war, ihren Eigencharakter gegen die anderen humanwissenschaftlichen Disziplinen zu behaupten und abzugrenzen.

Erst im Ergebnis eines längeren disziplinären Ausdifferenzierungs- und Institutionalisierungsprozesses wird »teilnehmende Beobachtung« zu dem Forschungsmodell, auf dem Ethnographie und Ethnologie aufbauen. In der zweiten Hälfte des 19. Jahrhunderts war, besonders in Großbritannien, die Figur des »Lehnstuhl-Ethnologen« bestimmend gewesen, der als Gelehrter ohne nennenswerte eigene Fremderfahrung an theoretischen und vergleichenden Fragen der Ethnologie, unter dem Schirm des Evolutions-Paradigmas, arbeitete. Für diese Zeit stehen Namen wie Edward B. Tylor und vor allem James Frazer, dem noch Malinowski bei aller Distanz viel verdankte. Diese Gelehrten stützten sich zunächst unter anderem auf die Berichte von Missionaren, Angehörigen der Kolonialverwaltung, Händlern und Reisenden, das heißt derjenigen, die von Malinowski später als »Amateurforscher« bezeichnet werden sollten (1979: 15). Die Funktion der Berichterstatter vor Ort war von den Anthropologen zu jener Zeit lediglich im Sammeln der notwendigen Informationen und Materialien gesehen worden. Im Zuge der Professionalisierung der sich herausbildenden neuen Wissenschaft wurden immer mehr durchdachte und verfeinerte Forschungsleitfäden von den Schreibtischethnologen entwickelt, die berühmten *Notes and Queries in Anthropology,* und den zuvor nicht ausgebildeten Ethnographen an die Hand gegeben. In einzelnen Fällen etablierte sich eine feste, längerfristige Zusammenarbeit zwischen einzelnen Gelehrten und Berichterstattern. In den USA wurde bereits seit Mitte des 19. Jahrhunderts gezielte ethnographische Forschung von seiten staatlicher Institutionen (Smithsonian Institution ab 1846, Bureau of American Ethnology ab 1879) durch methodisch zunehmend besser ausgebildete Fachkräfte betrieben. Die langsame, vergleichsweise späte Akademisierung der Ethnologie – erst im letzten Drittel des 19. Jahrhunderts wurde dieses Fach an einzelnen Universitäten verankert – führte in der nächsten Generation zur Herausbildung eines ersten Typus akademischer Feldforscher. In dieser von George Stocking als »Zwischengeneration« bezeichneten Gruppe von Forschern (dazu gehören Namen wie Franz Boas, A. C. Haddon, W. H. R. Rivers, Charles Seligman, Baldwin Spencer), die meist noch als Naturwissenschaftler ausgebildet worden waren, vollzog sich auf der Ebene der akademischen Disziplin der Übergang von einer an der Naturbeobachtung[14] orientierten Haltung zu einer auf sozialer Partizipation gegründeten Forschung, die sich an bestimmten methodischen Konzepten und theoretischen Fragestellungen orientierte. Zunächst noch eher als Expeditionen angelegt, die mit relativ kurzen Aufenthalten an den einzelnen Orten verbunden waren, begann sich in der Forschung langsam die Einsicht in die Notwendigkeit einer längeren Feldpräsenz der akademischen Forscher, verbunden mit dem Erlernen der fremden Sprache, durchzusetzen. Diese Zwischengeneration spielte eine herausragende Rolle bei der Formierung einer neuen Generation von Feldforschern. Bronislaw Malinowski sowie A. R. Radcliffe-Brown oder Margaret Mead gehörten zu deren bekanntesten Schülern. (Zu diesem Prozeß der Ausbildung der modernen Ethnographie siehe Stocking 1983b, 1987 und 1988, Urry 1972, Langham 1981, Hinsley 1981, Thornton 1983, Clifford 1988b).

Die moderne Ethnographie gelangte zum endgültigen Durchbruch im Werk Bronislaw Malinowskis, besonders in Gestalt seiner Trobriand-Trilogie. Die Figur Malinowskis wurde zum Symbol des neuen Ansatzes. Sein erstes großes Buch, das zugleich sein Hauptwerk darstellen sollte, die *Argonauten des westlichen Pazifik* (Original 1922, dt. 1979), markierte nachhaltig den (vorläufigen) Abschied von einer Anthropologie, die in globalen, evolutionsgeschichtlichen Kategorien dachte und sich auf eine Dokumentation des Fremden stützte, welche das Spektakuläre (Totem, Tabu, Mana...), das Außer- und Überalltägliche (Riten, Feste...) akzentuierte. Malinowski brachte auf den Punkt, was das »intrinsische« Interesse (Stocking 1983b: 93) der Ethnographie in den folgenden Jahrzehnten ausmachen sollte: die alltäglich gelebten,

14 Der Begriff »Feldforschung« selbst scheint von den Naturforschern übernommen und von Haddon in die britische Anthropologie eingeführt worden zu sein (Stocking 1983b: 80). Die Idee, Menschen und menschliche Gesellschaften unter einen an der Naturbeobachtung geschulten Blick zu stellen, ist ebenfalls bereits älteren Ursprungs. Die Systematisierung dieser Idee in der Zeit nach der französischen Revolution durch die *Sociétié des Observateurs de l'Homme* (Copans und Jamin [Hg.] 1978; Moravia 1977) müßte vor dem Hintergrund einer Geschichte der Bedeutung des Sehens und der visuellen Machttechniken in der Moderne gesehen werden (Foucault 1976; Jay 1991).

routinierten, »gewöhnlichen« Beziehungen und Aktivitäten in fremden Lebenswelten zu erfassen. Nicht länger standen Fragen der Menschheitsgeschichte und ihrer Klassifikation im Vordergrund; im Zentrum standen jetzt die lokalen zeitgenössischen Verhältnisse. Dies implizierte einen Wandel in der Beziehung zwischen der empirischen und der theoretischen Seite der Forschung über das Fremde – die vorherige Arbeitsteilung zwischen Berichterstattern und vergleichenden Ethnologen, die schon rein äußerlich den Erkenntnisprozeß zweigeteilt hatte, wurde durch ein Modell abgelöst, das Theorieinteresse und »Daten«generierung unmittelbar integrierte (Clifford 1988 b: 26; in diesem Band, S. 116): Im Idealfall waren beide Momente in einer Person und einem Text vereint. Der neue Fokus implizierte darüber hinaus eine Neubestimmung der Theorieinteressen selbst, die sich jetzt zu allererst auf die Rekonstruktion der Strukturen und grundlegenden (kulturellen) Orientierungsmuster direkt beobachtbarer zwischenmenschlicher Beziehungen in »überschaubaren« Gemeinschaften richteten.

Die von Malinowskis Werk exemplarisch verkörperte Instituierung einer spezifischen Synthese empirischer und theoretischer Impulse beginnt sich heute für manchen Beobachter der Wissenschaftsszene schon zu einer spezifischen Phase in der Geschichte der Ethnologie und der Ethnographie, der der ethnographischen Moderne, zu verdichten, die, inzwischen an ihrem Ende angelangt, bereits eine retrospektive Evaluierung zu erlauben scheint. So wie Differenzen darüber bestehen, inwieweit bereits die Periode unmittelbar vor dem Wirksamwerden des Malinowskischen Einflusses (die Periode der sogenannten Zwischengeneration) zur ethnographischen Moderne rechnet, wird auch das Ausklingen dieser Phase unterschiedlich verortet, innerhalb der Zeitspanne zwischen den sechziger und den achtziger Jahren. Vielleicht etwas vorschnell, unter dem Eindruck der postmodernen Konstellation, glaubt man aus der geringen Distanz des zeitnahen metatheoretischen Betrachters heraus das (umgehende) Ende einer spezifischen Praxis des sozialwissenschaftlichen Diskurses bereits verkünden zu können.[15] Andererseits erscheint James Cliffords Dia-

---

15 Clifford, der die Anfänge aus der Zeit vor Malinowski zum Teil mit im Auge hat, charakterisiert die Periode 1900-1960 als die Phase, in der die neue, intensive Form der Feldforschung in der europäisch-amerikani-

gnose durchaus bedenkenswert – dieser Punkt verdiente größere Beachtung in künftigen Diskussionen –, daß die »Verschmelzung« des anthropologischen Projekts mit dem ethnographischen Projekt, das heißt die Verbindung von Kulturanalyse und allgemeiner Theorie des Humanen auf der einen, ethnographischer Übersetzung und Beschreibung auf der anderen Seite, von vornherein ein grundsätzliches Spannungsverhältnis in sich barg und sich von daher schon als zeitbedingte und vorübergehende Verbindung erweisen mag (Clifford 1988 b: 28, 26).

Mit der Hinwendung zu einer Ethnographie des alltäglichen Fremden, die noch »im Bizarren das Gewöhnliche entdeckte« (Strathern 1987c: 260), war verbunden, daß der (oder die) Forschende jetzt im Vergleich zu früher stärker in die sozialen Praktiken und Kommunikationsprozesse der betreffenden lokalen Gruppe einzudringen[16] begann. Malinowskis Aufenthalt bei den Trobriandern, zumindest so, wie er seine Forschungstätigkeit darstellte, verkörperte in exemplarischer Weise die spezifische ethnographische Situation, das »Eintauchen« des Ethnologen »in das Leben der Eingeborenen« (Malinowski 1979: 46).[17] Malinowskis

> schen Ethnologie zur Norm erhoben wurde und sich ein »internationaler Konsens« durchsetzte, demgemäß gültige anthropologische Abstraktionen auf detaillierte Kulturbeschreibungen zu gründen seien, die aus den Feldforschungen hervorgingen (1988 b: 24 f.). – Marcus und Cushman begreifen die 60 Jahre zwischen der Erstveröffentlichung der *Argonauten* (1922) und just ihrem *review article* (1982) als Epoche des »ethnographischen Realismus« in der anglo-amerikanischen Anthropologie (1982: 25). – E. Ardener läßt die Moderne in der britischen Sozialanthropologie ebenfalls mit Malinowski beginnen und um 1975 ausklingen (1985: 54 et passim). – Manganaro, der den Unterschied zwischen Anthropologie und Ethnographie weitgehend verwischt und die moderne Anthropologie konsequent im Rahmen der literarischen Moderne und Postmoderne diskutiert, nimmt als Zeitraum der anthropologischen Moderne die erste Hälfte des 20. Jahrhunderts. Er faßt darunter bewußt Frazer und Malinowski zugleich (siehe Manganaro 1990). – Stagl bezeichnet die Periode 1920-1960 als »klassische Epoche« der Ethnologie (1981:2).

16 Siehe Malinowski 1953: 517: »desire to penetrate other cultures« (in der deutschen Ausgabe mit »Wunsch…, andere Kulturen zu ergründen«, übersetzt; 1979: 556).

17 Es geht in diesem Zusammenhang allein um die geschichtliche Wirkung Malinowskis. Die spätere Veröffentlichung seiner persönlichen

Bedeutung verdankt sich nicht einfach dem, was er auf den Trobriand-Inseln tatsächlich leistete, und der Art und Weise, in der sich sein Verhältnis zu den Untersuchten tatsächlich gestaltete, sondern vielmehr dem, was er auf Basis dieser Erfahrung als Konzeption der neuen Ethnographie präsentierte und was dann zum klassischen Modell für spätere Forscher wurde.[18] Die neue Konzeption der Ethnographie betrifft vor allem das Selbstverständnis des Forschers und seine Beziehung zum Anderen, den »Objekten« der Forschung, sowie die Frage, wie sich das Verhältnis zwischen beiden Seiten darstellt, aber auch die Beziehung des Forschers, als Autor, zu den Rezipienten, an die die Ethnographie, als Vertextlichung der Feldforschungserfahrungen, ja letztlich gerichtet ist. Zu Malinowski liegt ein große Zahl wichtiger Darstellungen und Kommentare vor.[19] Wir beschränken uns im folgenden auf Hinweise zu denjenigen Punkten, die in einem Zusammenhang zum hier verfolgten Diskussionsstrang stehen.

Malinowskis Konzept der Ethnographie

Malinowski wollte die Ethnographie, die sich seit Ende des 19. Jahrhunderts langsam als eigene wissenschaftliche Disziplin auszudifferenzieren begonnen hatte, endgültig im Kanon der wissenschaftlich anerkannten Fächer verankern. Er wollte die direkte Erforschung der Praktiken, Interaktionen und Interpretationen (das heißt: Selbstauslegungen) gerade derjenigen, die als primitiv und rückständig abgestempelt waren, als legitime und fruchtbare

---

Tagebücher (1967, dt. 1986 a) hat das bis dahin vorbildhafte Image des Feldforschers Malinowski stark relativiert und die Reflexionen über das Tun der Ethnographen weiter vorangetrieben, die Idee der »teilnehmenden Beobachtung« selbst aber nicht destruiert (vgl. unten, S. 66 f.).

18 Individuelle Beispiele intensiver persönlicher Feldforschung gab es bereits vorher, doch wurde die Forschungspraxis dieser Vorläufer zu ihrer Zeit nicht prägend für das Selbstverständnis der Ethnologie, die sich noch im Prozeß der Formierung befand. Bekannte Beispiele sind J. St. Kubary, C. Nimuendajú und F. H. Cushing.

19 Siehe insbesondere Firth (Hg.) 1957; Firth 1985, 1986 und 1988; Leach 1957 und 1966; Gellner 1985; Kohl 1979 und 1990. Zu Malinowskis intellektueller Entwicklung siehe auch Ellen u. a. (Hg.) 1988 sowie Skalnik und Thornton 1991.

wissenschaftliche Betätigung anerkannt wissen und als neues Forschungsfeld durchsetzen – in mancher Hinsicht eine frühe Form mikrosozialer Forschung. Das aber hieß im damaligen akademischen Kontext (dazu Webster 1986: 49 f., 53), Malinowski mußte überzeugend darlegen, daß Feldforschung auf Basis persönlicher Einbezogenheit – teilnehmende Beobachtung – objektives, generalisierbares Wissen zu erzeugen imstande ist.

Dieses Bemühen schlug sich am sichtbarsten in seiner ersten großen Studie, den *Argonauten*, nieder, die in der Form der Monographie gehalten war. Ihrer endgültigen Niederschrift war eine intensive Suche nach der adäquaten Forschungs- und Darstellungsweise, des angemessenen Repräsentationsmodus vorausgegangen. Malinowski verfuhr dabei doppelgleisig. Er versuchte die Beziehungen, Interaktionen und Anschauungen, auf die er traf, einer systematischen und umfassenden Objektivierung zu unterziehen, er versuchte andererseits gleichzeitig, den entscheidenden Stellenwert, den das persönliche Involviertsein auch für eine kognitive Aneignung einer fremden Lebensform besitzt, zu demonstrieren.

In seiner berühmten Einführung zu den *Argonauten*, die die Wegmarkierungen festlegte, konzipiert Malinowski Feldforschung als durchdachte Kombination einander ergänzender *Objektivierungsverfahren*: 1. die statistische Dokumentation (zum Beispiel synoptische Listen, Genealogien) der durch Befragung und Beobachtung erlangten Befunde – oder »Daten« –, um so die »Gesetze und Regelmäßigkeiten«, die »Prinzipien« und die »Ordnung« herauszuarbeiten, die sich in oder hinter dem »scheinbar Chaotischen oder Unberechenbaren« der »Eingeborenengesellschaft« zeigen – er will die »Anatomie« ihrer Kultur feststellen (1979: 31-41, 48); 2. das systematische und kontinuierliche minuziöse Festhalten der »tatsächlichen Beobachtungen des wirklichen Verhaltens« der betreffenden Menschen im Feldtagebuch[20], um die »Imponderabilien des wirklichen Lebens« wie auch das »typische Verhalten« zu registrieren und so dem zuvor herauspräparierten »Skelett« der Stammesorganisation »Fleisch und Blut« zu geben (1979: 41-45, 48); 3. schließlich die Schaffung eines *»corpus inscriptionum«* im Stile der klassischen Textwissenschaften: eine

---

20 Nicht zu verwechseln mit seinem persönlichen, nicht für die Veröffentlichung bestimmten, 1967 posthum dann doch publizierten »Tagebuch im strikten Sinn des Wortes« (siehe oben, Anm. 17).

Sammlung von »charakteristischen« Erzählungen, »typischen« Äußerungen und Redewendungen, magischen Formeln und ähnlichem, die vom Forscher textlich fixiert werden, als »Dokument der Mentalität der Eingeborenen« – Malinowski will die »stereotypen Formen des Denkens und Fühlens« ermitteln und so den »Geist« (*spirit*) dieser Kultur festhalten (1979: 47-49).
Die von Malinowski aufgestellten Verhaltensanweisungen für die Feldforschung, die für sich genommen nur zu einem kleinen Teil eigene Innovationen darstellen, sollen ein integriertes Gesamtbild der betreffenden Gesellschaft ergeben, »eine soziologische Synthese« (1979: 116). Sie sollen die Ebene des Partikularen, Idiosynkratischen überwinden helfen und – ein wichtiges Kriterium wissenschaftlicher Anerkennung – Generalisierungen (die Feststellung von Verhaltensmustern, Gesetzen, Regeln) ermöglichen. Malinowski betont die aktive, konstruktivistische Rolle des Ethnographen, der von sich her erst ein Problembewußtsein in das Objekt hineinträgt (vgl. Stocking 1983 b: 105).
Letztlich gründet der übergreifende Zusammenhang der untersuchten Phänomene in der Interpretation, die ihnen der oder die Forschende unter Berufung auf die persönliche langfristige Präsenz in der untersuchten Gesellschaft gibt: Ein Forschungsansatz, der vom Forschenden nach Malinowskis gestrenger Vorstellung verlangt, ohne täglichen Kontakt mit anderen Angehörigen der eigenen Kultur »allein« bei den betreffenden Menschen zu wohnen, ihre Sprache möglichst gut zu lernen und sich gelegentlich »am Geschehen zu beteiligen« (Malinowski 1979: 28, 29 f., 45 f.), *ohne doch dabei ein Anderer zu werden*. In den Erfahrungen des Forschers und in *seiner* Interpretation seiner Interaktion mit den Angehörigen einer »fremden« Kultur zentriert die Erkenntnis der Anderen. Malinowski suchte, und das zeichnete ihn gegenüber zeitgenössischen Ethnologen aus, die persönliche Komponente der Forschung, so wie sie der Forscher erlebt, systematisch zur Gewinnung objektiver Erkenntnis zu nutzen.
Das Abgeschnittensein von der eigenen Kultur, die »Einsamkeit« des Feldforschers wird zum Hauptmittel der Erkenntnis (vgl. Stocking 1983 b: 109). Nur so kann er sich ganz auf das Andere einlassen, »eintauchen« in das Leben der Eingeborenen, und die Vorurteilsstrukturen nicht-wissenschaftlicher Beobachter überwinden (Malinowski 1979: 27, 42, 46). Als »anthropologischer Held« (Stocking 1983 b: 109) – in Anspielung auf einen von Susan

Sontag zunächst auf Lévi-Strauss gemünzten Aufsatztitel – bringt er die Erkenntnis des Fremden heim. Diese Kombination von objektivem Verfahren und persönlichem Moment, die Gründung objektiver Erkenntnis im Subjektiven, konstituierte Malinowskis wissenschaftliche Autorität und diente ihm zur Abgrenzung von all den anderen Frühformen der Ethnographie, von den »Amateuren«, den anderen Feldforschern seiner Zeit, die sich auf eine solch intensive und beanspruchende persönliche Erfahrung nicht eingelassen hatten, wie auch von den »Lehnstuhlethnologen«. Malinowskis Handhabung des ethnographischen Problems der Erkenntnisgenerierung wird heute unter der Frage der Herstellung »ethnographischer Autorität« diskutiert – der Akzent hat sich von abstrakten epistemologischen Fragen auf textuelle Aspekte der Repräsentation verlagert: »Wenn die Ethnographie Kulturinterpretationen aufgrund intensiver Forschungserfahrungen hervorbringt, wie wird dann eine unlenksame Erfahrung in einen autoritativen Bericht verwandelt?« (Clifford 1988 b: 25, in diesem Band, S. 114).

Die Leser, Ethnologen wie Nicht-Ethnologen, von der strukturellen epistemischen Autorität des »teilnehmenden« Beobachters und der von ihm vorgelegten Interpretation der Anderen zu überzeugen, setzt natürlich voraus, daß es in deren Augen überhaupt vernünftig erscheint, sich dermaßen intensiv einem anderen Lebenskontext auszusetzen. Die »primitive« Kultur mußte sich als Objekt der Wissenschaft eignen. Dafür war wichtige Voraussetzung, daß sich ein neues Gegenstandsverständnis durchsetzte. Die Welt der »Eingeborenen«, wie Malinowski die Menschen weiterhin nannte, verlor bei ihm den Charakter des »Wilden«, Wunderlichen und Unerklärbaren (Malinowski 1979: 31f.; vgl. Kramer 1986: 10f.). Dieses »falsche« Bild wurde von der Wissenschaft ausgelöscht: »killed by Science«, wie er es unmißverständlich formulierte (1953: 11, vgl. 1979: 33). Das Andere wurde als etwas anerkannt, das »Sinn ergab«, das in sich »konsistent« war und, so die zunächst mehr implizite Annahme, einer eigenen Rationalität gehorchte (Leach 1957: 120; Malinowski 1953: 10f., 1979: 31ff.). Das hieß umgekehrt aber auch, das Andere war ein akzeptabler wissenschaftlicher Gegenstand (nur), insofern es regelgeleitet war und sich einer Ordnung unterwerfen ließ. Noch in dieser Umpolung diente das Andere weiterhin als Projektionsfläche: eine, jetzt »positiv« gewendete, Aneignung, die das Fremde Ordnungsschemata unterwarf, welche, wie man weiß – ohne hier Foucault aufbieten zu wollen –, im Westen in den letzten Jahrhunderten ausgebildet und durchgesetzt worden waren. Die Gefahr bestand, daß Irritierendes, das sich dem Rahmen nicht fügte, den diese Schemata schufen, ignoriert und ausgegrenzt blieb.

Die Betonung kulturspezifischer Prinzipien, Gesetzmäßigkeiten und Regeln war wichtig für das Gelingen dieses wissenschaftlichen Projekts. Man hatte dadurch eine Bezugsebene für die Verallgemeinerungen, die nicht zu fern, nicht zu abstrakt war.[21] Nicht mehr der universale Vergleich herausgelöster Phänomenbereiche stand im Vordergrund. Es war das Ziel, das Eigene und Typische einer bestimmten Kultur und Gesellschaft, vor allem der eigenen westlichen Gesellschaft gegenüber, herauszuarbeiten. Ethnographie wurde zu einer *Wissenschaft von Fällen*.

Intensive Feldforschung bildet keine isolierte Methode und kein unbefangenes Verfahren zur Gewinnung neutraler Daten. Sie verkörpert eine bestimmte Strategie der Objektivierung und eine bestimmte Art des Verhältnisses zu denjenigen, deren Leben objektiviert wird. Die Anderen, so das ethnographische Selbstverständnis, werden befragt und beobachtet. Leitend, ganz im Sinne des vorherrschenden Erkenntnismodells, ist der visuelle Sinn, die Instanz des Beobachters. Um ein von Pierre Bourdieu oft bemühtes Bild zu übernehmen: Die Haltung des Wissenschaftlers, der soziale Praxis repräsentiert, gemahnt an einen Zuschauer, der, in letzter Instanz nicht unmittelbar betroffen und nicht wirklich existentiell involviert, sondern »ausgeschlossen« aus dem »realen Spiel der sozialen Praktiken«, die sozialen Handlungen und Äußerungen der Anderen wie ein Schauspiel erlebt, das sich vor seinen Augen zuträgt und das er aus einem eher theoretischen Verhältnis zur Welt heraus hermeneutisch auslegt, interpretiert. Sein Verhältnis zur Welt unterscheidet sich prinzipiell von dem eines wirklich Beteiligten.[22]

21 Also nicht die menschliche Natur als solche oder eine der evolutionären Entwicklungsstufen; auch nicht die abgehobene transkontextuelle Ähnlichkeit zwischen Mythen, Ritualen etc. in Kulturen aus unterschiedlichen Epochen und Regionen wie bei Frazer.
22 Siehe Bourdieu 1987: 63 etc.; 1990. Die bekannteste jüngere Kritik am erkenntnistheoretischen Visualismus stammt natürlich von Rorty (1981). Einflußreich ebenfalls Foucaults Kritik am Okulozentrismus; dazu Jay 1991. Die wichtigsten Beiträge zur Visualismus-Kritik von

Probleme der Repräsentation in Malinowkis Modell

Viele der Implikationen des von Malinowski maßgeblich mitgeprägten Repräsentationsmodells sind bekannt und wurden seither immer wieder aus verschiedenen Richtungen hinterfragt. Kennzeichnend war an erster Stelle der methodische *Holismus,* der sich in der Forderung ausdrückte, die zum Objekt erkorene Gemeinschaft, zunächst während der Feldforschung, als »in sich abgeschlossene Wirklichkeit« zu behandeln (siehe Malinowski 1986 b: 93). Eine derartige Annahme machte es möglich, Abkürzungen mittels theoretischer Abstraktion (zum Beispiel genealogische Methode, Sozialstruktur-Modell) zu wählen oder sich der Synekdoche zu bedienen (von einer Institution her die Kohärenz des Ganzen aufzuzeigen)[23] (siehe Clifford 1988 b: 31, in diesem Band, S. 122 f.). In einer solchen Behandlung von Gesellschaften als »raum-zeitliche Isolate« (Boon 1982: 14 f.)[24] lag jedoch die Gefahr der Substantialisierung. Der methodische Holismus geht meist einher mit einem methodologischen *Institutionalismus,* »der sich darin äußert, daß das Funktionieren kultureller Institutionen in der Regel nicht aus individuellen Entscheidungen, Handlungen und Einstellungen erklärt wird« (Knorr 1981: 109). Mit dem Holismus eng verknüpft ist die Betonung der innergesellschaftlichen *Kontextualität* eines jeden kulturellen und sozialen Phänomens. Der Bezug auf den jeweiligen Zusammenhang, in dem etwas seinen Platz hat und aus dem es zu erklären und verstehen ist, beschwor aber die Gefahren von Determinismus und funktionalisti-

---

anthropologischer Seite stammen von Fabian (1983, besonders Kapitel 4) und Tyler 1984 (dt. in Tyler 1991), die sich in diesem Punkt wiederum unter anderem auf Arbeiten von Ong (zum Beispiel 1977) beziehen. Siehe ebenfalls Stoller 1984, Latour 1986.

23 So das *Kula*-System im Falle Malinowskis. Marcel Mauss' *fait social total* hat hier eine seiner Wurzeln.

24 Gerade die Ausblendung des kolonialen Kontextes, in dem viele Ethnographen arbeiteten – zum Teil unmittelbar von der Kolonialverwaltung oder mit ihr kooperierenden Institutionen finanziert –, und der längst erfolgten Subsumtion der Untersuchten unter die westlich-koloniale Ordnung ist häufig kritisiert worden. Ebenso bedeutsam ist die Ausblendung der (zum Teil engen) Kontakte zwischen Angehörigen verschiedener Kulturen (ohne koloniale Intervention) und der Interkulturalität vieler Lebenskontexte (zuletzt Sanjek 1991).

scher Reduktion herauf. Interne Differenzen und Diskontinuitäten drohen vernachlässigt zu werden. Wird sie allein räumlich und nicht auch zeitlich begriffen, bedeutet Kontextualisierung Synchronie der Darstellung und Ausblendung von Geschichtlichkeit.[25]

Kontextualisierung fremder Vorgänge und besonders fremder Vorstellungen bedeutete, daß umgekehrt auch die Ethnographen und Ethnologen auf die Kontextualität ihrer eigenen Voraussetzungen und Lebenshorizonte verwiesen waren. Die Differenz zum Anderen erschien als Differenz der Perspektiven und stellte das Problem des *Relativismus*. Die Respektierung des Anderen als Anderen, das heißt als eigener, ebenbürtiger Form des Humanen, wurde dadurch, so hatte es den Anschein, eigentlich überhaupt erst wirklich möglich (vgl. Malinowski 1979: 557). Dies wurde in diesem Fall aber erkauft mit einer *Distanzierung* vom Anderen, die als konstitutiv für diese Art der Interaktion mit Angehörigen fremder Kontexte zu gelten hat. Unterschiedliche Ordnungen, unterschiedliche Interpretationsrahmen stehen gegeneinander. Paradoxerweise lag gerade in der neu gewonnenen (scheinbaren) Nähe in der Feldforschungssituation die Quelle der Distanz. Dagegen hatte Frazer noch die Verbindungen und Parallelen zwischen zeitgenössischen und vergangenen, eigenen und fremden Praktiken hervorgehoben (so Strathern 1987c: 257).

Das von Malinowski sanktionierte Verfahren liefert also nicht einfach nur ein neues Modell der Ethnographie, eine neue Form der Aneignung und ein neues Muster der Darstellung der Anderen. Es bietet nicht nur eine neue Bestimmung der (wissenschaftlichen) Beziehung der westlichen zu anderen Welten. Es schafft das Andere als Objekt intimer und systematischer wissenschaftlicher Betrachtung überhaupt erst richtig: »*othering*« durch Distanzierung, Kontextualisierung, Eingrenzung (Holismus).[26] »›They‹ did not

---

25 Die theoretische Verflachung im späten Werk Malinowskis nimmt ihren Ausgang von seinem Bemühen um eine funktionalistische Grundlegung der Ethnologie. Siehe dazu die zusammenfassende Darlegung von Karl-Heinz Kohl (1990: 236 ff.).

26 *Othering* – »Verfremdung«, Konstitution des Anderen durch Abgrenzung vom Anderen und damit Konstitution des Selbst – ist im Deutschen unübersetzbar. Zu *othering* siehe unter anderem in diesem Band den Beitrag von Johannes Fabian, ebenfalls Fabian 1983. Zu Ethno-

use the same frames as ›we‹ do through which to visualise the world. Simply as ethnocentricism that was no discovery at all. Rather, ethnocentricism was invented both as a theoretical principle and as an organising framework for writing« (Strathern 1987c: 260). Es begegnen und konfrontieren einander, so hat es den Anschein, nicht so sehr einzelne Menschen als vielmehr unterschiedliche Lebensformen oder Lebenswelten.[27] Die Singularität der konkreten Menschen löst sich auf in ein Groß»subjekt«: »der« Eingeborene aus Trobriand.

Dies schwingt mit, wenn Malinowski erklärt, ihm sei darum zu tun, den *native's point of view* zu repräsentieren: »Das Ziel [des Ethnographen; M.F./E.B.] besteht, kurz gesagt, darin, den Standpunkt des Eingeborenen, seinen Bezug zum Leben zu verstehen [*to grasp* im englischen Original] und sich *seine* Sicht *seiner* Welt vor Augen zu führen« (1979: 49, Hervorhebung von Malinowski; vgl. engl. 1953: 25).[28] Das Bemühen »des« Ethnographen gilt der Rekonstruktion des Standpunktes eines in dieser Hinsicht nicht mehr differenzierten Kollektivs, einer Zusammenfassung der fremden Gesellschaft, ein Auf-den-Punkt-Bringen, das ein Außenstehender leistet. Ein konstitutives Paradox: die Standpunkte der Anderen, ihre Sichtweise werden zwar zentral, doch sie kommen außer in gelegentlichen Belegzitaten nicht selbst zu Wort, sie werden repräsentiert. Die Entdeckung des Eigencharakters und Eigenwerts der Anderen trägt paternalistische Züge (siehe auch allein schon die Weiterverwendung des Ausdrucks *native*).[29]

Hinzu kommt eine nicht unwesentliche Einschränkung: es geht

zentrismus als Ausgangsbasis der Sozialanthropologie vgl. Webster (1982: 101).

27 Daraus sollte später Peter Winch (1974 [1958]) die Folgerung ziehen, daß zwischen mehreren Lebensformen kein gemeinsamer Begriff von Wirklichkeit möglich ist. Solche Konsequenz wurde von objektivistischeren Varianten des Relativismus aber nicht geteilt. So hofft Malinowski auf dem Umweg über die Distanzierung, die es erlaubt, »die« menschliche Natur in »einer für uns entfernten und fremden Gestalt wahrnehmen« zu können, »Gewinn« (*profit*, sic!) für eine Erhellung der eigenen Natur zu ziehen (1979: 49).

28 Siehe ebenfalls 1979: 556f. bzw. 1953: 516ff.

29 Kritik am generalisierten Anderen innerhalb der Ethnographie findet sich unter anderem bei Marcus und Cushman 1982: 32.

um die Rekonstruktion der Sicht des Eingeborenen von »*seiner* Welt«. Der Andere sieht nur seine Welt, er zählt nur in seinem Kontext, während der Ethnologe sich den Über-Blick über viele Welten, unterschiedliche Kulturen anmaßt und zutraut. Die Sicht des Eingeborenen auf die Welt (das Auftreten) des Ethnographen wird, ohne einen weiteren Gedanken, ausgeblendet. So kommt allein der Ethnograph als Übermittler des Eingeborenen-Standpunkts in eine andere »Welt« in Betracht. Der Feldforscher wirkt nicht nur als Übersetzer, sondern begreift sich auch als »Chronist« und »Sprecher« der anderen Gesellschaft (Malinowski 1979: 25; 1951: 27; 1981: 15).[30]

Der paternalistische Objektivismus entsprach einer spezifischen Wissenschaftsauffassung. Der Ethnograph gilt der anderen Welt gegenüber nicht nur als besonders sensibel, er gilt ihren Angehörigen, wie ebenso anderen Beobachtern (»Amateuren«) gegenüber als überlegen. Der »Eingeborenen«-Gesellschaft fehlten die »intelligenten Mitglieder«, wie sie jede Institution unserer Gesellschaft aufweise, die eine Vorstellung von der »Gesamtwirkung des Ganzen« besitzen (Malinowski 1979: 34). Noch für den »intelligentesten Eingeborenen« gelte, daß er von einer Institution seiner eigenen Gesellschaft wie der des *Kula* keine klare Vorstellung habe und man von ihm keinen »zusammenhängenden Bericht« darüber erhalten könne. Denn er lebt darin und «kann das Ganze nicht *von außen wahrnehmen*« (1979: 116; Hervorhebung M. F./E. B.). Der Ethnograph allein durchschaut Hintergründe und Zusammenhänge. Er allein vermag vollständiges Verstehen zu leisten. Denn nur er kennt die subjektive *wie* die objektive Seite einer Kultur, *er* ist persönlich involviert (»eingetaucht«) *und* schaut gleichermaßen von außen/oben auf die Gesellschaft herab. Es ist die »Magie des Ethnographen« (»the ethnographer's magic«) – ironisch übernimmt hier Malinowski ein Merkmal seines Objekts für die wissenschaftliche Praxis –, »die es ihm ermöglicht, den wahren Geist der Eingeborenen zu beschwören, das unverfälschte Bild des Stammeslebens« (1979: 28; Übersetzung anhand des englischen Originals geändert).

Einer dergestalten Beziehung von Forscher und Objekt liegt eine

---

30 Zur Kritik an der paternalistischen Haltung gegenüber den Anderen, die das Werk Malinowskis durchzieht, siehe unter anderem Kramer 1981: 416, Strathern 1987c: 264, Kohl 1990: 242f.

erkenntnistheoretische Konzeption zugrunde, nach der der Wissenschaftler allein schöpferisch tätig ist. Er konstruiert – vorab und immer erneut wieder während des Forschungsprozesses – theoretische Interpretationsvorschläge, die er dann an den »Fakten« oder »Daten« empirisch »überprüft« (Malinowski 1979: 31, 35 f., 116 f.). Zwar ist in diese Erkenntniskonzeption eine gewisse Dialektik eingebaut (indem nämlich durch beständige Überprüfung die theoretischen Modelle und Entwürfe getestet, verworfen und schließlich feinabgestimmt werden[31]), doch handelt es sich dabei nach Malinowskis Verständnis ganz gemäß traditionellen epistemologischen Vorstellungen nicht um einen Wechselprozeß zwischen zwei (Gruppen von) Subjekten bzw. zwei aktiven Seiten: die Handlungen und Interpretationen der Untersuchten werden auf ein »Rohmaterial« (englisch: »brute material of information«; 1979: 25; 1953: 3 f.) reduziert. Aktiv in diesem Erkenntnis- und Konstruktionsprozeß ist allein der Wissenschaftler.

Ethnographie als Genre

Worin lag die wesentliche Bedeutung Malinowskis? Aus heutiger Sicht bestand sie nicht nur in der Durchsetzung der von anderen (in Ansätzen) bereits praktizierten intensiven Feldforschung als der allseits anerkannten Methode, die das Fach künftig kennzeichnen sollte. Sie lag vielmehr darüber hinaus in der Durchsetzung der Erfahrung der Feldforschung als gestalterischen Prinzips der Repräsentation der Anderen, die ihren Niederschlag in einem neuen Diskurs und einer neuen Textgattung fand. Dies geschah allerdings in der Weise, daß die Implikationen der Partizipation dem Objektivierungsanspruch untergeordnet blieben (vgl. Webster 1986: 53 f.).

In der jüngeren kritischen und (selbst-)reflexiven Literatur zur modernen Ethnographie, die sich dem Problem der Vermittlung[32], der Darstellung und Vergegenwärtigung – auf englisch und fran-

---

31 Thornton (1985: 9), Gellner (1988) und Flis (1988) haben auf den großen Einfluß hingewiesen, den Ernst Machs Wissenschaftskonzeption auf Malinowski hatte.

32 In der Formulierung Stratherns: »... how to manipulate familiar ideas and concepts to convey alien ones« (1987c: 260). (Vgl. Boon 1982: 9; Marcus und Cushman 1982: 25.)

zösisch erfaßt unter dem generellen Begriff der »Repräsentation« – stellt, wird das Modell der Objektbeziehung, das mit dem Namen Malinowskis verknüpft ist, unter den Stichworten ethnographischer Realismus, manchmal auch Naturalismus, und Monographie klassifiziert und diskutiert. *Realismus*, eine aus der Literaturtheorie zeitversetzt übernommene Epochenbezeichnung, verweist auf den zeitspezifischen Charakter des neu konstituierten ethnographischen Genres: als Literaturgattung und Darstellungsform, die der Moderne zugeordnet wird, erhält es seinen Platz zwischen frühmodernen und gegenwärtigen, »experimentellen«, mehr oder weniger »postmodernen« Repräsentationsformen. George Marcus und Dick Cushman, in ihrem stark beachteten Literaturüberblick »Ethnographies as Texts« (1982), begreifen ethnographischen Realismus als Versuch, eine Lebensform als ganze mithilfe ausgiebiger und detaillierter Beschreibung »realer« alltäglicher Ereignisse und Situationen zu schildern, die dem jeweiligen Autor aus eigener unmittelbarer Anschauung zugänglich sind (1982: 29, 33). Steven Webster dagegen grenzt ethnographischen und literarischen Realismus deutlich voneinander ab: Bei aller Parallelität in der Anlage ihrer Vorhaben – phänomenale Erfahrung im Rahmen phänomenologischer Ganzheiten zu rekonstruieren – erscheint ethnographischer Realismus, den Webster lieber als eine positivistische Form von Naturalismus begreifen möchte, doch eher als systematische Umkehrung der rhetorischen Konventionen des fiktionalen Realismus, von dem die Ethnographie sich distanzieren mußte, wollte sie wissenschaftliches Ansehen erlangen. »Whereas fictional realism typically evoked socially and historically situated particularities of events and characters capable of dialectical contradiction, ethnographic naturalism typically came to depict static, ahistorical, depersonalised and perspectiveless visions of generalised societies, where even contradictions were harmoniously reintegrated in the whole« (Webster 1986: 53).

Realismus unterstellt eine grundsätzliche Differenz und gleichzeitig Korrespondenz zwischen zwei Ebenen, »der« repräsentierten Wirklichkeit und der Wirklichkeit des Textes. »In the realist genre, the text is a neutral medium for conveying pre-existing facts about the world. [...] The text is thought to operate at a different level from the world ›about which‹ it reports« (Woolgar 1988b: 28). Das epistemologische Problem der Position gegenüber der Wirklichkeit wird jedoch häufig von der Diskussion der literarischen Fragen der Darstellung überlagert: in der Diskussion um Ethnographie als Genre erscheint die Kritik am Realismusanspruch der klassischen ethnographischen Monographie leicht als Bemühen um einen noch höheren Grad an Realismus. Eine Reifizierung der Genrefrage läuft Gefahr, eine bestimmte Objekteinstellung und Repräsentationshaltung als unvermeidlich erscheinen zu lassen (siehe dazu neben Webster 1986 auch Fabian 1990: 761 f.).

Monographie verweist auf das Anliegen der klassischen Ethnographie, geschlossene Darstellungen einzelner Lebensformen geben zu wollen. Die Struktur und Rhetorik des Textes schafft kohärente Entitäten – Kulturen oder Gesellschaften (Thornton 1988; in diesem Band). Der ethnographische Realismus mit seinem Hang zu konfigurationaler Analyse fand in der Monographie seine kongeniale Gestalt. Bis heute gilt einer Mehrzahl von Autoren die Monographie als *die* ethnographische Textform. Der monographische Rahmen und der Rahmen der Felderfahrung entsprachen einander: »Fieldwork made a new kind of persuasive fiction possible.... the fieldwork experience was reconstructed in the monographs in such a way as to become an organising device for the monograph as such« (Strathern 1987c: 259 unter Bezug auf Clifford 1988c [1986]: 110; Hervorhebungen weggelassen). Ein Gegensatz wurde aufgebaut zwischen der untersuchten Kultur und der Kultur, der der Feldforscher entstammte, und bildete ein zentrales Strukturmoment der Monographie. Die Konstruktion des Anderen fußte auf der symbolischen Rolle der Figur des Feldforschers, um die sich diese neue Art literarischer Produktion organisierte (Strathern 1987c: 259, auch Anm.).

In der aktuellen Reflexion auf das ethnographische Tun wird betont, daß das ethnographische Verstehen nicht einfach einer unmittelbaren Felderfahrung entsprang, sondern, wie schon bei Malinowski, im Schreiben – Ethnographie ist ja vor allem das: Objektivierung in Textgestalt – eigentlich erst Gestalt gewann, inszeniert, konstruiert wurde. In dieser Sichtweise kommt eine neue Distanz (der Ethnographen und der Ethnographie-Historiker) zum ethnographischen Tun zum Ausdruck: (moderne) Ethnographie als *eine* Form der Vertextlichung und Objektivierung, *eine* Form der Repräsentation, *ein* literarisches Genre.[33] Mit der literarischen »Wende«, die auf dem Hintergrund der linguistischen

»Wende« besonders Teile der (anglo-)amerikanischen Ethnographie erfaßt hat, verlagert sich das Augenmerk auf das Schreiben, die rhetorischen Mittel der Darstellung und Konstruktion. Aus heutiger Warte werden so nachträglich Texte aus Phasen wie der der klassischen ethnographischen Moderne auf literarische Mittel und rhetorische Strategien hin abgeklopft, deren sich selbst ein Autor wie Malinowski nicht immer unbedingt bewußt bedient hat. Diese Texte werden unter einer Problematik gelesen, die so nicht die der Autoren war, die sie niederschrieben (vgl. Strathern 1987c: 266). Andererseits erscheint die literarisch-rhetorische Wende, um dieses modische Wort wieder aufzunehmen, gerade als Resultat eines fortlaufenden Prozesses der Reflexion innerhalb der Ethnographie auf die in dieser Disziplin gebräuchlichen Repräsentationsverfahren. Dies wird im folgenden noch deutlicher.

Zumindest im nachhinein lassen sich einige Bruchlinien in Malinowskis Konzeption der Ethnographie feststellen, die, erst kaum verspürt, später zu Schwierigkeiten und Unzufriedenheit mit dem Genre geführt haben und entsprechende Revisionen notwendig machten. Wenn es der ethnographischen Monographie letztlich um die Vermittlung der Perspektive, die einer anderen Lebenswelt eingeschrieben ist, um die Vermittlung einer anderen Auslegung des Seins an ein westliches Publikum[34] zu tun ist, so ergeben sich drei Hauptproblemfelder:
(1) Das Gegenstandskonzept. Widersprüchlich bleiben Malinowskis Äußerungen zum Status des ethnographischen Objekts. Einerseits als rohe Daten und Informationen vorgestellt, handelt es sich dabei andererseits auch für ihn um eine vorinterpretierte, bereits ausgelegte, konstituierte Welt (die Perspektive der Gesell-

---

33 »The fact that functionalist fieldwork and monograph writing were standardized into ›normal‹ anthropological science does not mean that the standards were natural or objective; it means, rather, that they werde consensual: disciplinary ›social facts‹« (Boon 1982: 20).
34 Es ist wichtig, festzuhalten, daß Ethnographie und Ethnologie *de facto* keine neutralen Orte darstellen, an denen in wechselnden Kombinationen Angehörige einer beliebigen Kultur jede der anderen Kulturen in einer Art universaler Hermeneutik, ohne jedwede hegemoniale Attitüde, zu verstehen und analysieren bemüht sind, sondern daß es sich im Ursprung im Wissenschaften handelt, die auf die Erkenntnisbedürfnisse des Westens ausgerichtet sind.

schaftsangehörigen auf ihre und als ihre Welt; der Bedeutungsgehalt – »meaning« – ihrer Aktivitäten [Malinowski 1979: 116, 1953: 84]; die Tatsache, daß sich der Ethnograph auf Aussagen der betreffenden Menschen stützt; etc.).[35] Malinowski fehlt aber ein Begriff von Hermeneutik und von konstitutiver Praxis, um daraus die Konsequenzen ziehen und zu einem neuen Gegenstandsverständnis vordringen zu können. Erst recht fehlt ihm ein Interaktions- oder Kommunikationsbegriff, der die soziale Praxis der Forschung selbst einzuschließen vermöchte.

(2) Die inhärente Spannung zwischen situationaler Forschung und Generalisierung. Dieses Problemfeld läßt sich in drei Punkten näher spezifizieren. Ethnographie soll eine Brücke schlagen zwischen persönlichem Erfahrungsbericht und unpersönlicher gesellschaftlicher Struktur; Ethnographie soll das Einzelne, Unvergleichbare, Inkommensurable in einen allgemeinen Bezugsrahmen stellen; Ethnographie soll den naturgemäß begrenzten Umfang an Erfahrungen und Beobachtungen der Forschenden mit der Forderung in Einklang bringen, eine Welt oder Lebensform als ein Ganzes oder zumindest als integrierten Zusammenhang zu präsentieren.

Anders ausgedrückt, können alle drei Punkte begriffen werden als Ausdruck der Paradoxie von Nähe und Distanzierung, als Aspekte des epistemischen Bruchs mit dem interaktiven und kommunikativen Verhältnis zwischen den Angehörigen einer Kultur und dem Forscher bzw. der Forscherin, auf dem die Erkenntnis gründet.

(3) Die Doppelrolle des Forschers: Ethnographie als Diskurs. Der Wissenschaftler erscheint gleichermaßen in der Rolle des Feldforschers wie in der des Autors, der die Rolle und die Erfahrungen des Feldforschers repräsentiert. Die Frage nach der Objektivität einer Erkenntnis, die im Subjektiven (der Feldforschungserfahrung und -interaktion) gründet[36], weist über sich hinaus auf die Frage nach den gestalterischen Mitteln des ethnographischen

---

35 »Die Ethnologie war mit ihrer Feldforschungsproblematik der Soziologie und Sozialpsychologie einen Schritt voraus, insofern als sich ihr das Problem des symbolisch interpretierten Grundcharakters sozialer Realität und das Problem der symbolisch vermittelten ›Messung‹ dieser Realität in der Feldforschung immer schon *praktisch* gestellt hat« (Knorr 1981: 111; Hervorhebung von M. F./E. B.).

36 Zur Objektivität der Ethnographie siehe jüngst Fabian 1991 c.

Genres und nach den Strukturen des ethnographischen Diskurses.

Veränderungen der Gegenstandsdefinition (Punkt 1) führten später zur bedeutungstheoretischen Neufassung des ethnographischen Objekts, der Einsicht in die Interpretiertheit und Diskursivität der untersuchten Welten, und noch später dann zu einer dialogtheoretischen Fassung der Beziehung zwischen Forscher/in und Erforschten. Die Spannungen zwischen Situationalität und Generalisierung (Punkt 2) führten zur *dualen* Dokumentation der Feldforschung, das heißt der Instituierung des Parallelgenres einer »bekennenden« Literatur, und zu Versuchen der Umdefinition und Rettung des Genres »Ethnographie«, die später in »Experimente« mit neuen Präsentationsformen der Felderfahrung münden sollten. Die Einsicht in den Aspekt der Textualität und Diskursivität der Ethnographie selbst – im Unterschied und in Parallele zur Diskursivität der untersuchten Welten – führte (Punkt 3) zur »reflexiven« Ethnographie bzw. zur Reflexion auf die Ethnographie, zur Diskussion der Vertextlichung, der Rhetorik und generell der Repräsentation. Diese Debatte setzt die zwei erstgenannten Entwicklungen voraus.

3. Kultur und Text: Geertz' Privilegierung des Interpreten und die Abspaltung des Subjekts

Mit dem von Malinowski verfochtenen Ansatz verbindet sich der Gedanke, jede Kultur in der ihr spezifischen Rationalität respektieren und rekonstruieren zu wollen.[37] Dies hieß einerseits, nach gesetzmäßigen Zusammenhängen innerhalb der untersuchten Lebenswelt zu suchen und kulturelle Phänomene auf den Status von »Rohdaten« zu reduzieren. Es bedeutete für Malinowski selbst zugleich aber auch, diese Welt als alternative Lebensweise zu »achten« – allerdings nicht einfach nur um ihrer selbst willen, sondern vor allem auch in Hinblick auf den Nutzen, den er und seine Leser als Angehörige einer westlichen Kultur daraus zu zie-

---

37 Diese Feststellung bezieht sich vor allem auf Malinowskis ethnographische Schriften, während er in seinen theoretischen Äußerungen im allgemeinen die Kultur auf ein ziemlich extremes Modell instrumenteller Rationalität zu reduzieren sucht.

hen vermögen: Die Öffnung gegenüber denen, die er weiterhin als »die Wilden« bezeichnete, sollte dazu dienen, wie es in seinem pathetischen Schlußwort zu den *Argonauten* heißt, das eigene Weltbild zu »erweitern« und zu »bereichern«. Der Ethnologie oder Anthropologie als Übermittlerin fremder Perspektiven wäre es zu danken, wenn wir auf diese Weise einer größeren »Selbsterkenntnis« näher kämen. Die »Wissenschaft vom Menschen sollte uns ... zu Toleranz und Großmut führen« (Malinowski 1979: 557).

Clifford Geertz griff den Gedanken auf, die ethnologische und anthropologische Erschließung fremder Gedankenwelten zur Erweiterung des eigenen Horizontes zu nutzen: Sie soll *uns* – und dies läßt auch ähnliche Gedanken Paul Ricœurs anklingen – mit den Antworten vertraut machen, die andere Menschen zu den existentiellen Dilemmata des menschlichen Lebens gefunden haben, und sie dem »Archiv menschlicher Äußerungen« einfügen. Dabei geht er einen Schritt über Malinowski hinaus und postuliert als Ziel, mit jenen Anderen in ein Gespräch eintreten zu wollen, ein Gespräch »in jenem weiteren Sinne des Wortes, der mehr als nur Reden meint«. So verstanden könne die »Erweiterung des menschlichen Diskursuniversums« als das Ziel der Anthropologie gelten (Geertz 1983c: 20, 35, 43; 1990: 141 f.).

Geertz rückt die Frage der Erschließung fremder Lebens- und Weltentwürfe in den Mittelpunkt. Es ist dies mehr als nur eine Gewichtsverlagerung innerhalb des klassischen ethnographischen Konzepts. Die Wende zur Hermeneutik impliziert Veränderungen im Objektverständnis und verlangt eine Neubestimmung des ethnographischen Tuns. Geertz knüpft an dem zentralen Begriff der amerikanischen anthropologischen Tradition, dem der Kultur, an, den er aber, in kritischer Stoßrichtung gegen dessen diffusen und zugleich überbordenden Gebrauch (siehe seine Kritik an Kluckhohn in Geertz 1983c: 8 f.), präziser und handlicher zu fassen und auf diese Weise wieder analytisch stark zu machen sucht. Hierzu greift er bestimmte Ansätze der interpretativen Philosophie auf, die dem Moment der »Bedeutung« (*meaning*) ein breites Feld abstecken, insbesondere Susanne Langers Symbolkonzept (siehe unter anderem 1984 [1942]) – sie ist ihrerseits stark von Ernst Cassirer beeinflußt – und Paul Ricœurs Ausweitung der Texthermeneutik (siehe besonders 1974, 1978). Das Arbeitsfeld einer interpretativen Ethnologie erstreckt sich auf das Spektrum menschlicher Betätigungen, Artikulationsweisen und Objektivierungen, die symbolischen Dimensionen sozialen Handelns, in seiner ganzen Breite – von Kunst, Religion, Ideologie und Wissenschaft bis hin zu Recht, Moral und *Common Sense*. Mit der bedeutungstheoretischen Fundierung der Anthropologie zielt Geertz auf eine endgültige Überwindung aller Konzeptionen, die auf Verhaltensbeobachtung gründen. Er trachtet wie Ricœur, doch auf anderem Wege, danach, die starre Trennung und Entgegensetzung von »Verstehen« (und seiner Schwundform, dem »Beschreiben«) und »Erklären«, die beide Momente des Forschungsprozesses verkürzt, durch Transformation in einen Zweischritt von »Inskription« (dichte Beschreibung) und »Diagnose« (Spezifikation) aufzuheben (1983 c: 21 f., 37, 39).[38] Seine Neuformulierung der Aufgaben und Verfahrensweisen einer Kulturanthropologie – er spricht, im Stil der Zeit, von einer »Semiotik« der Kultur, doch ist bei ihm »Semiotik« in einem sehr weiten und lockeren Sinne zu nehmen – hat er nirgends in einem größeren Werk systematisch niedergelegt. Verschiedene Beiträge seiner bekanntesten, trendsetzenden Aufsatzsammlung *The Interpretation of Cultures* (1973), allen voran der einleitende programmatische Aufsatz »Thick Description: Toward an Interpretive Theory of Culture« und der Essay »Deep Play: Notes on the Balinese Cockfight« (1972), leuchten seinen Ansatz unter unterschiedlichen Aspekten aus. In der Folgezeit, im weiteren Verlauf der siebziger bis zum Beginn der achtziger Jahre, hat er seine Konzeption in mehreren Aufsätzen noch etwas ausgeführt.[39]

38 Ricœur will eine Dialektik von Verstehen und Erklären innerhalb *eines* Wirklichkeitsbereichs, dem der Zeichen, instituieren, die in beide Richtungen geht. Er bezieht hierzu unter anderem den Strukturalismus, den Geertz rigoros ablehnt, als notwendige Zwischenstufe zwischen Oberflächen- und Tiefen-Interpretation ein (Ricœur 1978: 101-117).
39 Zu den Artikeln, in denen Geertz' Wissenschaftsvorhaben am greifbarsten entwickelt ist, gehören neben »Thick Description« (1973) und »Deep Play« (Original 1972): »From the Native's Point of View: On the Nature of Anthropological Understanding« (1976); »Blurred Genres: The Refiguration of Social Thought« (1980) und »Distinguished Lecture: Anti-Anti-Relativism« (1984). Die ersten drei der genannten Beiträge sind in eine deutsche Sammlung seiner Aufsätze aufgenommen (1983 a).

Kultur und Bedeutung

Am Ausgang steht eine einfache Grundidee, die Geertz mit der gesamten neueren, sprachtheoretisch operierenden Hermeneutik teilt. Geertz sieht die Welt der Menschen als Welt von Bedeutungen, als immer schon interpretierte Welt. Nicht nur diejenigen, die sich soziokulturellen Begebenheiten aus wissenschaftlicher, philosophischer oder künstlerischer Perspektive nähern, interpretieren, die Gesellschaftsangehörigen, die Handelnden, tun es auch. Die Anderen und das Selbst teilen prinzipiell das gleiche Vermögen. Der Mensch zeichnet sich, so heißt es, etwas verkürzend, in Anschluß an Weber, dadurch aus, daß er der Welt einen »Sinn« (*meaning*) verleiht (1983 e: 233).[40] »Ich meine mit Max Weber, daß der Mensch ein Wesen ist, das in selbstgesponnene Bedeutungsgewebe verstrickt ist, wobei ich Kultur als dieses Gewebe ansehe.« (1983 c: 9).[41]

Geertz liebt Metaphern, deren Verwendung jegliche Bemühung um begriffliche Präzision zu unterlaufen droht. Auch in diesem zentralen Punkt tragen seine Ausführungen nur ein Stück weiter. Bedeutungen bzw. Symbole als deren Träger (1983 g: 46) existieren, wie es das Bild vom Gewebe zum Ausdruck bringen soll, als Verknüpfungen zu größeren Gebilden oder Zusammenhängen, die Geertz, der sich Weber über Talcott Parsons genähert hat, einmal als Strukturen, einmal als Systeme bezeichnet: »Kultur

---

40 In der deutschen Geertz-Übersetzung wird »meaning« mit »Bedeutung« wiedergegeben, bei Weber heißt es ursprünglich »Sinn«.

41 Zum Begriff der »Sinngebung« bei Weber siehe Weber 1968. Geertzens berühmte bildhafte »Definition« von Kultur beruht jedoch auf einer starken Vereinfachung der Weberschen Position. Geertz übergeht einerseits Webers Differenzierung in *Stellungnahme zur Welt* und *Sinngebung,* er übersieht andererseits die Diskrepanz zwischen Webers Definition des »Kulturmenschen«, die sich auf die konstitutiven Leistungen des Einzelsubjekts bezieht, und dem transsubjektiven Kulturbegriff, den Weber in seinen religions- und zivilisationsvergleichenden Studien einsetzt. Dadurch vermeidet Geertz zwar den Weberschen Elitismus – der den Großteil kulturbedingten Handelns als »traditionales« an den Rand »»sinnhaft« orientierten« Verhaltens drängt und die Fähigkeiten eines Kulturmenschen für eine geistige Elite reserviert –, er schleppt aber auch ungelöst und unerkannt das Problem weiter mit sich, wie zwischen kollektiven Sinnstrukturen und individueller Bedeutungskonstitution zu vermitteln sei (vgl. Fuchs 1987: 688 f.).

besteh[t] aus sozial festgelegten Bedeutungsstrukturen« (1983 c: 19), aus Sinn-, oder Begriffsstrukturen, sie bildet Symbolsysteme oder, mit Parsons, Kultursysteme oder Kulturmuster.[42] Es handelt sich, so wie Geertz diese Begriffe verwendet, eher aber um vielschichtige erfahrungsoffene Vernetzungen von Bedeutungen als um Strukturen oder Systeme in einem strengen gesellschaftstheoretischen oder einem strukturalistischen Sinne einer verselbständigten Realitätssphäre. Geertz legt einerseits Wert auf eine gewisse Kohärenz von Bedeutungszusammenhängen, will aber anders als der Strukturalismus die Vorstellung geschlossener Strukturen vermeiden und Symbole nicht um ihrer selbst willen untersucht wissen: Er interessiert sich für die »informelle Logik des tatsächlichen Lebens« (1983 c: 25; vgl. Ortner 1984: 129). Geertz möchte für seinen Bedeutungsbegriff zugleich jeden subjektivistischen (»psychologischen«, privatistischen) oder mentalistisch-kognitivistischen Beiklang vermeiden: »Bedeutung [ist] etwas Öffentliches« (1983 c: 18), jedem Zugängliches. Seinem soziologischen Hintergrund verdankt sich andererseits eine Akzentuierung des Handlungs- und des Aktorbezugs. Kulturelle Formen finden im sozialen Handeln ihren Ausdruck – auch wenn sie sich zunächst in irgendwelchen Artefakten und Bewußtseinszuständen niederschlagen, erlangen diese doch ihre Bedeutung erst durch ihre Rolle, ihren Gebrauch, in einer bestimmten Lebensform (1983 c: 25). Geertz begreift Bedeutungsstrukturen nicht als auferlegte Formen oder als Codes, die ein Verhalten determinieren, sondern als Sinnzusammenhänge, auf die die Menschen in ihrem Handeln zurückgreifen; sie vermitteln Einstellungen ebenso wie Kenntnisse. Geertz interessiert nicht so sehr die soziale Funktion von Bedeutungen als der Aussagegehalt selbst (1983 c: 16). Handlungen besitzen, modern gesprochen, einen Bedeutungsüberschuß, sie weisen über sich hinaus auf weiterreichende Bedeutungszusammenhänge: Soziale Handlungen sind in seinen Augen immer auch Kommentare, sie kommentieren »mehr als nur sich selbst« (1983 c: 34).

42 *Structures of signification, meaningful structures, structures of meaning, conceptual structures, symbol systems, cultural systems* (alle 1973 b bzw. 1983 c), *culture patterns* (1983 g). – Diese Begriffsschwankungen erscheinen symptomatisch. Auch andere zentrale Kategorien benutzt Geertz, wie E. Renner (1984: 538) es nennt, eher »intuitiv«.

Geertzens Erläuterungen zum Kulturbegriff bleiben in mehrerlei Hinsicht unbefriedigend. Er schweigt sich aus zur Frage der Bedeutungskonstitution und hält sich bedeckt hinsichtlich der Frage, was »Bedeutung« – als sozial geteilte Bedeutung – genau meint, »bedeutet« (1983c: 42).[43] Die Zusammenhänge zwischen individueller Auslegung und kollektivem Verständnis, zwischen Überlieferung und Neuinterpretation werden nicht systematisch geklärt. In abstrakter Form taucht »der« Mensch als Produzent von Bedeutung auf, in älteren, mehr Parsonianischen Äußerungen klingt es noch so, als schreibe Geertz diese Leistung den Kulturmustern selbst zu (1983g [1966]: 53). Geertz vermeidet eine Fundierungsdiskussion. Handlungen, Ereignisse, aber auch Gegenstände, Eigenschaften oder Beziehungen dienen als Vehikel – als Symbole – von Vorstellungen oder Bedeutungen (1983g: 49). Fast alles kann, in welchem Sinne auch immer, symbolisch und bedeutsam sein. Die Frage nach der sprachlichen Grundlage von »Bedeutung« bleibt jedoch unbelichtet. Allerdings gibt, wie noch zu sehen sein wird, der sprachliche Zugang zu Bedeutungen – in einem ganz spezifischen Sinne – auch für Geertz das Modell der Kulturanalyse ab.

Das Tun des Ethnographen
oder die Interpretation von Kulturen

Als »extrinsische Informationsquellen«, angesiedelt in einem »intersubjektiven Bereich allgemeiner Verständigung« (1983g: 51), sind Bedeutungen den Angehörigen einer Gesellschaft sozial verfügbar und auch einem hinzukommenden Außenstehenden, der sich das entsprechende Bedeutungssystem aneignen will, zugänglich. Dieses Kulturverständnis erlaubt es Geertz, die Forderung zu reformulieren, die bei Malinowski ihre zentrale Bedeutung erhalten hatte und an der auch Geertz festhalten will: »die Dinge aus der Perspektive des Eingeborenen« zu betrachten (1983f: 290). In Nachvollzug der Bewegung, die die Texthermeneutik seit dem späten Dilthey vollzogen hat, verwirft Geertz das noch von der älteren Ethnologen-Generation aus der Romantik übernommene

---

43 Zur Problematik dieses Begriffs und seiner verschiedenen Bedeutungen vgl. Putnam 1990 und Arnason 1988: 204 ff.

Empathie-Konzept. Die in der Wissenschaftsgemeinschaft seinerzeit als Skandal empfundene posthume Veröffentlichung von Malinowskis privaten Feldtagebüchern dient ihm als Beweis dafür, daß ethnologische Erkenntnis keineswegs einer außergewöhnlichen Sensibilität entspringe, wie ein Mitglied der fremden Gesellschaft denken, fühlen und wahrnehmen zu können (1983 f: 290).[44] An die Stelle der Empathie tritt die Deutung der Symbolsysteme, der semiotischen Mittel, mit deren Hilfe die Menschen in einer Kultur ihre Welt wahrnehmen und definieren (1983 f: 292 f., 306, 308 f.). Nicht die »subjektive« Intention der Handelnden, sondern den »objektiven Sinngehalt«, der von jener abgelöst ist (Ricœur 1978: 102), bestimmt Geertz als Perspektive der Handelnden.

Der Anspruch, den Standpunkt eines Anderen einzunehmen, wird umgewandelt zur Forderung, die kulturell verfügbaren Handlungsorientierungen aufzudecken. Bereits in dem bislang Dargestellten war erkennbar geworden, daß Geertz die Analyse sozialen Handelns auf den Aspekt der Handlungsorientierung und des Handlungsethos und der beim Handeln im Spiel befindlichen Bedeutungen konzentriert (siehe schon Ortner 1984) und die eigentliche Handlungspraxis, den Interaktionsprozeß nicht verfolgt. Darin kommen sowohl der Einfluß von Ricœur als auch eine spezifisch zugespitzte Weber- und Parsons-Lektüre zum Tragen. Mit der Neufassung des in der Ethnographie zu leistenden Perspektivenwechsels ist bei Geertz eine Verschmelzung mit soziologischen Vorstellungen verbunden. Die Verschiebung hin zu einer interpretativen Sozialwissenschaft wird augenfällig an der Stelle, an der er von der »Aktor-Orientierung« bei der Interpretation von Symbolsystem, von der »Einnahme der Perspektive des Handelnden«, das heißt des abstrakten Anderen der Soziologie, und nicht mehr nur der des spezifischen, exotischen Anderen der älteren Ethnographie, des »Eingeborenen«, spricht (1973 b: 14; 1983 c: 21 f.).

Symbolsysteme oder Bedeutungsstrukturen hat der Ethnologe nicht fertig vorliegen. Als empirische Sozial- und Kulturwissenschaft muß die Ethnographie sie, anders als die Textwissenschaf-

---

44 Radin (1987 [1933]: 74) äußert sich bereits recht früh kritisch zum Problem der Empathie. Zum deutschen Hintergrund siehe F. Kramer 1985. Zur Publikation von Malinowskis Tagebuch vgl. Stocking 1968.

ten, erst aus dem Handeln und dem mündlichen Diskurs herausarbeiten. Geertzens Kulturbegriff ist mit einem spezifischen Verständnis der ethnographischen Praxis verbunden. Er konzeptualisiert das Tun der Ethnographen in mehreren Anläufen. Zunächst, ganz allgemein, charakterisiert er Ethnographie als ein »dichtes« Beschreiben von Handlungen oder Vorgängen, das sich nicht mit den äußerlichen, mechanischen, vergleichsweise nichtssagenden Aspekten des Verhaltens begnügt, sondern sich um eine möglichst intensive Erfassung der verschiedenen Bedeutungskomponenten bemüht, die darin jeweils zum Tragen kommen (und, im Sinne Max Webers, Verhalten erst zum Handeln machen). Die Unterscheidung zwischen »dünner« und »dichter Beschreibung«, die auf Gilbert Ryle zurückgeht, die Geertz aber bekannt gemacht hat (1973 b, 1983 c), bleibt jedoch auf ihre begriffsstrategischen Implikationen hin auszuleuchten: wie wären die in der zu beschreibenden Situation belangvollen Bedeutungen zu fassen; wie verhält sich die Sprache des ethnographischen Autors zur Sprache derjenigen, deren Handeln porträtiert wird?
Zur letzten Frage begnügt sich Geertz mit einigen kurzen Hinweisen auf die Rolle »erfahrungsnaher Begriffe«. Der Erfahrung der betreffenden Menschen »nahe« sind solche Ideen, die mit den Realitäten, die sie durchdringen, auf natürliche Weise und unlösbar verknüpft sind. Geertz geht es aber nicht darum, auf die prinzipielle Differenz einer anderen Lebensform abzuheben und den Wechsel zwischen eigenem und fremdem Sprachspiel zu problematisieren. Die eigene wissenschaftliche Sprache behält ihre Berechtigung auch gegenüber der anderen kulturellen Realität. Viel pragmatischer beschränkt Geertz seine Bestrebungen darauf, die einzelnen erfahrungsnahen Konzepte der Betroffenen mit den generellen »erfahrungsfernen« Vorstellungen der sozialwissenschaftlichen Theorie in Beziehung zu setzen, um die Sichtweise der Einheimischen, und das heißt ihr Symbolsystem und dessen »Logik« zu rekonstruieren – ohne jedoch in deren »geistigen Horizont« gebannt bleiben zu wollen! In der Bewegung zwischen den »exotischen Details« und den pauschalen, erfahrungsfernen Charakterisierungen des Interpreten verankert er den hermeneutischen Zirkel. Fremdverstehen beschränkt sich darauf, Fragmente des Anderen in den eigenen Horizont einzurücken. Die zum Teil massiven Bedeutungsverschiebungen, die indigene, erfahrungsnahe Begriffe bei einer derartigen De- und anschließen-

den Rekontextualisierung erfahren (Keesing 1985), erörtert er nicht. Geertz übersetzt den polaren Gegensatz zwischen Innen- und Außensicht in ein graduell abgestuftes Kontinuum von relativer Nähe zu relativer Ferne (zum Vorstehenden siehe Geertz 1983 f: 290-292, 307; 1983 c: 39 f.; 1983 h: 10).

Das *Wie* der interpretativen Vermittlung erscheint nachrangig, wenn das *Was*, das vermittelt werden soll, sicher scheint.[45] In einem zweiten Anlauf entfaltet sich Geertz' Argumentation weniger vom fertigen Produkt, von der Darstellungsform des ethnographischen Textes her, unter mehr analytischen Gesichtspunkten richtet sich sein Augenmerk jetzt stärker auf die Frage der Gewinnung, der Aufschließung von Bedeutungsgehalten. Inspiration bezieht er von den Textwissenschaften, in denen die Hermeneutik ihren Ursprung hat. Das Problem des Handlungsverstehens stellt sich in den Sozialwissenschaften spätestens seit Max Webers *Soziologischen Grundbegriffen*. Es wurde aber lange Zeit als Nebenaspekt oder als vorwissenschaftliches Problem abgetan. Im Spektrum der Neubelebung interpretativer Ansätze in den Sozialwissenschaften zeichnet sich der hermeneutische Ansatz dadurch aus, eine Lehre der Interpretation nicht erst selbst konstituieren zu müssen, sondern eine in anderen Wissenschaftsbereichen bereits vorhandene Verfahrensweise übernehmen zu wollen. Geertz knüpft an Paul Ricœur an, der im Unterschied zu anderen Hermeneutikern wie Hans-Georg Gadamer selbst bereits den Versuch einer hermeneutischen Begründung der Sozialwissenschaften unternommen hat.

Geertz übernimmt von Ricœur zwei Gedanken[46], die er und mit ihm viele seiner Exegeten und Kritiker nicht immer säuberlich voneinander trennen. Dem ersten Gedanken zufolge besteht das Tun des Ethnographen im Schreiben, im Ein- oder Niederschreiben (*inscription*), in der Vertextlichung des mündlichen Diskurses

---

45 Geertz verfolgt weiter die Frage nach der Adäquanz oder »Verifikation« einer Interpretation – letztlich doch die Messung an einer externen Realität. Worin sich eine »gute« von einer »schlechten« Interpretation unterscheidet, vermag er trotz aller Bemühung jedoch nicht näher zu spezifizieren – es bleibt bei vagen Hinweisen auf die Vorzüge der »dichten« Beschreibung (siehe 1983 c: 24, 26, 36; vgl. dazu Shankman 1984: 263).

46 Für Vorschläge zur Präzisierung der folgenden Differenzierung danken wir Antje Linkenbach.

der untersuchten Menschen. Mehrfach betont Geertz in kurzen, bündigen Sätzen dies als den Kern der ethnographischen Tätigkeit (1983 c: 28). Ricœur beschreibt in vier Punkten, die man auch als Merkmale des Bruchs zwischen Praxis und ihrer Interpretation begreifen könnte, wie der textlich fixierte Diskurs vom mündlichen Diskurs als einem Sprechakt und Sprachereignis abweicht. Geertz nimmt in seiner Rezeption auf den ersten Punkt, der den Grundgedanken formuliert, direkt Bezug:

»Was wir durch das Schreiben nun tatsächlich festhalten, ist nicht der Sprachakt, sondern das was ›ausgesagt‹ worden ist – wobei wir unter dem ›Ausgesagten‹ die gewollte ›Äußerung‹ (*intentional exteriorization*) verstehen, die für das Ziel des Diskurses konstitutiv ist und durch die das *Sagen* zur *Aussage* wird, zur Kundgabe und zum Kundgegebenen. Kurz, was wir schreiben, was wir registrieren (*inscribe*), ist das *noema* [›Gedanke‹, ›Inhalt‹, ›Gehalt‹] des Sprechens. Es ist der Bedeutungsgehalt des Sprachereignisses, nicht das Sprachereignis als Ereignis« (Ricœur 1978: 86; vgl. in anderer Übersetzung bei Geertz 1983 c: 28).

Die Fixierung des Sinngehalts impliziert sodann (2) die Dissoziation von Sinngehalt und geistiger Intention des Autors, (3) die Ablösung von der Dialogkonstellation und von den ostentativen Umweltbezügen, wie sie Teilnehmer an einem mündlichen Diskurs teilen, zugunsten der Entfaltung »nicht-ostentativer« (nichtsituativer, überdauernder) Bezüge, das heißt der von einem Text entworfenen »Welt«, (4) schließlich die Ablösung vom spezifischen Gegenüber (den Gesprächspartnern) des mündlichen Diskurses und Öffnung für eine unbegrenzte Zahl »auswechselbarer« Adressaten (Ricœur 1978: 88-91, 101). Die ethnographische Beschreibung, so Geertz zum Prozeß der Textualisierung, soll den Bedeutungsgehalt dem »Fluß des sozialen Diskurses«, dem »vergänglichen Augenblick« entreißen (1983 c: 30).

Dem zweiten Gedanken zufolge, den Geertz von Ricœur übernimmt, besteht das Tun des Ethnographen im Auslegen, im »Lesen« von Handlungen: »Ethnographie betreiben gleicht dem Versuch, *ein Manuskript zu lesen* (im Sinne von ›eine Lesart entwickeln‹), das fremdartig, verblaßt, unvollständig, voll von Widersprüchen, fragwürdigen Verbesserungen und tendenziösen Kommentaren ist, aber nicht in konventionellen Lautzeichen, sondern *in vergänglichen Beispielen geformten Verhaltens geschrieben ist*« (Geertz 1983 c: 15; Hervorhebung von M. F./E. B.),

Kultur ist ein »dargestelltes, ausagiertes Dokument«, ein »acted document« (1973 b: 10).[47] Wenn die ethnologische Interpretation darin besteht, eine Lesart zu erstellen von dem, was geschieht, dann muß, bevor ein von außen kommender Autor einen Text erstellt, bereits ein Text oder textähnliches Gebilde vorhanden sein. Von Ricœur bezieht Geertz die Idee, Kultur und soziales Handeln als *Text-Analog* (Ricœur 1978: 99 und 1981 a: 37) zu begreifen. Das Handeln hinterläßt »Spuren« in der »sozialen Zeit«, indem es zur Entstehung »bleibender Strukturen« und Handlungsmuster beiträgt, die zu »*Dokumenten* menschlichen Handelns« werden. So, wie der Text das *noema* des Gesagten fixiere und autonomisiere, werde Handlung von den Handelnden und ihrem momentanen Situationsbezug abgelöst in die Geschichte eingeschrieben: diese Sedimentierung in der sozialen Zeit lasse Handlungen zu »Institutionen« gerinnen, in denen sich das *noema* des Handelns, seine Bedeutung niederschlage. Eine Bedeutung, die nicht mehr mit den Intentionen der Akteure übereinstimme (zum Vorhergehenden siehe Ricœur 1978: 96 f.). Dergestalt vom Ereignisfluß und flüchtigen Handlungsakt abgelöst geben sich auch für Geertz »soziale Institutionen, soziale Gewohnheiten, soziale Veränderungen« als etwas »Lesbares«; der Ethnologe wird zum Übersetzer oder Exegeten von institutionalisierten Handlungen (Geertz 1983 i: 31). Beide, Geertz und Ricœur, sind sehr frei, um nicht zu sagen vage, in ihrer Verortung der Bedeutungssedimente des Handelns, mal finden diese Niederschlag in »Strukturen«, mal in »Institutionen«, mal in »Gewohnheiten« usw. Die Parallele zwischen Text und sozialen Phänomenen ist nicht einfach formal gemeint. »In derselben Weise wie Sprachspiele Formen des Lebens sind – nach dem berühmten Aphorismus von Wittgenstein –«, so stellt Ricœur fest, »sind soziale Strukturen ebenfalls Versuche, mit den existentiellen Ängsten, Schwierigkeiten und tiefverwurzelten Konflikten fertig zu werden« (1978: 115). Es handelt sich um Weltentwürfe. In Text, Handlung und Sozialstruktur geht es nach diesem Ansatz in letzter Instanz immer um die – als konstant begriffene – *conditio humana* (Hobart 1985: 38).

Wie hat man sich das Lesen von Handlungen, Institutionen und Kulturen praktisch vorzustellen? Kultur und soziales Handeln,

---

47 In der deutschen Übersetzung (1983 c: 16) ist das Wort »dargestellt/ausagiert« (*acted*) weggelassen.

auch wenn sie mit der Text-Metapher belegt werden, bieten sich nicht unmittelbar zum Lesen an. Im Gegenteil, ein Ethnologe ist als Handelnder höchstens marginal in die untersuchte Gesellschaft involviert und hat keinen direkten Zugang zum »unbearbeiteten (*raw*) sozialen Diskurs« – was immer dieser bei Geertz auch genau umfaßt – der betreffenden Gesellschaft. Er oder sie ist – da Beobachtung, als altes ethnographisches Rezept, nur oberflächliche Informationen erbringt – auf den kleinen Teil des sozialen Diskurses verwiesen, den ihm oder ihr Informanten nahebringen (1983c: 29): »Wir interpretieren zunächst, was unsere Informanten meinen, oder was sie unserer Auffassung nach meinen, und systematisieren diese Interpretationen dann« (1983c: 22). Ethnologische Interpretationen bilden Sekundär-, Tertiär- oder manchmal noch höherstufigere Interpretationen der Interpretationen, die die Angehörigen einer Kultur von ihrem Tun geben – nur die Kulturangehörigen selbst geben Interpretationen der ersten Ordnung (1983c: 14, 22f.).[48] Das heißt doch wohl, der Handlungs»text« wird erst aus den Darstellungen der Informanten destilliert, das Dokument, als das sich Kultur darstellen soll, wird erst über die Interpretationen der Kulturangehörigen erschlossen: Die ethnologische Interpretation »konstruiert eine Lesart« dessen, »was geschieht« (und trennt sie dabei vom Handlungskontext ab) (1973b: 18; vgl. 1983c: 26).

Geertz betont den konstruierten, fiktionalen – im Sinne von *fictio* als »etwas Gemachtes«, »etwas Hergestelltes« – Charakter ethnologischer Darstellungen[49] (1983c: 23): In der Kulturanalyse läßt sich keine Linie mehr zwischen Repräsentationsmodus und substantiellem Inhalt, Kultur als »natürlichem Faktum« und Kultur als »theoretischer Einheit« ziehen (1973b: 15f.; 1983c: 22, 24). Eine objektive, nackte Wirklichkeit vor jeder Interpretation gibt es nicht – doch in abgewandelter Form lebt dieser Gedanke bei Geertz fort: in der Suche nach tieferliegenden, ursprünglicheren –

48 Statt »Informationen erster Ordnung«, wie in der deutschen Übersetzung wiedergegeben, müßte es »Interpretationen erster Ordnung« heißen (1973b: 15).

49 Aber implizit auch der Informantendarstellungen bereits, sind sie doch auch »Konstruktionen«, »Explikationen«, »Interpretationen« (1973b: 9, 15; vgl. 1983c: 14, 23: dort wird »construction« mit »Auslegung«, »explication« mit »Erklärung« und »interpretation« mit »Information« – siehe die vorangehende Anmerkung – übersetzt).

authentischen? –, basisnahen Bedeutungsschichten. Bei der Rezeption des ersten Gedankens hält sich Geertz weitgehend an Ricœur. Er führt diese Gedankenlinie vor dem Hintergrund der mittlerweile in der Ethnologie begonnenen Debatte in seinem späteren Buch zum Ethnologen als Autor weiter (dt. 1990). Bei der Rezeption des zweiten Gedankens begnügt er sich mit sehr knappen Andeutungen der bei Ricœur selbst schon sehr knappen und eher tentativen Ausführungen: Die betreffenden Stellen bei Geertz lassen sich überhaupt nur verstehen, wenn man Ricœur mit heranzieht. Geertz geht dann aber auch einen Schritt über Ricœur hinaus und nivelliert einige seiner Differenzierungen.

Zum einen überspielt er Ricœurs Unterscheidung zwischen verschiedenen Interpretationsebenen und Bewußtseinsschichten. Während Ricœur den Universalitätsanspruch der Hermeneutik dadurch bricht, daß er an der Berechtigung einer »kritischen« Analytikerperspektive festhält – die Gesellschaftsangehörigen verstehen nicht alle Bedeutungsimplikationen ihres Handelns, dazu bedarf es einer »Tiefen-Interpretation«, allerdings will Ricœur diese analytische Distanzierung als Teilschritt in einem umfassenden hermeneutischen Verstehensvorgang aufgehoben sehen (1978: 112 ff.) –, steht für Geertz, der die strukturalistische Tiefensemantik ablehnt, fest, daß dem Menschen als interpretierendem Wesen auch die objektiven Bedeutungsgehalte grundsätzlich transparent seien und der Deutung zur Verfügung stehen: »Gesellschaften bergen wie Menschenleben ihre eigene Interpretation in sich; man muß nur lernen, den Zugang zu ihnen zu gewinnen« (1983e: 261).

Zum anderen gibt er die relative Vorsicht auf, die Ricœur noch geübt hat, und spricht von kulturellen Handlungsformen nicht mehr nur als Textanalogien, sondern – in einer Substantialisierung der angenommenen Metaphorik – als Texten selbst. »Die Kultur eines Volkes besteht aus einem Ensemble von Texten, die ihrerseits wieder Ensembles sind...« (1983e: 259). In dem neben »Thick Description« bekanntesten Aufsatz von Geertz, der im Brennpunkt der Debatte um den interpretativen Ansatz in den Sozialwissenschaften stand, »Deep Play: Notes on the Balinese Cockfight«, behandelt er die auf Dorfplätzen auf Bali durchgeführten Hahnenkämpfe »als Text« – die gelegentlich auch hier geäußerte Einschränkung, dies sei metaphorisch gemeint, wird von der Gesamtrhetorik des Artikels widerlegt. Geertz umkreist die Parallele zwischen sozialem Handeln und »literarischem Text« in immer neuen Formulierungen: Die Beobachtung und Teilnahme an Hahnenkämpfen vermittle – zunächst den Gesellschaftsmitgliedern selbst, sodann dem Ethnologen – das Ethos ihrer Kultur und ebenso die privaten Empfindungen »ausbuchstabiert« als »kollektiven Text«. In den von ihnen inszenierten Hahnenkämpfen geben die Balinesen eine »Lesart balinesischer Erfahrung«, legen eine Geschichte vor, die sie »einander über sich selbst« erzählen; über den Bereich des Alltäglichen herausgehoben, liefert der Hahnenkampf einen »metasozialen Kommentar« zu wichtigen Aspekten ihrer alltäglichen Existenz.[50] Als »Bild, Fiktion, Modell, Metapher« oder Allegorie stellt der Hahnenkampf, wie er auf Bali »mit Hilfe von Federn, Blut, Menschenansammlungen und Geld« inszeniert wird, »gewöhnliche Alltagserfahrungen« auf der Ebene »reinen Scheins«, dar und macht sie »verständlich«. Geertz betrachtet den Hahnenkampf wie eine »Kunstform« im Sinne der eigenen Kultur. So wie ein Drama von Shakespeare für uns, schafft der Hahnenkampf für die Balinesen ein »paradigmatisches menschliches Ereignis«, wie ein Streichquartett oder ein Stilleben eröffnet er den Zugang zu Dimensionen der eigenen Subjektivität. Der Hahnenkampf als »Kunstform« »repräsentiert« jedoch nicht nur eine »vorweg existierende« Empfindung – Geertz setzt hinzu: in »analoger« Weise –, er »schafft« sie eigentlich erst und erneuert sie immer wieder. Der Text des Handelns, so soll das wohl heißen, konstituiert eine Welt (siehe Geertz 1973c: 443f., 448-453 bzw. 1983e: 245f., 252-259).

Die These, institutionalisierte kulturelle Handlungsformen bildeten einen Text, dient dazu, einen wissenschaftlichen Objektivismus selbst und gerade dann noch zu rechtfertigen, wenn es doch scheinbar darum gehen soll, die Anderen als Interpreten ernst zu nehmen, ihr Verständnis von Vorgängen, zumindest denen in ihrer Welt, zum Ausgangspunkt zu nehmen. So wie die textuelle Fixierung eines gesprochenen »Diskurses« nach Ricœurscher Vorgabe alle Bezüge zu einer konkreten Interaktionssituation und zur

---

50 Die »Statushierarchie«, das »Selbstwertgefühl«, die latente Spannung, Aggressivität und Brutalität der balinesischen Gesellschaft (1983e: 237, 249-251): die Interpretation des balinesischen Hahnenkampfes helfe das Ereignis der schweren Massaker eher zu verstehen, die auch auf Bali im Dezember 1965 im Zuge der Machtübernahme durch das indonesische Militär stattfanden (1983e: 258f., Anm.)!

Autorintention abstreift, gibt auch die strukturelle Fixierung des *noema* von Handlungen diesem eine situationsunabhängige, von individuellen Handlungssubjekten abgelöste objektive Existenzform als »acted document«. So gegeben, vom Ethnologen vorgefunden, braucht dieser, wie Geertz annimmt, nichts mehr weiter zu tun, als die als ein Text ausgebreitete Kultur »über die Schultern« derjenigen zu lesen, zu denen sie strenggenommen gehört (1973c: 452; 1983e: 259). Die – soll man jetzt sagen: »sekundäre«? – Textualisierung durch den ethnographischen Autor (nämlich Geertz), der die zunächst sozial inskribierte Bedeutungsstruktur für eine Leserschaft in seiner Kultur als Text im ursprünglichen Wortsinne aufbereitet, wird von Geertz in diesem Zusammenhang nicht thematisiert. Seine Interpretationsleistung verwischt bis zur Unkenntlichkeit mit der Interpretation, die die Balinesen im Hahnenkampf angeblich selbst vorgelegt haben (vgl. Crapanzano 1986: 74). Das Bild des über die Schultern der Anderen Lesenden beschreibt obendrein eine asymmetrische Beziehung. Geertz malt nicht, worauf ebenfalls Vincent Crapanzano hinweist, das Bild einer Begegnung von Angesicht zu Angesicht, eines Dialoges des Ethnologen mit Angehörigen der betreffenden Gesellschaft über das »Gelesene« – den Hahnenkampf –, sondern das Bild eines Erkenntnissubjekts, das hinter und über den Gesellschaftsmitgliedern verborgen, unsichtbar, an höchster und neutraler Position stehend sich die fremde Bedeutungswelt aneignet (vgl. ebenfalls Clifford 1988b: 41). Die Balinesen bleiben blasse, anonyme Chiffren.

Geertz dehnt das Konzept der »Kultur als Text« auf fast alle erdenklichen Aspekte gesellschaftlichen Lebens aus. Ebenso wie Argumente, Melodien, Formeln, Karten und Bilder betrachtet er auch Rituale, Paläste, Technologien und Gesellschaftsformationen als Texte, die zu lesen sind (1980: 135). Weniger als seine vergleichenden und historischen Werke begreift er einige seiner Darstellungen bestimmter institutioneller Konfigurationen wie die des balinesischen Hahnenkampfes oder die des balinesischen Theaterstaats als konsequente Anwendung seiner Idee von Ethnologie (Shankman 1984: 265). Als beispielhaftes Muster der Geertzschen Auffassung von Kulturinterpretation ist der Hahnenkampfessay zum Gegenstand massiver Kritik geworden. Geertz stellt keinen konkreten Hahnenkampf dar, sein Text des Hahnenkampftextes abstrahiert von der Perspektive konkreter Personen, einzelner Beteiligter bzw. Handelnder und deren jeweiligen Interpretationen des Geschehens, und präsentiert ein distanziertes, generalisiertes, bisweilen herablassendes[51] Bild »der« Balinesen als überindividueller Gesamtheit, des generalisierten »Eingeborenen« und des balinesischen »Nationalcharakters«, im »zeitlosen Präsens« des ethnographischen Realismus (*ethnographic present*).[52] Nicht nur mit der Übertragung westlichen Kunstverständnisses, sondern auch durch Verwendung höchst aufgeladener Bilder von Sex und Gewalt, die vertraute Strategien psychologisierender Erklärung von Verhaltensmustern suggerieren[53], stellt er eine Komplizenschaft zum westlichen Leser her (vgl. Crapanzano 1986: 69). Geertz differenziert nicht zwischen verschiedenen Interpretationen und Positionen, wie sie sich auch innerhalb der balinesischen Gesellschaft etwa aus den starken Statusunterschieden, die ja Hauptthema des Hahnenkampfes sein sollen, ergeben, er übergeht die Frage des differentiellen Zugangs zu verschiedenen Symbolsphären (vgl. Keesing 1987: 163). Frauen werden der Einheitsperspektive stillschweigend subsumiert – immer wieder begegnen »die« Balinesen –, obwohl Frauen nach Geertz' Darstellung vom Hahnenkampf ausgeschlossen sind und entsprechend eine andere Warte einnehmen dürften. Unerörtert bleibt, ob die Betroffenen selbst im metasozialen Kommentar die eigentliche Funktion des Hahnenkampfes sehen und wenn nicht, was das für den Anspruch bedeutet, die »Perspektive der Handelnden«, in ihrem objektiven Sinngehalt, zu rekonstruieren. Ohne irgendeinen Versuch des Nachweises unterstellt Geertz den Balinesen Erfahrungen, Ab-

---

51 »Die Balinesen führen nie etwas in einfacher Weise aus, wenn es auch komplizierter geht« (1983 e: 220). – Dan Sperber (1989, Kap. 1) hat der in der Ethnographie verbreiteten »freien indirekten Rede« die systematischste Kritik gewidmet: Aussagen, Überzeugungen, Einstellungen, Empfindungen werden nicht bestimmten Personen, sondern statt dessen pauschal einer ganzen Gruppe zugeschrieben.
52 Siehe zum letzten Punkt die Kritik von Watson (1989: 25 ff.). Geertz übergeht Wandlungen der balinesischen Gesellschaft wie des Hahnenkampfes selbst (siehe auch weiter unten).
53 Hähne als »maskuline Symbole«, als »Ausdruck oder Übersteigerung des Selbst ihrer Eigentümer«, als »narzißtische(s) männliche(s) Ego in äsopischer Gestalt«, die Identifikation »des« balinesischen Mannes mit seinem Hahn als (unter anderem) Identifikation »mit seinem idealen Selbst oder gar seinem Penis« etc. (1983 e: 209, 212, 213).

sichten, Motive und Auslegungen. »There is only the constructed understanding of the constructed native's constructed point of view« (Crapanzano 1986: 74). Als überindividuelles kulturelles Phänomen hat der Text des Hahnenkampfes keinen bestimmten Autor – außer eben den außer- und oberhalb stehenden Ethnologen. Die einzig konkrete Szene bietet denn auch die sogenannte »arrival story« am Anfang, die den Ethnologen und seine Ehefrau – nicht die Balinesen – als individuelle Personen, die »dort waren«, einführt und seine Repräsentation der Anderen autorisiert.[54]

Die Interpretationsstruktur der interpretativen Ethnographie

Die Übertragung der Texthermeneutik auf das Feld sozialen Handelns hinterläßt zwiespältige Gefühle. Clifford Geertz schafft im Bereich der Ethnologie eine Sensibilität für die Problematik der Repräsentation, des Schreibens und der Autorschaft sowie für die Konstruiertheit sozialwissenschaftlicher Darstellung. Er initiiert das neue literarische Bewußtsein der Ethnologie und löst die Bewegung der Reflexion auf das ethnographische Tun mit aus. Er rückt die Anderen als Produzenten ihrer eigenen Interpretationen ins Rampenlicht und eröffnet, so scheint es einen Monent lang, die Möglichkeit, sie als Subjekte anzuerkennen. Sein eigenes Werk wird den so geweckten Erwartungen jedoch nicht gerecht. Der Anspruch, den interpretativen Charakter kultureller Lebenswelten und die Fähigkeit zur Selbstauslegung von seiten der Gesellschaftsangehörigen ernst zu nehmen, wird durch die Substantialisierung des Textbegriffs unterlaufen, der den objektivistischen Zugriff der älteren Ethnologie fortzusetzen erlaubt und das Interpretationsprivileg des Ethnologen bewahrt. Mit dieser Präponderanz des Hermeneutischen ist zugleich eine Einengung des Handlungskonzepts wie auch der eigenen wissenschaftlichen Praxis verbunden.

Geertz äußert einen prinzipiellen, aber nicht näher präzisierten

54 Zur Bedeutung der »arrival story« in der Ethnographie siehe Pratt (1986: 35 ff.), zur Bedeutung in Geertzens *Hahnenkampf* Crapanzano (1986: 69 ff.) sowie Clifford (1988 b: 40 f., in diesem Band, S. 134). Die Demonstration, »dort gewesen« zu sein, bildet eines der wesentlichen Kennzeichen, die für Geertz (1990) die im ethnographischen Text inszenierte »ethnographische Autorität« konstituieren.

Anspruch, mit den Anderen (als Kollektiv, nicht als Individuen) in ein Gespräch einzutreten. Von einem Dialog, der unter anderem bedeutet hätte, jenen die eigene, ethnographische Deutung ihrer Welt vorzulegen, findet sich bei Geertz jedoch keine Spur. Geertz richtet seine autoritative Darstellung der Anderen an ein Publikum aus Angehörigen *seiner* Kultur, das er von seiner Auslegung zu überzeugen sucht – insofern ist dieses wenn schon nicht Dialogpartner, so doch Zielgruppe seines Monologs; die, um die es geht, sind dagegen weiterhin nichts als Figuren in seinem Diskurs, »cardboard figures« (Crapanzano 1986: 71). Interpretation im Stile der Texthermeneutik erlaubt die Fortführung des herkömmlichen ethnographischen Monologs: Im »Dialog« mit einem Text und dessen Autor sieht sich selbst jemand, der dem hermeneutischen Ansatz grundsätzlich positiv gegenübersteht wie Jürgen Habermas, nur als ein »virtueller« Gesprächspartner (Habermas 1981: 193). Aktiv schöpferisch ist allein der Ethnologe – ohne daß er als Subjekt der Interpretation wirklich sichtbar wird –, die konkrete Stimme der Anderen fehlt gänzlich. Auch wenn Geertz den generellen Visualismus der Humanwissenschaften auf das »Lesen« hin zuspitzt und beschränkt, bleibt er damit in der Rolle des distanzierten Beobachters. Der Ethnologe »durchdringt« Kultur wie einen literarischen Text – Geertz benutzt dasselbe Wort (*to penetrate*) gegenüber der fremden Kultur wie Malinowski zuvor (1973c: 448, 1983e: 253). Ironischerweise gewährt gerade die Berufung auf Denk- und Handlungskategorien der Angehörigen der untersuchten Gesellschaft eine äußerst subtile Garantie der Autorität des ethnographischen Textes und der Überlegenheit des wissenschaftlichen Erkenntnissubjekts (D. Tedlock 1985: 64, 72; Scholte 1986: 11; Hobart 1990: 306).

Geertz präsentiert den Hahnenkampf als Resultat eines Inskriptionsprozesses. Darin steckt eine doppelte Verkürzung: zum einen legt er nicht offen, wie er zu seiner Auslegung kommt und die interpretative Welt der Anderen erschließt (1), zum anderen läßt er im unklaren, wie die Angehörigen einer Gesellschaft ihren kulturellen Text verfassen oder wie er aus ihrem Handeln als kollektives Sediment ersteht und sich erhält (2). Geertz konzentriert sich allein auf die Bedeutung von Texten und vernachlässigt deren Produktion und Reproduktion.

1. Geertz vermittelt im Hahnenkampf-Artikel, im Gegensatz zu seinen programmatischen Äußerungen, den Eindruck, als sei der

Text unmittelbar zugänglich, als liege er unmittelbar im Handeln der an diesem Sport Beteiligten zutage. Da die Informanten nicht erwähnt werden, auf die er sich zwangsläufig gestützt haben muß[55], bleibt unklar, ob er den mündlichen Diskurs der Gesellschaftsangehörigen als Teil des kulturellen Handlungstextes begreift oder ob er deren Äußerungen als Primärinterpretationen des kollektiven Textes versteht, aus denen er dann indirekt den »Basistext« rekonstruiert. Er blendet damit auch die Differenzen zwischen den verschiedenen Interpretationen auf balinesischer Seite aus und legt sie autoritativ auf *eine* Auslegung fest. Der tatsächliche Erkenntnisprozeß bleibt hinter dem narrativen Stil der dichten Beschreibung verborgen. Die grundlegende epistemische wie politische Asymmetrie zwischen wissenschaftlichem Diskurs und dem Diskurs derjenigen, die Objekt des wissenschaftlichen Diskurses werden, wird von Geertz trotz der Zeitgenossenschaft mit Autoren wie Foucault und Said ausgeblendet (Scholte 1986: 12).

Obwohl Geertz es ist, der das Augenmerk auf das Tun des Ethnographen lenkt und die Thematik des Schreibens in die ethnologische Diskussion einbringt, und obwohl er das klassische Bild der Selbstreferenz, die Figur des hermeneutischen Zirkels, rhetorisch immer wieder betont, nimmt er sich und sein eigenes Tun stets aus (Phipps 1989; Webster 1986: 58). Noch in seinen neueren Betrachtungen zur ethnographischen Autorschaft (Geertz 1990), in denen er jene Gedankenlinie weiterführt, vermeidet er jeden Bezug auf seine eigene wissenschaftliche Arbeit. Auch hier spricht er wieder nur über Andere, in diesem Fall andere Autoren, und macht bezeichnenderweise, aber dazu passend, die selbstreflexiven Tendenzen der jüngsten Debatten den anderen Ethnologen gerade zum Vorwurf. Dies zeigen seine sarkastischen Bemerkungen zu Vincent Crapanzano, Kewin Dwyer und Paul Rabinow, die er, obwohl zum Teil einmal seine eigenen Studenten, zusammen mit einigen anderen Ethnologen als »Malinowskis Kinder« von sich distanziert (1990: 75 ff.). Geertz verweigert – und das Paradigma der Texthermeneutik erlaubt dies – eine Objektivierung seiner eigenen Partizipation. Seine Theorie der Interpreta-

---

[55] In einem kürzlich geführten Interview weist Geertz auf seine sehr beschränkte Kenntnis des Balinesischen hin, das er nie systematisch gelernt habe (1991: 606).

tion reproduziert die Struktur des Objektivismus, sein Verständnis der hermeneutischen Tätigkeit droht sich auf formale Methodologie zu reduzieren, die nicht in der realen Konfrontation zwischen Subjekt und Objekt verankert ist.[56] Geertz ignoriert den sozialen Praxiszusammenhang, in den auch die Erkenntnisproduktion – und die literarische Tätigkeit – eingebettet ist.[57] Zugleich bedeutet dies, die Geltungsansprüche der Auslegungen der *conditio humana* durch die Anderen, ihrer Antworten auf existentielle Grundprobleme, entgegen aller hermeneutischen Rhetorik nicht anzunehmen. Rabinow (1983: 66f.) wirft Geertz eine Ästhetisierung epistemologischer und ethischer Fragen vor.

2. Geertz unterschlägt den Prozeßcharakter sozialen Handelns. Er übergeht die Frage, wie Interpretationen intersubjektiv konstituiert und rekonstituiert werden und wie die Beteiligten ihre Auslegungen aufeinander abstimmen (da es ja um kollektiv geteilte Bedeutungen geht): eine »Semiotik« ohne Pragmatik.[58] Er geht nicht näher auf die Zusammenhänge zwischen Interpretation und sozialer Praxis, der Produktion und Reproduktion kultureller Lebenswelten und sozialer Strukturen ein.

»Cultures are webs of mystification as well as signification« (Keesing 1987: 161). Als Ideologien können Bedeutungsstrukturen soziale Verhältnisse in ein bestimmtes Licht tauchen oder legitimieren, die Position einiger verstärken und zur Unterdrückung anderer beitragen. Geertz fragt nicht nach Herrschaftsfunktionen kultureller Muster, er übergeht den »Konflikt der Interpretationen«, die Frage von hegemonialen und Gegendiskursen, kurz das Moment von Macht in der Kultur. Er blendet darüber hinaus in der eigentlichen »Text«exegese den Kontext kolonialer und postkolonialer Dominanz- und Abhängigkeitsstrukturen aus, in denen sich nicht nur seine Interpretation, sondern auch die interpretative Praxis der Untersuchten entfalten: Der Hahnenkampf war auf

---

56 Auf die eine, frühe Ausnahme in seinem Werk, als er die »Fiktionalität« der Feldforschungssituation vor Augen führt, gehen wir weiter unten in Teil 4 noch ein; siehe S. 80.
57 Siehe hierzu auch Webster (1982: 97, 111); Scholte (1986: 11).
58 Diesen Aspekt beachtet eher ein anderer wichtiger Anreger der symbolischen Anthropologie, Victor Turner. In seinen Forschungen hat er primär den Handlungs-Bezug von Symbolen im Kontext der »performance« unterschiedlichster Formen des sozialen und rituellen »Dramas« akzentuiert (vgl. 1974, 1985, 1987, 1989).

Bali unter den Holländern und in der von Java dominierten indonesischen Republik illegal und wurde, wie die Eingangssequenz des zugehörigen Essays zeigt, massiv verfolgt (Geertz 1983 c: 204; dazu Roseberry 1982: 1020f.).
Fragen der Interaktion (eingeschlossen die sozialen Auseinandersetzungen) und sozialen Kreativität schenkt er keine Beachtung. Die Reduktion aufs Kollektiv, die Abstraktion des generalisierten »Eingeborenen« läßt soziale Interaktionsprozesse in einer Entität zusammenfallen und schließt eine Untersuchung sozialer Verhältnisse aus. Einige wenige, visuelle Kernmetaphern erschließen Leitgedanken, die dem Handeln Bedeutung verleihen.
Geertz reduziert die Subjektivität der Handelnden und deren Fähigkeit zur Sinngebung: interpretative Praxis verengt sich zum Kommentar. Wie ein handlungsentlasteter, in die Vorgänge, die er interpretiert, nicht eigentlich integrierter Hermeneutiker verlieren sich die Angehörigen der betreffenden Gesellschaft in der Betrachtung ihrer alltäglichen Lebenspraxis, ohne daß dies irgendwelche Konsequenz und Relevanz für diese Praxis hätte. Der balinesische Hahnenkampf »läßt, wenn man das Wort im umgangssprachlichen Sinne gebraucht, nichts geschehen«, praktische Konsequenzen werden auf »reinen Schein reduziert«: »Der Hahnenkampf ist nur für die Hähne ›wirklich wirklich‹« (Geertz 1983 e: 245 f.). Als bemühe er sich um eine idealtypische Illustration Bourdieuscher Kritik am sozialwissenschaftlichen Erkenntnissubjekt, verallgemeinert Geertz seinen eigenen, theorieorientierten Objektzugang und überträgt ihn auf das Objekt (Bourdieu 1987: 57 ff.; vgl. Rabinow 1983: 70). Auslegung, nicht Gestaltung, Reproduktion oder Umgestaltung einer Lebenswelt steht im Vordergrund: Der Handlungsbezug kultureller Interpretation bleibt abstrakt. Geertz reduziert soziale Phänomene, den gesamten gesellschaftlichen Kontext auf Text und löst damit gesellschaftsinterne wie gesellschaftsexterne Differenzen auf. Seine Handhabung der semiotischen Interpretation bedeutet eine Rückkehr zum holistischen Kulturbegriff.

Seitensprünge: Die Abspaltung des Subjekts

Die Hinwendung zum Text erschließt eine Dimension des wissenschaftlichen Erkenntnisprozesses, die bislang unterbelichtet blieb. Indem Erkenntnis als Textproduktion, als Verschriftlichung von Diskurs und Handlungspraxis thematisiert wird, werden die Bedingungen für die Möglichkeit einer Erörterung ethnographischer Repräsentationspraxis geschaffen. Daß Geertz selbst den Weg der Reflexion nur zögerlich und halbherzig mitging, mag mit der Beschränkung seines Handlungsbegriffs zusammenhängen, der auch die anfänglich noch denkbare Selbstthematisierung der eigenen Forschungspraxis ausschloß. Daß der reflexive Effekt ansonsten so stark war, ist denn auch nicht einfach nur der interpretativen »Wende« geschuldet. Das Feld wurde vielmehr ebenfalls mitbereitet durch die zunehmende Artikulation von Selbstzweifeln und die wachsende Bereitschaft zur Selbstbefragung, die auf die verunsichernde Erfahrung der unmittelbaren Begegnung mit anderen Kulturen reagiert.
Malinowski hatte gezeigt, daß die subjektive Beziehung des Forschers zu seinem Objekt wissenschaftliche Erkenntnis möglich machte. Doch Wissenschaft verlangte die Abstraktion der objektivierbaren Seite der Phänomene von den interpersonellen Beziehungen, durch die diese zuallererst zugänglich geworden waren. Malinowskis Modell setzte eine Trennung zwischen erkennendem Subjekt und Alltags-Subjekt, dessen Denken durch vor- und außerwissenschaftliche Kategorien geprägt war, voraus. Damit grenzte er auch die »Amateur«ethnographen und vor allem die Angehörigen der von ihm untersuchten Kultur selbst aus dem Erkenntnisprozeß aus.
Nur gelegentlich scheint die persönliche Seite der Beziehung zwischen Forscher(in) und Gegenüber im wissenschaftlichen Produkt, der textlichen Darstellung der Anderen, durch. In erster Linie diente der Rückbezug auf die Person des Forschers jedoch als rhetorisches Mittel, um die objektive Beschreibung zu authentisieren und autorisieren. Virtuose Ethnographen wußten stets den Effekt der subjektiven Stilisierung ihrer Objektivierung des Fremden zu nutzen. Noch Geertz inszenierte seinen Hahnenkampf-Text entsprechend. In Standard-Monographien verschwand die Person des Forschers oder der Forscherin (nach den einleitenden Bemerkungen) hingegen ganz.

Den Bruch zwischen persönlicher Begegnung und Involviertheit und anschließender Objektivierung haben viele Ethnologen krass erlebt und als eine Art »double bind« erfahren: »As graduate students we are told that ›anthropology equals experience‹; you are not an anthropologist until you have the experience of doing it. But when one returns from the field, the opposite immediately applies: anthropology is not the experiences which made you an initiate, but only the objective data you have brought back« (Rabinow 1977: 4; vgl. B. Tedlock 1991: 72). Die Spuren der komplexen Feldforschungssituation wurden in den Ethnographien weitgehend getilgt, selbst dort, wo behauptet wird, man stütze sich auf Interpretationen, die die Anderen selbst vorgelegt hätten. Als persönliche Angelegenheit wurde die Feldforschungserfahrung verdrängt oder abgedrängt ins Private, ins Tagebuch. Dies läßt sich mit Georges Devereux (1973: 109 ff.) als »professionelle Abwehrstrategie«, die unkontrollierte Gegenübertragungsreaktionen auslösen kann, interpretieren.[59] Nicht jede Ethnologin und jeder Ethnologe waren jedoch auf Dauer zu der geforderten Abspaltung des subjektiven Moments fähig oder bereit.

Die abgespaltene Seite konnte, wenn und insoweit sie doch öffentlich artikuliert wurde, Ausdruck zunächst nur außerhalb des damaligen Kanons wissenschaftlichen Schreibens finden. So etwa in Form romanähnlicher Verarbeitungen der eigenen Feldforschungsgeschichte, zum Teil noch unter Pseudonym, um den Verstoß gegen den akademischen Kodex zu kaschieren – als bekanntestes und zugleich eines der frühesten Beispiele gilt E. S. Bowens alias Laura Bohannans *Rückkehr zum Lachen* (1984 [1954]). Oder im Rahmen von Autobiographien (so etwa Lowie 1959, Powdermaker 1966), zum Teil auch in persönlich gehaltenen Dokumentationen, vor allem im französischen Raum (Lévi-Strauss 1978

---

59 *»Die Elimination des Individuellen* aus ethnologischen Feldberichten war früher eine Routineprozedur. [...] Linton zitierte mir gegenüber einmal die folgende Bemerkung eines Kollegen: ʻMeine Monographie über den Soundso-Stamm ist fast fertig. Das einzige, was mir noch zu tun bleibt, ist, das Lebendige (d. h. alle Hinweise auf reale Menschen und Ereignisse) zu streichen« (Devereux 1973: 115). Diese Hinweise auf Devereux finden sich bei Crapanzano 1977 und B. Tedlock 1991. Devereux wird vor allem in der sogenannten ethnopsychoanalytischen Literatur aufgegriffen. In der hier wiedergegebenen Debatte wird er, wie auch sonst, bei aller thematischen Nähe nur am Rande beachtet.

[1955], Malaurie 1977 [1956], Balandier 1957, Leiris 1980/84 [1934]). Im Zentrum standen in allen Fällen die Erlebnisse und Taten des fremden Forschers.[60]

Die Separierung der persönlichen Felderfahrung vom ethnographischen Text wurde zunächst noch fortgesetzt, als auch innerhalb des Faches die subjektive Seite der Forschung Aufmerksamkeit zu finden und sich der Feldforschungsbereich als eigene Untergattung zu etablieren begann. Seit den sechziger Jahren entstand eine wachsende Zahl von »ethnographic memoirs« (B. Tedlock), häufig als »confessional literature« bezeichnet, neben den eigentlichen Monographien. Durch mehrere Sammelbände, die zum Teil auch die *counterparts*, die ethnologischen Informanten, ins Licht rückten, wurde diese Entwicklung anfänglich forciert (siehe etwa Casagrande [Hg.] 1960, Freilich [Hg.] 1970, Golde [Hg.] 1970, Spindler [Hg.] 1970).[61]

Die Problematik der erwähnten Aufspaltung zwischen »Subjektivem« und »Objektivem« wurde drastisch vor Augen geführt mit der Veröffentlichung von Malinowskis privaten Tagebüchern. Damit wurden über die epistemologische Problematik des Verhältnisses von Subjektivität und Objektivität und die psychologische Problematik der Beziehung zwischen Erforschten und Forscher(in) hinaus auch die ethischen und politischen Dimensionen der Feldforschung – das Eindringen in das Leben Fremder und dessen kognitive Aneignung – sichtbar. Malinowskis Tagebuch

---

60 Frauen scheinen zumindest im angelsächsischen Kontext bei dieser Reflexion der persönlichen Aspekte ethnographischer Feldforschung besonders initiativ gewesen zu sein. Die Bereitschaft zu einer derartigen Selbstbefragung scheint generell bei denen größer gewesen zu sein, die nur eine marginale Rolle im Wissenschafts-Betrieb jener Zeit inne- und entsprechend weniger zu verlieren hatten. So meint Lévi-Strauss später in Hinblick auf seine Veröffentlichung der *Traurigen Tropen*: »Ich habe mit meiner Vergangenheit gebrochen, mein Privatleben rekonstruiert und *Traurige Tropen* geschrieben, ein Buch, das ich niemals zu veröffentlichen gewagt hätte, wenn ich in irgendeinen Wettstreit um einen Universitätsposten verwickelt gewesen wäre« (Lévi-Strauss und Eribon 1989: 79).

61 Zu einer Diskussion dieser Entwicklung und einem sehr guten Literaturüberblick siehe B. Tedlock 1991. – Auch der seltene Fall einer analytischen Perspektive auf die Interaktion zwischen Feldforscher und Untersuchten (Berreman 1962) änderte an der Trennung zwischen Monographie und Feldforschungsbeschreibung zunächst nichts.

ließ die Hierarchie zwischen Subjekt und Objekt der Erkenntnis unübersehbar deutlich werden, die er angesichts der eigenen Hilflosigkeit und Verlorenheit als Fremder in einer neuen Welt stark akzentuierte. Sie kam zum Ausdruck nicht nur in Bemerkungen rassistischen Charakters, sondern vor allem in dem Gefühl, kognitiv über die Anderen verfügen zu können: »Feeling of ownership: It is I who will describe them or create them« (Malinowski 1967: 140).

Die Krise des Subjekts, das die Feldforschung betreibt, ging einher mit einer Kritik der Feldforschung selbst. Verschiedene Vorgänge – neben der posthumen Veröffentlichung der Malinowskischen Tagebücher – trugen zu einer Erschütterung der Autorität des Feldforschers bei. D. Freemans (1983) Kritik der Studie Margaret Meads über Adoleszenz auf Samoa löste eine heftige Kontroverse über den projektiven Charakter der Ethnologie aus, eine Diskussion entflammte ebenso um die Forschungen von Evans-Pritchard (siehe Johnson 1981, Arens 1983, Karp und Maynard 1983). Zu gleicher Zeit wurde vor dem Hintergrund des Vietnamkrieges erstmals im Fach selbst die eigene Verstricktheit in globale Dominanzstrukturen systematisch thematisiert (Asad [Hg.] 1973, Hymes [Hg.] 1974, Leclerc 1973 und andere). Schon damals wurde die Frage aufgeworfen, ob es politisch weiterhin zu verantworten sei, ethnographische Recherchen zu veröffentlichen. Die Mehrzahl der beteiligten Autoren setzte jedoch auf eine theoretische, gesellschafts- und methodenkritische Neuorientierung. Schließlich begannen sich, weniger spektakulär, doch auf Dauer von um so größerer Bedeutung, Ansätze zu einer Wandlung in den Beziehungen zwischen Erforschten und Forschern zu zeigen, die die Objektkonstitution selbst verändern. »The Others speak back.« In den westlichen Diskurs hineingerissen – zunächst nur als Objekte –, verstärkten die Betroffenen jetzt ihren Kampf um die Wiederaneignung der eigenen Subjektivität und Repräsentation. Das Spektrum reicht von den grundsätzlichen politischen Attacken und Appellen Frantz Fanons (1969 [1961]) über die Dekonstruktion des hegemonialen Diskurses des Westens, der die Anderen fixierte und noch die Kritik daran zu binden droht (Said 1981; Nandy 1983 und andere), bis zur Hinterfragung des autoritativen Bildes der einzelnen Kulturen, das die Ethnologie durchgesetzt hat: So wendet sich etwa John Kasaipwalova, Ethnologe und Politiker von den Trobriand-Inseln, gegen das Werk

Malinowskis mit den Worten: »... if we are going to depend on anthropological studies to define our history and our culture and our ›future‹, then we are *lost*.«[62]

Westliche Ethnologen begannen zu spüren, daß ihre wissenschaftliche Autorität brüchig wurde, wenn plötzlich Angehörige der analysierten Kulturen – immerhin noch ! – in ihren Seminaren saßen und die Darstellungen der Ethnographen ergänzten und korrigierten (siehe etwa Wolf 1987: 117). Die kognitiven Dominanzstrukturen blieben jedoch vorerst noch weitgehend wirksam. Die Beteiligung von Angehörigen nicht-westlicher Gesellschaften an der Erforschung ihrer Welt konnte zunächst noch als Spezialfall der eingespielten Forschungsweisen abgetan oder aufgefangen werden, als Subdisziplin einer *indigenous anthropology*[63], reproduzierte sie doch die etablierte Subjekt-Objekt-Relation eher, als daß sie sie fundamental angriff (dazu Veena Das, in diesem Band, S. 417, Anm. 29).

Die sich andeutende Veränderung in den Interaktionsbeziehungen und die Verschiebung der ethischen und politischen Dimensionen ethnologischen Tuns wirkten bei der weiteren Entwicklung der fachimmanenten Diskussion zunächst mehr hintergründig. Treibendes Moment war eher das vorherrschende Interesse einer Ethnologie, die weiterhin in westlichen Diskursen verankert und von westlichen Forschern dominiert war, sich der eigenen Subjektivität gegenüber dem Anderen zu vergewissern und die erkenntnistheoretischen Konsequenzen aus der Krise zu ziehen, in die die wissenschaftliche Repräsentation des Fremden geraten war.

Die weitere Entwicklung spielte sich auf zwei Ebenen ab, der einer metaanthropologischen Diskussion um die Grundlagen und Voraussetzungen der ethnologischen Forschungs- und Repräsentationspraxis und der von praktischen »Experimenten« mit neuen Formen der Ethnographie, die die grundsätzlichen epistemologischen, ethischen und politischen Einsichten umsetzen und die Repräsentation der Subjekt-Objekt-Beziehung neu konstituieren sollen.[64] Barbara Tedlock sieht im Rahmen experimenteller

---

62 Zitiert nach Michael Young ([Hg.] 1979: 17).
63 Vgl. dazu unter anderem den Sammelband *Indigenous Anthropology in Non-Western Countries,* den Hussein Fahim 1982 herausgegeben hat, sowie Emiko Ohnuki-Tierney (1984).
64 Die Rede von einer »experimentellen« Phase der Ethnographie verdankt sich vor allem den einflußreichen Aufsätzen und Schriften von

Ansätze einen neuen Typus »narrativer Ethnographie« Gestalt gewinnen, der mit dem Subjektivismus der »bekennenden« Feldforschungsberichte bricht. Bildet in den persönlichen Feldforschungsberichten die Person der Feldforscherin oder des Feldforschers das Zentrum der Darstellung und den einzigen ausgeformten Charakter, so versucht die »narrative Ethnographie« Forscherin oder Forscher in der Interaktion und dem Dialog mit den Erforschten zu situieren und die Erzählerpersönlichkeit stärker zurückzunehmen (Tedlock behauptet sogar: macht sie oder ihn zu einer Figur von zweitrangiger Bedeutung). An die Stelle einer »self-revelatory celebration« trete die Frage, was die Forscherin oder der Forscher in den Augen der Anderen sei. Das Bemühen zielt darauf, in die Repräsentation der Anderen die partizipatorische Beziehung und den Vorgang der Repräsentation eingehen zu lassen (B. Tedlock 1991: 79 ff.).[65]

4. Ethnographie zwischen Distanz und Dialog: die Stimmen der Anderen

Der neue Sprung, den die Anthropologie oder bestimmte tonangebende Teile der Disziplin mit der bedeutungstheoretischen Wende taten, erwies sich, nimmt man Geertzens Position zum Maßstab, als zwiespältig: die Symbol- und Sprachhaftigkeit menschlichen Handelns drohte durch die Einführung des Text-

---

Marcus und Cushman (1982), Clifford (1988 b, in diesem Band, und Marcus und Fischer (1986).

[65] B. Tedlocks Hauptbeispiel einer »narrativen Ethnographie« bildet Jean-Paul Dumonts *The Headman and I* (1978). Starke Einflüsse in diese Richtung sieht sie aber gerade von solchen Ethnologen ausgehen, die nicht-westlichen Gesellschaften entstammen – Tedlock versucht diejenigen, die sie im Auge hat, als »›native‹ ethnographers« von den erwähnten »indigenous anthropologists« abzusetzen, ohne daß die Trennungslinie besonders klar würde. Jene betonten, daß Beobachter und Beobachtete keine völlig getrennten Kategorien darstellen, und suchen die Spaltung zwischen akademischen Gesichtspunkten und außer-akademischen Erfahrungen zu überbrücken. Namentlich erwähnt sie Daniel (1984), Appadurai (1986) und Trinh Minh-ha (1989), nicht so sehr, weil sie selbst narrative Ethnographien vorgelegt, sondern weil sie die Entwicklung in diese Richtung befördert hätten.

analogs auf den eng umschriebenen und finalen, reifizierten Gegenstandsbegriff der Literaturwissenschaft (Bourdieus *opus operatum*) reduziert zu werden. Zugleich eröffnete diese Position in Gestalt der Rückwendung auf den wissenschaftlichen Inskriptionsprozeß aber auch einen Weg, der über sich selbst hinausweist: Bedeutung war nicht einfach nur objekthaft-realistisch gegeben, sie wurde im Schreiben erst eigentlich freigelegt und rekonstituiert. Die Selbstbeobachtung der Ethnologen im Feld schärfte ihrerseits die Sensibilität für das prekäre Verhältnis zwischen Forscher und Erforschten und lenkte die Aufmerksamkeit auf das Problem der intersubjektiven Genese ethnographischer Erkenntnis. Sowohl die hermeneutische als auch die »konfessionelle« Bewegung, die sich parallel zueinander entwickelten, verkörperten eine neue Stufe der Selbstthematisierung der Wissenschaft. Ihre Postulate und mehr noch ihre Aporien lösten einen selbstreflexiven Schub aus, der die Grundlagen der Fremddrepräsentation insgesamt erfaßte. Die Produktion ethnographischen Wissens und die Praxis der anthropologischen Interpretation und Interaktion rückten ins Zentrum und wurden erstmals systematisch und breit diskutiert.

Die Diskussion zum Selbst- und Objektverständnis einer Wissenschaft des Fremden setzte in voller Stärke in der zweiten Hälfte der siebziger Jahre ein. Sie nahm ihren Ausgang von den USA und blieb auch im englischsprachigen Raum konzentriert. Die sprunghaft hochschnellende Zahl an Publikationen zu diesem Komplex und der explorative Charakter vieler Beiträge erschweren eine Übersicht. Was im Werden begriffen ist, läßt sich oft erst in Konturen erkennen. Die Debatte ist auch deshalb nicht so leicht zu überschauen, weil ethische, politische und epistemologische Gesichtspunkte verquickt sind und die traditionellen Grenzen zwischen verschiedenen Diskursfeldern und Disziplinen durchbrochen werden.

Auch wenn es für manche den Anschein haben mag, so ist die Debatte doch nicht auf ein einzelnes Zentrum ausgerichtet. Zwar wird von Kritikern und Kommentatoren auf bestimmte Schriften und bestimmte Autoren immer wieder Bezug genommen – allen voran auf die Essaysammlung *Writing Culture* (1986), aus der auch drei der nachfolgenden Beiträge entnommen sind, sowie »On Ethnographic Authority« (1983/1988 b) von James Clifford, ebenfalls abgedruckt in diesem Band, häufig auch noch auf »Ethnographies as Texts« (1982) von George Marcus und Dick Cushman. Doch umfaßt dieser »Kanon« selbst schon durchaus unterschiedliche Ansätze, während andere wichtige Positionen der Diskussion darin noch gar nicht enthalten sind. Zu denen, die wichtige Beiträge zur Debatte geliefert haben, zählen neben den im vorliegenden Band versammelten Autoren – Paul Rabinow, James Clifford, Robert Thornton, Dennis Tedlock, Stephen Tyler, Talal Asad, Johannes Fabian, Pierre Bourdieu, Renato Rosaldo und Veena Das – auch einige weitere, die trotz ihrer Bedeutung hier nicht direkt vertreten sein können und die wie Steven Webster, Kevin Dwyer oder Vincent Crapanzano die Debatte selbst mit ausgelöst bzw. entsprechend vorangetrieben haben oder die wie Marilyn Strathern, Richard Fardon, Richard Burghart, Mark Hobart und andere später hinzugekommen sind und das Erreichte neu überdenken und in bis dahin vernachlässigte Richtungen weitertreiben. Auch diese Liste ist nicht umfassend und könnte um weitere Autoren und Autorinnen ergänzt werden, die entweder wichtige Kritiken vorgebracht oder angrenzende Felder reflektiert haben. Besonders stark sind Parallelen und Überschneidungen mit der Kritik an herrschenden Repräsentationsformen von seiten der feministischen Anthropologie (siehe dazu unter anderem Strathern 1987 a [vgl. dazu Rabinow, in diesem Band] oder Mascia-Lees u. a. 1989 und 1991, Kirby 1991).

Die Krise der Objektivierung

Im Hintergrund der Debatte steht eine neue Beziehung zum »Objekt« der sozialwissenschaftlichen Forschung bzw., vorsichtiger formuliert, der Versuch und die Forderung, ein neues Objektverständnis zu erarbeiten und die Subjekt-Objekt-Polarisierung zu überwinden. Hier treffen sich mehrere Trends: das Unbehagen der Feldforscher über die Ausblendung der Subjektivität und die Objektivierung und Distanzierung derjenigen, mit denen sie zuvor für gewisse Zeit und in gewissen Grenzen in engem, direktem persönlichem Kontakt gestanden hatten, sowie die Irritation darüber, in Dominanzstrukturen auf makro- wie mikrosozialer Ebene verwickelt zu sein, fällt zusammen mit der Kritik der epistemologischen Prämissen des in den Sozial- und Kulturwissenschaften vorherrschenden Repräsentationsmodus sowie einer Be-

wegung der »Dekonstruktion« der formalen Konditionen und rhetorischen Konventionen wissenschaftlicher Darstellungen. Bislang selbstverständlich praktizierte wissenschaftliche Handlungs- und Argumentationsweisen geraten unter verschiedensten und zum Teil disparaten Gesichtspunkten in Zweifel.
Die philosophische Kritik an wissenschaftlichen Repräsentationsformen[66] richtet sich vor allem auf die Annahme der Existenz einer beschreibungsunabhängigen Wirklichkeit und die Idee der Repräsentation als innerer Spiegelung und Visualisierung eines äußeren Objekts; verstärkt betont werden die gegenstandskonstitutive Seite und die historische Kontingenz der Interpretation. Zugleich rücken die Machtaspekte des Wissens und der Wissensproduktion stärker ins Bewußtsein, die über die kulturelle Hegemonie bestimmter Diskurse und Sprachen hinaus das Erkenntnisprivileg, die Interpretationsmacht, die sich ihrem Gegenstand aufprägt, und allgemein die herausgehobene Stellung der Wissenschaften betreffen. Die Betonung der sozialen Mediatisierung und Diskursivität von Erkenntnisprozessen und die Infragestellung unausgewiesener Prämissen geht einher mit einer wachsenden Skepsis (oder grundsätzlichen Leugnung) gegenüber der Möglichkeit und Berechtigung von Metadiskursen und universalistischen Fundierungsansprüchen. Wie Clifford betont, steht Wissenschaft *in* und nicht über historischen und linguistischen Prozessen (1986a: 2, 10).
Die genannten Einflüsse und Trends zusammengenommen, ergab sich unter Ethnologen ein breiter, wenn auch diffuser Konsens, nicht mehr nur *über* und vor allem nicht mehr *für* die Anderen sprechen zu wollen und Kultur(en) nicht mehr als etwas Fixes oder Fixierbares, das stillhält um porträtiert zu werden (Clifford), zu begreifen. Damit war eine Reflexion auf die Art und Weise der bisherigen ethnographischen und ethnologischen Wissensproduktion und Repräsentation der »Anderen«, das heißt auf die Prämissen von Aussagen und deren Implikationen aufgegeben. Zum Teil war dies verbunden mit einer Suche nach Veränderungen dieser Repräsentationsweise oder nach einer Verlagerung des konstitutiven Diskurses selbst. Das »Objekt« der Ethnographie gilt nicht mehr als

---

66 Hierfür stehen Namen wie Richard Rorty, Michel Foucault, Nelson Goodman und andere (siehe dazu in diesem Band auch den Beitrag von Paul Rabinow).

einfach gegeben, als Gegen-Stand entstehen die Anderen erst im Forschungs- oder allgemeiner im Interaktionsprozeß selbst: »othering« wird zu einer Leitvokabel, in der sich die Problematik der ethnographischen Erkenntnis bündelt. Im Raum steht eine Veränderung der Interaktionsformen zwischen uns und »den« Anderen, zwischen den als Kategorie ausgegrenzten Angehörigen »fremder« Welten und der hegemonialen westlichen Kultur.

Ethnographie hat immer zu kämpfen gehabt mit dem Mißverhältnis zwischen begrenzter persönlicher Erfahrung, in der der Wissensprozeß gründet, und dem Anspruch auf ein autoritatives Wissen über eine ganze Kultur, den sie mit ihrem Produkt, den Texten erhebt. Aus situationellen Begebenheiten erschuf der Ethnologe das Gesamtbild einer anderen Kultur. In einer Wissenschaft, die auf der individuellen Begegnung aufbaut, ist das Verstummen der Anderen und die Einseitigkeit der Rollenverteilung zwischen Forschungssubjekt und -objekt virulent. Nur in einer Inszenierung, die der Ethnologe vornimmt, kommen sie in dem Text, der ihre Welt darstellt, zu Wort: ihnen werden Motive, Bedeutungen, Überzeugungen und Sinnstrukturen zugeschrieben, allenfalls einzelne Bruchstücke ihrer Rede, herausgelöste Konzepte werden zitiert. Der hohe Stellenwert, der innerhalb der Ethnologie, viel allgemeiner und nachhaltiger als etwa in der Soziologie, der Forderung zugemessen wird, den Standpunkt der Handelnden wiedergeben zu wollen und sich nicht mit einer objektiven Analyse zu begnügen, läßt sich nur mit dem auf Dauer nicht verdrängbaren Unbehagen über den einschneidenden Bruch zwischen Begegnung und Repräsentation erklären. Um so auffälliger bleibt dann allerdings der Widerspruch, daß die Subjektivität der Anderen bisher mehr in ihrem Verschwinden, ihrer Objektivierung zur Geltung kam.

Eine Beziehung auf derselben Ebene wird den Anderen mit der Schaffung des ethnographischen Textes verweigert. Vielleicht am eindrücklichsten unter den Autoren der neueren ethnologischen Diskussion hat Johannes Fabian den Abbruch der kommunikativen Beziehung in der Ethnographie und den damit gegebenen fundamentalen Widerspruch zwischen Situation im Feld – Ko-Präsenz beider Seiten – und Re-Präsentation hervorgehoben (Fabian 1983 und 1990; vgl. unter anderem Tyler 1986: 123 [1991: 192]). Unter den verschiedenen Aspekten der Distanzierung hat Fabian als herausstechendsten den zeitlichen isoliert: seit den Modellen des Evolutionismus bis hin zu den modernisierungstheoretischen, entwicklungspolitischen Schemata, aber auch in symboltheoretischen und anderen Ansätzen werden die Anderen in eine Vor-Zeit zurückversetzt – »petrifiziert«. Ihnen wird die Zeitgenossenschaft, die Gleichzeitigkeit mit uns abgesprochen. Sie erscheinen als Objekte von Wissen und Macht. »The absence of the Other from our Time has been his mode of presence in our discourse – as an object and victim« (Fabian 1983: 154) Als alternative Auslegungen des Kulturmenschentums (Max Weber) fallen die anderen Lebensformen damit aus.

Der genannte Widerspruch äußerte sich wissenschaftstheoretisch als Spannung zwischen den zwei ungleichen Komponenten des Konzepts der »teilnehmenden Beobachtung«. Das partizipative Moment vermochte schon Malinowski bei aller Würdigung letztendlich nicht aus seiner defensiven Position zu befreien. Der Primat der Beobachtung negiert nicht nur die interaktive und kommunikative Basis des Erkennens – indem es von vornherein die Anderen als Objekt konstituiert –, er führt auch dazu, die Perspektive eines Nicht-Beteiligten, der Vorgänge liest und decodiert, auf Kosten der Perspektive von Interaktionsteilnehmern zu privilegieren (Bourdieu). Erkennen und Erkanntes liegen auf unterschiedlichen Ebenen, zwischen Erkennendem und Erkanntem wird eine grundlegende Andersartigkeit behauptet.

Die Krise der Fremdrepräsentation und die Zweifel an der Produktion ethnographischen Wissens sind über eng gezogene Disziplingrenzen hinaus von Bedeutung. Der Riß zwischen Subjekt und Objekt, die Spaltung zwischen Subjektivität und Objektivität ist aber in der Anthropologie viel unmittelbarer gegenwärtig, als wenn man Untersuchungen im eigenen gesellschaftlichen Umfeld vornimmt, das noch den Kontext seiner eigenen Repräsentation bildet. Über das genaue Verständnis der anthropologischen Erkenntnisprozesse und -bedingungen und nicht nur über die angestrebten Veränderungen sowie die Wege, die zu diesem Ziel führen sollen, bestehen jedoch beträchtliche Differenzen. Es existiert kein einheitliches Projekt, das von einem breiten Konsens getragen würde, noch ein einheitliches Bild der Position, an der man sich (gemeinsam) abarbeitet. Das Aufbrechen von Paradigmen und das Verquikken von unterschiedlichen analytischen Modellen sowie die metareflexive Selbstreferentialität tragen ein Übriges dazu bei, die Diffusität zentraler Kategorien zu verstärken. Das beginnt schon bei so grundlegenden und verbreiteten Begriffen wie Dialog und Diskurs.

Ethnologie, Reflexivität und Postmoderne

Die »neue Unübersichtlichkeit« sollte nicht einfach als Begleiterscheinung eines modischen Postmodernismus abgetan werden. Es ist hier nicht der Ort, das Phänomen der Postmoderne (oder die Phänomene, die von verschiedenen Seiten zu diesem Trend zusammengefaßt werden) zu erörtern. In ihrem kritischen Kern kann man postmoderne Dekonstruktionen als Fortsetzung der reflexiven und emanzipativen Tendenzen der Moderne begreifen, die jetzt auf sie selbst zurückgewendet werden. Dadurch werden zugleich grundlegende Paradoxien und Aporien jeder Selbstreflexion deutlich. Die selbstkritische anthropologische Bewegung trifft auf diesen Trend und nutzt die neuen Einsichten, sie ist aber entgegen mancher oberflächlichen Kritik nicht einfach das Produkt dieses Trends. Wie der vorliegende Beitrag zeigen sollte, ist die aktuelle Debatte vor allem auch als Ergebnis eines immanenten Reflexionsprozesses zu verstehen, der sich aus der Problematik einer Wissenschaft des Fremden und genereller des Exotismus als einer zentralen Facette des modernen Weltverhältnisses ergibt. Eine Problematik also, die der Beziehung des Westens zum »Rest« der Welt (Dwyer, Rabinow) und insbesondere der ethnologischen und anthropologischen Disziplin immanent ist und dieses Fach in seiner bisherigen Form in seinen Grundfesten erschüttert. Zugleich ist es die Frage, ob die starken phänomenologischen Einschläge in der neueren ethnologischen Diskussion, die Fundierung der Ethnographie in der Begegnung bzw. Konfrontation mit dem Anderen, nicht die umstandslose Subsumtion unter das Etikett Postmoderne geradezu verbieten.

Vielleicht sollte man eher umgekehrt den Beitrag der Ethnologie zur Genese der postmodernen Konstellation herausstellen. Der der Ethnologie inhärente kulturelle Relativismus und die – häufig ebenfalls universalen – Geltungsansprüche auch der nichtwestlichen Lebensformen sowie der dialogische Charakter der »Feldforschung« widerstreiten den universalen und imperialen Ansprüchen eines Projekts der Moderne, das im Westen – oder dem, was als solcher substantialisiert wurde – entwickelt wurde und von dieser Bindung bis heute geprägt blieb. Nicht zuletzt aus der Ablehnung jeglicher Rolle der Ethnologie, die über die Objektivierung der Anderen hinausgeht, rührt das grundsätzliche Mißtrauen ihr gegenüber, wie es noch – oder gerade – fortgeschrittenste Versuche einer

Begründung der Moderne bestimmt, die selbst an den kommunikativen Grundlagen menschlichen Handelns anknüpfen.[67]
In dem, was als postmodernes Denken gilt, wird zum ersten Mal seit der globalen Dominanz westlicher Diskurse und Handlungsformen die Pluralität soziokultureller Existenzweisen[68] von den Rändern der intellektuellen Diskussion ins Zentrum gerückt. Statt die neuere ethnologische Diskussion mit der Etikettierung als postmodern vorschnell abzuqualifizieren, sollte überlegt werden, ob nicht, wenn mit diesem Begriff schon operiert wird, die ethnologische Selbstkritik als wichtige Quelle »post«-moderner Selbstreflexion der Moderne zu betrachten ist. »Postmodernism can be seen as modernism rediscovering heterogeneity« (Eipper 1990: 110, vgl. dazu die Replik von Clifford 1990: 149f.). Vielleicht trifft dieser Versuch, Postmoderne zu definieren, am Ende genauer als so mancher derer, die sonst ins Feld geführt werden. Doch auch eine solche Charakterisierung schreibt noch den Reflexionsprozeß, der über den Diskurs der Moderne hinausweist, dem Westen allein zu und isoliert den Prozeß der westlichen Moderne bzw. Postmoderne von der nicht-europäischen Welt. Ist aber nicht, gibt Edward Said zu bedenken, die Krise der Moderne *unter anderem* auch durch das immer insistierendere Auftreten der Anderen ausgelöst worden, die, zunächst vom Kolonialismus überrollt, sich mittlerweile in den kolonialen Mutterländern Gehör verschaffen und Europa und den Westen vor den Zwang stellen, sie ernst zu nehmen? Und ist nicht kennzeichnend für diese Situation, worin die Verunsicherung der Moderne zum Ausdruck

---

67 Jürgen Habermas beschränkt sich auf eine sehr selektive Rezeption ethnologischer Literatur, die obendrein von vornherein evolutionistisch absorbiert wird (1976, 1981; Eder 1976; vgl. dazu kritisch Linkenbach 1986). Die Kritik von Fabian (1983) an der Distanzierung und Objektivierung der Anderen durch Verweigerung der Gleichzeitigkeit wird dadurch fast idealtypisch illustriert: die zeitliche Rückverlagerung zeitgenössischer sozialer Existenzweisen erlaubt nicht nur deren Verortung und Vermessung als defizitäre Vorstufen der Moderne, sondern enthebt auch jeder Bemühung, die Geltungsansprüche anderer Projekte und Modelle, denen die westliche Moderne real konfrontiert ist, ernst zu nehmen und auf sich selbst rückzubeziehen.

68 Das ist nicht gleichbedeutend mit Pluralismus! Es geht aber auch nicht um die Vorstellung von abgekapselten »authentischen«, von der westlichen Moderne unbehelligten Kulturen (siehe unten).

kommt, eine paralysierte Reaktion, die Legitimität der Ansprüche der Anderen anerkennen zu müssen und doch den Willen zur Kontrolle und Eindämmung der alternativen Lebens- und Denkformen nicht aufgeben zu wollen? (Said 1989: 222 f.).

Mit den soeben getroffenen Feststellungen soll nicht bestritten werden, daß auch im Rahmen der Ethnologie Tendenzen existieren, die kritische Befragung der Voraussetzungen des Erkenntnisvorgangs als Legitimation zu nehmen, mit (dem Wissen von) Anderen in eigener Beliebigkeit umzuspringen. Doch gerade weil sie bestimmte Argumentationsfiguren als postmodern klassifizierter Autoren zu würdigen wissen, gehen viele der an der Debatte Beteiligten diesem Terminus gegenüber bewußt auf Distanz.[69]

Dialogische Konstitution

In der Reflexion auf die Produktion ethnologischen Wissens haben sich drei Stränge herauskristallisiert, um die sich die Diskussion bewegt: Versuche einer dialog-theoretischen Fundierung, die rhetorische Analyse ethnographischer Texte, die in einigen Fällen Züge eines erkenntnistheoretischen Konstruktivismus annimmt, und Überlegungen für eine praxistheoretische Kontextualisierung.

Diese drei Momente oder Stränge treten bei den einzelnen Autoren, je nach Hintergrund und Ausgangspunkt, in unterschiedlicher Kombination und Akzentuierung auf. Es läßt sich schon deshalb daraus keine geschlossene Position ableiten, weil zwischen den drei Dimensionen Spannungen bestehen. Um einen gewissen Einblick in die Linien der Debatte zu vermitteln, sollen die drei Momente im folgenden zur Orientierung dienen, ohne die Debatte in ein starres Interpretationskorsett zu zwängen.

Die Unterschiede beginnen schon damit, daß die Beteiligten auf verschiedenen Ebenen ansetzen. Man kann versuchen zurückzuschauen oder, wie Johannes Fabian treffender schreibt, »zurückzudenken« von den wissenschaftlichen Texten als Produkten

---

69 Clifford etwa lehnt die Kennzeichnung »postmodern« für sich ausdrücklich ab und nennt sich lieber in Anschluß an Foucault und unter gleichzeitiger Bezugnahme auf Walter Benjamin einen »kritischen Genealogen von Disziplinen« (1990: 147 ff.).

entlang der Pfade ihrer Produktion (Fabian 1991 c: 394 f.; vgl. Bourdieus Unterscheidung zwischen *opus operatum* und *modus operandi*). Dies kann auf eher prinzipielle Weise oder mehr in Hinblick auf die historisch spezifischen Bedingungen erfolgen (etwa Bourdieu oder Fabian, partiell auch Clifford gegenüber Rabinow oder Webster). Ziel wäre in jedem Fall eine bessere Einsicht in den Vorgang der Transformation von Momenten lebensweltlicher Interaktion in objektiviertes Wissen.

Man kann andererseits direkt beim Objektbegriff und der Objektbeziehung selbst ansetzen und sich von daher dann der Problematik der Repräsentation nähern (D. Tedlock, Dwyer, Crapanzano). Wie sich zeigt, geschieht diese Exploration in zwei unterschiedlichen Weisen. Die Begegnung oder Konfrontation mit den Anderen, die als die Konstellation erscheint, in der die andere Subjektivität erfahren wird, kann entweder ebenfalls eher grundsätzlich, fast phänomenologisch betrachtet werden[70] (D. Tedlock; Crapanzano). Oder aber es steht die historische Kontingenz der Begegnung und Konfrontation mit den Anderen und die Frage einer Korrektur des asymmetrischen Verhältnisses zwischen Ethnographen und Gegenüber, Zentrum und Peripherie im Vordergrund (Dwyer).

Es besteht unter einer Reihe von Autoren ein Einverständnis darüber, die ethnologische (und sozialwissenschaftliche) Forschung in einer kommunikativen Beziehung zu den Anderen zu gründen, den Dialog als Ausgangsbasis des Erkenntnisprozesses zu sehen. Vor diesem Hintergrund kreist das Denken um den Bruch zwischen dieser konstitutiven intersubjektiven Beziehung und der textuellen Repräsentation. Bei Vertretern dieser Haltung löst sich das alte Oxymoron einer »teilnehmenden Beobachtung« wieder deutlich in zwei distinkte Prozesse auf, die oft als zwei aufeinanderfolgende Phasen konzipiert werden. Das Verständnis der Teilnahme, bisher wenig präzise, als eher randständiger Präsenz in der Welt der Anderen verlagert sich hin zur Betonung der Interaktion mit einem individuellen, situierten Gegenüber, während das Moment der Beobachtung in seiner Bedeutung zurückgenommen

---

70 Die je spezifische Interaktionskonstellation zwischen einem bestimmten Forscher und bestimmten Angehörigen der untersuchten Gesellschaft bildet dann nur das »Material« der Analyse, dessen Besonderheit eingeklammert wird.

wird und in der Repräsentation aufzugehen scheint. Mit der Kritik am Visualismus hat sich für viele die Frage nach der Rolle der Beobachtung erledigt oder auf eine zweitrangige Frage reduziert (dazu auch Sanjek 1991: 618 f.).
Nicht alle teilen diese Annahmen. Bourdieu insbesondere, dessen Überlegungen zur ethnologischen Erkenntnispraxis der eigentlichen Debatte vorausgingen und ihr zum Teil Impulse lieferten, übernimmt die dialogtheoretischen Annahmen nicht und wertet das partizipative Moment stark ab. Für ihn ist die Distanz des Forschers zum Objekt von grundsätzlicher Art, er verlegt den Bruch zwischen Forschern und Erforschten – als epistemologischen wie sozialen – an den Anfang ihrer Beziehung und begreift die Beobachterhaltung als konstitutiv für jede sozialwissenschaftliche Erkenntnis. Es bleibt dann die Aufgabe, den Effekt dieser Haltung auf die Interpretation der untersuchten Praxis theoretisch zu berücksichtigen, um eine Projektion des wissenschaftlichen Weltbezugs in die Handelnden hinein zu vermeiden.
Das andere Extrem vertritt Dennis Tedlock (1987, in diesem Band). Er will den gesamten Forschungsprozeß dialogisieren und die Trennung zwischen Interaktion und Repräsentation aufweichen. Er zieht den Akt der Repräsentation bereits in den Dialog hinein. Bei ihm und noch stärker bei Dwyer tritt an die Stelle des epistemologischen Bruches die Differenz zwischen den Dialogpartnern.
Zwischen diesen beiden Extremen lassen sich die anderen Positionen verorten, die von einer dialogischen Forschungskonstellation als Folie der Repräsentation ausgehen. Während Johannes Fabian die Forschungsbeziehung eher abstrakt als kommunikative Interaktion, Gleichzeitigkeit und (Ko-)Präsenz, als Teilen von Raum und Zeit beschreibt (1983: 148; 1990: 755), betont Steven Webster unter dem Eindruck der philosophischen Hermeneutik die »primordiale Realität« gegenseitiger Verständigung und sieht im »Modell des Dialoges« den gemeinsamen Nenner sozialwissenschaftlichen Verstehens (1982: 96, 101). Vor diesem allgemeinen Hintergrund spezifiziert Webster das konstitutive Einverständnis zwischen den beiden Seiten im ethnologischen Feld in besonderer Weise als eine »Fiktion« – als etwas Geschaffenes, das stets prekär bleibt und den Charakter des Künstlichen nicht verliert. So grundlegend das Verstehen zwischen Forscher und Erforschten ist, bleibt es doch oft ephemer. Webster greift in diesem Zusam-

menhang einen älteren Beitrag von Clifford Geertz (1968) auf, in dem dieser den ironischen und brüchigen, eben fiktiven (im obigen Sinne) Charakter der Konstitution einer »moralischen Gemeinschaft« zwischen Forscher und Anderem betont hatte. Geertz selbst hatte diesen Faden später wieder fallen lassen.[71]
Crapanzano versucht die Interaktionen zwischen Forscher und Gegenüber, die sich hinter dem Schlagwort vom »Dialog« verbergen, näher zu bestimmen. Er hebt auf den Prozeß der Konstruktion der gemeinsamen Verstehensbasis und, inzwischen immer stärker, auf die Spannung und Ungleichheit zwischen beiden Seiten ab. »Realität« wird zwischen den beteiligten Seiten »verhandelt« oder »ausgehandelt«. Dabei geht es nicht nur darum zu bestimmen, was die Realität ist, die man teilt, sondern mindestens so sehr um deren Ausdrucksweise, um einen Kampf um die adäquate Form des Diskurses (der Ethnograph bevorzugt das insistierende Genre des Interviews). Für Crapanzano ist klar, daß es diese zwischen Menschen, die zuvor verschiedenen Welten angehörten, ausgehandelte Realität ist, die den eigentlichen Referenten der späteren Ethno-Graphie bildet – sie dürfe daher anschließend nicht einseitig der Seite der Informanten zugeschrieben werden (Crapanzano 1983: 9 f.; 1990: 278; siehe auch Dwyer 1979).[72]
Die Vorstellung von einer Wirklichkeit, die verhandelt wird, wird von James Clifford (1988 b: 41 ff., in diesem Band, S. 135 ff.) übernommen. Auffällig ist die Parallelität zu ähnlichen Überlegungen in der Soziologie. Ohne explizit den Begriff des Dialogs mit dem Anderen der Wissenschaft zu bemühen, sprechen auch Wolfgang Bonß und Heinz Hartmann vom »Aushandlungscharakter der Wirklichkeit«: »Ebenso wie die Naturwissenschaften sind [die Sozialwissenschaften] selbst als ein sozialer Prozeß zu begreifen, in dessen Verlauf ein spezifisches Segment von Wirklichkeit aktiv ausgehandelt wird« (1985 b: 21).
Die Mehrzahl der genannten Autoren geht davon aus, daß Dialog der Ethnographie immer schon zugrunde liegt und dieser Um-

---

71 Bei Geertz tritt »Fiktion« in anderer Weise auf der Ebene der Textgestaltung wieder auf (siehe oben, S. 54).
72 Crapanzano fällt selbst aber in diese alte Form der Referenz immer wieder zurück; siehe seine pauschalen Generalisierungen der marokkanischen Welt im Zuge der Darstellung seiner Interaktion mit Tuhami (Crapanzano 1983). – Zur Machtdifferenz zwischen Forscher und Gegenüber siehe unten.

stand nur in traditionellen Monographien nicht (an)erkannt wird. Gleichzeitig ist das Konzept des Dialoges nicht frei von normativen Akzenten. Schon allein dadurch, daß das Moment der Beobachtung systematisch heruntergespielt und ausgeblendet und seine Beziehung zum dialogischen Aspekt der Konstitution der Forschungsbeziehung nicht erörtert wird, erhält Dialog ein größeres Gewicht. Crapanzano (1990) macht darauf aufmerksam, daß Deskription und Präskription in der Darstellung der Forschungsbeziehung nicht immer klar genug getrennt werden. Der Begriff des Dialoges changiert, oft auch bei demselben Autor, zwischen einem Verweis auf die kommunikativen Aspekte oder Grundlagen menschlicher Interaktion und einem Idealziel wechselseitiger Anerkennung, wenn nicht gar Gemeinsamkeit oder Kommunion. Die Spannung oder Spannweite zwischen Faktizität und dem Telos authentischer Sozialbeziehungen ist ja bereits für den Habermasschen Kommunikationsbegriff kennzeichnend. »Dialogue, then, not only reveals but conceals – often enough the power relations and the desire that lie behind the spoken word...« (Crapanzano 1990: 270).

Das Bedeutungsspektrum des Dialoges umfaßt aber noch eine andere Dimension, die näher auszuloten sich gerade angesichts der »Multikulturalität« der (post)-modernen Welt lohnen würde. Ist bei einigen Dialog wie selbstverständlich auf Konsens ausgelegt – als sein Telos oder als sein Ausgangspunkt –, so betonen andere, besonders K. Dwyer und D. Tedlock, die Differenz der Dialogpartner als unerläßliche Bedingung für jeden wirklichen Dialog: Konsens, das Ende der Differenz, wäre das Ende des Dialoges. Speist sich das Konsensmodell, wenn nicht aus romantischen Neigungen, so doch aus der traditionellen soziologischen Suche nach den Grundlagen sozialer Integration (einer konsensuellen Basis sozialer Beziehungen), so lebt das »Differenzmodell« aus der Erfahrung und Befürwortung kultureller Andersheit. Zeigt das Konsensmodell starke universalistische Neigungen, so wäre das Differenzmodell eher eine Warnung vor der Gefahr der Subsumtion, der Einverleibung des »Anderen« (die Angst davor leitet auch den extremen Postmodernismus Stephen Tylers [1991], der dann doch wieder in denselben Fehler verfällt).

Die Art und Weise, in der viele Autoren die Dialogbeziehung, in die sie selbst verwickelt sind, wahrnehmen, hat einen Anflug von Arglosigkeit (Friedman 1987: 168). Auch in einer dialogischen

Hermeneutik kommt die spezifische Beziehung der Wissenschaft zu ihrem Anderen zum Ausdruck. Noch in der Konzentration auf (verbale) Kommunikation reproduziert sich die theoretische Haltung eines nicht existentiell, das heißt nicht wirklich oder nicht auf Dauer an einer Lebensform Teilhabenden, die bereits der Beobachterhaltung zugrunde liegt (ähnlich Crapanzano 1990: 280). Die Tendenz zur kognitivistischen Reduktion der sozialen Interaktion ist im Ansatz einer interpretativen Anthropologie beschlossen, die an den Textbegriff gekoppelt ist. Die Grenzen eines solchen Verstehenskonzepts, das noch in den dialogischen Ansätzen nachhallt, zeigten sich Renato Rosaldo mit existentieller Unerbittlichkeit (1984, siehe auch in diesem Band). Auch beim Versuch einer kommunikationstheoretischen Grundlegung der Wissenschaft des Fremden wäre der theoretische Effekt der wissenschaftlichen Beziehung zum Anderen mitzudenken.

Die textuelle Konstruktion der Anderen

Die dialogische Wendung der (interpretativen) Anthropologie ist der Versuch, gleichzeitig das Fach epistemologisch neu zu begründen als auch die Forderung nach Anerkennung der Subjektivität der Anderen umzusetzen. Die Wissenschaftler nehmen alltägliche – universale?[73] – kommunikative Fähigkeiten in Anspruch und besitzen keinen prinzipiell privilegierten Status mehr. Das eigentliche Problem besteht darin, diese Einsicht auf der Stufe der Repräsentation zu bewahren. Kann Repräsentation in einer Weise neu konzipiert werden, daß sie dies leistet? Seit Mitte der siebziger Jahre sind hierzu intensive Bemühungen im Gange, die vor allem auf zwei Ebenen stattfinden.

Zum einen wird unter immer neuen Gesichtspunkten eine Einsicht in die Prämissen, Bedingungen, die Zwänge und Spielräume der Verfahren der Repräsentation gesucht, zum anderen werden verschiedenste Repräsentationsformen, die von dem bisher gültigen

---

73 Hobart (1990) wendet sich scharf gegen die in der reflexiven Literatur vorherrschende Tendenz, ein Verständnis von Selbst, Handeln, Bedeutung u. a., das er als westlich bezeichnet, auf die Anderen zu übertragen und sie nur unter dieser Voraussetzung als Gegenüber anzuerkennen.

Kodex der Wissenschaftlichkeit abweichen, in dem Bestreben erprobt, den erkannten Grenzen und Zwängen der bisherigen Formen zu entgehen oder sie zu verschieben. In beiden Fällen bedient man sich Einsichten der (englischsprachigen) Literaturwissenschaft, in der nicht nur das Bewußtsein über die Implikationen der Darstellungsformen neu belebt worden ist (besonders im Zuge des sogenannten »Dekonstruktivismus«), sondern im Bereich der Komparatistik sich ebenfalls Probleme der Vermittlung zwischen verschiedenen Sprachen und Kulturen stellen, und der Geschichtswissenschaft, in der Überlegungen angestellt werden, die sich mit der ethnologischen Diskussion berühren – verkörpert vor allem durch das Werk von Hayden White (1986 und 1991). Alle drei Diskussionsfelder stehen untereinander in Wechselbeziehung. Man kann diesen Reflexionsprozeß als Ausloten der Grundlagen von Erkenntnis auf der Ebene der Darstellung beschreiben.

Ausgangspunkt und Folie ist auf beiden Ebenen das klassische Modell monologischer Darstellung. Aus der Konfrontation mit literaturtheoretischen Kritiken war die Einsicht erwachsen, daß es sich bei der ethnographischen Monographie nur um *eine* mögliche Darstellungsweise handelt und daß wissenschaftliche Darstellungsformen ebenso wie nicht-wissenschaftliche rhetorischen Konventionen folgen, die selbst historisch sind und die die Erkenntnisformierung strukturieren. Die Form der Repräsentation ist nicht neutral.

»Rhetorik« ist mehrdeutig, das zeigt sich auch bei der Verwendung in der ethnologischen Debatte. Zum Teil bezieht man sich weiter auf das lange Zeit vorherrschende Verständnis der Rhetorik als der Kunstfertigkeit, das (Leser-)Publikum von der Kraft der eigenen Argumente zu überzeugen. Streckenweise leitet diese Bedeutung James Cliffords Überlegungen zur Konstitution der »Autorität« ethnographischer Beschreibungen und lenkt viele Leser von dem erkenntnistheoretischen Dilemma ab, das sich auch bei Clifford hinter den Formen der Autorisierung verbirgt (1988 b, in diesem Band). Clifford nimmt am explizitesten zum Gesichtspunkt des Konstruktivismus, der Inventivität ethnographischen Schreibens Stellung. Etwas anders als Geertz bei seiner Kennzeichnung der Ethnographie als »Fiktion« sieht Clifford den fiktiven Charakter von Ethnographien in der Selektion und Exklusion resp. Inklusion von Aspekten und Stimmen – Ethnographien vermitteln »Teilwahrheiten« (1986 a: 6 f., 25; 1990: 152).

Dem engeren Verständnis der Rhetorik als einer »Redekunst« hat sich zur Gänze Clifford Geertz verschrieben, der seine oft sarkastischen Bemerkungen zur Autorentätigkeit anderer Ethnographen um die Frage der Authentisierung des Dargestellten – die Inszenierung und Plausibilisierung des »Dagewesenseins« – ordnet (1990). Auf dieser Linie liegen auch Mary Louise Pratts (1986) Betrachtungen zur »ethnographic arrival story«. Das Problem der »Plausibilisierung« weist aber bereits über die Grenzen der Rhetorik hinaus, ist doch mit dem Brüchigwerden des realistischen Erkenntnismodells und des wissenschaftlichen Erkenntnisprivilegs auch die etablierte Autorität des epistemischen Diskurses ins Wanken geraten. Die Sozialwissenschaft insgesamt scheint davon betroffen (zu ähnlichen Überlegungen innerhalb der Soziologie siehe Bonß und Hartmann 1985 b).

Die Erörterung der Konventionen der Darstellung wissenschaftlicher Erkenntnisse hängt stark davon ab, ob man wissenschaftliche Schriften als eine Literaturgattung betrachtet oder ob man eher *in Analogie* zur literaturtheoretischen Dekonstruktion die Konstruktionsprinzipien wissenschaftlicher Repräsentation untersucht. Die Diskussion des Genre-Charakters der Ethnographie wurde oben bereits angesprochen (siehe oben, S. 38 f.). Der Übertragung literaturwissenschaftlicher Kategorisierungen auf ethnographische Texte, wie sie etwa Marcus und Cushman (1982) oder Pratt (1986) und Clifford (1986 b, in diesem Band) vornehmen, stellen sich Webster (1986), Fabian (1990, in diesem Band) oder Robert Thornton (1988, ebenfalls in diesem Band) deutlich entgegen. Für beide Positionen finden sich Argumente. Auf der einen Seite zeigen sich Verwandtschaften zu nicht-wissenschaftlichen Genres wie Reisebeschreibungen (Pratt, vgl. Clifford 1988 a: 13 ff.) oder Romanen. Malinowski hatte sich vorgenommen, Joseph Conrad nachzueifern (zur Beziehung von Malinowski und Conrad siehe unter anderem Clifford 1988 c; Thornton 1985). Die Vorgeschichte der Ethnographie in Form von Berichten von Reisenden und Missionaren hat unter anderem Thornton beschrieben (1983). Auf der anderen Seite vertritt gerade Thornton inzwischen mit großer Entschiedenheit die These, daß die Ethnographie eigene Tropen hervorgebracht habe (1988: 287, in diesem Band S. 243).

Entscheidend und auch von den Gegnern literaturtheoretischer Betrachtungen im Rahmen der Analyse wissenschaftlicher Texte zu beantworten wäre die Frage, wie man den Stellenwert von Tropen oder Metaphern zu beurteilen hat, die für wissenschaftliche Diskurse selbst konstitutiv sind (»root-metaphors«). Wie Thornton (1988) im Fall der Klassifikation (die er als Trope der Ethnographie, aber auch der Soziologie begreift) klarmacht, hängt daran die Bedeutung solcher Grundkategorien wie Gesellschaft oder Kultur, die als Entitäten konstruiert sind. Als ähnlich folgenreich – für die Theoriebildung wie für den Umgang mit nicht-westlichen Gesellschaften – erweist sich die zeitliche Distanzierung der Anderen, die den westlichen sozialwissenschaftlichen Diskurs bestimmt und auf die, wie bereits gesehen, Fabian eingeht. Die Konstruktion der Zeit oder, wie Fabian inzwischen lieber sagt, »mit und durch Zeit« bestimmt die Konzeptualisierung von Differenz bzw. Gleichheit (siehe 1983 und 1991 b).

Die Analyse spezifischer Diskurse des »othering«, wie dem des Orientalismus oder dem des Primitivismus, liegen auf einem Niveau darüber. In diesen Kontext gehört auch Cliffords Hinweis auf die Bedeutung und Unvermeidbarkeit allegorischer Bezüge in Kulturdarstellungen (1986 b) oder Roger Keesings Hinweis auf die Gefahr, in die Rede der Anderen eine Metaphysik hineinzulegen, Glaubensvorstellungen und Kosmologien aus einzelnen, vielleicht ganz konventionellen Metaphern ihrer Sprache zu konstruieren (Keesing 1985).

Auf starke Resonanz auch innerhalb der Ethnologie stieß Hayden Whites (1991) Analyse klassischer Tropen (Metapher im engeren Wortsinne, Metonymie, Synekdoche und Ironie) in der europäischen Historiographie des 19. Jahrhunderts (bei Hegel, Michelet, Ranke, Marx, Nietzsche und anderen). Inzwischen wurde auch begonnen, die kulturspezifische Dynamik von Tropen zu untersuchen (vgl. James Fernandez [Hg.] 1991).

Ethnographie und Ethnologie werden gerne mit der »Metapher« des Übersetzens (Tyler 1991: 90) von oder zwischen Kulturen belegt. Damit wird eine Analogie zur Sprachübersetzung hergestellt. Auch dies ist ein Hinweis auf den konstruktivistischen Charakter der Fremdrepräsentation. Starke Resonanz findet in der Diskussion der Gedanke von Rudolf Pannwitz, den Walter Benjamin in seinem bekannten Essay zur Übersetzung (1977) aufgegriffen hatte, daß eine Übersetzung nicht das Fremde dem Eigenen anverwandeln, sondern die eigene Sprache der fremden öffnen und sie dadurch »erweitern und vertiefen« solle.[74] Darauf zielt Talal Asads Kritik des Verständnisses von Übersetzung in der britischen Sozialanthropologie (1986, in diesem Band). Die Identifikation mit Vertrautem bringt die Andersheit des Anderen zum Verschwinden und blockiert jede Fremderfahrung (vgl. auch Tyler 1991: 206). Das Nachdenken über Übersetzen hat von beiden Seiten her zu erfolgen und involviert Literaturwissenschaft und Ethnologie direkt miteinander. Wie Asad betont Tejaswini Niranjana (1992) die politische Dimension in der Beziehung zwischen Sprachen der dominanten und der abhängigen Gesellschaften und sucht nach Formen der Übersetzung, die der Akkomodation widerstehen und sie transformieren.

Übersetzung im Sinne von Pannwitz bricht den Fluß der vertrauten Sprache. Damit ist zumindest indirekt und für einen Moment das Andere präsent. Das Bild des Übersetzens geht von der Nachkonstruktion von fremden Diskursen aus. Dagegen sind die Bestrebungen anderer Autoren darauf gerichtet, am Dialog und der Interaktion zwischen Angehörigen unterschiedlicher Kulturen, wie er »im Feld« geführt wird, anzuknüpfen. Die Möglichkeiten der Bewahrung dialogischer Prinzipien auf der Ebene der Darstellung werden verschiedentlich exploriert. Am sinnfälligsten versuchen Autoren wie Dennis Tedlock und Kevin Dwyer, mit gewissen Abstrichen zeitweise auch Vincent Crapanzano (in *Tuhami*), den Dialog unmittelbar im Schreiben abzubilden. Sie versuchen den Gesprächscharakter durch ausführliche Wiedergabe von Gesprächsprotokollen zu erhalten. Abgesehen davon, daß es sich auch dabei, wie bei jeder anderen Darstellung, um eine Konstruktion handelt, die nur bestimmte Aspekte der zugrundeliegenden Begegnung wiedergeben kann, und es sich ebenfalls um eine Inszenierung handelt, die *eine(r)* vornimmt, läuft gerade diese Präsentationsform Gefahr, als ein besonders übersteigerter Versuch

74 »unsere übertragungen auch die besten gehn von einem falschen grundsatz aus sie wollen das indische griechische englische verdeutschen anstatt das deutsche zu verindischen vergriechischen verenglischen. sie haben eine viel bedeutendere ehrfurcht vor den eigenen sprachgebräuchen als vor dem geiste des fremden werks ... der grundsätzliche irrtum des übertragenden ist daß er den zufälligen stand der eigen sprache festhält anstatt sie durch die fremde sprache gewaltig bewegen zu lassen« (Rudolf Pannwitz, zitiert bei Benjamin 1977: 61; ausführlicher siehe bei Asad, in diesem Band, S. 322).

realistischer, naturalistischer, analoger Wiedergabe zu erscheinen, die dem dialogischen Gedanken rein formal Tribut zollt (es finden sich eine ganze Reihe von Kritiken: Fabian 1990: 765, in diesem Band, S. 352; Tyler 1991: 95 und die Stellungnahme zu Tedlock in diesem Band; Clifford 1988 b: 43 f., in diesem Band, S. 138; Rabinow 1986: 246, in diesem Band, S. 175; Crapanzano 1990; letzterer läßt dabei aber seinen eigenen Versuch in dieser Richtung in *Tuhami* unerörtert).

Der Bewahrung der Dialogizität dient auch die Berufung auf Prinzipien der Polyphonie und Heteroglossie, die an Michail Bakhtins Romantheorie anknüpft (vgl. etwa Bakhtin 1981). Dabei geht es einerseits um die Einsicht, daß noch in jeder Einzelstimme die Stimmen Anderer zum Tragen kommen, deren Reden man aufgenommen hat oder auf die man sich (in einem inneren Dialog) bezieht (dazu Clifford 1988 b: 41 f. in diesem Band, S. 135 f. vgl. aber auch D. Tedlock 1987: 334, in diesem Band, S. 282 f.). Bei einigen Ethnographien wird offenbar, wie sehr die »Objekte« den Forschungs- und Inskriptionsprozeß bis hin zur Formulierung der Fragestellung (mit)gestalten und (mit)lenken (Clifford 1988 b: 44 f., in diesem Band, S. 139 f., spricht in Hinblick auf Rosaldo 1980 von »directed writing«; siehe ebenfalls Clifford 1986 b: 118, in diesem Band S. 229 f.). In diesen Rahmen fallen andererseits Ethnographien (zum Teil bereits älteren Datums), die Reden und Texten von Angehörigen der betreffenden Gesellschaft einen prominenten Platz einräumen, stellenweise in einem Umfang, daß diese einen eigenen Sinn zu tragen vermögen, der sich nicht in den interpretativen Absichten des Ethnologen erschöpft, der den Text arrangiert (besonders Clifford erörtert solche Beispiele; 1988 b: 44-52, in diesem Band, S. 139-149). Ziel einer polyphonen Dezentrierung der Ethnographie ist, den Monolog und vor allem die Autorität der Darstellung der Wissenschaftler zu brechen, die Verabsolutierung *einer* Perspektive zu vermeiden. Dem dient auch der Verweis auf die Fragmentarität von Texten (Clifford 1986 a: 15; Tyler 1991). Andere versuchen dem intersubjektiven Entstehungszusammenhang der Ethnographie dadurch ein wenig Rechnung zu tragen, daß sie reflexiv die Interaktionen des Forschers mit dem Gegenüber der Darstellung zugrunde legen (zum Beispiel Rabinow 1977, J.-P. Dumont 1978; siehe schon oben, S. 69 die »narrative Ethnographie« Barbara Tedlocks).

Webster setzt auf eine nicht-fiktionale narrative Tradition, die zwischen Subjektivismus und Objektivismus hindurchfindet (1982). Fabian (1990: 756 f., in diesem Band, S. 338 f.), plädiert in recht abstrakten Andeutungen dafür, Repräsentation, die Produktion des Wissens vom Anderen, als Prozeß einer transformativen und performativen Praxis zu rekonzeptualisieren: »our ways of making the Other are ways of making ourselves«. Fabian weist im gleichen Text auf ethnopoetische Versuche hin, im Falle von Paul Friedrich (1986) gedacht als Alternative zur Ordnungsobsession gängiger Darstellungsweisen.

Keine der aufgeführten, bereits erprobten oder nur vorgeschlagenen Experimentalformen ethnographischer Darstellung kann für sich in Anspruch nehmen, den Prozeß der Repräsentation *grundsätzlich* verändert zu haben. Skepsis in dieser Hinsicht ist verbreitet. Besonders deutlich wird die Spannung bei Fabian und Clifford. Fabian neigt dazu, nicht nur bestimmte Diskursaspekte (wie die Strategien der zeitlichen Encodierung), sondern den Akt der Repräsentation als solchen für den ethnologischen Grundwiderspruch, die Distanzierung verantwortlich zu machen. Er verbindet die Einsicht in die Unhintergehbarkeit der Praxis der Objektivierung jedoch mit einer offensichtlich romantischen Neigung zu einer Utopie der Wiederherstellung, das heißt dem gestalterischen Nachvollzug der ursprünglichen Kopräsenz; als höchstes Ziel der gegenwärtigen Suche schwebt ihm vor, »Ethnographie umzugestalten zu einer Praxis, die fähig ist, die Anderen präsent zu machen« (1990: 771, in diesem Band, S. 361).

Clifford nennt die Idee einer »pluralen Autorenschaft«, die jedem der Beteiligten die gleiche Autorität als Verfasser zubilligt, selbst eine »Utopie« (1988 b: 51, in diesem Band, S. 147). Clifford hat sich in einen bezeichnenden Widerspruch hineinmanövriert (vgl. Rabinow 1986: 246 f., in diesem Band, S. 176 f.; siehe auch Roth 1989). Er hat einerseits seine Genealogie der ethnographischen Autorität – eine Abfolge sich nacheinander ablösender erfahrungswissenschaftlicher, interpretativer, dialogischer und polyphoner Formen – als progressive Entwicklung angelegt, er geht andererseits davon aus, daß Darstellungsformen, die die Vielfalt der Stimmen zu Wort kommen lassen wollen, die monographische, erfahrungswissenschaftliche Darstellungsweise nur zu relativieren und ergänzen, zu dezentrieren, jedoch nicht zu verdrängen vermögen und an die Bedingungen der schriftlichen Repräsentation gebunden bleiben: Die kontrollierende Autorität des

Ethnographen, der einer Schrift Kohärenz gibt, bleibt noch in experimentellen Arrangements die letzte Instanz, konstitutive Bedingung des Genres. Zudem gebricht es Clifford letztlich an der Autorität, über eine Hierarchie der Darstellungsformen zu entscheiden – das Ausdünnen autoritativer Diskursnormen holt noch das von der Autorität emanzipierte Denken ein (siehe Clifford 1988 b: 53, in diesem Band, S. 151; vgl. 1989, 1990: 148 f.).

Es bleibt dann entweder die Möglichkeit, das Unternehmen der Repräsentation ganz zu verwerfen – so Stephen Tyler, der konsequenteste und exzentrischste Post-Moderne unter den Ethnologen, der statt dessen auf »Evokation« setzt, die Auslösung von nicht-steuerbaren Effekten beim Leser: eine endgültige Subjektivierung, die, ließe sich diese Strategie konsequent verfolgen, des Anderen gar nicht erst bedürfte. »Eine postmoderne Ethnographie ist der kooperativ erstellte Text von Diskursfragmenten, der im Bewußtsein seiner Schreiber und Leser die Phantasie einer möglichen lebensweltlichen Wirklichkeit evozieren will, um damit eine ästhetische Integration therapeutischen Effekts zu provozieren« (1991: 194; siehe auch 1987, in diesem Band). Oder man bescheidet sich zunächst damit, die Strategien der Objektivierung und Textualisierung gründlich aufzuklären – »die Objektivierung zu objektivieren« –, um durch Kenntnis der Konstruktionsprinzipien den Brechungseffekt und die Distanz zur thematisierten Praxis reflexiv in eine Evaluierung der Forschungsergebnisse einzubeziehen.

Ethnographie als soziale Praxis

Die Betonung rhetorischer Konventionen läßt (ethnographische) Texte als soziale Konstrukte oder Teil spezifischer historischer Diskursformen erscheinen. Denen, die sich auf die textuelle Seite der Konstruktion der Anderen konzentrieren, wird oft der Vorwurf des Solipsismus und der Nabelschau gemacht. Die Anderen, um die es doch gehen soll, gerieten aus dem Blick. Ja, es würden die Allmachtsphantasien eines rigorosen Subjektivismus bekräftigt. Diese Gefahr ist dann real, wenn man die Ebene rhetorischer Konstruktion isoliert sieht, den Schreibakt aus dem Gesamtzusammenhang reißt und ihn als allein konstitutiv für den Gegenstand betrachtet und wenn am Ende intertextuelle Referenz auf Kosten externer Referenz geht (zum letzten Punkt vgl. Rabinow

1986: 250 f., in diesem Band, S. 181 f.). Die Spannungen, die zwischen Dekonstruktivismus und Dialogik bestehen und die noch zu wenig erörtert werden, würden sich dann zu zwei unvereinbaren Theorien des Objektkonstitution aufspreizen.

Der Schreibakt ist in doppelter Weise situiert. Zum einen bildet er, wie Crapanzano bemerkt (1990: 287 f.), selbst nur ein Teilmoment in einem sprachlichen Vermittlungsprozeß, einer Beziehung, die keiner der Beteiligten, auch der Autor nicht, voll kontrollieren kann. Er hat, auch wenn ihm wie jedem anderen Beteiligten eine vorübergehende Distanznahme möglich sei, keinen Standpunkt außerhalb dieser Austauschbeziehung. Der dialogische Prozeß, in den der Autor eingespannt ist, ist zweiseitig ausgerichtet. Der Autor steht auf der einen Seite im Dialog mit denen, über die er anschließend berichtet – primärer Dialog –, zugleich aber auch auf der anderen Seite mit den (potentiellen) Lesern (Crapanzano 1990: 289; vgl. hierzu auch Webster 1982). Die Lesererwartungen gehen bereits in den Schreibakt ein, sei es als »Schattendialog« (Crapanzano), den ein Autor mit den imaginierten Adressaten beim Schreiben führt, sei es in Form der Genrestrukturen und Tropen, die im Kontext, der adressiert wird, bereitstehen und die Schreibweise prägen. Selbst wenn man sich nicht an vorgegebene Gestaltungsprinzipien gebunden fühlt (und frei wähnt von einer derartigen Vorstrukturierung des Denkens), so bilden die sozialen Darstellungskonventionen doch unaufhebbar den Kontext, auf den jede Form der Textgestaltung, und sei es indirekt, Bezug nimmt.

Eine solche phänomenalistische Beschreibung der Vermittlungsbeziehung, die dem Dialog- und Interaktionsbegriff eine umfassendere und zum Teil metaphorische Bedeutung gibt (vgl. Marcus und Fischer 1986: 30), weist bereits über sich hinaus – und dies ist der andere Aspekt der Situierung – auf die soziale Vorstrukturierung des Feldes, in dem sich der Austausch vollzieht. So wie von seiten der Adressaten mächtige Diskurskonventionen die Rede oder den Text in bestimmte Bahnen lenken, so ist auf der anderen Seite auch der primäre Dialog von soziohistorischen Relationen geprägt. Er hat, wie Crapanzano es nennt, durchaus agonale Züge. Die Vorstellung vom Aushandeln der gemeinsamen Situation impliziert, daß das Handlungsfeld, das sich zwischen beiden Seiten aufbaut, von Machtverhältnissen durchzogen ist (Crapanzano 1990: 278 f.). Beide Seiten bringen ihre Vorstellungen darüber ein, wie der »Dialog« zu führen und die Interaktion zu gestalten sei.

Dabei ist zwar die Chance groß, daß sich die Konstruktionen und Kommunikationsweisen der Anthropologen, etwa die Interviewform des Gesprächs, in vielen Situationen durchsetzen und die Beziehung strukturieren – der Anthropologe oder die Anthropologin repräsentiert ein nicht nur sozial (politisch, ökonomisch), sondern auch kognitiv machtvolles Interesse –, andererseits bestehen hinreichende Möglichkeiten, sich dem anthropologischen Zugriff zu verweigern und den erlebten Zumutungen zu entziehen.
Die Beziehungen zwischen Wissenschaftlern, Erforschten und Adressaten sind Teil einer umfassenderen Beziehung zwischen Gesellschaften und Praxisformen. Paul Rabinow betont (im Anschluß an Foucault, Hacking und Rorty), daß Erkenntnissuche eine spezifische, historische Form sozialer Praxis bildet und daß Wahrheitsansprüche mit Handlungspraktiken verbunden sind und effektive Kräfte in der sozialen Welt darstellen (1986: 241, in diesem Band, S. 168). Pierre Bourdieu untersucht sowohl die epistemische Beziehung zwischen Wissenschaftler und »Objekt« als *soziales* Verhältnis als auch die objektiven Strukturen des Feldes, in dem sich Wissenschaft konstituiert, und richtet von dieser Soziologisierung der anthropologischen Erkenntnistätigkeit her Angriffe auf die neuere ethnologische Debatte, die er als narzißtisch abklassifiziert (siehe seinen Beitrag im vorliegenden Band; vgl. 1987: 57 ff.; 1988 und 1990). Auch Rabinow übernimmt die Forderung nach einer Analyse der »Politik der Interpretation« innerhalb der akademischen Institution (1986: 253, in diesem Band, S. 185; sehr schematisch auch Sangren 1988). Der Zusammenhang zwischen politischer und kognitiver Objektivierung wird in der aktuellen Debatte mehr angedeutet als im einzelnen verfolgt (kritisch dazu Polier und Roseberry 1989). Besonders eng verschränkt erscheinen beide Dimensionen in der Diskussion über die Ungleichheit der Sprachen, die aus der Kritik des Übersetzens hervorgegangen ist (Asad, Niranjana, siehe oben). Im allgemeinen begnügt man sich mit Hinweisen auf die bereits erwähnten Untersuchungen zum Zusammenhang von Anthropologie und Kolonialismus. Zur neueren »politökonomischen« ethnologischen Literatur (zum Beispiel Nash 1979, Taussig 1980, Wolf 1986, Mintz 1987), die sich parallel zur Debatte um die Repräsentation entwickelt hat, werden nur gelegentlich Bezüge hergestellt (vgl. etwa die kritischen Bemerkungen bei Ulin 1991 sowie Marcus und Fischer 1986).
Eine Thematisierung des Praxiszusammenhangs der ethnologi-

schen Forschung zwingt zu einer entsprechenden Reflexion der reflexiven Debatte selbst. In Zusammenhang mit dem Postmodernismus-Vorwurf wird von Rabinow die Frage aufgeworfen, inwieweit die dekonstruktive und semiotische Wende und die Experimente mit neuen Schreibformen einen neuen Aufbruch und inwieweit sie vielleicht nur eine neue Taktik auf dem Feld der Kulturpolitik darstellen und ein historisch kontingentes Phänomen bilden (Rabinow 1986: 242, 252, in diesem Band, S. 170, 184). Noch allgemeiner überlegt George Marcus – ohne daraus jedoch weiterreichende Konsequenzen zu ziehen –, inwieweit das Aufbrechen des bisherigen dichotomischen Musters der Fremdrepräsentation, das das Andere fixiert, nicht mit einer Neuformierung der globalen Dominanzstrukturen einhergeht, die eine weniger direkte Form der Kontrolle darstellen und sich in einer Diversifizierung auch der ökonomischen und politischen Diskurse und Strategien niederschlagen.[75] Das hieße, daß die Wiederentdeckung der Pluralität und die Öffnung des interpretativen Diskurses nicht unbedingt einen so eindeutig emanzipativen Charakter besitze, wie auch gerade Intellektuelle mit einem doppelten Hintergrund (Edward Said, Gayatri Spivak etc.) oft annehmen (Marcus 1989: 25 f.; vgl. Kapferer 1988: 103).

Oder, die Selbstzweifel noch schärfer formuliert, könnten die neuen anthropologischen Überlegungen nicht gar dazu beitragen, die kognitive Aneignung der Anderen zu effektivieren? Die Gefahr besteht in zweifacher Hinsicht. Wenn wir die Anderen in der Rolle des politischen wie kognitiven Objekts und Opfers des Westens sehen, der sich erfolgreich durchgesetzt hat, droht dann nicht, wie Fabian schreibt, einerseits die Gefahr, Herrschaft als Faktum zu akzeptieren und die Position der Anderen festzuschreiben? Andererseits, wenn das politisch-kognitive Interesse der westlichen Anthropologie darin lag, die Erkenntnis der Anderen zu kontrollieren, und der szientistisch-positivistische Ansatz, der dieses Ziel verfolgt, die Anthropologie bisher daran gehindert hat, die Anderen wirklich »zu erreichen«, würde dann nicht jeder Versuch, die Distanzierung aufzuheben, die endgültige

---

75 Ähnlich plazieren Kritiker der Debatte zur ethnographischen Repräsentation diese in den Zusammenhang sei es der Entfaltung, sei es einer Krise und Restrukturierung des amerikanischen hegemonialen Systems (Said 1989: 214; Polier und Roseberry 1989: 259).

Entäußerung und Aneignung der anderen Kulturen bedeuten? »Is not the theory of coevalness [*Gleichzeitigkeit* – Fabians Konzept] [...] a programm for *ultimate temporal absorption of the Other*, just the kind of theory needed to make sense of present history as a ›world-system‹, totally dominated by monopoly- and state-capitalism?« (Fabian 1983: 154; Hervorhebung von M. F./E. B.; vgl. Mascia-Lees u. a. 1989: 21, 29) Läßt sich eine Idee der Gleichzeitigkeit formulieren, die nicht die Differenz in Identität auflöst, die die Dialektik der Konfrontation bewahrt?

Wer spricht?

Die Aufhebung der Distanz in der anthropologischen Beziehung – oder vielleicht doch eher die Bemühungen um ihre Reduktion – in einer Zeit tendenziell fortschreitender Integration des modernen Weltsystems bildet politisch, ethisch und epistemologisch eine zweischneidige Angelegenheit. Gleiches gilt für den Ruf nach Dialogizität. Über Art und Form eines Dialoges können Angehörige anderer Kulturen sehr andere Vorstellungen haben. Vor allem bleibt es eine Frage, wieweit sie selbst jeweils an einem Dialog mit den Ethnologen und anderen Fremden interessiert sind (vgl. z. B. Mascia-Lees u. a. 1989: 25). Distanz und Dialog sind, so wie sie bislang erörtert wurden, *unser* Thema. Die Absicht, Distanzierung durch Dialog zu ersetzen, bedeutet nicht, daß sich das Verhältnis zwischen (westlichen) Ethnologen und ihrem Anderen dadurch schon grundsätzlich ändert. Ethnologie ist der Versuch, positives Wissen über Andere zu erlangen, ihre Diskurse im eigenen zum Sprechen zu bringen, kurz: die Differenz in einer Sprache der Identität einzufangen, die mit dem Anspruch auf universale Geltung einherkommt. Letztlich besteht das grundlegende Dilemma oder Paradox auch einer »emanzipativen«, (selbst-)kritischen Ethnologie in der Spannung zwischen dem (nicht nur) kognitiven Aneignungsanspruch und dem Anspruch, die Anderen in ihrer Andersheit zu respektieren – was einzuschließen hätte, daß sie sich selbst zur Geltung bringen.

Für die weitere Reflexion auf das Verhältnis zum Anderen scheint der Ausgang von spezifischen Konstellationen der Praxis interkultureller Interaktion geboten. Die Einsicht in den dialogischen Charakter der Feldforschungssituation hatte die Diskussion, die sich auf den projektiven Charakter der Repräsentation – die Konstruiertheit und Diskursgebundenheit des Bildes der Anderen – zu fixieren drohte, erweitert. Daneben wurde, in einer weiteren Differenzierung, von einigen damit begonnen, das Augenmerk auf die kommunikative Relation in einem umfassenderen Sinne zu richten. Unter anderem trat dabei hervor, daß häufig sogar die ethnologischen *Interpretationsmodelle* selbst in wichtigen Dimensionen fremdbestimmt sind. Die Anderen nehmen, in unterschiedlichem Ausmaß, auch auf die theoretischen Entwürfe der Ethnologen Einfluß. (Zum Teil klingen in diesen Einsichten Gedanken von Jacques Derrida an.) Meist werden die Fragen nach den Grenzen der auktoriellen Kontrolle aber nur kurz angetippt oder bleiben auf der Ebene des einzelnen Textes, der einzelnen Ethnographie (so etwa bei D. Tedlock und J. Clifford; Hinweise siehe oben, S. 87). Richard Burghart (1990) geht hier einen Schritt weiter und demonstriert für den Fall der Sozialanthropologie Indiens, daß der interpretative Rahmen, die analytischen Strategien, die die Ethnologen formulieren, als Resultat eines komplexen Handlungsgeflechts und Zusammenspiels (*complex agency*) der Wissenstraditionen des Ethnologen *und* der Anderen zu begreifen sind. Im Falle Indiens standen die Ethnologen in besonders nachdrücklicher Weise vor der Situation, daß das interpretative Feld bereits »besetzt« war. Sie waren mit der sozialen Definitionsmacht besonders der Brahmanen und der Asketen konfrontiert, die eigene totalisierende, universalisierende, und hegemoniale Entwürfe des indischen Sozialsystems vertraten. Ohne daß diese von anderen Angehörigen dieser Gesellschaft unbedingt geteilt wurden, bildeten sie, im Sinne Rabinows, doch einen gewichtigen sozialen Tatbestand und effektiven Machtfaktor in dem von ihnen interpretierten gesellschaftlichen Handlungsraum. Mit diesen Konzeptionen der indischen Gesellschaft, deren Grundlagen ganz anderer Art waren als die der Sozialwissenschaftler, mußten sich jene nicht nur in der Phase der »Objekterschließung« auseinandersetzen; vielmehr zwangen diese Konzeptionen zu Reaktionen auf theoretischer Ebene und beeinflußten ihre Entwürfe dieser Gesellschaft (wichtige Punkte aus Burgharts Argumentation finden sich bei Veena Das in diesem Band, S. 412 f.).

Dennoch stehen sich beide Seiten nicht gleichgewichtig gegenüber. Der Ethnologe nimmt für sich in Anspruch, die Wissensformen der Anderen auf ihren Platz zu verweisen. Auf wissenschaftlicher Ebene wird ein Bruch mit nicht-westlichen und nicht-modernen Erkenntnisweisen verlangt. Trotz oder wegen der Interaktion mit ihnen werden diese zu einem Teil der Vergangenheit erklärt und auf seiten des Objekts veranschlagt: Wie Veena Das pointiert aufzeigt, verlangt selbst ein Ethnologe wie Louis Dumont, der seinen eigenen Entwurf der indischen Gesellschaft auf einer mimetischen Konstruktion einheimischer (brahmanischer) Ideen aufbaut, von den Intellektuellen dieser Kultur, die den modernen wissenschaftlichen Diskurs zu ihrer Wissenstradition in Beziehung setzen wollen, sich von ihren eigenen Erkenntnistraditionen zu distanzieren (siehe in diesem Band, S. 407). Ihnen wird nicht die Möglichkeit zugebilligt, die für sie anderen, das heißt die modernen, westlichen Ideen und Werte von *ihrem* Hintergrund aus in Erweiterung und Überschreitung ihres kulturellen Horizontes anzueignen und kritisch zu durchleuchten.[76] »Andere Kulturen erlangen Legitimität nur als Gegenstände des Denkens – niemals als Instrumente des Denkens« (Das, in diesem Band, S. 410).

Die gleiche Haltung ist noch in der hier skizzierten reflexiven (meta-)anthropologischen Debatte wirksam. Sind, wie Veena Das zum Abschluß fragt, Reflexion und Kritik der herrschenden ethnologischen Erkenntnisweise denen vorbehalten, die in dieser Wissenstradition stehen und bisher schon in diesem Diskurs das Wort führten und die Anderen objektivierten? Droht so aber nicht noch die Reflexion auf die Beziehung der Ethnologie zum »Anderen« dieses Verhältnis zu substantialisieren und die Distanz zu zementieren? Wird so nicht weiterhin noch die Vielfalt anderer Stimmen überlagert durch das Abstraktum »des« oder »der« Anderen, unter dem der »Rest der Welt« zusammengefaßt wird aus der panoptischen Zentralperspektive der westlichen Anthropologen (vgl. Fardon 1990 a: 22; Hobart 1990: 306)? Zu einem Dialog, der die Differenz achten und das Identitätsdenken vermeiden will, gehört auch die umgekehrte Perspektive, die Objektivierung und Kritik der westlichen Erkenntnistradition vor dem Hintergrund anderer Er-

---

76 Wie es etwa Ashis Nandy mit seinem Konzept eines »kritischen Traditionalismus« vorschwebt, den er – in dialogischer Konfrontation – einem »kritischen Modernismus« gegenüberstellt (Nandy 1987). Der Zwang zum Bruch mit der eigenen Kultur auf seiten nicht-westlicher Anthropologen wird von Marilyn Strathern in ihren Überlegungen zu den Grenzen einer »Auto-Anthropologie« indirekt bestätigt und bekräftigt (1987b).

kenntnistraditionen. Alle Versuche der Revision der Repräsentationsweisen verbleiben so lange in den engen selbstgesetzten Grenzen, wie wir nicht unsere Tradition der Repräsentation der Konfrontation mit anderen Repräsentationstraditionen aussetzen.

Literatur

Appadurai, Arjun (1986), »Theory in Anthropology: Center and Periphery«, in: *Comparative Studies in Society and History* 28, S. 356-361.
Ardener, Edwin (1985), »Social Anthropology and the Decline of Modernism«, in: Joanna Overing (Hg.), *Reason and Morality*, London u. New York: Tavistock, S. 47-70.
Arens, Walter (1983), »Evans-Pritchard and the Prophets: Comments on an Ethnographic Enigma«, in: *Anthropos* 78, S. 1-15.
Arnason, Jóhan, P. (1988), *Praxis und Interpretation. Sozialphilosophische Studien*, Frankfurt/M.: Suhrkamp.
Asad, Talal (Hg.) (1973), *Anthropology and the Colonial Encounter*, London: Ithaca.
– (1986), »The Concept of Cultural Translation in British Social Anthropology«, in: James Clifford und George Marcus (Hg.) (1986), S. 141-164 [deutsche Übersetzung in diesem Band, S. 300-334].
Ashmore, Malcolm (1989), *The Reflexive Thesis. Wrighting Sociology of Scientific Knowledge*, Chicago: University of Chicago Press.
Babcock, Barbara (1980), »›Reflexivity‹: Definitions and Discriminations«, in: *Semiotica* 30 (1/2), S. 1-14.
Bakhtin, Mikhail M. (1981), *The Dialogic Imagination*, hg. von Michael Holquist, Austin: University of Texas Press.
Balandier, Georges (1957), *Afrique ambiguë*, Paris: Plon.
Benjamin, Walter (1977), »Die Aufgabe des Übersetzers«, in: ders., *Illuminationen. Ausgewählte Schriften*, Frankfurt am Main: Suhrkamp, S. 50-62.
Berreman, Gerald D. (1962), *Behind Many Masks: Ethnography and Impression Management in a Himalayan Village*, Society for Applied Anthropology, Monograph 4, Ithaca, N.J.: Humanities Press.
Bonß, Wolfgang und Heinz Hartmann (Hg.) (1985a), *Entzauberte Wissenschaft. Zur Relativität und Geltung soziologischer Forschung*, Göttingen: Otto Schwartz [*Soziale Welt*, Sonderband 3].
– (1985b), »Konstruierte Gesellschaft, rationale Deutung. Zum Wirklichkeitscharakter soziologischer Diskurse«, in: dies. (Hg.) (1985a), S. 9-46.
Boon, James A. (1982), *Other Tribes, Other Scribes. Symbolic Anthropo-*

logy in the Comparative Study of Cultures, Histories, Religions, and Texts, Cambridge: Cambridge University Press.

Bourdieu, Pierre (1987 [1980]), *Sozialer Sinn. Kritik der theoretischen Vernunft*, Frankfurt am Main: Suhrkamp.

– (1988), *Homo academicus*, Frankfurt am Main: Suhrkamp.

– (1990), »The Scholastic Point of View«, in: *Cultural Anthropology* 5 (4), S. 380-391.

– (1993), »Narzißtische Reflexivität und wissenschaftliche Reflexivität«, in diesem Band, S. 365-374.

Bowen, Elenore S. (d.i. Laura Bohannan) (1984 [1954]), *Rückkehr zum Lachen. Ein ethnologischer Roman*, Berlin: Reimer.

Burghart, Richard (1990), »Ethnographers and their Local Counterparts in India«, in: Richard Fardon (Hg.) (1990a), S. 260-279.

Casagrande, Joseph B. (Hg.) (1960), *In the Company of Man: Twenty Portraits of Anthropological Informants*, New York: Harper and Row.

Clifford, James (1986a), »Introduction: Partial Truths«, in: James Clifford und George Marcus (Hg.) (1986), S. 1-26.

– (1986b), »On Ethnographic Allegory«, in: James Clifford und George Marcus (Hg.) (1986), S. 98-121 [Übersetzung in diesem Band, S. 200-239].

– (1988a), »Introduction: The Pure Products Go Crazy«, in: ders., *The Predicament of Culture. Twentieth-Century Ethnography, Literature, and Art*, Cambridge, Mass.: Harvard University Press, S. 1-17.

– (1988b [1983]), »On Ethnographic Authority«, in: ders., *The Predicament of Culture*, S. 21-54 [Übersetzung in diesem Band, S. 109-157].

– (1988c), »On Ethnographic Self-Fashioning: Conrad and Malinowski«, in: ders., *The Predicament of Culture*, S. 92-113.

– (1988d), »On *Orientalism*«, in: ders., *The Predicament of Culture*, S. 255-276.

– (1989), »Comment« (zu Roth 1989), in: *Current Anthropology* 30 (5), S. 561-563.

– (1990), »Response. A Review Symposium on James Clifford's *The Predicament of Culture*«, in: *Social Analysis* 29, S. 145-158.

Clifford, James und George E. Marcus (Hg.) (1986), *Writing Culture. The Poetics and Politics of Ethnography*. Berkeley: University of California Press.

Copans, Jean und Jean Jamin (Hg.) (1978), *Aux origines de l'anthropologie française. Les Mémoires de la Société des Observateurs de l'Homme en l'an* VIII, Paris: Le Sycomore.

Crapanzano, Vincent (1977), »On the Writing of Ethnography«, in: *Dialectical Anthropology* 2 (1), S. 69-73.

– (1983 [1980]), *Tuhami. Portrait eines Marokkaners*, Stuttgart: Klett-Cotta.

– (1986), »Hermes' Dilemma: The Masking of Subversion in Ethnogra-

phic Description«, in: James Clifford und George Marcus (1986), S. 51 bis 76.
- (1990), »On Dialogue«, in: Tullio Maranhão (Hg.), *The Interpretation of Dialogue*, Chicago: University of Chicago Press, S. 269-291.
Daniel, E. Valentine (1984), *Fluid Signs: Being a Person the Tamil Way*, Berkeley: University of California Press.
Das, Veena (1993), »Der anthropologische Diskurs über Indien. Die Vernunft und ihr Anderes«, in diesem Band, S. 402-425.
Devereux, Georges (1973), *Angst und Methode in den Verhaltenswissenschaften*, München: Hanser.
Dumont, Jean-Paul (1978), *The Headman and I. Ambiguity and Ambivalence in the Fieldworking Experience*, Austin: University of Texas Press.
- (1986), »Prologue to Ethnography or Prolegomena to Anthropography«, in: *Ethos* 14 (4), S. 344-367.
Dumont, Louis (1990 [1983]), *Individualismus. Zur Ideologie der Moderne*, Frankfurt/New York: Campus [*Essais sur l'individualisme. Une perspective anthropologique sur l'idéologie moderne*, Paris: Seuil].
Dwyer, Kevin (1977), »On the Dialogic of Fieldwork«, in: *Dialectical Anthropology* 2 (2), S. 143-151.
- (1979), »The Dialogic of Ethnology«, in: *Dialectical Anthropology* 4 (3), S. 205-224.
Eder, Klaus (1976), *Die Entstehung staatlich organisierter Gesellschaften. Ein Beitrag zu einer Theorie sozialer Evolution*, Frankfurt am Main: Suhrkamp.
Eipper, Chris (1990) »The Predicament of Culture: A Comment. A Review Symposium on James Clifford's *The Predicament of Culture*«, in: *Social Analysis* 29, S. 110-115.
Ellen, Roy/Ernest Gellner/Grazyna Kubica und Janusz Mucha (Hg.) (1988), *Malinowski between Two Worlds. The Polish Roots of an Anthropological Tradition*. Cambridge: Cambridge University Press.
Elkana, Yehuda (1986), *Anthropologie der Erkenntnis. Die Entwicklung des Wissens als episches Theater einer listigen Vernunft*, Frankfurt am Main: Suhrkamp.
Fabian, Johannes (1983), *Time and the Other. How Anthropology Makes its Object*, New York: Columbia University Press.
- (1990), »Presence and Representation. The Other and Anthropological Writing«, in: *Critical Inquiry* 16 (4), S. 753-772 [deutsche Übersetzung in diesem Band, S. 335-364].
- (1991 a), *Time and the Work of Anthropology. Critical Essays 1971-1991*, Chur: Harwood Academic Publishers.
- (1991 b), »Of Dogs Alive, Birds Dead, and Time to Tell a Story«, in: ders. (1991 a).
- (1991 c), »Ethnographic Objectivity Revisited: From Rigor to Vigor«, in: *Annals of Scholarship* 8 (3-4), S. 381-408.

Fahim, Hussein (Hg.) (1982), *Indigenous Anthropology in Non-Western Countries*, Durham, N.C.: Carolina Academic Press.

Fanon, Frantz (1969 [1961]), *Die Verdammten dieser Erde*, Vorwort von Jean-Paul Sartre, Reinbek: Rowohlt.

Fardon, Richard (Hg.) (1990a), *Localizing Strategies. Regional Traditions of Ethnographic Writing*, Edinburgh: Scottish Academic Press und Washington: Smithsonian Institution Press.

– (1990b), »Localizing Strategies: The Regionalization of Ethnographic Accounts«, in: ders. (Hg.) (1990a), S. 1-35.

Fernandez, James W. (Hg.) (1991), *Beyond Metaphor. The Theory of Tropes in Anthropology*, Stanford, Cal.: Stanford University Press.

Firth, Raymond (Hg.) (1957), *Man and Culture. An Evaluation of the Work of Bronislaw Malinowski*, London: Routledge & Kegan Paul.

– (1985), »Degrees of Intelligibility«, in: Joanna Overing (Hg.), *Reason and Morality*, London und New York: Tavistock, S. 29-46.

– (1986 [1981]), »Bronislaw Malinowski«, in: Bronislaw Malinowski, *Schriften zur Anthropologie*, hg. von Fritz Kramer (*Schriften*, Bd. 4/2), Frankfurt am Main: Syndikat, S. 227-265.

– (1988), »Malinowski in the History of Social Anthropology«, in: Roy Ellen u. a. (Hg.) (1988), S. 12-42.

Flis, Andrzej (1988), »Cracow Philosophy of the Beginning of the Twentieth Century and the Rise of Malinowski's Scientific Ideas«, in: Roy Ellen u. a. (Hg.) (1988), S. 105-127.

Foucault, Michel (1971), *Die Ordnung der Dinge. Eine Archäologie der Humanwissenschaften*, Frankfurt am Main: Suhrkamp.

– (1976), *Überwachen und Strafen*, Frankfurt am Main: Suhrkamp.

– (1987), »Paolo Caruso: Gespräch mit Michel Foucault«, in: Michel Foucault, *Von der Subversion des Wissens*, hg. von Walter Seitter, Frankfurt am Main: Fischer, S. 7-27.

Freeman, Derek (1983), *Margaret Mead and Samoa. The Making and Unmaking of an Anthropological Myth*, Cambridge, Mass.: Harvard University Press.

Freilich, Morris (Hg.) (1970), *Marginal Natives: Anthropologists at Work*, New York: Harper and Row.

Friedman, Jonathan (1987), »Beyond Otherness or: the Spectacularization of Anthropology«, in: *Telos* 71, S. 161-170.

Fuchs, Martin (1987), »Fremde Kultur und soziales Handeln. Max Webers Analyse der indischen Zivilisation«, in: *Kölner Zeitschrift für Soziologie und Sozialpsychologie* 39 (4), S. 669-692.

– (1991), »Die Umkehr des ethnologischen Blicks. Versuche der Objektivierung des eigenen kulturellen Horizonts«, in: Eberhard Berg, Jutta Lauth und Andreas Wimmer (Hg.), *Ethnologie im Widerstreit. Kontroversen über Macht, Geschäft, Geschlecht in fremden Kulturen. Festschrift für Lorenz G. Löffler*, München: Trickster, S. 311-332.

Gadamer, Hans-Georg (1960), *Wahrheit und Methode. Grundzüge einer philosophischen Hermeneutik*, Tübingen: Mohr (Siebeck).

Geertz, Clifford (1968), »Thinking as a Moral Act: Ethical Dimensions of Anthropological Fieldwork in the New States«, in: *Antioch Review* 28 (2), S. 139-159.

– (1973 a), *The Interpretation of Cultures. Selected Essays,* New York: Basic.

– (1973 b), »Thick Description: Toward an Interpretive Theory of Culture«, in: ders. (1973 a), S. 3-30.

– (1973 c [1972]), »Deep Play: Notes on the Balinese Cockfight«, in: ders. (1973 a), S. 412-453.

– (1979) »Interview«, in: Rik Pinxten (Hg.), *On Going Beyond Kinship, Sex and the Tribe*, Gent: E. Story-Scientia, S. 11.

– (1980), *Negara. The Theatre State in Nineteenth-Century Bali*, Princeton, N.J.: Princeton University Press.

– (1983 a), *Dichte Beschreibung. Beiträge zum Verstehen kultureller Systeme*, Frankfurt am Main: Suhrkamp.

– (1983 b), *Local Knowledge. Further Essays in Interpretive Anthropology*, New York: Basic Books.

– (1983 c [1973 b]), »Dichte Beschreibung. Bemerkungen zu einer deutenden Theorie von Kultur«, in: Geertz (1983 a), S. 7-43.

– (1983 d [1966]), »Person, Zeit und Umgangsformen auf Bali«, in: Geertz (1983 a), S. 133-201.

– (1983 e [1973 c]), »›Deep play‹: Bemerkungen zum balinesischen Hahnenkampf«, in: Geertz (1983 a), S. 202-260.

– (1983 f [1976]), »›Aus der Perspektive des Eingeborenen‹. Zum Problem des ethnologischen Verstehens«, in: Geertz (1983 a), S. 289-309.

– (1983 g [1966]), »Religion als kulturelles System«, in: Geertz (1983 a), S. 44-95.

– (1983 h), »Introduction«, in: Geertz (1983 b), S. 3-16.

– (1983 i [1980]), »Blurred Genres. The Refiguration of Social Thought«, in: Geertz (1983 b), S. 19-35.

– (1983 j [1977]), »Found in Translation. On the Social History of the Moral Imagination«, in: Geertz (1983 b), S. 36-54.

– (1984), »Distinguished Lecture. Anti Anti-Relativism«, in: *American Anthropologist* 86 (2), S. 263-278.

– (1990), *Die künstlichen Wilden. Anthropologen als Schriftsteller*, München: Hanser [*Works and Lives. The Anthropologist as Author.* Stanford, Cal.: Stanford University Press 1988].

– (1991), »Richard Handler: An Interview with Clifford Geertz«, in: *Current Anthropology* 32 (5), S. 603-613.

Gellner, Ernest (1985), *Relativism and the Social Sciences*, Cambridge: Cambridge University Press.

– (1988), »›Zeno of Cracow‹ or ›Revolution at Nemi‹ or ›The Polish Revenge‹. A Drama in Three Acts«, in: Roy Ellen u. a. (Hg.) (1988), S. 164-194.

Gilbert, G. Nigel und Michael Mulkay (1984), *Opening Pandora's Box. A Sociological Analysis of Scientists' Discourse,* Cambridge: Cambridge University Press.

Golde, Peggy (Hg.) (1970), *Women in the Field: Anthropological Experiences,* Chicago: Aldine.

Habermas, Jürgen (1976), *Zur Rekonstruktion des Historischen Materialismus,* Frankfurt am Main: Suhrkamp.

– (1981), *Theorie des kommunikativen Handelns,* 2 Bde., Frankfurt am Main: Suhrkamp.

Hinsley, Curtis M. (1981), *Savages and Scientists. The Smithsonian Institution and the Development of American Anthropology 1846-1910,* Washington, D.C.: Smithsonian Institution Press.

Hobart, Mark (1985), »Texte est un con«, in: R.H. Barnes, Daniel de Coppet und R.J. Parkin (Hg.), *Contexts and Levels. Anthropological Essays on Hierarchy,* Oxford: JASO, S. 33-53.

– (1990), »Who Do You Think You Are? The Authorized Balinese«, in: Richard Fardon (Hg.) (1990a), S. 303-338.

Hollis, Martin und Steven Lukes (Hg.) (1982a), *Rationality and Relativism,* Oxford: Blackwell.

– (1982b), »Introduction«, in: dies. (Hg.) (1982a), S. 1-20.

Honneth, Axel (1989), *Kritik der Macht. Reflexionsstufen einer kritischen Gesellschaftstheorie,* Frankfurt am Main: Suhrkamp.

Hymes, Dell (Hg.) (1974), *Reinventing Anthropology,* New York: Vintage.

Jay, Martin (1991), »Im Reich des Blicks: Foucault und die Diffamierung des Sehens im französischen Denken des zwanzigsten Jahrhunderts«, in: *Leviathan* 19 (1), S. 130-156.

Johnson, Douglas H. (1981), »The Fighting Nuer: Primary Sources and the Origins of A Stereotype«, in: *Africa* 51 (1), S. 508-527.

Kapferer, Bruce (1988), »The Anthropologist as Hero. Three Exponents of Post-Modernist Anthropology«, in: *Critique of Anthropology* 8 (2), S. 77-104.

Karp, Ivan und Kent Maynard (1983), »Reading *The Nuer,* in: *Current Anthropology* 24 (4), S. 481-503.

Keesing, Roger M. (1985), »Conventional Metaphors and Anthropological Metaphysics. The Problematic of Cultural Translation«, in: *Journal of Anthropological Research* 41 (2), S. 201-217.

– (1987), »Anthropology as Interpretive Quest«, in: *Current Anthropology* 28 (2), S. 161-176.

Kippenberg, Hans G. und Brigitte Luchesi (Hg.) (1978), *Magie. Die sozialwissenschaftliche Kontroverse über das Verstehen fremden Denkens,* Frankfurt am Main: Suhrkamp.

Kirby, Vicki (1991), »Comment« zu Mascia-Lees u.a. (1989), in: *Signs. Journal of Women in Culture and Society* 16 (2), S. 394-400.

Knorr, Karin D. (1981), »Anthropologie und Ethnomethodologie: Eine theoretische und methodische Herausforderung«, in: Wolfdietrich Schmied-Kowarzik und Justin Stagl (Hg.), *Grundfragen der Ethnologie. Beiträge zur gegenwärtigen Theorie-Diskussion*, Berlin: Reimer, S. 107-123.

Knorr-Cetina, Karin D. (1984), *Die Fabrikation von Erkenntnis. Zur Anthropologie der Naturwissenschaft*, Frankfurt am Main: Suhrkamp.

– und Michael Mulkay (Hg.) (1983), *Science Observed. Perspectives on the Social Study of Science*, London: Sage.

Kohl, Karl-Heinz (1979), *Exotik als Beruf. Zum Begriff der ethnographischen Erfahrung bei B. Malinowski, E. E. Evans-Pritchard und C. Lévi-Strauss*, Wiesbaden: B. Heymann.

– (1990), »Bronislaw Kaspar Malinowski (1884-1942)«, in: Wolfgang Marschall (Hg.), *Klassiker der Kulturanthropologie. Von Montaigne bis Margaret Mead*, München: Beck, S. 227-247.

Kramer, Fritz W. (1981), »Nachwort«, in: Bronislaw Malinowski, *Korallengärten und ihre Magie. Bodenbestellung und bäuerliche Riten auf den Trobriand-Inseln*, hg. von Fritz Kramer [= *Schriften*, Bd. 3], Frankfurt am Main: Syndikat, S. 415-428.

– (1985), »*Empathy* – Reflections on the History of Ethnology in Pre-Fascist Germany: Herder, Creuzer, Bastian, Bachofen, and Frobenius«, in: *Dialectical Anthropology* 9, S. 337-347.

Langham, Ian (1981), *The Building of British Social Anthropology. W. H. R. Rivers and his Cambridge Disciples in the Development of Kinship Studies, 1898-1931*, Dordrecht: Reidel.

Latour, Bruno (1986), »Visualisation and Cognition«, in: H. Kuklick (Hg.), *Knowledge and Society. Studies in the Sociology of Culture Past and Present*, Greenwich, CT: Jai Press, S. 1-40.

– und Steve Woolgar (1979), *Laboratory Life. The Social Construction of Scientific Facts*, London u. a.: Sage.

Leach, Edmund (1957), »The Epistemological Background to Malinowski's Empiricism«, in: Raymond Firth (Hg.) (1957), *Man and Culture. An Evaluation of the Work of Bronislaw Malinowski*, London: Routledge & Kegan Paul, S. 119-137.

– (1966), »On the Founding Fathers«, in: *Current Anthropology* 7 (5), S. 560-567.

Leclerc, Gérard (1973), *Anthropologie und Kolonialismus*, München: Hanser.

Lee III, Orville (1988), »Observations on Anthropological Thinking about the Culture Concept: Clifford Geertz and Pierre Bourdieu«, in: *Berkeley Journal of Sociology* 33, S. 115-130.

Leiris, Michel (1980/84 [1934]), *Phantom Afrika. Tagebuch einer Expedition von Dakar nach Djibouti 1931-1933*, 2 Bde., Frankfurt am Main: Syndikat.

Lepenies, Wolf (1981), »Anthropologische Tendenzen in der Wissenschaftssoziologie«, in: Biruta Schaller, Hermann Pfütze und Reinhart Wolff (Hg.), *Schau unter jeden Stein. Merkwürdiges aus Kultur und Gesellschaft. Dieter Claessens zum 60. Geburtstag*, Frankfurt/M. und Basel: Stroemfeld/Roter Stern, S. 179-197.

Lévi-Strauss, Claude (1978), *Traurige Tropen*, Frankfurt/M.: Suhrkamp.

– und Didier Eribon (1989), *Das Nahe und das Ferne. Eine Autobiographie in Gesprächen*, Frankfurt am Main: S. Fischer.

Linkenbach, Antje (1986), *Opake Gestalten des Denkens. Jürgen Habermas und die Rationalität fremder Lebensformen*, München: Fink.

Lowie, Robert H. (1959), *Robert H. Lowie, Ethnologist. A Personal Record*, Berkeley: University of California Press.

Luhmann, Niklas (1990a), »Sthenographie«, in: ders., Humberto Maturana/Mikio Namiki/Volker Redder und Francisco Varela, *Beobachter. Konvergenz der Erkenntnistheorien?*, München: Fink, S. 119-137.

– (1990b), *Die Wissenschaft der Gesellschaft*, Frankfurt/M.: Suhrkamp.

Lynch, Michael und Steve Woolgar (Hg.) (1988), »Representation in Scientific Practice«, Schwerpunktheft: *Human Studies* 11 (2/3).

Malaurie, Jean (1977 [1956]), *Die letzten Könige von Thule. Leben mit den Eskimos*, Frankfurt am Main: Krüger.

Malinowski, Bronislaw, K. (1951), *Die Dynamik des Kulturwandels*, eingeleitet von Phyllis M. Kaberry, Wien/Stuttgart: Humboldt.

– (1953 [1922]), *Argonauts of the Western Pacific. An Account of Native Enterprise and Adventure in the Archipelagoes of Melanesian New Guinea*, London: Routledge & Kegan Paul.

– (1967), *A Diary in the Strict Sense of the Term*, London: Routledge & Kegan Paul.

– (1979), *Argonauten des westlichen Pazifik. Ein Bericht über Unternehmungen und Abenteuer der Eingeborenen in den Inselwelten von Melanesisch-Neuguinea*, hg. von Fritz Kramer [*Schriften*, Bd. 1], Frankfurt am Main: Syndikat.

– (1981 [1935]), *Korallengärten und ihre Magie. Bodenbestellung und bäuerliche Riten auf den Trobriand-Inseln*, hg. von Fritz Kramer [*Schriften*, Bd. 3], Frankfurt am Main: Syndikat.

– (1986a [1967]), *Ein Tagebuch im strikten Sinn des Wortes. Neuguinea 1914-1918*, eingeleitet von Raymond Firth [*Schriften*, Bd. 4/1], Frankfurt am Main: Syndikat.

– (1986b), *Schriften zur Anthropologie*, hg. von Fritz Kramer [*Schriften*, Bd. 4/2], Frankfurt am Main: Syndikat.

Manganaro, Marc (1990) »Textual Play, Power, and Cultural Critique: An Orientation to Modernist Anthropology«, in: ders. (Hg.), *Modernist Anthropology. From Fieldwork to Text*, Princeton: Princeton University Press, S. 3-47.

Marcus, George E. (1989), »»A Prolegomena to Contemporary Cosmopolitan Conversations on Conference Occasions such as the Present One,

Entitled Representations of Otherness: Cultural Hermeneutics, East and West«, in: *Criticism, Heresy and Interpretation (CHAI)* 1, S. 23-35.

Marcus, George E. und Dick Cushman (1982), »Ethnographies as Texts«, in: *Annual Review of Anthropology* 11, S. 25-69.

Marcus, George E. und Michael M.J. Fischer (1986), *Anthropology as Cultural Critique. An Experimental Moment in the Human Sciences*, Chicago: University of Chicago Press.

Mascia-Lees, Frances E./Patricia Sharpe und Colleen Ballerino Cohen (1989), »The Postmodernist Turn in Anthropology: Cautions from a Feminist Perspective«, in: *Signs. A Journal of Women in Culture and Society* 15 (1), S. 7-33.

– (1991), »Reply to Kirby«, in: *Signs: A Journal of Women in Culture and Society* 16 (2), S. 401-408.

Matthes, Joachim (1985), »Die Soziologen und ihre Wirklichkeit. Anmerkungen zum Wirklichkeitsverhältnis der Soziologie«, in: Wolfgang Bonß und Heinz Hartmann (Hg.) (1985 a), S. 49-64.

Mintz, Sidney W. (1987 [1985]), *Die süße Macht. Kulturgeschichte des Zuckers*, Frankfurt/New York: Campus.

Moravia, Sergio (1977), *Beobachtende Vernunft. Philosophie und Anthropologie in der Aufklärung*, Frankfurt/Berlin/Wien: Ullstein.

Mulkay, Michael (1985), *The Word and the World. Explorations in the Form of Sociological Analysis*, London: George Allen & Unwin.

– (1991), *Sociology of Science. A Sociological Pilgrimage*, Bloomington: Indiana University Press.

Myerhoff, Barbara und Jay Ruby (1982), »Introduction«, in: Jay Ruby (Hg.), *A Crack in the Mirror. Reflexive Perspectives in Anthropology*, Philadelphia: University of Pennsylvania Press, S. 1-35.

Nandy, Ashis (1983), *The Intimate Enemy. Loss and Recovery of Self Under Colonialism*, Delhi: Oxford University Press.

– (1987), »Cultural Frames for Social Transformation: A Credo«, in: *Alternatives* 12 (2), S. 113-123.

Nash, June (1979), *We Eat the Mines and the Mines Eat Us. Dependency and Exploitation in Bolivian Tin Mines*, New York: Columbia U.P.

Niranjana, Tejaswini (1992), *Siting Translation. History, Post-Structuralism, and the Colonial Context*, Berkeley: University of California Press.

Ohnuki-Tierney, Emiko (1984), »Native Anthropologists«, in: *American Ethnologist* 11 (3), S. 584-586.

Ong, Walter J. (1977), *Interfaces of the Word. Studies in the Evolution of Consciousness and Culture*, Ithaca: Cornell University Press.

Ortner, Sherry B. (1984), »Theory in Anthropology since the Sixties«, in: *Comparative Studies in Society and History* 26 (1), S. 126-166.

Phipps, Peter (1989), »Monopoly on Meaning. On Clifford Geertz's Interpretative Theoretical Programme«, in: *Criticism, Heresy, and Interpretation (CHAI)* 1 (2), S. 83-88.

Polier, Nicole und William Roseberry (1989), »Tristes Tropes: Post-Modern Anthropologists Encounter the Other and Discover Themselves«, in: *Economy and Society* 18 (2), S. 245-264.

Powdermaker, Hortense (1966), *Stranger and Friend. The Way of an Anthropologist*, New York: W. W. Norton.

Pratt, Marie L. (1986), »Fieldwork in Common Places«, in: James Clifford und George Marcus (Hg.) (1986), S. 27-50.

Putnam, Hilary (1990), *Die Bedeutung von »Bedeutung«*, hg. von Wolfgang Spohn, Frankfurt am Main: Vittorio Klostermann, 2. Auflage.

Rabinow, Paul, (1977), *Reflections on Fieldwork in Morocco*, Berkeley: University of California Press.

– (1983), »Humanism as Nihilism. The Bracketing of Truth and Seriousness in American Cultural Anthropology«, in: Norma Haan u. a. (Hg.), *Social Science as Moral Inquiry*, New York: Columbia University Press, S. 52-75.

– (1986), »Representations Are Social Facts. Modernity and Post-Modernity in Anthropology«, in: James Clifford und George Marcus (Hg.) 1986, S. 234-261 [deutsche Übersetzung in diesem Band, S. 158-199].

Radin, Paul (1987 [1933]), *The Method and Theory of Ethnology. An Essay on Criticism*, South Hadley, Mass.: Bergin & Garvey.

Renner, Egon (1984), »On Geertz's Interpretive Theoretical Program«, in: *Current Anthropology* 25 (4), S. 538-540.

Ricœur, Paul (1974 [1965]), *Die Interpretation. Ein Versuch über Freud*, Frankfurt am Main: Suhrkamp.

– (1978 [1971]), »Der Text als Modell: hermeneutisches Verstehen«, in: Hans-Georg Gadamer und Gottfried Boehm (Hg.), *Seminar: Die Hermeneutik und die Wissenschaften*, Frankfurt am Main: Suhrkamp, S. 83 bis 117.

– (1981 a), »A Response by Paul Ricœur«, in: ders., *Hermeneutics and the Human Sciences. Essays on Language, Action and Interpretation*, hg. von John B. Thompson, Cambridge: Cambridge University Press, S. 32-40.

– (1981 b), »What is a text? Explanation and Understanding«, in: ders., *Hermeneutics and the Human Sciences*, Cambridge, S. 145-164.

Rorty, Richard (1981), *Der Spiegel der Natur*, Frankfurt/M: Suhrkamp.

Rosaldo, Renato (1980), *Ilongot Headhunting 1883-1974. A Study in Society and History*, Stanford, Cal.: Stanford University Press.

– (1984), »Grief and a Headhunter's Rage: On the Cultural Force of Emotions«, in: Edward M. Bruner (Hg.), *Text, Play, and Story. The Construction and Reconstruction of Self and Society*, Washington, D. C.: American Ethnological Society, S. 178-185 [Übersetzung in diesem Band, S. 375-401].

– (1989), *Culture and Truth. The Remaking of Social Analysis*, Boston: Beacon.

Roseberry, William (1982), »Balinese Cockfights and the Seduction of Anthropology«, in: *Social Research* 49 (4), S. 1013-1028.

Roth, Paul A. (1989), »Ethnography without Tears«, in: *Current Anthropology* 30 (5), S. 555-569.

Said, Edward W. (1981 [1979]), *Orientalismus*, Frankfurt/Berlin/Wien: Ullstein.

– (1989), »Representing the Colonized. Anthropology's Interlocutors«, in: *Criticial Inquiry* 15 (2), S. 205-225.

Sangren, P. Steven (1988), »Rhetoric and the Authority of Ethnography: ›Postmodernism‹ and the Social Reproduction of Texts«, in: *Current Anthropology* 29 (3), S. 405-435.

Sanjek, Roger (1991), »The Ethnographic Present«, in: *Man* (N.S.) 26 (4), S. 609-628.

Scholte, Bob (1974), »Toward a Reflexive and Critical Anthropology«, in: Dell Hymes (Hg.) (1974), S. 430-457.

– (1984), »On Geertz's Interpretive Theoretical Program«, in: *Current Anthropology* 25 (4), S. 540-542.

– (1986), »The Charmed Circle of Geertz's Hermeneutics. A Neo-Marxist Critique«, in: *Critique of Anthropology* 6 (1), S. 5-15.

– (1987), »The Literary Turn in Contemporary Anthropology«, in: *Critique of Anthropology* 7 (1), S. 33-47.

Shankman, Paul (1984), »The Thick and the Thin. On the Interpretive Theoretical Program of Clifford Geertz«, in: *Current Anthropology* 25 (3), S. 261-279.

Skalnik, Peter und Robert Thornton (Hg.) (i. V.), *An Argonaut from Cracow: Bronislaw Malinowski's Pre-Fieldword Writings*, Cambridge: Cambridge University Press.

Sperber, Dan (1989), *Das Wissen des Ethnologen*, Frankfurt am Main: Edition Qumran im Campus Verlag.

Spindler, George (Hg.) (1970), *Being an Anthropologist. Fieldwork in Eleven Cultures*, New York: Holt, Rinehart and Winston.

Stagl, Justin (1981), »Szientistische, hermeneutische und phänomenologische Grundlagen der Ethnologie«, in: Wolfdietrich Schmied-Kowarzik und Justin Stagl (Hg.), *Grundfragen der Ethnologie. Beiträge zur gegenwärtigen Theorie-Diskussion*, Berlin: Reimer, S. 1-38.

Stocking, George W. (1968), »Empathy and Antipathy in the Heart of Darkness«, in: *Journal of the History of the Behavioural Sciences* 4, S. 189-194.

– (Hg.) (1983 a), *Observers Observed. Essays on Ethnographic Fieldwork* [*History of Anthropology*, Bd. 1], Madison: Univ. of Wisconsin Press.

– (1983 b), »The Ethnographer's Magic. Fieldwork in British Anthropology from Tylor to Malinowski«, in: ders. (Hg.) (1983 a), S. 70-120.

– (1987), *Victorian Anthropology*, New York: Free Press; London: Collier MacMillan.

- (1988 [1968]), *Race, Culture, and Evolution. Essays in the History of Anthropology*. With a New Preface. Chicago: University of Chicago Press.
Stoller, Paul (1984), »Eye, Mind, and Word in Anthropology«, in: *L'Homme* 24 (3-4), S. 91-114.
Strathern, Marilyn (1987a), »An Awkward Relationship. The Case of Feminism and Anthropology«, in: *Signs: Journal of Women in Culture and Society* 12 (2), S. 276-292.
- (1987b), »The Limits of Auto-Anthropology«, in: Anthony Jackson (Hg.), *Anthropology at Home*, London: Tavistock, S. 16-37.
- (1987c), »Out of Context. The Persuasive Fictions of Anthropology«, in: *Current Anthropology* 28 (3), S. 251-281.
Taussig, Michael (1980), *The Devil and Commodity Fetishism in South America*, Chapel Hill, N.C.: University of North Carolina Press.
Tedlock, Barbara (1991), »From Participant Observation to the Observation of Participation. The Emergence of Narrative Ethnography«, in: *Journal of Anthropological Research* 47 (1), S. 69-94.
Tedlock, Dennis (1985 [1979]), »Die analogische Tradition und die Anfänge einer dialogischen Anthropologie«, in: *Trickster* 12/13, S. 62-74.
- (1987), »Questions Concerning Dialogical Anthropology« (mit Kommentar von Stephen Tyler und Replik von Tedlock), in: *Journal of Anthropological Research* 43 (3), S. 325-344 [Übersetzung in diesem Band, S. 269-299].
Thornton, Robert (1983), »Narrative Ethnography in Africa, 1850-1920: The Creation and Capture of an Appropriate Domain for Anthropology«, in: *Man*, N.S. 18 (3), S. 502-520.
- (1985), »›Imagine yourself set down...‹. Mach, Frazer, Conrad, Malinowski and the Role of Imagination in Ethnography«, in: *Anthropology Today* 1 (5), S. 7-14.
- (1988), »The Rhetoric of Ethnographic Holism«, in: *Cultural Anthropology* 3 (3), S. 285-303 [Übersetzung in diesem Band, S. 240-268].
Trinh T. Minh-ha (1989), *Woman, Native, Other. Writing Postcoloniality and Feminism*, Bloomington: Indiana University Press.
Turner, Victor W. (1974), *Dramas, Fields, and Metaphors. Symbolic Action in Human Society*, Ithaca und London: Cornell University Press.
- (1985), *On the Edge of the Bush. Anthropology as Experience*, hg. von Edith Turner, Tucson: University of Arizona Press.
- (1987), *The Anthropology of Performance*, New York: Performing Arts Journal Publications.
- (1989), *Vom Ritual zum Theater. Der Ernst des menschlichen Spiels*, Frankfurt am Main: Edition Qumran im Campus Verlag.
Tyler, Stephen A. (1984), »The Vision Quest in the West, or What the Mind's Eye Sees«, in: *Journal of Anthropological Research* 40 (1), S. 23-40 [dt. als 5. Kapitel von Tyler (1991)].
- (1986), »Post-Modern Ethnography. From Document of the Occult to

Occult Document«, in: James Clifford und George Marcus (Hg.) (1986), S. 122-140 [dt. als 7. Kapitel in Tyler (1991), S. 191-208].
- (1987), »On ›Writing-up/off‹ as ›Speaking for‹« (Kommentar zu Tedlock 1987), in: *Journal of Anthropological Research* 43 (3), S. 338-342 [deutsche Übersetzung in diesem Band, S. 288-296].
- (1991), *Das Unaussprechliche. Ethnographie, Diskurs und Rhetorik in der postmodernen Welt*, München: Trickster.

Ulin, Robert C. (1991), »Critical Anthropology Twenty Years Later. Modernism and Postmodernism in Anthropology«, in: *Critique of Anthropology* 11 (1), S. 63-89.

Urry, James (1972), »Notes and Queries in Anthropology and the Development of Field Methods in British Anthropology, 1870-1920«, in: *Proceedings of the Royal Anthropological Institute 1972*, S. 45-57.

Van Maanen, John (1988), *Tales of the Field. On Writing Ethnography*. Chicago und London: University of Chicago Press.

Watson, Graham (1989), »Definitive Geertz«, in: *Ethnos* 1989, S. 23-30.

Weber, Max (1968), »Die ›Objektivität‹ sozialwissenschaftlicher und sozialpolitischer Erkenntnis«, in: ders., *Gesammelte Aufsätze zur Wissenschaftslehre*, hg. von Johannes Winckelmann, Tübingen: Mohr/Siebeck, S. 146-214.

Webster, Steven (1982), »Dialogue and Fiction in Ethnography«, in: *Dialectical Anthropology* 7 (2), S. 91-114.
- (1983), »Ethnography as Storytelling«, in: *Dialectical Anthropology* 8 (3), S. 185-205.
- (1986), »Realism and Reification in the Ethnographic Genre«, in: *Critique of Anthropology* 6 (1), S. 39-62.

White, Hayden (1986 [1978]), *Auch Klio dichtet oder die Fiktion des Faktischen. Studien zur Tropologie des historischen Diskurses*, Stuttgart: Klett-Cotta.
- (1991 [1973]), *Metahistory. Die historische Einbildungskraft im 19. Jahrhundert*, Frankfurt am Main: Fischer.

Wilson, Bryan R. (Hg.) (1970), *Rationality*, Oxford: Blackwell.

Winch, Peter (1974 [1958]), *Die Idee der Sozialwissenschaft und ihr Verhältnis zur Philosophie*, Frankfurt am Main: Suhrkamp.

Wolf Eric (1986 [1982]), *Die Völker ohne Geschichte. Europa und die andere Welt seit 1400*, Frankfurt/Main: Campus.
- (1987), »An Interview with Eric Wolf«, in: *Current Anthropology* 28 (1), S. 107-118.

Woolgar, Steve (Hg.) (1988a), *Knowledge and Reflexivity. New Frontiers in the Sociology of Knowledge*, London: Sage.
- (1988b), »Reflexivity is the Ethnographer of the Text«, in: ders. (Hg.) (1988a), S. 14-34.

Young, Michael W. (Hg.) (1979), *The Ethnography of Malinowski. The Trobriand Islands 1915-18*, London: Routledge & Kegan Paul.

James Clifford
Über ethnographische Autorität

»Clifford takes as his natives, as well as his informants, ... anthropologists ... We are being observed and inscribed.«
Paul Rabinow

Das Frontispiz von Père Lafitaus *Mœurs des sauvages amériquains* aus dem Jahre 1724 porträtiert den Ethnographen als eine junge Frau, die inmitten von Artefakten aus der Neuen Welt und aus dem klassischen Griechenland und Ägypten an einem Schreibtisch sitzt. Die Autorin ist in Gesellschaft zweier Cherubim, die ihr bei der schwierigen Aufgabe des Vergleichens behilflich sind, und der bärtigen Gestalt der Zeit, die auf ein Tableau zeigt, das die Urquelle jener Wahrheiten darstellt, die aus der Feder der Schriftstellerin fließen. Das Bild, zu dem die junge Frau ihren Blick erhebt, ist eine Wolkenbank, auf der Adam, Eva und die Schlange erscheinen. Über ihnen steht, zu beiden Seiten eines leuchtenden Dreiecks, das das hebräische Schriftzeichen für *Jahwe* trägt, das erlöste Menschenpaar der Apokalypse.

Das Frontispiz von Malinowskis *Argonauts of the Western Pacific* (1922, dt. 1979) ist eine Photografie mit der Legende »Eine Kula-Zeremonie«. Einem Trobriander-Häuptling, der an der Tür seines Hauses steht, wird ein Muschelhalsband offeriert. Hinter dem Mann, der das Halsband anbietet, stehen sechs sich verneigende Jugendliche aufgereiht, von denen einer auf einer Schneckenmuschel bläst. Alle Personen sind seitlich erfaßt, ihre Aufmerksamkeit offensichtlich auf das Tauschritual, ein echtes Ereignis im Leben der Melanesier, konzentriert. Sieht man jedoch genauer hin, so könnte man erkennen, daß einer der sich verneigenden Trobriander in Wirklichkeit in die Kamera schaut.

Lafitaus Allegorie ist nicht so geläufig: Seine Autorin transkribiert eher, als daß sie Neues verfaßt. Anders als Malinowskis Photo gibt der Stich keinen Hinweis auf ethnographische Erfahrung – ungeachtet der fünf Jahre, die Lafitau als Forscher bei den Mohawk weilte und die ihm einen geachteten Platz unter den Feldforschern aller Zeiten einbrachten. Sein Bericht präsentiert sich nicht als das Ergebnis direkter Beobachtung, sondern als das schriftstellerischer Tätigkeit in einer überfüllten Werkstatt. Das Frontispiz der *Argonauten* behauptet wie alle Photographien Anwesenheit, die Präsenz der Szene vor der Linse. Aber auch eine andere Präsenz ist angesprochen – die des Ethnographen, der dieses Fragment aus der Realität der Trobriander aktiv zusammensetzt. Der Kula-Austausch, Thema von Malinowskis Buch, ist auf perfekte Weise sichtbar gemacht worden, zentriert innerhalb des Rahmens der Wahrnehmung. Und der Blick eines Beteiligten lenkt unsere Aufmerksamkeit zurück auf den Standpunkt des Beobachters, den wir als Leser mit dem Ethnographen und seiner Kamera teilen. Die vorherrschende Erscheinungsform moderner Feldforschungsautorität wird signalisiert: »Ihr seid dort, weil ich dort war.«

Der vorliegende Essay spürt der Entstehung und Auflösung dieser Autorität innerhalb der Sozialanthropologie des 20. Jahrhunderts nach. Weder ist die Darstellung vollständig, noch beruht sie auf einer voll ausgeführten Theorie ethnographischer Interpretation und Textualität.[1] Die Umrisse einer solchen Theorie sind problematisch, da das Vorhaben interkultureller Repräsentation heuzutage mehr denn je in Frage gestellt ist. Die gegenwärtige mißliche Lage hängt mit dem Zusammenbruch und der Neuverteilung kolonialer Macht in den Jahrzehnten nach 1950 zusammen – und mit dem Echo, den dieser Prozeß in den radikalen Kulturtheorien der sechziger und siebziger Jahre gefunden hat. Nachdem die Be-

---

1 Nur englische, amerikanische und französische Beispiele werden diskutiert. Selbst wenn es wahrscheinlich ist, daß die hier analysierten Autoritätsmodi weitgehend verallgemeinert werden können, wurde doch kein Versuch gemacht, sie auf andere nationale Fachtraditionen auszuweiten. Auch wird in der antipositivistischen Tradition Diltheys vorausgesetzt, daß Ethnographie ein Prozeß der Interpretation und nicht der Erklärung ist. Formen der Autorität, die auf naturwissenschaftlichen Epistemologien beruhen, werden nicht erörtert. Durch die Konzentration auf die teilnehmende Beobachtung als einen intersubjektiven Prozeß, der das Herzstück der Ethnographie des zwanzigsten Jahrhunderts bildet, wird eine Anzahl von zusätzlichen Quellen der Autorität nicht hinreichend berücksichtigt: zum Beispiel die Bedeutung des angehäuften »Archiv«-Wissens über bestimmte Gruppen, einer interkulturell vergleichenden Perspektive und statistischer Übersichtsarbeiten.

wegung der *négritude* den europäischen Blick umgekehrt hatte, nach der *crise de conscience* der Anthropologie hinsichtlich ihres liberalen Status innerhalb der imperialen Weltordnung und nachdem der Westen sich nicht länger als der alleinige Lieferant anthropologischen Wissens über andere präsentieren kann, ist es notwendig geworden, sich eine Welt der generalisierten Ethnographie auszumalen. Mit der Ausweitung der Kommunikation und der interkulturellen Einflußnahme geht einher, daß die Menschen andere und sich selbst in einer verwirrenden Vielfalt von Idiomen interpretieren – was Bachtin (1981 [1935]) als »Heteroglossie« bezeichnete, läßt sich nun auf globale Verhältnisse übertragen.[2] Diese mehrdeutige, vielstimmige Welt macht es zunehmend schwierig, sich die menschliche Vielfältigkeit in abgegrenzte unabhängige Kulturen eingeschrieben vorzustellen. Die Verschiedenheit ist eine Folge des schöpferischen Synkretismus. In den letzten Jahren haben Werke wie Edward Saids *Orientalismus* (1981) und Paulin Hountondjis *Sur la »philosophie africaine«* (1977) radikale Zweifel an der Verfahrensweise aufgeworfen, mit deren Hilfe fremde Menschengruppen dargestellt werden können, ohne jedoch systematische und entschieden neue Methoden oder Epistemologien zu unterbreiten. Diese Studien geben zu verstehen, daß das ethnographische Schreiben, auch wenn es der reduktionistischen Verwendung von Dichotomien und Wesensbegriffen nicht gänzlich zu entkommen vermag, sich zumindest selbstbewußt darum bemühen kann, die Darstellung der »Anderen« als abstrakte ahistorische Wesen zu vermeiden. Mehr als je zuvor ist es für die verschiedenen Völker von entscheidender Bedeutung, sich sowohl voneinander als auch von den Wissens- und Machtverhältnissen, die sie miteinander verbinden, ein komplexes und

---

2 »Heteroglossie« setzt voraus, daß »Sprachen einander nicht *ausschließen*, sondern sich eher auf ganz unterschiedliche Weise überschneiden (die ukrainische Sprache, die Sprache des epischen Gedichts, des Frühsymbolismus, des Studenten, einer besonderen Generation von Kindern, des Durchschnittsintellektuellen, des Nietzscheaners und so weiter). Es könnte sogar den Anschein haben, als verlöre das Wort ›Sprache‹ in diesem Prozeß alle Bedeutung – da es offensichtlich keine Ebene gibt, auf der all diese ›Sprachen‹ nebeneinander gestellt werden könnten« (1981: 291). Was auf Sprachen zutrifft, gilt gleichermaßen für »Kulturen« und »Subkulturen«. Siehe auch Voloshinov [= Bakhtin?] 1973, besonders Kap. 1–3, und Todorov 1981: 88–93.

konkretes Bild zu machen. Aber keine noch so unumschränkt gültige wissenschaftliche Methode oder ethische Haltung kann die Wahrheit solcher Bilder garantieren. Sie werden in spezifischen historischen Herrschafts- und Dialogbeziehungen konstituiert – soviel zumindest hat die Kritik der kolonialen Darstellungsweisen gezeigt.

Die im folgenden begutachteten Beispiele experimentellen ethnographischen Schreibens gehören keiner eindeutigen reformistischen Richtung oder Entwicklung an. Es sind *Ad-hoc*-Erfindungen die nicht unter dem Gesichtspunkt einer systematischen Analyse nachkolonialer Darstellung betrachtet werden können. Vielleicht versteht man sie am besten als Komponenten jenes »Werkzeugkastens« engagierter Theorie, wie kürzlich von Gilles Deleuze und Michel Foucault vorgeschlagen wurde. »Theorie als Werkzeugkiste – das soll heißen: (I) – daß es darum geht, nicht ein System, sondern ein Instrument zu konstruieren: eine den Machtverhältnissen und den um sie herum ausbrechenden Kämpfen angemessene *Logik*; (II) – daß diese Untersuchung nur nach und nach, ausgehend von einer (in bestimmten Dimensionen notwendig historischen) Reflexion auf gegebene Situationen vonstatten gehen kann« (Foucault 1978: 216; siehe auch 1977: 86–100). Zu einer praktischen Reflexion über das Problem interkultureller Repräsentation können wir vielleicht dadurch beitragen, daß wir eine Bestandsaufnahme der besseren, wenn auch unvollkommenen Forschungsansätze machen, die es derzeit gibt. Unter diesen bleibt die ethnographische Feldforschung eine ungewöhnlich sensible Methode. Teilnehmende Beobachtung macht für jeden Ausübenden die Wechselfälle der Übersetzung, körperlich wie geistig, zu einer unausweichlichen Erfahrung. Sie erfordert mühsames Sprachenlernen, ein gewisses Maß an direkter Beteiligung und Gesprächsbereitschaft und häufig die Demontage persönlicher und kultureller Erwartungen. Es gibt natürlich einen Mythos der Feldforschung; die reale Erfahrung, die sich an Unvorhersehbarem stößt, wird dem Ideal nur selten gerecht. Aber als eine Methode, um aus einem eindringlichen, intersubjektiven Engagement Wissen zu produzieren, behält die Praxis der Ethnographie einen gewissen exemplarischen Status. Auch wenn Feldforschung einige Zeit lang mit einem ausschließlich westlichen Wissenszweig und einer totalisierenden Wissenschaft namens »Anthropologie« identifiziert worden ist, muß diese Verbindung überdies nicht unbedingt fortdauern. Gängige Formen der Kulturbeschreibung sind historisch gesehen zeitlich begrenzt und unterliegen bedeutsamen Metamorphosen.

Die Entwicklung der ethnographischen Wissenschaft kann letztlich nicht isoliert von den allgemeiner angelegten, politisch-epistemologischen Diskussionen über das Schreiben und die Repräsentation des Anderssein verstanden werden. Ich konzentriere mich hier jedoch auf die professionelle Anthropologie, speziell auf Entwicklungen innerhalb der interpretierenden Ethnographie seit 1950.[3] Die gegenwärtige Krise – oder, besser gesagt, Auflösung – der ethnographischen Autorität erlaubt es, grob gefaßt die Jahre zwischen 1900 und 1960 als jenen Zeitraum abzugrenzen, in dem sich ein neues Feldforschungskonzept etablierte, das für die europäische und amerikanische Anthropologie zur Norm wurde. Intensive Feldforschung, betrieben von Spezialisten, die an Universitäten ausgebildet wurden, entwickelte sich zur privilegierten und sanktionierten Datenquelle für exotische Völker. Es geht hier nicht um die Frage der Vorherrschaft einer singulären Forschungsmethode. »Intensive« Ethnographie wurde unterschiedlich definiert (vgl. Griaule 1957 mit Malinowski 1979, Kap. 1). Außerdem etablierte sich die Hegemonie der Feldforschung im Amerika und England früher und gründlicher als in Frankreich. Die frühen Beispiele von Boas und der Torres-Straßen-Expedition fanden dort erst verspätet eine Entsprechung mit der Gründung des Institut d'Ethnologie im Jahre 1925 und der von starkem Presserummel begleiteten Mission Dakar-Djibouti von 1932 (Karady 1982; Jamin 1982; Stocking 1983a). Nichtsdestoweniger kann man um die Mitte der dreißiger Jahre von einem entstehenden internationalen Konsens sprechen: Gültige anthropologische Ab-

---

3 Ich habe nicht versucht, einen Überblick über neue Stile ethnographischen Schreibens zu geben, die außerhalb des Westens entstanden sein mögen. Wie Edward Said, Paulin Hountondji und andere gezeigt haben, bleibt die erhebliche Aufgabe ideologischer »Säuberung« eine oppositionelle kritische Arbeit, der nicht-westliche Intellektuelle einen Großteil ihrer Energien gewidmet haben. Mein Essay bleibt im Inneren, aber an den experimentellen Rändern einer realistischen Kulturwissenschaft, die im Okzident ausgebildet wurde. Als innovatorische Bereiche bleiben die »para-ethnographischen« Genres der *oral history*, des dokumentarischen Romans, des »neuen Journalismus«, der Reiseliteratur und des Dokumentarfilms unberücksichtigt.

straktionen sollten, wo immer es möglich ist, auf intensiven Kulturbeschreibungen von seiten qualifizierter Gelehrter beruhen. Mitte der dreißiger Jahre war der neue Stil bekannt, instutionalisiert und hatte in spezifischen Texten praktische Gestalt angenommen.

Diese Konventionen zu erkennen und ihnen gegenüber einen gewissen Abstand zu gewinnen ist erst in jüngster Zeit möglich geworden.[4] Wenn die Ethnographie Kulturinterpretationen aufgrund intensiver Forschungserfahrungen hervorbringt, wie wird dann eine unlenksame Erfahrung in einen autoritativen schriftlichen Bericht verwandelt? Wie genau wird eine wortreiche, überdeterminierte Begegnung, die kulturelle Grenzen überschreitet und mit Machtverhältnissen und persönlichen gegenseitigen Mißverständnissen durchsetzt ist, als die adäquate Version einer mehr oder weniger abgegrenzten »anderen Welt« umschrieben, verfaßt von einem einzelnen Autor?

Analysiert man diese komplexe Transformation, so muß man der Tatsache gewärtig sein, daß Ethnographie vom Anfang bis zum Ende ins Netz des Schreibens verstrickt ist. Noch das mindeste dabei ist die Übersetzung einer Erfahrung in die Gestalt eines Textes. Kompliziert wird dieser Prozeß durch das Tätigwerden vielfacher Subjektivitäten und politischer Einschränkungen, die nicht der Kontrolle des Schreibenden unterliegen. Auf diese Kräfte reagiert die schriftliche Ethnographie mit der Inszenierung eines besonderen Autoritätsmodus. Traditionell gehört dazu der nicht in Zweifel gezogene Anspruch des Verfassers, im Text als Wahrheitslieferant aufzutreten. Eine komplexe kulturelle Erfahrung wird von einem Individuum formuliert: *We the Tikopia* von Raymond Firth; *Nous avons mangé la forêt* (deutsch: *Wir aßen den Wald des Geistersteins Gôo*) von Georges Condominas; *Coming of Age in Samoa* (deutsch: *Kindheit und Jugend in Samoa*) von Margaret Mead; *The Nuer* von E. E. Evans-Pritchard.

Die folgende Erörterung ermittelt zunächst den historischen Ort dieser Autorität – in einer Wissenschaft der teilnehmenden Beob-

---

4 In der gegenwärtigen Krise der Autorität ist die Ethnographie zum Sujet historischer Überprüfung geworden. Für neue kritische Ansätze siehe: Hartog 1971; Asad 1973; Burridge 1973, Kap. 1; Duchet 1971; Boon 1982; De Certeau 1980; Said 1978; Stocking 1983b; und Rupp-Eisenreich 1984.

achtung, wie sie sich im 20. Jahrhundert entwickelte. Darauf folgt eine Kritik der ihr zugrunde liegenden Annahmen sowie eine kritische Prüfung der sich herauskristallisierenden Praktiken ethnographischen Schreibens. In den jüngsten Experimenten gegenwärtiger Ethnographen werden alternative Weisen ethnographischer Autorität sichtbar, Ethnographen, die aus dem Bewußtsein ihrer eigenen Situation heraus eine Kulturdarstellung im Stile des Malinowskischen Titelbildes ablehnen. Es kommt zu verschiedenen säkularen Versionen von Lafitaus überfüllter schriftstellerischer Werkstatt. In den neuen Autoritätsparadigmen läßt sich der Autor nicht mehr von transzendenten Gestalten faszinieren – seien es nun eine hebräisch-christliche Gottheit oder deren zeitgenössische Substitute, »Mensch« und »Kultur«. Nichts bleibt von dem Himmelsgemälde bis auf das in seinen Konturen leicht verschwommene Bild des Anthropologen in einem Spiegel. Die Stille der ethnographischen Werkstatt ist dahin – gestört durch beharrliche, verschiedensprachige Stimmen und durch das Kratzen anderer Federn.[5]

Gegen Ende des 19. Jahrhunderts war der Status des Ethnographen als des besten Interpreten eingeborenen Lebens *a priori* durch nichts garantiert – im Gegensatz zu dem des Reisenden und insbesondere dem des Missionars und Verwaltungsbeamten, von denen manche sehr viel länger im Feld gearbeitet hatten und besser Forschungskontakte und Sprachkenntnisse hatten. Wie sich das Image des Feldforschers in Amerika entwickelte, von Frank Hamilton Cushing (einem sonderbaren Kauz) bis Margaret Mead (einer nationalen Größe), ist dafür bezeichnend. In dieser Phase wurde eine besondere Form der Autorität geschaffen: eine sowohl wissenschaftlich abgesicherte als auch auf einer einzigartigen persönlichen Erfahrung beruhende Autorität. Während der zwanziger Jahre kam Malinowski eine zentrale Rolle dabei zu, dem Feldforscher Anerkennung zu verschaffen, und wir sollten seine Angriffe auf ethnographische Konkurrenten, deren Kompetenz er in Frage stellte, vor diesem Hintergrund betrachten. So wurde zum Beispiel der Kolonialrichter Alex Rentoul, der so unbesonnen war, die wissenschaftlichen Erkenntnisse über die Vaterschafts-

---

5 Zur Unterdrückung des Dialogs auf Lafitaus Frontispiz und zur Konstituierung einer textgewordenen, ahistorischen und visuell orientierten »Anthropologie« siehe Michel de Certeaus detaillierte Analyse (1980).

vorstellungen der Trobriander anzuweifeln, auf den Seiten von *Man* wegen seiner unprofessionellen »polizeirichterlichen Perspektive« exkommuniziert (Rentoul 1931; Malinowski 1932). Die Angriffe auf ein amateurhaftes Vorgehen im Feld wurden von Radcliffe-Brown sogar noch weiter getrieben, der, wie Ian Langham gezeigt hat, den professionellen Wissenschaftler verkörperte, der exakte soziale Gesetze entdeckte (Langham 1981, Kapitel 7). Was in der ersten Hälfte des 20. Jahrhunderts mit dem Erfolg der professionellen Feldforschung zutage trat, war eine neue Verschmelzung von allgemeiner Theorie und empirischer Forschung, von kultureller Analyse und ethnographischer Beschreibung.
Der Feldforscher und Theoretiker in einer Person machte der älteren Trennung zwischen dem »Mann vor Ort« (in Frazers Worten) und dem Soziologen oder Anthropologen in der Metropole ein Ende. Es gab, was diese Arbeitsteilung betrifft, nationale Unterschiede. In Amerika hatte beispielsweise Morgan zumindest von einigen Kulturen, die Rohmaterial für seine soziologischen Synthesen hergaben, eigene Kenntnis; und Boas machte – schon frühzeitig – die intensive Feldforschung zur *Conditio sine qua non* des seriösen anthroplogischen Diskurses. Generell jedoch herrschte ein ziemlich anderes System ethnographischen Wissens, bevor Malinowski, Radcliffe-Brown und Mead den an der Universität ausgebildeten Gelehrten, der die Theorie an den Forschungsergebnissen aus erster Hand überprüfte bzw. daraus ableitete, erfolgreich als Norm etablierten. R. H. Codringtons *The Melanesians* (1891) zum Beispiel ist eine detaillierte Kompilation von Brauchtum und Sitten, geschöpft aus dem relativ langen Forscherleben eines Missionars, der auf das engste mit indigenen Übersetzern und Gewährsleuten zusammenarbeitete. Das Buch baut sich nicht um die »Erfahrung« einer Feldforschung auf und bringt auch keine einheitliche Deutungshypothese vor, weder eine funktionalistische noch eine historische oder anderweitige. Es gibt sich mit schwachen Verallgemeinerungen und dem Anhäufen eines eklektischen Datenangebots zufrieden. Codrington weiß ganz genau um die Unvollständigkeit seines Wissens, und seiner Ansicht nach beginnt man erst nach etwa einem Jahrzehnt der Erfahrung und des Studiums, das Leben der Eingeborenen wirklich zu verstehen (Codrington 1891: VI–VII). Ein solches Verständnis für die Schwierigkeit, die Welt fremder Völker zu begreifen – die vielen Jahre des Lernens und Umlernens, die dies erfordert, die Pro-

bleme, gründliche Sprachkenntnisse zu erwerben –, findet sich als vorherrschende Tendenz in den seriöseren ethnographischen Werken von Codringtons Generation. Aber es dauerte nicht mehr lange, bis solche Annahmen von dem stärker von sich überzeugten Kulturrelativismus des Malinowskischen Modells in Frage gestellt wurden. Die neuen Feldforscher setzten sich scharf von den früheren »Männern vor Ort« ab, dem Missionar, dem Verwaltungsbeamten, dem Händler und dem Reisenden, deren Kenntnisse von indigenen Völkern – so machten sie geltend – nicht durch die besten wissenschaftlichen Hypothesen oder einen ausreichend neutralen Standpunkt abgestützt würden.

Vor dem Erscheinen der professionellen Ethnographie hatten Autoren wie J. F. McLennan, John Lubbock und E. B. Tylor versucht, sich der Qualität der Berichte zu vergewissern, auf denen ihre anthropologischen Synthesen aufbauten. Sie taten dies mittels der Richtlinien der *Notes and Queries*, und im Falle Tylors durch langfristige Arbeitsbeziehungen zu erfahrenen Forschern im Feld, wie etwa zu dem Missionar Lorimer Fison. Nach 1883, als eben ernannter Anthropologiedozent in Oxford, machte es sich Tylor zur Aufgabe, das systematische Sammeln von ethnographischen Daten durch qualifizierte Fachkräfte zu unterstützen. Das United States Bureau of Ethnology gab dafür ein Vorbild ab, hatte es sich doch bereits in dieser Hinsicht engagiert. Tylor beteiligte sich aktiv an der Gründung eines Komitees, das sich die nordwestlichen Stämme Kanadas zum Aufgabenbereich erkoren hatte. Der erste Beauftragte des Komitees im Feld war der altgediente Missionar E. F. Wilson, der neunzehn Jahre bei den Ojibwa verbracht hatte. Er wurde nach kurzer Zeit durch Franz Boas ersetzt, einen Physiker, der gerade dabei war, sich der professionellen Ethnographie zuzuwenden. George Stocking hat überzeugend dargelegt, daß die Ersetzung Wilsons durch Boas »den Beginn einer bedeutenden Phase in der Entwicklung der britischen ethnographischen Methode markiert: Das Sammeln von Daten durch akademisch ausgebildete Naturwissenschaftler, die sich selbst als Anthropologen bezeichnen und die auch an der Formulierung und Evaluierung der anthropologischen Theorie beteiligt sind« (Stocking 1983a: 74). Mit Boas' frühen Surveyarbeiten und dem Auftreten anderer naturwissenschaftlicher Feldforscher wie A. C. Haddon und Baldwin Spencer in den neunziger Jahren des letzten Jahrhunderts war die Bewegung hin zu einer professionellen Ethnographie auf den Weg gebracht. Die Expedition zur Torres-Straße (1899) kann als Höhepunkt der Arbeit dieser »Zwischengeneration« – wie Stocking sie nennt – begriffen werden. Der neue Forschungsstil unterschied sich klar von dem der Missionare und anderer Amateure im Feld und war Teil eines allgemeinen Trends, der seit Tylor dahin ging, »die empirischen und theoretischen Komponenten anthropologischer Untersuchungen enger zusammenzubringen.« (Stocking 1983a: 72).

Damit sich die intensive teilnehmende Beobachtung als professionelle Norm etablieren konnte, bedurfte es jedoch Malinowskis und seiner Schar. Die »Zwischengeneration« der Ethnographen verbrachte bezeichnenderweise an keinem einzelnen Ort ein ganzes Jahr oder mehr. Sie eigneten sich weder die Umgangssprache an, noch unterzogen sie sich einer persönlichen Lernerfahrung, die einer Initiation vergleichbar gewesen wäre. Sie sprachen nicht als kulturelle Insider, sondern behielten die dokumentarische, beobachtende Haltung des Naturwissenschaftlers bei. Die wesentliche Ausnahme vor dem dritten Jahrzehnt unseres Jahrhunderts, Frank Hamilton Cushing, blieb ein Einzelfall. Curtis Hinsley hat darauf hingewiesen, daß Cushings langwährende Erforschung der Zuñi aus erster Hand, gewissermaßen sein Aufgehen in ihrer Lebensweise, »erhebliche Probleme der Verifizierung und Nachprüfbarkeit aufwarf [...]. Eine anthropologische Forschergemeinschaft nach dem Vorbild anderer Wissenschaften erforderte für ihren Diskurs eine gemeinsame Sprache, Kanäle für eine regelmäßige Verständigung und zumindest einen minimalen Konsens, was die Methode der Beurteilung anging« (Hinsley 1983: 66). Cushings intuitiver und über die Maßen persönlicher Zugang zu den Zuñi konnte keinerlei wissenschaftliche Autorität begründen.

Vereinfacht gesagt, waren vor dem späten neunzehnten Jahrhundert der Ethnograph und der Anthropologe, der Beschreiber/Übersetzer von Sitten und Bräuchen und derjenige, der allgemeine Theorien über die Menschheit aufstellte, klar unterscheidbare Personen. (Es ist wichtig, die *Spannung* zwischen Ethnographie und Anthropologie klar zu erkennen, wenn man die gegenwärtige und vielleicht zeitlich begrenzte Vereinigung der beiden Vorhaben richtig verstehen will.) Malinowski bietet uns das Idealbild des neuen »Anthropologen« – wie er am Lagerfeuer hockt, schaut, zuhört und Fragen stellt, Aufzeichnungen macht und das Leben der Trobriander interpretiert. Das erste Kapitel der *Argonauten*, mit seinen auffällig plazierten Photographien vom Zelt des Ethnographen, das zwischen den Häusern von Kiriwini steht, ist die literarische Charta dieser neuen Autorität. Die stringenteste methodologische Rechtfertigung des neuen Vorgehens findet sich in Radcliffe-Browns *Andaman Islanders* (1922). Die beiden Bücher wurden im Zeitraum eines Jahres veröffentlicht. Und obwohl ihre Verfasser recht unterschiedliche Feldforschungsstile und Wunschvorstellungen einer Kulturwissenschaft entwickelten, liefern beide frühen Texte explizite Argumente für die besondere Autorität des Ethnographen-Anthropologen.

Wie seine Anmerkungen zu der so wichtigen »Einführung« in die *Argonauten* zeigen, beschäftigte sich Malinowski stark mit dem rhetorischen Problem, seine Leser davon zu überzeugen, daß die Fakten, die er vor ihnen ausbreitete, keine subjektiven Schöpfungen waren, sondern auf objektive Weise gewonnen wurden (Stokking 1983a: 105). Darüber hinaus war er sich dessen voll bewußt, daß »in der Ethnographie [...] der Weg vom Rohmaterial – den Informationen, wie sie sich dem Forscher in seinen eigenen Beobachtungen, in den Aussagen der Eingeborenen und in der kaleidoskopischen Vielfalt des Stammesleben darbieten – bis hin zur endgültigen gesicherten Vorlage der Ergebnisse oft weit [ist]« (Malinowski 1979:25). Stocking hat die verschiedenen literarischen Kunstgriffe der *Argonauten* (ihre einnehmenden narrativen Konstruktionen, die Verwendung des Aktivs im »ethnographischen Präsens«, trügerische Dramatisierungen der Teilhabe des Autors am Leben der Trobriander) sorgfältig analysiert, Techniken, deren sich Malinowski auf eine Weise bediente, daß »seine Erfahrung der Erfahrung der Eingeborenen ebenso zur Erfahrung des Lesers werden (mochte)« (Stocking 1983a: 106; vgl. Payne 1981 und Clifford 1985). Die Probleme der Verifizierung und der Nachprüfbarkeit, die Cushing an den Rand des Berufsstandes gedrängt hatten, beschäftigten Malinowski sehr. Diese Besorgnis spiegelt sich in der Unmenge von Daten wider, die die *Argonauten* enthalten, den sechsundsechzig photographischen Tafeln, der heute eher seltsam anmutenden »Chronologische[n] Liste der Kula-Ereignisse, die der Verfasser selbst bezeugen kann«, dem ständigen Wechsel zwischen unpersönlicher Beschreibung typischen Verhaltens und Erklärungen nach dem Muster »Ich war Zeuge von ...« und »Unsere Gruppe, von Norden her segelnd...«

Malinowskis Buch ist eine komplexe Erzählung gleichzeitig über das Leben der Trobriander und über eine ethnographische Feldforschung. Es handelt sich um ein archetypisches Werk jener Generation von Ethnographen, welche die wissenschaftliche Validität der teilnehmenden Beobachtung erfolgreich etablierten. Die Geschichte der Forschung, wie sie als fester Bestandteil in die *Argonauten*, in Meads populäres Werk über Samoa, in *We the Tikopia* einging, wurde zur impliziten Erzählstruktur aller professionellen Berichte über exotische Welten. Nachfolgende Ethnographien brauchten keine ausführlichen Darstellungen der Feldforschung zu enthalten, weil solche Rechenschaftsberichte vorausgesetzt wurden, war erst einmal eine Erklärung abgegeben in der Art von, sagen wir, Godfrey Lienhardts einfachem Satz am Anfang von *Divinity and Experience* (Lienhardt 1961: VII): »Dieses Buch beruht auf einer zweijährigen Feldforschung bei den Dinka, verteilt über die Jahre 1947-1950.«

Der neue Typ der Feldforschers und Theoretikers brachte in den zwanziger Jahren ein machtvolles, neues wissenschaftliches und literarisches Genre zur Vollendung, die Ethnographie, eine auf teilnehmender Beobachtung basierende synthetische Kulturbeschreibung (Thornton 1983). Der neue Darstellungsstil war von institutionellen und methodologischen Neuerungen abhängig, welche die Hindernisse umgehen halfen, die sich dem raschen Kennenlernen anderer Kulturen entgegenstellen und mit denen die besten Vertreter von Codringtons Generation sich ständig hatten herumschlagen müssen. Sie lassen sich kurz zusammenfassen.

Erstens: Die Figur des Feldforschers wurde sowohl in der Öffentlichkeit als auch wissenschaftlich aufgewertet und bestätigt. In der breiten Öffentlichkeit vermittelten so bekannte Figuren wie Malinowski, Mead und Marcel Griaule das Bild einer Ethnographie, die wissenschaftlich anspruchsvoll und heroisch zugleich war. Der professionelle Ethnograph wurde in den neuesten Untersuchungs- und wissenschaftlichen Erklärungsmethoden ausgebildet. Dies verlieh ihm gegenüber Amateuren im Feld einen Vorteil: der Fachmann konnte für sich in Anspruch nehmen, schneller zum Wesentlichen einer Kultur vorzudringen und dabei ihre grundlegenden Institutionen und Strukturen zu erfassen. Eine verordnete kulturrelativistische Haltung schied den Feldforscher von Missionaren, Verwaltungsbeamten und andern, die, mit Regierungs- oder Bekehrungsproblemen beschäftigt, die Eingeborenen vermutlich weniger leidenschaftslos sahen. Zusätzlich zur wissenschaftlichen Differenziertheit und den relativistischen Sympathien entstand eine Vielzahl von normativen Standards für den neuen Forschungstypus: der Feldforscher hatte im Dorf der Eingeborenen zu leben, die dort gebräuchliche Sprache zu sprechen, genügend lange dort zu bleiben (auch wenn die Zeitspanne selten spezifiziert wurde), gewisse klassische Sujets zu erkunden, usw.

Zweitens: Man gelangte stillschweigend zu der Übereinkunft, daß der Ethnograph neuen Stils, dessen Feldaufenthalt selten länger als zwei Jahre und häufiger sehr viel weniger lange dauerte, Eingeborenensprachen effizient »benutzen« konnte, ohne sie zu »beherrschen«. 1939 argumentierte Margaret Mead in einem bedeutenden Artikel dahingehend, daß der Ethnograph – dem Malinowskischen Rezept folgend, ohne Dolmetscher auszukommen und die Feldforschung in der einheimischen Sprache durchzuführen – faktisch keine »Virtuosität« in Eingeborenensprachen zu erwerben brauche, sondern die einheimische Sprache dazu »verwenden« könne, um Fragen zu stellen, Kontakte zu pflegen und sich ganz allgemein in der Kultur zurechtzufinden, während sich zugleich gute Forschungsergebnisse auf speziellen Untersuchungsgebieten erzielen ließen. Womit sie tatsächlich ihre eigene Feldforschungspraxis rechtfertigte, die durch relativ kurze Aufenthalte und die Konzentration auf spezifische Bereiche wie Kindheit oder »Persönlichkeit« charakterisiert war. Diese Interessenschwerpunkte eigneten sich zu Typisierungen für eine kulturelle Synthese. Ihre Haltung dem Sprach»gebrauch« gegenüber war jedoch weitgehend charakteristisch für eine Generation von Ethnographen, die beispielsweise eine Studie mit dem Titel *The Nuer* als autoritativ anerkennen konnte, die einzig und allein auf einer elfmonatigen, sehr schwierigen Feldforschung beruhte. Meads Artikel provozierte eine scharfe Entgegnung von Robert Lowie (1940), der, mit eher philologischer Ausrichtung, von der älteren Boasschen Tradition ausging. Aber das war ein Nachhutgefecht; man hatte sich generell darüber verständigt, daß eine ein- oder zweijährige Vertrautheit mit einem fremden Idiom ausreichen würde, um wissenschaftlich gültige Ergebnisse zu gewinnen (selbst wenn, wie Lowie zu bedenken gab, kein Mensch einer Proust-Übersetzung vertrauen würde, die auf vergleichbaren Französischkenntnissen beruhte).

Drittens: Die neue Ethnographie zeichnete sich durch eine gesteigerte Betonung der Autorität der Beobachtung aus. Kultur wurde als ein Ensemble charakteristischer Verhaltensweisen, Zeremonien und Gesten konstruiert, die von einem ausgebildeten Beobachter leicht aufzuzeichnen und zu erklären wären. Mead vertrat diese Auffassung am nachdrücklichsten (sie besaß in der Tat außergewöhnliche Fähigkeiten zur visuellen Analyse). Ergebnis des allgemeinen Tends war der teilnehmende *Beobachter* als Forschungsnorm. Selbstverständlich mobilisierte eine erfolgreiche Feldforschung den größtmöglichen Interaktionsbereich, aber dem Visuellen wurde ein entschiedener Vorrang zugesprochen: die Deutung war an die Beschreibung gebunden. In der Zeit nach Malinowski spiegelte diese systematische Bevorzugung der (methodischen) Beobachtungen des Ethnographen vor den (befangenen) Interpretationen indigener Autoritäten das allgemeine Mißtrauen gegen »privilegierte Informanten« wider.

Viertens: Von bestimmten wirkungsvollen theoretischen Abstraktionen versprachen sich die akademischen Ethnographen, daß sie mit ihrer Hilfe schneller zum »Kern« einer Kultur vordringen könnten als jemand, der beispielsweise ein gründliches Inventar von Bräuchen und Glaubensvorstellungen anlegte. Ohne Jahre damit zu verbringen, Eingeborene und ihre komplexen Sprachen und Gewohnheiten bis ins kleinste Detail kennenzulernen, konnte der Forscher sich um ausgewählte Daten kümmern, die ihm das tragende Konstruktionsgerüst des Kulturganzen lieferten. Rivers' »genealogische Methode«, danach Radcliffe-Browns Modell der »sozialen Struktur« gewährten diese Art des abgekürzten Verfahrens. Man konnte, wie es schien, Verwandtschaftstermini in Erfahrung bringen, ohne die örtlich gebräuchliche Sprache besonders gut zu verstehen, und die Spannbreite des notwendigen kontextuellen Wissens war entsprechend begrenzt.

Fünftens: Da Kultur, als ein komplexes Ganzes gesehen, in der kurzen Zeitspanne einer Forschung sich immer der Bemächtigung entzog, neigte der neue Ethnograph zur thematischen Konzentration auf besondere Institutionen. Es war nicht beabsichtigt, zu einem vollständigen Inventar oder einer vollständigen Beschreibung von Sitten und Gebräuchen beizutragen, sondern man wollte des Ganzen mittels eines oder mehrerer seiner Teile habhaft werden. Ich habe auf die zeitweilige Privilegierung der Sozialstruktur hingewiesen. Ebenso zweckdienlich mochten ein individueller Lebenszyklus, ein Ritualkomplex wie der Kula-Ring oder die Naven-Zeremonie sein oder Kategorien des Verhaltens wie »Wirtschaft«, »Politik« und dergleichen mehr. In der überwiegend synekdochalen rhetorischen Pose der neuen Ethnographie galten die Teile als Mikrokosmen oder Analogien des Ganzen. Diese Ordnung – institutioneller Vordergrund vor kulturellem Hintergrund – bei der Schilderung einer kohärenten Welt eignete sich für realistische literarische Konventionen.

Sechstens: Die so repräsentierten Ganzheiten waren tendenziell sychronisch, Produkte kurzfristiger Forschungaktivitäten. Der gründliche Feldforscher konnte die Umrisse einer »ethnographischen Gegenwart« – den Jahreszyklus, eine Abfolge von Ritualen, typische Verhaltensmuster – auf plausible Weise skizzieren. Historische Langzeituntersuchungen einzuführen hätte die mit einer Feldforschung neuen Stils verbundene Aufgabe unerdenklich erschwert. So war es, als Malinowski und Radcliffe-Brown ihre Kritik an der »Konjekturalgeschichte« der Diffusionisten formulierten, nur allzu einfach, diachronische Prozesse als Gegenstand der Feldforschung auszuschließen, mit Folgen, die mittlerweile hinreichend angeprangert worden sind.

Diese Neuerungen erfüllten den Zweck, eine auf wissenschaftlicher teilnehmender Beobachtung beruhende, leistungsfähige Ethnographie für rechtens zu erklären. Zusammengenommen lassen sich ihre Auswirkungen in dem Buch begutachten, das wohl als die *tour de force* der neuen Ethnographie gelten kann, Evans-Pritchards *The Nuer*, das 1940 erschien. Das Buch beruht auf elf Monaten Feldforschung, die – wie wir aus der bemerkenswerten Einleitung erfahren – unter nahezu unmöglichen Bedingungen durchgeführt wurde. Und dennoch gelang es Evans-Pritchard, einen »Klassiker« zu verfassen. Er kam im Gefolge einer militärischen Strafexpedition und auf das dringende Ersuchen der Regierung des Anglo-Ägyptischen Sudan ins Nuerland. Ständig war er das Ziel heftiger Verdächtigungen. Erst in den letzten Monaten konnte er überhaupt erfolgreich mit Informanten sprechen, die, wie er uns mitteilt, seinen Fragen geschickt auszuweichen verstanden. Unter diesen Umständen ist seine Monographie so etwas wie ein Wunder.

Evans-Pritchard macht kein Geheimnis aus seinen Forschungsbeschränkungen und macht im voraus klar, daß er seine Ansprüche zurückschrauben mußte; dennoch gelingt es ihm, seine Untersuchung als praktisches Beispiel für die Effektivität von Theorie darzustellen. In den Mittelpunkt stellt er die politische und soziale »Struktur« der Nuer und analysiert diese als ein abstraktes Set von Beziehungen zwischen territorialen Segmenten, Lineages, Altersgruppen und anderen, fließenderen sozialen Einheiten. Dieses analytisch abgeleitete Ensemble wird vor einem »ökologischen« Hintergrund geschildert, der sich aus Wandergewohnheiten, Mensch-Vieh-Beziehungen und Konzepten von Raum und Zeit zusammensetzt. Evans-Pritchard unterscheidet seine Methode scharf von der – wie er sie nennt – (Malinowskischen) »Zufalls«-Dokumentation. *The Nuer* ist kein umfassendes Kompendium aus Beobachtungen und Texten in der Stammessprache im Stile von Malinowskis *Argonauten* und *Korallengärten*. Streng tritt Evans-Pritchard dafür ein, »daß Fakten nur im Lichte der Theorie ausgewählt und angeordnet werden können«. Die offene Abstraktion einer politisch-sozialen Struktur bietet den nötigen Rahmen. »Falls ich beschuldigt werde, Fakten als Veranschaulichungen meiner Theorie zu beschreiben«, stellt er im Anschluß daran fest, »so bin ich verstanden worden« (Evans-Pritchard 1969: 261). Ganz entschieden vertritt Evans-Pritchard in *The Nuer* die Ansicht, daß es möglich sei, durch wissenschaftliche Abstraktion Forschungsschwerpunkte festzulegen und komplexe Daten zu ordnen. Oft präsentiert sich das Buch als Beweisführung und weniger als eine Beschreibung. Nicht ohne Widersprüche jedoch: Seine theoretische Beweisführung ist in geschickt beobachtete und erzählte Evokationen und Deutungen des Nuer-Lebens eingebettet. Rhetorisch erfüllen diese Passagen mehr als die simple Funktion der »beispielhaften Erläuterungen«, da sie den Leser mit Erfolg in die komplexe Subjektivität der teilnehmenden Beobachtung einbeziehen. Dies läßt sich an einem charakteristischen Abschnitt ersehen, der von einer unzusammenhängenden diskursiven Position zur nächsten fortschreitet:

»Es ist schwierig, ein englisches Wort zu finden, das auf adäquate Weise die soziale Stellung der *diel* in einem Stamm beschreibt. Wir haben sie Aristokraten genannt, aber das soll nicht heißen, daß Nuer sie als höherrangig ansehen, denn der Gedanke, daß ein Mann sich anderen gegenüber als Herrscher aufspielen könnte, ist ihnen, wie wir nachdrücklich erklärt haben, zuwider. Im großen und ganzen – wir werden uns später näher dazu äußern – besitzen die *diel* eher Prestige als einen hohen Rang und eher Einfluß als Macht. Wenn du ein *dil* des Stammes bist, in dem du lebst, bist du mehr als ein einfacher Stammesangehöriger. Du bist einer der Eigentümer des Landes, seiner Besiedlungsplätze, seiner Weidegebiete, seiner Fischgründe und Brunnen. Andere Menschen leben dort kraft ihrer Einheirat in deinen Klan, weil sie von deiner Lineage adoptiert worden sind oder aufgrund irgendwelcher anderer sozialen Bande. Du bist ein Stammesführer, und der Speername deines Klans wird gerufen, wenn der Stamm in den Krieg zieht. Wann immer es einen *dil* im Dorf gibt, schart sich das Dorf um ihn wie eine Viehherde um den Leitbullen« (Evans-Pritchard 1969: 215).

Die ersten drei Sätze werden als Erörterung des Übersetzungsproblems präsentiert, aber ganz nebenbei schreiben sie den »Nuer« ein festes Sortiment an Haltungen zu. (Über diesen Zuweisungsstil habe ich später noch mehr zu sagen.) In den vier Sätzen danach, deren erster mit »Wenn du ein *dil* ... bist ...« beginnt, bringt die grammatikalische Konstruktion in der zweiten Person Leser und Eingeborenen textlich unter einen Hut. Der Schlußsatz, der als direkte Beschreibung eines typischen Ereignisses dargeboten wird (das der Leser nunmehr vom Standpunkt eines teilnehmenden Beobachters aufnimmt), evoziert die Szene mittels der Rindermethaphorik der Nuer. In den acht Sätzen des Abschnitts erleben wir den Übergang von einer Erörterung der Übersetzung zu einer Fiktion der Teilhabe bis hin zur metaphorischen Verschmelzung externer und indigener Kulturbeschreibungen. Damit ist die subjektive Vereinigung von abstrakter Analyse und konkreter Erfahrung erreicht.

Evans-Pritchard nahm später Abstand von der theoretischen Position des *Nuer*-Buches und verwarf dessen Befürwortung der »Sozialstruktur« als eines privilegierten Bezugssystems. Jede der oben aufgezählten »Abkürzungen« in der Feldforschung war und bleibt umstritten. Durch ihren Einsatz aber in den unterschiedlichsten Kombinationen wurde die Autorität des akademischen Feldforscher-Theoretikers in den Jahren zwischen 1920 und 1950 begründet. Diese besondere Verbindung aus intensiver persönlicher Erfahrung und wissenschaftlicher Analyse (zu dieser Zeit *sowohl* als *rite de passage* wie auch als »Laboratorium« verstanden) trat als Methode auf: teilnehmende Beobachtung. Obwohl durchaus unterschiedlich aufgefaßt und heutzutage in vielen Kreisen angefochten, bleibt diese Methode das Hauptcharakteristikum der professionellen Anthropologie. Ihre komplexe Subjektivität wird im Schreiben und Lesen von Ethnographien routinemäßig reproduziert.

»Teilnehmende Beobachtung« dient als Kürzel für ein ständiges Hin- und Herlavieren zwischen dem »Inneren« und dem »Äußeren« von Ereignissen. Einerseits greift sie mit Entschiedenheit nach dem Sinn spezifischer Vorkommnisse und Gesten, andererseits tut sie einen Schritt zurück, um diese Bedeutungen in weiteren Kontexten zu situieren. Besondere Ereignisse erwerben damit tiefere oder allgemeinere Bedeutung, Strukturregeln und so fort. Wörtlich verstanden ist die teilnehmende Beobachtung eine paradoxe, irreführende Formel. Aber sie kann ernst genommen werden, wenn man sie mittels hermeneutischer Begriffe als eine Dialektik von Erfahrung und Interpretation neu formuliert. Das haben die überzeugendsten neueren Verteidiger der Methode getan, wobei sie einer Tradition folgen, die von Dilthey über Weber zu »Symbol- und Bedeutungsanthropologen« wie Geertz führt. Erfahrung und Interpretation erfuhren jedoch eine unterschiedliche Gewichtung, sobald sie Anspruch auf wissenschaftliche Autorität erhoben. In jüngster Zeit kam es zu einer merklichen Verschiebung der Betonung von der ersteren zur letzteren. In diesem und dem folgenden Abschnitt werden die recht unterschiedlichen Ansprüche untersucht, die der Erfahrung und der Interpretation jeweils zukamen, sowie ihre sich entwickelnde gegenseitige Beziehung.

Das wachsende Prestige des Feldforscher-Theoretikers ließ eine Anzahl von Verfahren und Vermittlungen in den Hintergrund treten (ohne sie zu eliminieren), die bei früheren Methoden eine größere Rolle gespielt hatten. Wir haben gesehen, wie die Sprachbeherrschung als eine Ebene der Nutzanwendung definiert wurde, die dazu geeignet ist, eine bestimmte Menge von Daten in einer begrenzten Zeitspanne anzuhäufen. Den Aufgaben der Texttranskription und Übersetzung wurde – in einem Zug mit der entscheidenden dialogischen Rolle von Dolmetschern und »privilegierten Gewährsleuten« – ein sekundärer, manchmal sogar verachteter Status zugewiesen. Die Feldforschung war nun auf die *Erfahrung* des teilnehmenden Beobachters zentriert. Ein klar umrissenes Bild, eine pointierte Narrative kristallisierte sich heraus – von dem Außenseiter, der in eine Kultur eintritt und sich dabei einer Art Initiation unterzieht, die zu »Kontakt« führt (zumindest zu Akzeptanz und Einfühlung, gewöhnlich aber ist damit etwas der Freundschaft sehr Ähnliches gemeint). Aus dieser Erfahrung erwuchs auf nicht spezifizierte Weise ein Repräsentationstext mit dem teilnehmenden Beobachter als Autor. Wie wir sehen werden, verbirgt diese Version der Textproduktion genausoviel, wie sie enthüllt. Doch ist es wert, ihre Grundannahme ernst zu nehmen: daß nämlich die Erfahrung des Forschers im Feld als vereinheitlichende Quelle der Autorität dienen kann.

Die aus der Erfahrung herrührende Autorität beruht auf einem »Gespür« für den fremden Kontext, auf so etwas wie akkumuliertem Verstehen und einem Gefühl für den Lebensstil eines Volkes oder die Art eines Ortes. In den Texten der frühen teilnehmenden Beobachter ist es häufig offensichtlich, daß man sich auf solche Fähigkeiten beruft. Markante Beispiele hierfür sind Margaret Meads Anspruch, das Grundprinzip oder Ethos einer Kultur durch eine erhöhte Sensibilität für Formen, Stimmungen, Gestik und Verhaltensweisen zu erfassen, oder Malinowskis Betonung seines Lebens *im* Dorf und der aus den »Imponderabilien« des täglichen Lebens gewonnenen Einsichten. Viele Ethnographien, Colin Turnbulls *The Forest People* (deutsch: *Molimo. Drei Jahre bei den Pygmäen*, 1963) zum Beispiel, werden noch immer im Modus der Erfahrung gestaltet; vor einer spezifischen Forschungshypothese oder -methode bestehen sie auf dem »Ich war dort« des Ethnographen als des Insiders und Beteiligten.

Natürlich ist es schwierig, viel über Erfahrung zu sagen. Wie »Intuition« hat man sie oder hat sie nicht, und ihre Herbeibeschwörung schmeckt nicht selten nach Mystifikation. Trotzdem sollte man der Versuchung widerstehen, jede bedeutungsvolle Erfahrung in Interpretation zu überführen. Auch wenn die beiden in reziproker Beziehung zueinander stehen, sind sie nicht miteinander identisch. Es ist sinnvoll, sie auseinanderzuhalten, und sei es nur deswegen, weil Appelle an die Erfahrung oft als Erklärungen für die Gültigkeit ethnographischer Autorität fungieren. Das schwerwiegendste Argument für die Rolle der Erfahrung in den Geschichts- und Kulturwissenschaften liegt in dem allgemeinen Begriff *Verstehen* [im Original deutsch].[6] Nach Diltheys einfluß-

---

6 Das Konzept wird manchmal zu schnell mit Intuition oder Einfühlung in Verbindung gebracht; doch als eine Beschreibung ethnographischen Wissens umfaßt *Verstehen*, recht gesehen, eine Kritik einfühlsamer Er-

reicher Auffassung (Dilthey 1958) entspringt das gegenseitige Verstehen ursprünglich der bloßen Tatsache der Koexistenz in einer miteinander geteilten Welt. Aber genau diese Erfahrungswelt, ein intersubjektiver Nährboden für objektive Wissensformen, fehlt dem Ethnographen, der in eine fremde Kultur eintritt, oder erweist sich als problematisch für ihn. Was sich also während der ersten Monate im Feld (und praktisch während der gesamten Feldforschung) ereignet, ist ein Sprachelernen im weitesten Sinne. Diltheys »(Sphäre der) Gemeinsamkeit« muß geschaffen und immer wieder geschaffen werden, wodurch eine gemeinsame Erfahrungswelt entsteht, hinsichtlich deren alle »Fakten«, »Texte«, »Ereignisse« und ihre Deutungen konstruiert werden. Dieser Vorgang, sich in ein fremdartiges expressives Universum einzuleben, ist, Dilthey zufolge, seinem Wesen nach immer subjektiv, gerät aber schnell in Abhängigkeit von »dauernd fixierten Lebensäußerungen«, wie er es nennt, stabilen Formen, zu denen das Verstehen zurückkehren kann. Die Exegese dieser festgelegten Formen liefert den Inhalt alles systematischen historisch-kulturellen Wissens. Somit ist Erfahrung für Dilthey eng mit Interpretation verknüpft (er gehört zu den ersten modernen Theoretikern, die das Verstehen kultureller Formen mit dem Lesen von »Texten« vergleichen). Aber diese Art des Lesens oder Auslegens kann nicht ohne intensive persönliche Beteiligung, ein aktives Zuhausesein in einem gemeinsamen Universum vonstatten gehen.

Folgt man Dilthey, so kann die ethnographische »Erfahrung« als Aufbau einer gemeinsamen sinnhaften Welt gesehen werden, wobei man sich intuitiver Formen des Fühlens, Wahrnehmens und Vermutens bedient. Diese Aktivität macht Gebrauch von Fingerzeigen, Spuren, Gebärden und Bedeutungsfetzen, bevor haltbare Interpretationen entwickelt werden. Solche Stück für Stück gewonnenen Erfahrungen mögen als ästhetisch und/oder divinatorisch eingeordnet werden. Hier kann nur ganz kurz auf solche Verstehensformen in ihren Beziehungen zur Ethnographie eingegangen werden. Passenderweise liefert uns A. L. Kroebers Besprechung von Meads *Growing up in New Guinea* (deutsch: *Kindheit und Jugend in Neuguinea*) die Beschwörung einer ästhetischen Mode im Jahre 1931:

fahrung. Die genaue Bedeutung des Begriffs ist unter Dilthey-Kennern umstritten. (Makkreel 1975: 6f.).

»Zuallererst wird klar, daß sie in außerordentlichem Maße die Fähigkeit besitzt, die Hauptströmungen einer Kultur in ihren Wirkungen auf die Individuen wahrzunehmen und diese mit knappen Federstrichen von erstaunlicher Genauigkeit zu skizzieren. Das Ergebnis ist eine Darstellung von ganz außerordentlicher Lebendigkeit und Lebensechtheit. Offensichtlich liegt dieser Befähigung die Gabe eines intellektuell durchdrungenen, aber starken Sensualismus zugrunde; zudem offenbar eine hochgradige Intuition – versteht man darunter das Vermögen, aus Hinweisen ein überzeugendes Bild zu vollenden, denn manche ihrer Daten können nichts anderes als bloße Hinweise sein, hatte sie doch nur sechs Monate, um eine Sprache zu lernen und in eine ganze Kultur einzudringen, neben ihrer Spezialisierung auf kindliches Verhalten. Auf jeden Fall überzeugt das Bild, soweit es geht, den Rezensenten ganz und gar, der die Sicherheit in den Einsichten und den effizienten Stil der Beschreibung uneingeschränkt bewundert« (Kroeber 1931: 248).

Eine andere Formulierung findet sich bei Maurice Leenhardt in *Do Kamo. Die Person und der Mythos in der melanesischen Welt*, einem Buch, das in seiner manchmal kryptischen Darlegungsweise von seinen Lesern genau jene Art von ästhetischer, der Gestaltpsychologie verhafteten Wahrnehmung erfordert, in der sowohl Mead als auch Leenhardt Meister waren. Leenhardts Bekräftigung dieses Ansatzes ist bemerkenswert, da seine »Methode«, nimmt man seine äußerst lange Felderfahrung und profunden Kenntnisse einer melanesischen Sprache, nicht als Rationalisierung der Kurzzeit-Ethnographie verstanden werden kann.

»Weil sich nämlich unser Kontakt mit dem anderen nicht auf Analyse gründet, wir erfassen ihn in seiner Ganzheit, wir können darüber hinaus das Schema unserer Sicht durch eine Silhouette oder ein symbolisches Detail nachzeichnen, das in sich ein Ganzes trägt und die wahre Form seines Wesens heraufbeschwört. Diese entgeht uns, wenn wir uns diesem Nächsten nur über Kategorien unseres Verstandes nähern« (Leenhardt 1984:31 f.).

Ein anderer Weg, Erfahrung ernsthaft als eine Quelle ethnographischen Wissens zu betrachten, wird von Carlo Ginzburg in seinen jüngsten Erkundungen der komplexen Tradition der Divination eingeschlagen (Ginzburg 1980). Seine Untersuchungen reichen vom Fährtenlesen der frühen Jäger zur mesopotamischen Form der Wahrsagung, zum Enträtseln von Symptomen in der hippokratischen Medizin, zur Konzentration auf Details bei der Aufdeckung von Kunstfälschungen, bis hin zu Freud, Sherlock

Holmes und Proust. Diese Formen nicht-ekstatischer Divination erfassen spezifische, detaillierte Sinnrelationen und beruhen auf Mußmaßungen, dem Lesen von anscheinend unvereinbaren Fingerzeigen und »Zufalls«-Vorkommnissen. Ginzburg schlägt sein Modell eines »konjekturalen Wissens« als einer disziplinierten, nicht verallgemeinernden Verstehensweise vor, die für die Kulturwissenschaften von zentraler, wenn auch nicht anerkannter Bedeutung sei. Man mag sie zu einem eher mageren Bestand an Ressourcen hinzufügen, die dem rigorosen verstehensmäßigen Nachvollzug des Sich-Einfühlens in eine unvertraute ethnographische Situation dienen sollen.

Gerade weil sie nur schwer zu definieren ist, hat die »Erfahrung« als wirksamer Garant der ethnographischen Autorität gedient. Es liegt natürlich eine eindrucksvolle Mehrdeutigkeit in dem Begriff. Erfahrung beschwört eine teilhabende Anwesenheit herbei, einen empfindsamen Kontakt mit der Welt, die es zu verstehen gilt, ein Einvernehmen mit ihren Menschen, Konkretheit der Wahrnehmung. Und Erfahrung legt auch ein kumulatives, sich vertiefendes Wissen nahe (»... ihre zehnjährigen Erfahrungen mit Neuguinea«). Die Sinne arbeiten zusammen, um das tatsächliche, aber unbeschreibliche Empfinden, das Gespür des Ethnographen oder der Ethnographin für sein oder ihr Volk zu autorisieren. Man sollte jedoch anmerken, daß diese »Welt«, als Hervorbringung der Erfahrung konzipiert, subjektiv und nicht dialogisch oder intersubjektiv ist. Der Ethnograph *akkumuliert* persönliches Wissen über das Arbeitsfeld. (Die Possessivform »mein Volk« war bis in die jüngste Zeit in Anthropologen-Kreisen ganz gebräuchlich; aber der Ausdruck bezeichnet in Wirklichkeit »meine Erfahrung«).

In Anbetracht ihrer Vagheit ist es verständlich, daß auf Erfahrung beruhende Kriterien der Autorität – der ungeprüfte Glaube an die »Methode« der teilnehmenden Beobachtung, an die Stärke persönlicher Beziehungen, Einfühlung usw. – von hermeneutisch geschulten Anthropologen kritisiert worden sind. Das zweite Element in der Dialektik von Erfahrung und Interpretation hat zunehmende Aufmerksamkeit und Ausarbeitung erfahren (so etwa Geertz 1973, 1983d; Rabinow und Sullivan [Hg.] 1979; Winner und Winner 1976; Sperber 1981). Beruhend auf einem philologischen Modell der »Lektüre« von Texten hat sich die Interpretation als anspruchsvolle Alternative zu den mittlerweile offenbar naiven

Forderungen nach auf Erfahrung beruhender Autorität herausgebildet. Eine interpretative Anthropologie demystifiziert vieles, was in der Konstruktion ethnographischer Narrative, Typen, Beobachtungen und Beschreibungen früher ungeprüft durchgegangen war. Sie trägt zu einer zunehmenden Sichtbarkeit der schöpferischen (und in einem weiten Sinne poetischen) Prozesse bei, durch die »Kultur«-Objekte erfunden und als bedeutungsvoll behandelt werden.

Worum geht es, wenn man die Kultur als eine Ansammlung zu interpretierender Texte betrachtet? Eine klassische Darstellung gibt Paul Ricœur in seinem Essay von 1971, »The Model of the Text: Meaningful Action Considered as Text« (deutsch: »Der Text als Modell: hermeneutisches Verstehen«). Clifford Geertz hat in einigen anregenden und scharfsinnigen Diskussionen Ricœurs Theorie auf die anthropologische Feldforschung angewandt (Geertz 1983b). »Textwerdung« wird als Vorbedingung für die Interpretation verstanden, als Konstituierung von Diltheys »fixierten Lebensäußerungen«. Sie ist der Prozeß, durch den ungeschriebenes Verhalten, Rede, Glaubensvorstellungen, orale Überlieferung und Rituale als Korpus gekennzeichnet werden, als ein potentiell sinnhaftes Ensemble, das aus einer unmittelbaren Situation des Diskurses oder der performativen Darstellung herausgenommen wird. Im Augenblick der Textwerdung geht dieses sinnhafte Korpus ein mehr oder weniger stabiles Verhältnis zu einem Kontext ein; das Endergebnis dieses Prozesses kennen wir aus vielem, was in der Ethnographie als dichte Beschreibung zählt. Wir sagen zum Beispiel, daß eine bestimmte Institution oder ein bestimmtes Verhalten typisch sei für eine umgebende Kultur oder daß es sich dabei um ein aufschlußreiches Element derselben handle – so wie Geertz' berühmter Hahnenkampf (Geertz 1983c) zu einem äußerst bedeutungsvollen Ort der balinesischen Kultur wird.

Es werden Synekdochenfelder geschaffen, in denen die Teile zum jeweiligen Ganzen in Beziehung stehen – und durch die das Ganze, das was wir oft Kultur nennen, sich konstituiert. Ricœur privilegiert die Beziehungen zwischen den Teilen und dem Ganzen und die spezifischen Arten von Analogien, die funktionalistische oder realistische Darstellungen begründen, nicht wirklich. Er postuliert nur eine notwendige Beziehung zwischen Text und »Welt«. Eine Welt kann nicht direkt erfaßt werden; sie wird immer auf der Grundlage ihrer Teile erschlossen, und die Teile müssen begrifflich und wahrnehmungsfähig dem Fluß der Erfahrungen entnommen sein. So schafft die Textualisierung Bedeutung mittels einer Kreisbewegung, die ein Faktum oder ein Ereignis zunächst isoliert und es dann in der es umfassenden Realität kontextualisiert. So entsteht eine vertraute Form der Autorität, die beansprucht, bestimmte, sinnhafte Welten darzustellen. Ethnographie ist die Interpretation von Kulturen.

Ein zweiter maßgebender Schritt in Ricœurs Analyse ist seine Wiedergabe des Prozesses, mittels dessen aus dem »Diskurs« ein Text wird. Diskurs, nach Benvenistes klassischer Erörterung (Benveniste 1974: 279-297), ist eine Verständigungsweise, der die Präsenz des sprechenden Subjekts und der unmittelbaren Situation der Verständigung notwendig innewohnt. Der Diskurs ist gekennzeichnet durch die Pronomina (ausgesprochen oder implizit) »Ich« und »Du« und durch deiktische Indikatoren, »diese/r«, »jene/r«, »jetzt« und so weiter, die eher das Hier und Jetzt eines Diskurses anzeigen als auf etwas zu verweisen, das außerhalb davon liegt. Die spezifische Gelegenheit, bei der ein Subjekt sich Sprache aneignet, um sich auf dem Wege des Dialogs zu verständigen, wird vom Diskurs nicht transzendiert. Ricœur vertritt die Auffassung, daß ein Diskurs nicht als unabgeschlossen und der Interpretation zugänglich verstanden werden kann, wie etwa ein Text »gelesen« wird. Um einen Diskurs zu verstehen, »muß man dort gewesen sein«, in Gegenwart des diskurrierenden Subjekts. Damit ein Diskurs zum Text werden kann, muß er nach Ricœurs Begriffen »autonom« werden, losgelöst von einer spezifischen Ausdrucksweise und der Absicht des Autors. Interpretation ist kein Gespräch. Sie ist nicht davon abhängig, daß man im Beisein eines Sprechers ist.

Die Bedeutung dieses Unterschieds für die Ethnographie ist vielleicht zu offensichtlich. Letzten Endes reist der Ethnograph immer ab und nimmt Texte mit, die einer späteren Interpretation vorbehalten sind. (Und zu diesen »mitgebrachten« Texten können wir die Erinnerungen zählen – gestaltete und vereinfachte Ereignisse, des unmittelbaren Kontextes ledig, so daß sie bei der späteren Rekonstruktion und Schilderung gedeutet werden können). Anders als der Diskurs kann der Text auf Reisen gehen. Auch wenn ein gut Teil ethnographischen Schreibens im Feld geleistet wird, tatsächlich abgefaßt wird eine Ethnographie anderswo. Daten, die unter diskursiven, dialogischen Umständen gewonnen wurden, werden nur in Form eines Textes angeeignet. Forschungsereignisse und -begegnungen werden zu Feldaufzeichnungen. Erfahrung werden zu Erzählungen, zu bedeutungsvollen Begebenheiten oder Beispielen.

Diese Übertragung der Forschungserfahrung auf ein Textkorpus, das gesondert von den diskursiven Anlässen seiner Entstehung existiert, hat bedeutsame Konsequenzen für die ethnographische Autorität. Die solcherart neu formulierten Daten müssen nicht länger als Mitteilungen bestimmter Personen verstanden werden. Die Erklärung oder Beschreibung eines Brauchs durch einen Informanten braucht nicht in eine Form gegossen zu werden, die die Botschaft enthält: »Der und der hat das gesagt.« Textgewordene Rituale oder Ereignisse sind mit der Hervorbringung jenes Ereignisses durch spezifische Akteure nicht mehr eng verknüpft. Statt dessen werden diese Texte Beweisstücke eines allumfassenden Kontextes, einer »kulturellen« Realität. Überdies muß, da spezifische Autoren und Akteure von ihren Produktionen getrennt werden, ein generalisierter »Autor« erfunden werden, um die Welt oder den Kontext zu erklären, innerhalb dessen die Texte in fiktiver Form umgeordnet werden. Dieser generalisierte Autor ist unter einer Vielfalt von Namen bekannt: der indigene Standpunkt, »die Trobriander«, »die Nuer«, »die Dogon«, wie diese und ähnliche Bezeichnungen in den Ethnographien lauten. »Die Balinesen« fungieren als der Autor von Geertz' textgewordenem Hahnenkampf.

Der Ethnograph erfreut sich somit einer besonderen Beziehung zu einer Quelle der Kultur, einem »absoluten Subjekt« (Michel-Jones 1978:14). Es ist verlockend, den Ethnographen mit dem Interpreten von Literatur zu vergleichen (ein Vergleich, der immer alltäglicher wird) – genauer noch mit dem herkömmlichen Kritiker, der seine Aufgabe darin sieht, die widerspenstigen Bedeutungen eines Textes auf eine einzige, kohärente Intention festzulegen. Indem er die Nuer, die Trobriander oder die Balinesen als ganzheitliche Subjekte mit sinnvollen Intentionen darstellt, verwandelt der Ethnograph die Vieldeutigkeit der Feldforschungssituation und die Vielfalt der Bedeutung in eine einheitliche Schilderung. Aber wichtig ist, darauf zu achten, was dabei außer Sicht gerät. Der Forschungsprozeß wird von den Texten, die er hevorbringt, und von der fiktiven Welt, die diese Texte heraufbeschwören sollen, getrennt. Die Aktualität diskursiver Situationen und individueller Gesprächsteilnehmer wird herausgefiltert. Aber Informanten sind – wie auch Feldaufzeichnungen – entscheidende Vermittler, die in typischer Weise von autoritativen Ethnographien ausgeklammert werden. Die dialogischen, situationsbedingten Aspekte der ethnographischen Interpretation werden, wie es sich gezeigt hat, häufig genug aus dem endgültigen repräsentativen Text verbannt. Nicht völlig, versteht sich; es existieren anerkannte *topoi* für die Darstellung des Forschungsprozesses.

Separate Feldforschungsberichte werden uns zunehmend vertrauter (ein Subgenre, das noch immer gerne als subjektiv, »weich« oder unwissenschaftlich eingeordnet wird). Aber selbst in klassischen Ethnographien erzählen *fables of rapport* mehr oder weniger stereotyp davon, wie der volle Status eines teilnehmenden Beobachters erlangt wurde. Diese Geschichten mögen ausführlich, *en passant*, naiv oder ironisch erzählt werden. Gewöhnlich schildern sie die anfängliche Unwissenheit des Ethnographen, Mißverständnisse, mangelnden Kontakt, häufig eine Art kindähnlichen Status in der Kultur. In der *Bildungsgeschichte* [im Original deutsch] der Ethnographie folgt auf diese Stadien der Unschuld oder Verwirrung dann das selbstsichere, aufgeklärte Erwachsenenwissen. Erneut können wir Geertz' Hahnenkampf anführen, wo eine anfängliche Entfremdung von den Balinesen, ein Zustand der Verwirrung, der auf den Status einer »Nicht-Person« zurückzuführen war, durch die wirkungsvolle Geschichte von der Polizeirazzia und der dabei gezeigten Komplizenschaft transformiert wird (Geertz 1983c). Die Anekdote begründet die Annahme einer Verbundenheit, was dem Verfasser gestattet, in seinen späteren Analysen als allgegenwärtiger, kenntnisreicher Exeget und Sprecher aufzutreten. Dieser Interpret situiert den rituellen Sport als einen Text in einer kontextuellen Welt und »liest« seine kulturellen Bedeutungen auf brilliante Weise. Geertz' abruptes Aufgehen in der Kontaktsituation – die Quasi-Unsichtbarkeit der teilnehmenden Beobachtung – ist paradigmatisch. Hier macht er Gebrauch von einer etablierten Konvention, um das Erreichen ethnographischer Autorität zu inszenieren. Ergebnis: Wir werden uns selten der Tatsache bewußt, daß ein wesentlicher Teil der Konstruktion des Hahnenkampfes als Text dialogisch ist, eher ein direktes Gespräch des Autors mit bestimmten Balinesen als ein Lesen der Kultur »über [ihre] Schultern« (Geertz 1983c: 259).

Die interpretative Anthropologie hat durch die Betrachtung von Kultur als einer Ansammlung von Texten, die lose und manchmal widersprüchlich miteinander verknüpft sind, und durch die Herausstellung der schöpferischen Poiesis, die in allen kollektiven Darstellungen wirksam ist, in bemerkenswerter Weise zur Entwöhnung von der ethnographischen Autorität beigetragen. Aber in ihren realistischen Wesenszügen, die sie mit der anthropologischen Hauptströmung gemein hat, entgeht die interpretative Anthropologie nicht der allgemeinen und scharfen Zurückweisung von seiten jener Kritiker »kolonialer« Darstellungsformen, die (seit 1950) Diskurse ablehnen, welche die kulturellen Realitäten anderer Völker schildern, die eigene Realität jedoch nicht aufs Spiel setzen. In Michel Leiris' Frühschriften und später von Jacques Maquet, Talal Asad und vielen anderen ist die nicht-reziproke Qualität ethnographischer Interpretation thematisiert worden (Leiris 1977; Macquet 1964; Asad [Hg.] 1973). Fortan können weder die Erfahrung noch die interpretative Tätigkeit des Wissenschaftlers und Forschers als unschuldig angesehen werden. Es wird notwendig, Ethnographie nicht als die Erfahrung und Deutung einer eingegrenzten »anderen« Realität zu konzipieren, sondern vielmehr als ein konstruktives Verhandeln, an dem mindestens zwei – und gewöhnlich mehr – bewußte, politisch bedeutsame Subjekte beteiligt sind. Paradigmen der Erfahrung und Interpretation weichen Paradigmen des Diskurses, des Dialogs und der Polyphonie. In den verbleibenden Abschnitten meines Aufsatzes gebe ich einen Überblick über diese entstehenden Autoritätsweisen.

Ein diskursives Modell ethnographischer Praxis stellt die Intersubjektivität aller Rede in den Vordergrund, zusammen mit dem direkten Kontext, in dem sie zustande kommt. Benvenistes Arbeit über die konstitutive Rolle von Personalpronomina und Deixis beleuchtet gerade diese Dimensionen. Jeder Gebrauch des »Ich« setzt ein »Du« voraus, und jedes Beispiel eines Diskurses ist unmittelbar mit einer spezifischen Situation verknüpft, die man mit anderen teilt. Es kann deshalb keine diskursive Bedeutung ohne Gespräch und Kontext geben. Die Relevanz dieser nachdrücklichen Folgerung für die Ethnographie ist offensichtlich. Die Feldforschung setzt sich ganz wesentlich aus Sprachereignissen zusammen; aber Sprache »liegt an der Grenze zwischen einem selbst und dem anderen. In der Sprache gehört das Wort zur Hälfte jemand anderem«, wie Bachtin es ausdrückt. Der russische Kritiker fordert ein Neudenken der Sprache im Sinne spezifischer diskursiver Situationen: »Es gibt«, schreibt er, »keine ›neutralen‹ Wörter und Formen – Wörter und Formen, die zu ›niemandem‹ gehören können; Sprache ist vollständig usurpiert, durchsetzt mit Absichten und Akzenten.« Die Wörter ethnographischen Schreibens können demnach nicht als Monologe, als autoritative Erklärung oder Interpretation einer abstrahierten, textgewordenen Realität konstruiert werden. Die Sprache der Ethnographien ist mit anderen Subjektivitäten und spezifischen kontextbezogenen Untertönen durchsetzt; denn alle Sprache ist in Bachtins Sicht »eine konkrete heteroglotte Weltauffassung« (Bachtin 1981: 293).

Formen ethnographischen Schreibens, die sich im Modus des Diskurses präsentieren, haben nicht selten mit der Darstellung von Forschungszusammenhängen und Gesprächssituationen zu tun. So beschäftigt sich etwa ein Buch wie Paul Rabinows *Reflections on Fieldwork in Morocco* (1977) mit der Darstellung einer spezifischen Forschungssituation (einer Abfolge von festen Zeiten und Orten) und (in etwas fiktionalisierter Form) einer Reihe von einzelnen Gesprächspartnern. In der Tat kann ein völlig neues Subgenre von »Feldforschungsberichten« (von denen der Rabinowsche einer der präzisesten ist) im diskursiven Paradigma ethnographischen Schreibens ausgemacht werden. Jeanne Favret-Saadas *Les mots, la mort, les sorts* (deutsch: *Die Wörter, der Zauber, der Tod*, 1978) ist ein nachdrückliches, selbstreflexives, ethnographisches Experiment im diskursiven Stil.[7] Sie zeigt, daß das Ereignis des Gesprächs dem Ethnographen immer eine spezifische Position in einem Gewebe intersubjektiver Beziehungen zuweist. Im Kraftfeld diskursiver Positionsbestimmungen, in einer veränderlichen Matrix von Beziehungen, von »Ichs« und »Dus«, gibt es keinen neutralen Standpunkt.

In einer Anzahl neuerer Arbeiten haben sich die Autoren dafür entschieden, die diskursiven Prozesse der Ethnographie in der Form eines Dialogs zwischen zwei Individuen zu präsentieren. Camille Lacoste-Dujardins *Dialogue des femmes en éthnologie* (1977), Jean-Paul Dumonts *The Headman and I* (1978) und Mar-

---

7 Siehe vor allem Kapitel 2. Ihre Erfahrung ist auf einer anderen fiktionalen Ebene umgeschrieben worden in Favret-Saada und Contréras, 1981.

jorie Shostaks *Nisa. The Life and Words of a !Kung Woman* (deutsch: *Nisa erzählt. Das Leben einer Nomadenfrau in Afrika* (1982) sind bemerkenswerte Beispiele. Die dialogische Schreibweise wird in beträchtlicher Differenziertheit in zwei anderen Texten befürwortet. Der erste, Kevin Dwyers theoretische Überlegungen zur »Dialogik der Ethnologie«, entspringt einer Reihe von Interviews mit einem maßgeblichen Informanten und rechtfertigt Dwyers Entscheidung, seine Ethnographie als ziemlich wortgetreue Wiedergabe dieses Gesprächsaustausches zu strukturieren (Dwyer 1977, 1979, 1982). Das zweite und komplexere Werk ist Vincent Crapanzanos *Tuhami. Portrait of a Moroccan* (deutsch: *Tuhami. Porträt eines Marokkaners*, 1983), ein weiterer Bericht über eine Reihe von Interviews, der jede scharfe Trennung eines interpretierenden Selbst von einem textgewordenen Anderen zurückweist (siehe auch 1977). Sowohl Dwyer als auch Crapanzano lokalisieren die Ethnographie im Prozeß eines Dialogs, bei dem Gesprächspartner aktiv über eine gemeinsame Sicht der Realität verhandeln. Crapanzano argumentiert dahingehend, daß diese gegenseitige Konstruktion bei jeder ethnographischen Begegnung wirksam sein muß, daß aber die daran Beteiligten anzunehmen geneigt sind, sie hätten sich einfach in die Realität ihres Gegenübers eingepaßt. So denkt sich zum Beispiel der Ethnograph der Trobriand-Insulaner eine Version der Realität nicht offen und in Zusammenarbeit mit seinen Gewährsleuten aus, sondern deutet vielmehr den »Standpunkt der Trobriander«. Crapanzano und Dwyer machen anspruchsvolle Vorschläge, wie mit dieser literarisch-hermeneutischen Konvention zu brechen sei. In diesem Prozeß wird die Autorität des Ethnographen als Erzähler und Interpret verändert. Dwyer schlägt eine Hermeneutik der »Verwundbarkeit« vor und betont dabei die Brüche einer Feldforschung, die Zerrissenheit und die unvollkommene Kontrolle des Ethnographen. Beide, Crapanzano und Dwyer, suchen die Forschungserfahrung dergestalt darzustellen, daß das textgewordene Gewebe des Anderen und somit auch des deutenden Selbst aufgerissen wird.[8] (Hier sind Etymologien aufschlußreich: Es ist wohl-

---

8 Es wäre falsch, über die Unterschiede zwischen Dwyers und Crapanzanos theoretische Positionen hinwegzugehen. Dwyer, in der Nachfolge von Lukács, übersetzt Dialogik in eine Marx/Hegelsche Dialektik; so bewahrt er sich die Möglichkeit einer Restauration des menschlichen

bekannt, daß das Wort Text mit dem Weben in Beziehung steht und das – englische – *vulnerability* etwas mit Zerreißen oder Verwunden zu tun hat, in diesem Falle mit dem Aufreißen einer verschlossenen Autorität).

Das Modell des Dialogs stellt genau jene diskursiven – weitschweifigen und intersubjektiven – Elemente in den Vordergrund, die Ricœur aus seinem Modell des Textes ausklammern mußte. Wenn aber eine interpretierende Autorität auf der Ausklammerung des Dialogs beruht, so gilt auch das Umgekehrte: eine rein dialogische Autorität würde die zwangsläufige Tatsache der Textwerdung unterdrücken. Auch wenn Ethnographien, die als Begegnungen zwischen zwei Individuen gestaltet sind, das Geben und Nehmen der Feldforschung mit Erfolg dramatisieren und einen Kontrapunkt autoritativer Stimmen einführen mögen, so bleiben sie doch *Repräsentationen* des Dialogs. Als Texte mögen sie ihrer Struktur nach nicht dialogisch sein; denn, wie Stephen Tyler ausführt (1981), obwohl Sokrates als ein Gesprächspartner unter anderen erscheint, behält Platon die volle Kontrolle über den Dialog. Diese Verschiebung, nicht jedoch Eliminierung der monologischen Autorität ist für all die Ansätze charakteristisch, die den Ethnographen als Einzelcharakter in der Feldforschungserzählung porträtieren. Darüber hinaus besteht in der dialogischen Fiktion eine starke Tendenz, das Gegenüber des Ethnographen als Repräsentanten seiner Kultur erscheinen zu lassen – als einen Typus, in der Sprache des traditionellen Realismus –, durch den allgemeine gesellschaftliche Prozesse offenbar werden.[9] Eine

---

Subjekts, einer Art Vervollkommnung im und durch den Anderen. Crapanzano lehnt jede Verankerung in einer allumfassenden Theorie ab; seine einzige Autorität ist die des Verfassers des Dialogs, eine Autorität, die untergraben wird durch eine unentschiedene Erzählung von Begegnung, Bruch und Verwirrung (die Feststellung ist angebracht, daß Dialogik im Sinne von Bachtin sich nicht auf Dialektik reduzieren läßt). Zu einer frühen Befürwortung der dialogischen Anthropologie siehe auch Tedlock 1979 (dt. 1985).

9 Zu realistischen »Typen« vgl. Lukács 1964–71. Die Tendenz, ein Individuum in einen kulturellen Sprecher zu verwandeln, kann in Griaules *Dieu d'eau* (deutsch: *Schwarze Genesis*, 1980) beobachtet werden, In ambivalenter Form ist sie in Shostaks *Nisa* zu finden (1982). Eine Diskussion dieser Ambivalenz und der sich daraus ergebenden Komplexität des Buches enthält Clifford 1986b: 103–109 (in diesem Band S. 208–217).

solche Darstellung stellt die synekdochale, interpretierende Autorität, mittels deren der Ethnograph einen Text im Verhältnis zu seinem Kontext liest, wieder her und konstituiert dadurch eine bedeutungsvolle »andere« Welt. Aber: Wenn es schwierig ist für dialogische Darstellungen, typifizierenden Verfahren zu entkommen, so können sie doch in einem bemerkenswerten Maße dem Sog der autoritativen Repräsentation des Anderen widerstehen. Dies hängt von ihrer Fähigkeit ab, die Fremdartigkeit der anderen Stimme fiktional zu bewahren und die spezifischen Möglichkeiten des Austausches im Auge zu behalten.

Die Feststellung, daß eine Ethnographie sich aus Diskursen zusammensetzt und daß ihre verschiedenen Komponenten in dialogischer Beziehung zueinander stehen, bedeutet nicht, daß sie deshalb als Text in Gestalt eines wortwörtlichen Dialogs aufzutreten braucht. Tatsächlich muß, wie Crapanzano in *Tuhami* erkennt, ein dritter Beteiligter, ein wirklicher oder vorgestellter, in allen Begegnungen zwischen zwei Individuen als Vermittler fungieren (Crapanzano 1983: 190ff.). Der fiktionale Dialog ist faktisch eine Verdichtung, eine vereinfachte Darstellung komplexer, vielstimmiger Prozesse. Eine alternative Methode, diese diskursive Komplexität wiederzugeben, besteht darin, den gesamten Verlauf der Forschung als ein fortlaufendes Verhandeln zu verstehen. Die Geschichte von Marcel Griaule und den Dogon ist allseits bekannt und klar konturiert. Griaules Bericht über seine Unterrichtung in den kosmologischen Weisheiten der Dogon, *Dieu d'Eau* (deutsch: *Schwarze Genesis*; 1980), war eine frühe Anwendung dialogischen ethnographischen Erzählens. Aber jenseits dieser spezifischen Gesprächsmöglichkeit war ein komplexerer Prozeß wirksam. Denn es ist augenscheinlich, daß Inhalt und zeitliche Koordinierung der sich über Jahrzehnte hinziehenden Langzeitforschung von Griaules Team von den Stammesautoritäten der Dogon streng überwacht und in bemerkenswerter Weise geprägt wurden (siehe Clifford 1983). Das ist nichts Neues mehr. Viele Ethnographen haben sich über die – einmal geschickte, ein andermal aufdringliche – Art und Weise geäußert, wie ihre Feldforschung von ihren Informanten gelenkt oder eingeschränkt wurde. In seiner provozierenden Erörterung dieses Punktes nennt Ioan Lewis die Anthropologie sogar eine Form des »Plagiierens« (Lewis 1973).

Das Geben und Nehmen der Ethnographie wird in einer Untersuchung von 1980 klar dargestellt, die deshalb so bemerkenswert ist, weil es ihr gelingt, in einem einzigen Werk sowohl die Interpretation einer anderen Realität *als auch* den Forschungsprozeß selbst wiederzugeben: Renato Rosaldos *Ilongot Headhunting*. Rosaldo kommt ins philippinische Hochland mit der Absicht, eine synchronische Studie der Sozialstruktur zu schreiben. Aber immer wieder wird er gegen seine Einwendungen gezwungen, sich endlose Erzählungen der Ilongot über ihre Lokalgeschichte anzuhören. Pflichtbewußt, sprachlos, in einer Art Trance, die durch Langeweile sich einstellte, transkribiert er diese Geschichten und füllt ein Notizbuch nach dem anderen mit Texten, die er für entbehrlich hält. Erst nach Ende seines Feldaufenthaltes und nach einem langen Prozeß der Neu-Interpretation (der in der Ethnographie offengelegt wird) wird ihm klar, daß ihm diese obskuren Erzählungen schließlich sein eigentliches Thema gegeben haben, die kulturspezifische Auffassung der Ilongot von Erzählung und Geschichte. Rosaldos Erfahrung eines »gelenkten Schreibens« (wie man es nennen könnte) wirft in aller Schärfe eine grundlegende Frage auf: Wer ist tatsächlich der Autor der Feldaufzeichnungen?
Eine diffizile Angelegenheit, die einer systematischen Untersuchung bedarf. Ganz allgemein ist darüber, daß indigene Kontrolle über im Feld gewonnenes Wissen beträchtlich, manchmal bestimmend sein kann, genug gesagt worden. In zeitgenössischen ethnographischen Schriften werden neue Wege und Methoden gesucht, um die Autorität der Gewährsleute adäquat wiederzugeben. Dafür gibt es nur wenige Vorbilder – doch sind die älteren Textzusammenstellungen von Boas, Malinowski, Leenhardt und anderen einer neuerlichen Prüfung und Erwägung wert. In diesen Arbeiten hat sich das ethnographische Genre noch nicht in Gestalt der modernen interpretierenden Monographie, die auf das engste mit persönlicher Feldforschungserfahrung identifiziert wird, verdichtet. Wir können eine ethnographische Schreibweise betrachten, die noch nicht autoritativ in dem spezifischen Sinne ist, wie er heute politisch und epistemologisch in Frage gestellt wird. Diese älteren Sammlungen enthalten viel Material, das gänzlich oder partiell von Informanten stammt. Denken wir an die Rolle, die George Hunt in der Boasschen Ethnographie gespielt hat, oder an die fünfzehn in Leenhardts

Documents néocalédoniens aufgelisteten »*Transkriptoren*« (Leenhardt 1932).[10]

Malinowski ist ein komplexer Übergangsfall. Seine Ethnographien reflektieren das unvollendete Zusammenwachsen der modernen Monographie. Auch wenn er ganz entscheidend für das Verschmelzen von Theorie und Beschreibung in der Autorität des professionellen Feldforschers verantwortlich war, nahm Malinowski nichtsdestotrotz Material auf, das seine allzu klare interpretative Einstellung nicht direkt stützte. Mit den vielen diktierten Mythen und Zaubersprüchen, die seine Bücher füllen, veröffentlichte er umfangreiche Daten, die er zugegebenermaßen nicht verstand. Das Ergebnis war ein offener Text – offen für vielfältige Neuinterpretationen. Es lohnt sich, ältere Kompendien mit der derzeitigen Standardethnographie zu vergleichen, die solches Material (als Belege) anführt, um eine bestimmte Interpretation abzusichern, aber sonst nichts damit vorhat.[11] In der modernen autoritativen Monographie sind neben der des Verfassers keine anderen starken Stimmen vertreten. Aber wir lesen in den *Argonauten* (1979) und *Korallengärten* (1981) Seite um Seite von magischen Beschwörungen, und bei keiner einzigen handelt es sich im eigentlichen Sinne um die Worte des Ethnographen. Diese diktierten Texte sind, bis auf den physischen Schreibvorgang selbst, von bestimmten, namenlosen Trobriandern verfaßt. Es ist tatsächlich so, daß jede fortlaufende ethnographische Darlegung routinemäßig eine Vielfalt an Beschreibungen, Transkriptionen und Interpretationen von einer Vielzahl indigener »Autoren« einflicht. Wie lassen sich diese Autoren-Präsenzen manifestieren?

10 Als eine Untersuchung dieser Art Textproduktion siehe Clifford 1980. Siehe auch in diesem Zusammenhang B. Fontanas Einleitung zu Frank Russell, *The Pima Indians* (1975) über den verborgenen Mitautor des Buches, den Papago-Indianer José Lewis. Leiris (1948) diskutiert Zusammenarbeit als Ko-Autorschaft, wie dies auch I. M. Lewis (1973) tut. Zu einer vorausschauenden Verteidigung von Boas' Gewichtung stammessprachlicher Texte und seiner Zusammenarbeit mit Hunt siehe Goldman 1980.

11 James Fernandez' elaborierte Arbeit *Bwiti* (1985) ist eine selbstbewußte Überschreitung der strengen monographischen Form; sie reorientiert sich an Malinowskischen Maßstäben und belebt aufs neue die »archivierende« Funktion der Ethnographie.

Einen nützlichen – wenn auch extremen – Standpunkt vertritt Bachtin in seiner Analyse des »polyphonen« Romans. Eine grundlegende Voraussetzung des Genres ist seiner Argumentation zufolge, daß es sprechende Subjekte in einem Feld mannigfaltiger Diskurse vergegenwärtigt. Der Roman inszeniert, im Kampf mit ihr, die Heteroglossie. Für Bachtin, der sich vor allem mit der Darstellung nicht-homogener Ganzheiten befaßt, gibt es keine geschlossenen Kulturwelten oder -sprachen. Alle Versuche, solche abstrakten Einheiten zu postulieren, sind Konstruktionen der monologischen Macht. Konkret gesprochen ist eine »Kultur« ein nicht abgeschlossener, schöpferischer Dialog zwischen Subkulturen, Insidern und Außenseitern, verschiedenen Fraktionen; eine »Sprache« ist ein Wechselspiel und ein Kampf regionaler Dialekte, professioneller Jargons, typischer Alltagsrede, der Rede unterschiedlicher Altersgruppen, Individuen und so fort. Für Bachtin ist der polyphone Roman keine *tour de force* einer kulturellen oder historischen Totalisierung (wie realistische Kritiker wie Lukács und Auerbach eingewandt haben), sondern vielmehr eine karnevaleske Arena der Vielfältigkeit. Bachtin entdeckt einen utopischen Text-Raum, in dem diskursive Komplexität, das dialogische Wechselspiel von Stimmen, untergebracht werden können. An den Romanen von Dostojewski oder Dickens schätzt er gerade ihre Resistenz der Totalität gegenüber, und sein idealer Novellist ist ein Bauchredner, ein »Polyphonist« in der Ausdrucksweise des neunzehnten Jahrhunderts. »Er macht die Polizei mit verschiedenen Stimmen nach«, bewundert ein Zuhörer lauthals den Jungen Sloppy, der in *Our Mutual Friend* (deutsch: *Unser gemeinsamer Freund*) vor allen Leuten aus der Zeitung vorliest. Aber Dickens, der Schauspieler, der Vortragskünstler und Polyphonist, muß Flaubert gegenübergestellt werden, dem Meister der Kontrolle durch den Autor, der sich in den Gedanken und Gefühlen seiner Charaktere wie ein Gott umtut. Die Ethnographie ringt wie der Roman mit diesen Alternativen. Schildert der ethnographische Autor das, was Eingeborene denken, mittels Flauberts »freier indirekter Rede«, einem Stil, der das direkte Zitieren vermeidet zugunsten eines kontrollierenden Diskurses, der immer mehr oder weniger der des Verfassers ist? (Dan Sperber hat, am Beispiel von Evans-Pritchard, überzeugend dargelegt, daß der *style indirect* tatsächlich die bevorzugte Art der ethnographischen Interpretation ist: Sperber 1981). Oder macht die Darstellung anderer Subjektivitäten eine stilistisch weniger homogene Version erforderlich, die von Dickens' »verschiedenartigen Stimmen« erfüllt ist?

Der Gebrauch der indirekten Rede ist in gewissem Maße unvermeidlich, soll der Roman oder die Ethnographie nicht zur Gänze aus Zitaten bestehen, was theoretisch zwar möglich ist, aber nur selten versucht wird.[12] In der Praxis jedoch bedienen sich die Ethnographie und der Roman des indirekten Stils auf unterschiedlichen Abstraktionsebenen. Wir brauchen nicht zu fragen, woher Flaubert weiß, was Emma Bovary denkt, aber die Befähigung des Feldforschers, sich in den Köpfen der Einheimischen einzunisten, ist stets fraglich: es ist dies ein ständiges ungelöstes Problem der ethnographischen Methode. Die Ethnographen sind im allgemeinen davor zurückgeschreckt, Individuen Glaubensvorstellungen, Gefühle und Gedanken zuzuschreiben. Sie haben jedoch nicht gezögert, subjektive Zuständlichkeiten einer Kultur zuzuschreiben. Sperbers Analyse zeigt, wie Ausdrucksweisen wie »Die Nuer glauben ...« oder »Das Zeitgefühl der Nuer ...« grundlegend verschieden sind von Zitaten oder Übersetzungen einheimischer Diskurse. Solche Statements haben »keinen spezifizierten Sprecher« und sind buchstäblich zweideutig, vereinen sie doch nahtlos die Behauptungen des Ethnographen mit denen eines oder mehrerer Informanten (Sperber 1981: 78). Ethnographien sind voll von niemandem zugeschriebenen Sätzen wie »Die Geister kehren des Nachts in das Dorf zurück«, von Beschreibungen religiöser Vorstellungen, bei denen in Wirklichkeit der Schreibende die Stimme der Kultur übernimmt.

Auf dieser Ebene der »Kultur« trachten Ethnographen nach der Flaubertschen Allwissenheit, die sich frei durch eine Welt indigener Subjekte bewegt. Aber unter der Oberfläche sind ihre Texte widerspenstiger und dissonanter. Victor Turners Werk ist ein eindrucksvolles Beispiel, das es wert ist, aufgrund des exemplarischen Wechselspiels zwischen monophoner und polyphoner Dar-

---

12 Ein solches Projekt wird von Evans-Pritchard in seiner Einleitung zu *Man and Woman Among the Azande* (1974) angekündigt, einem Spätwerk, das als Reaktion auf die geschlossene analytische Natur seiner früheren Ethnographien gesehen werden kann. Die Quelle seiner Inspiration ist anerkanntermaßen Malinowski. (Die Idee eines gänzlich aus Zitaten zusammengestellten Buches ist ein modernistischer Traum, der mit Walter Benjamin in Verbindung gebracht wird.)

legung näher untersucht zu werden. Turners Ethnographien bieten höchst komplexe Schilderungen der rituellen Symbolik und der Glaubensvorstellungen der Ndembu; und er hat zudem einen ungewöhnlich offenen Blick hinter die Szene gewährt. Inmitten seiner in *The Forest of Symbols*, seinem dritten Buch über die Ndembu, gesammelten Essays offeriert Turner ein Porträt seines besten Informanten: »Muchona die Hornisse. Deuter der Religion« (Turner 1967: 131–150). Muchona, ein ritueller Heiler, und Turner kommen aufgrund ihres gemeinsamen Interesses an traditionellen Symbolen, Etymologien und esoterischen Bedeutungen zusammen. Beide sind sie »Intellektuelle«, leidenschaftliche Interpreten der Nuancen und tieferen Bedeutungen der Bräuche und Sitten; beide sind sie entwurzelte Gelehrte, denen der »unstillbare Durst nach objektivem Wissen« gemeinsam ist. Turner vergleicht Muchona mit einem Universitätslehrer; sein Bericht über ihre Zusammenarbeit enthält mehr als nur flüchtige Hinweise auf eine starke psychologische Verdoppelung.

Aber es gibt einen Dritten in ihrem Dialog: Windson Kashinakaji, einen Ndembu-Oberlehrer von der örtlichen Missionsschule. Er brachte Muchona und Turner zusammen und teilt ihre Begeisterung für die Auslegung der traditionellen Religion. Aufgrund seines Bibelunterrichts »erlangte er den nötigen Spürsinn, um verzwickte Fragen aufzuhellen.« Seine frischen Zweifel am christlichen Dogma und den Privilegien der Missionare lassen ihn die heidnische Religion mit Sympathie betrachten. Kashinakaji, erfahren wir von Turner, »überbrückte den kulturellen Abstand zwischen Muchona und mir, indem er den Fachjargon und den gesalzenen Dorfslang des kleinen Doktors in eine mir verständliche Prosa verwandelte.« Bald schon fanden sich die drei Intellektuellen »zu einer Art täglichen Religionsseminars zusammen«. Turners Darstellungen von diesem Seminar sind stilisiert: »acht Monate angeregter Schnellfeuergespräche zwischen uns dreien, hauptsächlich über Ndembu-Rituale.« Sie offenbaren ein außergewöhnliches ethnographisches »Kolloquium«. Aber bezeichnenderweise macht Turner diese dreifache Kooperation nicht zum Kern seiner Abhandlung. Er konzentriert sich eher auf Muchona, wodurch er den Trialog in einen Dialog verwandelt und ein komplexes produktives Verhältnis zu dem »Porträt« eines »Informanten« verflacht (diese Reduktion war in gewissem Maße durch die Art des Buches, in dem der Essay zuerst erschien, vorgegeben,

Joseph Casagrandes bedeutende Sammlung von »Zwanzig Porträts anthropologischer Gewährsleute«, *In the Company of Man*, 1960).[13]

Turners Veröffentlichungen variieren beträchtlich, was ihre diskursive Struktur betrifft. Manche setzen sich hauptsächlich aus direkten Zitaten zusammen; in wenigstens einem Aufsatz wird Muchona als Hauptquelle der globalen Interpretation genannt; an anderer Stelle wird er anonym angeführt, als Beispiel eines »männlichen Ritualspezialisten« (Turner 1975: 40-42, 87, 154 bis 156, 244). Windson Kashinakaji wird meist als Assistent und Übersetzer und weniger als Interpretationsquelle ausgewiesen. Insgesamt sind Turners Ethnographien ungewöhnlich vielstimmig, offen auf Zitaten aufgebaut (»Einem Adepten zufolge ...« oder »Ein Gewährsmann vermutet ...«). Allerdings läßt er die Ndembu nicht in verschiedenen Stimmen zu Wort kommen, und wir bekommen nur wenig »gesalzenen Dorfslang« zu hören. Alle Stimmen aus dem Feld sind zur erläuternden Prosa mehr oder weniger austauschbarer »Informanten« geglättet worden. Das Inszenieren der indigenen Rede in einer Ethnographie, das nötige Ausmaß an Übersetzung und Vertrautmachung sind komplizierte praktische und rhetorische Probleme.[14] Aber Turners Arbeiten legen diese Fragen des Dialogismus und der Vielstimmigkeit des Textes in konkreter Weise offen, indem sie den indigenen Deutungen einen sichtbaren Platz zuweisen.

Daß Turner das Porträt Muchonas in *The Forest of Symbols* (1967) aufnahm, kann als ein Zeichen der Zeit gesehen werden. Casagrandes Anthologie, in der es ursprünglich erschienen war, trug dazu bei, daß das entscheidende Problem der Beziehungen zwischen Ethnographen und ihren indigenen Mitarbeitern abgetrennt wurde. Noch hatte eine Diskussion dieser Fragen im Rahmen wissenschaftlicher Ethnographien keinen Platz. Aber Casagrandes Aufsatzsammlung erschütterte ein professionelles Tabu der

13 Zu einem »gruppendynamischen« Ansatz in der Ethnographie siehe Yannopoulos und Martin 1978. Zu einer Ethnographie, die ausdrücklich auf »Seminaren« mit den Einheimischen beruht, siehe Jones und Konner 1976.
14 Favret-Saadas Gebrauch des Dialekts und der Kursivschreibung in *Les Mots, la mort, les sorts* ist eine Lösung unter vielen für ein Problem, mit dem sich die realistischen Romanautoren lange Zeit herumgeschlagen haben.

Nach-Malinowski-Zeit, das des »privilegierten Informanten«. Raymond Firth über Pa Fenuatara, Robert Lowie über Jim Carpenter – viele hervorragende Anthropologen haben über die indigenen »Ethnographen« geschrieben, mit denen sie bis zu einem gewissen Grade eine distanzierte, analytische, ja sogar ironische Sicht auf Sitten und Gebräuche teilten. Diese Personen wurden zu hochgeschätzten Informanten, da sie, oft mit großem Einfühlungsvermögen, verstanden, was von einer *ethnographischen* Haltung einer Kultur gegenüber verlangt wurde. Wenn Lowie seinen Crow-Dolmetscher (und »Philologen«-Kollegen) Jim Carpenter zitiert, so läßt sich eine gemeinsame Auffassung erspüren: »Wenn man den alten Männern lauscht, wie sie von ihren Visionen erzählen, dann *muß* man ihnen einfach glauben (Lowie 1960: 428). Und es steckt beträchtlich mehr als ein zwinkerndes Einvernehmen in einer Geschichte, die Firth über seinen besten tikopianischen Freund und Gewährsmann erzählte.

»Bei einer anderen Gelegenheit wandte sich das Gespräch den Netzen für den Lachsforellenfang im See zu. Die Netze wurden schwarz, möglicherweise aufgrund irgendeines organischen Bewuchses, und verrotteten leicht. Pa Fenuatara erzählt dann vor der versammelten Menge im Haus eine Geschichte, wie er einmal draußen auf dem See beim Auslegen das Gefühl hatte, ein Geist bewegte sich im Netz, der es schlaff werden ließ. Als er das Netz herausholte, fand er es mit Schleim bedeckt. Der Geist hatte sich daran zu schaffen gemacht. Ich fragte ihn dann, ob die Vorstellung, daß Geister für den Verschleiß der Netze verantwortlich seien, Teil des traditionellen Wissens sei. Er antwortete: ›Nein, meine eigene Idee.‹ Dann fügte er lachend hinzu: ›Mein eigenes Stück traditionellen Wissens‹« (Firth 1960: 17f.).

Methodologisch ist die volle Schubwirkung der Beiträge zu Casagrandes Anthologie latent erhalten geblieben, besonders in ihrer Bedeutung für die dialogische Produktion ethnographischer Texte und Interpretationen. Diese Bedeutung wird durch die Neigung verschleiert, darin nur ein Dokument von allgemeinmenschlicher Gültigkeit zu sehen, das den Vorhang »zu einem Spiegelkabinett ... mit der ganzen Vielfalt des endlos reflektierten Menschenbildes« lüftet (Casagrande 1960: XII). Im Lichte der gegenwärtigen Krise der ethnographischen Autorität jedoch greifen diese enthüllenden Darstellungen auf die Œuvres ihrer Autoren über und verändern die Möglichkeiten ihrer Lektüre. Wenn Ethnographie ein Teil dessen ist, was Roy Wagner (1980) »die Erfindung von Kultur« nennt, so ist diese ethnographische Aktivität pluralistisch und entzieht sich der individuellen Kontrolle.

Es wird zunehmend üblicher, die gemeinsame Produktion ethnographischen Wissens damit zu bekunden, daß man regelmäßig und umfassend Gewährsleute zitiert (ein bemerkenswertes jüngeres Beispiel ist June Nash, *We Eat the Mines, the Mines Eat Us*, 1979). Aber mit einer solchen Taktik beginnt die Auflösung der monophonen Autorität erst. Zitate werden immer vom Zitierenden arrangiert und dienen nicht selten als bloße Beispiele oder beweiskräftige Zeugnisse. Jenseits des Zitierens könnte man sich eine radikalere Vielstimmigkeit vorstellen, die »die Eingeborenen und die Ethnographen in verschiedenen Stimmen zu Wort kommen ließe«. Aber selbst damit wäre die ethnographische Autorität nur verlagert, und letztlich würde die virtuose Orchestrierung aller Diskurse im Text durch einen individuellen Autor nur bestätigt. Und in diesem Sinne ist Bachtins Polyphonie, die in zu enger Auslegung mit dem Roman identifiziert wird, eine domestizierte Heteroglossie. Ethnographische Diskurse sind auf keinen Fall Reden erfundener Charaktere. Informanten sind ganz bestimmte Individuen mit Eigennamen – Namen, die angegeben werden können –, und wenn der Takt es erfordert, in veränderter Form. Informanten sind in ihren Intentionen überdeterminiert, was sie sagen, ist politisch und metaphorisch komplex. Als eigenständige Texte und in hinreichender Länge transkribiert, haben die Aussagen der Einheimischen Bedeutung, in Begriffen, die anders sind als die des Ethnographen, der die Aussagen ordnet. Heteroglossie befällt die Ethnographie.

Dies legt eine alternierende Schreibstrategie nahe, die Utopie einer mehrfachen Autorschaft, die Mitarbeitern nicht nur den Status von unabhängigen Sprechern, sondern von Verfassern zugesteht. Als eine Form der ethnographischen Autorität muß dies aus zwei Gründen nach wie vor als utopisch angesehen werden. Zum einen scheinen die wenigen neueren Experimente mit mehrfacher Autorschaft als antreibende Kraft das Forschungsinteresse eines Ethnographen zu erfordern, der letzten Endes eine leitende herausgeberische Position übernimmt. Die autoritative Haltung, den Anderen »sprechen zu lassen«, wird nicht völlig überwunden. Zum zweiten stellt die bloße Idee einer Mehrfachautorschaft eine tiefgreifende westliche Überzeugung in Frage: daß die Struktur eines jeden Textes mit den Absichten eines individuellen Autors zu identifizieren sei. Auch wenn diese Identifikation weniger ausgeprägt war, als Lafitau seine *Mœurs des sauvages amériquains* schrieb, und selbst wenn die neuere Kritik diese Übereinstimmung anzweifelt, übt sie doch noch immer einen starken Zwang auf das ethnographische Schreiben aus. Nichtsdestoweniger gibt es Anzeichen, daß in diesem Bereich etwas in Bewegung geraten ist. Die Anthropologen werden in zunehmendem Maße ihre Texte und manchmal auch ihre Titelseiten mit jenen einheimischen Mitarbeitern zu teilen haben, für die der Ausdruck »Informant« nicht mehr zutrifft, falls er es jemals getan hat.

Ralph Bulmers und Ian Majneps *Birds of My Kalam Country* (1977) ist ein wichtiger Prototyp (verschiedene Schriftbilder machen die nebeneinandergestellten Beiträge des Ethnographen und des Neuguineaners, die seit mehr als einem Jahrzehnt zusammenarbeiten, unterscheidbar). Noch bemerkenswerter ist die 1974 kollektiv erstellte Untersuchung *Piman Shamanism and Staying Sickness (Ka:cim Mumkidag)*, die auf ihrer Titelseite unterschiedslos (wenn auch nicht in alphabetischer Ordnung, wie man vielleicht vermerken sollte) auflistet: Donald M. Bahr, Anthropologe; Juan Gregorio, Schamane; David I. Lopez, Dolmetscher; Albert Alvarez, Herausgeber. Drei davon sind Papago-Indianer, und das Buch ist ganz bewußt darauf hin angelegt, »möglichst viele der gewöhnlich mit der Autorschaft in Verbindung gebrachten Funktionen *auf einen Schamanen* zu übertragen. Dazu gehören die Wahl eines Darstellungsstils, die Pflicht, Deutungen und Erklärungen zu geben, und das Recht, zu beurteilen, was wichtig ist und was nicht.« (Bahr u. a. 1974:7) Bahr, der Initiator und Organisator des Projekts, entscheidet sich dafür, Autorität so weit wie möglich zu verteilen. Gregorio, der Schamane, erscheint als Hauptquelle für die »Theorie der Krankheit«, die auf zwei unterschiedlichen Ebenen von Lopez und Alvarez transkribiert und übersetzt wird. Gregorios stammessprachliche Texte enthalten komprimierte, oft aphoristische Erklärungen, die ihrerseits wiederum durch Bahrs eigenständigen Kommentar interpretiert und in ihren Kontext gestellt werden. In seiner textlichen Inszenierung der Interpretation von Interpretationen ist das Buch ungewöhnlich.

In *Piman Shamanism* ist der Übergang von individuellen Ausdrucksweisen zu kulturellen Verallgemeinerungen in der Trennung von Gregorios und Bahrs Stimmen immer sichtbar. Lopez' Autorität ist – weniger sichtbar – derjenigen von Windson Kashinakaji in Turners Werk sehr ähnlich. Seine Zweisprachigkeit leitet Bahr durch die Subtilitäten von Gregorios Sprache, was dem Schamanen gestattet, »ausführlich zu theoretischen Themen Stellung zu nehmen«. Weder Lopez noch Alvarez treten im Text als spezifische Stimmen auf, und ihr Beitrag zur Ethnographie bleibt für alle weitgehend unsichtbar, mit Ausnahme jener qualifizierten Papagos, die die Genauigkeit der übersetzten Texte und die stammessprachlichen Nuancen in Bahrs Interpretationen einschätzen können. Alvarez' Autorität steckt in dem Faktum, daß *Piman Shamanism* ein Buch ist, das für unterschiedliche Leserschaften bestimmt ist. Für die meisten Leser, die sich auf die Übersetzungen und Erklärungen konzentrieren, werden die in Pima gedruckten Texte von wenig oder gar keinem Interesse sein. Der Linguist Alvarez korrigierte die Transkriptionen und Übersetzungen jedoch im Hinblick auf die Verwendung im Sprachunterricht, indem er eine Orthographie benutzte, die er zu diesem Zweck entwickelt hatte. So ist das Buch ein Beitrag der Papago zu einem literarischen Entwurf ihrer eigenen Kultur. Diese ganz andere Lesart, die *Piman Shamanism* erlaubt, ist von mehr als nur lokaler Bedeutung.

Für die Auflösung der monologischen Autorität ist es wesentlich, daß Ethnographien sich nicht länger nur an einen einzigen Lesertyp wenden. Die Vervielfachung möglicher Lesarten spiegelt die Tatsache wider, daß ein »ethnographisches« Bewußtsein nicht mehr als Monopol bestimmter westlicher Kulturen und sozialer Klassen angesehen werden kann. Selbst in Ethnographien ohne einheimische Text werden indigene Leser die textgewordenen Interpretationen und Überlieferungen anders entschlüsseln. Polyphone Werke sind vor allem für nicht eigens beabsichtigte Interpretationen offen. Vielleicht finden lesende Trobriander Malinowskis Deutungen langweilig, während sie seine Beispiele und ausführlichen Transkriptionen nach wie vor für evokativ halten mögen. Und kein Ndembu wird so schnell wie ein Europäer die verschiedenen in Turners Arbeiten vertretenen Stimmen hinwegdeuten.

Die neuere Literaturtheorie ist der Ansicht, daß das Vermögen eines Textes, einen kohärenten Sinn zu erzeugen, weniger von den gewollten Absichten eines schaffenden Autors abhängt als von der schöpferischen Tätigkeit eines Lesers. Mit Barthes' Worten: Falls ein Text »ein Gewebe aus Zitaten [ist], die aus unzähligen Kulturzentren herangezogen werden«, dann »liegt die Einheitlichkeit eines Textes nicht in seinem Ursprung, sondern in seiner Bestimmung« (Barthes 1977: 146, 148). Das Schreiben einer Ethnographie, eine unlenksame, multisubjektive Tätigkeit, erhält Kohärenz in spezifischen Lesevorgängen. Aber es gibt immer eine Vielzahl möglicher Lesarten (über die bloß individuellen Aneignungen hinaus), Lesarten, die sich der Kontrolle irgendeiner singulären Autorität entziehen. An eine klassische Ethnographie geht man vielleicht mit dem einfachen Anliegen heran, versucht einfach die Bedeutungen zu erfassen, die der Forscher aus den dargestellten kulturellen Fakten ableitet. Man kann aber auch, worauf wir hingewiesen haben, den Text gegen den Tenor seiner dominanten Stimme lesen, andere, halb verborgene Autoritäten ausfindig machen und die Beschreibungen, Texte und Zitate, die vom Verfasser gesammelt wurden, neu interpretieren. Mit der Infragestellung kolonialer Repräsentationsstile in jüngerer Zeit, mit der Verbreitung des Lesen- und Schreibenkönnens und des ethnographischen Bewußtseins treten neue Möglichkeiten des Lesens (und damit auch des Schreibens) von Kulturdarstellungen auf.[15]

15 Ein äußerst aufschlußreiches Modell der polyphonen Darlegung bietet die geplante vierbändige Ausgabe der zwischen 1896 und 1914 von James Walker in der Pine Ridge Sioux Reservation geschriebenen, angeregten und transkribierten ethnographischen Texte. Bislang sind drei Titel erschienen, hg. von Raymond DeMallie und Elaine Jahner: *Lakota Belief and Ritual* (1982a), *Lakota Society* (1982b) und *Lakota Myth* (1983). Diese fesselnden Bände schließen die textuelle Homogenität von Walkers klassischer Monographie *The Sun Dance* aus dem Jahre 1917 auf, einer Zusammenfassung der hier in Übersetzung veröffentlichten einzelnen Aussagen. Diese Aussagen von mehr als dreißig namentlich erwähnten »Autoritäten« ergänzen und transzendieren Walkers Synthese. Ein langer Abschnitt von *Lakota Belief and Ritual* wurde von Thomas Tyon, Walkers Dolmetscher, geschrieben. Und der vierte Band der Sammlung wird eine Übersetzung der Schriften von George Sword sein, einem Oglala-Krieger und -Richter, der von Walker dazu ermutigt worden war, die traditionelle Lebensweise aufzuzeichnen und zu interpretieren. Die beiden ersten Bände präsentieren die unveröffentlichten Texte kenntnisreicher Lakota und Walkers eigene Beschreibung in identischer Aufmachung. Die Ethnographie erscheint so als ein Prozeß kollektiver Produktion. Man sollte unbedingt

Die textliche Verkörperung von Autorität ist ein wiederkehrendes Problem in jüngeren ethnographischen Experimenten.[16] Ein älterer, realistischer Modus – wie er auf dem Frontispiz der *Argonauten des westlichen Pazifik* erscheint, gegründet auf die Konstruktion eines kulturellen *tableau vivant*, das von einem einzigen Blickpunkt aus betrachtet werden soll, nämlich dem des Verfassers und Lesers – kann jetzt als eben nur ein mögliches Autoritätsparadigma erkannt werden. In diese und in andere Stile gehen politische und epistemologische Annahmen ein, Annahmen, die zu ignorieren sich der ethnographische Autor nicht mehr leisten kann. Die in diesem Essay abgehandelten Formen der Autorität – erfahrende, interpretierende, dialogische, polyphone – sind allen Verfassern ethnographischer Texte, westlicher und nicht-westlicher Provenienz, verfügbar. Keine ist obsolet, keine rein: in jedem Paradigma ist Platz für phantasievolle Entwürfe. Wir haben ferner gesehen, wie in neuen Ansätzen nicht selten abgelegte Praktiken wiederentdeckt werden. Die vielstimmige Autorität betrachtet mit erneuerter Sympathie Kompendien vernakularer Texte – Darstellungsformen, die sich von der an die teilnehmende Beobachtung gebundenen, zielgerichteten Monographie unterscheiden. Und wir können jetzt, da naive Ansprüche an eine Autorität der Erfahrung dem hermeneutischen Argwohn ausgesetzt sind, eine neuerliche Aufmerksamkeit für das subtile Wechselspiel zwischen persönlichen und fachlichen Komponenten in der ethnographischen Forschung voraussagen.

In jeder Ethnographie sind auf Erfahrung gegründete, interpretatorische, dialogische und polyphone Prozesse – durchaus im Widerspruch zueinander – wirksam. Aber eine kohärente Präsentation setzt einen kontrollierenden Autoritätsmodus voraus. Meiner Auffassung nach ist es heute unweigerlich eine Frage der strategischen Wahl, will man einem unlenksamen Schreibvorgang Kohärenz auferlegen. Ich habe versucht, wesentliche Stile der

darauf hinweisen, daß die Entscheidung der Colorado Historical Society, diese Texte zu veröffentlichen, durch eine vermehrte Nachfrage von seiten der Oglala-Gemeinschaft in Pine Ridge herbeigeführt wurde, welche Ausgaben von Walkers Material im Geschichtsunterricht verwenden wollte. (Zu Walker siehe auch Clifford 1986a: 15–17).

16 Einen sehr nützlichen und vollständigen Überblick jüngerer experimenteller Ethnographien geben Marcus und Cushman 1982; siehe auch Webster 1982; Fahim 1982; und Clifford und Marcus [Hg.] 1986.

Autorität, wie sie in den letzten Jahrzehnten zum Vorschein gekommen sind, voneinander zu unterscheiden. Wenn die Ethnographie, wie ich glaube, als eine Form des Schreibens lebendig ist, dann kämpft sie innerhalb dieser Möglichkeiten – und gegen sie.

Übersetzt von Werner Petermann

Literatur

Asad, Talal (Hg.) (1973), *Anthropology and the Colonial Encounter*, London: Ithaca.

Bahr, Donald M., Juan Gregorio, David J. Lopez und Albert Alvarez (1974), *Piman Shamanism and Staying Sickness (Ka:cim Mumkidag)*, Tucson: University of Arizona Press.

Bakhtin [Bachtin], Mikhail M. (1981), »Discourse in the Novel«, in: *The Dialogic Imagination*, hg. v. Michael Holquist, Austin: University of Texas Press, S. 259–422.

Barthes, Roland (1977), *Image, Music, Text*, New York: Hill and Wang.

Benveniste, Emile (1974), *Probleme der allgemeinen Sprachwissenschaft*, München: List.

Boon, James A. (1982), *Other Tribes, Other Scribes. Symbolic Anthropology in the Comparative Study of Cultures, Histories, Religions, and Texts*, Cambridge: Cambridge University Press.

Bulmer, Ralph und Ian Majnep (1977), *Birds of My Kalam Country*, Auckland: University of Auckland Press.

Burridge, K. O. L. (1973), *Encountering Aborigines*, New York: Pergamon.

Casagrande, Joseph B. (Hg.) (1960), *In the Company of Man: Twenty Portraits of Anthropological Informants*, New York: Harper and Row.

Clifford, James (1980), »Fieldwork, Reciprocity, and the Making of Ethnographic Texts: The Example of Maurice Leenhardt«, in: *Man* (n. s.) 15 (3), S. 518–532.

– (1982), *Person and Myth. Maurice Leenhardt in the Melanesian World*, Berkeley: University of California Press.

– (1983), »Power and Dialogue in Ethnography: Marcel Griaule's Initiation«, in: George Stocking (Hg.), *Oberservers Observed. Essays on Ethnographic Fieldwork*, Madison: University of Wisconsin Press, S. 121–156; wieder abgedruckt in: James Clifford, *The Predicament of Culture. Twentieth-Century Ethnography, Literature, and Art*, Cambridge, Mass.: Harvard University Press 1988, S. 55–91.

– (1985), »On Ethnographic Self-Fashioning: Conrad and Malinowski«, in: Thomas C. Heller, Morton Sosna und David Wellbery (Hg.), *Reconstructing Individualism. Autonomy, Individuality, and the Self in West-*

ern Thought, Stanford: Stanford University Press, S. 140–162; wieder abgedruckt in: James Clifford, *The Predicament of Culture*, Cambridge, Mass.: Harvard University Press, 1988, S. 92–113.

– (1986a), »Introduction. Partial Truths, in: James Clifford und George E. Marcus (Hg.) (1986), S. 1–26.

– (1986b), »On Ethnographic Allegory«, in: James Clifford und George E. Marcus (Hg.) (1986), S. 98–121 [deutsche Übersetzung in diesem Band].

– und George E. Marcus (Hg.) (1986), *Writing Culture. The Poetics and Politics of Ethnography*, Berkeley: University of California Press.

Codrington, R. H. (1891), *The Melanesians*. Reprint, New York: Dover 1972.

Condominas, Georges (1969), *Wir aßen den Wald des Geistersteins Gôo. Hii Saa Brii Mau-Yaang Gôo. Chronik des Mnong Gar-Dorfes Sar Luk im Hochland Südvietnams*, Frankfurt am Main: Insel.

Crapanzano, Vincent (1977), »On the Writing of Ethnography«, in: *Dialectical Anthropology* 2 (1), S. 69–73.

– (1983 [1980]), *Tuhami. Portrait eines Marokkaners*, Stuttgart: Klett-Cotta.

Dilthey, Wilhelm (1958 [1910]), »Der Aufbau der geschichtlichen Welt in den Geisteswissenschaften«, in: ders., *Gesammelte Schriften*, Bd. VII, Stuttgart: Teubner, und Göttingen: Vandenhoeck und Ruprecht, S. 77–188.

De Certeau, Michel (1980), »Writing vs. Time. History and Anthropology in the Works of Lafitau«, in: *Yale French Studies* 59, S. 37–64.

Dumont, Jean-Paul (1978), *The Headman and I*, Austin: University of Texas Press.

Duchet, Michèle (1971), *Anthropologie et histoire au siècle des lumières*, Paris: Maspero.

Dwyer, Kevin (1977), »On the Dialogic of Fieldwork«, in: *Dialectical Anthropology* 2 (2), S. 143–151.

– (1979), »The Dialogic of Ethnology«, in: *Dialectical Anthropology* 4 (3), S. 205–224.

– (1982), *Moroccan Dialogues*, Baltimore: Johns Hopkins University Press.

Evans-Pritchard, Edward E. (1969), *The Nuer*, Oxford: Oxford University Press.

– (1974), *Man and Woman among the Azande*, London: Faber and Faber.

Fahim, Hussein (Hg.) (1982), *Indigenous Anthropology in Non-Western Countries*, Durham: N. C.: University of North Carolina Press.

Favret-Saada, Jeanne (1979), *Die Wörter, der Zauber, der Tod. Der Hexenglaube im Hainland von Westfrankreich*, Frankfurt am Main: Suhrkamp.

– und Josée Contreras (1981), *Corps pour corps. Enquête sur la sorcellerie dans le Bocage*, Paris: Gallimard.

Fernandez, James (1985), *Bwiti: An Ethnography of the Religious Imagination in Africa*, Princeton: Princeton University Press.

Firth, Raymond (1960), »A Polynesian Aristocrat«, in: Joseph B. Casagrande (Hg.) (1960), S. 1–40.

Fontana, Bernard (1975), »Introduction«, in: Frank Russell, *The Pima Indians*, Tucson: University of Arizona Press.

Foucault, Michel (1977), »Die Intellektuellen und die Macht. Ein Gespräch zwischen Michel Foucault und Gilles Deleuze«, in: Gilles Deleuze und Michel Foucault, *Der Faden ist gerissen*, Berlin: Merve, S. 86–100.

– (1978), »Mächte und Strategien. Antwort auf Fragen von »Les révoltes logiques«, in: Michel Foucault, *Dispositive der Macht. Über Sexualität, Wissen und Wahrheit*, Berlin: Merve, S. 199–216.

Geertz, Clifford (1973), *The Interpretation of Cultures. Selected Essays*, New York: Basic.

– (1983a), *Dichte Beschreibung: Beiträge zum Verstehen kultureller Systeme*, Frankfurt am Main: Suhrkamp.

– (1983b [1973]), »Dichte Beschreibung. Bemerkungen zu einer deutenden Theorie von Kultur«, in: Geertz (1983a), S. 7–43.

– (1983c [1972]), »›Deep play‹: Bemerkungen zum balinesischen Hahnenkampf«, in: Geertz (1983a), S. 202–260.

– (1983d [1976]), »›Aus der Perspektive des Eingeborenen‹. Zum Problem des ethnologischen Verstehens«, in: Geertz (1983a), S. 289–309.

Ginzburg, Carlo (1980), »Spurensicherung. Der Jäger entziffert die Fährte, Sherlock Holmes nimmt die Lupe, Freud liest Morelli – die Wissenschaft auf der Suche nach sich selbst«, in: *Freibeuter* 3, S. 7–17, und 4, S. 11–36.

Goldman, Irving (1980), »Boas on the Kwakiutl. The Ethnographic Tradition«, in: Stanley Diamond (Hg.), *Theory and Practice. Essays Presented to Gene Weltfish*, The Hague: Mouton, S. 331–345.

Griaule, Marcel (1957), *Méthode de l'ethnographie*, Paris: Presses Universitaires de France.

– (1980), *Schwarze Genesis. Ein afrikanischer Schöpfungsbericht*, Frankfurt am Main: Suhrkamp.

Hartog, François (1971), *Le miroir d'Hérodote. Essai sur la représentation de l'autre*, Paris: Gallimard.

Hinsley, Curtis M. (1983), »Ethnographic Charisma and Scientific Routine. Cushing and Fewkes in the American Southwest, 1879–1893, in: Stocking (Hg.) (1983b), S. 53–69.

Hountondji, Paulin (1983 [1977]), *African Philosophy. Myth and Reality*, Bloomington: Indiana University Press.

Jamin, Jean (1982), »Objets trouvés des paradis perdus. A propos de la Mission Dakar-Djibouti«, in: J. Hainard und R. Kaehr (Hg.), *Collections passion*, Neuchâtel: Musée d'Ethnographie, S. 69–100.

Jones, Nicholas Burton und Melvin Konner (1976), »!Kung Knowledge of Animal Behavior«, in: *Kalahari Hunter-Gatherers*, hg. von Richard B. Lee und Irven De Vore, Cambridge, Mass.: Harvard University Press, S. 325–348.

Karady, Victor (1982), »Le problème de la légitimité dans l'organisation historique de l'ethnologie française«, in: *Revue française de sociologie* 32 (1), S. 17–36.

Kroeber, Alfred L. (1931), »Review« von *Growing up in New Guinea*, von Margaret Mead, in: *American Anthropologist* 33 (2), S. 248–250.

Lacoste-Dujardin, Camille (1977), *Dialogue des femmes en ethnologie*, Paris: Maspero.

Lafitau, Joseph François (1724), *Mœurs des sauvages ameriquains comparées aux mœrs des premiers temps*, Paris: Sangrain l'ainé et Charles Étienne Hocherau.

Langham, Ian (1981), *The Building of British Social Anthropology*, New York: Dover.

Leenhardt, Maurice (1932), *Documents néo-calédoniens*, Paris: Institut d'Ethnologie.

– (1984), *Do Kamo. Die Person und der Mythos in der melanesischen Welt*, Frankfurt/Berlin/Wien: Ullstein.

Leiris, Michel (1948), »Avant propos«, in: ders., *La langue secrète des Dogons de Sanga*, Paris: Institut d'Ethnologie, S. ix–xxv.

– (1977), »Ethnographie und Kolonialismus« (1950), in: ders., *Die eigene und die fremde Kultur. Ethnologische Schriften*, hg. und mit einer Einleitung versehen von Hans-Jürgen Heinrichs, Frankfurt am Main: Syndikat, S. 53–71.

Lewis, Ioan M. (1973), *The Anthropologist's Muse*, London: London School of Economics and Political Science.

Lienhard, Godfrey (1961), *Divinity and Experience. The Religion of the Dinka*, Oxford: Oxford University Press.

Lowie, Robert (1940), »Native Languages as Ethnographic Tools«, in: *American Anthropologist* 42 (1), S. 81–89.

– (1960), »My Crow Interpreter«, in: Joseph B. Casagrande (Hg.) (1960), S. 427–437.

Lukács, Georg (1964–71), *Probleme des Realismus* Bde. 1–3 (Bd. 1: *Essays über den Realismus*, 1971; Bd. 2: *Der russische Realismus in der Weltliteratur*, 1964; Bd. 3: *Der historische Roman*, 1965) (= *Werke*, Bde. 4–6), Neuwied: Luchterhand.

Makkreel, Rudolf (1975), *Dilthey. Philosopher of the Humanities*, Princeton: Princeton University Press.

Malinowski, Bronislaw K. (1932 [1922]), »Pigs, Papuans and Police Court Perspective«, in: *Man* 32, Februar, S. 33–38.

– (1979), *Argonauten des westlichen Pazifik. Ein Bericht über Unternehmungen und Abenteuer der Eingeborenen in den Inselwelten von Me-*

lanesisch-Neuguinea, hg. von Fritz Kramer [*Schriften*, Bd. 1], Frankfurt am Main: Syndikat.
- (1981 [1935]), *Korallengärten und ihre Magie. Bodenbestellung und bäuerliche Riten auf den Trobriand-Inseln*, hg. von Fritz Kramer [*Schriften*, Bd. 3], Frankfurt am Main: Syndikat.

Maquet, Jacques (1964), »Objectivity in Anthropology«, in: *Current Anthropology* 5 (1), S. 47–55.

Marcus, George E. und Dick Cushman (1982), »Ethnographies as Texts«, in: *Annual Review of Anthropology* 11, S. 25–69.

Mead, Margaret (1939), »Native Languages as Field-Work Tools«, in: *American Anthropologist* 41 (2), S. 189–205.

Michael-Jones, Françoise (1978), *Retour au Dogon. Figure du double et ambivalence*, Paris: Le Sycomore.

Nash, June (1979), *We Eat the Mines, the Mines Eat Us. Dependency and Exploitation in Bolivian Tin Mines*, New York: Columbia University Press.

Payne, Harry (1981), »Malinowski's Style«, in: *Proceedings of the American Philosophical Society* 125, S. 416–440.

Rabinow, Paul (1977), *Reflections on Fieldwork in Morocco*, Berkeley: University of California Press.
- und William Sullivan (Hg.) (1979), *Interpretive Social Science. A Reader*, Berkeley: University of California Press.

Radcliffe-Brown, A. R. (1948 [1922]), *The Andaman Islanders*, New York: The Free Press.

Rentoul, Alex (1931), »Physiological Paternity and the Trobrianders«, in: *Man* 31, August, S. 152–154.
- (1932), »Papuans, Professors and Platitudes«, in: *Man* 32, Dezember, S. 274–276.

Ricœur, Paul (1978 [1971]), »Der Text als Modell: hermeneutisches Verstehen«, in: Hans-Georg Gadamer und Gottfried Boehm (Hg.), *Seminar: Die Hermeneutik und die Wissenschaften*, Frankfurt am Main: Suhrkamp, S. 83–117.

Rosaldo, Renato (1980), *Ilongot Headhunting 1883–1974. A Study in Society and History*, Stanford, Cal.: Stanford University Press.

Rupp-Eisenreich, Britta (Hg.) (1984), *Histoires de l'anthropologie*, Paris: Klincksieck.

Said, Edward W. (1978), »The Problem of Textuality: Two Exemplary Positions«, in: *Critical Inquiry* 4 (4), S. 706–725.
- (1981 [1979]), *Orientalismus*, Frankfurt/Berlin/Wien: Ullstein.

Shostak, Marjorie (1982), *Nisa erzählt. Das Leben einer Nomadenfrau in Afrika*, Reinbek: Rowohlt.

Sperber, Dan (1981), »L'interprétation en anthropologie«, in: *L'Homme* 21 (1), S. 69–92.

Stocking, George W. (1983a), »The Ethnographer's Magic. Fieldwork in

British Anthropology from Tylor to Malinowski«, in: ders. (Hg.) (1983b), S. 70–120.
- (Hg.) (1983b), *Observers Observed. Essays on Ethnographic Fieldwork* [History of Anthropology, Bd. 1], Madison: University of Wisconsin Press.
Tedlock, Dennis (1985 [1979]), »Die analogische Tradition und die Anfänge einer dialogischen Anthropologie«, in: *Trickster* 12/13, S. 62–74.
Todorov, Tzvetan (1981), *Mikhail Bakhtine. Le principe dialogique*, Paris: Editions du Seuil.
Thornton, Robert (1983), »Narrative Ethnography in Africa, 1850–1920. The Creation and Capture of an Appropriate Domain for Anthropology«, in: *Man* (N.S.) 18 (3), S. 502–520.
Turnbull, Colin M. (1963), *Molimo. Drei Jahre bei den Pygmäen*, Köln: Kiepenheuer & Witsch.
Turner, Victor W. (1967), *The Forest of Symbols: Aspects of Ndembu Ritual*, Ithaca, N.Y.: Cornell University Press.
- (1975), *Revelation and Divination in Ndembu Ritual*, Ithaca, N.Y.: Cornell University Press.
Tyler, Stephen A. (1981), »Words for Deeds and the Doctrine of the Secret World«, in: *Papers from the Parasession on Language and Behavior*, Proceedings of the Chicago Linguistic Society, Chicago: Chicago University Press, S. 34–57.
Volosinov, V.N. [M. Bachtin?] (1973), *Marxism and the Philosophy of Language*, New York: Seminar Press.
Wagner, Roy (1980), *The Invention of Culture*, überarbeitete Ausgabe, Chicago: University of Chicago Press.
Walker, James (1917), *The Sun Dance and Other Ceremonies of the Oglala Division of the Teton Dakotas* [Anthropological Papers, Bd. 16], New York: American Museum of Natural History.
- (1982a), *Lakoty Belief and Ritual*, hg. von Raymond J. DeMallie und Elaine Jahner, Lincoln: University of Nebraska Press.
- (1982b), *Lakota Society*, hg. von Raymond J. DeMallie, Lincoln: University of Nebraska Press.
- (1983), *Lakota Myth*, hg. von Elaine Jahner, Lincoln: University of Nebraska Press.
Webster, Steven (1982), »Dialogue and Fiction in Ethnography«, in: *Dialectical Anthropology* 7 (2), S. 91–114.
Winner, Irene Portis W. und Thomas G. Winner (1976), »The Semiotics of Cultural Texts«, in: *Semiotica* 18 (2), S. 101–156.
Yannopoulos, T. und D. Martin (1978), De la question au dialogue. A propos des enquêtes en Afrique noire, in: *Cahiers d'études africaines* 71, S. 421–442.

Paul Rabinow
Repräsentationen sind soziale Tatsachen
Moderne und Postmoderne
in der Anthropologie

Jenseits der Erkenntnistheorie

In seinem einflußreichen Buch *Philosophy and the Mirror of Nature* (1979; dt.: *Der Spiegel der Natur*, 1981) zeigt Richard Rorty, daß Erkenntnistheorie als Untersuchung mentaler Repräsentationen in einer bestimmten historischen Epoche, dem siebzehnten Jahrhundert, aufkam, daß sie sich innerhalb einer spezifischen Gesellschaft, der europäischen, entwickelte und daß sie schließlich in der Philosophie aufgrund der engen Verbindung mit den fachlichen Ansprüchen einer Gruppe, der deutschen Philosophieprofessoren des 19. Jahrhunderts, Triumphe feierte. Für Rorty kam diese Wende nicht zufällig: »das Bedürfnis nach einer Erkenntnistheorie [ist] das Bedürfnis nach Einschränkung – das Bedürfnis nach Fundamenten, an denen man sich festklammern kann, Rahmen, über die man nicht hinausirren kann, Gegenständen, die sich uns aufnötigen, Darstellungen[1], die nicht bestritten werden können« (1981: 343). Thomas Kuhn radikalisierend, stellt Rorty unsere Fixierung auf Epistemologie als kontingente, aber letztendlich unfruchtbare Wende in der westlichen Kultur dar.
Pragmatisch und amerikanisch offeriert Rortys Buch eine Moral: die moderne akademische Philosophie verkörpere den »Triumph des Trachtens nach Gewißheit über das Trachten nach Weisheit« (1981: 76). Die Hauptschuld an diesem Melodrama trage das Bemühen der westlichen Philosophie um Erkenntnistheorie, die Gleichsetzung von Erkenntnis mit inneren Repräsentationen und die Frage der korrekten Beurteilung solcher Repräsentationen. Ich möchte Rortys Argumentation kurz umreißen, einige wich-

---

1 Im Original »representations«. Im folgenden wird, zum Teil auch in Abweichung von den Übersetzungen der von Rabinow verwendeten Literatur, soweit möglich an dem im Englischen üblichen Begriff »Repräsentation« festgehalten, für den es kein angemessenes deutsches Äquivalent gibt. *A. d. Ü.*

tige Verfeinerungen von Ian Hacking hinzufügen und im Anschluß daran die Behauptung aufstellen, daß Michel Foucault eine Position entwickelt hat, die es uns ermöglicht, Rorty in wichtiger Hinsicht zu ergänzen. Im verbleibenden Teil dieses Aufsatzes erkunde ich einige der Verbindungslinien zwischen diesen Gedankengängen und Diskursen über die Anderen. Insbesondere werde ich im zweiten Abschnitt neuere Debatten über das Verfertigen ethnographischer Texte erörtern, im dritten Abschnitt sodann einige Unterschiede zwischen feministischer Anthropologie und anthropologischem Feminismus diskutieren sowie schließlich im vierten Teil eine bestimmte Forschungsrichtung, meine eigene nämlich, zur Debatte stellen.

Philosophen haben, meint Rorty, ihre Disziplin zur Königin der Wissenschaften gekrönt. Diese Krönung stützt sich auf ihren Anspruch, Spezialisten für universale Probleme zu sein, und auf ihr Vermögen, eine sichere Fundierung der gesamten Erkenntnis leisten zu können. Das Reich der Philosophie ist der Geist; ihre privilegierten Einsichten begründen ihren Anspruch, die Disziplin zu sein, die über alle anderen Disziplinen urteilt. Diese Auffassung von Philosophie ist jedoch jüngeren Datums. Für die Griechen gab es keine scharfe Trennungslinie zwischer äußerer Wirklichkeit und inneren Repräsentationen. Anders als im Fall von Aristoteles vertraut Descartes' Begriff des Erkennens darauf, in einem inneren Raum, dem Verstand, zutreffende Repräsentationen zu erlangen. Rorty verficht diesen Punkt mit der Feststellung: »Die Idee eines einzelnen inneren Raumes, in dem körperliche und perzeptuelle Empfindungen (in Descartes' Terminologie ›verworrene Ideen der Sinne und der Einbildungskraft‹), mathematische Wahrheiten, moralische Regeln, die Idee Gottes, depressive Stimmungen und die übrigen, heute ›mental‹ genannten Vorgänge Objekte der Quasibeobachtung waren, war [...] eine Neuheit« (1981: 63 f.). Obwohl nicht alle diese Elemente neu waren, verband Descartes sie erfolgreich zu einer neuen Problemstellung und verwarf Aristoteles' Begriff von Vernunft als einem Erfassen von Universalien: seit dem siebzehnten Jahrhundert wurde Erkenntnis zu einer Angelegenheit des Inneren, der Repräsentation und des Urteilens. Die moderne Philosophie war geboren, als ein Erkenntnissubjekt, ausgestattet mit Bewußtsein und dessen Vorstellungsinhalten, zur zentralen Problematik des Denkens, zum Paradigma allen Wissens avancierte.

Die moderne Idee einer Epistemologie dreht sich also um die Klärung und Beurteilung der Repräsentationen des Subjekts. »Das Erkennen ist das genaue Darstellen (Repräsentieren) dessen, was sich außer unserem Bewußtsein befindet; das Verständnis der Natur und der Möglichkeit des Erkennens ist demnach das Verständnis der Weise, auf die das Bewußtsein diese Repräsentationen hervorzubringen vermag. Zentrale Aufgabe der Philosophie ist es, allgemeine Theorie der Repräsentation zu sein, eine Theorie, welche die Kultur in unterschiedliche Bereiche einteilt: solche, die die Wirklichkeit gut repräsentieren, solche, die sie weniger gut repräsentieren, und solche, die sie (wohl darzustellen beanspruchen, jedoch) überhaupt nicht repräsentieren« (1981: 13). Erkenntnis, die durch die Untersuchung von Repräsentationen der »Wirklichkeit« und »des Erkenntnissubjekts« zu erlangen ist, wäre universal. Diese universale Erkenntnis verkörpert, natürlich, die Wissenschaft.

Erst mit Ende der Aufklärung zeigte sich das voll ausgearbeitete Konzept einer Philosophie, die sich als Richter jeglicher möglicher Erkenntnis versteht; ein Konzept, das von Immanuel Kant kanonisiert wurde. »Die Abgrenzung der Philosophie den Wissenschaften gegenüber wurde dadurch ermöglicht, daß man zum Kernstück der Philosophie die ›Erkenntnistheorie‹ erklärte, eine Theorie, die sich von den Wissenschaften unterschied, da sie ihr *Fundament* war« (1981: 150). Kant legte die cartesianische Behauptung, daß wir Sicherheit nur über Ideen besitzen, als ein Apriori fest. Kant »machte [...] die Gesamtheit unserer Aussagen zu Aussagen über etwas, das wir selbst ›konstituiert‹ hatten und ermöglichte es hierdurch der Erkenntnistheorie, als Grundlagenwissenschaft aufzutreten [...] Er ermöglichte den Philosophieprofessoren auf diese Weise ein Selbstverständnis, dem zufolge sie einem Tribunal der reinen Vernunft präsidierten, das in der Lage war zu entscheiden, ob andere Disziplinen im Rahmen der legalen Grenzen blieben, die ihnen die ›Struktur‹ ihrer jeweiligen Gegenstände setzte« (1981: 157).

Als eine Disziplin, deren eigentliche Tätigkeit darin besteht, Erkenntnisansprüche zu fundieren, wurde Philosophie im 19. Jahrhundert durch die Neukantianer weiterentwickelt und an deutschen Universitäten institutionalisiert. Indem sie sich einen Raum zwischen Ideologie und empirischer Psychologie schuf, schrieb die deutsche Philosophie ihre eigene Geschichte und brachte unseren modernen Kanon der »großen Denker« hervor. Diese Aufgabe war zu Ende des 19. Jahrhunderts vollendet. Die Schilderung der Geschichte der Philosophie als einer Abfolge großer Denker findet heute ihre Fortsetzung in Philosophie-Einführungskursen. Der Anspruch der Philosophie auf intellektuellen Vorrang hielt sich jedoch nur kurze Zeit, in den zwanziger Jahren glaubten nur noch Philosophen und Nicht-Graduierte, daß Philosophie allein dazu qualifiziert sei, die kulturellen Hervorbringungen zu fundieren und zu beurteilen. Weder Einstein noch Picasso waren übermäßig besorgt, was wohl Husserl von ihnen gedacht haben mochte.

Obwohl Philosophie-Fachbereiche weiterhin Epistemologie lehren, existiert doch im modernen Denken eine Gegentradition, die einem anderen Pfad folgt. Rorty stellt fest: »Wittgensteins, Heideggers und Deweys gemeinsame Diagnose lautet, daß die Vorstellung, das Erkennen sei akkurate Repräsentation – ermöglicht durch besondere mentale Vorgänge und verstehbar durch eine allgemeine Theorie der Repräsentation –, aufgegeben werden muß« (1981: 16). Diese Denker versuchten nicht, alternative und verbesserte Theorien des Geistes oder der Erkenntnis zu entwerfen. Ihr Ziel war nicht, die Erkenntnistheorie zu vervollkommnen, sondern ein anderes Spiel zu spielen. Rorty nennt dieses Spiel Hermeneutik. Damit meint er schlicht Erkenntnis ohne Fundierung; ein Erkennen, das eigentlich einer bildenden Konversation gleichkommt. Bisher hat Rorty sehr wenig über den Inhalt dieser Konversation gesagt, vielleicht weil es nur wenig zu sagen gibt. Wie Wittgenstein, Heidegger und, auf andere Weise, Dewey, ist Rorty mit der – beunruhigenden oder ergötzlichen – Tatsache konfrontiert, daß, sobald die historische oder logische Dekonstruktion der westlichen Philosophie geleistet ist, eigentlich nichts Spezielles für die Philosophen zu tun übrig bleibt. Sobald erkannt wird, daß Philosophie die Erkenntnisansprüche anderer Disziplinen nicht begründet oder legitimiert, wird es zu ihrer Aufgabe, deren Werke zu kommentieren und sie in ein Gespräch zu verwickeln.

Wahrheit kontra Wahrheit oder Unwahrheit

Auch dann, wenn man Rortys Dekonstruktion der Epistemologie akzeptiert, bleiben die Konsequenzen eines solchen Schritts weitgehend offen. Bevor man einige von ihnen untersucht, scheint es wichtig den Punkt herauszustreichen, daß Erkenntnistheorie abzulehnen nicht heißt, Wahrheit, Vernunft oder Urteilskriterien abzulehnen. Darauf weist in sehr konziser Weise Ian Hacking in »Language, Truth, and Reason« (1982) hin. Parallel zu Rortys Unterscheidung von Gewißheit und Vernunft trifft Hacking eine Unterscheidung zwischen jenen Philosophien, die in das Suchen nach Wahrheit eingespannt sind, und jenen – die er Denkstile nennt, um sie nicht auf moderne Philosophie zu begrenzen –, die neue Möglichkeiten erschließen, indem sie im Sinne der Unterscheidung »Wahrheit oder Unwahrheit« vorgehen.

Hacking stellt im Grund einen simplen Punkt in den Vordergrund: Was gängigerweise als »Wahrheit« aufgefaßt wird, ist abhängig von einem vorangehenden historischen Ereignis – dem Aufkommen eines Denkstils über Wahrheit und Falschheit, der die Bedingungen festlegte, unter denen die Einschätzung einer Proposition als wahr oder falsch überhaupt als angemessen erachtet werden kann. Hacking drückt das in dieser Weise aus: »[...] mit Argumentieren meine ich nicht Logik. Ich habe das genaue Gegenteil im Sinn, denn Logik ist Sicherung der Wahrheit, während ein Argumentationsstil das ist, was die Möglichkeit von Wahrheit oder Unwahrheit hineinträgt [...] Argumentationsstile schaffen die Möglichkeit für Wahrheit oder Unwahrheit. Deduktion und Induktion bewahren sie lediglich« (Hacking 1982: 56 f.). Hacking wendet sich nicht »gegen« Logik, sondern lediglich gegen ihre Ansprüche, die gesamte Wahrheit zu fundieren. Logik ist gut und schön in ihrem Bereich, aber dieser Bereich ist begrenzt.

Indem man diese Unterscheidung trifft, umgeht man das Problem, Vernunft völlig zu relativieren oder unterschiedliche historische Konzeptionen von Wahrheit und Falschheit zu einer Frage des Subjektivismus zu machen. Diese Konzeptionen stellen historische und soziale Tatbestände dar. Von Hacking wird dieser Punkt gut formuliert: »Obwohl es von den Tatsachen abhängen kann, welche Aussagen wahr sind, ist folglich der Umstand, daß sie die Anwartschaft darauf besitzen, als wahr zu gelten, Resultat eines historischen Ereignisses« (1982: 56). Daß die analytischen

Werkzeuge wechseln, die bei der Untersuchung eines Fragenkomplexes Verwendung finden – Geometrie bei den Griechen, die experimentelle Methode im 17. Jahrhundert oder Statistik in der modernen Sozialwissenschaft –, läßt sich ohne Rekurs auf eine Wahrheit erklären, die den Relativismus leugnet. Überdies bleibt eine in diesem Sinne verstandene Wissenschaft durchaus objektiv, »einfach deshalb, weil die Argumentationsstile, derer wir uns bedienen, festlegen, was als Objektivität zählt. [...] Solche Propositionen, die es notwendigerweise erfordern, Argumentationen zu begründen, besitzen eine Positivität, ein Wahr-oder-falsch-Sein, nur infolge der Argumentationsstile, in denen sie vorkommen« (1982: 49, 64). Was Foucault das Regime, oder Spiel, von Wahrheit und Falschheit genannt hat, bildet sowohl Bestandteil als auch Resultat historischer Praktiken. Andere Verfahrensweisen und andere Zielsetzungen hätten diesem Anspruch ebenso genügen und genauso wahr sein können.

Hacking unterscheidet zwischen alltäglichem, dem gesunden Menschenverstand entsprechenden Denken, das nicht eines ausgearbeiteten Komplexes von Begründungen bedarf, und jenen stärker spezialisierten Bereichen des Denkens, die dessen bedürfen. Es existiert sowohl eine kulturelle und historische Vielfalt dieser spezialisierten Bereiche als auch, damit verbunden, eine Vielfalt an historisch und kulturell unterschiedlichen Stilen. Aus der Tatsache, daß eine Mannigfaltigkeit historischer Argumentationsstile, Methoden und Untersuchungsziele Anerkennung gefunden hat, zieht Hacking den Schluß, daß Denker die Dinge oft richtig verstanden, Problemlösungen gefunden und Wahrheiten etabliert haben. Aber, folgert er, das besage nicht, daß wir nach einem einheitlichen Popperschen Reich des Wahren suchen sollten; eher schon gelte es, à la Paul Feyerabend, unsere Optionen in einer Untersuchung so offen wie möglich zu halten. Die Griechen, so erinnert uns Hacking, besaßen keinen Begriff von (und auch keine Verwendung für) Statistiken, ein Faktum, das weder die griechische Wissenschaft noch Statistiken als solche hinfällig macht. Diese Position bedeutet keinen Relativismus, aber sie ist genausowenig Imperialismus. Rorty nennt seine Lesart von all dem Hermeneutik, Hacking die seinige Anarcho-Rationalismus. »Anarcho-Rationalismus meint Toleranz für andere Menschen, verbunden mit der Ausbildung des eigenen Standards von Wahrheit und Vernunft« (Hacking 1982: 66). Nennen wir es gute Wissenschaft.

Michel Foucault hat viele dieser Fragen in gleichgerichteter, aber nicht identischer Manier erwogen. Seine *Archäologie des Wissens* (1973 [1969]) und *Die Ordnung des Diskurses* (197b [1971]) bilden vielleicht die am weitesten vorangetriebenen Versuche, wenn schon nicht eine Theorie dessen, auf das Hacking als »Wahrheit oder Unwahrheit« und »Denkstile« Bezug nimmt, so doch zumindest eine Analytik davon vorzulegen. Obwohl die Details der Foucaultschen Systematisierung der Art und Weise, in der diskursive Gegenstände, Modalitäten des Ausdrucks, Begriffe und diskursive Strategien gebildet und umgebildet werden, außerhalb der Reichweite dieses Beitrages liegen[2], sind mehrere Punkte hier von Belang. Nehmen wir ein Beispiel zur Illustration. In *Die Ordnung des Diskurses* erörtert Foucault einige der Beschränkungen und Bedingungen der Produktion von Wahrheiten – verstanden als Aussagen, die ernsthaft als wahr oder falsch aufgefaßt werden können. Unter anderem untersucht Foucault die Existenz wissenschaftlicher Disziplinen. Er schreibt:

»Zur Disziplin gehört die Möglichkeit, endlos neue Sätze zu formulieren.« Diese Sätze müssen sich den spezifischen Bedingungen der Gegenstände, Themen, Methoden etc. anpassen. »Innerhalb ihrer Grenzen kennt jede Disziplin wahre und falsche Sätze, aber jenseits ihrer Grenzen läßt sie eine ganze Teratologie des Wissens wuchern. ... Ein Satz muß also komplexen und schwierigen Erfordernissen entsprechen, um der Gesamtheit einer Disziplin angehören zu können. Bevor er als wahr oder falsch bezeichnet werden kann, muß er, wie Georges Canguilhem sagen würde, ›im Wahren‹ sein« (Foucault 1974b: 21–24).

Foucault führt das Beispiel von Mendel an: »Mendel (sprach) von Gegenständen, [...] (verwendete) Methoden und (stellte) sich in einen theoretischen Horizont [...], welche der Biologie seiner Epoche fremd waren. [...] Mendel sagte die Wahrheit, aber er war nicht ›im Wahren‹ (*dans le vrai*) des biologischen Diskurses seiner Epoche« (Foucault 1974b: 24). Im Aufzeigen des Reichtums dieser Denkweise lag die große Stärke Foucaults, Georges Canguilhems und anderer französischer Wissenschaftshistoriker und -philosophen, insbesondere in bezug auf die Wissenschaften, die sich mit der organischen Welt befassen.

Es ist vielleicht kein Zufall, daß sowohl Rorty als auch Hacking

---

2 Dieses Thema ist behandelt in Dreyfus und Rabinow (1987 [1982]), S. 69–104.

sich auf die Geschichte von Physik, Mathematik und Philosophie beziehen. Was in ihren Darstellungen fehlt, sind die Kategorie der Macht und, in einem geringeren Maße (im Fall von Hacking), der Gesellschaft. Hackings gegenwärtige, äußerst interessante Beschäftigung mit der Statistik des 19. Jahrhunderts umfaßt jedoch diese Kategorien. Obwohl zwingend in ihrer dekonstruktiven Kraft, überzeugt Rortys Darstellung wenig, da er sich weigert, zu der Frage, wie es zur epistemologischen Wende in der westlichen Gesellschaft kam, Stellung zu beziehen – Rorty zufolge hat sie sich, genau wie die galileische Wissenschaft, einfach so ereignet –; sie überzeugt auch wenig wegen seines Unvermögens, in Erkenntnis mehr als eine freie und bildende Konversation zu sehen. Nicht sehr viel anders als Jürgen Habermas betrachtet Rorty freie Kommunikation, kultivierte Konversation, als letztes Ziel, auch wenn er Habermas' Bemühungen um Fundamentalisierung ablehnt. Hacking schreibt: »Vielleicht wird eines Tages Richard Rortys [...] zentrale Doktrin des Gesprächs ebenso als Sprachphilosophie erscheinen wie die Form der Analyse, die von Oxford eine Generation zuvor ihren Ausgang nahm« (1984: 109). Der Gesprächsgegenstand und die Frage, wie die Freiheit zum Gespräch erlangt werden soll, bleiben jedoch jenseits des Geltungsbereiches der Philosophie.

Ein Gespräch zwischen Individuen oder zwischen Kulturen erscheint aber nur innerhalb von Kontexten möglich, die geformt und beschränkt werden durch historische, kulturelle und politische Beziehungen und durch die nur partiell diskursiven sozialen Praktiken, welche sie konstituieren. Was in Rortys Darstellung fehlt, ist jegliche Auseinandersetzung damit, wie Denken und soziale Praktiken untereinander verbunden sind. Rorty hilft die Ansprüche der Philosophie abzuschwächen, aber er hält genau an dem Punkt inne, an dem es gilt, seine eigene Einsicht ernst zu nehmen: daß nämlich Denken nicht mehr und nicht weniger als einen historisch lokalisierbaren Komplex von Praktiken bildet. Wie dies umzusetzen ist, ohne wieder auf Erkenntnistheorie oder ein fragwürdiges Überbau-Basis-Modell zurückzufallen, bleibt eine andere Frage, die nicht nur Rorty nicht zu lösen vermocht hat.

Repräsentationen und Gesellschaft

Michel Foucault hat uns einige wichtige Hilfsmittel an die Hand gegeben, um das Denken als öffentliche und soziale Praxis zu analysieren. Foucault akzeptiert die wesentlichen Bestandteile der nietzscheanisch-heideggerianischen Darstellung der westlichen Metaphysik und Epistemologie, wie sie Rorty vorgelegt hat, aber er zieht aus diesen Einsichten andere Schlüsse – Schlüsse, so scheint es mir, die sowohl konsistenter als auch interessanter sind als die Rortys. So finden sich viele der Elemente aus Rortys Geschichte der Philosophie – das moderne Subjekt, Repräsentationen, Ordnung – in Foucaults berühmter Analyse von Velasquez' Gemälde *Las Meninas*. Zugleich aber bestehen gewichtige Unterschiede. Statt als Besonderheit der Ideengeschichte behandelt Foucault die Frage der Repräsentation als allgemeinere kulturelle Angelegenheit, als Problem, über das auch auf verschiedenen anderen Feldern gearbeitet wurde. In *Die Ordnung der Dinge* (1971 [1966]) sowie späteren Büchern zeigt Foucault, wie die Frage korrekter Repräsentation eine Vielzahl sozialer Bereiche und Praktiken erfaßt hat, angefangen von Kontroversen innerhalb der Botanik bis hin zu Vorschlägen zur Gefängnisreform. Entsprechend sieht Foucault das Problem der Repräsentation in der Philosophie nicht einfach zufällig auftauchen und dort das Denken für drei Jahrhunderte beherrschen. Es ist mit dem weiten Feld verschiedenartiger, aber wechselseitig verbundener sozialer und politischer Praktiken verknüpft, die die moderne Welt mit ihrem ausgeprägten Bemühen um Ordnung und Wahrheit und ihrem ausgeprägten Interesse für das Subjekt konstituieren. Foucault unterscheidet sich von Rorty folglich insoweit, als er philosophische Ideen als soziale Praktiken und nicht als zufällige Wendungen in einem Gespräch oder innerhalb der Philosophie behandelt.

Jedoch findet Foucault sich auch in Gegensatz zu vielen marxistischen Denkern, die Fragen der Malerei *per definitionem* als Epiphänomen oder als (bloßen) Ausdruck dessen betrachten, was in der Gesellschaft »in Wirklichkeit« vor sich geht. Dies führt zum Problem der Ideologie, das es kurz zu behandeln gilt. An mehreren Stellen äußert Foucault die Ansicht, wenn man einmal das Problem des Subjekts oder der Repräsentationen und das Problem der Wahrheit als eine Frage sozialer Praktiken begreife, dann werde der ganze Begriff der Ideologie fragwürdig. Er schreibt: »hinter dem Begriff der Ideologie steht die Sehnsucht nach einem quasi sich selbst transparenten Wissen, das ohne Trugbilder, ohne Irrtum funktioniert« (1978: 33). In diesem Sinne ist das Ideologiekonzept dem Konzept der Epistemologie nahe verwandt.

Nach Foucaults Auffassung charakterisieren das moderne Ideologiekonzept drei miteinander zusammenhängende Eigenschaften: (1) Von der Definition her steht Ideologie in Gegensatz zu so etwas wie »der Wahrheit«, ist also gewissermaßen eine falsche Repräsentation; (2) Ideologie wird von einem Subjekt (einem individuellen oder kollektiven) geschaffen, um die Wahrheit zu verbergen, daher besteht die Aufgabe des Analytikers darin, diese falsche Repräsentation zu enthüllen sowie aufzudecken, daß (3) Ideologie von etwas abhängt, das realer ist als sie, einer Basisdimension, der die Ideologie parasitär aufsitzt. Foucault lehnt alle drei Behauptungen ab.

Wir haben bereits auf die allgemeinen Linien einer Kritik des Subjekts und auf das Streben nach Gewißheit, die auf korrekten Repräsentationen basieren soll, angespielt. Daher möchte ich kurz den dritten Punkt ins Auge fassen: die Frage, ob die Produktion von Wahrheit Begleiterscheinung von etwas anderem ist. Foucault hat sein Projekt nicht so beschrieben, als ob es darum gehe, über die Wahrheit oder Unwahrheit der im Laufe der Geschichte aufgestellten Behauptungen zu entscheiden, »sondern [...] historisch zu sehen, wie Wahrheitswirkungen im Innern von Diskursen entstehen, die in sich weder wahr noch falsch sind« (1978: 34). Foucault möchte das, was er das Wahrheitsregime nennt, als wirksames Moment bei der Konstituion sozialer Praktiken untersuchen.

Foucault hat drei Arbeitshypothesen unterbreitet: »[1] ›Wahrheit‹ ist zu verstehen als ein Ensemble von geregelten Verfahren für Produktion, Gesetz, Verteilung, Zirkulation und Wirkungsweise der Aussagen. [2] Die ›Wahrheit‹ ist zirkulär an Machtsysteme gebunden, die sie produzieren und stützen, und an Machtwirkungen, die von ihr ausgehen und sie reproduzieren. [...] [3] Dieses System ist nicht einfach ideologisch oder ein Phänomen des Überbaus; es war eine Bedingung für die Herausbildung des Kapitalismus« (1978: 53 f.). Wir werden einige der Implikationen dieser Arbeitshypothesen in den nächsten drei Abschnitten des vorliegenden Artikels untersuchen.

Max Weber, glaube ich, schrieb einmal, die Kapitalisten des 17. Jahrhunderts seien nicht nur ökonomisch orientierte Menschen gewesen, die Handel trieben und Schiffe bauten, sie betrachteten ebenfalls Gemälde von Rembrandt, entwarfen Weltkarten, besaßen ausgeprägte Vorstellungen vom Charakter anderer Völker und machten sich ziemlich viele Gedanken über ihr eigenes Schicksal. Diese Repräsentationen bestimmten in starker und wirksamer Weise, was sie waren und wie sie handelten. Viele neue Möglichkeiten des Denkens und Handelns werden eröffnet, wenn wir Rorty folgen und auf Erkenntnistheorie verzichten (oder sie zumindest als das nehmen, was sie gewesen ist: eine bedeutende kulturelle Strömung in der westlichen Gesellschaft) und wenn wir Foucault darin folgen, Macht als etwas zu sehen, das unsere sozialen Verhältnisse wie die Produktion von Wahrheit in unserem gegenwärtigen Machtsystem konstituiert und durchdringt. Auf erste Schlußfolgerungen und Forschungsstrategien, die sich aus dieser Erörterung der Epistemologie ergeben, sei hier hingewiesen. Ich führe sie lediglich kurz auf, bevor ich zu neueren Diskussionen innerhalb der Anthropologie übergehe, die um die Frage kreisen, wie Fremdes (Anderes) am besten zu beschreiben sei.

1. Epistemologie muß als historisches Vorkommnis gesehen werden – eine spezifische soziale Praxis, eine unter vielen anderen, die im 17. Jahrhundert in Europa in neuer Weise artikuliert wurde.

2. Wir bedürfen keiner Theorie indigener Epistemologien oder einer neuen Theorie der Erkenntnis der Anderen. Wir sollten auf unsere historische Praxis achten, nämlich die Praxis, unsere kulturellen Praktiken auf die Anderen zu projizieren; bestenfalls gilt es zu zeigen, wie, wann und mit welchen kulturellen und institutionellen Mitteln andere Menschen es unternommen haben, Epistemologie für sich in Anspruch zu nehmen.

3. Wir müssen den Westen anthropologisieren: deutlich machen, wie exotisch seine Konstitution der Wirklichkeit gewesen ist; Nachdruck auf die Bereiche legen, deren Universalität am meisten als selbstverständlich erachtet wurde (dazu gehören Epistemologie und Ökonomie); sie soweit wie möglich als historische Besonderheit erscheinen lassen; darlegen, wie ihre Wahrheitsansprüche mit sozialen Praktiken verknüpft und dadurch zu wirksamen Kräften in der sozialen Welt geworden sind.

4. Wir müssen unsere Ansätze vervielfältigen und diversifizieren: ein grundlegender Vorstoß gegen ökonomische oder auch philosophische Hegemonie wäre, die Widerstandszentren zu diversifizieren: vermeiden wir den Fehler eines umgekehrten Essentialismus; Okzidentalismus ist kein Heilmittel für Orientalismus.

Das Schreiben ethnographischer Texte: Fantasia der Bibliothek

Eine merkwürdige Zeitverzögerung kennzeichnet den Prozeß, in dem Begriffe Fachgrenzen überschreiten. Der Zeitpunkt, zu dem die historische Profession gerade dabei ist, die kulturelle Anthropologie in der (nicht repräsentativen) Person von Clifford Geertz zu entdecken, ist just der Zeitpunkt, an dem Geertz innerhalb der Anthropologie wieder in Frage gestellt wird (dies war eines der wiederkehrenden Themen auf dem Seminar in Santa Fe, das zur Entstehung des Aufsatzbandes *Writing Culture* [1986] [dem dieser Beitrag entnommen ist, A. d. Ü.] führte). So entdecken auch Anthropologen, oder jedenfalls einige von ihnen, jetzt die dekonstruktivistische Literaturkritik und lassen sich durch deren Ideen zu neuen Schöpfungen anregen, jetzt, da diese in den Departments für Literatur ihre kulturelle Energie verloren hat und Derrida dabei ist, die Politik zu entdecken. Obwohl es viele Boten dieser Hybridisierung gibt (viele von ihnen waren auf diesem Seminar anwesend[3], wie ebenso James Boon, Steven Webster, James Siegel, Jean-Paul Dumont und Jean Jamin), ist nur ein »Profi«, sozusagen, darunter. Denn während all die anderen Erwähnten praktizierende Anthropologen sind, hat James Clifford die Rolle eines offiziellen Kommentators unserer Schreibereien geschaffen und besetzt. Geertz, die Gründerfigur, mag zwischen seinen Monographien innehalten, um über Texte, Erzählung, Beschreibung und Interpretation nachzusinnen. Clifford macht die früheren wie die heutigen Anthropologen zu seinen Eingeborenen und ebenso zu seinen Informanten, deren Tätigkeit, bewußt oder auch

---

[3] Teilnehmer waren neben Rabinow: J. Clifford, M. L. Pratt, V. Crapanzano, R. Rosaldo, S. Tyler, T. Asad, G. Marcus, M. Fischer sowie R. Thornton. *A. d. Ü.*

nicht, in der Schaffung von Texten, dem Schreiben von Ethnographie bestanden hat. Wir werden beobachtet und aufgezeichnet [*inscribed*].

Auf den ersten Blick scheint James Cliffords Werk, ähnlich dem anderer in *Writing Culture* vertretener Autoren, wie von selbst aus Geertz' interpretativer Wende zu folgen. Es besteht jedoch ein sehr gewichtiger Unterschied. Geertz (wie die anderen Anthropologen) richtet seine Bemühungen weiterhin darauf, eine anthropologische Wissenschaft mit Hilfe textlicher Vermittlungen neu zu begründen. Der Kernbereich der Tätigkeit besteht noch immer in der sozialen Beschreibung der Anderen, jedoch modifiziert durch neue Konzeptionen von Diskurs, Autor und Text. Die Anderen, das bedeutet für Clifford die anthropologische Repräsentation der Anderen. Das heißt, daß Clifford gleichzeitig sein Projekt stärker unter Kontrolle hat und stärker parasitär ist. Er kann seine Fragen unter wenig Beschränkungen ersinnen; er muß beständig von den Texten anderer leben.

Dieses neue Spezialgebiet befindet sich gegenwärtig im Prozeß der Selbst-Definition. Der erste Schritt, einen neuen Ansatz zu legitimieren, besteht in dem Anspruch, er beziehe sich auf einen, vorzugsweise einen besonders wichtigen, Untersuchungsgegenstand, der zuvor der Aufmerksamkeit entgangen war. Der Geertzschen Behauptung vergleichbar, daß die Balinesen ihre Hahnenkämpfe immer schon als kulturelle Texte auslegen[4], vertritt Clifford die Ansicht, die Anthropologen hätten mit Formen des Schreibens experimentiert, ob sie es nun wußten oder nicht. Die interpretative Wende in der Anthropologie hat Vorzügliches geleistet (sie schuf ein beträchtliches Korpus an Werken und etablierte sich fast als Subdisziplin), aber es ist noch immer nicht klar, ob die dekonstruktivistisch-semiotische Wende (ein zugegebenermaßen vages Etikett) einen begrüßenswerten Prozeß der Auflockerung, eine Öffnung für anregende neue Arbeit von größerem Gewicht oder eine Taktik auf dem Feld kultureller Politik darstellt, die in erster Linie mit Hilfe soziologischer Kategorien zu verstehen ist. Da sie sicher das erste und das dritte darstellt, ist sie einer näheren Überprüfung wert.

---

4 Siehe C. Geertz, »›Deep play‹: Bemerkungen zum balinesischen Hahnenkampf«, in: ders., *Dichte Beschreibung*, Frankfurt/M.: Suhrkamp 1983. *A. d. Ü.*

In seinem Essay »Un fantastique de bibliothèque« (1974 [1966]) spielt Foucault geschickt mit den Fortschritten, die Flaubert im Gebrauch der Fabel von der Versuchung des Heiligen Antonius im Laufe seines Lebens machte. Weit davon entfernt, die beiläufigen Früchte einer produktiven Einbildungskraft darzustellen, waren Flauberts Bezugnahmen auf Ikonographie und Philologie in seiner scheinbar phantasmagorischen Wiedergabe der Halluzinationen des Heiligen exakt. Foucault legt dar, wie Flaubert sein Leben hindurch auf diese Inszenierung von Erfahrung und Schreiben zurückkam und diese als asketische Übung nutzte, um die Dämonen, die eines Autors Welt heimsuchen, gleichzeitig hervorzubringen und in Schach zu halten. Es war kein Zufall, daß Flaubert sein Leben als Autor mit jener monströsen Sammlung von Gemeinplätzen *Bouvard et Pécuchet* abschloß. Wie ein beständiger Kommentar zu anderen Texten kann *Bouvard et Pécuchet* gelesen werden als vollendete Domestizierung der Textualität zu einem in sich geschlossenen Exerzitium des Arrangierens und Katalogisierens: der Fantasia der Bibliothek.

Um der Beweisführung willen möchte ich Clifford Geertz' interpretative Anthropologie der textualistischen Metaanthropologie von James Clifford gegenüberstellen. Wenn Geertz noch immer die Dämonen des Exotismus – Theaterstaaten, Schattenspiele, Hahnenkämpfe – mittels eines begrenzten Gebrauchs fiktionalisierter Inszenierungen, in denen sie sich uns zeigen können, zu beschwören und einzufangen sucht, läuft die textualistische/dekonstruktive Strategie Gefahr, immer weitere intelligente Ordnungssysteme für die Texte anderer einzuführen und sich einzubilden, daß alle anderen auf der Welt sich intensiv um dasselbe bemühen. Damit sich dieser Gedankengang nicht verselbständigt und abdriftet, sollte ich betonen, daß ich nicht sage, Cliffords Unternehmen sei bis jetzt alles andere als heilsam gewesen. Das anthropologische Bewußtsein über die der Anthropologie eigenen textuellen Arbeitsweise zu schärfen war lange überfällig. Obwohl Geertz gelegentlich die Unvermeidlichkeit der Fiktionalisierung einräumt, hat er diese Einsicht nie sehr weit verfolgt. Dieser Punkt scheint einer Metaposition bedurft zu haben, um seine tatsächliche Wucht vor Augen zu führen. Die Stimme aus der Universitätsbibliothek war heilsam. Ich möchte in diesem Abschnitt den Blick umkehren, auf diesen Ethnographen der Ethnographen zurückschauen, ihm in einem Café gegenübersitzend, und unter

Rückgriff auf seine eigenen deskriptiven Kategorien seine textlichen Produktionen untersuchen.

Cliffords zentrales Thema bildete die Frage nach der textlichen Konstruktion der anthropologischen Autorität. Der wichtigste literarische Kunstgriff in Ethnographien, die »freie indirekte Rede« ist von Dan Sperber (1989) gut analysiert worden und braucht hier nicht erneut dargelegt zu werden. Die Einsicht, daß Anthropologen sich beim Schreiben literarischer Konventionen bedienen, ist zwar interessant, aber beschwört nicht an sich schon eine Krise herauf. Viele behaupten inzwischen, daß Dichtung und Wissenschaft keine entgegengesetzten, sondern komplementäre Begriffe darstellen (de Certeau 1983). In der Vergegenwärtigung des fiktionalen (»künstlich hergestellten«, »fabrizierten«) Charakters anthropologischen Schreibens und bei der Einbeziehung der ihm eigentümlichen Produktionsweisen haben wir Fortschritte gemacht. Das Wissen um Stil, Rhetorik und Dialektik bei der Schaffung anthropologischer Texte sollte uns dahin bringen, anderer, phantasievollerer Arten zu schreiben genauer gewahr zu werden.

Clifford scheint jedoch mehr zu sagen als dies. Im wesentlichen, meint er, ruhe die anthropologische Autorität seit Malinowski auf zwei textuellen Standbeinen. Ein erfahrungsbezogenes »Ich war dort« begründet die einzigartige Autorität des Anthropologen; seine Unterdrückung im Text stellt die wissenschaftliche Autorität des Anthropologen her.[5] Clifford demonstriert die Wirkungsweise dieses Kunstgriffs anhand des bekannten Hahnenkampf-Aufsatzes von Geertz: »Der Forschungsprozeß wird von den Texten, die er hervorbringt, und von der fiktiven Welt, die diese Texte heraufbeschwören sollen, getrennt. Die Aktualität diskursiver Situationen und individueller Gesprächsteilnehmer wird herausgefiltert. [...] Die dialogischen, situationsbedingten Aspekte der ethnographischen Interpretation werden, wie es sich gezeigt hat, häufig genug aus dem endgültigen repräsentativen Text verbannt. Nicht völlig, versteht sich; es existieren anerkannte *topoi* für die Darstellung des Forschungsprozesses« (Clifford 1983: 132; in diesem Band, S. 133 f.). Clifford stellt Geertz' »ansprechende Geschichte« als paradigmatisch dar: der Anthropologe weist nach, daß er dort war, und verschwindet dann aus dem Text.

---

[5] Die Bedeutung dieser Doppelstrategie bildet eines der zentralen Themen meiner *Reflections on Fieldwork in Morocco* (1977).

Mit seinem eigenen Genre unternimmt Clifford einen gleichgerichteten Zug. Genau wie Geertz der Selbstbezüglichkeit seine Reverenz erweist (und damit eine Dimension seiner Autorität etabliert) und anschließend (im Namen der Wissenschaft) sich den Konsequenzen, die dies hat, entzieht, so spricht auch Clifford viel von der Unvermeidlichkeit des Dialoges (und begründet dadurch seine Autorität als »offene«), doch sind seine Texte selbst nicht dialogisch. Sie sind in einer modifizierten freien indirekten Rede gehalten. Sie suggerieren eine Haltung des »Ich war dort auf der anthropologischen Tagung«, während sie durchweg eine Flaubertsche Distanz wahren. Geertz wie Clifford versäumen es, Selbstbezüglichkeit als mehr denn einen Kunstgriff zur Etablierung ihrer Autorität einzusetzen. Cliffords aufschlußreiche Auslegung des balinesischen Hahnenkampfes als eines panoptischen Konstrukts bringt dieses Argument in überzeugender Weise an, aber er selbst begeht dasselbe Versäumnis auf einer anderen Ebene. Er liest und klassifiziert, beschreibt Absichten und legt einen Kanon fest; aber sein eigenes Schreiben und seine eigene Situation werden nicht untersucht. Der Aufweis von Cliffords textueller Einstellung macht natürlich seine Einsichten nicht hinfällig (genausowenig wie seine Auslegung der textuellen Vorgehensweise Malinowskis die Analyse des Kula außer Kraft setzt). Es bestimmt nur ihren Platz. Wir sind vom Zelt auf den Trobriand-Inseln, voll von Eingeborenen, zum Schreibtisch in der Universitätsbibliothek zurückgekehrt.[6]

Einen entscheidenden Schritt, um die fachliche Legitimität oder die Legitimität in einem Teilgebiet des Faches herzustellen, bildet die Klassifikation. Clifford schlägt vier Typen anthropologischen Schreibens vor, die ungefähr in chronologischer Reihenfolge aufgetreten sind. Er organisiert seinen Aufsatz »Über ethnographische Autorität« (in diesem Band) und diese progressive Sequenz, aber erklärt auch, daß keine Form der Autorität besser als eine andere sei. »Die in diesem Essay abgehandelten Formen der Autorität – erfahrende, interpretierende, dialogische, polyphone – sind allen Verfassern ethnographischer Texte, westlicher und nicht-westlicher Provenienz, verfügbar. Keine ist obsolet, keine rein; in jedem Paradigma ist Platz für phantasievolle Entwürfe«

---

6 Ich möchte Arjun Appadurai für seine Hilfe bei der Klärung dieses sowie anderer Punkte danken.

(1983: 142, in diesem Band, S. 151). Dieser Schluß läuft der Rhetorik von Cliffords Essay zuwider. Diese Spannung ist wichtig, und ich werde darauf zurückkommen.

Es ist die Hauptthese Cliffords, daß das anthropologische Schreiben die Tendenz gezeigt hat, die dialogische Dimension der Feldforschung zu unterdrücken und dem Anthropologen die volle Kontrolle über den Text zu verleihen. Der größte Teil von Cliffords Werk ist der Aufgabe gewidmet, Wege aufzuzeigen, wie diese textliche Ausmerzung des Dialogischen mittels neuer Formen des Schreibens korrigiert werden könnte. Dies führt ihn dazu, die erfahrungswissenschaftlichen und interpretativen Formen des Schreibens als monologisch zu verstehen, die ganz generell mit dem Kolonialismus verbunden sind. »Die interpretative Anthropologie [entgeht] in ihren realistischen Wesenszügen, die sie mit der anthropologischen Hauptströmung gemein hat, [...] nicht der allgemeinen und scharfen Zurückweisung von seiten jener Kritiker ›kolonialer‹ Darstellungsformen, die (seit 1950) Diskurse ablehnen, welche die kulturellen Realitäten anderer Völker schildern, die eigene Realität jedoch nicht aufs Spiel setzen« (1983: 133, in diesem Band, S. 135). Diese Feststellung ließe sich leicht so verstehen, als würden einige »Paradigmen« anderen vorgezogen. Es ist sehr gut möglich, daß Clifford selbst einfach ambivalent ist. Von seiner eigenen interpretativen Vorliebe her kennzeichnet er jedoch einige Formen als »emergent« und dadurch als vorübergehend bedeutsamer. Verwendet man ein Interpretationsraster, das die Unterdrückung des Dialogischen hervorhebt, wird es schwer, die Geschichte des anthropologischen Schreibens nicht als lockeres Vorwärtsschreiten zu dialogischer und polyphoner Textualität aufzufassen.

Nachdem er die ersten zwei Formen ethnographischer Autorität (erfahrungswissenschaftliche und interpretative) in weitgehend negativen Termini gefaßt hat, fährt Clifford mit einer wesentlich enthusiastischeren Porträtierung der nächsten Gruppe fort. Er stellt fest, daß dialogische und konstruktivistische Paradigmata die ethnographische Autorität streuen und aufteilen, während Erzählungen von der Initiation des Forschers seine besonder Kompetenz herausstreichen. »Paradigmen der Erfahrung und Interpretation weichen Paradigmen des Diskurses, des Dialogs und der Polyphonie« (1983: 133, in diesem Band, S. 135). Die Behauptung, daß diese Formen den Sieg davon tragen, ist empirisch zweifelhaft; wie es Renato Rosaldo ausdrückt: »Die Truppen folgen nicht nach.« Dennoch besteht offensichtlich beträchtliches Interesse an solchen Fragen.

Was meint dialogisch? Clifford scheint den Ausdruck zunächst in einem wörtlichen Sinne zu gebrauchen: ein Text, der zwei Subjekte in diskursiven Austausch verstrickt zeigt. Kevin Dwyers »ziemlich wortgetreue Wiedergabe« (Clifford 1983: 134, in diesem Band, S. 137) des Austauschs mit einem marokkanischen Bauern bildet das erste angeführte Beispiel eines »dialogischen« Textes. Eine Seite später fügt Clifford jedoch hinzu: »Die Feststellung, daß eine Ethnographie sich aus Diskursen zusammensetzt und daß ihre verschiedenen Komponenten in dialogischer Beziehung zueinanderstehen, bedeutet nicht, daß sie deshalb als Text in Gestalt eines wortwörtlichen Dialogs aufzutreten braucht« (1983: 135, in diesem Band, S. 139). Wechselnde Beschreibungen werden geboten, aber er gelangt zu keiner endgültigen Definition. Infolgedessen bleiben die bestimmenden Merkmale des Genres unklar.

Clifford beeilt sich zu erinnern: »Wenn aber eine interpretierende Autorität auf der Ausklammerung des Dialogs beruht, so gilt auch das Umgekehrte: eine rein dialogische Autorität würde die zwangsläufige Tatsache der Textwerdung unterdrücken« (1983: 134, in diesem Band, S. 138). Dies wird bestätigt durch Dwyers unerbittliche Distanzierung von dem, was er als textualistische Bestrebungen in der Anthropologie begreift. Die Opposition von Interpretativem und Dialogischem ist schwer zu fassen – wenige Seiten später rühmt Clifford den namhaftesten Vertreter der Hermeneutik, Hans-Georg Gadamer, dessen Texte sicher keine direkten Dialoge enthalten, weil dieser nach einem »radikalen Dialogismus« verlange (1983: 142, nicht in der neueren Fassung). Letztlich macht Clifford geltend, daß dialogische Texte eben doch Texte sind, lediglich »Repräsentationen« von Dialogen. Der Anthropologe oder die Anthropologin bewahrt seine bzw. ihre Autorität als eines konstituierenden Subjekts und Repräsentanten/in der dominierenden Kultur. Dialogische Texte können genauso inszeniert und kontrolliert sein wie erfahrungswissenschaftliche oder interpretative. Die Form bietet keine textlichen Garantien.

Jenseits der dialogischen Texte liegt schließlich die Heteroglossie: »eine karnevaleske Arena der Vielfältigkeit« (1983: 137, in diesem Band, S. 142). Im Anschluß an Michael Bachtin verweist Clifford auf Dickens' Werk als ein Beispiel für den »polyphonen Raum«, das uns als Modell dienen könne. »Dickens, der Schauspieler, der Vortragskünstler und Polyphonist muß Flaubert gegenübergestellt werden, dem Meister der Kontrolle durch den Autor, der sich in den Gedanken und Gefühlen seiner Charaktere wie ein Gott umtut. Die Ethnographie ringt wie der Roman mit diesen Alternativen« (1983: 137, in diesem Band, S. 142). Wenn dialogische Texte dem Übel totalisierender ethnographischer Angleichung zum Opfer fallen, dann vielleicht nicht die noch radikaleren heteroglotten: »Heteroglossie befällt die Ethnographie [...]. Als eigenständige Texte und in hinreichender Länge transkribiert, haben die Aussagen der Einheimischen Bedeutung, in Begriffen, die anders sind als die des Ethnographen, der die Aussagen ordnet. [...] Dies legt einer alternierende Schreibstrategie nahe, die Utopie einer mehrfachen Autorschaft, die Mitarbeitern nicht nur den Status von unabhängigen Sprechern, sondern von Verfassern zugesteht« (1983: 140, in diesem Band, S. 147).

Aber Clifford setzt hinzu: »Zitate werden immer vom Zitierenden arrangiert [...] eine radikalere Vielstimmigkeit [würde] die ethnographische Autorität nur verlager[n], und letztlich würde die virtuose Orchestrierung aller Diskurse im Text durch einen individuellen Autor nur bestätigt« (1983: 139, in diesem Band, S. 147). Neue Arten des Schreibens, neue textliche Experimente würden neue Möglichkeiten eröffnen – aber es gibt dafür keine Garantie. Clifford ist dabei nicht ganz wohl, er geht weiter. Zeitweilig von der Dialogik begeistert, schränkt er seine Lobpreisung unverzüglich wieder ein. Er führt uns weiter zur Heteroglossie: verführt – für einen Absatz – bis wir erkennen, daß es sich auch hier, *hélas*, um Schreiben handelt. Clifford beschließt seinen Aufsatz mit der Erklärung: »Meiner Auffassung nach ist es heute unweigerlich eine Frage der strategischen Wahl, will man einem unlenksamen Schreibvorgang Kohärenz auferlegen« (1983: 147, in diesem Band, S. 151).

Cliffords Schilderung bietet sicher eine Weiterentwicklung, auch wenn es sich am Ende des Aufsatzes um eine nur mehr rein dezisionistische handelt. Wie dem auch sei, Clifford lehnt jegliche Hierarchie (oder Hierarchisierung) ab. Zunächst nahm ich an, dies wäre einfache Inkonsequenz oder Ambivalenz oder Ausdruck einer nicht aufgelösten, aber schöpferischen Spannung. Jetzt glaube ich, daß Clifford sich, wie jeder andere, »*dans le vrai*«

befindet. Wir sind an einem Moment des Diskurses angelangt, an dem, im Zuge des neueren kritischen Denkens, die Absichten eines Autors ausgeschaltet oder heruntergespielt werden. Besser gesagt, man hat uns dazu gebracht, die Strukturen und Konturen verschiedener Arten zu schreiben *per se* in Frage zu stellen. Frederic Jameson hat verschiedenartige Bestandteile post-modernen Schreibens (zum Beispiel die Ablehnung von Hierarchie, das Einebnen der Geschichte, den Gebrauch von Bildern) auf eine Weise identifiziert, die recht genau zu Cliffords Projekt paßt.

Vom Modernismus zum Postmodernismus in der Anthropologie

Frederic Jameson bietet in seinem Beitrag »Postmodernism and Consumer Society« (1983) einige brauchbare Ansatzpunkte, um den Platz jüngster Entwicklungen im Bereich anthropologischen und meta-anthropologischen Schreibens zu bestimmen. Ohne nach einer eindeutigen Definition des Postmodernismus zu suchen, begrenzt Jameson die Reichweite des Begriffs, indem er eine Anzahl von Kernaspekten vorschlägt: den historischen Ort des Begriffs, den Gebrauch von Pastiches, die Bedeutung von Bildern.
Kulturell und historisch lokalisiert Jameson Postmodernismus nicht einfach als Stil-Bezeichnung, sondern als Kennzeichen einer Epoche. Auf diese Weise versucht er, Grundzüge der kulturellen Produktion in den sechziger Jahren zu isolieren und mit anderen sozialen wie ökonomischen Transformationen zu korrelieren. Die Aufstellung analytischer Kriterien und ihre Korrelation mit sozioökonomischen Veränderungen bleibt in Jamesons Darstellung sehr vorläufig, wenig mehr als eine erste Ortsbestimmung. Indes ist es wert, diesen Ort zu bestimmen. Der Spätkapitalismus wird von Jameson als der Zeitpunkt definiert, an dem »die letzten Reste der Natur, die bis in den klassischen Kapitalismus hinein überlebt haben, schließlich beseitigt werden: nämlich die Dritte Welt und das Unbewußte. Die sechziger Jahre dürften demnach die folgenschwere Transformationsperiode gebildet haben, in der diese Systemumstrukturierung im Weltmaßstab stattgefunden hat« (Jameson 1983: 207). Hier ist nicht der Ort, Jamesons Periodisie-

rung, die er selbst als provisorisch ansieht, zu verteidigen oder zu kritisieren. Man sollte einfach festhalten, daß sie uns die Möglichkeit eröffnet, Veränderungen der Formen der Repräsentation innerhalb des Kontextes westlicher Entwicklungen zu erörtern, die zur gegenwärtigen Situation derjenigen hinführen, die ihre Schilderungen nicht in einer rückwärtsgewandten Weise geben, textliche Verbindungen zu Autoren in sehr unterschiedlichen Zusammenhängen herstellen und dabei die Differenzen häufig verwischen. Aus diesem Grunde möchte ich sie als heuristisch übernehmen.

Die verschiedenen Postmodernismen, die sich in den Sechzigern bildeten, traten, zumindest teilweise, als Reaktionen gegen die früheren modernistischen Bewegungen auf. Der klassische Modernismus, um einen Ausdruck zu verwenden, der nicht länger ein Oxymoron bildet, entstand im Kontext des Hochkapitalismus und der bürgerlichen Gesellschaft und wandte sich gegen sie: »er trat inmitten der wirtschaftsorientierten Welt des goldenen Zeitalters für die Mittelklasse-Öffentlichkeit als skandalös und anstößig in Erscheinung – häßlich, dissonant, sexuell schockierend ... subversiv« (Jameson 1983: 124). Jameson kontrastiert die subversive modernistische Wende des frühen zwanzigsten Jahrhunderts mit dem einebnenden, reaktiven Charakter der postmodernen Kultur:

»Jene ehemals subversiven und zum Kampf bereiten Stile – Abstrakter Expressionismus, die große modernistische Dichtung von Pound, Eliot oder Wallace Stevens; der Internationale Stil (Le Corbusier, Frank Lloyd Wright, Mies); Strawinski; Joyce, Proust und Mann –, von unseren Großeltern als skandalös und schockierend empfunden, werden von der Generation, die in den Sechzigern vor der Tür steht, als das Establishment und der Feind wahrgenommen – tot, erstickend, kanonisch, als die reifizierten Monumente, die es zu zerstören gilt, will man etwas Neues beginnen. Dies bedeutet, daß es genauso viele unterschiedliche Formen der Postmoderne geben wird, wie Hochmodernismen vorhanden waren, da ja die ersteren zumindest anfänglich spezifische und lokale Reaktionen gegen jene Modelle darstellten« (Jameson 1983:111 f.).

Jameson, nicht anders als Habermas (1981), meint zweifellos, daß es wichtige kritische Elemente innerhalb des Modernismus gab. Obwohl beide wahrscheinlich nicht darin übereinstimmen würden, welche dies sind, so wären sie sich doch darin einig, daß das Projekt der Moderne in gewichtigem Sinne unvollendet geblieben ist und bestimmte seiner Merkmale (das Bemühen, kritisch, säkular, anti-kapitalistisch und rational zu sein) es wert sind, gestärkt zu werden.

Ich möchte hinzufügen, wenn er auch in den Sechzigern zum Teil in Reaktion auf die akademische Kanonisierung der großen modernen Künstler entstand, vermochte der Post-Modernismus, schnellbeweglich wie er war, doch bereits in den Achtzigern in den Wissenschaftsbetrieb vorzudringen. Er hat sich selbst erfolgreich gezähmt und verkauft durch die Verbreitung klassifikatorischer Schemata, die Festlegung von Leitregeln, die Aufstellung von Hierarchien, die Abschwächung offensiven Verhaltens und das Sich-Fügen in die Normen der Universität. So wie es jetzt in New York Kunstgalerien für Graffitis gibt, so werden in den avantgardistischsten Fachbereichen auch wissenschaftliche Arbeiten über Graffitis, *break dancing* und ähnliches geschrieben. Sogar die Sorbonne hat eine Arbeit über David Bowie angenommen.[7]

Was ist Post-Modernismus? Das erste Merkmal liegt in seiner historischen Lokalisierung als Gegenreaktion zum Modernismus. Über die bereits »klassische« Definition von Lyotard (1986 [1979]) – das Ende von Metaerzählungen – hinausgehend, definiert Jameson ihr zweites Element als Pastiche. Die Lexikon-Definition – »(1) Eine künstlerische Komposition, die aus mehreren Quellen schöpft, (2) ein *hodge podge* [Mischmasch]« – ist nicht ausreichend. Pound zum Beispiel zog mehrere Quellen heran. Jameson betont eine Verwendung von Pastiches, die keine normative Verankerung mehr besitzt, die bei dem Durcheinanderwerfen von Elementen stehenbleibt. *Hodge podge* wird als »wildes Durcheinander« definiert, aber es leitet sich her vom französischen *hochepot*, einem Eintopf, und darin liegt die Differenz.

Joyce, Hemingway, Woolf und andere begannen mit dem Dünkel einer verinnerlichten und ausgeprägten Subjektivität, die von der normalen Sprache und Identität sowohl Gebrauch machte als auch zu ihr Distanz hielt. Es bestand »eine linguistische Norm, vor deren Hintergrund die Stilformen der großen Modernisten« (Jameson 1983: 114) angegriffen oder gerühmt, an der sie in jedem Fall aber gemessen werden konnten. Was aber wäre, wenn diese Spannung zwischen bürgerlicher Normalität und der Erprobung stilistischer Grenzen durch die Modernisten zerspränge und sich

---

7 Bericht in *Le Nouvel Observateur*, 16.–22. November 1984.

einer sozialen Realität auslieferte, in der es nichts gäbe außer »stilistischer Vielfalt und Heterogenität«, ohne (wie anfechtbar auch immer) eine relativ gefestigte Identität oder relativ gefestigte linguistische Normen vorauszusetzen? Unter solchen Bedingungen verlöre die kämpferische Haltung der Modernisten ihre Kraft: »Alles, was noch bleibt, ist, die toten Stilformen zu imitieren, durch die Masken und mit den Stimmen der Stile des imaginären Museums zu sprechen. Aber das bedeutet, daß die zeitgenössische oder post-modernistische Kunst sich auf neue Art und Weise um Kunst selbst drehen wird; ja, mehr noch bedeutet dies, daß eine ihrer wesentlichen Botschaften das unvermeidliche Scheitern der Kunst und des Ästhetischen mit einschließen wird, das Scheitern des Neuen, das Gefangensein in der Vergangenheit« (1983: 115 f.). Mir scheint, dieses Gefangensein in der Vergangenheit ist etwas ganz anderes als der Historismus. Die Post-Moderne geht über die (jetzt beinahe tröstliche) Entfremdung des Historismus hinaus, der andere Kulturen als Ganzheiten aus der Distanz betrachtete. Die Dialektik von Selbst und Anderem mag ein Verhältnis der Entfremdung geschaffen haben, aber es handelte sich um eines mit definierbaren Normen, Identitäten und Beziehungen. Heute findet sich jenseits von Entfremdung und Relativismus das Pastiche.

Um dies zu veranschaulichen, unternimmt Jameson eine Analyse von Nostalgie-Filmen. Zeitgenössische Nostalgie-Filme wie *Chinatown* oder *Body Heat* zeichnen sich durch einen »retrospektiven Stil« aus, was französische Kritiker »la mode rétro« nennen. Im Gegensatz zu traditionellen historischen Filmen, welche die Fiktion einer anderen Zeit in ihrer Andersartigkeit wiederzuerschaffen suchen, suchen »Mode-rétro«-Filme Dank der Verwendung exakter Artefakte und stilistischer Kunstgriffe, die die zeitlichen Grenzen verwischen, eine gefühlsmäßige Stimmung zu evozieren. Jameson hebt hervor, daß jüngste Nostalgiefilme häufig in der Gegenwart spielen (oder, wie im Fall von *Star Wars*, in der Zukunft). Die starke Inflationierung von Metabezügen zu anderen Repräsentationen verflacht und leert ihren Gehalt. Einer der wichtigsten Kniffe besteht darin, sich älterer Handlungspläne zu bedienen: »Die indirekt auf etwas anspielende und schwer faßbare [*allusive and elusive*] Plagiierung älterer Handlungsabfolgen bildet natürlich ebenfalls ein Merkmal des Pastiche« (Jameson 1983: 117). Diese Filme haben nicht so sehr den Zweck, die Gegenwart zu negieren, sondern den Eigencharakter der Vergangenheit zu verwischen, um die Grenze zwischen Vergangenheit und Gegenwart (oder Zukunft) als deutlich geschiedener Perioden undeutlich werden zu lassen. Diese Filme repräsentieren unsere Repräsentationen anderer Epochen. »Wenn hier überhaupt noch Realismus im Spiel ist, dann handelt es sich um einen ›Realismus‹, der dem Schock entspringt, diese Eingegrenztheit zu begreifen und zu erkennen, daß wir, aus welchem besonderen Grund auch immer, dazu verdammt scheinen, die historische Vergangenheit über unsere eigenen Pop-Bilder und Stereotypen dieser Vergangenheit zu suchen, welche selbst für immer außer Reichweite bleibt« (1983: 118). Dies scheint mir einen Ansatz zu beschreiben, der sein Hauptproblem in der strategischen Wahl von Repräsentationen der Repräsentationen sieht.

Wenn auch Jameson über historisches Bewußtsein schreibt, so zeigt sich doch derselbe Trend im ethnographischen Schreiben: Interpretative Anthropologen beschäftigen sich mit dem Problem der Repräsentationen der Repräsentationen der Anderen, Historiker und Metakritiker der Anthropologie mit der Klassifizierung, Kanonisierung und »Bereitstellung« der Repräsentationen der Repräsentationen der Repräsentationen. Die historische Verflachung, wie sie sich im Pastiche der Nostalgie-Filme zeigt, kehrt wieder in der meta-ethnographischen Verflachung, die alle Kulturen der Welt zu Praktikern von Textualität macht. Die Einzelheiten dieser Erzählungen sind präzis, die Bilder enthalten reiche und vielfältige Assoziationen, die Neutralität ist beispielhaft und der Stil *rétro*.

Das abschließende Merkmal des Postmodernismus bildet für Jameson die »Textualität«. Unter Bezug auf Lacansche Ideen über Schizophrenie betont Jameson als eines der bestimmenden Kennzeichen der textuellen Bewegung den Zusammenbruch des Verhältnisses zwischen den Signifikanten: »Schizophrenie ist eine Erfahrung isolierter, zusammenhangsloser, diskontinuierlicher materieller Signifikanten, die sich nicht in einer kohärenten Abfolge zu verbinden vermögen [...] ein Signifikant, der sein Signifikat eingebüßt hat, ist auf diese Weise in ein Bild verwandelt worden« (1983: 120). Obwohl die Verwendung des Ausdrucks *schizophren* mehr verdunkelt als erhellt, ist der Punkt aufschlußreich. Selbst wenn der Signifikant von jeder Rücksicht auf seine Beziehung zu einem externen Bezugspunkt befreit ist, treibt er nicht losgelöst von jedem Verweisungszusammenhang umher; vielmehr werden andere Texte, andere Bilder zu seiner Bezugsgröße. Für Jameson vollziehen postmoderne Texte (er spricht über die Gruppe der *Language poets*) eine parallele Bewegung: »Ihre Bezugsgrößen sind andere Bilder, ein anderer Text. Die Einheit des Gedichtes findet sich überhaupt nicht im Text, sondern außerhalb davon in der verbundenen Einheit eines nicht vorhandenen Buches« (1983: 123). Wir befinden uns wieder bei der »Fantasia der Bibliothek«, dieses Mal jedoch nicht als bittere Parodie, sondern als feierliches Pastiche.

Offensichtlich heißt das nicht, daß sich die gegenwärtige Krise der Repräsentation durch arbiträre Entscheidungen lösen ließe. Eine Rückkehr zu älteren Formen unreflektierter Repräsentation stellt keinesfalls eine kohärente Position dar (obwohl diese Nachricht die Mehrzahl der anthropologischen Fachbereiche noch nicht erreicht hat). Aber die Krise läßt sich auch nicht lösen, indem man die Beziehungen zwischen Formen der Repräsentation und sozialen Praktiken ignoriert. Wenn man versucht, den sozialen Verweisungszusammenhang zu beseitigen, werden andere Bezugsgrößen die frei gewordene Stelle einnehmen. So ist auch die Erwiderung von Dwyers marokkanischem Informanten (als er gefragt wurde, welcher Teil ihres Dialogs ihn am meisten interessiert hätte), daß ihn nicht eine einzige der Fragen, die Dwyer gestellt hatte, interessiert habe, so lange nicht beunruhigend, wie andere Anthropologen das Buch lesen und in ihren Diskurs einbeziehen. Aber es ist klar, daß weder Dwyer noch Clifford mit dieser Antwort zufrieden wären. Ihre Intentionen auf der einen und ihre Diskursstrategien auf der anderen Seite laufen auseinander. Es sind die letzteren, die vom Wege abgekommen zu sein scheinen.

Interpretationsgemeinschaften, Machtverhältnisse, Ethik

> »Die *Jungkonservativen* machen sich ... die Enthüllung der dezentrierten, von allen Beschränkungen der Kognition und der Zweckmäßigkeit, allen Imperativen der Arbeit und der Nützlichkeit befreiten Subjektivität zu eigen – und brechen mit ihr aus der modernen Welt aus. [...] Sie verlegen die spontanen Kräfte der Imagination, der Selbsterfahrung, der Affektivität ins Ferne und Archaische.«
>
> Jürgen Habermas
> »Die Moderne – eine unvollendetes Projekt«

Eine Anzahl wichtiger Texte der letzten Dekade[8] hat die historischen Beziehungen zwischen globaler Makropolitik und Anthropologie sondiert: Der Westen gegen den Rest; Imperialismus; Kolonialismus; Neo-Kolonialismus. Arbeiten, die von derjenigen Talal Asads über Kolonialismus und Anthropologie bis zu der Edward Saids über den westlichen Diskurs und den Anderen reichen, haben diese Fragen klar auf die Tagesordnung der gegenwärtigen Diskussion gesetzt. Wie Talal Asad in seinem Beitrag zu *Writing Culture*[9] zeigt, besagt dies jedoch keineswegs, daß diese makropolitischen ökonomischen Bedingungen in merklicher Weise von dem berührt wurden, was in anthropologischen Debatten vor sich ging. Wir wissen inzwischen auch eine ganze Menge über die Macht- und Diskursbeziehungen, die zwischen den Anthropologen und den Menschen besteht, mit denen sie arbeiten. Makro- wie Mikrobeziehungen der Macht und des Diskurses zwischen Anthropologie und ihrem Anderen sind endlich der Untersuchung zugänglich. Wir kennen einige der Fragen, die es wert sind, gestellt zu werden, und haben es zu einem Punkt auf der Tagesordnung unseres Faches gemacht, sie zu stellen.

Die Metareflexionen über die Krise der Repräsentation in der ethnographischen Literatur lassen erkennen, daß das Interesse an den Beziehungen zu anderen Kulturen nachgelassen hat. An ihre Stelle ist die (nicht thematisierte) Beschäftigung mit Traditionen der Repräsentation sowie mit Metatraditionen von Metarepräsentationen in unserer Kultur getreten. Ich habe mich Cliffords Metaposition als Prüfstein bedient. Er spricht nicht in erster Linie über

---

8 Der vorliegende Aufsatz wurde 1986 veröffentlicht. *A. d. Ü.*
9 Übersetzung in diesem Band. *A. d. Ü.*

Beziehungen zum Anderen, es sei denn mittelbar im Rahmen seines zentralen analytischen Anliegens, der diskursiven Tropen und Stategien. Dadurch wurde uns Wichtiges gezeigt. Ich habe jedoch geltend gemacht, daß dieser Ansatz einen interessanten blinden Fleck enthält, eine Verweigerung der Selbst-Reflexion. Die Analyse postmoderner Kultur durch Frederic Jameson wurde als eine Art anthropologischer Perspektive auf diese kulturelle Entwicklung vorgestellt. Zu Recht oder zu Unrecht (in meinen Augen eher zu Recht) macht Jameson Vorschläge, auf welche Weise das Phänomen dieser neuen Repräsentationskrise als historisches Ereignis mit seinen spezifischen historischen Zwängen gedanklich zu behandeln sei. Anders ausgedrückt, Jameson versetzt uns in die Lage zu erkennen, daß der postmoderne Denker in wesentlichen Belangen, die von anderen kritischen Haltungen (die ihre eigenen blinden Flecke haben) nicht geteilt werden, blind ist gegenüber seiner eigenen Situation und Befindlichkeit, weil er als postmoderner Denker auf eine Doktrin der Einseitigkeit und Prozessualität festgelegt ist, für die sogar solche Angelegenheiten wie die eigene Situation so instabil sind, so ohne Identität, daß sie nicht als Gegenstände anhaltender Reflexion herzuhalten vermögen.[10]
Postmodernes Pastiche bildet zugleich eine kritische Position und eine Dimension unserer heutigen Welt. Jamesons Analyse verhilft, ein Verständnis ihrer Verbindung zu begründen und auf diese Weise sowohl Nostalgie als auch den Fehler zu vermeiden, eine ganz spezifische historische Situation zu universalisieren oder ontologisieren.

Nach meiner Auffassung sind die Hauptstreitpunkte in den jüngsten Debatten über das Schreiben nicht unmittelbar politisch im herkömmlichen Sinne des Wortes. Ich habe an anderer Stelle (1985) die Meinung vertreten, daß es sich bei der Politik, um die es sich dabei dreht, um akademische Politik handelt und daß diese Politikebene bisher nicht untersucht worden ist. Das Werk von Pierre Bourdieu kann dabei helfen, Fragen zur kulturellen Politik zu formulieren (1982, 1988). Bourdieu hat uns gelehrt, danach zu fragen, in welchem Machtfeld und von welcher Position in diesem Feld aus der jeweilige Autor schreibt. Seine neue Soziologie der kulturellen Produktion sucht nicht Erkenntnis auf den sozialen Standort oder das soziale Interesse an sich zu reduzieren, sondern

---

10 Ich möchte James Faubion für diesen Punkt danken.

vielmehr all diese Variablen innerhalb der komplexen Zwänge – Bourdieus *Habitus* – zu verorten, innerhalb deren sie geschaffen und empfangen werden. Bourdieu richtet sein Augenmerk besonders auf Strategien kultureller Macht, die dadurch vorwärtskommen, daß sie ihre Verbindung zu unmittelbaren politischen Zielen negieren und auf diese Weise gleichzeitig symbolisches Kapital und eine »hohe« strukturelle Position akkumulieren.

Bourdieus Werk veranlaßt zu der Vermutung, daß die heutigen akademischen Bekundungen einer antikolonialistischen Haltung zwar ehrenwert sind, aber nicht die ganze Geschichte ausmachen. Diese Bekundungen müssen als politische Schachzüge innerhalb der akademischen Gemeinschaft gesehen werden. Weder Clifford noch irgend jemand von uns anderen schreibt in den späten fünziger Jahren. Sein Publikum bilden weder Kolonialbeamte noch diejenigen, die unter der Obhut kolonialer Macht arbeiten. Unser politisches Feld liegt näher: der Wissenschaftsbetrieb in den achtziger Jahren. Der Krise der Repräsentation ihren Platz im Kontext des Bruchs der Dekolonisation zu geben ist daher, in der Art, wie dies geschieht, zwar nicht direkt falsch, aber im Grunde unzutreffend. Es trifft in dem Maße zu, in dem Anthropologie natürlich den Verlauf größerer Weltereignisse reflektiert und insbesondere die sich wandelnden historischen Beziehungen zu den Gruppen, die sie untersucht. Zu behaupten, daß ein neues ethnographisches Schreiben aufgrund der Dekolonisation in Erscheinung trat, läßt jedoch genau die Vermittlungsglieder beiseite, die dem vorliegenden Untersuchungsgegenstand historischen Sinn geben würde.

Man sieht sich veranlaßt, die heutige Politik der Interpretation im Wissenschaftsbetrieb ins Auge zu fassen. Zu fragen, ob längere, disperse Texte mit mehrfacher Autorenschaft eine feste Stelle einbringen können, mag kleinlich erscheinen. Es geht dabei jedoch um die Dimensionen der Machtverhältnisse, auf die peinlich genau zu achten Nietzsche gemahnt hatte. Die Existenz und der Einfluß dieser Art von Machtbeziehung bei der Verfertigung von Texten steht außer Zweifel. Wir schulden diesen weniger glanzvollen, wenn auch unmittelbarer einengenden Bedingungen größere Aufmerksamkeit. Das Tabu, das darauf liegt, sie zu spezifizieren, ist wesentlich größer, als es die scharfen Einwände gegen eine Anprangerung des Kolonialismus waren; eine Anthropologie der Anthropologie würde sie einbeziehen. Genauso wie früher ein diskursiver Knoten existierte, welcher eine Diskussion genau der Feldforschungspraktiken verhinderte, die die Autorität des Anthropologen definierten, und welcher inzwischen gelöst wurde, könnten die Mikropraktiken des Wissenschaftsbetriebs eine genaue Prüfung gut vertragen.

Dieses Problem läßt sich auch so formulieren, daß man Bezug nimmt auf »Flurgespräche«. Viele Jahre lang hatten Anthropologen Feldforschungserfahrungen informell untereinander diskutiert. Klatsch über die Felderfahrungen eines Anthropologen hatte gewichtigen Anteil an dessen Reputation. Aber über solche Angelegenheiten wurde bis vor kurzem nicht »ernsthaft« geschrieben. Man beläßt sie in den Fluren und Fakultäts-Clubs. Doch was nicht öffentlich diskutiert werden kann, kann nicht analysiert oder entkräftet werden. Die Bereiche, die nicht analysiert oder widerlegt werden können und trotzdem unmittelbar von zentraler Bedeutung für die Hierarchie sind, sollten nicht als harmlos oder belanglos betrachtet werden. Es ist bekannt, daß eine der gebräuchlichsten Taktiken einer Elitegruppe darin besteht, die Erörterung solcher Punkte abzulehnen – sie als vulgär oder uninteressant zu etikettieren –, die ihnen unangenehm sind. Wenn aus Flurgesprächen über Feldforschung Diskurs wird, erfahren wir eine Menge. Die Bedingungen der Produktion anthropologischen Wissens aus dem Bereich des Klatschs – in dem es Eigentum derer bleibt, die sich nah genug aufhalten, ihn zu hören – herauszunehmen und in den des Wissens zu übertragen wäre ein Schritt in die richtige Richtung.

Ich gehe die Wette ein, daß es die Mühe lohnen würde, einen Blick auf die Umstände zu werfen, unter denen Leute eingestellt werden, feste Stellen erhalten, Stipendien bewilligt bekommen und gefeiert werden.[11] Wie unterscheidet sich die »dekonstruktionistische« Welle von dem anderen bedeutenden Haupttrend innerhalb des Wissenschaftsbetriebs in der vergangenen Dekade – dem Feminismus?[12] Wie werden heute Karrieren gemacht? Wie werden heute Karrieren zerstört? Wo liegen die Grenzen des guten Ge-

---

11 Martin Finkelstein (1984) gibt eine nützliche Zusammenfassung von einigen dieser Punkte, so wie sie in den Sozialwissenschaften gesehen werden.

12 Diese Fragen werden in einer wichtigen Dissertation untersucht, die Deborah Gordon an der Universität von Kalifornien in Santa Cruz schreibt.

schmacks? Wer legte diese Umgangsregeln fest, und wer setzt sie durch? Was wir auch ansonsten immer wissen mögen, wir wissen mit Sicherheit, daß die materiellen Bedingungen, unter denen die Textbewegung gedieh, die Universität, ihre Mikropolitik und ihre Trends, einschließen müssen. Wir wissen, daß diese Ebene der Machtbeziehungen existiert, sich auf uns auswirkt, unsere Themen, Formen, Inhalte und unser Publikum beeinflußt. Wir schulden diesen Fragen Aufmerksamkeit – und sei es nur, um ihr relatives Gewicht festzustellen. Dann sind wir, wie im Falle der Feldforschung, in der Lage, zu umfassenderen Fragen überzugehen.

Stop Making Sense: Dialog und Identität

Marilyn Strathern hat in einem sehr provokativen Aufsatz, »Dislodging a World View. Challenge and Counter-Challenge in the Relationsphip Between Feminism and Anthropology« (1984)[13], einen wichtigen Schritt getan, um die Strategie der unlängst entstandenen textualistischen Schriften mittels Vergleich mit dem neueren Schrifttum anthropologischer Feministinnen zu verorten. Strathern unterscheidet zwischen feministischer Anthropologie als einer anthropologischen Unterdisziplin und anthropologischem Feminismus, der zum Ziel hat, eine feministische Gemeinschaft aufzubauen, deren Prämissen und Ziele sich von denen der Anthropologie unterscheiden und zu ihr in Gegensatz stehen. Bei dem letztgenannten Unternehmen bilden Differenz und Konflikt – als historische Bedingungen von Identität und Erkenntnis – die valorisierten Termini, nicht Wissenschaft und Harmonie.

Strathern reflektiert ihre Verärgerung darüber, daß ein ranghöherer männlicher Kollege die feministische Anthropologie als eine Bereicherung des Faches lobte. Er meinte: »Laßt tausend Blumen blühen.« Sie schreibt: »Tatsächlich trifft es allgemein zu, daß feministische Kritik die Anthropologie bereichert – ein neues Verständnis der Ideologie, der Konstruktion symbolischer Systeme, der Mittelverwaltung, der Eigentumskonzepte usw. erschlossen hat.« Die Anthropologie in ihrer relativen Offenheit und ihrem Eklektizismus hat diese wissenschaftlichen Vorstöße zunächst wi-

---

13 Hier zitiert nach dem Manuskript. Eine revidierte Fassung erschien später in *Signs* (siehe Strathern 1987). A. d. Ü.

derstrebend, inzwischen begierig integriert. Unter Bezugnahme auf Kuhns viel verwendetes Paradigmenkonzept hat Strathern herausgestellt, daß dies die Art sei, in der normale Wissenschaft funktioniere. Jedoch erzeugte die »Laßt-tausend-Blumen-blühen«-Toleranz ein Gefühl des Unbehagens; später erkannte Strathern, daß ihr Unbehagen von der Auffassung herrührte, daß Feministinnen in anderen Bereichen arbeiten und nicht weitere Blumen zu denen der Anthropologie hinzufügen sollten.

Strathern setzt ihre eigene Praxis von dem Modell normaler Wissenschaft in zweierlei Hinsicht ab. Zunächst behauptet sie, daß sich die Sozialwissenschaften von den Naturwissenschaften unterschieden: »nicht einfach nur [weil] man innerhalb jeder [sozialwissenschaftlichen] Disziplin unterschiedliche ›Schulen‹ vorfindet (dies gilt auch für die Naturwissenschaften), sondern weil ihre jeweiligen Prämissen in einem konkurrierenden Verhältnis zueinander entworfen werden«. Zum zweiten dreht sich diese Konkurrenz nicht allein um epistemologische Fragen, sondern letztlich um politische und ethische Differenzen. In seinem Aufsatz »What Makes an Interpretation Acceptable?« (1980) führt Stanley Fish ein ähnliches Argument an (sei es auch nur, um damit ein ganz andersgeartetes Forschungsprogramm voranzutreiben). Er vertritt die Position, daß alle Aussagen Interpretationen darstellen und daß alle Berufungen auf den Text oder auf die Fakten selbst auf Interpretationen beruhen; diese Interpretationen sind eine gemeinschaftliche Sache und keine subjektive (oder individuelle) – das heißt, Bedeutungen sind kulturell oder sozial verfügbar, sie werden nicht ex nihilo von einem einzelnen Interpreten eingeführt. Schließlich sind alle Interpretationen, ganz besonders jene, die ihren Status als Interpretationen verneinen, nur möglich auf Basis anderer Interpretationen, deren Grundsätze sie bestätigen, indem sie sie verbal verwerfen. Fish macht geltend, daß Meinungsverschiedenheiten nie durch Berufung auf Fakten oder den Text gelöst würden, weil »die Fakten nur im Kontext eines Standpunktes hervortreten. Daraus folgt dann, daß Meinungsverschiedenheiten unter denen auftreten müssen, die unterschiedliche Standpunkte einnehmen (oder von diesen eingenommen werden); auf dem Spiel steht das Recht, festzulegen, was künftig als Fakten gelten soll. Meinungsverschiedenheiten werden nicht durch Fakten entschieden, sondern bilden das Mittel, um die Fakten zu entscheiden« (Fish 1980: 338). Geschickt legt Strathern diese

Punkte anhand ihrer Gegenüberstellung von anthropologischem Feminismus und experimentellen Anthropologen dar.

Strathern sieht diejenigen, die sich für experimentelle Ethnographie interessieren, von der Wertidee des Dialogs geleitet: »das Bemühen geht dahin, eine Beziehung zum Anderen herzustellen – etwa bei der Suche nach einem Ausdrucksmittel, das gegenseitige Interpretation erlaubt, möglicherweise veranschaulicht in Gestalt eines gemeinsamen Textes oder als etwas, das mehr einem Diskurs ähnelt.« Der Feminismus nimmt für Strathern seinen Ausgang von dem am Anfang stehenden und nicht assimilierbaren Tatbestand der Herrschaft. Der Versuch, feministisches Verstehen einer verbesserten anthropologischen Wissenschaft oder einer neuen Rhetorik des Dialoges einzuverleiben, wird als weiterer Akt der Gewalt aufgefaßt. Feministische Anthropologie versucht den Diskurs umzustellen, nicht ein Paradigma zu verbessern: »das heißt, sie verändert den Charakter des Publikums, den Umfang der Leserschaft und die Art der Interaktion zwischen Autor und Leser und verändert den Gegenstand des Gesprächs durch die Art, in der sie anderen zu sprechen gestattet – worüber gesprochen wird und zu wem man spricht«. Strathern sucht nicht eine neue Synthese zu ersinnen, sondern die Differenz zu stärken.

Die Ironien in dieser Sache sind ergötzlich. Experimentalisten (fast alle männlich) erscheinen mütterlich und optimistisch, wenn auch eine Spur sentimental. Clifford erhebt den Anspruch, auf Basis einer Kombination des Idealismus der sechziger und der Ironie der achtziger Jahre zu arbeiten. Die Text-Radikalen suchen darauf hinzuarbeiten, Beziehungen herzustellen, die Bedeutsamkeit von Verbindung und Offenheit darzutun, die Möglichkeiten des Teilens und gegenseitigen Verstehens voranzubringen und bleiben hinsichtlich der Macht sowie der Realität sozioökonomischer Zwänge verschwommen. Stratherns anthropologische Feministin verlangt, fundamentale Unterschiede, Machtbeziehungen und hierarchische Vorherrschaft nicht zu übersehen. Sie sucht einer gemeinschaftlichen Identität auf der Grundlage von Konflikt, Trennung und Antagonismus Ausdruck zu verleihen: teilweise als Verteidigung gegen die Drohung, von einem Paradigma der Liebe, der Gegenseitigkeit und des Verstehens umschlossen zu werden, in welchem sie andere Motive und Strukturen erkennt; teilweise als Kniff, bedeutungsvolle Differenz *per se* als eigenen Wert zu bewahren.

Differenz spielt sich auf zwei Ebenen ab: zwischen Feministinnen und Anthropologie und innerhalb der feministischen Gemeinschaft. Nach außen bilden Widerstand und Nichtassimiliation die höchsten Werte. Innerhalb dieser neuen Interpretationsgemeinschaft sind jedoch die Tugenden dialogischer Beziehungen bekräftigt worden. Intern mögen Feministinnen uneins sein und konkurrieren; aber sie tun dies untereinander. »Gerade weil feministische Theorie ihre Vorgeschichte nicht als ›Text‹ konstituiert, kann sie nicht in simpler Weise der Anthropologie hinzugerechnet werden oder diese verdrängen. Denn wenn Feministinnen auch an der Separierung gegenüber dem Anderen festhalten, untereinander schaffen sie im Gegensatz dazu etwas, das viel näher am Diskurs als am Text liegt. Und der Charakter dieses Diskurses nähert sich dem ›dialogischen gemeinsamen Werk‹, das die neue Ethnographie im Sinn hat.« Tropen stehen allen zu Gebote, wie sie verwendet werden, macht den entscheidenden Unterschied aus.

Ethik und Moderne

> »The emergence of factions within a once interdicted activity is a sure sign of its having achieved the status of an orthodoxy.«
> Stanley Fish, »What makes an Interpretation Acceptable?«

Jüngste Diskussionen über das Anfertigen ethnographischer Texte haben Differenzen und Gegensätze ebenso wie wichtige Bereiche der Übereinstimmung sichtbar gemacht. Um noch eine weitere der Geertzschen Redewendungen zu übernehmen: wir vermögen einander mit Gewinn zu verunsichern und haben dies in der Vergangenheit auch getan, und gerade darin liegt der Prüfstein interpretativen Fortschritts. In diesem letzten Abschnitt werde ich, mit Hilfe der schematischen Gegenüberstellung der drei zuvor skizzierten Positionen, meine eigene unterbreiten. Obwohl ich gewissen Aspekten jeder dieser Positionen kritisch gegenüberstehe, betrachte ich sie als Teile, wenn schon nicht einer Interpretationsgemeinschaft, so wenigstens einer Interpretationsföderation, der ich angehöre.

Anthropologen, Kritiker, Feministinnen und kritische Intellektuelle sind alle mit Wahrheitsfragen und deren sozialem Ort befaßt; mit Vorstellungskraft und formalen Problemen der Repräsentation; mit Herrschaft und Widerstand; mit dem moralischen Subjekt und Techniken, ein solches zu werden. Diese Themen werden jedoch in unterschiedlicher Weise interpretiert; verschiedenartige Gefahren und verschiedene Möglichkeiten werden herausgegriffen; und es werden verschiedenartige Hierarchien dieser Kategorien verteidigt.

1. *Interpretative Anthropologen.* Wahrheit und Wissenschaft, als interpretative Praktiken begriffen, bilden die beherrschenden Termini. Anthropologe und Eingeborener gelten beide als mit der Auslegung des Sinns des Alltagslebens beschäftigt. Probleme der Repräsentation stehen für beide im Mittelpunkt und sind geometrischer Ort der kulturellen Einbildungskraft. Repräsentationen bilden jedoch keine Sphäre *sui generis*; sie helfen Lebenswelten (zu deren Gestaltung sie beitragen) Sinn zu verleihen und differieren entsprechend in ihren Funktionen. Die Ziele des Anthropologen und des Eingeborenen sind unterschiedlich. Um ein Beispiel zu nennen: Wissenschaft und Religion unterscheiden sich als kulturelle Systeme in Strategie, Ethos und Zweck. Die politischen und ethischen Positionen bilden wichtige, wenn auch großenteils implizite Verankerungen. Webers doppeltes Leitbild von Wissenschaft und Politik als Beruf würde sich, wäre es in einem Forscher verkörpert, zum ethischen Subjekt dieses Standpunkts zusammenfügen. Konzeptuell bildet die wissenschaftliche Spezifizierung dessen, was kulturelle Differenz ausmacht, das Herzstück des Projekts. Die größte Gefahr, von innen betrachtet, liegt in der Verwirrung von Wissenschaft und Politik. Die größte Schwachstelle, von außen betrachtet, bildet der historische, politische und erfahrungsmäßige *cordon sanitaire*, der um die interpretative Wissenschaft gelegt ist.

2. *Kritiker*: Das leitende Prinzip ist formaler Art. Der Text steht an erster Stelle. Aufmerksamkeit gegenüber Tropen und rhetorischen Tricks, mittels deren Autorität konstruiert wird, gestattet es, Herrschaft, Ausschließungen und Ungleichheit zu thematisieren. Aber sie bilden nur das Material. Sie erhalten Gestalt durch den Kritiker oder Schreiber, sei er Anthropologe oder Eingeborener: »Other tribes, other Scribes«.[14] Wir ändern uns selbst in erster Linie durch phantasievolle Entwürfe. Wir

---

14 Anspielung auf den Titel eines Buches von James Boon (1982). *A. d. Ü.*

möchten zu Geschöpfen werden, die offen und durchlässig sind, mißtrauisch gegenüber Metaerzählungen; Pluralisierer. Doch scheint auktorielle Kontrolle Selbstreflexion und den dialogischen Impuls stumpf zu machen. Die Gefahr: bedeutungsvolle Unterschiede auszulöschen, Weber Museifizierung der Welt. Die zutreffende Einsicht, daß Erfahrung und Sinn durch Repräsentationen vermittelt sind, kann dahingehend überdehnt werden, Erfahrung und Sinn mit den formalen Dimensionen der Repräsentation gleichzusetzen.

3. *Politische Subjekte*. Den leitenden Wert bildet die Konstitution politischer Subjektivität auf Gemeinschaftsbasis. Anthropologische Feministinnen kämpfen gegen ein Anderes, das als wesensunterschieden und gewaltsam dargestellt wird. Innerhalb der Gemeinschaft werden die Suche nach Wahrheit wie ebenfalls soziale und ästhetische Experimente von einem Bestreben nach Dialog geleitet. Der fiktive Andere macht es möglich, eine Vielfalt an Differenzen zum Vorschein zu bringen. Das Risiko besteht darin, daß diese Fiktionen einer Wesensdifferenz, die zum Handeln befähigen, reifiziert werden und dadurch die unterdrückerischen sozialen Formen, die sie untergraben sollten, verdoppeln. Strathern formuliert diesen Punkt gut: »Wenn nun der Feminismus den anthropologischen Anspruch verhöhnt, ein Produkt zu schaffen, das in irgendeiner Weise gemeinsam verfaßt wurde, dann verhöhnt die Anthropologie den Anspruch, daß Feministinnen jemals wirklich die Separierung erreichen könnten, die die ersehen.«

4. *Kritische, kosmopolitische Intellektuelle*. Ich habe die Gefahren einer hoch interpretativen Wissenschaft und des allzu souveränen Schaffens von Repräsentationen hervorgehoben, und ich bin von der direkten Teilnahme am feministischen Dialog ausgeschlossen. Ich möchte einen kritischen Kosmopolitismus als vierte Figur vorschlagen. Das Ethische bildet den leitenden Wert. Es handelt sich dabei um eine oppositionelle Haltung, die souveränen Mächten, universalen Wahrheiten, allzu sehr relativierender Affektiertheit, lokaler Authentizität, starken wie schwachen Moralisierungen gegenüber Mißtrauen hegt. Verstehen bildet ihren zweiten Wert, aber ein Verstehen, das seinen eigenen imperialen Tendenzen mißtraut. Es ist der Versuch, der Differenz große Aufmerksamkeit (und Achtung) zu zollen, aber einer, der auch acht hat auf die Tendenz, Differenz zu

substantialisieren. Bei dem, was wir als Existenzbedingung mit anderen teilen, heute durch unsere Fähigkeit und bisweilen unseren Eifer gesteigert, einander auszulöschen, handelt es sich um eine Spezifität historischer Erfahrung und des historischen Ortes, wie komplex und umstritten sie auch immer sein mögen, und um eine weltweite Makro-Interdependenz, die jede lokale Besonderheit umgreift. Ob wir mögen oder nicht, wir befinden uns alle in dieser Situation. In Entlehnung eines Ausdrucks, der zu verschiedenen Zeiten auf Christen, Aristokraten, Kaufleute, Juden, Homosexuelle und Intellektuelle (bei wechselnder Bedeutung) angewandt wurde, nenne ich die Anerkennung dieser doppelten Wertsetzung *Kosmopolitismus*. Definieren wir Kosmopolitismus als Ethos der Makro-Interdependenzen, mit einem geschärften Bewußtsein (das den Menschen oft aufgedrängt wurde) für die Zwangsläufigkeiten und die Besonderheiten von Orten, Charakteren, historischen Entwicklungslinien und Geschicken. Obwohl wir alle Weltbürger sind, hat *Homo sapiens* diese Lage recht mangelhaft interpretiert. Wir scheinen Mühe zu haben mit dem Balanceakt und es vorzuziehen, lokale Identitäten zu reifizieren oder universelle zu entwerfen. Wir leben mittendrin. Die Sophisten geben eine fiktive Figur für diesen Typus ab: überaus griechisch, doch häufig vom Bürgerrecht in den verschiedenen Poleis ausgeschlossen; gleichzeitig weltbürgerliche Insider und Außenstehende [*cosmopolitan insider's outsiders*] einer spezifischen historischen und kulturellen Welt; nicht Teil eines projektierten universalen Systems (unter Gott, dem Imperium oder den Gesetzen der Vernunft); begeisterte Anhänger der Rhetorik und dadurch völlig ihres Mißbrauchs bewußt; mit den Ereignissen des Tages befaßt, aber gedämpft durch ironische Reserve.

Die problematischen Beziehungen zwischen Subjektivität, Wahrheit, Moderne und Repräsentationen standen im Zentrum meiner eigenen Arbeit. Aus dem Gefühl heraus, daß Überlegungen zu Macht und Repräsentation in meiner früheren Beschäftigung mit Marokko zu sehr örtlich eingegrenzt waren, wählte ich ein Forschungsthema, das diese Kategorien breiter anwendet. Da ich mich vom Temperament her in einer oppositionellen Haltung wohler fühle, beschloß ich, eine Gruppe aus der Führungsschicht französischer Verwaltungsbeamter, kolonialer Amtsinhaber sowie

Sozialreformer zu untersuchen, die sämtlich in den zwanziger Jahren dieses Jahrhunderts mit Stadtplanung befaßt waren. Durch »studying up« fühle ich mich in einer behaglicheren Lage, als wenn ich beherrschten oder marginalen Gruppen »eine Stimme verleihen« würde. Meine Wahl betraf eine Machtgruppe, die mit politischen und formalen Fragen beschäftigt war: Sie waren weder Helden noch Schurken und scheinen mir die notwendige anthropologische Distanz zu gewähren – hinreichend abgesondert, um unbedachte Identifikation zu verhindern, doch nahe genug, um ein nachsichtiges, wenn auch kritisches Verständnis zu erlauben.[15]

Das Fachgebiet moderner Urbanismus wurde in den französischen Kolonien, speziell in Marokko, unter Generalgouverneur Hubert Lyautey (1912–25) in die Praxis umgesetzt. Die kolonialen Planungsarchitekten und die kolonialen Regierungsvertreter, die sie in Dienst nahmen, begriffen die Städte, in denen sie arbeiteten, als soziale und ästhetische Laboratorien. Dieser Rahmen bot beiden Gruppen die Möglichkeit, neue, großangelegte Planungskonzepte zu erproben und die politische Effektivität dieser Pläne auf ihre Anwendbarkeit sowohl in den Kolonien als auch schließlich, wie sie hofften, zu Hause zu überprüfen.

Untersuchungen zum Kolonialismus sind bis vor kurzer Zeit fast ausschließlich gemäß der Dialektik von Herrschaft, Ausbeutung und Widerstand gestaltet worden. Diese Dialektik ist und war grundlegend. Für sich allein genommen läßt sie jedoch zwei wichtige Dimensionen der kolonialen Situation außer acht: ihre Kultur und das politische Feld, in das sie eingelassen war. Dies hat eine Reihe von überraschenden Konsequenzen gezeigt; seltsam genug ist die Gruppe in den Kolonien, die die geringste Beachtung in historischen und soziologischen Studien gefunden hat, die der Kolonialisten selbst. Zum Glück beginnt sich das Bild zu wandeln; man beginnt, die verschiedenen Systeme sozialer Stratifikation und die kulturelle Komplexität kolonialen Lebens – wie es von Ort zu Ort in verschiedenen historischen Phasen variierte – zu verstehen.

Während ein komplexeres Bild der kolonialen Kultur formuliert wird, benötigen wir, so denke ich, ebenfalls ein komplexeres Ver-

---

15 Ergebnisse dieser Forschung finden sich in Paul Rabinow, *French Modern. Norms and Forms of the Social Environment*, Cambridge, Mass.: MIT Press 1989. A. d. Ü.

ständnis der Macht in den Kolonien. Beides hängt zusammen. Macht wird häufig als personifizierte Gewalt verstanden: als Besitz einer Gruppe – der Kolonialisten. Diese Konzeption ist aus einer Reihe von Gründen unzulänglich. Erstens waren die Kolonialisten in Fraktionen gespalten und stratifiziert. Zweitens müssen wir über den Staat (und insbesondere den kolonialen Staat) wesentlich mehr wissen. Drittens ist die Auffassung von Macht, die diese als ein Ding oder einen Besitz begreift oder als etwas, das allein in einer Richtung, von oben nach unten, ausstrahlt oder das primär über Anwendung von Gewalt zum Tragen kommt, ernsthaft in Frage gestellt. Mit einer Truppenstärke von weniger als 20 000 Mann herrschten die Franzosen in Indochina in den zwanziger Jahren immerhin mit einem Grad an Kontrolle, an das die Amerikaner mit 500 000 Mann fünfzig Jahre später nie herankamen. Macht erfordert mehr als Waffengewalt, wenn es sie auch gewiß nicht ausschließt.

Die Arbeit Michel Foucaults zu Machtbeziehungen stellt einige nützliche Analyseinstrumente bereit. Foucault unterscheidet zwischen Ausbeutung, Herrschaft und Unterwerfung (1987: 247). Er weist darauf hin, daß die meisten Machtanalysen sich fast ausschließlich auf Herrschafts- und Ausbeutungsverhältnisse konzentrieren: wer kontrolliert wen, und wer nimmt den Produzenten die Früchte der Produktion. Der dritte Ausdruck, Unterwerfung, richtet sich auf den Aspekt des Machtfeldes, der am weitesten von der direkten Gewaltanwendung entfernt ist. Diese Machtdimension liegt dort, wo die Identität von Individuen und Gruppen auf dem Spiel steht und wo Ordnung in ihrer weitesten Bedeutung Gestalt gewinnt. Es ist der Bereich, in dem Kultur und Macht am engsten verflochten sind. Foucault nennt diese Beziehungen bisweilen »gouvernementalité«, und der Ausdruck ist nützlich.

Im Anschluß an Foucault hat Jacques Donzelot (1979) argumentiert, daß gegen Ende des 19. Jahrhunderts ein neues Beziehungsfeld von großer historischer Bedeutung geschaffen wurde: Donzelot nennt es das »soziale«. Bestimmte Gebiete, die häufig als außerhalb der Politik gelegen betrachtet wurden, wie Hygiene, Familienstruktur und Sexualität, wurden Objekt staatlicher Intervention. Aus dem Sozialen wurde ein Komplex an Praktiken, der von den sich herausbildenden Methoden und Institutionen der neuen Sozialwissenschaften teils gestaltet, teils mit ihrer Hilfe be-

griffen wurde. Das »Soziale« bildete einen privilegierten Ort zum Experimentieren mit neuen Formen politischer Rationalität.
Lyauteys höchst differenzierte Sicht der Kolonisation drehte sich um das Erfordernis, soziale Gruppen in ein anderes Feld von Machtbeziehungen zu versetzen, als es zuvor in den Kolonien existiert hatte. Nach seiner Auffassung konnte dies nur über eine breit angelegte soziale Planung erreicht werden, in welcher Stadtplanung eine zentrale Funktion zukäme. Wie er in einer Lobrede auf seinen Hauptplaner Henri Prost formulierte: »Die Kunst und Wissenschaft der Urbanistik, die während des klassischen Zeitalters eine solche Blüte erlebte, scheint seit dem Zweiten Empire einen totalen Niedergang erlebt zu haben. Urbanistik, die Kunst und Wissenschaft, ersteht zu neuem Leben unter Prosts Händen. Prost ist, in diesem mechanischen Zeitalter, der Hüter des ›Humanismus‹. Prost wirkte nicht nur auf Dinge, sondern auch auf Menschen, unterschiedliche Typen von Menschen, denen *la Cité* mehr schuldet als Straßen, Kanäle, Abwasserkanäle und ein Transportsystem« (Marrast [Hg.] 1960: 119). Für Lyautey und seine Architekten bezog sich folglich der neue Humanismus angemessenerweise nicht nur auf Dinge, sondern auch auf Menschen, und nicht nur auf Menschen im allgemeinen – dies war nicht Le Corbusiers Humanismus –, sondern auf Menschen in unterschiedlichen kulturellen und sozialen Verhältnissen. Das Problem bestand darin, diese Verschiedenheit aufzunehmen. Die Aufgabe, der sich diese Architekten, Planer und Administratoren gegenübersahen, war, wie eine neue soziale *ordonnance* zu konzipieren und zu schaffen sei.
Darin liegt der Grund, warum die Städte Marokkos von solcher Bedeutung in Lyauteys Augen waren. Sie schienen Hoffnung zu bieten, einen Weg, um die Sackgassen, in die sowohl Frankreich als auch Algerien geraten waren, zu meiden. Lyauteys bekannter Ausspruch »Ein *chantier* [Baustelle] ist ein Bataillon wert« war wörtlich gemeint. Lyautey befürchtete, daß, wenn es den Franzosen gestattet wäre, Politik weiter wie bisher zu praktizieren, die Auswirkungen weiterhin katastrophal wären. Eine direkte politische Lösung war jedoch nicht in Sicht. Dringend erforderlich war eine neue wissenschaftliche und strategische Sozialtechnik; nur auf diese Weise lasse sich Politik aufheben – und werde Macht wirklich »ordonné«.
Diese Leute, wie so viele andere im zwanzigsten Jahrhundert, versuchten der Politik zu entkommen. Dies bedeutete jedoch

nicht, daß sie gegenüber Machtverhältnissen gleichgültig gewesen wären. Weit davon entfernt. Ihr Ziel, eine Art technokratischer Selbst-Kolonisierung, war es, eine neue Form von Machtbeziehungen zu fördern, in denen sich »gesunde« soziale, ökonomische und kulturelle Verhältnisse entfalten könnten. Eingeschlossen in dieses Projekt war das Bedürfnis, eine neue *gouvernementalité* einzuführen, durch die die (in ihren Augen) fatal dekadenten und individualistischen Züge der Franzosen neu formiert werden könnten. Sie entwarfen und artikulierten sowohl neue Repräsentationen einer modernen Ordnung als auch Technologien für deren Umsetzung. Diese Repräsentationen sind moderne soziale Tatsachen.

Dieser Aufsatz hat einige der Elemente der Diskurse und Praktiken moderner Repräsentation umrissen. Die Beziehung dieser Analyse zur politischen Praxis ist nur flüchtig gestreift worden. Was, wie und wer durch diejenigen, die eine ähnliche Sicht der Dinge haben, repräsentiert werden könnte, entzieht sich unseren eher standardisierten Kategorien sozial Handelnder und politischer Rhetorik. Indem ich zum Schluß komme, deute ich einfach den entsprechenden Platz an. Foucault beantwortete den Vorwurf, er würde, indem er sich weigere, sich einer bereits ausgewiesenen und politisch einordenbaren Gruppe anzuschließen, jedes Anrecht verwirken, irgend jemanden oder irgendwelche Werte zu repräsentieren, mit folgenden Worten: »Rorty macht darauf aufmerksam, daß ich mich in diesen Analysen nicht auf ein ›Wir‹ berufe – auf eines der ›Wirs‹, deren Konsens, deren Werte, deren Traditionen den Rahmen für ein Denken konstituieren und die Bedingungen definieren, unter denen es validiert werden kann. Aber das Problem ist, genau zu entscheiden, ob es gegenwärtig angemessen ist, sich in einem ›Wir‹ zu plazieren, um die Prinzipien zu behaupten, die man anerkennt, und die Werte, die man akzeptiert; oder ob es nicht eher notwendig ist, die künftige Bildung eines ›Wir‹ möglich zu machen« (1984: 385).

Ich möchte Talal Asad, James Faubion, Stephen Foster, Michael Rogin, Marilyn Strathern und den Teilnehmern des Seminars in Santa Fe danken. Die üblichen Verweise auf die Verantwortlichkeit des Autors haben auch hier Gültigkeit. Teile dieses Artikels wurden bereits an anderer Stelle veröffentlicht.

Übersetzt von Martin Fuchs

Literatur

Asad, Talal (1986), »The Concept of Cultural Translation in British Social Anthropology«, in: James Clifford und George E. Marcus (Hg.), *Writing Culture. The Poetics and Politics of Ethnography*, Berkeley: University of California Press, S. 141–164 [deutsche Übersetzung in diesem Band].

Bourdieu, Pierre (1982), *Die feinen Unterschiede. Kritik der gesellschaftlichen Urteilskraft*, Frankfurt am Main: Suhrkamp.

– (1988), *Homo academicus*, Frankfurt am Main: Suhrkamp.

Clifford, James (1983), »On Ethnographic Authority«, in: *Representations* 1 (2), S. 118–146; wieder in: ders., *The Predicament of Culture. Twentieth Century Ethnography, Literature, and Art*, Cambridge, Mass.: Harvard University Press 1988 [deutsche Übersetzung in diesem Band].

De Certeau, Michel (1983), »History: Ethics, Science, and Fiction«, in: Norma Hahn, Robert Bellah, Paul Rabinow und William Sullivan (Hg.), *Social Science as Moral Inquiry*, New York: Columbia University Press, S. 173–209.

Donzelot, Jacques (1979), *Die Politik der Familie*, Frankfurt am Main: Suhrkamp.

Dreyfus, Hubert L. und Paul Rabinow (1982), *Michel Foucault. Jenseits von Strukturalismus und Hermeneutik*, mit einem Nachwort von und einem Interview mit Michel Foucault, Frankfurt am Main: Athenäum.

Finkelstein, Martin J. (1984), *The American Academic Profession: A Synthesis of Social Scientific Inquiry Since World War II*, Columbus, Ohio: Ohio State University Press.

Fish, Stanley (1980), »What Makes an Interpretation Acceptable?«, in: ders., *Is There a Text in This Class?*, Cambridge, Mass.: Harvard University Press.

Foucault, Michel (1971 [1966]). *Die Ordnung der Dinge. Eine Archäologie der Humanwissenschaften*, Frankfurt am Main: Suhrkamp.

– (1973 [1969]). *Archäologie des Wissens*, Frankfurt am Main: Suhrkamp.

– (1974a [1966]). »Un ›fantastique‹ de bibliothèque« [dt.], in: ders., *Schriften zur Literatur*, München: Nymphenburger, S. 157–177.

– (1974b [1971]). *Die Ordnung des Diskurses. Inauguralvorlesung am Collège de France – 2. Dezember 1970*, München: Hanser.

– (1978), »Wahrheit und Macht. Interview mit Michel Foucault von Alessandro Fontana und Pasquale Pasquino«, in: ders., *Dispositive der Macht. Über Sexualität, Wissen und Wahrheit*, Berlin: Merve, S. 21–54.

– (1984), »Polemics, Politics, and Problematizations«, in: Paul Rabinow (Hg.), *The Foucault Reader*, New York: Pantheon, S. 381–390.

– (1987), »Das Subjekt und die Macht«, in: Hubert L. Dreyfus und Paul

Rabinow, *Michel Foucault. Jenseits von Strukturalismus und Hermeneutik*, Frankfurt am Main: Athenäum, S. 265–291.

Habermas, Jürgen (1981), »Die Moderne – ein unvollendetes Projekt«, in: *Kleine Politische Schriften (I-IV)*, Frankfurt am Main: Suhrkamp, S. 444–462.

Hacking, Ian (1982), »Language, Truth and Reason«, in: Martin Hollis und Steven Lukes (Hg.), *Rationality and Relativism*, Cambridge, Mass.: MIT Press, S. 185–203.

– (1984), »Five Parables«, in: Richard Rorty, J. B. Scheewind und Quentin Skinner (Hg.), *Philosophy and History*, Cambridge: Cambridge University Press, S. 103–124.

Jameson, Frederic (1983), »Postmodernism and Consumer Society«, in: Hal Foster (Hg.), *The Anti-Aesthetic. Essays on Postmodern Culture*, Port Townsend, Washington: Bay Press, S. 111–125.

Lyotard, Jean-Francois (1986 [1979]), *Das postmoderne Wissen. Ein Bericht*, Graz/Wien: Böhlau, Edition Passagen.

Marrast, Jean (Hg.) (1960), *L'Oeuvre de Henri Prost: Architecture et urbanisme*, Paris: Imprimerie de Compagnonnage.

Rabinow, Paul (1977), *Reflections on Fieldwork in Morocco*, Berkeley and Los Angeles: University of California Press.

– (1985), »Discourse and Power: On the Limits of Ethnographic Texts«, in: *Dialectical Anthropology* 10 (1/2), S. 1–13.

Rorty, Richard (1981), *Der Spiegel der Natur. Eine Kritik der Philosophie*, Frankfurt am Main: Suhrkamp.

Sperber, Dan (1989), »Interpretierende Ethnographie und theoretische Ethnologie«, in: ders., *Das Wissen des Ethnologen*, Frankfurt/New York: Ed. Qumran im Campus Verlag und Paris: Editions de la Maison des Sciences de l'Homme, S. 20-61.

Strathern, Marilyn (1984), »Dislodging a World View. Challenge and Counter-Challenge in the Relationship Between Feminism and Anthropology«. Vortrag am Research Center for Women's Studies, University of Adelaide, 4. Juli 1984.

– (1987), »An Awkward Relationship. The Case of Feminism and Anthropology«, in: *Signs. Journal of Women in Culture and Society* 12 (2), S. 276–292.

James Clifford
Über ethnographische Allegorie

I

»1. eine Geschichte, in der Menschen, Dinge und Geschehnisse eine zweite Bedeutung haben, wie etwa in einer Fabel oder Parabel: Allegorien werden zum Zwecke des Lehrens oder Erklärens verwendet.
2. die Darstellung von Ideen mittels solcher Geschichten ...«[1]

In einem unlängst erschienenen Essay über die Erzählung vertritt Victor Turner die Auffassung, daß soziale *performances* bedeutungsstarke Geschichten – mythische und allgemeinverständliche – inszenieren, die den sozialen Prozeß »mit einer Rhetorik, einer

1 »1. a story in which people, things and happenings have another meaning, as in a fable or parable: allegories are used for teaching or explaining. 2. the presentation of ideas by means of such stories ...«: Webster's *New Twentieth Century Dictionary*, 2. Aufl. In literarischen Studien reichen Definitionen der Allegorie von Angus Fletchers (1964: 2) lockerer Charakterisierung (»In einfachsten Worten ausgedrückt, sagt die Allegorie etwas und meint etwas anderes«) bis zu Todorovs Festhalten (1973: 63) an einer strikteren Auffassung: »Vor allem impliziert Allegorie die Existenz von zumindest zwei Bedeutungen für dieselben Worte; einigen Kritikern zufolge muß die erste Bedeutung verschwinden, während andere fordern, daß die beiden gemeinsam präsent sind. Zum zweiten läßt sich diese doppelte Bedeutung in dem Werk in einer *expliziten* Weise erkennen: sie ergibt sich nicht aus des Lesers Interpretation (ob willkürlich oder nicht).« Quintilian zufolge entsteht aus jeder beständigen oder erweiterten Metapher eine Allegorie; und wie Northrop Frye (1964: 94f.) bemerkt: »Innerhalb der Grenzen der Literatur haben wir eine Art Stufenleiter, die sich, am einen Ende, vom ausdrücklichst Allegorischen, dem also, was wirklich Literatur ist, bis hin zum Schwebendsten, Ungreifbarsten, Anti-Allegorischen am anderen Ende erstreckt.« Die verschiedenen ›zweiten Bedeutungen‹ der ethnographischen Allegorie, welchen ich hier nachspüren werde, sind alle textuell explizit. Allerdings bewegen sich Ethnographien auf Fryes Stufenleiter, indem sie starke allegorische Züge aufweisen, ohne sie gewöhnlich *als* Allegorien zu kennzeichnen.

bestimmten Handlungsgestaltung und einer Bedeutung« (1980: 153) ausstatten. Im folgenden behandle ich die Ethnographie selbst als eine *performance*, deren Handlung durch bedeutungsstarke Geschichten strukturiert (*emplotted*[2]) ist. In schriftlichen Berichten niedergelegt, beschreiben diese Geschichten zugleich reale kulturelle Ereignisse und machen zusätzliche moralische, ideologische und sogar kosmologische Aussagen. Das ethnographische Schreiben ist allegorisch auf der Ebene seines Inhalts (in dem, was es über Kulturen und ihre jeweilige Geschichte aussagt) als auch seiner Form (in dem, was durch seine Weise der Textualisierung impliziert ist).

Ein scheinbar einfaches Beispiel dient zur Einführung in meine Betrachtung. Marjorie Shostak beginnt ihr Buch *Nisa. The Life and Words of a !Kung Woman* (1981; dt. 1982[3]) mit der Geschichte von einer für die !Kung üblichen Geburt – außerhalb des Dorfes, allein. Hier einige Auszüge:

»Ich lag da und spürte die Schmerzen, die immer und immer wieder kamen. Dann bemerkte ich etwas Feuchtes, den Beginn der Geburt. Ich dachte: ›Eh hey, vielleicht ist es das Kind.‹ Ich stand auf, nahm eine Decke und breitete sie über Tashay. Er schlief noch. Dann nahm ich eine andere Decke sowie meine kleine Felldecke und ging hinaus. War ich nicht allein? Die einzige andere Frau in der Nähe war Tashays Großmutter, und sie schlief in ihrer Hütte. Also ging ich, wie ich war. Nicht weit vom Dorf entfernt setzte ich mich unter einen Baum. [...] Als das Baby geboren war, blieb ich sitzen; ich wußte nicht, was ich tun sollte. Ich hatte keinen Verstand. Das Mädchen lag da, bewegte die Arme und versuchte, an den Fingern zu saugen. Es begann zu weinen. Ich saß einfach da und sah es an. Ich dachte: ›Ist das mein Kind? Wer hat dieses Kind geboren?‹ Dann dachte ich: ›Ein so großes Geschöpf? Wie kann es nur aus meinen Genitalien herausgekommen sein?‹ Ich saß da und sah es an. Ich sah es an und sah es an und sah es an« (Shostak 1982: 145 f.).

Die Erzählung ist von großer Unmittelbarkeit. Nisas Stimme ist unverkennbar, ihre Erfahrung scharf evoziert: »Sie lag da, bewegte ihre Arme und versuchte, an ihren Fingern zu saugen.« Als

---

2 *To emplot* und *emplotment* wird in Anlehnung an P. Kohlhaas' deutsche Übertragung von Hayden White, *Metahistory* (Frankfurt am Main 1991), mit ›Strukturierung‹ oder ›Gestaltung‹ der ›Erzählstruktur‹ oder ›Handlung‹ (plot) übersetzt. *A. d. Ü.*

3 Im folgenden wird in zuweilen leicht modifizierter Form nach der deutschen Ausgabe zitiert. *A. d. Ü.*

Leser tun wir jedoch mehr, als ein einzigartiges Erlebnis zu registrieren. Die Entfaltung der Geschichte verlangt von uns zunächst, uns eine andere *kulturelle* Norm (!Kung-Geburt, allein im Busch) vorzustellen und dann, eine gemeinsame *humane* Erfahrung (den ruhigen Heroismus der Niederkunft, Gefühle nachgeburtlichen Staunens und Zweifels) anzuerkennen. Die Geschichte von einem Geschehnis irgendwo in der Kalahari-Wüste erschöpft sich jedoch nicht darin. Sie impliziert sowohl lokale kulturelle Bedeutungen als auch eine allgemeine Geschichte der Geburt. Eine Differenz wird postuliert und zugleich transzendiert. Zudem berichtet uns Nisas Geschichte (wie könnte sie dies nicht?) etwas Grundlegendes über weibliche Erfahrung. Shostaks Darstellung des Lebens von einem !Kung-Individuum gerät unvermeidlich zu einer Allegorie der (weiblichen) Humanität.

Im folgenden argumentiere ich, daß derartige transzendentale Bedeutungen keine Abstraktionen oder Interpretationen darstellen, die dem ›einfachen‹ Originalbericht ›hinzugefügt‹ sind. Vielmehr sind sie Bedingungen für dessen Bedeutsamkeit. Ethnographische Texte sind unausweichlich allegorisch, und eine ernsthafte Akzeptanz dieses Tatbestandes verändert die Weisen, in denen sie geschrieben und gelesen werden können. Indem ich Shostaks Experiment als eine Fallstudie verwende, untersuche ich eine aktuelle Tendenz, allegorische Ebenen als spezifische ›Stimmen‹ innerhalb des Texts zu unterscheiden. Und schließlich vertrete ich die Meinung, daß ebenjene Aktivität des ethnographischen *Schreibens* – als Inskription oder Textualisierung verstanden – eine westliche Erlösungs-Allegorie inszeniert. Diese durchgängige Struktur gilt es zu erkennen und gegen andere mögliche Handlungsstrukturen der *performance* der Ethnographie abzuwägen.

II

> »Literary description always opens onto another scene set, so to speak, ›behind‹ the this-worldly things it purports to depict.«
>
> Michel Beaujour, *Some Paradoxes of Description*

Allegorie (gr. *allos*; ›anders‹, und *agoreuein*, ›sprechen‹) kennzeichnet gewöhnlich eine Praxis, in der eine narrative Fiktion sich fortdauernd auf ein anderes Muster von Ideen oder Ereignissen bezieht. Sie ist eine Darstellung, die sich selbst ›interpretiert‹. Ich verwende den Terminus Allegorie in jenem erweiterten Sinne, der für ihn in neueren kritischen Diskussionen, insbesondere jener von Angus Fletcher (1964) und Paul de Man (1988), in Anspruch genommen worden ist. Jede Geschichte hat die Neigung, im Geiste ihrer Leser (oder Hörer) eine andere Geschichte zu erzeugen, eine vorgängige Geschichte zu wiederholen und zu verlagern. Das Interesse auf die ethnographische Allegorie zu richten, vorzüglich auf die ethnographische ›Ideologie‹ – wenngleich die politischen Dimensionen immer gegenwärtig sind (Jameson 1988) –, lenkt die Aufmerksamkeit auf Aspekte der Kulturbeschreibung, die bis vor kurzem bagatellisiert worden sind. Die Allegorie anzuerkennen betont die Tatsache, daß realistische Porträts in dem Maße, wie sie ›überzeugend‹ oder ›reich‹ sind, erweiterte Metaphern darstellen, Assoziationsmuster, welche auf kohärente (theoretische, ästhetische, moralische) zusätzliche Bedeutungen verweisen. Die Allegorie ruft (stärker als die ›Interpretation‹) die poetische, traditionelle, kosmologische Natur solcher Schreibprozesse wach.

Die Allegorie lenkt besondere Aufmerksamkeit auf den *narrativen* Charakter kultureller Repräsentationen, auf die Geschichten, welche in den Repräsentationsprozeß selbst eingebaut sind. Zudem zerreißt sie die nahtlose Qualität der Kulturbeschreibung, indem sie dem Prozeß des Lesens einen temporalen Aspekt hinzufügt. Eine Bedeutungsebene im Text erzeugt fortlaufend andere Ebenen. Folglich wird die Rhetorik der Präsenz, die in großen Teilen der postromantischen Literatur (wie auch in großen Teilen der ›symbolischen Anthropologie‹) bis jetzt vorherrscht, durchbrochen. De Mans Kritik an der Aufwertung der Symbole gegenüber der Allegorie in der romantischen Ästhetik stellt zudem das Projekt des Realismus in Frage (de Man 1969). Der Anspruch, daß nicht-allegorische Beschreibung möglich sei – eine Position, die sowohl dem positivistischen Literalismus als auch der realistischen Synekdoche (der organischen, funktionalen oder ›typischen‹ Beziehung von Teilen zu Ganzheiten) zugrunde liegt –, war eng mit der romantischen Suche nach unmittelbarer Bedeutung im Ereignis verbunden. Positivismus, Realismus und Romantizismus – aus dem 19. Jahrhundert stammende Merkmale der Ethnologie des 20. Jahrhunderts –, sie alle lehnten die ›falsche‹ Kunst der Rhetorik gemeinsam mit der vermeintlichen Abstraktheit der Allegorie ab. Die Allegorie verstieß sowohl gegen den Kanon der empirischen Wissenschaft als auch gegen den der künstlerischen Spontaneität (Ong 1971: 6–9). Sie war zu deduktiv, zu sehr ein offenkundiges Aufbürden von Bedeutung auf wahrnehmbare Evidenz. Die in den letzten Jahren erfolgte ›Wiederbelebung‹ der Rhetorik durch eine verschiedenartige Gruppe von Literatur- und Kulturtheoretikern (Roland Barthes, Kenneth Burke, Gerard Genette, Michel de Certeau, Hayden White, Paul de Man, Michel Beaujour und anderen) hat den positivistisch-romantisch-realistischen Konsens ernsthaft in Zweifel gezogen. In der Ethnographie trifft die gegenwärtige Hinwendung zur Rhetorik zusammen mit einer Periode politischer und epistemologischer Reevaluation, in welcher der konstruierte, aufgedrängte Charakter repräsentationaler Autorität in ungewöhnlicher Weise sichtbar gemacht und angefochten wird. Die Allegorie veranlaßt uns, von einer Kulturbeschreibung nicht zu sagen: ›Dies repräsentiert oder symbolisiert das‹, sondern vielmehr: ›Dies ist eine (moralisch aufgeladene) *Geschichte* über jenes‹.[4]

Die in Ethnographien enthaltenen spezifischen Berichte können niemals auf ein Vorhaben wissenschaftlicher Beschreibung begrenzt sein, solange die leitende Aufgabe der Arbeit darin besteht, das (oftmals fremdartige) Verhalten im Rahmen einer anderen Lebensweise menschlich verständlich zu machen. Mit der Behauptung, daß exotisches Verhalten und exotische Symbole in ›humanen‹ oder ›kulturellen‹ Begriffen einen Sinn ergeben, rekurriert man auf dieselben Arten von allegorisch hinzugefügten Bedeutungen, die in älteren Erzählungen auftauchen, welche Handlungen

---

4 Eine ›allegorische Anthropologie‹ wird recht explizit in neueren Werken von Boon (1977, 1982), Crapanzano (1983), Taussig (1984) und Tyler (1991a) vorgeschlagen.

als ›spirituell‹ signifikant erachteten. Kulturalistische und humanistische Allegorien stehen hinter den kontrollierten Fiktionen von Differenz und Ähnlichkeit, die wir ethnographische Berichte nennen. Was in diesen Texten aufrechterhalten wird, ist eine doppelte Aufmerksamkeit gegenüber der deskriptiven Oberfläche und den mehr abstrakten, komparativen und erklärenden Bedeutungsebenen. Diese doppelte Struktur wird von Coleridge in einer klassischen Definition dargelegt.

»Wir können somit sicherlich das allegorische Schreiben als die Verwendung einer Gruppe von Handelnden und Bildern zusammen mit korrespondierenden Aktionen und Begleiterscheinungen definieren, um, in verkleideter Form, entweder moralische Qualitäten oder Konzeptionen des Geistes auszudrücken, welche nicht an sich Gegenstand der Sinne sind, oder andere Bilder, Handelnde, Schicksale und Umstände, so daß die Differenz dem Auge oder der Imagination überall vergegenwärtigt ist, während die Ähnlichkeit dem Geist suggeriert wird; und dies in zusammenhängender Weise, so daß die Teile sich verbinden, um ein konsistentes Ganzes zu bilden.« (1936: 30)

Was man in einem kohärenten ethnographischen Bericht *sieht*, nämlich das bildhafte Konstrukt des Anderen, ist in einer durchgängigen doppelten Struktur mit dem verbunden, was man *versteht*. Zuweilen ist die Struktur zu aufdringlich: »Während der Keramikherstellung unterhalten sich die Frauen freundlich, friedlich, immer ohne Konflikt, über die Dynamik des Ökosystems« (Whitten 1978: 847). Gewöhnlich ist sie weniger offensichtlich und folglich realistischer. Wenden wir die Formel von Coleridge an: das, was sich den Sinnen (und primär, wie er meint, dem beobachtenden Auge) anschaulich zeigt, scheint ›anders‹ zu sein, während das, was durch eine zusammenhängende Reihe von Wahrnehmungen nahegelegt wird, eine zugrundeliegende Ähnlichkeit darstellt. Fremdartiges Verhalten wird innerhalb eines gemeinsamen Netzwerks von Symbolen als bedeutungsvoll geschildert – eine gemeinsame Grundlage verstehbarer Aktivität, gültig sowohl für Beobachter wie Beobachtete und in der Folge für alle menschlichen Gruppen. Deshalb setzt die ethnographische Erzählung spezifischer Unterschiede eine abstrakte Ebene der Gleichartigkeit voraus, auf die sie sich immer bezieht.

Es ist sinnvoll anzumerken, obwohl ich das Thema hier nicht verfolgen kann, daß vor dem Aufkommen einer säkularen Ethnologie als einer Wissenschaft der *humanen* und *kulturellen* Phänomene ethnographische Berichte mit verschiedenen allegorischen Verweispunkten in Verbindung standen. Pater Lafitaus berühmter Vergleich (1724) der Sitten der nordamerikanischen Indianer mit denjenigen der alten Hebräer und Ägypter veranschaulicht eine frühere Tendenz, Beschreibungen der Anderen auf Konzeptionen der ›ersten Zeiten‹ aufzutragen. Mehr oder weniger explizite biblische oder klassische Allegorien sind in den frühen Beschreibungen der Neuen Welt im Überfluß vorhanden. Denn es gibt, wie Johannes Fabian (1983) geltend macht, eine durchgängige Tendenz, die Anderen in einem zeitlich distinkten, jedoch örtlich bestimmten Raum (an früherer Stelle) innerhalb des angenommenen Fortschritts der westlichen Geschichte zu präfigurieren. Die Kulturanthropologie hat im 20. Jahrhundert dazu tendiert, diese historischen Allegorien durch humanistische Allegorien zu ersetzen (wenngleich niemals vollständig). Sie hat eine Suche nach den Ursprüngen zugunsten des Forschens nach humanen Gleichartigkeiten sowie kulturellen Unterschieden vermieden. Jedoch hat sich der Prozeß der Repräsentation selbst nicht grundlegend gewandelt. Die meisten Beschreibungen von Anderen fahren damit fort, elementare oder transzendente Wahrheitsebenen anzunehmen und sich auf sie zu beziehen.

Dieser Schluß ergibt sich deutlich aus der jüngsten Mead-Freeman-Kontroverse.[5] Beide miteinander konkurrierenden Schilderungen des Lebens auf Samoa sind als wissenschaftliche Vorhaben konzipiert; beide gestalten jedoch den Anderen als ein moralisch belastetes Alter Ego. Mead nahm für sich in Anspruch, ein kontrolliertes ›Experiment‹ im Feld durchzuführen, in dem sie die These von der Universalität streßbeladener Adoleszenz durch das Untersuchen eines Gegenbeispiels empirisch ›überprüfte‹. Aber trotz Boasscher Rhetorik über das ›Laboratorium‹ der Feldarbeit brachte Meads Experiment eine Botschaft von umfassender ethischer und politischer Bedeutung hervor. Wie Ruth Benedict in *Patterns of Culture* (1934) vertrat sie eine liberale, pluralistische Vision, womit sie auf die Dilemmata einer ›komplexen‹ amerikanischen Gesellschaft reagierte. Die ethnographischen Geschich-

---

5 Mead 1981, Freeman 1983. Ich habe auf meine Rezension von Freeman in *Times Literary Supplement* vom 13. Mai 1983, S. 475 f. zurückgegriffen, in der die literarischen Dimensionen der Kontroverse untersucht werden. Zu einer anderen Abhandlung dieser Art vgl. Porter 1984.

ten, welche Mead und Benedict erzählten, standen offensichtlich in Zusammenhang mit dem Zustand einer Kultur, die mit verschiedenartigen Werten, mit einem sichtbaren Zusammenbruch bestehender Traditionen, mit utopischen Visionen von der Formbarkeit des Menschen sowie mit Auflösungs-Ängsten zu kämpfen hatte. Ihre Ethnographien waren, um den Titel von Northrop Frye (1963) zu übernehmen, ›Fabeln der Identität‹. Ihre offen allegorische Absicht bildete keine Art von moralischem oder erklärendem Rahmen für empirische Beschreibungen, etwas, das man in Vorworten und Schlußbetrachtungen hinzufügte. Vielmehr war für Mead und Benedict das gesamte Vorhaben, ›Kulturen‹ zu erfinden und zu repräsentieren, eine pädagogische, ethische Aufgabe.

Meads ›Experiment‹ im Bereich kontrollierter kultureller Variation erscheint heute weniger als Wissenschaft denn als Allegorie – eine zu scharf fokussierte Erzählung von Samoa, die ein mögliches Amerika suggeriert. Die Kritik von Derek Freeman hingegen ignoriert jede eigenständige literarische Dimension in der ethnographischen Arbeit und wendet statt dessen ihre eigene Art von Szientismus an, hierin inspiriert von jüngsten Entwicklungen in der Soziobiologie. Freeman zufolge war Meads Sicht der Samoaner einfach falsch. Letztere seien keineswegs die ungezwungenen, sexuell freizügigen Menschen, welche Mead berühmt gemacht hat, sondern seien von all den üblichen menschlichen Spannungen heimgesucht. Sie seien gewalttätig. Sie bekämen Magengeschwüre. Den Hauptteil seiner Kritik bildet eine Ansammlung von Gegenbeispielen, die aus historischen Aufzeichnungen und aus seiner Feldarbeit stammen. In 170 Seiten empirischen *overkills* demonstriert er mit Erfolg, was einem wachsamen Leser von *Coming of Age in Samoa* längst klar war: daß Mead ein verkürztes Bild mit dem Ziel konstruiert hat, sittliche, praktische Lektionen für die amerikanische Gesellschaft zu unterbreiten. Aber indem Freeman Beispiele von samoanischer Angst und Gewalt anhäuft, tritt der allegorische Rahmen für sein eigenes Unterfangen hervor. Zweifellos wird etwas mehr ausgedrückt als schlicht die ›dunklere Seite‹ des samoanischen Lebens, wie Freeman es nennt. In einer aufschlußreichen letzten Seite räumt er dies ein, indem er Meads ›apollinischen‹ Sinn für kulturelles Gleichgewicht der biologischen ›dionysischen‹ menschlichen Natur (essentiell, emotional etc.) gegenüberstellt. Doch was macht den wissenschaftlichen Status einer ›Widerlegung‹ aus, die so elegant in eine westliche mythische Opposition eingeordnet werden kann? Man sieht sich einem starren Gegensatz überlassen: Meads anziehende, sexuell befreite, ruhige Welt des Pazifik einerseits, Freemans Samoa der brodelnden Spannungen, strikten Kontrollen und Gewaltausbrüche andererseits. Tatsächlich bilden Mead und Freeman eine Art Diptychon, dessen gegenüberliegende Tafeln eine immer wiederkehrende westliche Ambivalenz bezüglich des ›Primitiven‹ anzeigen. Man fühlt sich an Melvilles *Typee* erinnert, ein sinnenfreudiges Paradies, das von Angst, der Bedrohung durch Gewalt, durchwoben ist.

III

» Le transfert de l'Empire de la Chine à l'Empire de soi-même est constant. «

Victor Segalen

Eine wissenschaftliche Ethnographie etabliert gewöhnlich eine privilegierte allegorische Sprach- oder Stilebene, die sie als ›Theorie‹, ›Interpretation‹ oder ›Erklärung‹ identifiziert. Sobald jedoch *alle* bedeutungsvollen Ebenen in einem Text, Theorien und Interpretationen eingeschlossen, als allegorisch anerkannt sind, fällt es schwer, eine von ihnen als privilegiert anzusehen, die die übrigen erklärt. Sobald dieser Anker entfernt ist, wird das Inszenieren und Abschätzen von mehrfachen allegorischen Sprachebenen oder ›Stimmen‹ zu einem wichtigen Anliegen der ethnographischen Autoren. Neuerdings bedeutet dies zuweilen, daß dem indigenen Diskurs ein halb-unabhängiger Status im Ganzen des Texts eingeräumt und der privilegierte Mono-Ton ›wissenschaftlicher‹ Repräsentation[6] unterbrochen wird. Viele der sich von einer totalisierenden Anthropologie distanzierenden Ethnographien suchen mehrfache (jedoch nicht unbegrenzte) Allegorien zu evozieren. Marjorie Shostaks *Nisa* veranschaulicht das Problem des Präsentierens und Vermittelns mehrfacher Geschichten – und ringt zugleich mit ihm.[7] Ich werde darauf ausführlicher eingehen. Shostak

---

6 Zu den Ursprüngen dieses ›Monotons‹ vgl. De Certeau 1983: 128.
7 Der Rest dieses Abschnitts stellt eine erweiterte Fassung meiner Bespre-

inszeniert explizit drei allegorische Sprachebenen: (1) die Repräsentation eine kohärenten kulturellen Subjekts als Quelle wissenschaftlicher Erkenntnis (Nisa ist eine ›!Kung-Frau‹); (2) die Konstruktion eines geschlechtsbestimmten Subjekts (Shostak fragt: Was bedeutet es, eine Frau zu sein?); (3) die Geschichte einer bestimmten Art der ethnographischen Produktion und Beziehung (ein intimer Dialog). Nisa ist das Pseudonym einer fünfzigjährigen Frau, die den Großteil ihres Lebens in semi-nomadischen Verhältnissen verbracht hat. Marjorie Shostak gehört einer Forschergruppe der Harvard-Universität an, welche die !Kung-San-Jäger und -Sammlerinnen seit den fünfziger Jahren erforscht hat. Die komplexen Wahrheiten, welche sich aus ›Leben und Worten‹ Nisas ergeben, sind nicht auf ein Individuum oder die sie umgebende Kulturwelt begrenzt.

Die drei Sprachebenen des Buches weichen in entscheidenden Punkten voneinander ab. Zunächst wird die Autobiographie, nachdem sie anhand der Lebensläufe anderer !Kung-Frauen überprüft wurde, in eine fortlaufende Kulturinterpretation eingefügt (der sie ›Tiefe‹ verleiht). Zum zweiten wird die so gestaltete Erfahrung bald zu einer Geschichte über die Existenzbedingungen der ›Frauen‹, eine Geschichte, die sich aufs engste mit vielen der Erfahrungen und Probleme reimt, welche in neueren feministischen Überlegungen herausgestellt werden. Drittens erzählt *Nisa* von einer interkulturellen Begegnung, in der zwei Individuen zusammenarbeiten, um einen spezifischen Wahrheits-Bereich zu schaffen. Die ethnographische Begegnung selbst wird hier Gegenstand des Buchs, eine Fabel der Kommunikation, der persönlichen Beziehung und letztlich einer Art fiktionaler, aber schöpferischer Verwandtschaft. *Nisa* ist mithin offenkundig eine Allegorie des wissenschaftlichen Verständnisses, die sowohl auf der Ebene der Kulturbeschreibung als auch auf der Ebene wirkt, auf der nach den menschlichen Ursprüngen gesucht wird. (Gemeinsam mit anderen Erforschern der Jäger- und Sammlerinnen neigen die Vertreter des Harvard-Projekts – Shostak eingeschlossen – dazu, in diesem längsten Stadium humaner kultureller Entwicklung eine Grundlinie für die menschliche Natur zu sehen.) *Nisa* ist eine westliche feministische Allegorie, Teil der Wiederentdeckung

chung von *Nisa* in *Times Literary Supplement*, 17. September 1982, S. 994 f. dar.

der allgemeinen Kategorie ›Frau‹ in den siebziger und achtziger Jahren. *Nisa* ist eine Allegorie der Ethnographie, des Kontakts und des Verständnisses.

Als eine stark verwobene Erzählung bewegt sich das Buch beständig, zuweilen unbeholfen, zwischen seinen drei bedeutungsvollen Sprachebenen hin und her. *Nisa* ist wie viele Werke, die allgemeine menschliche Erfahrungen, Konflikte, Freuden, Arbeit und so fort porträtieren. Aber der Text, den Shostak verfaßt hat, ist originell in der Art und Weise, in der er sich verweigert, seine drei Sprachebenen in eine nahtlose, ›vollständige‹ Repräsentation zu verschmelzen. Vielmehr bleiben sie getrennt, verharren in dramatischer Spannung zueinander. Diese Polyvokalität ist der mißlichen Lage des Buchs angemessen, welche zugleich die vieler verunsicherter ethnographischer Autoren ist, die es schwierig finden, über wohldefinierte ›Andere‹ von einer festen, distanzierten Position aus zu sprechen. Differenz bricht in den Text ein; sie kann nicht länger repräsentiert werden; sie muß inszeniert werden.

Nisas erste Sprachebene, die der Kulturwissenschaft, hält ihren Gegenstand in fester Beziehung zu einer sozialen Welt. Sie erklärt Nisas Persönlichkeit nach Art der !Kung und verwendet ihre Erfahrung, um Generalisierungen über ihre soziale Gruppe zu nuancieren und zu korrigieren. Wenn *Nisa* intersubjektive Mechanismen in ungewöhnlicher Tiefe enthüllt, dann zeigt ihre polyvokale Konstruktion auch, daß der Übergang zu wissenschaftlicher Erkenntnis nicht reibungslos erfolgt. Das Persönliche weicht dem Allgemeinen nicht ohne Verlust. Shostaks Forschung gründete sich auf systematische Interviews mit mehr als zwanzig !Kung-Frauen. Aus diesen Gesprächen sammelte sie eine Menge an Daten, die umfassend genug war, um typische Einstellungen, Aktivitäten und Erfahrungen erkennen zu lassen. Aber Shostak war unzufrieden mit dem Mangel an Tiefe in ihren Interviews, und dieser Umstand bewog sie dazu, eine Informantin ausfindig zu machen, die fähig war, eine detaillierte persönliche Schilderung zu bieten. Nisa war recht ungewöhnlich in ihrer Fähigkeit, sich ihr Leben ins Gedächtnis zurückzurufen und es zu erklären; überdies entwickelte sich eine starke Resonanz zwischen ihren Erzählungen und Shostaks persönlichen Interessen. Dies stellte ein Problem angesichts der Erwartungen einer generalisierenden Sozialwissenschaft dar.

Gegen Ende ihres ersten Feldaufenthalts war Shostak durch den

Verdacht beunruhigt, ihre Gesprächspartnerin könnte zu idiosynkratisch sein. Nisa hatte schweres Leid erfahren; ihr Leben, wie sie es erinnerte, war häufig von Gewalttätigkeit gekennzeichnet. Die meisten der vorausgegangenen Berichte über die !Kung, wie Elizabeth Marshall Thomas' *The Harmless People* (1959), hatten diese als friedliebend dargestellt. »Wollte ich wirklich diejenige sein, welche das Bild ins Gleichgewicht bringt?« (350[8]) Im Verlauf eines zweiten Aufenthalts in der Kalahari fand Shostak Bestätigung. Obwohl Nisa immer noch eine besondere Faszination ausübte, erschien sie nun weniger ungewöhnlich. Und der Ethnographin wurde »immer deutlicher bewußt, daß unsere Zusammenarbeit weitergehen sollte und mußte. Die Interviews mit anderen Frauen, die gerade hinter mir lagen, hatten mir bewiesen, daß Nisa sich nicht grundsätzlich von ihnen unterschied. Aber Nisa war ungewöhnlich beredt, und sie hatte größere Verluste erlitten. Trotzdem war sie in den meisten anderen wichtigen Aspekten eine typische !Kung-Frau« (319, Übersetzung des letzten Satzes leicht verändert).

Roland Barthes (1985) hat in prägnanter Weise davon geschrieben, daß eine Wissenschaft des Individuellen nicht möglich sei. Ein beharrlicher Zug in Richtung auf das Allgemeine ist durchgängig in *Nisa* spürbar, und nicht ohne Unbehagen finden wir Nisa auf eine allgemeine Formel gebracht, verknüpft mit einer ›Interpretation des !Kung-Lebens‹ (350[9]). Der wissenschaftliche Diskurs des Buches, unermüdlich kontextualisierend und typifizierend, ist in die anderen zwei Stimmen verflochten und führt jeden der fünfzehn thematischen Abschnitte der Lebensgeschichte mit einigen Seiten an Hintergrundinformationen ein.[10] (»Hat eine Ehe die ersten Jahre nach dem Einsetzen der Menstruation überdauert, wird die Beziehung zwischen den Eheleuten angenehmer und partnerschaftlicher« [131]. Und so fort.) Tatsächlich gewinnt man zuweilen den Eindruck, daß der wissenschaftliche Diskurs im Text als eine Art Hemmschuh für die anderen Stimmen des Buches wirkt, deren Aussagen übermäßig persönlich und intersubjektiv sind. Hier besteht eine reale Diskrepanz. Denn im gleichen Zuge, in

8 Diese Seitenangabe bezieht sich auf das amerikanische Original. *A. d. Ü.*

9 Siehe vorangegangene Anmerkung.

10 In der deutschen Ausgabe sind die Hintergrundinformationen dem jeweiligen Kapitel nach- und nicht vorangestellt. *A. d. Ü.*

dem Nisas Geschichte zu besseren Generalisierungen über die
!Kung beiträgt, bringen die Eigentümlichkeit der Geschichte und
deren besondere Entstehungsumstände Bedeutungen hervor, welche den Forderungen einer typifizierenden Wissenschaft zuwiderlaufen.

Die zweite und dritte Sprachebene des Buchs sind scharf von der ersten unterschieden. Ihre Struktur ist dialogisch, und zuweilen scheint eine jede primär als Antwort auf die andere zu existieren. Nisas Leben besitzt seine eigene textuelle Autonomie in Gestalt einer distinkten Erzählung in einer charakteristischen, glaubhaften Tonalität. Aber sie ist augenscheinlich das Produkt einer Gemeinschaftsarbeit. Dies trifft insbesondere auf ihre Gesamtform zu, die ein ganzes Leben umfaßt – fünfzehn Kapitel einschließlich ›Früheste Erinnerungen‹, ›Familienleben‹, ›Entdeckung der Sexualität‹, ›Probeehen‹, ›Ehe‹, ›Mutterschaft und Verlust‹, ›Frauen und Männer‹, ›Liebhaber‹, ›Ein Heilritual‹, ›Altern‹. Obwohl Nisa zu Beginn der Interviews ihr eigenes Leben dargelegt und dabei die wichtigsten der zu behandelnden Bereiche skizziert hatte, scheint die Themenliste von Shostak zu stammen. Indem Shostak Nisas Diskurs in die Form eines ›Lebensberichts‹ gießt, spricht sie zwei ziemlich verschiedene Leserkreise an. Einerseits wird diese höchst persönliche Sammlung von Erinnerungen für die wissenschaftliche Typifizierung als ›Lebensgeschichte‹ oder ›Lebenszyklus‹ zurechtgemacht. Andererseits bringt Nisas Lebensbeschreibung einen wirksamen und beherrschenden Mechanismus für die Produktion von Bedeutung im Westen ins Spiel – das exemplarische, kohärente Selbst (oder besser: das Selbst, das sich in der Autobiographie selbst zusammenfügt). Die fiktionale Prozeß der Biographie und Autobiographie besitzt nichts Universelles oder Natürliches (Gusdorf 1956; Olney 1972; Lejeune 1975). Das Leben organisiert sich nicht ohne weiteres in Gestalt einer fortlaufenden Erzählung. Wenn Nisa wie so oft sagt: »Wir lebten an jenem Ort und aßen. Dann brachen wir auf und zogen an einen anderen Ort« (33), oder einfach: »Wir lebten und lebten« (31), so läßt sich der gleichförmige Ton einer unauffälligen, unbestimmten Existenz vernehmen. Aus diesem unscharfen Hintergrund tritt während des Sprechens eine narrative Gestalt in Erscheinung, gleichzeitig für einen selbst und für jemand anderen. Nisa erzählt ihr Leben, einen Prozeß, der in Shostaks Buch textuell dramatisiert wird.

Als Alter Ego, Stimuliererin und Herausgeberin des Diskurses unternimmt Shostak eine Anzahl wichtiger Interventionen. Umfangreiches Schneiden und Neuarrangieren transformiert die sich überlappenden Geschichten in ›einen Lebensbericht‹, der sich nicht über Gebühr wiederholt und der sich in klar erkennbaren Stufen und Übergängen entfaltet. Nisas unverwechselbare Stimme gelangt zum Vorschein. Allerdings hat Shostak ihre eigenen Interventionen systematisch beseitigt (wenngleich sie oftmals in Nisas Antwort spürbar werden). Auch hat sie eine Anzahl von typischen stilistischen Kennzeichen der Erzählung herausgenommen; den üblichen Kommentar ihrer Freundin am Ende einer Geschichte: »Der Wind hat es mit sich fortgetragen« oder zu Beginn: »Ich werde die Geschichte aufbrechen und Dir erzählen, was es mir ihr auf sich hat«; oder in der Mitte: »Was versuche ich zu tun? Hier sitze ich, spreche über eine Geschichte, und eine andere kommt mir in den Sinn und in meine Gedanken!« (305) Shostak hat sorgfältig über die Gestaltung ihrer Transkripte nachgedacht; man kann nicht alles haben – die *performance* mit allen ihren Abschweifungen und zugleich eine leicht verständliche Geschichte. Wenn Nisas Worte von einem breiteren Publikum gelesen werden sollten, dann mußten auch Konzessionen an die Erfordernisse einer biographischen Allegorie, an eine Leserschaft, die in der ethischen Subjektinterpretation erfahren ist, gemacht werden. Mit diesen formalen Mitteln wird der zweite Diskurs des Buches, Nisas gesprochener Lebensbericht, seinen Lesern nahegebracht; er wird dadurch zu einer Erzählung, die einen ausdrucksvollen ›menschlichen‹ Sinn ergibt.

Die dritte unterscheidbare Sprachebene des Buchs bildet Shostaks persönlicher Bericht von der Arbeit im Feld. »Lehre mich, was es bedeutet, eine !Kung-Frau zu sein«, war die Frage, die sie ihren Informantinnen stellte (286). Wenn Nisa in besonders angemessener Weise antwortete, so schienen ihre Worte auch eine andere Frage zu beantworten: »Was bedeutet es, eine Frau zu sein?« Shostak erzählte ihren Informantinnen, »daß ich lernen wollte, was es bedeutet, eine Frau in ihrer Kultur zu sein, damit ich besser verstehen konnte, was es in meiner eigenen bedeutet.« Die Beziehung zu Nisa wurde, in Begriffen der !Kung ausgedrückt, die einer Tante, welche zu einer jungen Nichte spricht, zu »einer Mädchen-Frau, gerade verheiratet, die mit den Problemen von Liebe, Heirat, Sexualität, Arbeit und Identität kämpft« (286). Die jüngere

Frau (›Nichte‹, zuweilen ›Tochter‹) wird von einer erfahrenen Alten in den mit der Rolle der erwachsenen Frau verbundenen Fertigkeiten und Mühseligkeiten unterwiesen. Die sich wandelnde Beziehung führt zu einer Gleichheit von Zuneigung und Respekt und endet mit einem Schlußwort voll feministischer Bedeutung: ›Schwester‹ (333). Nisa spricht durchgängig nicht als eine neutrale Zeugin, sondern als eine Person, die einer anderen Person bestimmten Alters mit offenkundigen Fragen und Wünschen spezifische Ratschläge erteilt. Sie ist keine ›Informantin‹, welche *kulturelle* Wahrheiten, gleichsam zu jedermann und niemand (im besonderen), ausspricht und damit eher Informationen als weitausholende, den Umständen gemäße Antworten liefern würde.

In ihrem Bericht beschreibt Shostak eine Suche nach persönlicher Erkenntnis, nach etwas, das über die übliche enge ethnographische Beziehung hinausgeht. Sie hofft, daß vertrauter Umgang mit einer !Kung-Frau ihr eigenes Verständnis davon, eine moderne westliche Frau zu sein, irgendwie erweitern oder vertiefen werde. Ohne explizite Lehren aus Nisas Erfahrung zu ziehen, dramatisiert sie durch ihre eigene Suche die Art und Weise, in der ein erzähltes Lesen allegorisch einen Sinn *für eine andere Person* ergibt. Nisas Geschichte wird als eine gemeinsame Produktion, als das Ergebnis einer Begegnung gezeigt, die nicht zu einer Subjekt-Objekt-Dichotomie umgeschrieben werden kann. Es geschieht etwas mehr als das Erklären oder Darstellen des Lebens und der Worte eines anderen Menschen – etwas Unbegrenzteres, Ausbaufähigeres. Das Buch ist Teil eines neuen Interesses an der Neubewertung subjektiver (genauer: intersubjektiver) Aspekte der Forschung. Es geht aus einem entscheidenden Moment feministischer Politik und Epistemologie hervor: Bewußtseinsentwicklung und das Teilen von Erfahrungen durch Frauen. Eine Gemeinsamkeit wird hergestellt, die, indem separate Leben zusammengebracht werden, das persönliche Handeln mit Stärke ausstattet und eine gemeinsame Lage klar erkennen läßt. Dieser Augenblick neuen feministischen Bewußtseins wird in Nisas Fabel über ihre eigene Relationalität allegorisiert. (In anderen Ethnographien inszenieren traditionellerweise maskuline Geschichten von Initiation und Penetration die produktive Begegnung des Selbst und des Anderen auf andere Art.)¹¹ Shostaks explizite feministische Allegorie spiegelt damit einen spezifischen Zeitpunkt wider, in welchem der Konstruktion der Erfahrung der ›Frau‹ das Zentrum der Bühne eingeräumt wird. Es ist ein Moment von andauernder Bedeutung; er wird jedoch von neuen Gegenströmungen innerhalb der feministischen Theorie angefochten. Das Geltendmachen von gemeinsamen weiblichen Eigenschaften (und Bedrängnissen) über rassische, ethnische und Klassengrenzen hinweg erscheint von neuem problematisch. Und in einigen Zirkeln wird ›Frau‹ nicht als ein Fixpunkt der Erfahrung, sondern als eine sich verschiebende subjektive Position betrachtet, die auf keine Essenz reduzierbar ist.¹² Shostaks Allegorie scheint diese Gegenströmungen in ihren gelegentlich komplexen Berichten über Prozesse des Spiels und der Übertragung zu registrieren, welche die endgültige Inskription der Gemeinsamkeit leisten. Denn die im Buch dokumentierten vertraulichen Beziehungen sind auf subtile, reziproke Bewegungen der Verdoppelung, der Imagination und des Begehrens gegründet, Bewegungen, die in einer der Geschichten allegorisiert sind, welche Shostak Nisas Schilderung kontrapunktisch entgegenstellt – ein Ereignis, das sich um den Wert des Körpers einer Mädchen-Frau dreht.

»Ich beobachtete eines Tages eine Zwölfjährige, deren Brüste sich gerade zu entwickeln begannen. Das Mädchen betrachtete sich im Rückspiegel unseres Landrovers. Sie studierte aufmerksam ihr Gesicht, stellte sich auf die Zehenspitzen und blickte prüfend auf ihre Brüste und ihren Körper, soweit sie ihn sehen konnte. Dann richtete sie ihre Aufmerksamkeit wieder auf das Gesicht. Sie trat einen Schritt zurück, um besser sehen zu können. Sie war ein hübsches Mädchen, aber in keiner Weise außergewöhnlich. Sie sah, daß ich sie beobachtete. Ich neckte sie auf die Art der !Kung, die ich inzwischen gelernt hatte. ›Wie häßlich! Wie kann ein junges Mädchen schon so häßlich sein?‹ Sie lachte. Ich fragte: ›Glaubst du mir nicht?‹ Sie strahlte: ›Keine Spur. Ich bin schön!‹ Sie betrachtete sich weiter im Spiegel. Ich sagte: ›Schön? Vielleicht hat das Alter meine Augen ge-

---

11 Über Ethnographie als eine Allegorie von Eroberung und Initiation vgl. Clifford (1983b).
12 Über rassische und Klassendifferenzen innerhalb des Feminismus vgl. die erneuten Überlegungen von Rich (1979) und die Arbeiten von Hull, Scott und Smith (1982), Hooks (1981) und Moraga (1983). Scharfe feministische Kritiken am Essentialismus sind bei Wittig (1981) und Haraway (1985) zu finden.

trübt, aber ich kann keine Schönheit sehen. Wo ist sie?‹ Sie antwortete: ›Überall... mein Gesicht, mein Körper. Es gibt nichts Häßliches an mir.‹ Sie traf diese Feststellung unbeschwert und mit einem fröhlichen Lächeln, aber auch ohne jede Spur von Überheblichkeit. Das Vergnügen, das ihr die Veränderungen ihres Körpers machten, war ebenso deutlich wie das Fehlen aller Konflikte deswegen.«(232 f.)

Ein Großteil des Buches ist hierin enthalten: eine alte Stimme, eine junge Stimme, ein Spiegel... das Gespräch über Selbstwertgefühl. Narzißmus, ein Terminus der Devianz, auf Frauen im Westen angewandt, wird verklärt. Wir bemerken weiter, daß es die Ethnographin ist, die – die Stimme des Alters annehmend – einen Spiegel mitgebracht hat, genauso wie Nisa einen allegorischen Spiegel bereithält, wenn Shostak die Rolle der Jugend einnimmt. Die Ethnographie gewinnt subjektive ›Tiefe‹ durch die Art von Rollen, Reflexionen und Umkehrungen, die hier dramatisiert werden. Die Verfasserin und ihre Leserschaft können sowohl jung (lernend) als auch alt (wissend) sein. Sie können zugleich zuhören und der oder dem Anderen ›Sprache verleihen‹.[13] *Nisas* Leserschaft folgt dem Spiel des Begehrens und verlängert es. Sie imaginiert im Spiegel des Anderen ein unschuldiges Selbstwertgefühl, ein unkompliziertes Gefühl von ›Attraktivität‹, das Shostak als ›Ich habe Arbeit‹, ›Ich bin leistungsfähig‹, ›Ich habe Wert‹ übersetzt (233).

Ethnologische Feldarbeit ist sowohl als wissenschaftliches ›Laboratorium‹ wie auch als persönlicher *rite de passage* dargestellt worden. Die beiden Metaphern fangen den unmöglichen Versuch der Disziplin, objektive und subjektive Praktiken miteinander zu vereinigen, genau ein. Bis vor kurzem war diese Unmöglichkeit dadurch verschleiert, daß die intersubjektiven Grundlagen der

13 Ethnographien präsentieren sich oftmals als Fiktionen der Gelehrsamkeit, der Aneignung von Wissen und schließlich der Autorität, eine andere Kultur zu verstehen und darzustellen. Der Forscher oder die Forscherin steht am Anfang in der Beziehung eines Kindes zur Erwachsenen-Kultur und endet damit, daß er oder sie mit der Weisheit der Erfahrung spricht. Es ist interessant, darauf zu achten, wie in einem Text die Ausdrucksweisen eines Autors zwischen dem Lernen vom und dem Sprechen für den Anderen hin und her wechseln. Diese fiktionale Freiheit ist entscheidend für die allegorische Zugkraft der Ethnographie: die simultane Rekonstruktion einer Kultur und eines wissenden Ich, ein doppeltes ›Coming of Age in Samoa‹.

Feldarbeit marginalisiert, aus seriösen ethnographischen Texten ausgeschlossen wurden und in Vorworte, Lebenserinnerungen, Anekdoten, Bekenntnisse und so fort verwiesen waren. Neuerdings beginngen sich diese disziplinären Regeln zu lockern. Die neue Tendenz, die Informanten ausführlicher zu nennen und zu zitieren und persönliche Elemente in den Text einzuführen, ändert die diskursive Strategie und den Autoritäts-Modus der Ethnographie. Vieles von unserem Wissen über andere Kulturen muß nunmehr als zufällig angesehen werden, als das problematische Ergebnis eines intersubjektiven Dialogs, von Übersetzung und Projektion. Dies stellt jede Wissenschaft, die sich vorwiegend vom Besonderen zum Allgemeinen bewegt und die von persönlichen Wahrheiten nur als Beispiel für typische Phänomene oder als Ausnahme von kollektiven Mustern Gebrauch machen kann, vor fundamentale Probleme.

Ist erst einmal dem ethnographischen Prozeß die volle Komplexität historisierter dialogischer Beziehungen eingeräumt, zeigt sich das, was bislang empirisch-interpretative Berichte von generalisierten kulturellen Tatsachen (Behauptungen und Zuschreibungen, die ›die !Kung‹, ›die Samoaner‹ usw. betreffen) zu sein schienen, als lediglich eine Ebene von Allegorie. Solche Berichte mögen komplex und wahrheitsgemäß sein; und sie lassen im Prinzip Widerlegungen zu, unter der Voraussetzung, daß Zugang zu demselben Pool kultureller Tatsachen besteht. Aber als schriftliche Versionen, die auf Feldarbeit gründen, verkörpern diese Berichte zweifellos nicht länger *die* Geschichte, sondern eine Geschichte unter anderen. *Nisas* nicht miteinander übereinstimmende allegorische Sprachebenen – die drei nicht ganz leicht zu handhabenden ›Stimmen‹ im Buch – spiegeln einen schwierigen, schöpferischen Augenblick in der Geschichte der interkulturellen Repräsentation wider.

IV

> »*Welcome of Tears* is a beautiful book, combining the stories of a vanishing people and the growth of an anthropologist.«
> Margaret Mead, Klappentext für die Paperback-Ausgabe von Charles Wagleys *Welcome of Tears*

Ethnographische Texte sind nicht allein oder vorwiegend Allegorien. Wie wir gesehen haben, bemühen sie sich tatsächlich, den Spielraum ihrer ›zusätzlichen‹ Bedeutungen zu begrenzen, indem sie sie mimetischen, referentiellen Funktionen unterwerfen. Dieses Ringen (welches oftmals Dispute darüber einschließt, was als ›wissenschaftliche‹ Theorie und was als ›literarische‹ Erfindung oder als ›ideologische‹ Projektion zu gelten hat) erhält Konventionen der Disziplin sowie der Gattung. Sofern die Ethnographie als ein Instrument positiver Wissenschaft bewahrt bleiben soll, müssen solche Konventionen die vielfältigen allegorischen Prozesse verschleiern oder lenken. Denn kann nicht jede ausführliche Beschreibung, stilistische Wendung, Geschichte oder Metapher so gelesen werden, daß sie etwas anderes bedeutet? (Müssen wir die drei expliziten Ebenen der Allegorie in einem Buch wie *Nisa* akzeptieren? Was hat es mit den Photographien auf sich, welche ihre eigene Geschichte erzählen?) Sind Lesarten nicht selbst offen? Kritiker wie de Man (1988) nehmen konsequent eine solche Position ein, indem sie vorbringen, daß die Wahl einer dominanten Rhetorik, Figur oder Erzählweise in einem Text immer einen unvollkommenen Versuch darstellt, eine Lesart oder eine Bandbreite von Lesarten einem interpretativen Prozeß aufzuerlegen, der unbegrenzt ist, der eine Folge von ›Bedeutungs‹verschiebungen ohne Endpunkt darstellt. Während allerdings das freie Spiel der Lesarten in der Theorie unendlich sein mag, gibt es in jedem historischen Augenblick einen begrenzten Umfang an kanonischen und neu auftauchenden Allegorien für den kompetenten Leser (denjenigen Leser, dessen Interpretation von einer spezifischen Gemeinschaft als plausibel erachtet wird). Diese Bedeutungsstrukturen sind historisch begrenzt und zwingend. In der Praxis gibt es kein ›freies‹ Spiel.
In dieser mißlichen historischen Lage bleibt die Kritik von Geschichten und Mustern, die die interkulturellen Darstellungen nachhaltig durchdringen, eine wichtige politische wie auch wis-

senschaftliche Aufgabe. Im Rest dieses Essays untersuche ich eine allgemeine, richtungweisende Allegorie (oder genauer, ein Modell möglicher Allegorien), die neuerdings als ein strittiger Bereich in Erscheinung getreten ist – eine Struktur der Rückschau, die ›ethnographisches Pastorale‹ genannt werden kann. Shostaks Buch und die Harvard-Studien über Jäger-Sammlerinnen sind in dem Maße, wie sie sich mit einer Suche nach fundamentalen wünschenswerten menschlichen Eigenschaften beschäftigen, in diese Struktur verstrickt.

In einem scharfen Artikel »The Use and Abuse of Anthropology. Reflections on Feminism and Cross-Cultural Understanding« hat Michelle Rosaldo eine hartnäckige Tendenz in Frage gestellt, sich ethnographische Daten in Form einer Suche nach Ursprüngen anzueignen. Analysen von sozialen ›Gegebenheiten‹ wie Geschlecht und Sexualität zeigen ein beinahe reflexives Bedürfnis nach ethnologischen So-ist-es-Geschichten. Gelehrte Diskussionen, beginnend mit Simone de Beauvoirs grundlegender Frage »Was ist Frau?« »bewegen sich [...] hin auf eine Diagnose der gegenwärtigen Subordination und von da weiter zu den Fragen ›Waren die Verhältnisse schon immer so, wie sie heute sind?‹ und anschließend ›Wann nahm ›dies‹ seinen Anfang?‹« (1980: 391). Beispiele, die von der Ethnologie bezogen werden, tauchen auf. In einem Verfahren, das sich nicht wesentlich von jenem Herbert Spencers, Henry Maines, Durkheims, Engels' oder Freuds unterscheidet, wird angenommen, daß die Evidenz aus ›einfachen‹ Gesellschaften die Ursprünge und Struktur von gegenwärtigen kulturellen Mustern erhellt. Rosaldo vermerkt, daß die meisten wissenschaftlichen Anthropologen seit dem frühen zwanzigsten Jahrhundert die evolutionäre Suche nach Ursprüngen aufgegeben haben, doch ihr Artikel weist darauf hin, daß es sich um einen beherrschenden und andauernden Reflex handelt. Überdies können auch wissenschaftliche Ethnographen die Bedeutungen – Lesarten –, zu denen ihre Berichte herausfordern, nicht vollständig kontrollieren. Dies trifft insbesondere auf Darstellungen zu, welche ihre Gegenstände nicht historisiert haben, sondern exotische Gesellschaften in einer ›ethnographischen Gegenwart‹ porträtieren (die tatsächlich immer eine Vergangenheit ist). Diese Aufhebung in die Synchronie textualisiert den Anderen in wirksamer Weise und gibt den Sinn einer Realität nicht im zeitlichen Fluß wieder, nicht in derselben vieldeutigen, bewegenden *historischen*

Gegenwart, welche den Anderen, den Ethnographen wie den Leser, einschließt und situiert. ›Allochronische‹ Repräsentationen, um den Terminus von Johannes Fabian zu verwenden, ziehen sich durch die gesamte wissenschaftliche Ethnographie des 20. Jahrhunderts. Sie laden zu allegorischen Aneignungen in der mythologisierenden Form ein, die Rosaldo verwirft.

Sogar sehr besonnene analytische Berichte können auf diese retrospektive Aneignung gegründet sein. E. E. Evans-Pritchards *The Nuer* (1940) stellt ein einschlägiges Beispiel dar, porträtiert es doch eine ansprechend harmonische Anarchie, eine Gesellschaft, die durch keinen Sündenfall korrumpiert ist. Henrika Kuklick (1984) hat *The Nuer* (im Kontext eines breiten, auf die Untersuchung akephaler ›tribaler‹ Gesellschaften gerichteten Trends innerhalb der britischen politischen Anthropologie) als eine politische Allegorie analysiert, welche ein geläufiges *folk model* der angelsächsischen Demokratie reinskribiert. Wenn Evans-Pritchard schreibt: »Es gibt keinen Herren und keinen Diener in ihrer Gesellschaft, sondern allein Gleiche, die sich als Gottes edelste Schöpfung ansehen«, so fällt es nicht schwer, das Echo einer langen politischen Tradition der Sehnsucht nach einer ›egalitären, auf Vertrag beruhenden Vereinigung‹ freier Individuen herauszuhören. Anklänge an paradiesische Zustände werden gelegentlich betont, wie immer bei Evans-Pritchard in recht trockener Weise.

»Wenngleich ich von Zeit und Zeiteinheiten gesprochen habe, verfügen die Nuer über keinen Ausdruck, der gleichbedeutend wäre mit ›Zeit‹ in unserer Sprache, und sie können deshalb nicht so wie wir von Zeit sprechen, als ob es etwas Wirkliches wäre, das vorübergeht, verschwendet oder gespart werden kann und so fort. Ich denke nicht, daß sie jemals das gleiche Gefühl des Kämpfens gegen die Zeit erfahren oder das Gefühl, Aktivitäten mit einem abstrakten Verstreichen der Zeit koordinieren zu müssen, da ihre Bezugspunkte vorwiegend die Aktivitäten selbst bilden, die allgemein von gemächlichem Charakter sind. Ereignisse folgen einer logischen Ordnung, doch werden sie nicht durch ein abstraktes System kontrolliert, da es keine autonomen Bezugspunkte gibt, denen Aktivitäten mit Präzision zu entsprechen haben. Die Nuer sind vom Glück begünstigt.« (Evans-Pritchard 1940: 103).

Für eine Leserschaft, die in der post-Darwinschen bürgerlichen Erfahrung von Zeit – einem linearen, unbarmherzigen Fortschreiten, das zu keiner Gewißheit führt und keinerlei Unterbrechung oder zyklische Rückkehr gestattet – gefangen ist, besitzen die von vielen Ethnographen beschriebenen kulturellen Inseln, die aus der Zeit herausgehoben (oder ›ohne Geschichte‹) sind, einen anhaltenden Reiz, der seine Kraft aus der Idee einer Zeit vor dem Sündenfall schöpft. Wir bemerken jedoch die ironische Struktur (welche keinen ironischen Ton implizieren muß) solcher Allegorien. Denn sie werden über den Umweg einer ethnographischen Subjektivität präsentiert, deren Haltung gegenüber dem Anderen eine der teilnehmenden Beobachtung oder, vielleicht besser, einer Kombination von Glauben und Skeptizismus ist (vgl. Webster 1982: 93). Nuer sind vom Glück begünstigt (wir hingegen nicht). Die Anziehungskraft ist fiktional, die zeitliche Ungezwungenheit und die attraktive Anarchie der Nuer-Gesellschaft sind fern und unwiederbringlich. Es sind verlorengegangene Qualitäten, die vermittels Texten wiedererlangt werden.

Diese ironische Anziehungskraft ist Teil eines breiten ideologischen Musters, das viel, vielleicht den Großteil der interkulturellen Repräsentation des 20. Jahrhunderts orientiert hat. »Die Existenz der Naturvölker ist eine ephemere für uns [...] Mit dem Augenblick, der sie uns kennen lehrt, weht der Todesengel sie an. Von ihm geschlagen, tragen sie fortan den Keim des [psychischen] Untergangs in sich.« Dies äußerte Adolf Bastian im Jahre 1881 (S. 63 f.; in englischer Übersetzung zitiert bei Fabian 1983: 122). Im Jahre 1921 schrieb Bronislaw Malinowsi: »Die Ethnologie befindet sich in der traurig absurden, um nicht zu sagen, tragischen Lage, daß genau in dem Augenblick, da sie beginnt, ihre Werkstatt in Ordnung zu bringen, ihre eigentlichen Werkzeuge zu schmieden und an die ihr zugewiesene Aufgabe zu gehen, das Untersuchungsmaterial hoffnungslos schnell dahinschwindet« (1979: 15). Die authentische Trobriand-Gesellschaft, so deutet er damit an, bestand nicht mehr lange für diese Welt. Als er in den fünfziger Jahren schrieb, erkannte Claude Lévi-Strauss einen globalen Prozeß der Entropie. *Tristes Tropiques* porträtiert voll Trauer differenzierte soziale Strukturen, die sich unter dem Schock des Kontakts mit einer mächtigen Monokultur in eine globale Homogenität auflösen. Eine Rousseausche Suche nach ›elementaren‹ Formen humaner Kollektivität führt Lévi-Strauss zu den Nambikwara. Doch deren Welt befindet sich im Prozeß des Zerfalls. »Ich hatte eine auf ihren einfachsten Ausdruck reduzierte Gesellschaft gesucht. Die der Nambikwara war so einfach, daß ich in ihr nur individuelle Menschen fand« (1978: 314).

Das Thema des verschwindenden Primitiven, vom Ende der traditionalen Gesellschaft (bereits der Akt der Benennung als ›traditional‹ impliziert einen Bruch) ist im ethnographischen Schrifttum durchgängig vorhanden. Es stellt in einer Wendung von Raymond Williams eine »Gefühlsstruktur« dar (1973: 12). Unbestreitbar ist, daß Lebensweisen in einem bedeutungsvollen Sinn ›sterben‹ können; Bevölkerungen werden beständig gewaltsam auseinandergerissen, zuweilen ausgerottet. Traditionen gehen fortlaufend verloren. Aber das anhaltende und sich ständig wiederholende ›Verschwinden‹ gesellschaftlicher Formen im Augenblick ihres ethnographischen Repräsentiert-Werdens verlangt nach Analyse als narrativer Struktur. Vor einigen Jahren erschien im *American Ethnologist* ein Artikel, der auf einer unlängst durchgeführten Feldforschung bei den Nambikwara beruhte – letztere stellen immer noch mehr dar als nur ›individuelle Menschen‹. Auch die lebende Trobriand-Kultur ist Gegenstand einer neueren Feldstudie (Weiner 1976). Der nunmehr bekannte Film *Trobriand Cricket* zeigt eine sehr distinkte Lebensweise, die sich unter den Bedingungen von Kolonialismus und anfänglicher nationaler Souveränität selbst neu erfindet.

Der verschwindende Gegenstand der Ethnographie bildet somit in einem bedeutenden Maße ein rhetorisches Konstrukt, das eine repräsentationale Praxis legitimiert: ›Rettungs‹-Ethnographie im weitesten Sinne. Der Andere ist verloren im Zerfallsprozeß von Zeit und Raum, jedoch gerettet im Text. Die Begründung dafür, daß die Aufmerksamkeit auf entschwindende Überlieferungen gerichtet wird, darauf, das Wissen alter Leute durch Schreiben zu retten, mag gewichtig sein (obwohl er von lokalen Umständen abhängt und nicht länger generalisiert werden kann). Ich möchte spezifische Fälle verschwindender Gebräuche und Sprachen keineswegs in Abrede stellen oder den Wert des Aufzeichnens solcher Phänomene anfechten. Vielmehr geht es mir darum, die Annahme in Frage zu stellen, daß mit dem rapiden Wandel etwas Wesentliches (›Kultur‹), eine einheitliche charakteristische Identität, verschwindet. Auch bezweifle ich die spezifische wissenschaftliche und moralische Autorität, die mit der Rettungs- oder Erlösungs-Ethnographie verbunden ist. Es wird dabei angenommen, daß die andere Gesellschaft schwach ist und durch einen Außenstehenden repräsentiert werden ›muß‹ (und daß das, worauf es in deren Existenz ankommt, ihre Vergangenheit und nicht die Gegenwart oder die Zukunft ist). Der Chronist und Interpret brüchigen Brauchtums ist Hüter einer Essenz, unanfechtbarer Zeuge einer Authentizität. (Ferner kann die gerettete Version, da die ›wahre‹ Kultur immer schon verschwunden ist, nicht leicht widerlegt werden.)

Derartige Einstellungen verlieren, wenngleich sie fortbestehen, gegenwärtig ihr Gewicht. Heute würden nur wenige Ethnologen sich die Logik der Ethnographie in jenen Termini zu eigen machen, in denen sie zur Zeit von Franz Boas formuliert worden ist, nämlich als eine letztmögliche Rettungs-Operation. Doch ist die Allegorie der Rettung zutiefst verwurzelt. Ich möchte die Auffassung vertreten, daß sie in der Konzeption und der Praxis der Ethnographie als eines Prozesses des Schreibens, insbesondere der Textualisierung, enthalten ist. Eine jede Deskription oder Interpretation, die sich als ›Umsetzen einer Kultur in Text‹ versteht und sich dabei von oral-diskursiver Erfahrung (die des ›Eingeborenen‹, des Feldforschers) zu einer schriftlichen Version dieser Erfahrung (dem ethnographischen Text) bewegt, inszeniert die Struktur der ›Rettung‹. In dem Maße, in dem der ethnographische Prozeß als Inskription (eher denn als Transkription oder als Dialog) betrachtet wird, wird die Repräsentation darin fortfahren, eine mächtige und zugleich fragwürdige allegorische Struktur zu inszenieren.

Diese Struktur ist in einer langen westlichen Tradition des Pastorale angesiedelt (ein Thema, auf das auch Renato Rosaldo [1986] eingeht). Raymond Williams' *The Country and the City* (1973) strebt, auf eine etablierte Gelehrtentradition zum Pastorale zurückgreifend (Empson 1950, Kermode 1952, Frye 1964, Poggioli 1975 und andere), nach einem globalen Rahmen, der so umfassend ist, daß auch das ethnographische Schreiben darin seinen Platz hat. Er zeigt, wie sich ein fundamentaler Kontrast zwischen Stadt und Land in eine Reihe mit anderen, überall wahrnehmbaren Oppositionen einfügt: zivilisiert und primitiv, Westen und ›Nicht-Westen‹, Zukunft und Vergangenheit. Er analysiert eine komplexe, einfallsreiche, in hohem Maße durchgestaltete Reihe von Antworten auf gesellschaftliche Erschütterung und Wandel, die von der klassischen Antike bis zur Gegenwart reicht. Williams spürt dem beständigen Wiederauftreten eines konventionalisierten Musters der Rückschau nach, die den Verlust eines ›guten‹ Landes, eines Ortes beklagt, an dem einstmals authentische soziale und natürliche Kontakte möglich waren. Bald jedoch stellt er eine alarmierende Regresssion fest. Denn immer, wenn man einen Autor entdeckt, der auf einen glücklicheren Ort, auf einen verlorenen ›organischen‹ Augenblick zurückschaut, macht man einen anderen Autor jener früheren Periode ausfindig, der ein ähnliches früheres Verschwinden beklagt. Der letztliche Bezugspunkt ist selbstverständlich der Garten Eden (9–12).

Williams verwirft diese Struktur keineswegs als schlicht nostalgisch, was sie offenkundig ist; vielmehr geht er systematisch einer sehr komplexen Konstellation von zeitlichen, räumlichen und moralischen Positionen nach. Er stellt fest, daß das Pastorale häufig mit *kritischer Nostalgie* verbunden ist, die eine Möglichkeit darstellt (so wie Diamond [1976] für ein Konzept des Primitiven eintritt), mit der hegemonialen, korrupten Gegenwart zu brechen, indem die Tatsache einer radikalen Alternative geltend gemacht wird. Edwar Sapirs »Culture, Genuine and Spurious« (1966) nimmt diese kritischen pastoralen Werte in den Hauptpunkten wieder auf. Und tatsächlich setzt jede imaginierte Authentizität das Vorliegen von Gefühlen der Inauthentizität voraus und wird von ihnen zugleich auch hervorgebracht. Allein, Williams' Ausführungen legen nahe, daß solcherart Projektionen nicht durchwegs in der Vergangenheit verortet oder, was auf das gleiche hinausläuft, daß die ›genuinen‹ Elemente kulturellen Lebens nicht immer wieder als fragil, bedroht und vergänglich kodiert werden müssen. Diese Empfindung einer überall erfolgenden sozialen Fragmentierung, einer beständigen Zerrüttung ›natürlicher‹ Beziehungen ist für eine Form der Subjektivität charakteristisch, die Williams lose mit städtischem Leben und Romantik in Verbindung bringt. Das Selbst, abgelöst von verläßlichen gemeinschaftlichen Bindungen, ist eine Identität auf der Suche nach Ganzheit, es hat den Verlust internalisiert und sich auf eine endlose Suche nach Authentizität begeben. Ganzheit wird der Definition gemäß zu einer Angelegenheit der Vergangenheit (ländlich, primitiv, kindgleich), zugänglich allein als Dichtung und aus einer Haltung bedingten Involviertseins erfaßt. George Eliots Romane geben einen Abriß von dieser Situation der teilnehmenden Beobachtung unter »der allgemeinen Bedingung einer überschaubaren Gemeinschaft, die idealerweise der Vergangenheit angehört«. *Middlemarch* beispielsweise ist aus der Zeit seiner Entstehung um eine Generation in das Jahr 1830 zurückprojiziert. Und dies ist unge-

fähr die zeitliche Distanz, die viele konventionelle Ethnographien annehmen, wenn sie eine vergängliche Realität, das ›traditionelle‹ Leben, in der Gegenwartsform beschreiben. Die Fiktion einer überschaubaren Gemeinschaft »kann dort mit dem Ziel umfassenden moralischen Handelns neu erschaffen werden. Aber der tatsächliche Schritt, der vollzogen wurde, ist der Rückzug von jeglicher angemessenen Auseinandersetzung mit einer existierenden Gesellschaft. Bedeutung liegt in der Vergangenheit, als einer allgemeinen Voraussetzung für die Rückschau, in der Gegenwart existiert sie dagegen nur als eine partikulare und private Sensibilität, dem individuellen moralischen Handeln« (Williams 1973: 180).
Bei George Eliot können wir die Entfaltung eines Stils soziologischen Schreibens erkennen, der gesamte Kulturen (Welten, die erkennbar sind) aus einer spezifischen zeitlichen Distanz und unter der Annahme ihrer Vergänglichkeit zu beschreiben sucht. Dies wird von einem einfühlsamen, auf Details eingehenden, jedoch letztlich ungebundenen Standpunkt aus erreicht. Historische Welten werden gerettet in Form textueller Erzeugnisse, die von bestehenden gelebten Milieus losgelöst sind und sich für die moralische, allegorische Aneignung durch individuelle Leser eignen. Im eigentlichen *ethnographischen* Pastorale wird diese Struktur der Textualisierung über die Dissoziationen im England des 19. Jahrhunderts hinaus auf eine umfassendere kapitalistische Topographie der Oppositionen von ›westlich/nichtwestlich‹ und ›Stadt/Land‹ ausgeweitet. ›Primitive‹, non-literate, unterentwickelte, tribale Gesellschaften fügen sich beständig dem Fortschritt und ›verlieren‹ darüber ihre eigenen Traditionen. »Im Namen der Wissenschaft komponieren wir Ethnologen Totenmessen«, schreibt Robert Murphy (1984). Allein, der problematischste und zugleich politisch höchst aufgeladene Aspekt dieser ›pastoralen‹ Kodierung besteht in seiner schonungslosen Plazierung der Anderen in einer immer schon im Vergehen begriffenen Gegenwart. Was würde es etwa erfordern, die schöpferischen, elastischen und enorm verschiedenartigen Gesellschaften Melanesiens mit der kulturellen *Zukunft* des Planeten konsequent in Zusammenhang zu bringen? Wie könnten Ethnographien anders konzipiert werden, wenn dieser Standpunkt ernsthaft eingenommen würde? Pastorale Allegorien kulturellen Verlusts und textueller Rettung wären auf jeden Fall umzugestalten.[14]

14 In meiner Lesart stellt die Arbeit von Roy Wagner (1979, 1980) den

Durchgängige Annahmen über Ethnographie als schriftstellerischer Tätigkeit hätten sich ebenfalls zu wandeln. Denn Allegorien der Rettung sind gerade von der Praxis der Textualisierung impliziert, welche allgemein im Innersten der kulturellen Beschreibung angesiedelt wird. Was immer anderes eine Ethnographie auch tut, sie übersetzt Erfahrung in einen Text. Es gibt unterschiedliche Wege, diese Übersetzung zu bewerkstelligen, Wege, die bedeutsame ethische und politische Konsequenzen nach sich ziehen. Man kann die Ergebnisse einer individuellen Forschungserfahrung ›ausführlich darstellen‹. Dies mag einen realistischen Bericht über die bislang ungeschriebenen Erfahrungen eine anderen Gruppe oder Person hervorbringen. Man kann diese Textualisierung als Ergebnis von Beobachtung, von Interpretation oder von Dialog präsentieren. Man kann eine Ethnographie konstruieren, die aus Dialogen zusammengesetzt ist. Man kann mehrere oder eine einzelne Stimme herausstellen. Und man kann das Andere als ein stabiles, essentielles Ganzes porträtieren oder es als Ergebnis einer Geschichte der Entdeckung darstellen, die unter spezifischen historischen Umständen stattfand. Einige dieser Möglichkeiten habe ich an anderer Stelle diskutiert (1983a; Übersetzung in diesem Band). Für alle diese Möglichkeiten, ist jedoch Voraussetzung, daß die Ethnographie Erfahrung und Diskurs ins Schreiben überführt.

Wenngleich dies offensichtlich der Fall ist und tatsächlich eine Art Allgemeinverständnis reflektiert, handelt es sich um kein naives Allgemeinverständnis. Seit der Antike ist die Geschichte des Übergangs vom Oral-Auralen zum Schreiben komplex und bela-

---

wirkungsvollsten Versuch dar, dieses zeitliche Gefüge, vermittels einer ethnographischen Invention Melanesiens, umzudenken. Er stellt, vielleicht zu schroff, westliche »Antizipationen der Vergangenheit« melanesischen »Antizipationen der Zukunft« gegenüber. Die ersteren sind mit der Idee der Kultur als einer strukturierenden Tradition verbunden (1979: 162). Hugh Brodys *Maps and Dreams* (1982) bieten einen subtilen und präzisen Versuch, das Jagdleben der Beaver-Indianer Nordwest-Kanadas zu porträtieren, wie sie sich den Kräften des Weltsystems, einer Ölpipeline, Jagen um des Sports willen usw. stellen. Er präsentiert sein Werk als eine politische Zusammenarbeit. Und er ist sorgfältig darauf bedacht, die Zukunft offen, ungewiß zu halten, indem er eine Gratwanderung zwischen Geschichten des ›Überlebens‹, der ›Akkulturation‹ sowie des ›Zusammenpralls‹ unternimmt.

stet. Jede Ethnographie inszeniert eine solche Bewegung, und dies stellt eine Quelle ihrer besonderen Autorität dar, welche im Erschaffen von Texten aus Ereignissen und Dialogen sowohl Rettung als auch unwiderruflichen Verlust – eine Art Tod im Leben – bringt. Worte und Taten sind flüchtig (und authentisch), Geschriebenes hingegen hat Bestand (als Supplementariät und als Kunstprodukt.) Der Text bewahrt das Ereignis vor der Vergessenheit, indem er sein ›Bedeutungsfeld‹ erweitert. Seit Sokrates' Weigerung zu schreiben, von Platon in wirkungsvoller Weise festgehalten, ist das westliche Denken durch eine tiefe Ambivalenz hinsichtlich des Übergangs vom Mündlichen zum Schriftlichen gekennzeichnet. Und vieles von der Kraft und dem Pathos der Ethnographie leitet sich von der Tatsache her, daß sie ihre Praxis in diesem entscheidenden Übergang situiert hat. Der Feldforscher (oder die Feldforscherin) beherrscht und kontrolliert in gewissem Maß das Erstellen eines Textes aus dem Leben heraus. Seine (oder ihre) Beschreibungen und Interpretationen werden Teil des »jedermann zugängliche[n] Archivs menschlicher Äußerungen« (Geertz 1983: 43). Der Text ist eine Aufzeichnung von etwas, das ausgesprochen wurde, in der *Vergangenheit*. Die Struktur, wenn nicht gar der thematische Inhalt des Pastorale wird wiederholt.

Eine kleine Parabel mag ein Gefühl dafür vermitteln, weshalb diese Allegorie von ethnographischer Rettung und Verlust in jüngster Zeit weniger selbstverständlich geworden ist. Es handelt sich um eine wahre Parabel.[15] Ein Spezialist für afrikanische Ethnohistorie führt in Gabun eine Feldforschung durch. Er arbeitet über die Mpongwé, eine Küstengruppe, die im 19. Jahrhundert aktiv Kontakte mit europäischen Händlern und Siedlern unterhielt. Der ›Stamm‹ existiert heute noch in der Gegend von Libreville, und der Ethnohistoriker hat vereinbart, den amtierenden Mpongwé-Chief über traditionelles Leben, religiöses Ritual und so weiter zu interviewen. In Vorbereitung des Interviews konsultiert der Forscher ein Kompendium zum lokalen Brauchtum, das im frühen 20. Jahrhundert von einem gabunesischen Christen und ethnographischen Pionier, dem Abbé Raponda-Walker, zusam-

---

15 Mein Dank für diese wahre Geschichte geht an Henry Bucher. Ich habe sie als Parabel erzählt, weil sie zum einen eine ist, und zum zweiten, weil ich annehme, daß er, der dort gewesen ist, sie etwas anders erzählen würde.

mengestellt worden ist. Vor dem Treffen mit dem Mpongwé-Chief schreibt der Ethnograph eine Liste von religiösen Termini, Institutionen und Begriffen heraus, die von Raponda-Walker aufgezeichnet und definiert worden sind. Das Interview wird dieser Liste folgen, um zu überprüfen, ob die Sitten und Gebräuche fortbestehen, und, wenn ja, mit welcher Art Neuerungen. Anfänglich läßt sich das Gespräch gut an, der Mpongwé-Gewährsmann liefert die Beschreibungen und Interpretationen der vorgelegten Begrifflichkeiten oder stellt fest, daß eine Praktik aufgegeben worden ist. Nach einer Weile jedoch, als der Forscher nach einem besonderen Wort fragt, scheint der Chief unsicher und runzelt seine Stirn. »Entschuldigen Sie einen Augenblick«, sagt er freundlich, und verschwindet in seinem Haus, um mit einer Ausgabe des Raponda-Walker-Kompendiums zurückzukehren. Für den Rest des Interviews liegt das Buch aufgeschlagen auf seinem Schoß.

Versionen dieser Geschichte sind in der Folklore der Ethnographie vermehrt zu vernehmen. Plötzlich hören kulturelle Daten auf, sich problemlos vom oralen Vortrag in ein deskriptives Schreiben hinüberzubewegen. Jetzt bewegen sich Daten auch von Text zu Text, und Inskription wird zur Transkription. Sowohl Informant als auch Forscher sind Leser einer kulturellen Invention und zugleich diejenigen, die sie neu schreiben. Dies soll nicht heißen, wie manche annehmen könnten, daß das Interview in einem sinnlosen Kurzschluß erstarrt wäre. Noch muß man wie Sokrates im *Phaidros* die Erosion der Erinnerungsfähigkeit durch die Literalität beklagen. Das Interview ist keineswegs plötzlich ›inauthentisch‹ geworden, wobei die Daten lediglich aufgepfropft wären. Vielmehr muß man neue Bedingungen der ethnographischen Produktion gewärtigen. Erstens ist es nicht länger möglich, so zu handeln, als ob der von außen kommende Forscher der einzige oder primäre wäre, der die Kultur ins Schreiben überführt. Tatsächlich war dies selten der Fall. Es hat jedoch eine hartnäckige Tendenz unter Feldforschern bestanden, frühere schriftliche Darstellungen (von Missionaren, Reisenden, Administratoren, lokalen Autoritäten, ja sogar von anderen Ethnographen) zu verheimlichen, zu diskreditieren oder zu marginalisieren. Typischerweise beginnt der Feldforscher ganz von vorn, bei einer Forschungs-*Erfahrung* und weniger beim Lesen oder Transkribieren. Es besteht nicht die Vorstellung, daß das Feld bereits mit Texten angefüllt ist. Und doch ist dies mehr und mehr der Fall (Larcom 1983). Zweitens lesen und schreiben ›Informanten‹ in zunehmendem Maße selbst. Sie interpretieren frühere Darstellungen ihrer Kultur, ebenso solche, die von ethnographischen Gelehrten verfaßt worden sind. Die Arbeit mit Texten – der Vorgang der Inskription, des Umschreibens usw. – ist nicht länger (sofern sie dies je war) die exklusive Domäne außenstehender Autoritäten. ›Nonliterate‹ Kulturen sind bereits textualisiert; es gibt, wenn überhaupt, nur wenige ›jungfräuliche‹ Lebensweisen, denen durch Schreiben Gewalt angetan werden könnte und die zugleich durch das Schreiben bewahrt werden könnten. Drittens ist eine überaus weitverbreitete Unterscheidung, die Macht verlieh, untergraben worden: die Aufteilung des Globus in schriftkundige und nichtschriftkundige Völker. Diese Unterscheidung trifft in größerem Maße kaum noch zu, da nicht-westliche, ›tribale‹ Völker zunehmend literat werden. Darüber hinaus beginnt man, sobald man einmal angefangen hat, das Monopol des Ethnographen auf die Inskriptionsmacht in Zweifel zu ziehen, die ›schriftstellerischen‹ Aktivitäten zu erkennen, die immer schon von einheimischen Mitarbeitern verfolgt worden sind – von der Skizze eines komplizierten Verwandtschaftssystems, die ein Ambrym-Insulaner (in einer berühmten Geste) für A. B. Deacon im Sand angefertigt hat, bis hin zu der Kulturbeschreibung des Sioux George Sword, die den Umfang eines Buches hat und in den Unterlagen von James Walker gefunden wurde (vgl. Clifford 1986: 15).

Der suversivste Angriff auf die Textualisierungs-Allegorie, die ich hier erörtert habe, findet sich im Werk von Derrida (1974). Der vielleicht dauerhafteste Effekt seiner Erneuerung der »Grammatologie« bestand in der Ausweitung dessen, was herkömmlicherweise als Schreiben aufgefaßt worden ist. *Alphabetisches* Schreiben, so macht er geltend, bildet eine restriktive Definition, die den weiten Bereich von Markierungen, räumlichen Artikulationen, Gesten und anderen in menschlichen Kulturen wirkenden Inskriptionen zu eng an die Repräsentation der Rede, des oralen/auralen Wortes bindet. Indem er der logozentrischen Repräsentation die *écriture* gegenüberstellt, weitet er die Definition des ›Geschriebenen‹ radikal aus und verwischt somit praktisch dessen klare Unterscheidung vom ›Gesprochenen‹. Es ist hier nicht nötig, ein desorientierendes Vorhaben im Detail zu verfolgen, das mittlerweile wohlbekannt ist. Was für die Ethnographie von Belang ist, das ist die Behauptung, daß *alle* menschlichen Gruppen schreiben – wenn sie eine ›orale Literatur‹ artikulieren, klassifizieren, besitzen oder ihre Welt in rituelle Handlungen einschreiben. Immer wieder ›textualisieren‹ sie Bedeutungen. Somit kann in Derridas Epistemologie das Schreiben von Ethnographie nicht als rigoros neue Form kultureller Inskription, als etwas, das von außen her einem ›reinen‹, ungeschriebenen oral-auralen Universum aufgedrängt wird, verstanden werden. Der Logos ist nicht primär und die *gramme* nicht bloß seine sekundäre Repräsentation.

In diesem Licht besehen, erscheinen die Vorgänge des ethnographischen Schreibens komplexer. Wenn, wie Derrida sagen würden, die von Ethnologen erforschten Kulturen immer schon selber schreiben, so wäre der besondere Status des Feldforscher-Gelehrten, welcher ›die Kultur in Text überführt‹, unterhöhlt. Wer genaugenommen schreibt einen Mythos, der auf Tonband gesprochen oder kopiert worden und so Teil der Feld-Aufzeichnungen geworden ist? Wer schreibt (in einem über die Transkription hinausgehenden Sinne) eine Interpretation von Sitten und Gebräuchen, die in intensiven Gesprächen mit gebildeten einheimischen Mitarbeitern geschaffen worden ist? Ich bin dafür eingetreten, daß solche Fragen ein neuerliches Überdenken der ethnographischen Autorität bewirken können und sollten (Clifford 1983a, in diesem Band). Im gegenwärtigen Kontext möchte ich nur die umfassende Herausforderung, zugleich historischen wie theoretischen Ursprungs, betonen, mit welcher sich gegenwärtig die Allegorie der ethnographischen Praxis als Textualisierung konfrontiert sieht.

Es ist wesentlich, die allegorischen Dimensionen im Gedächtnis zu behalten. Denn im Westen stellt der Übergang vom Oralen zum Schriftlichen eine wirksame, sich wiederholende *Geschichte* – von Macht, Verfälschung und Verlust – dar. Sie reproduziert (und, bis zu einem gewissen Grade, produziert) die Struktur des Pastorale, die in der Ethnographie des 20. Jahrhunderts vorherrschend gewesen ist. Herkömmlicherweise wird das logozentrische Schreiben als eine *Repräsentation* authentischer Rede vorgestellt. Präliterate (der Ausdruck beinhaltet eine Geschichte) Gesellschaften sind orale Gesellschaften; das Schreiben kommt von ›außen‹ zu ihnen, ein Eindringen aus einer weit entfernten Welt. Ob es nun vom Missionar, Händler oder Ethnographen gebracht worden ist, Schreiben verleiht sowohl Macht (eine notwendige, effektive Weise, Wissen zu speichern und zu handhaben), wie es auch verfälscht (ein Verlust an Unmittelbarkeit, der direkten Kommunikation, wie sie von Sokrates geschätzt wurde, an Präsenz und Intimität der Rede). Eine komplexe und produktive Debatte der jüngsten Zeit kreist um die Aufwertung, die historische Bedeutung sowie den epistemologischen Status des Schreibens.[16] Was auch immer in der Debatte geklärt oder nicht geklärt sein mag, es besteht kein Zweifel über das, was ins Wanken geraten ist: die scharfe Unterscheidung der Kulturen der Welt in literate und präliterate; die Vorstellung, daß die ethnographische Textualisierung einen Prozeß darstellt, der einen elementaren Übergang von oraler Erfahrung zur schriftlichen Repräsentation inszeniert; die Annahme, daß etwas Essentielles verloren geht, wenn eine Kultur ›ethnographisch‹ wird; die seltsam ambivalente Autorität einer Praxis, die einen kulturellen Lebensprozeß, der im Begriff ist, Vergangenheit zu werden, als Text rettet.

Die Komponenten dessen, was ich ethnographisches Pastorale genannt habe, erscheinen nicht länger als Teile einer von allen geteilten Auffassung. Lesen und Schreiben sind Allgemeingut. Wenn der Ethnograph die Kultur über die Schulter des Einheimischen liest, liest der Einheimische ebenso über die Schulter des Ethnographen, wie er die jeweilige Kulturbeschreibung verfaßt. Feldforscher sind in dem, was sie publizieren, zunehmend durch die Reaktionen derer eingeengt, die bislang als non-literat klassifiziert worden sind. Romane eines Samoaners (Alfred Wendt) können das Porträt seines Volkes, das ein berühmter Ethnologe verfaßt, angreifen. Die Idee, daß Schreiben eine Verfälschung darstellt, daß etwas unwiederbringlich Reines verloren ist, wenn eine Kultur textualisiert wird, läßt sich, nach Derrida, als eine beherrschende und zugleich anfechtbare westliche Allegorie verstehen. Walter Ong und andere haben gezeigt, daß in der Tat etwas verlorengeht durch die Verallgemeinerung, die sich im Schreiben vollzieht. Jedoch ist authentische Kultur nicht dieses Etwas – das in seiner fragilen, endgültigen Wahrheit durch einen Ethnographen oder durch jemand anderen aufgelesen werden muß.

Die moderne Allegorie, so versichert uns Walter Benjamin (1969),

---

16 In der ›Debatte‹ steht die Konfrontation von Ong (1967, 1977, 1987) und Derrida (1974, 1979) im Mittelpunkt. Tyler (1978, 1991b) versucht an dieser Konfrontation vorbeizuarbeiten. Goody (1977) und Eisenstein (1979) haben dazu wichtige neuere Beiträge geliefert.

gründet auf einer Haltung, die die Welt als vergänglich und zerfallen empfindet. »Geschichte« wird als Prozeß begriffen, aber nicht als Prozeß von schöpferischen Lebensäußerungen, sondern als der eines »unaufhaltsamen Verfalls«. Das sachliche Analogon der Allegorie ist somit die »Ruine« (197), eine stets entschwindende Struktur, die zu phantasievoller Rekonstruktion einlädt. Benjamin bemerkt, daß »die Einsicht ins Vergängliche der Dinge und jene Sorge, sie ins Ewige zu retten, im Allegorischen eins der stärksten Motive [ist]« (1969: 253; vgl. Wolin 1982: 71). Mit meiner Interpretation des ethnographischen Pastorale vertrete ich die Ansicht, daß diesem ›Impuls‹ zu widerstehen ist, und zwar nicht durch den Verzicht auf Allegorie – ein unerreichbares Ziel –, sondern dadurch, daß wir uns selbst für unterschiedliche Varianten von Geschichte öffnen.

V

»Allegories are secured ... by teaching people to read in certain ways.«
Talal Asad (Kommentar zum vorliegenden Essay auf dem Santa-Fe-Seminar[17])

Ich habe einige bedeutende allegorische Formen untersucht, die ›kosmologische‹ Muster der Ordnung und Unordnung, Fabeln der personalen (geschlechtlichen) Identität sowie politisierte Modelle der Temporalität ausdrücken. Die Zukunft dieser Formen ist ungewiß; in der gegenwärtigen Forschungspraxis werden sie neu geschrieben und kritisiert. Einige Schlußfolgerungen oder Behauptungen können aus dieser Untersuchung gewonnen werden.
Es besteht keine Möglichkeit, in Kulturdarstellungen das Faktische vom Allegorischen eindeutig, in chirurgischer Manier, zu trennen. Die Daten der Ethnographie ergeben nur innerhalb geordneter Arrangements und Erzählungen einen Sinn, und diese sind konventionell, politisch und bedeutungsvoll in einem mehr als lediglich referentiellen Sinn. Kulturelle Tatsachen sind nicht wahr und kulturelle Allegorien nicht falsch. In den Humanwissenschaften bildet

---

17 In Santa Fe, New Mexico, fand im Jahr 1984 eine Konferenz statt, deren Beiträge zum größten Teil in dem von James Clifford und George E. Marcus herausgegebenen Band *Writing Culture* veröffentlicht wurden, dem u. a. der vorliegende Beitrag entnommen ist. *A. d. Ü.*

die Beziehung der Tatsache zur Allegorie eine ein Feld der Auseinandersetzung und der institutionellen Disziplin.

Die Bedeutungen einer ethnographischen Darstellung sind unkontrollierbar. Weder eines Autors Intention noch eine fachliche Ausbildung oder die Regeln des Genres vermögen die Lesarten eines Textes zu begrenzen, die mit neuen historischen, wissenschaftlichen oder politischen Projekten aufkommen. Doch wenn Ethnographen für mannigfache Interpretationen empfänglich sind, so sind letztere zu keinem Zeitpunkt unendlich oder lediglich ›subjektiv‹ (im pejorativen Sinne). Das Lesen ist nur in dem Maße unbestimmt, in dem die Geschichte selbst offen ist. Wenn es einen allgemeinen Widerstand gegen die Anerkennung der Allegorie gibt, eine Befürchtung, daß sie zu einem Nihilismus bei der Auslegung führen könnte, so ist dies keine realistische Befürchtung. Sie verwechselt Kontroversen um Bedeutung mit Unordnung. Und oftmals reflektiert sie ein Bedürfnis, eine ›objektive‹ Rhetorik zu bewahren, indem sie sich weigert, ihre eigene Produktionsweise innerhalb von schöpferischer Kultur und historischem Wandel zu verorten.

Ein Anerkennen der Allegorie wirft unweigerlich die Frage nach den politischen und ethischen Dimensionen ethnographischen Schreibens auf. Sie legt nahe, daß diese offenbart und nicht verdeckt werden mögen. In diesem Licht besehen, verkörpert das offene Allegorisieren einer Mead oder einer Benedict eine gewisse Redlichkeit – indem es sich genau der Anschuldigung aussetzt, tribale Gesellschaften für pädagogische Zwecke *benutzt* zu haben. (Mögen jene, die keine derartigen Absichten hegen, den ersten Stein werfen!) Selbstverständlich sollen keine plumpen ›Botschaften‹ geliefert oder kulturelle Tatsachen (so wie sie gegenwärtig bekannt sind) zu politischen Zwecken verzerrt werden. Ich möchte an *Die Gabe* von Marcel Mauss als ein Modell allegorischen Feingefühls erinnern. Niemand würde deren wissenschaftliche Bedeutung oder deren wissenschaftliches Engagement in Abrede stellen. Und doch, bereits von Anbeginn und insbesondere in seinem Schlußkapitel ist die Zielsetzung des Werks offenkundig: »einige moralische Schlußfolgerungen bezüglich einiger der Probleme [zu]ziehen, vor die uns die Krise unseres Rechts und unserer Wirtschaft stellt« (1989: 14). Das Buch war als Antwort auf den Zusammenbruch europäischer Zusammenarbeit im Ersten Weltkrieg geschrieben worden. Die beunruhigende Nähe zwischen

Tausch und Krieg, die es aufzeigt, das Bild vom Runden Tisch, das am Ende beschworen wird, diese und andere eindringliche Anklänge kennzeichnen das Werk als eine an die politische Welt der zwanziger Jahre gerichtete sozialistisch-humanistische Allegorie. Dies ist freilich nicht der einzige ›Inhalt‹ des Werkes. Die vielen neuen Lesarten, welche *Die Gabe* hervorgebracht hat, bezeugen seine Produktivität als Text. Das Buch kann sogar – in gewissen Graduierten-Seminaren – als eine klassische komparative Studie des Tauschs gelesen werden, mit der Ermahnung, das letzte Kapitel zu überfliegen. Dies ist ein beklagenswerter Fehler. Denn eine solche Lesart verpaßt die Gelegenheit, von einem großartigen Beispiel der Wissenschaft, das sich *in* der Geschichte entfaltet, zu lernen.

Ein Anerkennen der Allegorie kompliziert das Schreiben und Lesen von Ethnographien in potentiell fruchtbarer Weise. Es zeigt sich eine Tendenz, verschiedene allegorische Sprachebenen innerhalb des Texts zu benennen und zu unterscheiden. Das Abgrenzen von ausführlichen indigenen Diskursen erweist die Ethnographie als hierarchische Struktur von bedeutungsstarken Geschichten, die andere bedeutungsstarke Geschichten übersetzen, mit ihnen zusammentreffen und sie in einen neuen Kontext stellen. Sie ist ein Palimpsest (Owens 1980). Außerdem erhöht ein Problembewußtsein hinsichtlich der Allegorie das Problembewußtsein hinsichtlich Erzählungen sowie anderer zeitlicher Szenarien, welche implizit oder explizit am Werk sind. Ist die erlösende Struktur der Rettungs-Textualisierung im Begriff, ersetzt zu werden? Vermittels welcher neuer Allegorien? Des Konflikts? Der Emergenz? Des Synkretismus?[18]

18 Zu den gegenwärtigen Veränderungen in diesen zugrundeliegenden Geschichten vgl. Anm. 14 oben sowie Bruner (1985). Vgl. auch James Boons Untersuchung der satirischen Dimensionen der Ethnologie (1983). Ein partieller Ausweg kann vielleicht in der prä-modernen Strömung gesehen werden, die Harry Berger ›stark‹ oder ›metapastoral‹ genannt hat – eine Tradition, die er im Schrifttum von Sidney, Spenser, Shakespeare, Cervantes, Milton, Marvell und Pope entdeckt hat. »Ein solches Pastorale konstruiert in sich selbst ein Bild von seinen generischen Traditionen, um letztere zu kritisieren, und übt in diesem Vorgang eine Kritik an den Grenzen seines eigenen Vorhabens, sogar dann, wenn es in ironischer Weise die Freude an der Aktivität, welche es kritisiert, an den Tag legt« (1984: 2). Moderne ethnographische Beispiele sind rar, obgleich vieles von Lévi-Strauss' *Tristes Tropiques* hier sicherlich anzuführen wäre.

Schließlich erfordert eine Anerkennung der Allegorie, daß wir als Leser und Schreiber von Ethnographie uns bemühen, uns unsere systematischen Konstruktionen der Anderen und der Konstruktionen, die die Anderen von uns machen, zu stellen und dafür die Verantwortung zu übernehmen. Diese Anerkennung muß letzten Endes nicht zu einer ironischen Haltung führen – wenngleich sie mit tiefgründigen Ironien zu kämpfen hat. Wenn wir schon dazu verdammt sind, Geschichten zu erzählen, über die wir keine Kontrolle haben, könnten wir dann nicht zumindest Geschichten erzählen, von denen wir annehmen, daß sie wahr sind?

Für hilfreiche Kritik an diesem Aufsatz möchte ich Richard Handler, Susan Gevirtz, David Schneider, Harry Berger und den Teilnehmern des Santa-Fe-Seminars, insbesondere Michael Fischer, danken.

Übersetzt von Eberhard Berg

Literatur

Barthes, Roland (1985), *Die helle Kammer. Bemerkungen zur Photographie*, Frankfurt am Main: Suhrkamp.
Bastian, Adolf (1881), *Die Vorgeschichte der Ethnologie. Deutschlands Denkfreunden gewidmet für eine Mußestunde*, Berlin: Dümmler.
Benjamin, Walter (1969), *Ursprung des deutschen Trauerspiels*, Frankfurt am Main: Suhrkamp.
Benedict, Ruth (1934), *Patterns of Culture*, New York: New American Library, deutsche Übersetzung: *Urformen der Kultur*, Hamburg: Rowohlt 1955.
Berger, Harry (1984), »The Origins of Bucolic Representation: Disenchantment and Revision in Theocritus' Seventh *Idyll*«, in: *Classical Antiquity* 3 (1), S. 1–39.
Boon, James (1977), *The Anthropological Romance of Bali, 1597–1972*, Cambridge: Cambridge University Press.
– (1982), *Other Tribes, Other Scribes. Symbolic Anthropology in the Comparative Study of Cultures, Histories, Religions, and Texts*, Ithaca, N.Y.: Cornell University Press.
– (1983), »Folly, Bali, and Anthropology, or Satire across Cultures, in: *Proceedings of the American Ethnological Society*, S. 156–177.
Brody, Hugh (1982), *Maps and Dreams*, New York: Pantheon.
Bruner, Edward M. (1985), »Ethnography as Narrative«, in: Victor Turner

und Edward M. Bruner (Hg.), *The Anthropology of Experience*, Urbana: University of Illinois Press, S. 139–58.

Clifford, James (1982), Rezension von Marjorie Shostak, *Nisa. The Life and Words of a !Kung Woman*, in: *Times Literary Supplement*, 17. September 1982, S. 994 f.

– (1983a), »On Ethnographic Authority«, in: *Representations* 1 (2), S. 118–146 (deutsche Übersetzung in diesem Band).

– (1983b), »Power and Dialogue in Ethnography: Marcel Griaule's Initiation«, in: George W. Stocking (Hg.), *Observers Observed: Essays on Ethnographic Fieldwork*, Madison, Wisc.: University of Wisconsin Press, S. 121–156.

– (1983c), Rezension von Derek Freeman, *Margaret Mead and Samoa: The Making and Unmaking of an Anthropological Myth*, in: *Times Literary Supplement*, 13. Mai 1983, S. 475 f.

– (1986), »Introduction: Partial Truths«, in: James Clifford und George E. Marcus (Hg.), *Writing Culture. The Poetics and Politics of Ethnography*, Berkeley: University of California Press, S. 1–26.

Coleridge, Samuel T. (1936), *Miscellaneous Criticism*, hg. von T. M. Raysor, London: Constable.

Crapanzano, Vincent (1983), *Tuhami. Portrait eines Marokkaners*, Stuttgart: Klett-Cotta.

De Certeau, Michel (1983), »History: Ethics, Science, and Fiction«, in: Norma Hahn, Robert Bellah, Paul Rabinow und William Sullivan (Hg.), *Social Science as Moral Inquiry*, New York: Columbia University Press, S. 173–209.

De Man, Paul (1969), »The Rhetoric of Temporality«, in: Charles Singleton (Hg.), *Interpretation: Theory and Practice*, Baltimore: Johns Hopkins University Press, S. 173–209.

– (1988), *Allegorien des Lesens*, Frankfurt am Main: Suhrkamp.

Derrida, Jacques (1974), *Grammatologie*, Frankfurt am Main: Suhrkamp.

– (1979), *Die Stimme und das Phänomen. Ein Essay über das Problem des Zeichens in der Philosophie Husserls*, Frankfurt am Main: Suhrkamp.

Diamond, Stanley (1976), *Kritik der Zivilisation. Anthropologie und die Wiederentdeckung des Primitiven*. Frankfurt am Main: Campus.

Eisenstein, Elizabeth I. (1979), *The Printing Press as an Agent of Change*, Bd. 2, Cambridge: Cambridge University Press.

Empson, William (1950), *Some Versions of Pastoral*, Norfolk, Conn.: New Directions.

Evans-Pritchard, Edward E. (1940), *The Nuer*, Oxford: Oxford University Press.

Fabian, Johannes (1983), *Time and the Other. How Anthropology Makes Its Object*, New York: Columbia University Press.

Fletcher, Angus (1964), *Allegory. The Theory of a Symbolic Mode*, Ithaca, N. Y.: Cornell University Press.

Freeman, Derek (1983), *Margaret Mead and Samoa. The Making and Unmaking of an Anthropological Myth*, Cambridge, Mass.: Harvard University Press.

Frye, Northrop (1963), *Fables of Identity. Studies in Poetic Mythology*, New York: Harcourt Brace Jovanovich.

– (1964), *Analyse der Literaturkritik*, Stuttgart: Kohlhammer.

Geertz, Clifford (1983), »Dichte Beschreibung. Bemerkungen zu einer deutenden Theorie von Kultur«, in: ders., *Dichte Beschreibung. Beiträge zum Verstehen kultureller Systeme*, Frankfurt am Main: Suhrkamp, S. 7–43.

Goody, Jack (1977), *The Domestication of the Savage Mind*, Cambridge: Cambridge University Press.

Gusdorf, Georges (1956), »Conditions et limites de l'autobiographie«, in: Günter Reichenkron und Erich Haase (Hg.), *Formen der Selbstdarstellung*, Berlin: Duncker und Humblot.

Haraway, Donna (1985), »A Manifesto for Cyborgs: Science, Technology, and Socialist Feminism in the 1980s«, in: *Socialist Review* 15 (2), S. 65–108.

Hooks, Bell (1981), *Ain't I a Woman?*, Boston: South End Press.

Hull, Gloria, Patricia B. Scott und Barbara Smith (Hg.) (1982), *All the Women Are White, All the Men Are Black, but Some of Us Are Brave. Black Women's Studies*. Old Westbury, Conn.: Feminist Press.

Jameson, Frederic (1988), *Das politische Unbewußte. Literatur als Symbol sozialen Handelns*, Reinbek: Rowohlt.

Kermode, Frank (1952), *English, Pastoral Poetry. From the Beginnings to Marvell*, London: Harrap.

Kuklick, Henrika (1984), »Tribal Exemplars: Images of Political Authority in British Anthropology, 1885–1945«, in: George W. Stocking (Hg.), *Functionalism Historicized. Essays on British Social Anthropology* [*History of Anthropology*, Bd. 2], Madison, Wisc.: University of Wisconsin Press, S. 59–82.

Lafitau, Joseph François (1724), *Mœurs des sauvages ameriquains*, Paris.

Larcom, Joan (1983), »Following Deacon: The Problem of Ethnographic Reanalysis, 1926–1981«, in: George W. Stocking (Hg.), *Observers Observed. Essays on Ethnographic Fieldwork* [*History of Anthropology*, Bd. 1], Madison, Wisc.: University of Wisconsin Press, S. 175–95.

Lejeune, Philippe (1975), *Le Pacte autobiographique*, Paris: Seuil.

Lévi-Strauss, Claude (1978), *Traurige Tropen [Tristes Tropiques]*, Frankfurt am Main: Suhrkamp.

Malinowski, Bronislaw (1979), *Argonauten des westlichen Pazifik. Ein Bericht über Unternehmungen und Abenteuer der Eingeborenen in den Inselwelten von Melanesisch-Neuguinea*, hg. von Fritz Kramer, Frankfurt am Main: Syndikat.

Mauss, Marcel (1989), »Die Gabe. Form und Funktion des Austauschs in archaischen Gesellschaften«, in: ders., *Soziologie und Anthropologie*, Bd. 2, Frankfurt am Main: Fischer, S. 9–144.

Mead, Margaret (1981), *Kindheit und Jugend in Samoa [Coming of Age in Samoa]*. (Jugend und Sexualität in primitiven Gesellschaften, Bd. 2), 6. Auflage, München: dtv.

Moraga, Cherrie (1983), *Loving in the War Years*, Boston: South End Press.

Murphy, Robert (1984), »Requiem for the Kayapo«, in: *New York Times Book Review*, 12. August 1984, S. 34.

Olney, James (1972), *Metaphors of Self. The Meaning of Autobiography*, Princeton, N. J.: Princeton University Press.

Ong, Walter J. (1967), *The Presence of the Word*, New Haven, Conn.: Yale University Press.

– (1971), *Rhetoric, Romance, and Technology. Studies on the Interaction of Expression and Culture*, Ithaca, N. Y.: Cornell University Press.

– (1977), *Interfaces of the Word*, Ithaca, N. Y.: Cornell University Press.

– (1987), *Oralität und Literalität. Die Technologisierung des Wortes*, Opladen: Westdeutscher Verlag.

Owens, Craig (1980), »The Allegorical Impulse. Toward a Theory of Postmodernism (Part 2)«, in: *October* 13, S. 59–80.

Poggioli, Renato (1975), *The Oaten Flute. Essays on Pastoral Poetry and the Pastoral*, Cambridge, Mass.: Harvard University Press.

Porter, Denis (1984), »Anthropolical Tales. Unprofessional Thoughts on the Mead/Freeman Controversy«, in: *Notebooks in Cultural Analysis* 1, S. 15–37.

Rich, Adrienne (1979), »Disloyal to Civilization: Feminism, Racism, Gynephobia« (1978), in: *On Lies, Secrets, and Silence*, New York: W. W. Norton.

Rosaldo, Michelle (1980), »The Use and Abuse of Anthropology. Reflections on Feminism and Cross-Cultural Understanding«, in: *Signs* 5 (3), S. 389–417.

Rosaldo, Renato (1986), »From the Door of His Tent. The Fieldworker and the Inquisitor«, in: James Clifford und George E. Marcus (Hg.), *Writing Culture. The Poetics and Politics of Ethnography*. Berkeley: University of California Press, S. 77–97.

Sapir, Edward (1966), »Culture, Genuine and Spurious« (1924); in: ders., *Culture, Language, and Personality*, Berkeley/Los Angeles: University of California Press, S. 78–119.

Shostak, Marjorie (1982), *Nisa erzählt. Das Leben einer Nomadenfrau in Afrika* [Original: *Nisa: The Life and Words of a !Kung Woman*], Reinbek: Rowohlt.

Taussig, Michael (1984), »History as Sorcery«, in: *Representations* 7, S. 87–109.

Thomas, Elizabeth Marshall (1959), *The Harmless People*, New York: Alfred A. Knopf.

Todorov, Tzvetan (1973), *The Fantastic*. Cleveland und London: Case Western Reserve Press.

Turner, Victor (1980), »Social Dramas and Stories about them«, in: *Critical Inquiry* 7 (1), S. 141-168.

Tyler, Stephen A. (1978), *The Said and the Unsaid*, New York: Academic Press.

– (1991a), »Ethnographie, Intertextualität und das Ende der Deskription«, in: ders., *Das Unaussprechliche. Ethnographie, Diskurs und Rhetorik in der postmodernen Welt*, München: Trickster, S. 85–97.

– (1991b), »Postmoderne Anthropologie«, in: ders., *Das Unaussprechliche*, München: Trickster, S. 163–189.

Wagner, Roy (1979), »The Talk of Koriki: A Daribi Contact Cult«, in: *Social Research* 46 (1), S. 140–165.

– (1980), *The Invention of Culture*, Chicago: University of Chicago Press.

Webster, Steven (1982), »Dialogue and Fiction in Ethnography«, in: *Dialectical Anthropology* 7 (2), S. 91–114.

Weiner, Annette (1976), *Women of Value, Men of Renown*, Austin, Tex.: University of Texas Press.

Whitten, Norman E. (1978), »Ecological Imagery and Cultural Adaptability. The Canelos Quichua of Eastern Equador«, in: *American Anthropologist* 80, S. 836–859.

Williams, Raymond (1973), *The Country and the City*, New York: Oxford University Press.

Wittig, Monique (1981), »One is Not Born a Woman«, in: *Feminist Issues*, Winter 1981, S. 47–54.

Wolin, Richard (1982), *Walter Benjamin*, New York: Columbia University Press.

Robert J. Thornton
Die Rhetorik des ethnographischen Holismus

> »La mémoire fournit une espèce de *consécution* aux âmes, qui imite la raison, mais qui en doit être distinguée. [Das Gedächtnis liefert den Seelen eine Art von *Verkettung*, welche die Vernunft nachahmt, aber von dieser unterschieden werden muß.]«
>
> Gottfried Wilhelm Leibniz, *Monadologie*[1]

> If seeming is description without place,
> The spirit's universe, then a summer's day
>
> Even the seeming of a summer's day,
> Is description without place. It is a sense
>
> To which we refer experience, a knowledge
> Incognito, the column in the desert,
>
> On which the dove alights. Description is
> Composed of a sight indifferent to the eye.
>
> It is an expectation, a desire,
> A palm that rises up beyond the sea,
>
> A little different from reality:
> The difference that we make in what we see.
>
> Wallace Stevens, *Description Without Place*

Klassifikation als rhetorische Trope

Es ist das fundamentale, aber auch antreibende Problem der Ethnographie, wie vom Schreiben Gebrauch zu machen sei, um den ›Alltag‹ mit ›Geschichte‹ und ›Umwelt‹ in Beziehung zu setzen. Da das Schreiben ein Werk der Imagination darstellt, ist auch die Imagination der Ort, an dem die entscheidende Synthese von Mikrokosmos und Makrokosmos erfolgt. Anders als der Zoologe,

---

[1] Gottfried Wilhelm Leibniz, *La Monadologie*, publiée d'après les manuscrits par Émile Boutroux, Paris: Librairie Delagrave 1930, S. 154. Deutsche Übersetzung von Hermann Glockner: *Monadologie*, Stuttgart: Reclam 1948, S. 18.

der die Molluske beschreibt, die vor ihm liegt, muß sich der Ethnograph das ›Ganze‹, das die Gesellschaft ausmacht, im Geiste vorstellen und diese Vorstellung der Ganzheit seinem Leser in Verbindung mit den Beschreibungen von Orten, die er gesehen, von Reden, die er vernommen, und von Personen, die er getroffen hat, vermitteln. Die Beschreibung von Ganzheiten ist jedoch »description without place ... a sight indifferent to the eye«. Zur Bewältigung dieser Aufgabe benötigt die Ethnographie eine besondere Art der rhetorischen Technik. Sowohl die Rhetorik als auch die Imagination, die für sie wesentlich ist, beruhen auf der Klassifikation, welche als rhetorische Figur verwendet wird. Der Gebrauch der Klassifikation in der Ethnographie konstituiert eine Verwendung von Sprache außerhalb ihres gewöhnlichen syntaktischen und semantischen Sinns, welche auf andere Bedeutungsebenen hinweist oder diese nahelegt – das heißt, sie funktioniert als eine Trope, welche ich die Rhetorik der Klassifikation nennen werde.

Das Verständnis vom ethnographischen Schreiben, das ich hier darlegen werde, konzentriert sich auf die scheinbar pragmatische Weise, in welcher der Text in Kapitel und Untertitel geordnet ist; in diese ist der ›Vers‹ alltäglichen Lebens eingebettet, so wie es in den fragmentierten Rhythmen des Daseins anzutreffen ist. Ich vertrete die Auffassung, daß die Imagination von Ganzheiten einen rhetorischen Imperativ für die Ethnographie darstellt, da es diese Vorstellung von Ganzheit ist, welche der Ethnographie einen Sinn von erfüllendem ›Abschluß‹ verleiht, den andere Gattungen mit anderen rhetorischen Mitteln erreichen. Die Rhetorik der Klassifikation ist das Hilfsmittel, durch das dieser Schluß erreicht wird, da sie die Beschreibung von *items*[2] strukturiert, welche letztlich im Verlauf der Forschungserfahrung im Feld gewonnen worden sind. Während die Erzählung einen Schluß durch eine erfolgreiche Konklusion ihrer Handlung erreicht, erreicht die Ethnographie dies vermittels einer erfolgreichen *Beschreibung* einer sozialen Struktur. Sozialstruktur also ist, ebenso wie der Handlungsplan einer Erzählung oder eines Dramas, das Bild von Kohärenz und Ordnung, welches vom Schreiben erzeugt wird.

2 *Items* meint analytische, künstlich erzeugte diskrete Elemente. Als *terminus technicus*, den Thornton immer wieder aufgreift, aber zumeist in Anführungszeichen setzt, ist *item* im Deutschen nicht ohne weiteres wiederzugeben. *A.d.Ü.*

Gewiß gibt es eine Vielzahl an anderen Möglichkeiten, sich die Beziehung zwischen Text und sozialer Realität vorzustellen. Eine Art, sich diese Beziehung zu denken, besteht in der Annahme, daß es sich um eine ›dialektische‹ (Webster 1982) oder um eine ›dialogische‹ handelt (das heißt, daß sie wie ein Dialog ist; Clifford 1983, Übersetzung in diesem Band). Aber diese Ansätze sind unbefriedigend wegen ihrer Behauptung, daß das Kognitive und das Soziale Entitäten gleichen logischen (oder ontologischen) Rangs seien und daß diese Entitäten in einer Weise interagieren könnten, die einem Dialog oder einer Dialektik (wörtlich ›zwei Lesarten‹) analog ist. Beide Ansätze machen geltend, daß die Realität irgendwie zwischen dem Kognitiven und dem Sozialen ›ausgehandelt‹ wird, und beide vernachlässigen die Tatsache, daß ›Gesellschaft‹ und ›Kognition‹ Prozesse darstellen, deren historisch-zeitliche und räumliche Maßstäbe radikal verschieden sind.

Tatsächlich können diese Behauptungen kritisch in die Fragestellung aufgelöst werden, ob die Dialektik selbst letztlich gesellschaftlich sei – und deshalb eine emergente oder transzendente Eigenheit sozialer ›Formationen‹, unabhängig von individuellem Willen und von Bedeutung – oder ob sie eine Eigenheit kognitiver Prozesse selbst und somit der Bedeutung immanent sei. Vor Hegel meinte die Idee der Dialektik einfach ›zwei Lesarten‹ und war ein Weg, die wahre Bedeutung von scheinbar widersprüchlichen heiligen Schriften zu bestimmen. Nach Hegel bedeutete die Idee der Dialektik die Lösung von ›Widersprüchen‹ zwischen Individuum und Gesellschaft, aber sogar dann bedarf es eines Bildes von zwei Realitäten, die interagieren können. Nach Marx nahm die ›Dialektik‹ den Sinn eines Kampfes zwischen ›Klassen‹ an, doch muß man in diesem Fall akzeptieren, daß solche sozialen Teile Entitäten bilden, die zu autonomem sozialem Handeln fähig sind. Alle diese dialektischen und dialogischen Ansätze implizieren, daß ein Verhandeln über eine Wirklichkeit außerhalb des Texts selbst möglich ist und daß die Ethnographie (oder andere Gattungen sozialer Beschreibung) lediglich deren Resultate präsentiert.

Alternativ dazu ist die Erzählung als Modell zur Analyse der Rhetorik der Ethnographie verwendet worden (Bruner 1982). Dies ist jedoch problematisch, weil das Narrative in der Monographie häufig unterdrückt wird. Erzählungen existieren zwar, doch sind sie auf die Schilderung des Einstiegs des Ethnologen ins Feld eingegrenzt (zum Beispiel Pratt 1986, Thornton 1985), oder es handelt sich um die mit einbezogenen Fragmente der eigenen Erzählungen der Informanten – die den Kapiteln untergeordneten ›Verse‹. Pratt hat die Ansicht vertreten, daß das Erzählerische in der Ethnographie fortbesteht, »weil es einen Widerspruch zwischen persönlicher und wissenschaftlicher Autorität vermittelt«. Zwar ist dies wahrscheinlich zutreffend, doch scheint es nicht angemessen, das Ganze der ethnographischen Monographie in Begriffen zu analysieren, welche allein der Erzählung angemessen sind. Es ist nicht unvernünftig, anzunehmen, daß die Ethnographie mit einigen eigenen Tropen aufgetreten ist.

Die Natur der Trope im soziologischen Schreiben

In der Erzählung können Tropen ein tragisches Gefühl oder eine heitere Gestimmtheit bewirken; in der Ethnographie evozieren sie allgemein ein Bild einer ›Gesellschaft‹ oder einer ›Kultur‹. Literatur kann in Begriffen von poetischen Typen oder narrativen Formen klassifiziert werden. Gattungsbezeichnungen für diese Tropen schließen Metonymie, Synekdoche, Ironie, Ellipse, Metapher usw. ein. Zum anderen lassen sich Erzähltypen als Tragödie, Komödie, Satire, als realistisch und als romantisch unterscheiden. Wir können auch nach diskursiven ›Typen‹, bekannt als Genres, klassifizieren, welche den Roman, den Reisebericht, das Bekenntnis, das Tagebuch, die Monographie, die Ethnographie und viele andere einschließen, einige von allgemeiner Bedeutung und einige eher spezifisch für einzelne intellektuelle oder technische Disziplinen und Praktiken. Wird die tropologische Klassifikation mit einer Klassifikation von Literaturgattungen und Erzähltypen kombiniert, so erlaubt uns eine mehrspurige Klassifikation, über ein elliptisches Poem, das tragische Drama, den ironischen Roman, einen metaphorischen Reisebericht usw. zu sprechen. Einige dieser Kombinationen mögen wahrscheinlicher sein als andere: eine ironische Monographie über zweiklappige Mollusken wäre von geringem wissenschaftlichem Nutzen.
Eine vollständige multidimensionale Matrix von Tropen und Genres wäre jedoch unmöglich, da die Kriterien für jede Kategorie, die tropologische, die des Genres oder die narrative logisch inkommensurabel sind. Darüber hinaus können Genres, narrative Typen und Tropen mit besonderen historischen Epochen, Aktivi-

täten, Individuen oder sozialen Klassen assoziiert werden: der bürgerliche Roman, die moderne Dichtung, die wissenschaftliche Monographie. Diese Art der Klassifikation von Typen ist damit ein erster Schritt, die Vielfalt des geschriebenen Ausdrucks zu begreifen und sie über den Rekurs auf (in der Regel) soziologische, psychologische oder historische Aspekte des Autors, seines Kontexts und desjenigen seiner Leserschaft zu erklären. Sie kann uns auch verstehen helfen, weshalb zum Beispiel das Tagebuch im 19. Jahrhundert üblich war und in heutiger Zeit praktisch nicht vorhanden ist.

Hayden White (1991) beispielsweise hat diesen Ansatz in seiner Untersuchung der europäischen Historiographie des 19. Jahrhunderts verwendet. Er zeigt auf, daß die historischen Hauptwerke dieses Jahrhunderts (zum Beispiel jene von Hegel, Michelet, Ranke, Marx, Tocqueville, Croce) nach jeweils einer der vier ›generischen Handlungsstrukturen‹ [*generic plot structures*] – Metapher, Synekdoche, Metonymie, Ironie – gestaltet worden sind, die von den ›Tropen‹ der Literatur abgeleitet wurden. Diese tropischen Formeln waren der Leserschaft vertraut, wenngleich nicht in den spezifischen Formen jener Geschichten, welche diese Männer schrieben, und sie ›präfigurierten das Feld‹ derart, daß sie die historische Erzählung moralisch zwingend, emotional evokativ und oftmals in politischer wie sozialer Hinsicht provokativ gestalteten. Das Gefühl des ›Schlusses‹ oder der befriedigenden ›Erklärung‹, das vom Historiker erreicht wird, ist, aus dieser Perspektive gesehen, davon abhängig, die Geschichte (die Abfolge der Ereignisse) in Übereinstimmung mit der einen oder anderen generischen Handlungsstruktur, entweder im Modus des Komischen oder des Tragischen, zu schildern. Demgemäß kann Hegels historische Auffassung als ironisch (die *conditio humana* besteht in Widersprüchen und Paradoxien) im Modus des Komischen (die Humanität wird den Kampf gewinnen) beschrieben werden, während die Marxsche Präsentation der Geschichte in ihrer Handlungsstruktur synekdochisch war (»die Vorstellung von Teilen, die in einem qualitativ jeder einzelnen Entität übergeordneten Ganzen aufgehen« [White 1991: 366]), jedoch im Modus des Tragischen gefaßt wurde (»Bemühungen um dauerhafte Gemeinschaft [werden] von den Gesetzen, die die Geschichte regieren, ständig durchkreuzt« [1991: 372]).

Es wurde geltend gemacht (Bruner 1982; Marcus und Cushman

1982; Webster 1982), daß die ethnographische Monographie genau für jene Arten der Analyse empfänglich sei. Da jedoch die meisten tropologischen Klassifikationen in Reaktion auf narrative und poetische Typen des Schreibens ausgearbeitet wurden und auf diese am besten passen, mag es sein, daß dieser Ansatz für ein Nachdenken über Ethnographie wenig vonnutzen sein wird. Jedenfalls zerstörte Nietzsche ein für allemal »die Annahme [...], der Geschichtsprozeß müsse in irgendeiner besonderen Weise erklärt oder erzählerisch modelliert werden« (White 1991: 480).

Unsere Fragen danach, wie die Ethnographie ›arbeitet‹, werden dann zu Fragen nach der rhetorischen Konstruktion des Texts, da der spezifisch ethnographische Blick und das spezifisch ethnographische Wissen eher auf der Ebene der Rhetorik als auf der des deskriptiven Details in Erscheinung treten. Die Details, die sie präsentiert, sind fast immer auch anderswo vorhanden, ohne freilich die ›Wirkung‹ zu erzielen, welche der Ethnographie eigen ist.

Diese ›Wirkung‹, ebenso wie die Wirkung des Romans oder der Erzählung im allgemeinen, soll ein Gefühl von Ganzheit und Ordnung schaffen, von der wir, sofern wir überzeugt sind, glauben, daß sie eintrat, eintreten könnten oder *eintreten* dürfte. Wir glauben nach der Lektüre einer guten ethnographischen Monographie, eines Romans oder eines Theaterstücks über eine soziale Situation, daß sie ›real‹ ist (oder sein könnte) oder daß sie uns Erinnerungen aus dem Bereich unserer eigenen Erfahrungen, von deren spezifischen Emotionen gefärbt, ›widerspiegelt‹. Somit ähneln die Struktur der Nuer-Lineage (Evans-Pritchard 1951) oder die Streifzüge von Ogotemmêlis fahlem Fuchs (Griaule 1980) mehr als nur ein klein wenig Bob Cratchats Weihnachten (Dickens 1843) oder dem Tod des Handlungsreisenden Willy Loman (Miller 1982). Ob es nun tatsächlich genau so geschah oder nicht, es könnte so gewesen sein – wir könnten sagen: »Es würde mich nicht verwundern, wenn es so gewesen ist« oder etwas Ähnliches. Aber dies ist nicht der Fall. Kritik hat sich genau mit dieser Trennung zwischen dem Sinn von »Es könnte geschehen«, den das Schreiben schafft, und dem, was tatsächlich geschieht, zu beschäftigen.

Die Idee von einer spezifisch ethnographischen Trope bringt uns davon ab, Erzählung, Dialog und Dialektik als Modelle für die

Kritik der Ethnographie zu verwenden. Die Ethnographie hat mit sozialen Ganzheiten zu tun, von denen Erzählungen nur ein Teil sind. Dialoge und Dialektik werden ebenfalls als theoretische Propositionen oder als ›Daten‹ dem Gesamtrahmen der Monographie untergeordnet. Sie stellt ein Genre dar, in dem die Deskription der Ökonomie Seite an Seite mit dem persönlichen Bekenntnis, dem Mythos und der abgedroschenen Geschichte am Feuer existiert. Sie versucht den Leser zu dem Glauben zu veranlassen, daß der Mythos oder die persönliche Konfession eine bestimmte Beziehung zu der Weise haben, in der die Ökonomie funktioniert. Sie sucht die Realität jener Zusammenhänge zu etablieren, die sie beschreibt. Die gewaltige offenbare Kluft zwischen der Person, die ›bekennt‹, und der Ökonomie, die ›funktioniert‹, muß überbrückt werden. Darin besteht die Aufgabe der ethnographischen Trope. Die Natur des Zusammenhangs zwischen dem Text selbst und jener Realität bleibt jedoch ein fortdauerndes Problem.

Imagination der Ganzheit und rhetorische Notwendigkeit

Soziale Ganzheiten können nicht direkt von einem einzelnen menschlichen Beobachter erfahren werden. Die Vorstellung von Umfang und Staffelung gesellschaftlichen Lebens, welche über das hinausgeht, was wir erfahren können, muß im Geiste erfolgen. Doch schließt diese Imagination sozialer Ganzheiten niemals *nur* diejenige ein, welche gerade beschrieben wird. Die ethnographische Imagination schließt unvermeidlich jene Realitäten mit ein, die in historischer oder gegenwärtiger Zeit verwirklicht worden sind oder verwirklicht werden, und auch solche, die als Möglichkeiten, Träume oder Alpträume bestehen. Seit den Eleaten ist im europäischen Denken das Mögliche, das Imaginierte und das Zukünftige behandelt worden, als ob ihnen in der Vernunft derselbe Status zukomme wie dem Verwirklichten, dem Beobachteten und dem Vergangenen. Dafür gibt es historische wie auch rhetorische Gründe, doch vielleicht am wichtigsten ist die Tatsache, daß die Anthropologie – in der Tat eine jede Wissenschaft, die sich um Aussagen darüber bemüht, was der Mensch ›wirklich ist‹, was er ›dem Wesen nach‹ darstellt – notwendig eine *moral science* sein muß. Einige, wie E. B. Tylor (1871) oder Henri-Alexandre Junod (1927, Bd. 1: 9), haben die Anthropologie als »a reformer's science« bezeichnet. Für andere handelt es sich um die Wahl zwischen ›Geschichte oder nichts sein‹, wie dies der Verfassungshistoriker F. W. Maitland einmal behauptet hat. Die Anthropologie ist von Radcliffe-Brown (1925) als eine »Naturwissenschaft der Gesellschaft« definiert worden oder, worin viele zeitgenössische Ethnographen übereinstimmen, als ein nie endendes Entwirren von gewebeähnlichen Bedeutungen, Morallehren und Botschaften vermittels hermeneutischer Interpretation von Texten.

Mit anderen Worten, die Bezugnahme auf eine verborgene Wesenheit ist immer im Holismus enthalten: Wir haben lediglich die Wahl zwischen dem moralischen Imperativ der Gesellschaft, dem ›Geist‹ der Geschichte, dem textilähnlichen ›Text‹, der kein Text im besonderen ist, oder der ›Natur‹ des Menschen. Wie der imaginäre ›reibungsfreie Raum‹ in der Newtonschen Mechanik sind diese tieferliegenden Bilder von Ganzheiten weder der Erfahrung des Autors noch der seines Protagonisten unmittelbar zugänglich. Existieren können sie allein in der Imagination des Autors, seiner Informanten und seiner Leser. Dies ist die ›essentielle Fiktion‹ des ethnographischen Texts.

Die Fiktion von Ganzheiten garantiert jedoch die Faktizität des ›Faktums‹. Die Imagination ist aus verschiedenen Gründen ein wesentlicher Teil dieses rhetorischen Prozesses. Dem Denken aller Autoren ethnographischer Literatur wohnt eine ideale Vision der Gesellschaft inne – in Gestalt von Zuständen utopischer Anmut oder absoluten Schreckens, positiver Harmonie oder Verderbnis und Negation aller Werte – oder die Vision einer Vergangenheit, wie sie sich die Klassiker vorgestellt haben, die Bilder ferner, andersartiger Länder, die von Reisenden vermittelt wurden.[3] Diese Bilder, Szenarien oder kontrafaktischen Vorstellungen haben als Schablone gedient, mit der die Realität sowie die Beschreibung der Realität verglichen und anhand deren sie beurteilt worden ist. Tatsächlich mögen diese Bilder durchaus Archetypen darstellen, etwas, wozu eine mögliche Pidgin-Soziologie fortwährend Zuflucht nehmen würde oder welche im Rahmen einer Tiefenstruktur des menschlichen Geistes existieren.

---

3 Selbstverständlich meine ich hier Reisende, die *schreiben;* die reisen, um zu schreiben, und zwar letztlich im Dienste jener Texte, die sie schaffen.

In der Tat mag es unmöglich sein, Gesellschaft[4] anders als in Form von holistischen Bildern zu konzeptualisieren. Während wir aber soziale Beziehungen, in die wir involviert sind, erfahren können und Zeuge einiger derer sein können, in die andere involviert sind, ist es offenbar unmöglich, Zeuge von Gesellschaft zu sein oder sie zu erfahren. Wir vermögen allein Teile dessen zu erfahren, was wir heute ›Gesellschaft‹ nennen, und diese Erfahrungen irgendwie in Beziehung zu einer größeren Entität zu setzen, welche wir nicht unmittelbar erfahren können. In dieser Weise ausgedrückt, wird die Frage nach der Beziehung der Ethnographie zur sozialen Realität zu einer allgemeineren Frage nach der Rolle des Bildes und der Imagination sowie des kognitiven Prozesses, durch den solche Bilder entstehen. Die Rhetorik der Ethnographie präsentiert diese dahinterliegenden Bilder, vor deren Hintergrund die Beschreibung Sinn ergibt und innerhalb deren Mikrokosmos und Makrokosmos miteinander in Verbindung gebracht werden können.

Alle Erklärungen stellen letzten Endes einen Bezug zu diesen dahinterliegenden Bildern her. Die szientifische oder nomothetisch-deduktive Methode bewirkt Erklärungen durch den Appell an Formeln, welche entweder kraft empirischer oder kraft logischer Mittel als ›etabliert‹ betrachtet werden. Wie Kuhn (1973) gezeigt hat, ist dieser Appell an die Wahrheit allein innerhalb von Wissenschaftsgemeinschaften wirksam, die bestimmte Überzeugungen und Formeln, deren Beweis die Möglichkeiten ›gewöhnlicher Wissenschaft‹ übersteigt, miteinander teilen. Die Gesetze der Natur dienen als ein solch versteckt dahinterliegendes Ganzes. Entsprechend besteht ein moralisches Verstehen darin, eine Verbindung zwischen einem moralischen Problem und dem Universum absoluter und letzter Werte herzustellen. Ein theoretisches Verstehen verbindet die Beschreibung mit der Aufteilung des Universums in einzelne, jedoch verbundene Teile und weist ihm einen Ort in dieser Welt zu. Das szientifische Verstehen hängt ab von der Existenz einer natürlichen Ordnung, das moralische Verstehen hängt ab von dem kosmologischen Bild letzter sittlicher Wahrheit, und der theoretische Bericht gewinnt seinen Wahrheits-

---

4 Hier darf Gesellschaft als der Gegenstand ethnographischer und soziologischer Beschreibung nicht mit dem Sozialen, der Erfahrung von anderen Menschen sowie unseren Beziehungen mit ihnen verwechselt werden.

wert durch den Glauben daran, daß eine solche Verbindung bestehen muß. Wie die quasi-religiöse Spekulation zeitgenössischer Astronomen und physikalischer Kosmologen zeigt, ist eine absolute Auflösung des Universums in Mysterium oder in Unbestimmtheit unerträglich (Toulmin 1982).

Eine ethnographische Beschreibung ist folglich ein Werk im Sinne einer Anstrengung, *un travail* im Gegensatz zu *un œuvre*, weil sie das Verständnis, das sie sucht, nicht aus sich heraus bieten kann. Ethnographie kann deshalb nicht als ein Test ihrer Gültigkeit oder Wahrheit repliziert werden, weil sie sich immer in dem Prozeß befindet, das Verständnis eines Gegenstands, der niemals vollständig verstanden werden kann, zu erlangen. Beschreibung vermittelt ihr Verständnis über vielfältige Analogie-Ebenen, und für die Ethnographie erfüllt der klassifikatorische Modus der Beschreibung diese Aufgabe am besten.

Soziale Ganzheiten, soziale Teile und Klassifikation

Heute, nach MacLuhan (1962), Foucault (1973) und Derrida (1974), gilt der Text selbst nicht mehr als bloßes Medium zur Kommunikation dessen, was anderswo mit anderen Mitteln entdeckt wird. Wir betrachten ihn nunmehr als einen Gegenstand, eine Praxis und eine Form, der bzw. die Ideen aus eigenem Recht kommunizieren, unabhängig davon, was auch immer ihr ›Inhalt‹ sein möge. In der Anthropologie (und den Sozialwissenschaften allgemein) gilt dieser Inhalt – soziale oder kulturelle Ganzheiten – nichtsdestoweniger immer noch als anderswo sowie durch andere Mittel konstituiert. Ist Ethnographie ›lediglich Beschreibung‹ dieser objektiven Ganzheiten? Oder ›ahmt‹ eine solche Beschreibung bloß ›die Vernunft nach‹, wie Leibniz dies vom Gedächtnis behauptet? Es scheint mir, daß eben jenes *Konzept der Ganzheiten selbst* den Kern des Problems darstellt.

In der Tat können ›soziale Ganzheiten‹ als ein Artefakt der Rhetorik betrachtet werden. Die Idee der ›sozialen Ganzheiten‹ sowie die Doktrin des ›Holismus‹ galten lange als das Markenzeichen der Ethnologie, und die in weitem Sinne klassifikatorische oder ›klassifizierte‹ Weise, in der ethnographische Monographien präsentiert werden, ist für die Idee von ›Ganzheiten‹ zentral. Indem Klassifikation selbst als eine Art von Trope verstanden wird, wird

die Aufmerksamkeit auf die problematische Natur der Idee des
›Holismus‹ oder der ›sozialen Ganzheiten‹ für das gesamte ethnographische Vorhaben gelenkt.
›Soziale Ganzheiten‹ werden vor einem Hintergrund von anderen
möglichen ›Ganzheiten‹ konzeptualisiert, unter denen und verglichen mit denen die ethnographische Doktrin des Holismus einen
Sinn ergibt. Tatsächlich ist die Idee des Ganzen in der Anthropologie wie auch in anderen Sozialwissenschaften stark überdeterminiert. Die Geschichte der judäo-christlichen Religion, der Philosophie, der modernen Politik, Biologie und Psychologie, alles
trägt zur Idee ›des Ganzen‹ bei. Das Königreich Gottes, Eden, das
Konzept der Wahrheit, der Nationalstaat, die Sprache, die Ökologie und der Geist werden alle als Ganzheiten gedacht, hauptsächlich infolge einer spezifischen intellektuellen Geschichte.
Dies kann für die Anthropologie kaum anders sein, die eng mit
anderen Wissenschafts-Disziplinen und mit Literatur und Politik
zusammengearbeitet hat; und seitdem Tylor von ›Kultur oder Zivilisation als jenem komplexen Ganzen‹ gesprochen hat, erachtet
es die Anthropologie als selbstverständlich. Jedoch bietet die
Klassifikation ein rhetorisches Mittel, eine beliebige Anzahl von
›Ganzheiten‹ zu einer bestimmten Zeit ins Spiel zu bringen. Indem jedoch so verfahren wird, mögen wir ein wenig in Verwirrung geraten sein darüber, wie diese Ganzheiten tatsächlich ›arbeiten‹.

Teile und Ganzheiten

Eine Anatomie der wesentlichen Fiktion der Ethnographie enthüllt, daß das ›soziale Ganze‹ aus Teilen besteht, und in Begriffen
der Teil-Ganzes-Beziehung (formal die mereologische Beziehung
genannt) werden viele theoretische Argumente innerhalb des ethnographischen Schrifttums formuliert. Ob nun Personen, Gruppen, Institutionen, Symbole, Kombinationen davon oder etwas
ganz anderes als Teile betrachtet werden, gewöhnlich wird versichert, daß das ›soziale Ganze‹ aus genau diesen Teilen zusammengesetzt ist. Außerdem besteht der ethnographische Text aus Teilen
oder ›Kapiteln‹, welche Kompilationen vieler disparater Beobachtungen von Verhalten, Sprache, Ritual, Tanz, Kunst und anderen
Aspekten expressiver Kultur, räumlicher Anordnungen, Berich-

ten darüber usw. darstellen. Diese kleinen Fragmente strukturierten, gewöhnlich formalisierten Verhaltens und Denkens bilden die Elemente der Feldforschungsaufzeichnung, das heißt, sie sind ›wirklich‹ (der Erfahrung zugänglich) und, was hier wichtiger ist, werden notwendig vom Ethnographen und seinen Gesprächspartnern geteilt. Sobald wir aber damit begonnen haben, diese Aufzeichnungen zu sammeln und zu kombinieren, sind sie der Erfahrung nicht mehr in derselben Weise zugänglich. Die ›Erfahrung der Feldarbeit‹ ist sowohl die Erfahrung von gesellschaftlichem Leben als auch die Erfahrung der textuellen Fragmente, in denen sie aufgezeichnet ist.

Kapitel und Unterteilungen von Büchern reflektieren eine Idee von Gesellschaft als einer ›Summe von Teilen‹. Wie das soziale Ganze als aus sich wechselseitig bestimmenden Teilen bestehend verstanden wird, ist das textuelle Ganze aus diesen Textfragmenten zusammengesetzt. Die augenscheinliche Ganzheit der Gesellschaft tritt also durch diesen Prozeß des Sammelns und Kombinierens in Erscheinung und mag mehr mit der manifesten und konkreten Ganzheit des Buchs zu tun haben, das selbst aus Teilen konstruiert ist.

Aber diese angenommene Beziehung zwischen sozialen Ganzheiten und dem, was für deren Teile gehalten wird – nämlich soziale Gebilde wie Individuen, Clans, Altersgruppen, Krankenhäuser, Nationen, Fabriken usw. –, ist auf eine verfehlte Analogie zum Text gegründet, dessen Teile – nämlich Kapitel, Titel, Untertitel, Abschnitte usw. – für das textuelle Ganze wahrhaft konstitutiv sind. Dieses Konstitutionsverhältnis trifft nicht auf ›soziale Ganzheiten‹ zu: Sie sind keineswegs in dieser Weise aus Teilen zusammengesetzt; sie lassen sich nicht ›zusammenzählen‹. Diese durchgängige, jedoch verfehlte Analogie wird wiederum durch die schlechte ›Reproduzierbarkeit‹ ethnographischer Daten demonstriert: ›Reproduzierbarkeit‹ ist nur auf der Ebene des Texts schwer zu erreichen. Beobachtete individuelle Ereignisse, Geschichten, die man vernommen hat, erinnerte Redewendungen, rezitierte Formeln, Artefakte, die man gesehen hat usw. werden fortlaufend wiederholt, oftmals in monotoner Weise über Epochen und Kulturen hinweg. Es ist das Niederschreiben, die Sammlung sowie die Zusammenstellung dieser verschiedenen Aspekte in Büchern, was nicht reproduzierbar ist.

Eine weitere Schwierigkeit resultiert aus der Tatsache, daß es zwei

Typen von Ganzheiten gibt. Einerseits kann ein Ganzes mereologisch vorgestellt werden als eine Relation zwischen einem konkreten Ganzen und seinen Teilen, als ein Kuchen und seine Stücke, der Leviathan und seine Organe, eine graphische Darstellung und ihre einzelnen Linien. Andererseits kann das soziale Ganze als durch eine Regel der Klasseninklusion konstituiert gedacht oder als Klasse von Einzelfällen mit spezifischen Attributen definiert werden. E. B. Tylors berühmte Definition der Kultur als ›jenes komplexe Ganze‹ bildet genau eine solche Reihe von Elementen, die gemäß einiger mehr oder weniger spezifischer Kriterien ausgewählt sind, von denen es viele Möglichkeiten gibt (zum Beispiel alles menschliche Verhalten, alle Gedanken, alle Sitten). Das Problem besteht darin, daß diese zwei logisch unterscheidbaren Holismen im soziologischen Denken fast immer miteinander verwechselt werden.

Zunächst implizieren alle organischen und mechanistischen Gesellschaftsmetaphern, daß es eine mereologische Beziehung zwischen den Teilen der Gesellschaft und dem Ganzen gibt, welches sie angeblich konstituieren. Diese Bilder von sozialen Ganzheiten werden gewöhnlich in Form metaphorischer Bilder von organischen Körpern (Funktion, Funktionalismus), Texten (Zeichen und Symbole, Hermeneutik), Bäumen (Zweige, Evolution), Flüssen (Strom, Geschichte), geologischen und architektonischen Formationen (Schichtungen, Strukturalismus und Marxismus) oder Maschinen (Prozeß, Ökonomie) entworfen. Da die mereologische Beziehung für das metaphorische Bild zutrifft (zum Beispiel ein Arm oder Kopf ist deutlich ein Teil des gesamten Körpers, der Zweig ein Teil des ganzen Baumes usw.), wird angenommen, daß dieselbe Beziehung für das soziale Ganze und seine Teile zutrifft. Dies ist schlicht die Weise, in der gute Metaphern arbeiten. Die Angelegenheit wird weiter kompliziert durch die Tatsache, daß Beziehungen der Klasseninklusion oftmals in anschaulichen Bildern dargestellt werden. Wenn die Analyse im Schreiben entwickelt und ausgearbeitet wird, geschieht dies über den Rekurs auf Begriffe für diese Bilder von Zweigen, Organen, Schichten, Verbindungen und Knoten, Körpern und Strömen, das heißt in Begriffen derselben räumlichen oder anschaulichen Bilder, die als Metaphern für Gesellschaft verwendet werden. Und letztlich werden die Worte Kategorie, Art, Klasse, Genus, Typus allesamt als mehr oder weniger austauschbar gebraucht sowie alle als Teile einer Klassifikation gedacht (Manley Thompson 1983: 342). Aber die Regeln der Klasseninklusion, die Kategorien zu Teilen von Klassifikationen machen, müssen sorgfältig von der mereologischen Teil-Ganzes-Beziehung unterschieden werden. In der Ethnographie wird diese Unterscheidung gewöhnlich besonders deshalb durcheinandergebracht, weil der materielle Text aus (wahrhaft mereologischen) Teilen zusammengesetzt ist und weil die bildähnlichen Metaphern von Körper/Text/Baum/Fluß usw. selten weit unterhalb der Oberfläche liegen.

Es scheint tatsächlich, daß die Konfusion fast unentbehrlich für das Erreichen dessen ist, was eines der Hauptziele der Ethnographie sein muß: den Leser von der Existenz einer anfänglich nicht wahrgenommenen Kohärenz, einer erstaunlichen Bedeutsamkeit, einer verdeckten Rationalität oder (bloß) einer Geschichte zu überzeugen. Dieses Ziel ließe sich nicht verwirklichen, würde nicht der Appell des Schreibers an dahinterliegende Bilder von Ganzheit oder Individualität, von organischer oder mechanischer Geordnetheit sowohl den Autor als auch den Anderen transzendieren.

Soweit die Klassifikation als rhetorische Trope funktioniert, stellt sie das Hauptmittel dazu dar, die Vorstellung von Ganzheit hervorzurufen. Grob gesprochen bilden die Tropen der Synekdoche und der Klassifikation zwei Seiten derselben Medaille. Einerseits verweist die Synekdoche auf das Ganze durch Referenz auf einen ihrer Teile; andererseits bezieht sich eine klassifikatorische Trope auf ein vorgestelltes Ganzes, um geltend zu machen, daß es aus Teilen zusammengesetzt ist. Im Schreiben nimmt dies die Form der Behauptung an, daß der präsentierte Beweis das Ganze (Gesellschaft, Kultur, *conscience collective* usw.), wenn es existiert, konstituieren muß.

Rhetorische Ganzheiten sind keine sozialen Entitäten

Das Problem liegt zum Teil in der Verwechslung verschiedener Arten von Ganzheiten, die man sich vorstellen kann. Es dürfte klar sein, daß wir in einer *Logik* der Klassifikation zwischen einer Klasse und einer Klasse, die sich selbst als einziges Mitglied hat, unterscheiden können oder daß wir eine Klasse spezifizieren und dann aus ihr eine Klasse ableiten können, welche alle Untergruppen ihrer Mitglieder umfaßt. *Solche Beziehungen gelten aber nicht für ein materielles und räumliches (mereologisches) Ganzes und seine Teile.* Im ersten Fall müssen das (mereologische) Ganze und das Ganze, welches allein sich selbst enthält, identisch sein. Im zweiten Fall kann ein mereologisches Ganzes nicht zugleich sich selbst wie auch alle seine Untergruppen darstellen. Diese Behauptungen sind intuitiv einleuchtend, können jedoch auch genauestens bewiesen werden. Überdies können wir uns eine leere Klasse vorstellen, die keinerlei Beispiele für ein gegebenes Attribut aufweist oder für die keine Gegenstände, die einem gegebenen Kriterium genügen, gefunden werden könnten. Ein leeres mereologisches Ganzes ist ein offenkundiger Widerspruch (Korner 1983: 355). Diesen Argumentationslinien folgend, hat Ruben (1983) behauptet, daß eine jede Sozialphilosophie ernsthaft mißverständlich wird, wenn sie die Position vertritt, daß die Beziehungen zwischen »zumindest einigen sozialen Entitäten und den Menschen, welche ihre Mitglieder sind, die Beziehung des Ganzen zu seinen Teilen darstellt«. Dieser Glaube scheint jedoch einem großen Teil der Sozialphilosophie seit alten Zeiten zugrunde zu liegen.

Ruben führt aus, daß entweder soziale Ganzheiten Teile haben, welche nicht Menschen sind, oder sie existieren als solche nicht; und sofern Menschen Teile von etwas sind, dann können diese Entitäten nicht in mereologischen Begriffen vorgestellte soziale Ganzheiten sein. Seine Argumente beruhen auf den materiellen und räumlichen Eigenschaften der mereologischen Beziehung, Teile von Ganzheiten zu sein, sowie den Unterschieden zwischen dieser Beziehung und der des Klassen-Einschlusses zwischen Mitgliedern sozialer Ganzheiten. Ein Beispiel illustriert sein Argument.

»Wenn die auf den Bus der Linie 38 wartende Schlange sich selbst zum lokalen Zweig 38 der Gemeinschaft der Bus-Benutzer formiert, sind die Individuen in der Schlange Teile, nicht aber die Mitglieder der Schlange, und sind Mitglieder, aber nicht die Teile des lokalen Zweigs der Gemeinschaft der Bus-Benutzer. Ein jedes der Individuen in der Schlange ist eine gegenständliche Entität, und dies ist auch die Schlange, welche sie gemeinsam bilden. Keine gegenständliche Entität kann genau dieselbe von der Schlange eingenommene räumliche Position zur selben Zeit vollständig einnehmen, sofern sie nicht einfach mit der Schlange identisch ist. Andererseits ist die lokale Vereinigung der Bus-Benutzer eine soziale Entität, und wenn sie Teile hätte, Komitees vielleicht, wären auch sie soziale Entitäten. Eine andere Entität kann genau dieselbe räumliche Position zur selben Zeit vollständig einnehmen, wenn eine Assoziation dieser Art überhaupt eine räumliche Position hat, denn dieselben Individuen könnten sich in eine beliebige Zahl analoger Assoziationen, die sie schaffen möchten, organisieren« (Ruben 1983: 237).

Folglich sind rhetorische Ganzheiten keine sozialen Entitäten. Sie sind kognitive Konstrukte, die in bezug zu dem Maßstab und der Reichweite der Beobachterperspektive und der Rhetorik zu sehen sind, welche sie in der Imagination konstituiert. Einige gern verwendete Bilder sozialer Ganzheiten stellen wenig mehr als eine Implikation der Behauptung dar, daß soziale Ganzheiten existieren.
Emile Durkheim etwa meint in der Tat, daß die sozialen Ganzheiten bestehen *müssen*, weil der Text, der sie beschreibt, besteht.

»Man sieht nicht, daß es keine Soziologie geben kann, wenn es keine Gesellschaften gibt, und daß es keine Gesellschaften gibt, wenn es nur Individuen gäbe [...] Aber aus jeder Seite dieses Buches strömt sozusagen [...] der Eindruck, daß das Individuum von einer moralischen Wirklichkeit beherrscht ist, die über es hinausreicht« (Durkheim 1983: 21; Übersetzung entsprechend der englischen Übersetzung des Textes leicht geändert).

Durkheims »sozusagen« scheint freimütig zu sein, doch lenkt es die Aufmerksamkeit weg von »jeder Seite dieses Buches«, wo die Kraft, von der er spricht, deutlich wurzelt, auf das soziale Ganze, das er zu konstruieren trachtet. Er ignoriert die Unterschiede im Maßstab zwischen dem Beobachter, dem analytischen ›Individuum‹ und den rhetorisch konstruierten Konzepten von ›Gesellschaften‹ und ›sittlicher Realität‹. Diese Konzepte sind für die Durkheimsche Ideenwelt wesentlich, welche zahlreichen Ethnographien des 20. Jahrhunderts innewohnt, doch beweist ein Argument für deren *Gültigkeit als Konzepte* nicht die Existenz ihres vorgeblichen Gegenstands.
Teile von Texten – von Büchern und Artikeln – gewinnen ihre Realität nicht über die Korrespondenz mit der Realität, sondern über die Kohärenz mit dem restlichen Text sowie den übrigen Texten allgemein. Wir können das Problem in einem anderen Licht betrachten, wenn das rhetorische Ganze in seine ›Teile‹ zer-

gliedert ist, welche ihre Realität nicht durch ihren Einfluß auf die Erfahrung erreichen, sondern vielmehr durch den Grad, in dem sie mit dem Bild des Ganzen übereinstimmen. Henri Bergsons Kommentar zur Religion zum Beispiel, eng mit Durkheims eigener Idee des Kollektiven verbunden, illustriert dies, indem unbewußt textliche und soziale ›Teile‹ miteinander verwechselt werden:

»Die Zukunft einer Wissenschaft hängt von der Art ab, in der sie zuerst ihren Gegenstand angeschnitten hat. Wenn sie das Glück hatte, beim Schneiden die natürlichen Gelenke zu treffen, so wie der gute Koch, von dem Plato spricht, dann macht es wenig aus, wieviel Stücke sie geschnitten hat: da die Zertrennung in Teile die Analyse in Elemente vorbereitet hat, so wird man schließlich eine vereinfachte Vorstellung des Ganzen haben« (Bergson 1933: 102 f.).

Hier wird behauptet, daß ein Bild von einem simplen ›Zerschneiden‹ des Ganzen mit Analyse identisch sei, und die Teile sind nicht Elemente der Erfahrung, sondern resultieren aus der Zerlegung des imaginierten Ganzen. Textteile werden mit sozialen ›Teilen‹ verwechselt.

In ähnlicher Weise wird die Sprache als eine einzige holistische Realität verstanden. Jedoch wird die Einheit der Sprache recht eindeutig durch Texte geschaffen, die aus der Sprache Sprache*n* (Plural) machen. Dieser Holismus wird trotz der Tatsache behauptet, daß Kontinua des Dialekts, der Phonologie, des Wortschatzes, des Grades der Entfaltung oder Verkürzung (Pidginisierung) auf allen Ebenen und in den meisten Sprachen bestehen. Das Konzept des Wortschatzes ist trotz allem ein Text-Konzept: ein Wörterbuch. Der Einfluß von Wörterbüchern und Grammatiken auf das Konzept linguistischer Einheiten ist im Fall der meisten Sprachen der Welt, welche überhaupt erstmals von europäischen Linguisten niedergeschrieben worden sind, beträchtlich. Im Feld konsultiert jeder Ethnograph Wörterbücher und Grammatiken in dem Bemühen, mit der immer schwer faßbaren ›Ganzheit‹ sozialer Erfahrung zurechtzukommen. Sofern sie nicht existieren, werden sie geschaffen. Malinowskis ›corpus inscriptionum agriculturae Quiriviniensis‹ (Malinowski 1979: 48; 1978, Bd. 2: 77-210) ist ein deutliches Beispiel. Die Analogie zum Text (*inscriptionum*) sowie zum Körper als einer Metapher der Organisation und Klassifikation (*corpus*) sind in diesem Beispiel offensichtlich.

Von der Rhetorik zur Sozialstruktur

Einer der charakteristischsten Unterschiede zwischen narrativer und ethnographischer Beschreibung liegt darin, daß die Ethnographie über einen relativ langen Zeitraum und aus einem Spektrum einzelner ungleichartiger und grundsätzlich unvergleichbarer Erfahrungen zusammengestellt und in Begriffen eines klassifikatorischen Schemas oder Bildes ausgedrückt wird. In Form dieser Schematisierung und weniger in Gestalt eines diskursiven Arguments, einer Erzählhandlung oder eines Erzählflusses erreicht die ethnographische (allgemeiner: soziale) Beschreibung einen Schluß, der intellektuell befriedigend ist. Kapitel haben in dieser Hinsicht besondere rhetorische Bedeutung, da unter ihren ›Überschriften‹ die Daten klassifiziert werden. Diese Gestaltung allein deutet schon auf eine andere Ebene oder Art der Bedeutsamkeit hin, welche durch die Tatsachen selbst nicht vermittelt wird.

Eine in Kapitel und Untertitel unterteilte Monographie hat dem Leser kraft der gegliederten Diskontinuität von Kapiteln und Zitaten, von zitiertem Diskurs, Fallstudien usw. die Tatsache zu vermitteln, daß ein Zusammenhang auf einer anderen Ebene besteht. Bereits eine Numerierung von Kapiteln und Untertiteln legt eine rationalisierte, übergeordnete Logik nahe im Vergleich zu jener, die in der fortlaufenden Erzählung selbst gegeben ist. Die Bibel, minutiös in ›Kapitel und Verse‹ unterteilt, stellt den paradigmatischen Fall dieser Form von willkürlicher Klassifikation dar. Überdies ist die Bibel zutiefst selbstreferentiell und war ferner im Denken der meisten Ethnographen des 19. Jahrhunderts sowie einiger des 20. Jahrhunderts von hervorragender Bedeutung.

Evans-Pritchards ethnographische Trilogie über die Nuer – *The Nuer* (1940), *Kinship and Marriage among the Nuer* (1951) und *Nuer Religion* (1956) – stellt einen einschlägigen Fall dar. Die drei Bände drücken eine Dreiteilung des sozialen Lebens in ›Umwelt‹, ›soziale Beziehungen‹ und ›Glauben‹ aus. Sobald diese Einteilung getroffen ist, bedeutet jeder weitere Verweis auf eine dieser Kategorien – Verwandtschaft beispielsweise – nicht länger einen Verweis auf Verwandtschaft im allgemeinen, sondern auf jene Variante der Verwandtschaft, welche für die Nuer spezifisch ist. Tatsächlich sind die Verwandtschaftsformen, so wie sie bestehen, verschiedenartig und gehen in andere Formen über (die, bis über sie geschrieben wird, Verwandtschaft im allgemeinen bleiben). Freilich bezieht sich ›Nuer-Verwandtschaft‹ im selben Maße auf das Buch, in dem sie beschrieben ist, wie auf die angebliche (wenngleich nunmehr historische und unwiederbringliche) Realität, die es beschrieben hat. Ganz ähnlich wird die Existenz von ›Propheten‹ bei den Nuer durch das Kapitel bestätigt, das sie im Gegensatz zu ›Priestern‹ definiert und das absichtlich das Bild von biblischen Priestern und Propheten beschwört. Obwohl Evans-Pritchard selbst behauptete, es sei nicht mehr als eine Geschmacksfrage, ob ›Propheten‹ als »politische Akteure in einem religiösen Kontext oder als religiöse Akteure in einem politischen Kontext« zu verstehen seien, die textliche Identifikation mit den Propheten der Bibel löst diese Frage in wirksamer Weise. Ein mit »Nuer-Priester und -Propheten« überschriebenes Kapitel verweist in vielerlei Hinsicht auf die Bibel, die ethnographische Monographie (das Buch) selbst und auf einige Individuen, die sich selbst in dieser Weise verstanden oder nicht verstanden haben mögen.

Im Unterschied zum Diskurs und zur Erzählung ist die Ethnographie aus *items* zusammengestellt – Notizen, Beobachtungen, Texten, Kommentaren (ihrerseits selbst wieder aus *items* zusammengesetzt) –, die alle einem umfassenden klassifizierenden Rahmen untergeordnet sind. Der ethnographische Text vermag dieser ›Ebene der *items*‹ niemals wirklich zu entrinnen. Es gibt zwei miteinander verbundene klassifikatorische Verfahren: die praktische, technische Klassifikation, welche ›im Feld‹ erfolgt, und die intellektuellen (rhetorischen) Klassifikationen, welche am deutlichsten in Kapitelüberschriften und Zwischentiteln sowie in Schlüsselworten des Textes in Erscheinung treten. Während diese miteinander verbundene Prozesse darstellen, unterscheiden sie sich in ihrer Konzeptualisierung als ›Technik‹ einerseits und als ›Gestaltung‹ oder ›Stil‹ andererseits. Jedoch verbergen beide Konzeptualisierungen die rhetorische Natur des klassifikatorischen Modus der Darlegung.

Meyer Fortes hat dies in *The Web of Kinship among the Tallensi* deutlich formuliert:

»Ich hatte das Glück, daß meine beiden wichtigsten Lehrer [zum Thema der Verwandtschaft], der verstorbene Professor Bronislaw Malinowski und Professor Radcliffe-Brown, mit Arbeitshypothesen an das Thema herantraten, die auf den Realitäten der Beobachtung im Feld beruhten. Ihren Theorien kommt der Wert zu, an die dem Ethnologen im Feld verfügbaren Methoden der Beobachtung und an die Art der in seiner Reichweite befindlichen Daten angepaßt zu sein« (Fortes 1949: 1).

Eines der hier auftauchenden Probleme besteht darin, wie sich die der Beschreibung oder Erfahrung zugänglichen *items* des Verhaltens und Denkens erkennen oder definieren lassen. Nach unseren Überlegungen zur ethnographischen Rhetorik bestimmt der Charakter der Elemente der Beschreibung die Art und Weise, in der der deskriptive Text in der Lage ist, die mikrokosmische Ebene – die *items* des Feldnotizbuches und die ›Beweismittel‹ der ethnographischen Darstellung, wie zum Beispiel eine Person, die man getroffen hat, eine Maske, die man gesehen und skizziert hat, ein Ritual, bei dem man zugegen war – mit dem Makrokomos von Ökonomie, Kultur, Gesellschaft oder Kosmos zu verbinden.[5] Wiederum wird dieser Gesichtspunkt in besonderer Weise in Fortes' Büchern über die Tallensi zum Ausdruck gebracht. Tatsächlich kann Fortes weder sein Subjekt (›Die Tallensi‹) noch die Struktur ihrer Gesellschaft ohne reflexive Verweise auf seine eigenen Schriften und andere textliche Quellen wie etwa Karten definieren:

»Die ›tribale Einheit‹ der Tallensi ist, allgemein gesprochen, die Einheit einer eigenständigen soziogeographischen Region. Diese Region kann allein durch dynamische Kriterien abgegrenzt werden. Die Tallensi haben mehr untereinander gemein [...] *als die Teilsegmente der Tale-Gesellschaft mit anderen ähnlichen Segmenten außerhalb dessen, was wir Tale-Land nennen. Dieses Kennzeichen der Tale-Gesellschaft hat besondere Bedeutung für die Untersuchung, die wir in diesem Buch vornehmen*. Denn wie im Falle des Netzwerks der Klanbindungen und der Bande allgemeinen Brauchtums sowie der in unserem ersten Buch analysierten politischrituellen Assoziation ist das Gewebe der Verwandtschaft weit über die sozialen Grenzen der Tallensi hinaus ausgedehnt« (Fortes 1949: 2; Hervorhebung von R. T.).

Für Fortes stellen die »Teilsegmente« offensichtlich Teile eines Ganzen dar. Trotz der Behauptungen, daß die sozialen Bande,

---

5 Das alte Problem der ›Analyse-Einheit‹ betraf, im Unterschied zu dem hier angesprochenen, Methoden des Vergleichs von Gesellschaften und war von einem naturhistorischen Modell der ethnologischen Forschung abgeleitet.

von denen er schreibt, sich »weit über die sozialen Grenzen hinaus« erstrecken, in zahllosen Weisen einander überkreuzen und unendlich *vieldeutige* Kategorien bilden, folgert er, daß

»die Tale-Gesellschaft eine organische Gesellschaft darstellt [...] Nimmt man die Tale-Sozialstruktur als ein Ganzes, so kann sie als eine komplexe Struktur unterschiedlicher Kategorien sozialer Beziehungen vorgestellt werden« (Fortes 1949: 341-343).

In der Tat wäre es zutreffender, die Bücher, die er verfaßte, in diesen Termini zu beschreiben, als diese ›Struktur‹ den ›Tale‹ zuzuschreiben. Die Kapitel der zwei Bände *The Dynamics of Clanship* (1945) und *The Web of Kinship* (1949) enthalten detaillierte Listen von Kategorien, während der Text zur Absicherung durchgängig sowohl auf sich selbst – auf die Titel und Kontexte anderer Abschnitte – sowie in den Fußnoten auf den jeweils anderen der beiden Bände verweist.

Somit erscheinen die *items* des Feldnotizbuchs, die sogenannten Beschreibungseinheiten, durch die technische Praktik des Datensammelns im Feld als vorgeformt. Jener Person auf dem Pfad an jenem Morgen zu begegnen war einfach ein zufälliges Ereignis – zufällig unterwegs zu dem Laden, um Salz zu kaufen, oder unterwegs zum nächsten Interview. Die beschriebene Maske war unter allen möglichen Masken jene, welche zufällig zu sehen war, als Bleistift und Papier zur Hand waren, eine, die einem der ›besten Informanten‹ gehörte. Allein reine Zufälligkeit kann aber nicht für den Text verantwortlich sein, der schließlich aus der Feldforschung hervorgeht. Nachdenken zeigt, daß sogar das bloße Zählen ein rhetorisches Vorhaben beinhaltet. Durch Zählen, Auflisten, Summieren, Feststellen des Durchschnitts und andere numerische Manipulationen beginnen wir makrokosmische Entitäten zu konstruieren (die Menge des verschifften Öls, die Gesamtbevölkerung Chinas, die durchschnittliche, von einer Buschmann-Jagdgruppe zurückgelegte Distanz), die für einige Aspekte der sozialen Realität repräsentativ sind, doch nur insoweit, wie jene Aspekte Teil eines textlichen Arguments bilden. Dasselbe gilt für das Messen. Die ›Selbstmordrate‹ ist ein Beispiel eines solchen Maßes (Durkheim 1983), das allein im Kontext von Durkheims moralischem Projekt Sinn ergibt und sich nur durch textliche Methoden der Kompilation, Analyse, der graphischen Darstellung und Exposition verwirklichen ließe. Ein anderes derartiges Bei-

spiel stellen die Gesamterträge an Yams im Vergleich zu den Gesamterträgen aus der Schweinehaltung in einem Dorf in Neu-Guinea dar. Das erreichte Verhältnis (Yams zu Schweinen), als eine im Lauf der Zeit veränderliche Menge betrachtet, zeigt darüber hinaus einen periodischen Anstieg und Fall, wie er für ›ideale‹ Marktwirtschaften charakteristisch ist oder für Populationsentwicklungen, die aus der Interaktion zwischen Raubtier und Beute in geschlossenen, nahezu im Gleichgewicht befindlichen Ökologien resultieren (Rappaport 1968: 153-167 ff.; Michael Thompson 1979: 184 ff.).
Numerische Regelmäßigkeiten wie diese sowie die von ihnen abhängigen Argumente stellen Typen von Holismus dar, die entscheidend von der textlichen Argumentation abhängen. Eine ›Selbstmordrate‹ oder das Verhältnis von Schwein zu Yams sind begrifflich weit entfernt und sogar irrelevant, wenn es um die Erfahrung einer Selbstmorddepression oder das Füttern von Schweinen geht. Dennoch können sowohl Selbstmord als auch Schweinezucht innerhalb eines angemessenen, numerisch konstruierten Holismus erfaßt werden. Unvergleichbare Erfahrungen werden im Rahmen eines rhetorischen Projekts, durch das sie definiert, isoliert und getrennt werden, miteinander vergleichbar.
Numerische Methoden in der Ethnographie erreichen ihre rhetorische Wirksamkeit im soziologischen Schreiben, indem sie zu spezifizieren und zu klassifizieren erlauben, um dadurch kleinere Einheiten mit solchen des Makrokosmos in Beziehung zu bringen. Die Wirklichkeit, die man kennengelernt hat, wird zunächst unmittelbar in eine Sphäre symbolischer Zeichen wie Zahlen, Verhältnisse oder Formeln übersetzt. Diese Formalismen können ein Gefühl von Kohärenz, aber keine Bedeutung vermitteln oder ausdrücken. Indem spezifische Interaktionen von den wachsenden Komplexitäten des sozialen Lebens isoliert werden, konzentrieren sie die Aufmerksamkeit auf sich und gestatten es, reduktive Behauptungen zu verfechten. Zudem findet sich eine Berufung auf naturwissenschaftliche Methoden, die nicht in Zweifel gezogen wird und eine Aura der Legitimität schafft. Am wichtigsten aber ist, daß eine jede derartige Soziologie auf die Annahme vertraut, daß die Entitäten, welche sie zählt, sowohl isoliert als auch begrenzt sind, eine Annahme, die getroffen werden muß, um überhaupt mit dem Zählen beginnen zu können. Somit ist es nicht verwunderlich, daß es jeder statistischen Soziologie leicht gelingt,

ein Gefühl von ›Begrenztheit‹ oder ›Schluß‹ zu schaffen, ein Gefühl, das diskursive und narrative Methoden mit anderen rhetorischen Mitteln zustande bringen müssen.

Die klassifikatorische Rhetorik kann auch viele andere Formen der Rhetorik einschließen und damit ein Spektrum expressiver Formen umfassen, welche sonst miteinander unvergleichbar sind. Die klassifikatorische Rhetorik bildet eine ›Makrostruktur‹, welche, da sie andere Formen der Rhetorik innerhalb eines vorgestellten oder bildähnlichen ›Ganzen‹ einschließt, in der Lage ist, die Erfordernisse linguistischer oder propositionaler Logik zu transzendieren. Einer solchen ›Makrostruktur‹ muß in der linguistischen Analyse genausoviel kognitive und grammatikalische Realität wie anderen Aspekten der grammatikalischen Struktur eingeräumt werden, wenn umfassendere (das heißt umfassender als Sätze, Wendungen, Worte und Morpheme) Charakteristika von Diskurs, Betonung, Anaphoresis usw. aus linguistischer Sicht verstanden werden sollen (van Dijk 1983). Anders als die meisten der üblichen narrativen Tropen, die eng mit Zeichen, einfacher Referenz, Syntax des Satzes, Poetik und Prosodie verbunden sind, baut die Klassifikation als rhetorische Trope auf Makrostrukturen, umfassende Bilder und eine Festlegung auf Inklusivität und Analogie.

Entsprechend vermittelt der Entwurf einer Ordnung aus Kapiteln, Überschriften, Untertiteln und Abschnitten eine architektonische Gestalt, die in rhetorischer Hinsicht brauchbar sein mag, um den Text als wohldurchdacht oder wissenschaftlich zu legitimieren; sie kann ihm als Rahmen dienen, um die Aufmerksamkeit des Lesers zu fesseln, oder kann die Beziehung zwischen Teil und Ganzem nahelegen, welche für einen zufriedenstellenden Schluß dieser Art von Diskurs entscheidend ist. Tatsächlich stellt das Vokabular der Klassifikation des physischen Buchs nichts weiter dar als erweiterte Metaphern des Körpers (›Kapitel‹[6], ›Überschrift‹ [*heading*], ›Fußnote‹, ›Buchrücken‹ [*spine*; ›Wirbelsäule‹]), der Landschaft (›Vers‹[7], ›Strophe‹), von Bäumen (›Blätter‹, ›Seite‹ [*page*][8]), Bauwerken (›Tafeln‹) und Straßen (›Rand‹) dar.

---

6 ›Kapitel‹ von lat. *caput*, ›Kopf‹, via altfranz. *chapitre*.
7 ›Vers‹, aus dem Altengl. *vers*, vom Lat. *versus*, ›Furche‹; wörtlich ›eine Wende‹ von *vertere*, ›wenden‹.
8 ›Seite‹, von lat. *fagus*, ›Baum‹, ›Holz‹.

Schließlich beschwört die diskursive Klassifikation nachhaltig Zeit und Raum, insbesondere deshalb, weil diese als interpenetrierende Kategorien der Erkenntnis vorgestellt werden, welche wechselseitig für einander stehen können (Fabian 1983). Die sozialevolutionistischen Paradigmen Auguste Comtes, James Cowles Pritchards, Lewis Henry Morgans, Edward Burnett Tylors, James Frazers und anderer lassen Zeit und Raum in eine einzige Vielfalt von Kategorien zusammenstürzen, die nicht allein zur Klassifizierung von Gesellschaftstypen dienen, sondern ebenso den Text klassifizieren. In diesen Evolutionsparadigmen wird temporale Priorität (Verursachung oder Zeitsymmetrie) mit logischer Priorität (Folge/Implikation) verwechselt. Der logisch einfacheren Form wird kraft der klassifikatorischen Logik temporale Priorität zugeordnet. Wie Foucault aufgezeigt hat, besitzt all dies die Funktion, einen ›Boden‹ sowie einen ›Ort‹ festzulegen, an dem es möglich ist, empirische und imaginäre Realitäten nebeneinanderzustellen (Foucault 1973).
Die Ethnographie stützt sich darauf, daß sie ein Gegenstand ist, ein Text, der den anfänglichen Erfahrungen und Wahrnehmungen grundlegend entrückt ist, auf denen er gründet. Die Repräsentation der Wirklichkeit, sie es auf Karteikarten oder in Kapitelüberschriften, wird mit der Wirklichkeit verwechselt und als Objekt in einer Art und Weise manipuliert, wie es im Falle von Kultur oder Gesellschaft nicht möglich ist. Der Text selbst ist der Gegenstand der Erkenntnis.

Sozialstruktur als rhetorischer Schluß

Die Ethnographie muß sich der grundlegenden Kontinuität des Lebens stellen. Gemeinsam mit einer Reihe moderner Romanautoren, welche die Unbegrenztheit sogar des individuellen Bewußtseins behaupten, und gemeinsam mit modernen Linguisten, welche die relativ unbegrenzte Schöpfungskraft der Sprache (Langendoen/Postal 1984) geltend machen, könnten wir danach fragen, ob es überhaupt ›Einheiten‹ (erfahrbare oder beschreibbare Quanten) gibt. Ist das soziale Leben von Grund auf kontinuierlich, lediglich unterbrochen durch die Periodizität des Texts? Vielleicht müssen wir den Historikern F. Pollock und F. W. Maitland zustimmen, die schrieben: »Dergestalt ist die Einheit aller Geschichte, daß ein jeder, der sich darum bemüht, einen Teil davon zu erzählen, verspüren muß, daß bereits sein erster Satz ein nahtloses Gewebe zerreißt« (Pollock und Maitland 1898, Bd. 1: 1). Offensichtliche Grenzen wie etwa jene, die Nationen, ethnische Gruppen, Altersklassen oder Klassen definieren, werden folglich als relativ zur Zeit, zum Beobachter oder zueinander verstanden und damit als überhaupt nicht ›wirklich‹ existent. Wie dem auch sei, wir können ihnen nicht immer einen unzweideutigen ontologischen Status zuschreiben.

Für den Ethnographen bietet dies jedoch keine akzeptable Lösung seines rhetorischen Problems. Um als Beschreibung der Realität zu überzeugen, muß ein Text ein gewisses Gefühl von Abschluß vermitteln. In der Ethnographie wird dieser Abschluß durch das textliche Spiel von Objektbezug und Selbstbezug erreicht, das die klassifikatorische Vorstellungskraft gestattet. Es hat den Anschein, als ob die Getrenntheit sozialer Entitäten vor allem ein Artefakt textlicher Beschreibung darstellt, die sie klassifiziert sowie die Logik der Klassifikation an die Stelle der Erfahrung des ›Alltäglichen‹ setzt.

Die ethnographische Monographie unterbreitet uns eine Analogie zwischen dem Text selbst und der ›Gesellschaft‹ oder der ›Kultur‹, welche sie beschreibt. Das Gefühl einer eigenständigen sozialen oder kulturellen Entität, das eine Ethnographie vermittelt, gründet auf dem Gefühl des Abgeschlossenseins oder der Vollständigkeit sowohl des physischen Textes als auch seiner rhetorischen Gestalt. In dieser Hinsicht teilt die Ethnographie wesentliche Merkmale mit dem Roman oder dem Reisebericht. Der Roman rundet ein Handlungsgeschehen ab, indem er Ereignisse zum erwarteten Abschluß führt, eine rhetorische Methode, die er mit der Prophezeiung in religiösen und epischen Erzählungen teilt. Der Reisebericht erreicht einen Schluß als Ergebnis einer tatsächlichen Reiseroute mit einem genauen Anfang und Ende: Der Reisende kehrt am Ende nach Hause zurück, um über seine Fahrten zu schreiben. (Andernfalls handelt es sich um einen ›Ursprungsmythos‹ – ein Reisebericht ohne eine Rückkehrsequenz – oder eine Erzählung des Typus ›Roots‹, gewissermaßen vom anderen Ende her erzählt und einzig und allein in Erwartung einer imaginären oder emotionalen ›Rückkehr‹). Die ethnographische Monographie jedoch präsentiert ›Gesellschaft‹ über die Ordnung ihrer Kapitel, welche sich nicht zeitlich, sondern räumlich und logisch entfalten.

Während der Roman allerdings nicht behaupten kann, umfassend zu sein, ist die Ethnographie vielfach bemüht, diesen Anspruch aufrechtzuerhalten. Der Entwurf der Kapitelüberschriften soll oftmals, wie ein Katalog oder eine Enzyklopädie, eine erschöpfende Erfassung suggerieren. Modelle hierfür liegen in J. G. Frazers, Karl Marx' oder Malinowskis gedrängten Abhandlungen über ihre jeweiligen Wissensbereiche vor. Malinowski beispielsweise schrieb Frazer von Bord der nach Kiriwina fahrenden *S. S. Makambo*:

»Soweit es das Thema meiner Untersuchung anbelangt, strebe ich danach, das gesamte Feld zu bearbeiten und keinen Aspekt zu vernachlässigen, der wirklich von Bedeutung ist« (Brief vom 25. Oktober 1917, Trinity College Library).

Höchst beredt drückte Herbert Spencer dieses Ziel auf eine Weise aus, die der Art von Soziologie, welche er entwarf und welche Frazer in Angriff zu nehmen versuchte, als Motto dienen könnte:

»Sofern der intellektuelle Fortschritt weitgehend, wenn nicht gar in der Hauptsache darin besteht, unsere Bekanntschaft mit dieser Vergangenheit und dieser Zukunft [der Welt] zu erweitern, ist es offensichtlich, daß [...] [unser Wissen] so lange unvollständig ist, wie irgendwelche vergangenen oder zukünftigen Teilstücke ihrer wahrnehmbaren Existenz unerklärt sind [...] Allein kraft einer Formel, die diese Eigenschaften verbindet, kann Wissen auf ein kohärentes Ganzes reduziert werden« (Spencer 1863: 280).

Die Kapitel der ethnographischen Klassiker sind als Enzyklopädien des sozialen Lebens gedacht und versuchen das Gefühl eines Schlusses vermittels roher Gewalt zu erreichen. Ein kurzer Blick auf Besprechungen von Ethnographien zeigt, daß die ›Fassungskraft‹ einer Ethnographie etwas darstellt, das fast mit Sicherheit angesprochen wird. Wird der Anspruch auf umfassende Behandlung in weiten Kreisen akzeptiert, so wird der Text zur feststehenden ›Wahrheit‹ über die Gesellschaft. Der Text, mehr als die Gesellschaft, wird Gegenstand der Erkenntnis. Vielleicht ist dies der Grund, weshalb eine der populärsten zeitgenössischen Analogien für Kultur und Gesellschaft besagt, daß sie ›wie Texte‹ sind oder sogar daß Kultur ein Text *ist* (Geertz 1983).

Der Schluß wird erreicht durch die allmähliche Einschränkung der Möglichkeiten, sobald der Handlungsbogen zu seinem Ende gekommen ist, der Reisende nach Hause zurückkehrt, die Schlüssel zu einem Rätsel endgültig gefunden sind oder die Ungewißheit des Unvollendeten endlich zu ihrem Abschluß gebracht ist. Für die Ethnographie wie für andere deskriptive Wissenschaftsgenres bietet der materielle Text ein materielles Analog des Schlusses. Diese Beziehung zwischen dem Text (Ethnographie) und der sozialen Realität ist als eine Art Spiegel präfiguriert: das Buch zu schließen bedeutet einen ›Schluß‹ zu erreichen, da der Text selbst, unabhängig davon, wie viele ›Lesarten‹ er erfahren mag, für sich steht und begrenzt ist. Diese Analogie trägt jedoch auch zu einem anderen Gefühl von Schluß bei, indem sie die Grenzen gesellschaftlicher Möglichkeiten definiert. In anderen Formen narrativer Beschreibung ist es das Ende, das dem Ganzen Sinn verleiht, die Konfliktlösung, die Angst mildert, die Rückkehr, die dem ›Wagnis in der Ferne‹ Sinn verleiht. Im Reisebericht ist das ›Ende‹ kraft der Definition des Genres selbst vorgebildet. Der Reisende strebt nach einen Ziel, auch wenn es in dem Sinne ›unbekannt‹ ist, wie die Quelle des Nils einmal ›unbekannt‹ war. Es besteht immer eine Vorstellung von begrenztem Raum, einer eindeutigen Reiseroute. Ebenso schilderte die Erzählung des Missionars eine Geschichte, deren Ende vorausgesagt war, und dies bedeutete, aufgrund der immer gegenwärtigen Analogie zu den heiligen Schriften, sowohl das Ende seiner Erzählung als auch das Ende der Geschichte.

Die monographische Ethnographie demgegenüber ersetzt den ›Schluß‹, den die anderen Gattungen durch Erzählhandlung, Reisewegbeschreibung oder andere gängige narrative Formeln zu erreichen suchen, durch eine Repräsentation begrenzter sozialer Möglichkeiten, oftmals als ›Sozialstruktur‹ bezeichnet.

> »A Text we should be born that we might read
> More explicit than the experience of the sun
>
> And moon, the book of reconciliation,
> Book of a concept only possible
>
> In the description, canon central in itself
> The thesis of the plentifullest John.
>
> Wallace Stevens, *Description Without Place*
>
> *Übersetzt von Eberhard Berg*

Literatur

Bergson, Henri (1933), *Die beiden Quellen der Moral und der Religion*, Jena: E. Diederichs.
Bruner, Edward (1982), »Ethnography as Narrative«, in: Victor Turner und Edward Bruner (Hg.), *The Anthropology of Experience*, Urbana: University Illinois Press, S. 139-158.
Clifford, James (1983), »On Ethnographic Authority«, in: *Representations* 1 (2), S. 118-146 [deutsche Übersetzung in diesem Band].
Derrida, Jacques (1974), *Grammatologie*, Frankfurt am Main: Suhrkamp.
Dickens, Charles (1843), *A Christmas Carol*, London: Chapman and Hall.
Durkheim, Emile (1983 [1897]), *Der Selbstmord*, Frankfurt am Main: Suhrkamp.
Evans-Pritchard, Edward E. (1940), *The Nuer. Description of Modes of Livelihood and Political Institutions of a Nilotic People*, Oxford: Oxford University Press.
– (1951), *Kinship and Marriage among the Nuer.* Oxford: Oxford University Press.
– (1956), *Nuer Religion*, Oxford: Oxford University Press.
Fabian, Johannes (1983), *Time and the Other*, New York: Columbia University Press.
Fortes, Meyer (1945), *The Dynamics of Clanship among the Tallensi*, Oxford: Oxford University Press.
– (1949), *The Web of Kinship among the Tallensi*, Oxford: Oxford University Press.
Foucault, Michel (1973), *Archäologie des Wissens*, Frankfurt: Suhrkamp.
Geertz, Clifford (1983), *Dichte Beschreibung. Beiträge zum Verstehen kultureller Systeme*, Frankfurt am Main: Suhrkamp.
Griaule, Maurice (1980), *Schwarze Genesis. Ein afrikanischer Schöpfungsbericht*, Frankfurt am Main: Suhrkamp.
Junod, Henri-Alexandre (1927), *The Life of a South African Tribe*, 2 Bde., London: Macmillan.
Korner, Stephen (1983), »Thinking, Thought, and Categories«, in: *The Monist* 66 (3), S. 353-366.
Kuhn, Thomas (1973), *Die Struktur wissenschaftlicher Revolutionen*, Frankfurt am Main: Suhrkamp.
Langendoen, D. Terence und Paul M. Postal (1984), *The Vastness of Natural Languages*, London: Basil Blackwell.
MacLuhan, Marshall (1962), *The Guttenberg Galaxy: The Making of Typographic Man*, London: Routledge & Kegan Paul.
Malinowski, Bronislaw (1978 [1935]), *Coral Gardens and Their Magic*, 2 Bde., New York: Dover Publikations [gekürzte Übersetzung: *Korallengärten und ihre Magie. Bodenbestellung und bäuerliche Riten auf den Trobriand-Inseln*, Frankfurt am Main: Syndikat 1981].

- (1979 [1922]), *Argonauten des westlichen Pazifik. Ein Bericht über Unternehmungen und Abenteuer der Eingeborenen in den Inselwelten von Melanesisch-Neuguinea*, Frankfurt am Main: Syndikat.
Marcus, George E. und Dick Cushman (1982), »Ethnographies as Texts«, in: *Annual Review of Anthropology* 11, S. 25-69.
Miller, Arthur (1982), »Der Tod des Handlungsreisenden«, in: ders., *Meisterdramen*, Frankfurt am Main: Fischer, S. 7-110.
Pollock, Frederick und Frederic William Maitland (1898), *The History of English Law before the Times of Edward 1*, Cambridge: Cambridge University Press.
Pratt, Mary L. (1986), »Fieldwork in Common Places«, in: James Clifford und George E. Marcus (Hg.), *Writing Culture. The Poetics and Politics of Ethnography*, Berkeley: University of California Press, S. 27-50.
Radcliffe-Brown, Alfred R. (1925), *Structure and Function in Primitive Society*, New York: Free Press.
Rappaport, Roy A. (1968) *Pigs for the Ancestors. Ritual in the Ecology of a New Guinea People*, New Haven: Yale University Press.
Ruben, David-Hillel (1983), »Social Wholes and Parts«, in: *Mind* 92, S. 219-238.
Spencer, Herbert (1863), *First Principles*, London: Williams and Norgate.
Thompson, Manley. (1983), »Philosophical Approaches to Categories«, in: *The Monist* 66 (3), S. 336-352.
Thompson, Michael (1979), *Rubbish Theory. The Creation and Destruction of Value*, Oxford: Oxford University Press.
Thornton, Robert J. (1985), »›Imagine Yourself set down...‹ Mach, Conrad, Frazer, Malinowski and the Role of the Imagination in Ethnography«, in: *Anthropology Today* 1(5), S. 7-14.
Toulmin, Stephen (1982), *The Return to Cosmology. Postmodern Science and the Theology of Nature*, Berkeley: University of California Press.
Tylor, Edward B. (1871), *Primitive Culture*, 2 Bde., London.
Van Dijk, Teun A. (1983), *Macrostructures. An Interdisciplinary Study of Global Structures in Discourse*, Hillsdale, N.J.: Erlbaum.
Webster, Steven (1982), »Dialogue and Fiction in Ethnography«, in: *Dialectical Anthropology* 7 (2), S. 91-114.
White, Hayden (1991 [1973]), *Metahistory. Die historische Einbildungskraft im 19. Jahrhundert in Europa*, Frankfurt am Main: Fischer.

Dennis Tedlock
Fragen zur dialogischen Anthropologie

Im Laufe dieses Jahrzehnts fand zunehmend eine Diskussion über die Rolle des Dialoges in der Anthropologie statt sowie über die Konsequenzen, die es hat, wenn wir Anthropologie als Dialog verstehen und praktizieren, und zwar nicht nur in der Feldarbeit, sondern auch in Publikationen. Zu den Hauptfragen gehören Übersetzung, Repräsentation Realismus, Evokation, Erzählung, Metaerzählung, Interpretation, Kontrollmacht des Autors und Machtverhältnisse, die hier alle einer erneuten Prüfung unterzogen werden sollen.

F.: Worum geht es in dieser Diskussion über dialogische Anthropologie? Warum nicht über den reinen Dialog hinausgehen, warum nicht weitergehen zur Polyphonie oder Mehrstimmigkeit?
A.: Wenn wir in einem Roman oder Theaterstück von Dialog reden, meinen wir nicht nur zwei Menschen, oder? Außerdem bedeutet die Vorsilbe *dia* in Dialog »durch, zwischen«, nicht »zwei«.
F.: Was ist dann ein Monolog?
A.: Im Theater ist ein Monolog ein Dialog des Sprechers mit abwesenden oder imaginären Partnern.
F.: Gut. Aber war die Anthropologie nicht ohnehin immer dialogisch? Ist das nicht der Kern, um den sich die Feldarbeit in erster Linie dreht, Gespräche zwischen Anthropologen und Anderen?
A.: Ja, aber wenn wir nach Hause kommen und Ethnographien schreiben, lassen wir die Anderen kaum je zu Wort kommen, abgesehen von ein paar unübersetzbaren »muttersprachlichen Wendungen«, die wir sie äußern lassen.
F.: Haben nicht zumindest einige der klassischen Verfasser von Ethnographien – wie E. E. Evans-Pritchard, Bronislaw Malinowski oder Ruth Benedict zum Beispiel – manches Zitat aus Interviews mit ihren Informanten angeführt oder Auszüge aus muttersprachlichen Gedichten oder beides?

A.: Ja, das haben sie, obwohl es viele Autoren gibt, unzählige bis auf den heutigen Tag, die ausschließlich andere Anthropologen zitieren. Und selbst wenn ein paar Originalzeilen auftauchen, scheinen sie eher dem Zweck zu dienen, einen Punkt zu illustrieren, den der Autor ohnehin herausarbeiten wollte; das ist das genaue Gegenteil der Hermeneutik. Es mag sein, daß Anthropologen hinter den Kulissen, in ihrem Arbeitszimmer oder im Hinterkopf hermeneutische Dialoge mit aufgezeichneten Interviews oder aufgezeichneten Gedichten führen, aber die einzige Art von Dialog, die sie in Ethnographien veröffentlichen, enthält nur knappe Äußerungen der Betroffenen, die auf ein Stichwort erfolgen und sich mit den Ansichten der Anthropologen decken.
F.: Was ist denn aber mit den Bekenntnisschriften, jenen, in denen der Anthropologe sagt, wie es wirklich war?
A.: Also, da haben wir nun sehr viel inneren Dialog, in dem der Anthropologe sich fragt, worauf die Anderen hinaus wollen, aber wir erfahren nicht viel darüber, was die Anderen wohl gesagt haben mögen, das diesen ganzen inneren Dialog ausgelöst hat. Zitate sind hier ebenso rar wie in Ethnographien, und wiederum gibt es Fälle, in denen sie vorwiegend von anderen Menschen stammen als von besagten Anderen. In Lévi-Strauss' *Traurige Tropen*, dem klassischen ethnographischen Bekenntnisbuch, äußert kein einziger brasilianischer Indio auch nur einen vollständigen Satz, nicht einmal mit Hilfe eines Dolmetschers. Bücher dieses Genres geben zwar möglicherweise Gespräche zusammenfassend wieder oder ziehen Schlüsse aus ihnen, sie zitieren sie jedoch nur selten. Bekenntnisse, sofern die Anderen in ihnen weitgehend stumm bleiben, haben sehr viel Ähnlichkeit mit eben jenen Ethnographien, aus denen sie angeblich einen Ausweg eröffnen wollen.
F.: Was ist denn mit Sammlungen von »Primärtexten« – all diesen Büchern voller Mythen, Sagen und Legenden –, und was ist mit Lebensgeschichten von Menschen anderer Kulturen?
A.: Bei diesen Büchern liegt das Problem genau umgekehrt wie bei den Ethnographien und Bekenntnissen. Wenn es Anthropologen gelingt, die Anderen sprechen zu lassen, verschwinden sie plötzlich völlig von der Bildfläche, als sei niemand vor Ort gewesen und habe nach den Mythen oder Lebensgeschichten gefragt und sie aufgezeichnet. Es besteht da eine Art von Apartheid; es ist, als erlaubten Anthropologen den Mitgliedern anderer Kulturen nicht, sich im selben Buch zu artikulieren, in dem sie selbst

sich zu artikulieren versuchen. Inzwischen hat sich diese Trennung auch auf institutioneller Ebene vollzogen. Früher waren es dieselben Personen, die Ethnographien schrieben und Textsammlungen herausgaben, heute kümmern sich um die Texte gesonderte Spezialisten, die höchstwahrscheinlich in separaten akademischen Fachbereichen anzutreffen sind, vor allem in der Linguistik.

F.: Was ist mit der Soziolinguistik oder den Verfassern von »Ethnographien des Sprechens«? Müssen sie nicht Originaläußerungen der Anderen mit ihren eigenen in einem Buch kombinieren?

A.: Ja, aber Soziolinguisten präsentieren ebenso wie die früheren Textsammler Einzelbeispiele eines Diskurses in einer anderen Kultur fast so, als seien sie vor Ort nicht dabeigewesen. Darüber hinaus haben sie sich bislang auf Formen und Kontexte dieses Diskurses beschränkt. Es kümmert sie nicht sehr, *worum* es in dem Diskurs gehen mag. Wir sind an einen merkwürdigen Punkt gelangt. Während der Anthropologe sich die Freiheit nimmt, über Sinn zu schreiben, ohne die Texte zu berücksichtigen, nimmt der Linguist sich die Freiheit, über Texte zu schreiben, ohne ihre Bedeutung in Betracht zu ziehen. In ihrer jeweiligen Arbeit hinter den Kulissen vertauschen sie die Rollen: Der Anthropologe schielt auf dem Weg zur Bedeutung zwangsläufig auf Texte, während der Linguist in der Beschreibung von Form oder Kontext nicht sehr weit kommt, ohne verstohlene Seitenblicke auf die Bedeutung zu werfen.

F.: Die dialogische Anthropologie ist aber doch gewiß nicht ohne Vorläufer. Ist niemand näher herangekommen als die Soziolinguisten?

A.: Doch. 1933 hat Paul Radin in einem ansonsten polemischen Buch mit dem Titel *The Method and Theory of Ethnology* ein siebzig Seiten starkes Kapitel einem hermeneutischen Dialog zwischen sich und Texten gewidmet, die er vorher im Feld bei John Rave, Oliver Lamere, Albert Hensley und John Baptiste, den Gründern der Peyote-Religion bei den Winnebago, gesammelt hatte. Radins Diskurs entspinnt sich in ständigem Wechsel mit dem der Texte und gestaltet sich nicht als Einleitung, Fußnoten, Anhang oder separates Buch. 1957 forderte er in einer überarbeiteten Auflage seines Buches *Primitive Man as Philosopher* einen unmittelbareren dialogischen Ansatz und führte zwei Beispiele an, die bereits veröffentlicht worden waren. Eines war der kurze Dialog zwischen J. R. Walker und Finger (einem Priester der Oglala-Sioux-Reli-

gion), der 1917 erschienen ist. Das andere war ein buchfüllender Dialog zwischen Marcel Griaule und Ogotemmêli (einem Priester der Dogon-Religion), der 1948 zuerst erschien.
F.: Die Begründer der dialogischen Anthropologie waren also J. R. Walker und Marcel Griaule?
A.: Es wäre vielleicht besser zu sagen, es waren Walker, Finger, Griaule und Ogotemmêli. Und es wäre wohl auch besser zu sagen, sie waren die Vorläufer, nicht die Begründer, denn seit ihrer Zeit ist bis heute fast nichts mehr in dieser Richtung geschehen, abgesehen von einer kurzen Passage in Monica Wilsons Buch *Good Company* aus dem Jahre 1963.
F.: Ist aber der Dialog nicht zur Zeit eine äußerst populäre Methode? Ist Dialog nicht eine modische Metapher für moderne Themen?
A.: Dialog (oder Gespräch) mag als Metapher in Mode sein, als tatsächliches Diskursverfahren kommt er allerdings in den Schriften der Ethnographen noch recht selten vor. Und wenn Sie den Dialog als »modisch« oder »zur Zeit populär« bezeichnen, klingt es ganz so, als mache er Sie nervös und als wären Sie froh, wenn die Mode wieder vorüberginge, ehe sie zur echten Bedrohung wird. Was die Bezeichnung »modern« angeht, sofern Sie damit »nicht postmodern« meinen – und »postmodern« ist mit Sicherheit ein Modewort –, so halte ich den Dialog weder im übertragenen noch im buchstäblichen Sinne für sonderlich modern. Ein Merkmal der Postmoderne ist eine gewisse Skepsis gegenüber Metaerzählungen, die den Versuch einer Totalisierung unternehmen. Solange tatsächlich ein Dialog stattfindet, ist keine umfassende Metaerzählung möglich. Wenn die an einem Dialog beteiligten Partner einen Punkt völliger Übereinstimmung erreichen sollten, wären sie nicht mehr miteinander im Dialog. In diesem Sinne ist der Dialog (als fortlaufender Prozeß) postmodern.
F.: Könnte der Respekt für die Sichtweisen Anderer, wie ihn die dialogische Anthropologie zum Ausdruck bringt, nicht zum romantischen Wunsch verkommen, die Subjektivität der Anderen unberührt zu lassen?
A.: Seit wann läßt der Dialog »die Subjektivität der Anderen unberührt«? Unberührte Andere würden nicht einmal mit uns *sprechen*! Und Andere, die nicht zur Selbstobjektivierung imstande sind, wären auch nicht in der Lage, mit *uns* über *ihre* Kultur zu reden.

F.: Liegt aber nicht eine gewisse Gefahr darin, den Dialog zwischen Ethnographen und Anderen zum ausschließlichen oder vorrangigen Interesse werden zu lassen? Würden Schriften dieser Art nicht aufhören, ethnographisch interessant zu sein?
A.: Was für eine Gefahr? Gibt es etwas, das außerhalb dieses Dialoges zu sagen wäre und das sich nicht früher oder später in ihn hineinnehmen ließe? Was Sie »ethnographisch interessant« nennen, klingt, als wollten Sie dem Ethnographen einen Ort oder eine Zeit vorbehalten, *über* das zu sprechen, was im Felddialog vorgegangen ist.
F.: Ja, das will ich tatsächlich. Wann soll der Vergleich ethnographischer Daten oder auch der Dialoge aus unterschiedlichen Gemeinschaften stattfinden?
A.: Gegen einen Vergleich ist nichts einzuwenden, aber ich mache mir Sorgen über das Wort »Daten«. Es klingt wie das Produkt einer Industrie zur Gewinnung von Bodenschätzen, wie ein Rohstoff, den wir aus seinem ursprünglichen Kontext herauslösen müssen, um ihn als Teil eines neuen Produkts eigener Herstellung zu verarbeiten, in diesem Fall als Teil einer Metaerzählung. Das ist tendenziell ein einseitiger Prozeß, ein Versuch, sich aus dem Dialog mit Anderen zurückzuziehen und auf eine Ebene zu begeben, von der sie nicht einmal etwas wissen sollen. Warum soll der Ethnograph diese Metaerzählung nicht ins Feld zurücktragen und im weiteren Dialog einer Prüfung unterziehen? Tatsächlich tun wir alle etwas in dieser Art, und zwar ständig, selbst bei einem einzigen Besuch vor Ort; wir denken über das an einem Tag Gesagte nach und über die Fragen, die es aufwirft, und nehmen am nächsten Tag den Dialog wieder auf. Warum muß alles »ethnographisch Interessante« ausschließlich in einem Diskurs entstehen, der ein für alle mal *nach* der Arbeit im Feld mündlich (oder schriftlich) stattgefunden hat?
F.: Ich hatte nur den Eindruck, daß Kevin Dwyers *Morroccan Dialogues* nichts als Feldnotizen oder leicht bearbeitete Interviews sind. Wo ist da die Ethnographie?
A.: Diese Interviews sind in jeder einzelnen Stufe ethnographisch geprägt und gestaltet und wären es selbst dann noch, wenn wir Dwyers Kommentare wegstrichen, die einige anscheinend übersehen haben. Die Kommentare machen sogar 45 Prozent des Buches aus, also schließe ich, daß 55 Prozent Dialog schon zu viel ist für Leser, die an traditionelle Ethnographien gewöhnt sind. Aber das

vielleicht Radikalste im Vorgehen Dwyers war, sich auf einen Dialog einzulassen über Ereignisse, die sowohl er als auch Fakir Muhammad erlebt haben. Welchen besseren Weg kann es geben, die Unterschiede zwischen Ethnographen und Anderen aus nächster Nähe zu erforschen? Und schließlich erörterte Dwyer das geplante Buch mit Fakir Muhammad und nahm diese Diskussion in das Buch hinein. Er setzte den Dialog fort. Und der Dialog ist noch in einem anderen Sinne weitergegangen, nachdem das Buch bereits erschienen war: Es hat in Marokko Lesungen aus dem Buch gegeben, die ins Arabische rückübersetzt oder in die Berbersprache übersetzt wurden.

F.: Nun möchte ich eine grundsätzlichere Frage stellen. Wenn ein echter Dialog ein Gespräch zwischen Menschen ist, die sich von Angesicht zu Angesicht gegenübersitzen, wie läßt es sich dann in einem Buch wiedergeben? Die Repräsentation eines Dialoges ist kein Dialog mehr, sondern lediglich die Repräsentation eines Dialoges.

A.: Dieser Einwand scheint im Wunsch nach einem ursprünglichen Zusammensein mit den Anderen zu wurzeln, nach einer Gegenwart, die an Mündlichkeit gebunden ist, und weiter noch an eine Vorstellung, daß eine Repräsentation erst stattfindet, nachdem die mündliche Gegenwart aufgehört und das Schreiben begonnen hat. Wenn »echter Dialog« bedeutet, daß wir und die Anderen vollständig zusammen sein müssen, abgesehen von dem Hindernis, daß wir nicht gleichzeitig sprechen können, dann kann so etwas wie ein »echter Dialog« überhaupt nicht stattfinden.

F.: Was meinen Sie damit?

A.: Zunächst einmal wird alles, was in einem fortlaufenden Dialog gesagt wird, im Kontext anderer Dinge gesagt, die bei früheren Gelegenheiten besprochen wurden, unter anderem auch bei Anlässen, bei denen wir oder die Anderen nicht anwesend waren. Weiter läßt sich kaum argumentieren, daß von dem, was wir oder die Anderen in einem fortlaufenden Dialog sagen, sehr viel originell wäre in dem Sinne, daß es noch nie zuvor jemand gesagt hätte, obwohl alles zwangsläufig Nuancen haben dürfte, die dieser bestimmten Gelegenheit eigen sind. Und außerdem kann es sein, daß einer von uns schon nachdenkt, was er sagen will, ehe der Andere zu reden aufgehört hat, und er deshalb vorübergehend abwesend ist und den Diskurs des Anderen nicht in seiner vollen Bedeutung erfaßt. All diese Probleme dürften auf der Hand liegen und würden die Kopräsenz des unmittelbaren Dialogs selbst dann durchbrechen, wenn wir alle die gleiche Sprache sprächen. Aber es gibt noch ein weiteres Problem, wenn wir in Erwägung ziehen, daß die klassischen Dialoge zwischen Ethnographen und Anderen keineswegs in einer gemeinsamen Sprache stattfinden. Es kann keinen wechselseitigen Dialog über Sprachgrenzen hinweg geben ohne Übersetzungsvorgänge, und diese Vorgänge durchbrechen wiederum die Kopräsenz, vergrößern die zeitliche Kluft zwischen einem Sprecher und dem nächsten und bewirken im gesamten Verlauf des Dialogs Phasen der Abwesenheit.

F.: Was ist aber, wenn ein Ethnograph und Andere eine gemeinsame Sprache sprechen, anstatt sich der Hilfe eines Dolmetschers bedienen zu müssen?

A.: Dann gibt es Dolmetscher in den Köpfen der Beteiligten, entweder im Kopf des Ethnographen oder in denen der Anderen oder bei beiden. Wenn wir die Sprache der Anderen sprechen, ist der Übersetzer in unserem Kopf; wenn die Anderen unsere Sprache sprechen, ist er in ihrem Kopf. Wenn der Dialog in einer Sprache stattfindet, die weder unsere noch ihre Muttersprache ist, haben beide Seiten Übersetzer im Kopf. Und selbst dann wird es vermutlich eine gewisse Asymmetrie zwischen den Gesprächspartnern geben, da die gemeinsame Sprache manchen fremder ist als anderen. Diese Asymmetrie dürfte wahrscheinlich in einer kolonialen Vergangenheit oder Gegenwart verankert sein, die weder wir noch die Anderen als Individuen auslöschen können.

F.: Was ist, wenn der Ethnograph sich um eine Situation linguistischer Symmetrie bemühte?

A.: Bei einer perfekten Symmetrie in jedem Moment des Dialoges ist es schwer vorstellbar, wie sich eine der Parteien als Ethnograph und die Anderen als Andere definieren ließen. Es wäre auch kein Platz für einen Ethnographen, wenn alle Beteiligten dieselbe Muttersprache sprächen und zugleich symmetrische soziolinguistische Positionen einnähmen. Was ist denn Ethnographie, wenn nicht die Phänomenologie der Asymmetrie, des Andersseins, der Fremdheit? Und was wäre die Ethnographie, wenn die Ethnographen aufhörten, Asymmetrien jener Art zu suchen, die über verschiedene Sprachen hinweg existieren, darunter auch zwischen Sprachen, die sehr verschieden voneinander sind? Wenn wir die Ethnographie innerhalb einer Sprache durchdenken, ist klar, daß keine noch so flüssige Beherrschung der Sprachen Anderer je die Asymmetrien beseitigen kann, und eine noch so flüssige Beherrschung unserer Sprache durch Andere kann es ebensowenig.

F.: Ist aber eine Übersetzung nicht eigentlich und letztlich unmöglich, wenn es darum geht, in einer Sprache wahrheitsgetreu und vollständig wiederzugeben, was zuvor in einer anderen gesagt wurde?

A.: Die Unmöglichkeit, die Sie ansprechen, trifft auf jede Art von Wiedergabe *innerhalb* einer Sprache zu oder, wie Jakobson es nannte, auf »innersprachliche Übersetzung«: es ist unmöglich, das *Gleiche* mit *anderen* Worten zu sagen. Selbst eine genaue Wiederholung derselben Worte würde nicht funktionieren, da wir dies zu einer anderen Zeit in einem anderen Kontext täten. Zum Beispiel könnte unsere Wiederholung rhetorisch interpretierbar sein; dann würden wir betonen, was gesagt wurde; oder wenn wir es oft genug wiederholten, würden wir es dem Unsinn annähern. Übersetzung im zwischensprachlichen Sinne bedeutet eine weitere Ausdehnung des früheren Diskurses durch die Gegenwart in die Zukunft hinein, eine, die im Fortlaufen die Sprachen wechselt. Und während er sich weiterentwickelt, nimmt er vom zuvor Gesagten etwas auf, allerdings nicht alles, und kann ebensosehr etwas Neues hinzugewinnen, wie er etwas Altes verliert. Es bleibt etwas Erkennbares, etwas, das uns zum »Originaltext« zurückführen kann, aber natürlich kann dieser Text uns nie wieder so erscheinen, wie es der Fall war, ehe er zum erstenmal übersetzt wurde.

F.: Aber ist denn poetische Sprache oder eine Sprache, die die Aufmerksamkeit auf die Form lenkt und nicht bloß eine Botschaft vermittelt, ist eine solche Sprache dann nicht eigentlich unübersetzbar, da sie so sehr in die Formen bestimmter Sprachen eingebettet ist?

A.: Tatsächlich sind Verse im strikt metrischen Sinne, also Verse, die von kleineren Klangeinheiten ausgehen als von Worten oder Morphemen, außerhalb von Kulturen mit alphabetischen oder nach Silben aufgebauten Schriftsystemen recht selten. Ansonsten sind Verse meist aus einer Kombination von semantischen und syntaktischen Parallelen aufgebaut, bei denen klangliche Wiederholungs- und Variationsmuster gleichzeitig mit sinnhaften Wiederholungs- und Variationsmustern einhergehen. In vielen dieser Verse wird fast alles auf mindestens zwei verschiedene Weisen gesagt und manchmal auch noch häufiger; das heißt, sie enthalten ein gut Teil innersprachlicher Übersetzung – ja, einer Übersetzung, die ständig die Aufmerksamkeit auf sich zieht. Weit davon entfernt, schon der Vorstellung von Poesie fremd zu sein, findet die Übersetzung bereits *in* der Poesie statt.

F.: Wie hilft aber die Übersetzung in einem Gedicht uns über die Grenze zwischen Anderen und dem Ethnographen hinweg?

A.: Gedichte mit interner Übersetzung werden häufig im Laufe des Felddialogs konstruiert (ob dies nun bemerkt wird oder nicht). Wenn ein Ethnograph fragt, ob es möglich ist zu sagen, daß ein klarer Traum scheint, mag ein anderer sagen, »Ja, ein klarer Traum scheint«, und hinzufügen, daß er glänzt, und dieses Scheinen und Glänzen dann mitten in die Dunkelheit und die Nacht setzen, um auf diese Weise die Äußerung des Ethnographen anzunehmen (soweit sie reicht), innersprachlich zu übersetzen und schließlich einen weiteren Interpretationsschritt zu tun, indem er einen Kontext von Dunkelheit liefert. Über derartige Schritte hinaus führt *inner*sprachliche Übersetzung manchmal zur *zwischen*sprachlichen Übersetzung. Menschen, die Nahuatl oder eine der Maya-Sprachen und auch Spanisch sprechen, beenden gelegentlich einen Satz, den sie in einer Sprache begonnen haben, mit einer parallelen Äußerung in der anderen Sprache, oder sie fügen zumindest ein spanisches Wort an einer Stelle ein, an der vorher ein Wort in Nahuatl oder Maya stand.

F.: Aber was ist mit längeren Redebeiträgen? Ist die zwischensprachliche Übersetzung eines längeren Diskurses, vor allem wenn sie sich um »Genauigkeit« bemüht, nicht bloß Ausdruck jenes Realismus, der der westlichen Ästhetik der Repräsentation eigen ist? Sollte unser Ziel nicht sein, Interpretationen des im Feld Gesagten zu schreiben, statt eine Repräsentation des Gesagten zu konstruieren?

A.: Wenn Re-Präsentieren heißt, den Versuch zu unternehmen, eine vergangene Erfahrung in einer neuen Zeit, an einem neuen Ort für ein neues Publikum zu reproduzieren, dann ist Übersetzen keine Repräsentation. Eine Übersetzung reproduziert keine Erfahrung, die jemand je gehabt hätte. Sie schafft vielmehr eine neue Erfahrung, die Erfahrung eines rein hypothetischen Zuhörers, der vollständig bilingual in der Sprache des Anderen ist und jedes Wort im Diskurs des Anderen verfolgt, wie er sich von einem Moment zum nächsten entwickelt, ohne daß er einen Text mitschreiben oder auf Band aufzeichnen und den Versuch auf später verschieben müßte, ihm zu anderer Zeit genauer zu folgen.

F.: Das klingt aber so, als versuche die Übersetzung die Erfahrung jener Anderen zu reproduzieren, die während der ursprünglichen Produktion des Diskurses seine Zuhörer waren.

A.: Nein, die Übersetzung reproduziert auch nicht ihre Erfahrung, weil sie den Diskurs weder in Englisch noch in der spezifischen Stimme einer Person gehört haben, die die englische Übersetzung laut vorliest.

F.: Wenn aber eine Übersetzung keine Repräsentation ist, was ist sie dann?

A.: Sie ist eine Interpretation in Englisch (in diesem Fall) von etwas, das vorher in einer anderen Sprache gesagt wurde. Sie ist schon der Anfang eben jener Interpretation, von der Sie sprachen, als Sie sagten, wir sollten über die Repräsentation hinausgehen. Es ist kaum denkbar, daß wir ohne eine Übersetzung mit der Interpretation sehr weit kämen, es sei denn, sie bliebe innerhalb der Sprache des Anderen. Aber für all das gibt es natürlich eine Abkürzung, die wir alle gelegentlich benutzen, und allzu viele von uns sogar meistens.

F.: Und worin besteht diese Abkürzung?

A.: Sie besteht darin, den Anderen – ganz gleich ob sie nun vollwertige Berater oder bloß *Dolmetscher* [interpreters] sind – ein Großteil der oder die ganze Bürde der Übersetzung aufzuladen und dann nach getaner Arbeit ihr Englisch, Französisch, Spanisch oder Pidgin zu bereinigen. Das ist der Skandal, der sich hinter den wenigen und armseligen Diskussionen der Übersetzung in der Anthropologie verbirgt. Und das ist die höhere Ironie einer Anthropologie, die behauptet, interpretativ zu sein, ohne überhaupt die Tatsache anzuerkennen, daß die Anderen nicht nur Textproduzenten im buchstäblichen wie im übertragenen Sinne sind, sondern auch *Interpreten* von Texten, Interpreten im umfassenden Sinne des Wortes, der auch Übersetzer einschließt.

F.: Ich habe aber immer noch den Eindruck, daß die Übersetzung zu stark an Repräsentation gebunden ist. Wie wäre es, wenn wir neue Wege entwickelten, Dinge zu *evozieren,* statt neue Formen der Repräsentation zu suchen?

A.: Was ist Evokation, wenn nicht eine Art selektiver Repräsentation, eine metonymische Seitwärtsbewegung? Und was machen wir, wenn die Anderen schon evokativ sprechen? Was, wenn ein

Erzähler, statt einen Kriegsgott als pubertär zu beschreiben, seine Pubertät evozierte, indem er ihm eine hohe, brechende Stimme gäbe? Nehmen wir an, der Erzähler beschriebe die Spannung einer Person über den ungewissen Ausgang einer Sache nicht, sondern evozierte sie, indem er ihr Handeln in Zeilen faßte, die die Handlung des Satzes kurz vor dem Einsetzen einer Pause in der Schwebe hielten, ehe sie ihr Ende preisgäben? Und was ist, wenn der Erzähler, statt die Worte einer bestimmten Person für wichtig zu erklären, sie mit Tonfall und Lautstärke als steilen akustischen Gipfel zwischen sanften Hügeln markierte? Es wäre sicherlich blanker Hohn, wenn wir unter dem Vorwand, realistische Repräsentation vermeiden zu wollen, jede dieser Evokationen in eine schlichte Beschreibung verwandelten und die Stärken der Evokation uns vorbehielten.

F.: Sie sprechen jetzt von Erzählung, da sehe ich ein neues Problem. Ist eine Erzählung nicht ein Monolog, den ein einzelner Erzähler vollständig kontrolliert? Widerspricht das nicht im Kern Ihrem Wunsch nach einem Dialog?

A.: Nein, durchaus nicht. Ein narrativer Diskurs ist in mancherlei Hinsicht sorgfältig dialogisiert. Und entgegen Bachtins Ansicht, der diese Eigenschaft ausschließlich dem Roman zuschreibt, sind mündliche Erzählungen ebenso dialogisiert wie alle anderen. Beginnen wir bei der Tatsache, daß ein mündlicher Erzähler vielleicht die aktive stimmliche Beteiligung der Zuhörer braucht, eine Geschichte möglicherweise gar nicht zu erzählen beginnt ohne eine Frage, die nach einer Antwort verlangt, und sich weigert, sie ohne weitere Fragen oder Reaktionen fortzusetzen. Und ich darf hinzufügen, es gibt Kulturen, die Anthropologen von solchen Forderungen keineswegs ausnehmen.

F.: Ist aber die Art von Dialog, die Sie hier beschreiben, nicht der Autorität des Erzählers unterworfen?

A.: Nicht unbedingt. Die Äußerungen, die von den Zuhörern kommen, mögen zunächst einmal bestimmen, welche Geschichte erzählt wird, und ihre fortlaufenden Kommentare können sich auf die Entwicklung der Einzelheiten und sogar (obwohl das seltener geschieht) auf die Ausrichtung des *plot* auswirken.

F.: In Ordnung. Wenn aber die Erzählung erst einmal im Fluß ist, überwiegt dann nicht der Monolog? Sind nicht Erzähler und Zuhörer gleichermaßen der Autorität einer Erzählung in der dritten Person unterworfen, die die Tradition überliefert?

A.: Tatsache ist, daß Geschichtenerzähler sich nicht darauf beschränken, zu wiederholen, was die Tradition überliefert hat, oder sich im Umgruppieren überlieferter formelhafter Phrasen zu versuchen; sie geben *Interpretationen* der Tradition. Sie sind dafür bekannt, daß sie Nebeneffekte einbauen, sich plötzlich unter den Zuhörern umsehen oder sogar in die zweite Person verfallen, auf eine Ironie der Geschichte hinweisen, ihr eigenes Wissen über ein kompliziertes Ritual oder ein technisches Verfahren zur Schau stellen und sogar einen der Zuhörer mit einer Figur der Geschichte vergleichen. Sie sprechen nicht nur mit der Stimme des Rezitators eines unsichtbaren Manuskripts, sondern auch mit der Stimme des Interpreten.

F.: Aber dann, wenn sie rezitieren, ist ihre Stimme die eines autoritativen Monologes, nicht wahr?

A.: Nein. Die Stimme eines Rezitators teilt sich in viele Stimmen. Mündliche Erzählungen sind voller Dialoge zwischen den Charakteren, Dialoge, die meist die Hälfte der Zeit und mehr einnehmen. Die Rollen können sehr verschieden sein, und der Erzähler muß mit verschiedenen Stimmen sprechen, um sie zu spielen.

F.: Aber sind denn nicht die Stimmen der Charaktere der Autorität der Erzählung in der dritten Person untergeordnet?

A.: Wir sprechen hier nicht bloß von einem Diskurs in der ersten und zweiten Person, der eingebettet ist in einen größeren Diskurs in der dritten Person, bei dem eine Diskursart sich deutlich mit der anderen abwechselte. Zum einen kann sich die Erzählung vom Erzähler lösen, zum Beispiel wenn eine der Figuren zu einer Erzählung in der dritten Person übergeht, und diese Erzählung kann sogar vollständig sein mit eigenem innerem Dialog in der ersten und zweiten Person. Der Erzähler, der einer Figur eine eigene Erzählung zugesteht, kann zum Beispiel ein älterer Mann sein, während die erzählende Figur vielleicht eine junge Hirschkuh ist. Eine weitere Dialogisierung kann sich in der umgekehrten Richtung ergeben, wenn die Stimmen der Figuren eindringlich genug werden, daß sie die Stimme des Erzählers in der dritten Person übernehmen.

F.: Wie soll das funktionieren? Das kann ich mir nicht vorstellen.

A.: Das müßte man eher hören. Zum Beispiel kann die Stimmlage und der Tonfall einer zitierten Figur in die Schilderung ihrer Handlungen in der dritten Person hineinreichen – eine Art umgekehrten Bauchredens. Und das kann nicht nur beim Helden geschehen, sondern auch bei seinem mutmaßlich mißbilligten Gegenspieler; der Geschichtenerzähler steht sozusagen auch den *bösen* Figuren zur Verfügung. Ebenso kann häufiges Zögern, das den Eindruck von Unsicherheit vermittelt, nicht nur in Äußerungen einer Figur vorkommen, die über das Unbekannte zu sprechen versucht, es mag sich auch in eine Schilderung der Handlungen dieser Person gegenüber dem Unbekannten hineinziehen. Wenn das geschieht, verhalten sich Geschichtenerzähler nicht als allwissende Erzähler, die mit der Autorität einer Tradition sprechen, sondern so, als wüßten sie nicht, was als nächstes passiert.

F.: Ist denn die Dialogisierung einer Geschichte nicht nur eine Scharade, steht nicht irgendwo hinter dieser Schau immer noch die Autorität der Tradition, und ist der Geschichtenerzähler nicht letzten Endes dieser Autorität gegenüber verantwortlich? Ist denn nicht immer noch wahr, daß Mythen, wie Lévi-Strauss es sagt, soweit es die Menschen betrifft, die an sie glauben, jeden echten Dialog ausschließen?

A.: Hinter dieser Frage steht offenbar die Ansicht, daß alle Mythen, die in einer bestimmten Sprachgemeinschaft erzählt werden, im Grunde übereinstimmen. Das mag der Fall sein, wenn man sie auf Strukturen reduziert bar aller Figuren und ihrer Dialoge, bar jeglicher Dialogisierung des Erzählvorganges selbst; doch solange noch sehr viele Gespräche stattfinden, viele Dialoge innerhalb und außerhalb dieser Mythen, ist es unmöglich, daß sie alle mit einer Stimme reden, ein und demselben Zweck dienen. Selbst im Laufe des Erzählens evoziert ein Mythos andere. Der Bereich der Mythen ist selbst dialogisiert auf der Ebene des Dialoges zwischen Mythen.

F.: Dann nehmen wir doch einen einzelnen Mythos heraus. Setzt das *Ende* einer Geschichte nicht auch dem Dialog ein Ende, der in ihr stattfindet? Werden die Dinge nicht zugunsten eines möglichen Ausgangs und gegen andere entschieden?

A.: Nicht unbedingt. Innerhalb einer Tradition mag es Mythen geben, die auf dieselbe Weise anfangen, aber unterschiedlich enden. Und was das anbelangt, ist es keineswegs so, als wäre irgendein Ende endgültig oder zufriedenstellend oder erfüllte seine Aufgabe vollkommen. Wenn es bei den Mythen nur ums Ende ginge, gäbe es für niemanden einen Grund, einen bestimmten Mythos mehr als einmal im Leben zu hören. Jedesmal wenn ein Mythos von neuem erzählt wird, ist es, als wäre das Ende offen und die Dinge wieder völlig unentschieden.

F.: Aber könnte es nicht sein, daß manche der Mythen, von denen Sie sprechen, nichts weiter sind als Kamingeschichten, während zumindest einer – sagen wir, ein allgemeiner Ursprungsmythos – autoritativ ist?

A.: Selbst wenn ein bestimmter Mythos so viel Autorität besitzt, daß es Versuche gibt, ihn zu stabilisieren und sogar seinen Wortlaut und auch die Vortragsweise festzulegen, und sich ein monotoner Singsang herausbildet, in dem sich Erzähler und Figuren anhören, als sprächen sie mit einer einzigen autoritativen Stimme, wird ein interpretativer Diskurs entstehen, auch in Form nichtautoritativer Nacherzählungen der ganzen Geschichte, Nacherzählungen, in denen die Stimmen der Figuren und auch die des Erzählers von neuem dialogisiert werden. Jede Stimme, die versucht, sich als autoritativ und monologisch zu etablieren, indem sie, wann immer sie spricht, genau dieselben Worte auf dieselbe Weise sagt, begibt sich automatisch der Möglichkeit, für sich zu sprechen, in dem Sinne, daß sie sich ohne Hilfe verständlich macht. Sie wird zunehmend anachronistischer und bedarf mehr und mehr der Interpretation.

F.: Ich mache mir aber immer noch Gedanken über die spezielle Autorität, die ein Autor über einen Text besitzt, den er wieder und wieder bearbeitet, um ihn konsistent zu machen. Kann ein geschriebener Diskurs noch dialogisch sein, wenn jemand die alleinige autorielle Kontrolle über ihn besitzt?

A.: In zweierlei Hinsicht kann ein einzelner Autor unmöglich diese Kontrolle ausüben. Zum einen können weder der Ethnograph noch die Anderen, mit denen er im Dialog steht, bewußt kontrollieren, was Gadamer »hermeneutische Virtualität« nennt und was jeden Text von dem Moment an umgibt, in dem er in die vorher bestehende Sprachwelt eintritt, den Effekt, den Bachtin »Heteroglossie« nennt. Zweitens kann, auch wenn wir den virtuellen Text außer acht lassen, der jeden tatsächlichen Text umgibt, kein Autor – zumindest nicht auf Dauer – das sein, was Kristeva das »unäre Subjekt« nennt, das einen Text hervorbringt, der in sich völlig konsistent wäre. Jeder Autor ist früher oder später ein »gespaltenes Subjekt« oder ein »Subjekt im Prozeß«, nicht ein momentan einheitliches Ganzes, das einem einheitlichen Willen folgt. Autoren, die dem Diskurs Anderer für mehr als ein paar isolierte »muttersprachliche Wendungen« und sogar für mehr als ein paar Sätze Raum geben, haben bereits zumindest die Existenz sprechender Subjekte außerhalb ihrer selbst anerkannt. Dahinter steht die Erkenntnis, daß kein einzelnes Subjekt, ob nun unter uns oder den Anderen, zu einem ununterbrechbaren Monolog imstande ist.

F.: Trotz allem, was Sie gesagt haben, bleibe ich skeptisch. Wie können wir sicher sein, daß dialogische Ethnographien, die den Diskurs auf eine gemütliche zwischenmenschliche Ebene stellen, letzten Endes nicht die Machtverhältnisse kaschieren, unter denen Dialoge stattfinden?

A.: Sie lassen die Tatsache außer acht, daß schon der Felddialog an sich den etablierten Strukturen zwischenmenschlicher Beziehungen zuwiderläuft. Ethnographen essen, sprechen und arbeiten Seite an Seite mit Menschen, bei denen es sich nationale und internationale Eliten sehr überlegen würden, ob sie ihnen auch nur die Hand geben.

F.: Aber wann wird ein Ethnograph, der Felddialoge schildert, dazu kommen, diesen Eliten Rechnung zu tragen?

A.: Es gibt keinen Grund, Machtverhältnisse nicht zum Gegenstand der Dialoge zu machen. Ganz gleich, ob ein Ethnograph nun über solche Beziehungen sprechen will oder nicht, die Anderen dürften sie ohnehin zur Sprache bringen. Ein Ethnograph, der hofft, sich zurückzulehnen und persönliche Lebensgeschichten zu genießen, zum Beispiel, mag sich durchaus plötzlich mit beredten Attacken auf die Politik Washingtons konfrontiert sehen. Ein anderer Ethnograph, der eine Erzählung über die Kastenkriege in Yucatan zu hören hofft und meint, sie lägen in sicherer Vergangenheit, mag sich der dringenden Bitte nach Waffen gegenübersehen, die benötigt würden, die örtlichen Machtbeziehungen zu Mexico City zu verändern.

F.: Wollen Sie damit sagen, daß die Anderen, die der Ethnograph dazu bringen will, über die Vergangenheit zu reden, die ganze Zeit lieber über die Politik der Gegenwart sprechen würden?

A.: Nicht unbedingt. Ein Ethnograph, der zum Beispiel etwas über bewaffnete Kämpfe zwischen Guerilleros und Soldaten oder über Greueltaten des Militärs gegen unbewaffnete Zivilisten hören möchte, kann sich plötzlich der Forderung gegenübersehen, das Buch, das er veröffentlichen will, solle eine vollständige und respektvolle Darstellung der Kultur des Erzählers enthalten. Es geht um folgendes: Wie auch immer die Machtverhältnisse zwischen der Gesellschaft des Ethnographen und der der Anderen beschaffen sein mögen, es kann sein, daß die Anderen erheblichen Einfluß darauf nehmen, worüber der Dialog stattfindet. Es ist wahrscheinlicher, daß sie auf langen Exkursen über Fragen bestehen, die nichts mit dem ursprünglichen Forschungsplan zu tun haben, für den der Forscher die finanziellen Mittel oder die Zusage einer Veröffentlichung bekommen hat, die ihn ins Feld gebracht haben.

F.: Was Sie gesagt haben, klingt gut, denn ich meine, wir sollten auf eine Utopie pluraler Autorenschaft oder verteilter Autorenschaft hinarbeiten. Können Sie Bücher angeben, die bereits in diese Richtung gehen, oder Listen, die andere aufgestellt haben, um neue Titel erweitern?

A.: Ich habe den Eindruck, der Ruf nach einer Utopie verteilter Autorenschaft – und auch die Zusammenstellung von Büchern, die auf diese Utopie hinzuarbeiten scheinen – könnten an sich schon der Idee einer verteilten Autorenschaft widersprechen.

F.: Und wieso?

A.: Wer verlangt danach? Wer entscheidet darüber? Wo ist die Utopie der verteilten *Kritik*? Ist diese Art der Autorenschaft nicht eine der reinsten Formen des Versuchs, das letzte Wort über das Wort eines Anderen zu behalten? Streben solche Autoren nicht noch höhere Ebenen der Metaerzählung an, die alle früheren (und auf niedrigeren Ebenen angesiedelten) Metaerzählungen und unter diesen die Erzählungen in der vermeintlichen Rohform überspannen? Aus der Sicht eines sorgfältig dialogisierten Diskurses, der ohne Einschränkung anerkennt, daß die Interpretation ein inhärentes Merkmal des Diskurses ist und nicht erst hineingetragen wird, nachdem ein »Originaltext« erstellt wurde, wird die Differenzierung zwischen Autoren und Kritikern oder zwischen Sozialwissenschaftlern und Geistesgeschichtlern problematisch. Kritiker sind von dem Moment an nicht mehr privilegiert, wie es auch die Autoren nicht mehr sind. Hat ein Historiker der Geistesgeschichte erst einmal viel Zeit auf das Lesen von Ethnographien verwandt, sie zitiert, mit Ethnographen einen Dialog geführt und auf Tagungen förmliche Kommentare zu ihren Ausführungen abgegeben, dann kann er nicht mehr von sich behaupten, er stünde außerhalb der Ethnographie, sowenig wie ein Ethnograph behaupten kann, außerhalb der Kultur Anderer zu stehen.

F.: Wenn ich das höre, kann ich nicht recht entscheiden, ob Sie eine Warnung oder eine Einladung aussprechen.
A.: Sagen wir, ich versuche eine Reaktion zu bekommen ...

Übersetzt von Ulrike Bischoff

Anmerkung

Diese Fragen und Antworten wurden in früheren Versionen bereits vorgestellt auf einer Sitzung über »Dialog«, die Tullio Maranhão für die Tagungen der American Anthropological Association (Dezember 1986) organisiert hat, und im Rahmen des Mittagsseminars der School of Social Science am Institute for Advanced Study (Februar 1987). Für die hilfreiche Diskussion dieser Versionen möchte ich danken E. Valentine Daniel, Michael M. J. Fischer, Clifford Geertz, Bruce Mannheim, Joan W. Scott, Barbara Herrnstein Smith und Barbara Tedlock. Dem Institute for Advanced Study danke ich für eine einjährige Befreiung von den üblichen akademischen Verpflichtungen.

Zu Radins hermeneutischem Dialog siehe Radin 1933 (Kapitel 7); seine Forderung nach unmittelbarem Dialog findet sich in Radin 1957: xxx f.). Der Dialog zwischen Walker und Finger erschien erstmals in Walker 1917: 154 ff.; der Dialog zwischen Griaule und Ogotemmêli erschien erstmals 1965 in Englisch (dt. 1980). Wilson bringt einen knappen Dialog in Wilson 1963: 194 f.; ein jüngeres Beispiel findet sich in Isbell 1978: 170.

Zu allgemeinen Diskussionen aus jüngerer Zeit zum Thema Dialog in der Anthropologie und Anthropologie als Dialog siehe Dwyer (1977, 1982) und Tedlock (1983, 1985). Dwyer und ich haben diese Diskussion unabhängig voneinander aufgenommen, sind aber 1984 in einen eigenen Dialog eingetreten. Für die Tagung der American Anthropological Association dieses Jahres organisierten Bruce Mannheim, Allan F. Burns und ich eine ganztägige Sitzung mit dem Titel »The Dialogic Emergence of Culture«, an der auch Dwyer teilnahm.

Ähnliche Fragen wie die hier angesprochenen sind auch behandelt in Clifford (1986), Crapanzano (1986), Geertz (1990, Kapitel 6), Handler (1985), Marcus und Fischer (1986: 68 ff.), Rabinow (1986) und Tyler (1991). Ein Beispiel dafür, wie ein Ethnograph seine veröffentlichte Schrift in einen erneuten Felddialog einbrachte, findet sich bei Feld (1987). Zum Thema »innersprachliche Übersetzung« siehe Jakobson (1988: 483). Ein Beispiel für eine Erzähltradition, in der der Erzähler einen andauernden Dialog mit den Zuhörern, den Ethnographen inbegriffen, fordert, findet sich bei Burns (1980, 1983); ein Dialog, der innerhalb einer Erzählung vorkommt, ist behandelt bei Tedlock (1983: 3, 10, 47, 59 ff., 326). Die Behauptung, daß »in jeder Gesellschaft die Ordnung des Mythos den Dialog ausschließt«, findet sich bei Lévi-Strauss (1975: 768). »Hermeneutische Virtualität« wird erörtert bei Gadamer (1971: 96), »Heteroglossie« bei Bachtin (1981: 263, 428) und das »unäre Subjekt« bei Kristeva (1978). Ein Beispiel einer Erzählerin, die, nach Berichten über politische Gewalt der Gegenwart befragt, auf einer umfassenden Schilderung örtlicher Traditionen bestand, findet sich bei Menchú (1983: xx).

Literatur

Bakhtin, M. M. (1981), *The Dialogic Imagination*, Austin: University of Texas Press.

Burns, A. F. (1980), »Interactive Features in Yucatec Mayan Narratives«, in: *Language in Society* 9, S. 307-319.

– (1983), *An Epoch of Miracles. Oral Literature of the Yucatec Maya*, Austin: University of Texas Press.

Clifford, J. (1986), »Introduction: Partial Truths«, in: J. Clifford und G. E. Marcus (Hg.), *Writing Culture. The Poetics and Politics of Ethnography*, Berkeley: University of California Press, S. 1-26.

Crapanzano, V. (1986), »Hermes' Dilemma. The Masking of Subversion in Ethnographic Description«, in: J. Clifford und G. E. Marcus (Hg.), *Writing Culture. The Poetics and Politics of Ethnography*, Berkeley: University of California Press, S. 51-76.

Dwyer, K. (1977), »On the Dialogic of Field Work«, in: *Dialectical Anthropology* 2 (2), S. 143-151.

– (1982), *Moroccan Dialogues. Anthropology in Question*, Baltimore: Johns Hopkins University Press.

Feld, S. (1987), »Dialogic Editing: Interpreting How Kaluli Read Sound and Sentiment«, in: *Cultural Anthropology* 2, S. 190-210.

Gadamer, H.-G. (1971), *Hegels Dialektik. Fünf hermeneutische Studien*, Tübingen: Mohr (Siebeck).

Geertz, C. (1990), *Die künstlichen Wilden. Anthropologen als Schriftsteller*. München: Hanser.

Griaule, M. (1980), *Schwarze Genesis. Ein afrikanischer Schöpfungsbericht*, Frankfurt am Main: Suhrkamp.

Handler, J. (1985), »On Dialogue und Destructive Analysis: Problems in Narrating Nationalism und Ethnicity«, in: *Journal of Anthropological Research* 41, S. 171-182.

Isbell, B. J. (1978), *To Defend Ourselves*, Austin: University of Texas Press.

Jakobson, R. (1988), »Linguistische Aspekte der Übersetzung« in: ders.,

Semiotik, Ausgewählte Texte 1919-1982, Frankfurt am Main: Suhrkamp, S. 481-491.

Kristeva, J. (1978), *Die Revolution der poetischen Sprache*, Frankfurt am Main: Suhrkamp.

Lévi-Strauss, C. (1975), *Mythologica IV. Der Nackte Mensch*, Frankfurt am Main: Suhrkamp.

Marcus, G. E. und Fischer, M. M. J. (1986), *Anthropology as Cultural Critique*, Chicago: University of Chicago Press.

Menchú, R. (1983), *I, Rigoberta Menchú*, London: Verso.

Rabinow, P. (1986), »Representations Are Social Facts. Modernity and Post-Modernity in Anthropology«, in: James Clifford und G. E. Marcus (Hg.), *Writing Culture. The Poetics and Politics of Ethnography*, Berkeley: University of California Press, S. 234-261 [deutsche Übersetzung in diesem Band, S. 158-199].

Radin, P. (1933), *The Method and Theory of Ethnology: An Essay in Criticism*, New York: McGraw-Hill.

– (1957), *Primitive Man as Philosopher*, überarbeitete Auflage, New York: Dover.

Tedlock, D. (1983), *The Spoken Word an the Work of Interpretation*, Philadelphia: University of Pennsylvania Press.

– (1985), »Die analogische Tradition und die Anfänge einer dialogischen Anthropologie«, in: *Trickster* 12/13, Februar, S. 62-74.

Tyler, S. (1991), »Postmoderne Ethnographie. Vom Dokument des Okkulten zum okkulten Dokument«, in: ders., *Das Unaussprechliche. Ethnographie, Diskurs und Rhetorik in der postmodernen Welt*, München: Trickster, S. 191-208.

Walker, J. R. (1917), *The Sun Dance and Other Ceremonies of the Oglala Division of the Teton Dakota* [= Anthropological Papers of the American Museum of Natural History, Bd. 16], New York.

Wilson, M. (1963), *Good Company*, Boston: Beacon.

Stephen Tyler
Zum »Be-/Abschreiben« als »Sprechen für«
Ein Kommentar

In der Renaissance waren Dialog und Epistel die Hauptarten des zivilisierten Diskurses im kontemplativen Leben

Lieber Dennis,
Wie Sie wissen, stehe ich dem Gedanken des Dialoges in der Anthropologie oder *als* Anthropologie grundsätzlich positiv gegenüber, allerdings habe ich eine etwas andere Auffassung von seiner Funktionsweise und Durchführung als Sie. Sie haben natürlich recht, wenn Sie auf den monologischen Charakter ethnographischer Schriften hinweisen und auf die Art und Weise, in der sie die Stimme der Menschen anderer Kulturen unterdrücken. Die typische ethnographische »Beschreibung« [*write-up*] läuft darauf hinaus, die Kultur der Anderen »abzuschreiben« [*write-off*]; der Ethnograph »spricht für« sie, repräsentiert sie – für seine eigenen Zwecke – im scheinbar universalisierten Diskurs der Anthropologie. Sein Text wird nach den Konventionen dieses Diskurses zum Informationsreservoir, das sich objektiv manipulieren, sezieren, umgruppieren und für Zwecke nutzbar machen läßt, die unabhängig vom Text selbst und seinem Entstehungszusammenhang determiniert sind. Er wird zum Kon-Text für und durch andere Texte oder, um es im geläufigen Jargon zu sagen, Teil einer »Datenbank«, die innerhalb jener übergeordneten Machtspiele der Vernunft wirksam wird, die man »Theoriekonstruktion« oder »politische Herrschaft« nennt.
Jeder Akt der Repräsentation ist ein Akt politischer Unterdrückung, wie wir zum Beispiel feststellen, wenn wir von »repräsentativer Regierung« sprechen, einem Ausdruck, der alles darüber sagt, wie die Stimme des regierenden Repräsentanten stellvertretend für die unterdrückte Stimme der regierten, repräsentierten Anderen spricht. Eigentlich handelt es sich hier um eine Substitution/Repression im doppelten Sinne, da die Stimme des Anderen im Schreiben des Repräsentanten repräsentiert wird. Der Schritt vom Mündlichen zum Schriftlichen in der »Beschreibung« ist so-

wohl Re-Präsentation als auch Re-Pression. Repräsentation heißt Repression, und das Schreiben ist das Verfahren der Repräsentation/Repression.

Also, Dennis, selbst wenn Ethnographien als Reproduktionen des ursprünglichen Dialogs zwischen uns und den Anderen, den Angehörigen einer anderen Kultur, geschrieben werden, bleiben sie dennoch bedingt durch das Verfahren des Schreibens und durch Kontexte und können keinen Fortschritt in Richtung auf eine Wiederherstellung der ursprünglichen Präsenz des Anderen außerhalb jenes Textes bewirken, der sie re-präsentiert. Wenn der Wunsch nach einem Dialog in unserem Schuldbewußtsein wurzelt, das uns plagt, weil wir uns zu selbsternannten Nachlaßverwaltern der Menschen anderer Kulturen aufgeschwungen haben, und unter dem Deckmantel einer moralischen Wiedergutmachung unser Rechtfertigungsbedürfnis zum Ausdruck bringt, dann ist die dialogische Repräsentation verwerflich; entspringt er aber dem ernsthaften Bestreben, einen Fehler zu korrigieren, statt etwas Falsches zu schreiben, dann ist er lediglich irregeleitet. Die Repräsentation des Dialoges mit Menschen anderer Kulturen hat keinerlei moralische Bedeutung; sie findet vollständig innerhalb eines Diskurses der Repräsentation statt, dessen Ethik der Ontologie und Epistemologie entlehnt und untergeordnet ist, der Aufzeichnung des Realen, das die wahre Erkenntnis in der monologischen Stimme der reinen Vernunft erzeugt. Aus diesem Grunde muß die dialogische Repräsentation ihren Anspruch nicht aus dem Wert moralischer Wiedergutmachung beziehen – der antikolonialen Befreiung der Stimme der Eingeborenen –, sondern aus dem imperialistischen Anspruch der aufgeklärten Repräsentation. Die Stimme der Eingeborenen wird aus dem bloß parochialen, konkreten und lokalen Kontext der dunklen Wildnis übersetzt in Texte des universalisierten, transzendentalen und aufgeklärten wissenschaftlichen Diskurses, wo sie dann – für immer – lautlos widerhallt. Die dialogische Anthropologie kann dann für sich lediglich in Anspruch nehmen, eine bessere Repräsentation zu sein. Kann sie das leisten? Ich glaube nicht, denn sie scheitert auf genau die Weise, in der das kontrollierte Entlocken (die Sechziger-Jahre-Version des Dialogs) in der inzwischen arthritischen »neuen Ethnographie« gescheitert ist. Indem sie das Unmögliche versuchen, nämlich den Dialog gleichzeitig als Daten und als autopoietische Transformation in Datenmaterial zu repräsentieren, schaffen der

Dialog wie auch das kontrollierte Entlocken nur eine zweifache Illusion von Datenerfassung und Datenverarbeitung, von Daten als Prozeß und Verfahren ihrer eigenen Produktion, in dem die Daten – das Gegebene – verbraucht, aber niemals produziert, nie gegeben werden.

Der Dialog als Strategie der Textualisierung kann daher niemals über seine eigene Textualisierung hinauskommen. Er kann sich nicht als etwas anderes denn als eine Textproduktion darstellen und behaupten, er sei eine bessere Repräsentation dessen, was er unterdrückt hat, um eine Repräsentation zu sein.

Bleibt die Frage seiner Rhetorik der Partizipation. Wie bei allem wissenschaftlichem Schreiben unterliegt auch hier die Produktion des Textes einer Genre-Konvention, die verlangt, daß die Mittel seiner Produktion reflektieren, was die partizipatorische Aktivität des Beobachters/Beobachteten methodisch produziert hat – ehe es endgültig in Textform gebracht wird. In diesem Bild ist die Textproduktion zweitrangig, ein »Aufschreiben« von »Ergebnissen«, ein »Supplement« (um es mit Derrida zu sagen) ursprünglicher Akte, die sie teilweise ersetzt und nachahmt. Für die Zwecke, um die es hier geht, ist es nur wichtig, festzuhalten, daß die wissenschaftliche Textproduktion diese Aktivitäten nicht rekapituliert; sie *rekonstruiert* sie, indem sie sie umordnet, Fehler eliminiert, einige Akte mit mathematischen Formeln analogisiert, andere in verschiedenen analogischen Bildmedien wiedergibt und das Ganze zu einer biblischen Erzählung allegorisiert. Entscheidend ist in diesem Zusammenhang die supplementäre, unproblematische, fast unbewußte Rolle des Schreibens in diesem Erscheinungsbild. Sie verrät auch das Verständnis, das der Ethnograph von der Rolle der Feldnotizen im Verhältnis zur Ethnographie hat. Das Beschreiben von Feldnotizen versteht er als Sekundäraktivität, der eine originäre Tätigkeit vorausgeht, von der er oftmals meint, sie bestünde in etwas anderem als im Schreiben, obwohl es hier um den Schritt von einer Art von Schreiben (Feldnotizen) zu einer anderen Art von Schreiben (der Ethnographie) geht. Die Konventionen der Feldarbeit besagen, daß Feldnotizen umcodierte Aufzeichnungen originärer Beobachtungen von etwas nicht Geschriebenem sind – von Gesprochenem, Verhalten oder anderen *Dingen,* die ursprünglich nicht schriftlich niedergelegt waren. Es gibt außerhalb des Schreibens eine vorher bestehende Grundlage, die die Feldnotizen nachahmen oder repräsentieren, die allerdings nur noch vermittelt über das Geschriebene zugänglich ist, das als Substitut für sie dient. Das mag dem gesunden Menschenverstand nur allzu offensichtlich erscheinen, doch die vielbeschworene Handlungsfolge: beobachten – notieren – aufschreiben, in der Beobachten, Wahrnehmen oder Erleben dem Notieren oder Aufschreiben vorhergehen und dessen Grundlage bilden, ist an sich schon irreführend, da schon das Notieren Teil des Beobachtungs-Wahrnehmungs-Erlebnisprozesses ist; es ist Bestandteil dessen, was wir meinen, wenn wir von Beobachten sprechen. Denn was wäre ein Bemerken, ohne Notiz zu nehmen? Beobachten ist bereits Niederschreiben, oder es ist kein Beobachten, sondern lediglich eine Art Zuschauen oder Betrachten.

Die dialogische Anthropologie hat mit dieser Koordination von Hand und Auge weniger Schwierigkeiten, da sie scheinbar nichts anderes für sich in Anspruch nimmt, als den sie konstituierenden Dialog festzuhalten. Im Gegensatz zu Beobachtungsnotizen, die auf eine Ursprungsaktivität zurückverweisen – die Beobachtung des Objekts durch das Subjekt –, die durch die Notizen ersetzt wird, präsentiert sie sich als originäre *intersubjektive* Erfahrung und deren gleichzeitige Aufzeichnung. Ihre Intersubjektivität steht also im Gegensatz zur Differenzierung von Subjekt und Objekt in der herkömmlichen Wissenschaft, in der Beobachter sich als passive Agenten darstellen, die mit anderen passiven Agenten in einen Dialog treten, mit den Beobachteten aber nur im übertragenen Sinne einen Dialog führen. Partizipation zwischen Beobachter/Beobachtetem oder Subjekt/Objekt ist in der herkömmlichen Wissenschaft ein Problem, etwas, das die reine, ungestörte Aktivität des Beobachteten beeinträchtigt und die Objektivität des Beobachters in Zweifel zieht. Es ist etwas nicht ganz Erklärbares, etwas, vor dem es sich zu hüten gilt, eine Art unerwünschter Kontaminationsquelle, etwas, das es zu überwinden gilt.

Die dialogische Anthropologie geht von einem anderen Anspruch aus. Sie gibt vor, sie gründe sich nicht auf der Überwindung der Partizipation, sondern eben auf der Partizipation an sich. Sie stellt sich als partizipatorische Realität dar, die den partizipatorischen Effekt überwindet, nicht indem sie ihn transzendiert, eingrenzt oder dagegen immunisiert – mit anderen Worten, nicht durch Konfrontation und Kampf –, sondern indem sie die Not zur Tugend macht und den Effekt gegen sich selbst wendet. Indem die dialogische Anthropologie vorgibt, sie verzichte darauf, daß der

Beobachter einen privilegierten Platz außerhalb des partizipatorischen Kontextes einnimmt, geht sie sowohl von der Idee der Beobachtung ab als auch von der ihr zugrunde liegenden Vorstellung einer grundsätzlichen Trennung von Subjekt und Objekt.

Dialogisches Schreiben stellt eine Textualisierungsstrategie dar, die versucht, das Bild eines partizipatorischen Ganzen zu projizieren; rhetorisch zielt es darauf ab, eine Ethik der Partizipation heraufzubeschwören, die sich nicht aus Ontologie und Epistemologie herleitet, sondern aus der direkten, auf Geben und Nehmen beruhenden Kommunikation unter Gleichen. Es stellt sich als Methode dar, den Dialog zwischen Herr und Knecht zu überwinden, der in der Vorstellung von Beobachter/Beobachtetem, Repräsentant/Repräsentiertem deutlich wird, von jenem Hegelschen Anderen, dessen Wesen nur in seiner Dienlichkeit als Negativ des Ich besteht, das das Ich braucht, um seine eigene Identität zu konstituieren – jenes objektive Gegenstück des Ich, das die Funktion hat, die Grundlage für die Subjektivität des Ich zu liefern, indem es dasjenige Wesen ist, welches das Ich inkorporiert und überwindet. Dialogisches Schreiben sieht sich folglich von widersprüchlichen Regungen hin- und hergerissen, da es mit der einen Hälfte seines Geistes sich als bessere Repräsentation zu rechtfertigen sucht und mit der anderen Hälfte ein ethischer Diskurs sein will, der als Mittel der Repräsentation keinerlei Rechtfertigung in der Ontologie oder Epistemologie braucht.

Der dialogische Impuls kommt wieder auf das Problem der teilnehmenden Beobachtung zurück und zeigt, wie der Wunsch nach objektiver Beobachtung die Idee der Partizipation in seine Dienste nimmt und pervertiert. In der Anthropologie war die Partizipation immer der Beobachtung untergeordnet und stellte bestenfalls ein Mittel dar, eine Beziehung herzustellen, die die Beobachtung erleichterte. Sie ist ein Trick, eine Täuschung, die die Beobachteten glauben machen soll, sie seien gleichberechtigte Partizipanten. Der Ethnograph versucht, das Ethos einer Gemeinschaft zu durchdringen, indem er vorgibt, daran zu partizipieren. Er pervertiert die moralische Bedeutung der Partizipation, um das partizipatorische Ganze zu transzendieren, und legitimiert seine Täuschung unter Berufung auf die transzendentale Ethik des Diskurses der Repräsentation im Dienste der Ontologie und Epistemologie.

Manches oder auch all das Vorgenannte bildet den Hintergrund,

Dennis, für Ihr Mißverständnis der Evokation als einer Art Repräsentation. Wenn wir sagen, etwas evoziert, dann ist nicht zwangsläufig anzunehmen, das Evozierte müsse als vorhergehende Erfahrung oder als Erinnerung vorhanden sein, die das Evozierende – was immer es auch sein mag – in die Gegenwart zurückruft. Evokation bedarf keiner vorhergehenden Entstehungsbedingung in der Art der Repräsentation. Sie muß nicht unbedingt re-präsentieren, auch wenn sie diese Funktion erfüllen kann. Das Wesentliche der Evokation ist, daß sie einen Ausweg aus der Repräsentation bietet. Da sie keine Präsentation braucht, die anschließend re-präsentiert wird, bedarf sie weder einer legitimierenden Ontologie noch einer Rechtfertigung innerhalb der Epistemologie als Mittel, Wissen durch Methode und Logik diskursiv zu produzieren.

Evokation läßt sich nicht auf die Logik materieller Verursachung in dem Sinne reduzieren, daß das Evozierte durch das Evozierende produziert würde. Sie läßt sich nicht wegerklären durch die Logik der Kontiguität oder des Vermittelns, Enthaltens, Folgens oder der Assoziation, von Reiz/Reaktion, Innerem/Äußerem, Vorher/Nachher, Primärem/Sekundärem, Ursprünglichem/Abgeleitetem, Mittel/Zweck, Agent/Patient, Präsenz/Re-präsenz. »Zusammenkommen«, »Einsammeln«, Wechselseitigkeit und Gleichzeitigkeit passen besser zu der Vorstellung, daß »evozieren« und »Evokation« nicht in einem Verhältnis von Verb zu Nomen oder Tätigkeit zu Substanz stehen und daß »evozieren« und »evoziert« nicht durch die Zeitformen unserer Verben bestimmt sind. Was evoziert wird, ist schon Bedingung dessen, was evoziert, und was evoziert, ist bereits die Möglichkeit des Evozierten. Beides steht in Korrelation zueinander, und die Möglichkeit ihrer Differenzierung in Zeit und Raum ist nur ein Trick einer Grammatik von Zeit, Raum und Differenzierung, die uns in Versuchung bringt zu sagen: »Es gibt das Evozierte, das seine Evozierung evoziert«, während wir doch ebensogut sagen könnten – wenn wir Algebraiker wären –: »Evokation ist das Evozieren, das das Evozierte evoziert, welches im Evozieren das Evozierende ebenso evoziert, wie das Evozierte das Evozierende in der Evokation evoziert, die das Evozieren des Evozierten evoziert hat«; oder in einer paradigmatischen Parodie der Grammatik:

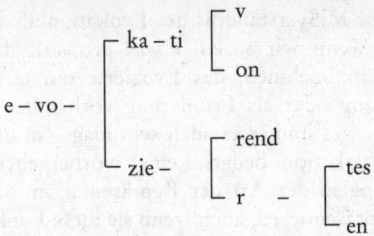

Während eine dialogische Anthropologie, die auf Repräsentation basiert, nur die Ethik der Repräsentation wiederholen kann, könnte der Dialog als Evokation ein ethischer Diskurs sein, der durch die Repräsentation weder gefährdet noch gerechtfertigt wäre. Er müßte sich auch nicht durch seine Leistungsfähigkeit als Mittel zur Erkenntnisproduktion legitimieren.

Das, Dennis, bringt mich zu der dramaturgisch-ökonomischen Ana-logie, die mit dem Dia-log korreliert und eine wesentliche Rolle in Ihrer Arbeit spielt. Ich denke vor allem an Ihren Begriff der Performativität und des performablen Textes. Die Idee der Performanz steht in Zusammenhang mit Produktion, entweder als ökonomische »Leistung« oder als »Aufführung«« eines Schauspiels. Sie existiert also gleichzeitig in der Welt der Arbeit und des Spiels. In beiden steht sie in einer gewissen Beziehung zu einer hervorbringenden Tätigkeit – der Arbeit der Produktion und ihrer Reproduktion. Um es anders auszudrücken: Aufgrund seiner Verknüpfung mit Produktion und Reproduktion hat der Gedanke des »Schauspiels« hier wirklich mehr Ähnlichkeit mit einer »Arbeit«, die das Werk des Autors in der performatorischen Aufführung eines Schauspiels re-produziert, die als gut oder schlecht beurteilt wird, und zwar nicht als Hinweis darauf, wie nahe sie dem Original kommt – das im Falle eines geschriebenen Stückes ohnehin nie eine performatorische Leistung war; daher ist die Möglichkeit, den mimetischen Wert einer performatorischen Aufführung zu bewerten, von vornherein ausgeschlossen –, sondern im ökonomischen Sinne als performatorische Leistung, deren Reproduktion des Werkes eines Autors das einzige Mittel seiner realen Produktion – gemessen am Kassenerfolg – darstellt. Der Wert der Re-präsentation liegt hier in der Performativität, einer Performativität allerdings, die nicht in der Qualität der Reproduk-

tion oder Wiederholung liegt, sondern in dem, was die Wiederholung möglich macht. Wie wir sagen würden, ist das die Ökono-Mimesis, die ökonomische Performativität, daß Maß des Produktionsertrages der performativen Leistung einer Produktion. Hier ist das ökonomische Spiel der Reproduktion am Werke.
Das Werk, das diese ganze Reproduktion ermöglicht, ist natürlich das geschriebene Werk, der Text des Autors. Dieser geschriebene Text paßt also korrelativ in die Welt der repetitiven Performanz, der Produktion und Re-Produktion. Er ist, wie Benjamin uns gelehrt hat, das ökono-mimetische Werk des Kunstwerks. Nun, im Fall mündlicher Performanzen, die nicht durch ein schriftlich festgehaltenes Original geleitet sind und deren Motivation nicht in der Wiederholungsabsicht liegt, ist die dramaturgisch-mimetische Qualität der Performanz ähnlich unbedeutend. Es ist bekannt, daß bestimmte Publikumsschichten Improvisation vorziehen; entscheidender ist allerdings, daß die gesamte Idee einer ursprünglichen Performanz, die als Vergleichsmaßstab dient, schwer aufrechtzuerhalten ist – selbst in Anbetracht des vielgerühmten »phänomenalen« Gedächtnisses bei Wilden, die weder lesen noch schreiben können –, solange eine dauerhafte Aufzeichnung der originalen Performanz fehlt, die als Re-Präsentation dieses Originals und als Vergleichsmaßstab dienen könnte. Die Kunstfertigkeit des Werkes kann in diesem Fall kein Kunstwerk begründen, auch wenn es wirkt und belohnt wird.
Worin liegt nun aber die Bedeutung eines performablen Textes, einer schriftlichen Gedächtnisstütze, die eine originale mündliche Performanz nachahmt, welche ein Leser reproduzieren könnte? Welche Aufgabe haben hier Repräsentation und Repetition abgesehen von der Befolgung eines kategorischen Imperativs der westlichen Kultur, der die Notwendigkeit von Repetition verordnet, von jener Mimikry, die die produktive Reproduktion ausmacht? Vielleicht ist in unserer Kultur der Drang zur Wiederholung ein Atavismus, so unausweichlich und automatisch wie ein Reflex, oder vielleicht wollen wir wirklich die Eingeborenen entführen in der Meinung, sie durch eine Art zivilisierender, rassenmischender Reproduktion im Text zu retten, wenn schon sonst nicht.
Dialog im Dienst der Repräsentation ist immer ein Trick, aber das heißt nicht, daß wir den Dialog aufgeben sollten; ganz im Gegenteil, wir geben die Repräsentation auf! Statt ihn als Heideggersche »eiserne Ration« zu sehen, als »Ressource«, als Datenbank, die

sich als Performatives in der Ökonomie der Wiederholung manipulieren, analysieren, austauschen und re-produzieren läßt, warum lassen wir den Dialog nicht die Allegorie für unsere eigene verlorene Welt der partizipatorischen Ganzheit sein? Warum ihn als Instrument der Repräsentation einsetzen? Warum sich mit dem Werkzeug eines Bastlers zufriedengeben, wenn das, was man braucht, ein Nietzschescher Hammer ist? Lassen wir ihn bestehen, weder als Technologie der Vernunft noch als Argument der Technologie, sondern als einen Wildsamen im Feld der Erkenntnis.

Übersetzt von Ulrike Bischoff

Dennis Tedlock
Über die Repräsentation des Diskurses im Diskurs
Eine Replik

Lieber Stephen,
die Vorstellung, daß die wissenschaftliche Erkenntnis eines Atoms oder Sterns sich durch eine bessere Repräsentation dieses Atoms oder Sterns vervollkommnen ließe, ist etwas anderes als die Vorstellung, daß das Verständnis anderer Völker sich fördern ließe durch Zitate dessen, was sie den Ethnographen oder untereinander sagen. Die Beschreibung eines Atoms oder Sterns ist weder ein Atom noch ein Stern, aber das Zitat eines Diskurses ist immer noch ein Diskurs, und das Zitat eines Dialoges, selbst in schriftlicher Form, findet in einem größeren Diskurs statt, der zumindest implizit selbst dialogisch ist. Das Verfahren, Dialoge zu zitieren, stammt ursprünglich nicht von westlichen Wissenschaftlern, die im Rahmen jener Epistemologie arbeiteten, die Foucault und andere in Frage gestellt haben, es ist vielmehr eine universell menschliche Praxis. Den Sprechern und Schreibern aller bekannten Sprachen stehen Formen des Diskurses zur Verfügung, die die Repräsentation des Dialoges nicht nur zulassen, sondern sogar fordern und eine Stimmenvielfalt selbst innerhalb des Diskurses eines einzigen Sprechers oder Schreibers ermöglichen. Das gilt für Völker, die sprechen, aber nicht schreiben, ebenso wie für Völker, die beides tun. Man könnte sogar sagen, daß die Sprache von allen ihren Leistungen die Selbstrepräsentation am besten vollbringt. Und wenn es stimmt, daß Sprache Evokation als Alternative zur Repräsentation anbietet, dann mag es auch richtig sein, daß der Dialog das einzige ist, das sich nicht evozieren läßt.

Wenn Sie für eine dialogische Anthropologie eintreten, die auf dem »Dialog als Evokation« basiert, drängt sich mir die Frage nach Ihren Publikationsvorhaben auf. Werden Sie zulassen, daß dieser Dialog wiedergegeben wird? Und wenn Sie es tun, wäre Ihnen dann nicht eine annehmbar getreue Repräsentation lieber als eine, in der der Herausgeber einige der markantesten Passagen kürzt, einige der schwächsten ausdehnt, alle Kursivierungen und

Ausrufezeichen streicht, alle emotionsgeladen erscheinenden Worte durch neutral klingende Ausdrücke und Sätze ersetzt, alle Pronomina und Verbformen in der ersten und zweiten Person in die dritte Person Plural bringt und alle Zitate in indirekte Rede setzt? Das sind indes genau die Änderungen, die Anthropologen routinemäßig vornehmen, in ganz großem Stil, wenn sie Dialoge zwischen Feldforschern und Angehörigen anderer Kulturen überarbeiten und in Standardethnographien verwandeln. Wenn ich für die sorgfältige Transkription und Übersetzung der Tonbandmitschnitte von Diskursen eintrete, die Dimensionen in Rechnung stellt wie Sprechgeschwindigkeit, Betonung und Tonfall, dann geschieht dies nicht, weil ich der Ansicht wäre, wir könnten zu einer wahren wissenschaftlichen Erkenntnis gelangen, indem wir unsere Repräsentationen der Welt perfektionierten, sondern weil ich zu jenen Textinterpreten gehöre, die der Ansicht sind, daß Sprechgeschwindigkeit, Betonung und Tonfall sehr viel mit der Art und Weise zu tun haben, in der der mündliche Diskurs verschiedene Welten repräsentiert (und evoziert). Auf der Ebene der Textproduktion klingt Ihre Empfehlung »Verzichten wir auf Repräsentation« etwa wie »Jeder beliebige Text reicht aus«.

Wenn Sie sagen: »Jeder Akt der Repräsentation ist ein Akt politischer Unterdrückung«, meinen Sie dann tatsächlich, daß wir, wann immer jemand etwas zu uns sagt und wir es später gegenüber einem Dritten zitieren, einen Akt politischer Unterdrückung begehen? Würden wir uns weigern, zu wiederholen, was jemand gesagt hat, wären wir dann nicht der Unterdrückung schuldig? Und was ist, wenn es sich bei diesem jemand um den Angehörigen einer anderen Kultur handelt, der eine Episode erzählt – und tatsächlich repräsentiert –, in der eine Kolonialarmee, vielleicht sogar die U.S. Army, sein Volk unterdrückt hat? Wenn wir es vermieden, seine Repräsentation der Unterdrückung zu repräsentieren, würden wir damit vermeiden, ihn zu unterdrücken? Sollte die militärische Besetzung seines Dorfes lediglich evoziert werden, ausschließlich in unseren Worten?

Die Dialogisierung ethnographischer Schriften beinhaltet keineswegs zwangsläufig das, was Sie einen Versuch nennen, »das Bild eines partizipatorischen Ganzen zu projizieren«. Meiner Ansicht nach ist es vielmehr so, daß der Mythos der anthropologischen Partizipation an der Kultur Anderer vom Ausschluß des Dialogs aus der Ethnographie profitiert. Felddialoge stecken voller lehrreicher Mißverständnisse; es besteht keinerlei Zweifel, wer der Anthropologe und wer der Angehörige der anderen Kultur ist. Mit der Zeit bahnt sich etwas aus dem Diskurs des einen seinen Weg in den des anderen, und zwar so weit, daß der Anthropologe versucht sein mag, dem Anderen Worte in den Mund zu legen, oder der Andere so weit gehen mag, den Anthropologen zu parodieren. Doch ganz gleich, wie sehr ihre Diskurse auch zusammenlaufen mögen, früher oder später wird es immer zu jenem Dialog kommen, in dem der Anthropologe sich verabschiedet und nach Hause fährt.

Ich beeile mich hinzuzufügen, daß der dialogische Anthropologe, dessen einziges Ziel in der Publikation unmittelbarer Dialoge zwischen ihm und den Menschen anderer Kulturen besteht, eine Erfindung von Ihnen ist. Von Anfang an bin ich (unter anderem) für Dialoge zwischen Interpreten und Texten eingetreten, in denen die Texte dem Leser zugänglich sind und nicht in separaten Quellenbänden getrennt veröffentlicht oder als Privatunterlagen aufbewahrt werden. In dem hier veröffentlichten Beitrag habe ich behauptet, daß selbst der Diskurs eines solitären Geschichtenerzählers dem Wesen nach höchst dialogisch sein kann und einer Vielfalt von Stimmen Gehör verschaffen mag. Ich habe mir die Mühe gemacht, dieses Argument vorzubringen, weil Sie selbst bekanntermaßen die Meinung vertreten haben, daß eine Erzählung in der dialogischen Anthropologie keinen Platz habe und weil Bachtin die Mehrstimmigkeit zur besonderen Errungenschaft des Romans erklärt hat. Mir geht es darum zu zeigen, daß Mehrstimmigkeit nicht erst im Diskurs einer neuen Anthropologie – sei sie nun dialogisch, »postmodern« oder sonstwie – hervorgebracht werden müßte, sondern daß es sie im Diskurs der Menschen anderer Kulturen bereits gibt, sogar wenn sie erzählen.

Übersetzt von Ulrike Bischoff

Talad Asad
Übersetzen zwischen Kulturen
Ein Konzept der britischen Sozialanthropologie

Einleitung

Alle Anthropologen sind mit E. B. Tylors berühmter Definition von Kultur vertraut: »Kultur oder Zivilisation, im weitgefaßten ethnographischen Sinne, ist jenes komplexe Ganze, welches Wissen, Glauben, Kunst, Moral, Recht, Sitte und alle weiteren Fähigkeiten und Gewohnheiten umfaßt, die ein Mensch als Angehöriger einer Gesellschaft erworben hat.« Es wäre interessant zu verfolgen, wie und wann dieser Begriff von Kultur, mitsamt der Aufzählung von »Fähigkeiten und Gewohnheiten« und mit seinem Akzent auf dem, was Linton *soziales Erbe* (mit Schwerpunkt auf dem Lernprozeß) nannte, in die Vorstellung von einem *Text* verwandelt wurde – das heißt in etwas, das einem aufgezeichneten Diskurs gleicht. Ein deutlicher Anhaltspunkt für diesen Wandel findet sich darin, daß ein Begriff von *Sprache* als Vorbedingung historischer Kontinuität und sozialen Lernens (»Kultivierung«) die Perspektive von Sozialanthropologen zu beherrschen begann. In einem allgemeinen Sinne geht ein solches Interesse an Sprache natürlich Tylor voraus, im neunzehnten und frühen zwanzigsten Jahrhundert war es jedoch eher in Spielarten nationalistischer Literaturtheorie und Erziehung zentral (vgl. Eagleton 1983: Kap. 2) als in den anderen Humanwissenschaften. Wann und auf welche Weise gewann es entscheidende Bedeutung für die britische Sozialanthropologie? Ich habe hier nicht vor, eine solche Begriffsgeschichte zu schreiben. Ich möchte uns nur ins Gedächtnis rufen, daß der Ausdruck »Übersetzen zwischen Kulturen«, der seit den fünfziger Jahren in zunehmendem Maße zu einer geradezu abgedroschenen Beschreibung der spezifischen Aufgabe der Sozialanthropologie wurde, nicht immer so in Erscheinung trat. Ich möchte betonen, daß dieser offensichtliche Wandel nicht mit der alten Periodisierung Prä-Funktionalismus/Funktionalismus identisch ist. Er ist auch nicht einfach nur Folge eines unmittelbaren Interesses an Sprache und Bedeutung, das zuvor gefehlt hatte

(Crick 1976). Bronislaw Malinowski, einer der Begründer der sogenannten funktionalistischen Schule, schrieb viel über »primitive Sprache« und sammelte enorme Mengen linguistischen Materials (Sprichwörter, Verwandtschaftsterminologie, magische Formeln usw.) für die anthropologische Analyse. Aber er begriff seine Arbeit nie als Übersetzen zwischen Kulturen.

Godfrey Lienhardts Aufsatz »Modes of Thought« (1954) stellt vielleicht eines der ersten – sicherlich eines der scharfsinnigsten – Beispiele dar, diesen Begriff der Übersetzung explizit dafür zu nutzen, eine der zentralen Aufgaben der Sozialanthropologie zu beschrieben. »Das Problem, anderen zu beschreiben, wie Angehörige eines weit entfernten Stammes denken, beginnt dann weitgehend als eines der Übersetzung zu erscheinen; als eines, die Kohärenz, die das primitive Denken in den Sprachen besitzt, denen es wirklich innewohnt, so klar wie möglich in unserer eigenen zur Geltung zu bringen« (1954: 97). Diese Aussage wird zitiert und kritisiert in dem Artikel von Ernest Gellner, den ich im nächsten Abschnitt analysieren werde, und ich werde darauf im Kontext von Gellners Ausführungen zurückkommen. An dieser Stelle möchte ich die Aufmerksamkeit kurz auf Lienhardts Verwendung des Wortes »Übersetzung« lenken, das nicht auf linguistische Inhalte *per se* Bezug nimmt, sondern auf »Denkweisen«, die in solchen Inhalten verkörpert sind. Es mag im übrigen nicht ohne Belang sein, daß Lienhardt von der englischen Literaturwissenschaft herkommt und daß er Schüler von F. R. Leavis in Cambridge war, bevor er Schüler und Mitarbeiter von E. E. Evans-Pritchard in Oxford wurde.

Oxford ist selbstverständlich als das Zentrum der Anthropologie in Großbritannien bekannt, das sich am bewußtesten mit »dem Übersetzen zwischen Kulturen« befaßt. Das bekannteste einführende Lehrbuch, das aus diesem Zentrum hervorging, John Beatties *Other Cultures* (1964), legte die Betonung auf die zentrale Bedeutung des »Problems der Übersetzung« für die Sozialanthropologie und unterschied (ohne sie zu trennen) »Kultur« von »Sprache« auf eine Art, die den Anthropologen vertraut – wenn auch deshalb nicht völlig klar – werden sollte (siehe 1964: 89 f.).

Interessanterweise läßt sich feststellen, daß Edmund Leach, der nie mit Oxford verbunden war, ein Jahrzehnt später denselben Begriff am Schluß eines historischen Abrisses der Sozialanthropologie verwendete:

»Lassen Sie mich rekapitulieren. Wir haben zunächst betont, wie andersartig ›die Anderen‹ sind – und ließen sie nicht nur als andersartig, sondern als fern und niedriger erscheinen. Gefühlsmäßig wechselten wir sodann auf die Gegenspur und argumentierten, daß alle Menschen gleich seien; wir können Trobriander oder die Barotse verstehen, weil ihre Handlungsmotive genau dieselben sind wie die unsrigen; aber das klappte ebensowenig; ›die Anderen‹ blieben auf hartnäckige Weise anders. Jetzt aber sind wir so weit zu erkennen, daß das wesentliche Problem eines des Übersetzens ist. Die Linguisten haben uns gezeigt, daß jede Übersetzung schwierig und daß eine perfekte Übersetzung in der Regel unmöglich ist. Und doch wissen wir, daß praktisch eine leidlich zufriedenstellende Übersetzung immer möglich ist, sogar dann, wenn der Original›text‹ äußerst abstrus ist. Sprachen sind verschieden, aber so verschieden nun auch wieder nicht. So betrachtet sind Sozialanthropologen damit beschäftigt, eine Methodologie für die Übersetzung von kulturellen Sprachen aufzustellen« (Leach 1973: 772).

Sogar Max Gluckman (1973: 905), der etwas später auf Leach antwortete, erklärt sich mit der zentralen Rolle der »Übersetzung zwischen Kulturen« einverstanden, schlägt allerdings eine ganz andere Genealogie dieser anthropologischen Praxis vor.

Doch trotz der allgemeinen Übereinstimmung, mit der dieser Begriff als Teil der Selbstdefinition der britischen Sozialanthropologie angenommen worden ist, wurde er innerhalb der Disziplin kaum einmal systematisch untersucht. Eine gewisse Ausnahme bildet Rodney Needhams *Belief, Language, and Experience* (1972). Dabei handelt es sich um ein komplexes wissenschaftliches Werk, das eine ausführliche Behandlung verdient. Hier jedoch möchte ich mich auf einen kürzeren Text konzentrieren, Ernest Gellners »Concepts and Society«, der an britischen Universitäten in Kursen für Studienanfänger recht häufig eingesetzt wird und bis jetzt in mehreren weitverbreiteten Textsammlungen zugänglich ist. Ich möchte daher den nächsten Abschnitt einer eingehenden Untersuchung dieses Aufsatzes widmen und in den folgenden Abschnitten einige Punkte aufgreifen, die aus meiner Erörterung hervorgehen.

Ein theoretischer Text

Gellners »Concepts and Society« befaßt sich mit der Frage, wie funktionalistische Anthropologen mit Problemen der Interpretation und Übersetzung des Diskurses fremder Gesellschaften umgehen. Gellners grundlegende Behauptung besagt, daß (a) gegenwärtige Anthropologen darauf beharren, exotische Konzepte und Glaubensvorstellungen innerhalb ihres sozialen Kontextes zu interpretieren, daß sie jedoch (b), indem sie dies tun, dafür sorgen, daß augenscheinlich absurde oder inkohärente Behauptungen stets einen annehmbaren Sinn erhalten, und daß (c), wenn auch die Methode kontextueller Interpretation im Prinzip ihre Berechtigung hat, dies jedoch nicht für die »übermäßige Nachsicht« gilt, die mit ihr gewöhnlich verknüpft ist. Der Aufsatz enthält mehrere Diagramme, welche die diesbezüglich relevanten kulturellen Vorgänge anschaulich festhalten und erhellen sollen.

Gellner bringt das Problem der Interpretation im Zusammenhang mit Kurt Samuelssons *Religion and Economic Action* (1961) zur Sprache, dem Angriff eines Wirtschaftshistorikers auf Webers These zur protestantischen Ethik. Samuelsson wendet sich dagegen, daß Weber und seine Anhänger religiöse Texte in einer Weise reinterpretiert haben, die es ihnen erlaubt, Bedeutungen herauszuarbeiten, die ihre These bestätigen. Gellner führt dieses Beispiel nur an, um die entgegenstehende Position der funktionalistischen Anthropologen schärfer herausstreichen zu können:

»Ich bin weder daran interessiert noch kompetent, zu erörtern, ob in diesem speziellen Fall Samuelssons Anwendung seines Grundsatzes, man dürfe die Behauptungen, die man vorfindet, nicht reinterpretieren, berechtigt ist. Von Bedeutung ist hier, daß ein solcher Grundsatz, würde er explizit gemacht und verallgemeinert, die Mehrzahl soziologischer Untersuchungen zum Verhältnis von Glauben und Verhalten *ad absurdum* führen würde. Wir werden vielmehr erkennen, daß sich die Anthropologen gezwungen sehen, gerade den entgegengesetzten Grundsatz anzuwenden, nämlich eher auf kontextueller Reinterpretation zu insistieren, als sie zurückzuweisen« (1970: 20).

Aber dieser bescheidene Kompetenzverzicht läßt überaus viele interessante Fragen offen. Zunächst einmal bedarf es keiner besonderen Kompetenz, um festzustellen, daß Samuelsson sich weder auf den Grundsatz beschränkt, man dürfe *niemals* reinterpretieren, noch darauf beharrt, daß *niemals* eine bedeutsame Verbindung zwischen einem religiösen Text und seinem sozialen Kontext besteht, sondern lediglich behauptet, daß die Schlußfolgerung, welche die Weber-These zu ziehen versucht, nicht bewiesen werden kann (siehe zum Beispiel Samuelsson 1961: 69). Darüber hinaus könnte Gellner einen tatsächlichen Gegensatz zwischen Samuelssons Beispiel und der mißlichen Lage des typischen Anthropologen aufgegriffen haben. Für Wirtschaftshistoriker und Soziologen, die an der Debatte um Weber teilnehmen, sind historische Texte die primäre Gegebenheit, zu denen der soziale Kontext in Beziehung gesetzt und so rekonstruiert werden muß. Der anthropologische Feldforscher beginnt mit einer sozialen Situation, in der Dinge gesagt werden, und es ist die kulturelle Bedeutung dieser Äußerungen, die rekonstruiert werden muß. Das heißt natürlich nicht, daß sich der Historiker seinem Archivmaterial ohne gewisse Vorstellungen von dessen geschichtlichem Kontext nähern kann oder daß der Feldforscher seine soziale Situation unabhängig von dem, was in dieser Situation gesagt wurde, charakterisieren kann. So wie es sich darstellt, handelt es sich um einen Gegensatz in der Orientierung, der sich aus der Tatsache ergibt, daß dem Historiker *ein Text gegeben* ist, der Ethnograph *den Text aber erst konstruieren muß*.

Anstatt diesen wichtigen Gegensatz näher zu beleuchten, beeilt sich Gellner, das, was er »moderaten Funktionalismus« nennt, als eine Methode zu definieren und zu loben, die

»darin besteht, darauf zu insistieren, daß Konzepte und Glaubensvorstellungen nicht isoliert existieren, in Texten oder in den Köpfen der Individuen, sondern im Leben der Menschen und Gesellschaften. Die Handlungen und Institutionen, in deren Kontext ein Wort, eine Phrase oder ein Komplex von Phrasen gebraucht wird, müssen bekannt sein, bevor man das Wort oder diese Phrasen verstehen kann, bevor man tatsächlich von einem *Konzept* oder einer *Glaubensvorstellung* sprechen kann« (1970: 22).

Das ist gut gesagt, und wenn es bereits früher gesagt wurde, lohnt sich doch eine Wiederholung. An diesem Punkt mag der Leser eine Diskussion erwarten, und zwar über die verschiedenen Weisen, in denen der Ethnologe im Feld der Sprache begegnet, wie Äußerungen getroffen, sprachliche Bedeutungen geschaffen, rhetorische Effekte erzielt und kulturell angemessene Antworten hervorgebracht werden. Immerhin, bereits Wittgenstein hat die britischen Philosophen für die Komplexität der gebrauchten Sprache sensibilisiert, und J. L. Austin hat Unterschiede zwischen den verschiedenen Ebenen der Sprachproduktion und Sprachrezeption aufgestellt, die bereits das ahnen lassen, was die Anthropologen später *ethnography of speaking* nennen sollten. Aber Gellner hat bereits vorher die Annahme zurückgewiesen, daß diese philosophische Bewegung irgend etwas von Wert zu lehren hätte (siehe seine Polemik in *Words and Things*, 1959), und genauso wie andere Kritiker hat er immer darauf insistiert, daß das Interesse am Verstehen der Alltagssprache nur eine verkappte Verteidigung etablierter Weisen des Redens über die Welt darstelle, ein geheimes Leugnen, daß diese Sprechweisen möglicherweise unlogisch oder absurd sein könnten. Gellner war immer fest entschlossen, die Unterscheidung zwischen dem Verteidigen und dem Erklären von ›Konzepten und Glaubensvorstellungen‹ aufrechtzuerhalten und vor der Spielart anthropologischer Übersetzung zu warnen, die *a priori* die kritische Distanz ablehnt, die notwendig ist, um zu erklären, wie Konzepte tatsächlich arbeiten. Denn, so schreibt er, »das *Wirken* von Konzepten in einer Gesellschaft zu verstehen heißt, ihre Institutionen zu verstehen« (1959: 8, siehe auch Fußnote 1 auf derselben Seite).

Das ist der Grund, warum Gellners oben zitierte kurze Stellungnahme zu dem moderaten Funktionalismus ihn unmittelbar zu einer Diskussion von Durkheims *Die elementaren Formen des religiösen Lebens* führt. Dieser Text, »eine der Urquellen des Funktionalismus überhaupt«, ist darum bemüht, Konzepte zu erklären, statt sie zu verteidigen, genauer noch: er will »den Zwangscharakter unserer kategorialen Konzepte« in Form kollektiver Prozesse erklären.

»Wenn wir heute einen funktionalen, den sozialen Kontext berücksichtigenden Ansatz zur Erforschung und Interpretation von Konzepten befürworten, unterscheiden wir uns in vieler Hinsicht von Durkheims Position. Durkheim lag weniger daran, die Konzepte der primitiven Gesellschaft zu rechtfertigen: in ihrem eigenen Umfeld bedurften sie keiner Rechtfertigung, und er war weder bestrebt, das Archaische im Bereich der modernen, sich wandelnden Gesellschaften zu rechtfertigen, noch hätte er bestritten, zu unterstellen, daß durchaus auch manches intellektuelle Bündel archaische Züge aufweist. Es lag ihm eigentlich daran, den zwingenden Charakter dessen zu erklären, was in der Praxis anscheinend keiner Rechtfertigung bedarf (und indem er das tat, beanspruchte er, das Problem der Erkenntnis, dessen Lösung Kant und andere aus seiner Sicht ausgewichen sind, zu lösen, ohne in Empirismus oder in Apriorismus zu verfallen). Ob er damit erfolgreich war, möchte ich nicht erörtern: aus einer Vielzahl von Gründen scheint es mir, daß er es nicht war« (1970: 23).

Es ist offensichtlich, daß Gellner das Grundanliegen der *Elementaren Formen* erkannt hat – nämlich den Versuch, den Zwangscharakter sozial definierter Konzepte zu erklären –, aber von der Überlegung, was eine solche Problemstellung alles umfassen kann, gelangt er zu schnell zur Ablehnung von Durkheims Erklärungsversuch. Daß apriorische *Verurteilung* das Vorhaben der Erklärung genausowenig weiterbringt wie *Verteidigung,* diese Möglichkeit scheint in »Concepts and Society« nicht ins Auge gefaßt zu werden. Anstelle dessen wird der Leser durch ein Zitat von Lienhardt daran erinnert, daß es der zeitgenössische Anthropologe im Normalfall »zur Bedingung für eine gute Übersetzung zu erheben scheint, daß sie die Kohärenz übermittelt, die er im primitiven Denken zu finden meint« (1970: 26). Wir haben hier, wie ich meine, einen irreführenden Gegensatz – es steht der Versuch Durkheims, das primitive Denken zu erklären, gegen den Versuch des zeitgenössischen Anthropologen, es zu verteidigen. Ich werde später auf diesen Punkt zurückkommen; hier möchte ich nur festhalten, daß die Feststellung einer den Diskurs zusammenhaltenden Kohärenz nicht *ipso facto* dasselbe ist wie die Rechtfertigung oder Verteidigung dieses Diskurses, sondern lediglich ein wesentlicher Schritt bei der Aufgabe, seinen *Zwangscharakter* zu erklären. Jeder, der mit der Psychoanalyse vertraut ist, wird diesen Aspekt leicht nachvollziehen können. Oder um es anders zu formulieren: Das Kriterium der abstrakten »Kohärenz« oder »Logik« (Gellner benutzt diese und andere Begriffe wechselweise) ist nicht immer und in jedem Fall ausschlaggebend für das Akzeptieren oder Zurückweisen eines Diskurses. Und zwar, wie Gellner selbst richtig bemerkt, weil »Sprache auf verschiedene Weisen funktioniert und nicht nur als ›Verweis auf ein Objekt‹« (1970: 25). Nicht jede Äußerung ist eine *Behauptung*: Es gibt viele Dinge, welche im Sprachgebrauch auftreten *und auch auftreten sollen,* die eine Erklärung dafür bieten, warum wir positiv auf einen Diskurs reagieren können, der von einem eng definierten logischen Standpunkt her unzulänglich erscheinen mag. Die Wirkungsweise einer bestimmten Sprache, die Intentionen eines bestimmten Diskurses sind selbstverständlich Momente dessen, was jeder kompetente Anthropologe erfassen möchte, ehe er mit dem

Versuch einer adäquaten Übersetzung in seine Muttersprache beginnen kann.
Gellner scheint sich dieses Problemaspekts halbwegs bewußt zu sein, aber in seinem Eifer, den funktionalistischen Anthropologen ihre »übertriebene Nachsicht« bei der Übersetzung zwischen Kulturen vor Augen zu führen, wischt er ihn schnell vom Tisch.

»Die Sachlage, der sich ein Sozialanthropologe, der in einer fremden Kultur ein Konzept, eine Behauptung oder Doktrin interpretieren möchte, gegenübersieht, erweist sich im Grunde als einfach. Er ist konfrontiert, sagen wir, mit einer Aussage S in der Lokalsprache. Zu seiner Disposition steht die beträchtlich große und unbegrenzte Menge möglicher Sätze in seiner eigenen Sprache. [...]
Er mag zwar nicht sehr glücklich mit seiner Situation sein, aber er kann sie nicht umgehen. Es gibt keine dritte Sprache, die zwischen der Sprache der Einheimischen und seiner eigenen vermitteln könnte, eine Sprache, in der Gleichwertigkeit ausgedrückt werden und die die Fallstricke vermeiden könnte, die sich daraus ergeben, daß seine eigene Sprache auch ihre eigene Art und Weise besitzt, mit der Welt umzugehen, eine, die nicht die der einheimischen und zu erforschenden Sprache ist und die infolgedessen dazu neigt, das was übersetzt wird, zu verzerren.
Ziemlich naiv meinen einige Leute zuweilen, daß die *Wirklichkeit* selbst diese Art von Vermittlung oder ›dritte Sprache‹ sein könnte. [...] Aus mehreren überzeugenden Gründen ist dies natürlich nicht richtig« (1970: 24 f.).

Wieder einmal mag es für manche Leser den Anschein haben, daß diese vernünftige Darlegung der Forderung entgegenkommt, der Ethnograph müsse die verschiedenen Möglichkeiten des Umgangs mit der Welt, der Übermittlung von Informationen sowie der Konstitution von Erfahrung, die in die Sprache der Einheimischen eingelassen sind, zu rekonstruieren versuchen, ehe er den fremden Diskurs in die Sprache seines ethnographischen Texts übersetzt. Aber Gellners Darstellung führt in eine andere und sehr zweifelhafte Richtung.
Hat der Anthropologe, so fährt Gellner fort, einen adäquaten englischen Satz gefunden, so stellt er fest, daß dieser unvermeidlich eine Bewertung in sich trägt, daß er, mit anderen Worten, entweder gut oder schlecht ist. »Ich sage nicht ›wahr‹ oder ›falsch‹, denn dies tritt nur im Falle einer bestimmten Art von Aussagen auf. Auf andere Aussagen mögen andere Dichotomien zutreffen, etwa ›bedeutsam‹ und ›absurd‹, ›vernünftig‹ oder ›dumm‹. Ich be-

nutze bewußt ›gut‹ oder ›schlecht‹, um alle möglichen gegensätzlichen Alternativen, welche auch immer am ehesten zu dem Äquivalent von S passen mögen, abzudecken« (1970: 27).

Haben wir es hier nicht mit äußerst kuriosen Annahmen zu tun, die kein erfahrener Übersetzer jemals machen würde? Erstens wird gesagt, daß eine bewertende Unterscheidung immer eine Sache der Wahl zwischen gegensätzlichen Alternativen ist, und zweitens, daß bewertende Unterscheidungen letztlich auf ›gut‹ oder ›schlecht‹ zurückführbar sind. Zweifellos ist keine dieser Annahmen zu akzeptieren, wenn sie als allgemeine Regel formuliert werden. Und dann wird die Ansicht geäußert, daß die Aufgabe des Übersetzers es erfordert, für jeden Satz einen ihm genau entsprechenden zu finden. Aber wenn der erfahrene Übersetzer in dem zu übersetzenden Diskurs zunächst nach einem Prinzip der Kohärenz Ausschau hält und anschließend versucht, diese Kohärenz, so gut es geht, in seiner eigenen Sprache zu reproduzieren, dann kann es keine allgemeine Regel geben, mit welchen Einheiten der Übersetzer arbeitet – mit Sätzen, Absätzen oder sogar noch größeren Diskurseinheiten. Um den Spieß umzudrehen: die Angemessenheit der verwendeten Einheit hängt selbst vom Prinzip der Kohärenz ab.

Aber Gellners Parabel vom Anthropologen-Übersetzer geht von der Annahme aus, daß es Sätze sind, die letzterer in Übereinstimmung bringt, denn das erleichtert es vorzuführen, wie die Sünde der übertriebenen Nachsicht in die Welt tritt. Hat der Anthropologe eine anfängliche Äquivalenz zwischen einem Satz in der Lokalsprache und einem in seiner eigenen Sprache hergestellt, bemerkt er, daß der englische Satz einen »schlechten« Eindruck vermittelt. Das beunruhigt den Anthropologen, denn, so besagt Gellners Parabel, von einer ethnographischen Darstellung, die solch einen Eindruck vermittelt, mag man annehmen, daß sie die untersuchten Einheimischen verächtlich behandelt, und andere Kulturen zu verachten ist ein Zeichen von Ethnozentrismus, und Ethnozentrismus wiederum ist, gemäß der Lehren der funktionalistischen Anthropologie, ein Symptom armseliger Anthropologie. Die funktionalistische Methode verlangt, Sätze immer in bezug auf ihren eigenen sozialen Kontext zu bewerten. So reinterpretiert der besorgte Anthropologe den Originalsatz mittels eines flexibleren und vorsichtigeren Gebrauchs der kontextuellen Methode, mit dem Ziel, eine »gute« Übersetzung zu erarbeiten.

Die Sünde der übertriebenen Nachsicht und die kontextuelle Methode selbst, schreibt Gellner, sind eng verknüpft mit dem relativistisch-funktionalistischen Verständnis des Denkens, das bis zur Aufklärung zurückreicht.

»Das (ungelöste) Dilemma, dem sich das Denken der Aufklärung gegenübersah, lag zwischen einer relativistisch-funktionalistischen Auffassung des Denkens und den Absolutheitsansprüchen der aufgeklärten Vernunft. Den Menschen als Teil der Natur zu sehen, wie es die aufgeklärte Vernunft einfordert, implizierte den Wunsch, seine kognitiven und evaluativen Tätigkeiten ebenfalls als Teil der Natur zu sehen und daher, folgerichtig, als von Organismus zu Organismus verschieden. (Das ist die relativistisch-funktionalistische Perspektive.) Aber indem sie gleichzeitig vorschlug, die Welt (*life*) durch Vernunft und Natur geleitet zu sehen, wünschte sie letztlich, diese Perspektive selbst (und in der Praxis einige andere auch) von solch einem Relativismus zu befreien« (1970: 31).

Charakteristischerweise präsentieren Gellners philosophische Formulierungen das »ungelöste Dilemma« als eine abstrakte Opposition zwischen zwei Konzepten – »einer relativistisch-funktionalistischen Auffassung des Denkens« und »den Absolutheitsansprüchen der aufgeklärten Vernunft«. Aber wie funktionieren diese beiden Konzepte als »Korrelate der [...] Institutionen der [westlichen] Gesellschaft« (Gellner 1970: 18)? Es wäre nicht schwer, zu argumentieren, daß die Ansprüche der »aufgeklärten Vernunft« in Ländern der Dritten Welt *real* erfolgreicher sind als viele relativistische Perspektiven, daß sie im Gegensatz zu letzteren größere *Autorität* bei der Entwicklung der industriellen Ökonomien und der Formation der Nationalstaaten ausgeübt haben. Wir werden Gelegenheit haben, dies weiter zu diskutieren, wenn wir Übersetzen als einen Prozeß der Macht untersuchen. Der entscheidende Punkt ist, daß die »Absolutheitsansprüche der aufgeklärten Vernunft« in Wirklichkeit *eine institutionalisierte Kraft* darstellen und daß sie per definitionem dazu ausersehen sind, auf fremdes Territorium *vorzudringen* und es in Besitz zu nehmen, daß aber ihre Opponenten (ob sie jetzt explizit relativistisch sind oder nicht) per definitionem *defensiv* sind. Wenn Gellner auf derselben Seite fortfährt, dieses abstrakte Dilemma, das in der Einstellung des Anthropologen zum Tragen kommt, zu charakterisieren, versäumt er es, darüber nachzudenken, was »Übersetzen zwischen Kulturen« alles impliziert, wenn es als institutionalisierte *Praxis* im Rahmen einer umfassenderen Beziehung zwischen ungleichen Gesellschaften gedacht wird. Denn was den Ausgangspunkt für diese spezielle Diskussion bilden sollte, ist nicht die abstrakte Logik dessen, was westliche Anthropologen in ihren Ethnographien *sagen*, sondern die konkrete Logik dessen, was ihre Länder (und vielleicht sie selbst) in ihrer Beziehung mit der Dritten Welt *tun*. Die Dilemmata des »Relativismus« erscheinen unterschiedlich, je nachdem ob wir über das abstrakte Verstehen nachdenken oder über historisch situierte Praktiken.

Wie dem auch sei, Gellner betont, daß er nicht prinzipiell gegen den anthropologischen Relativismus sei. »Mein Hauptargument gegen toleranzerzeugende kontextuelle Interpretation«, schreibt er, »ist, daß sie dringend nach Vorsicht verlangt« (1970: 32). Aber warum solche Vorsicht nur für »toleranzerzeugende« und nicht für *in*toleranzerzeugende kontextuelle Interpretationen reserviert ist, wird nicht erklärt. Und außerdem insistierte Gellner zuvor darauf, daß alle übersetzten Sätze zwangsläufig entweder als »gut« oder »schlecht« aufgefaßt werden. Warum sollten wir nur bei denen mißtrauisch werden, die »gut« erscheinen? Wenn »die *vorausgehende* Entscheidung besagt, daß S, die einheimische Behauptung, vorteilhaft interpretiert werden sollte, was festlegt, wieviel Kontext gerade mit einbezogen wird« (1970: 33), können wir vielleicht dem Zirkelschluß entgehen, wenn wir eine *gleichgültige* Haltung einnehmen? Gellner widmet sich dieser Möglichkeit nicht direkt, aber man muß wohl annehmen, daß sie keine Lösung darstellen kann, insbesondere angesichts seiner Annahme, daß »nichts [sic] in der Natur der Dinge oder Gesellschaften erkennbar vorgibt, wieviel an Kontext für eine gegebene Aussage von Bedeutung ist oder wie dieser Kontext beschrieben werden sollte« (1970: 33).

Kann diese letzte Bemerkung noch ernst gemeint sein? *Nichts*?! Wie sollte denn Kommunikation selbst zwischen Individuen derselben Gesellschaft möglich sein? Warum sagt man zu Fremden, daß sie etwas, das sie gesehen oder gehört haben, mißverstanden haben? Schafft soziales Lernen nicht die Fähigkeiten zur Unterscheidung relevanter Kontexte? Die Antworten auf diese Fragen sollten naheliegend sein, und sie hängen damit zusammen, daß die Übersetzung des Anthropologen nicht lediglich eine Angelegenheit ist, bei der auf abstrakte Weise Sätze zur Entsprechung gebracht werden, sondern daß es vielmehr darum geht, *eine andere Lebensform leben zu lernen* und eine andere Sprache zu sprechen.

Welche Kontexte im Zusammenhang mit verschiedenen diskursiven Geschehnissen relevant sind, das lernt man in der Lebenspraxis; und selbst wenn es oft sehr schwer ist, dieses Wissen zu verbalisieren, so handelt es sich dennoch um Wissen über etwas, das »in der Natur der Gesellschaft« liegt, über einige Aspekte des Lebens, die anzeigen (obwohl sie nicht »diktieren«), wieviel Kontext für eine Äußerung gerade relevant ist. Der springende Punkt ist natürlich nicht, daß der Ethnograph nicht wissen kann, welcher Kontext angemessen ist, um einer typischen Aussage Sinn zu verleihen, oder daß er veranlaßt ist, bei ihrer Übersetzung mehr Milde walten zu lassen, als er es eigentlich dürfte, sondern daß seine Übersetzungsversuche möglicherweise an Schwierigkeiten rühren, die ihre Wurzeln im linguistischen Material haben, mit dem er arbeitet, *und* den sozialen Bedingungen, unter denen er arbeitet – beiderorts, im Feld und in seiner eigenen Gesellschaft. Mehr darüber später.

Die zweite Hälfte von Gellners Ausatz ist Beispielen aus ethnographischen Studien gewidmet, mit dem Ziel, erstens die übertriebene Nachsicht bei der Übersetzung und zweitens die Erklärungsvorteile einer *kritischen* Perspektive auf die Logik fremder religiöser Diskurse darzulegen.

Der erste Komplex von Beispielen stammt aus Evans-Pritchards *Nuer Religion* (1956), in der merkwürdig klingende Erstübersetzungen des religiösen Diskurses der Nuer, wie die wohlbekannte Aussage, daß »ein Zwilling ein Vogel ist«, reinterpretiert werden. »Eine derartige Aussage«, bemerkt Gellner, »scheint mit dem Prinzip von Identität oder Widerspruchsfreiheit, oder mit dem gesunden Menschenverstand, oder mit handgreiflichen und erkennbaren Tatsachen zu kollidieren: menschliche Zwillinge sind *keine* Vögel, und umgekehrt« (1970: 34). Nach Gellner spricht Evans-Pritchards Reinterpretation das Denken der Nuer von der Bürde »prälogischer Mentalität« dank eines willkürlichen Gebrauchs der kontextuellen Methode frei. Um zu negieren, daß die Glaubensäußerungen der Nuer handgreiflichen Tatsachen widersprechen, wird die offensichtliche Absurdität dadurch reinterpretiert, daß man die Bedeutung der »absurden« Aussage mit »logischem« Verhalten in Verbindung bringt. Wie dies geschieht, belegt Gellner durch ein Zitat von Evans-Pritchard (wobei er vorsätzlich einen bedeutungsvollen Satz wegläßt):

»Die Aussage enthält keinen Widerspruch; im Gegenteil, sie erscheint für denjenigen sehr vernünftig und sogar wahr, der sich diese Ansicht in der Sprache der Nuer und innerhalb ihres religiösen Denksystems klarmacht. [Er nimmt ihre Aussagen über Zwillinge nicht wörtlicher, als sie es tun und als sie sie verstehen.] *Sie sagen nicht, ein Zwilling habe einen Schnabel, Federn usw. Auch sprechen die Nuer in ihren Alltagsbeziehungen nicht von Zwillingen als Vögeln oder handeln ihnen gegenüber, als ob sie Vögel wären*« (1970: 35, der Satz in eckigen Klammern wurde von Gellner ausgelassen; Hervorhebung von Gellner hinzugefügt).

An dieser Stelle bricht Gellner das Zitat ab und wirft in gespielter Verzweiflung ein: »Aber was *wäre* denn als prälogisches Denken zu betrachten? Vermutlich nur das Verhalten einer völlig verrückten Person, die unter permanenten Halluzinationen leidet und die etwas, was offensichtlich ein Mensch ist, so behandeln *würde*, als hätte es alle Eigenschaften eines Vogels« (1970: 35). Gellner ist so bemüht, Aussagen festzuhalten, die als Ausdruck »prälogischen Denkens« zu betrachten sind (warum ist er so bemüht?), daß er nicht einmal innehält, um sorgfältig zu überlegen, was Evans-Pritchard zu tun versucht. In der Tat widmet Evans-Pritchard einige Seiten der Erklärung dieses befremdlichen Satzes. Es ist klar, daß er bemüht ist zu *erklären* (vom Standpunkt des sozialen Lebens der Nuer), nicht aber zu *rechtfertigen* (vom Standpunkt des westlichen *common sense* oder westlicher Werte). Das Ziel dieser Art von Exegese ist es sicherlich nicht, westliche Leser dazu zu bringen, die religiösen Praktiken der Nuer anzunehmen. Auch schließt es nicht die Möglichkeit aus, daß individuelle Sprecher Fehler machen oder innerhalb des religiösen Diskurses Absurditäten äußern, wenn sie ihre traditionellen Denkweisen anwenden. Aus diesem Grund ist es nicht einsichtig, warum Gellner ausgerechnet auf das Beispiel aus *Nuer Religion* verweisen sollte, um seinen Vorwurf der übertriebenen Nachsicht von seiten der funktionalistischen Anthropologen glaubhaft zu machen. Evans-Pritchard versucht die Kohärenz zu erklären, die dem religiösen Diskurs der Nuer Sinn verleiht, nicht aber diesen Sinn zu verteidigen, so als komme ihm ein universaler Status zu – immerhin war Evans-Pritchard Katholik, vor und nach dem Verfassen seiner Monographie.

Inwieweit es nun Evans-Pritchard gelang, die grundlegende Kohärenz des religiösen Diskurses der Nuer zu erklären, ist natürlich eine andere Frage. Mehrere britische Anthropologen, zum Beispiel Raymond Firth (1966) – allerdings keine Nuer selbst, soweit mir bekannt ist –, haben Aspekte von Evans-Pritchards Interpretation in Zweifel gezogen. Aber bei solchen Meinungsverschiedenheiten geht es um die verschiedenen Möglichkeiten, wie man dem Diskurs der Nuer Sinn verleihen kann, und nicht um zuviel oder zuwenig »Nachsicht« bei der Übersetzung. Tatsächlich – und dies steht im Gegensatz zu Gellners Behauptung – *macht* Evans-Pritchards Auslegung offensichtliche »Widersprüche« oder zumindest Mehrdeutigkeiten in den Nuer-Konzepten explizit deutlich, zum Beispiel zwischen der Vorstellung eines »höchsten und omnipräsenten Wesens« und der von »niedrigeren Geistern«, die beide als *kwoth* kategorisiert werden. Und gerade weil Evans-Pritchard darauf besteht, die unterschiedlichen Bedeutungen von *kwoth* als Teile »eines Konzepts« zusammenzudenken, anstatt sie als Homonym zu behandeln (so wie es vielleicht Malinowski getan haben würde, indem er das Wort auf verschiedene Anwendungskontexte bezieht), kann er sagen, daß das Nuer-Konzept von Geist »widersprüchlich« ist. Aber ob die Identifikation von Mehrdeutigkeiten und »Widersprüchen« im konzeptuellen Basisrepertoire einer Sprache einen offenkundigen Beweis für »prälogisches Denken« liefert, ist natürlich eine andere Sache – ich würde sagen, daß nur jemand mit einem äußerst naiven Verständnis von alledem, was bei einer Übersetzung im Spiel ist, derartiges denken kann.

Bezeichnenderweise weicht Gellner in seinem Diskurs gerade den Themen aus, die er aufzuwerfen scheint, und zwar so, daß er den Leser von einem geschickt formulierten Dementi zum nächsten jagt:

»Ich möchte nicht mißverstanden werden: Ich sage *nicht*, daß Evans-Pritchards Interpretation der Nuer-Konzepte schlecht ist. (Auch liegt mir nichts daran, à la Lévy-Bruhl eine Doktrin des prälogischen Denkens wiederzubeleben.) Im Gegenteil, ich hege die größte Bewunderung ihr gegenüber. Ich würde aber gern geltend machen, daß die kontextuelle Interpretation, die einen Zugang zu dem bietet, was Aussagen ›wirklich meinen‹, im Gegensatz zu dem, was sie zu bedeuten scheinen, wenn man sie isoliert betrachtet, die Sache allein keiner Klärung näherbringt« (1970: 38).

Nun, wer hat denn einen diesbezüglichen Anspruch erhoben? Mit Sicherheit nicht Evans-Pritchard. In jedem Fall aber handelt es sich bei dem Gegensatz zwischen einer »kontextuellen Interpretation« und einer nicht-kontextuellen um einen Pseudogegensatz. Nichts hat »isoliert« Bedeutung. Das Problem besteht allein darin, auf welchen Kontext man sich bezieht.

Aber dieser Aspekt wird von Gellner niemals diskutiert, außer wenn er darauf hinweist, daß die Antwort notwendig einen *circulus vitiosus* enthalte – oder indem er wiederholt vor »übertriebener« Nachsicht warnt (wann ist Nachsicht nicht »übertrieben«?). Er scheint unsensibel dafür zu sein, daß ein Übersetzer der Schwierigkeit, den relevanten Kontext festzulegen, in jedem Fall durch seine *Fertigkeiten* im Umgang mit den betreffenden Sprachen begegnet und nicht durch eine apriorische »Haltung« der Toleranz oder Intoleranz. Und Fertigkeiten werden *erlernt* – das heißt: in einem notwendigen, aber keinesfalls vitiösen Kreisprozeß. Wir befassen uns nicht damit, auf abstrakte Weise zwei Satzkomplexe in Entsprechung zu bringen, sondern mit einer sozialen Praxis, die in bestimmten Lebensweisen begründet ist. Ein Übersetzer mag Fehler machen, oder er mag wissentlich etwas falsch darstellen – genauso wie die Menschen in ihrem Alltagsleben Fehler machen oder lügen. Aber wir sind nicht in der Lage, ein Generalrezept dafür zu geben, wie solche Dinge zu erkennen wären, besonders nicht mittels Warnungen, bei der »kontextuellen Methode der Interpretation« Vorsicht walten zu lassen.

Und so kommen wir zu einem weiteren dieser fabelhaften Dementis von Gellner: »Wenn ich das alles anführe, so geschieht es nicht, um Skepsis und Agnostizismus das Wort zu reden, sobald es darum geht, herauszufinden, was die Mitglieder anderer Sprachgemeinschaften meinen, auch nicht um für Enthaltsamkeit von der kontextuellen Methode der Interpretation zu plädieren. (Im Gegenteil, ich trete für ihren uneingeschränkten Gebrauch ein, uneingeschränkt in dem Sinn, daß man die Möglichkeit gelten läßt, daß das, was die Leute sagen, manchmal absurd ist.)« (1970: 39) Das Fabelhafte an dieser Behauptung liegt in Gellners unverschämter Aneignung der Methode des Gegners, die er dazu verwendet, seine eigene, unverkennbare Position zu untermauern.

Aber bevor er diesen Schritt unternimmt, gibt er uns weitere Beispiele für die toleranzheischende kontextuelle Methode, die sich in Leachs *Political Systems of Highland Burma* finden. So sind nach Leach die Aussagen der Kachin über die übernatürliche Welt »letztlich nicht mehr als Beschreibungen der formellen Beziehungen, die zwischen realen Personen und realen Gruppen in der normalen Gesellschaft der Kachin existieren« (zitiert in 1970: 40). An diesem Punkt hakt Gellner ein: »Es ist nun möglich, zu erkennen, was geschehen ist. Leachs Auslegungsverfahren hat auch die Kachin davor bewahrt, daß man für bare Münze nimmt, was sie zu sagen *scheinen*«, und das erlaubt es, »solchen Aussagen Bedeutung zuzuerkennen, die ansonsten einer solchen entbehrt hätten« (1970: 41). Gellner fährt mit der Behauptung fort, er sei nicht angetreten, Leachs Interpretation in Zweifel zu ziehen, sondern nur »zu zeigen, daß die Breite des Kontextes und die Art, wie dieser Kontext gesehen wird, die Interpretation notwendig beeinflussen« (1970: 41). Es handelt sich hier um eine bezeichnende Bemerkung, denn es ist wahrhaftig nicht Leachs Reduktionismus, gegen den sich Gellner wendet (wir werden sehen, wie er später, im Zusammenhang mit der religiösen Ideologie der Berber, selbst auf ihm beharrt), sondern die Tatsache, daß dieses Beispiel von Reduktionismus – den Gellner fälschlicherweise »Kontextualismus« nennt – den kulturellen Diskurs, um den es geht, eher zu verteidigen als anzugreifen scheint.

Gellner beginnt seine Demonstration, wie denn »der *Unnachsichtige* in einem sekundären, tieferen und zutreffenderen Sinne zum ›Kontextualisten‹ werden kann« (1970: 42), damit, daß er ein fiktives Wort in einer fiktiven Gesellschaft präsentiert – das »*boble*«, dessen Gebrauch auffallend dem des englischen Begriffs »*noble*« ähnelt. So erfahren wir, daß es auf Personen angewendet werden kann, die bestimmte Verhaltensgewohnheiten an den Tag legen, genauso wie auf Personen, die einen bestimmten sozialen Status besitzen, unabhängig von ihrem Verhalten. »Aber entscheidend ist: die Gesellschaft, um die es sich hier handelt, unterscheidet keine *zwei Konzepte, boble* (a) und *boble* (b). Sie gebraucht nur schlicht und einfach das Wort *boble*« (1970: 42). Die Logik der *bobility* wird dann weiter untersucht, um zu zeigen, daß

»*bobility* eine konzeptuelle Erfindung ist, durch die sich die privilegierte Klasse in der betreffenden Gesellschaft etwas von dem Prestige bestimmter, in dieser Gesellschaft respektierter Tugenden aneignen kann, ohne sich der Unannehmlichkeit auszusetzen, diese auch praktizieren zu müssen. Und dies dank der Tatsache, daß dasselbe Wort sowohl für diejenigen Verwendung findet, die diese Tugenden praktizieren, als auch für die Inhaber der bevorzugten Positionen. Es handelt sich gleichzeitig um eine Wirkungsverstärkung dieser Tugenden, indem man sie, durch den Gebrauch derselben Bezeichnung, mit Prestige und Macht in Verbindung bringt. Nur muß all das gesagt werden, und solches zu sagen ist gleichbedeutend damit, die interne logische Inkohärenz des Konzepts herauszuarbeiten – eine Inkohärenz, die in der Tat sozial funktional ist« (1970: 42).

Tatsächlich wird das Konzept der *bobility* nicht als *inkohärent* präsentiert – auch wenn man akzeptiert, daß die Mehrdeutigkeit des *Wortes* seinen Gebrauch im politischen Diskurs zur Konsolidierung der Legitimität der herrschenden Klasse erlaubt (und deshalb im Prinzip auch zur Aushöhlung dieser Legitimität). Gellners zufriedene Schlußfolgerung aus seinem fiktiven Beispiel ist sicherlich etwas zu voreilig: »Wie dem auch sei, dies zeigt, daß der übertrieben nachsichtige Übersetzer, fest entschlossen, die Konzepte, die er untersucht, gegen den Vorwurf logischer Inkohärenz zu verteidigen, zwangsläufig eine Fehlbeschreibung der sozialen Situation liefern muß. *Den Konzepten Sinn zuzubilligen bedeutet, die Gesellschaft für unsinnig zu erklären*« (1970: 42, Hervorhebung von T.A.). Selbstverständlich erscheint das Wort *bobility* für seine Verwender im Zusammenhang mit bestimmten Aussagen sinnvoll (oder sie würden es nicht verwenden), es erscheint – allerdings in einer anderen Art und Weise – auch für Gellner sinnvoll, der feststellt, daß es durch die Täuschung seiner Verwender eine soziale Struktur irgendwie stabilisiert. Wie Wahrheit oder Unwahrheit sind auch Sinn oder Unsinn auf *Aussagen* anzuwenden und nicht auf abstrakte Konzepte. Es scheint mir hier kein Beweis für ein »unsinniges« Konzept vorzuliegen, da keine Analyse sozial eingebetteter Aussagen vorgelegt wird.

Allerdings wird anhand dieses Beispiels ein wesentlich wichtigeres Versäumnis offenkundig: das Fehlen auch nur des geringsten Versuchs, seine *Kohärenz* zu erkunden – das, was seiner sozialen Wirkung potentielle Stärke verleiht. Natürlich verwendet der politische Diskurs Lügen, Halbwahrheiten, logische Tricks usw. Aber solche erzeugen niemals seinen *zwingenden* Charakter, genausowenig wie der Gebrauch wahrer und verständlicher Aussagen, und es ist genau die Zwanghaftigkeit, um die es in Gellners Beispiel geht. Nicht der abstrakte logische Status von Konzepten ist hier von Bedeutung, sondern die Art, in der spezifische politische Diskurse das Verhalten der Menschen innerhalb kultureller Situationen mobilisieren und lenken. Der Zwangscharakter von *bobility* als eines politischen Konzepts ist kein Merkmal einfältiger Gemüter, sondern ein Merkmal kohärenter Diskurse und Praktiken. Für einen Übersetzer machtvoller politischer Ideologien ist es deshalb unentbehrlich, zu versuchen, etwas von dieser Kohärenz zu vermitteln. Das Konzept für *un*sinnig zu erklären bedeutet, die Gesellschaft für unsinnig zu erklären.

Gellners letztes Beispiel entstammt seiner eigenen Feldforschung bei den Berbern Zentralmarokkos; an diesem Beispiel gedenkt er die Behauptung zu untermauern, daß derjenige, der ohne Nachsicht kontextualisiert, der von ihm beschriebenen Gesellschaft mehr Sinn zubilligen kann, indem er die Inkohärenz der Konzepte betont. »Zwei Konzepte sind von Bedeutung«, schreibt er, »*baraka* und *agurram* (pl. *igurramen*). Das Wort *baraka* kann schlicht und einfach ›genug‹ heißen, aber es meint auch Überfluß und darüber hinaus Glück, welches sich unter anderem durch Wohlstand offenbart, und die Kraft, durch übernatürliche Mittel für andere Wohlstand zu erzeugen. Ein *agurram* ist jemand, der *baraka* besitzt« (1970: 43).

Igurramen – in Gellners späteren Schriften mit »Heilige« übersetzt (zum Beispiel 1969) – bilden eine ziemlich privilegierte und einflußreiche Minorität in der tribalen Gesellschaft der zentralmarokkanischen Berber; sie fungieren als Foki religiöser Werte, aber auch als Mittler und Schlichter innerhalb der tribalen Bevölkerung, in der sie leben. »Der lokale Glaube besagt, daß sie von Gott auserwählt sind. Überdies offenbart Gott seine Wahl, indem er diejenigen, die er auserwählt hat, mit bestimmten Merkmalen ausstattet, darunter magische Kräfte und große Freigebigkeit, Wohlstand, eine Haltung ungetrübten Vertrauens in die göttliche Vorsehung[1], Pazifismus usw.« (1970: 43).

Das ist Gellners »Übersetzung«. Aber sein allzu leicht von den Lippen gehendes religiöses Vokabular mit starkem und vielleicht gar nicht zur Sache gehörendem christlichen Unterton muß an diesem Punkt Zweifel wecken und Fragen aufkommen lassen. Was genau sind denn die Verhaltensweisen und Diskurse, die hier als »Haltung ungetrübten Vertrauens in die göttliche Vorsehung«, »offenbart seine Wahl« und »ausstatten« übersetzt wurden? Glauben die Berber, daß Gott ihre »Heiligen« mit Dispositionen und Merkmalen wie »große Freigebigkeit und Pazifismus« *ausstattet*,

---

1 »Consider-the-lilies-attitude«: Bezug auf Bergpredigt, Neues Testament, Matthäus 6,25-34, oder Lukas 12,22-34. *A. d. Ü.*.

oder gehen sie nicht vielmehr davon aus, daß diese Merkmale *Voraussetzungen* für Heiligkeit sind, für die Nähe der *igurramen* zu Gott? Verhalten sich die Berber wirklich so, als seien religiöse und moralische *Tugenden* »Offenbarungen« der göttlichen Wahl? Was sagen sie und wie verhalten sie sich, wenn Personen die Tugenden, über die sie verfügen *sollten*, nicht an den Tag legen? Von wem wird das Verhalten eines *agurram* als eine »Haltung ungetrübten Vertrauens in die göttliche Vorsehung« konzeptualisiert, wenn er Familie und Eigentum hat und beides von den Berbern als absolut angemessen angesehen wird? Gellner gibt dem Leser das zur Beantwortung dieser wichtigen Fragen notwendige Beweismaterial nicht an die Hand, und die Bedeutung dieser Fragen für die Übersetzung wird sich gleich zeigen.

»Wie auch immer, die wirkliche Sachlage ist die, daß die *igurramen* tatsächlich durch die umwohnenden normalen Stammesmitglieder, die ihre Dienste in Anspruch nehmen, gewählt werden; und zwar indem man sie auffordert, diese Dienste zu erbringen und dadurch den rivalisierenden Kandidaten gegenüber bevorzugt. Was als *vox Dei* erscheint, ist in Wirklichkeit *vox populi*. Die Sache mit den heiligen Merkmalen, den Stigmata [sic] der *agurram*-schaft ist überdies noch komplizierter. Es ist wesentlich, daß die erfolgreichen Kandidaten, die sich um den Status des *agurram* bewerben, mit diesen Merkmalen *begünstigt* sind, aber es ist, wenigstens in bezug auf einige von ihnen, ebenso wesentlich, daß sie diese nicht wirklich im Besitz haben. Zum Beispiel: ein *agurram*, der aus einer Haltung des ungetrübten Vertrauens in die göttliche Vorsehung heraus extrem freigebig ist, würde sehr bald verarmt sein und dann die andere entscheidende Prüfung, die Prüfung des Wohlstands, nicht bestehen.
Es existiert hier eine entscheidende Divergenz zwischen Konzept und Realität, eine Divergenz, die überdies sehr wesentlich für das Funktionieren des sozialen Systems ist« (1970: 43 f.).

Aus Gellners Beschreibung wird keineswegs deutlich, was mit der Aussage »der lokale Glaube besagt, daß sie von Gott auserwählt sind« gemeint ist – für was denn genau »auserwählt«? Um Schlichter zu sein? Aber Schlichtungsverfahren müssen von dem einen oder anderen Mitglied der tribalen Gesellschaft eingeleitet werden, und dieser Sachverhalt dürfte den Stammesmitgliedern kaum unbekannt sein. Um pazifistisch zu sein? Pazifismus ist jedoch eine Tugend, nicht eine Belohnung. Um weltlichen Erfolg und Wohlstand zu erlangen? Aber das kann doch wohl keine lokale *Definition* von Heiligkeit sein – oder die französischen Kolonialherrscher hätten als heiliger gelten müssen als jeder *agurram*.

Es ist für einen europäischen Anthropologen wahrhaftig keine große erklärerische Ruhmestat, seinen agnostischen und/oder modernen europäischen Leser darüber zu informieren, daß die Berber an eine Art direkter Intervention der Gottheit in ihre Angelegenheiten glauben, daß sie sich mit diesem Glauben natürlich im Irrtum befinden und daß dieser irrtümliche Glaube soziale Konsequenzen haben kann. Bei dieser Art Übung lernen wir nicht, *was* die Berber glauben, sondern nur, daß *das,* was sie glauben, ziemlich falsch ist: so glauben die Berber, daß Gott die *igurramen* »auserwählt«; wir wissen, daß es keinen Gott gibt (und wenn jemand von uns immer noch »glaubt«, daß es ihn gebe, so »wissen« wir, daß er nicht direkt in die säkulare Geschichte interveniert); ergo muß der »Auserwählende« ein Agent sein, den die Stammesangehörigen nicht als solchen wahrnehmen – tatsächlich eben die umwohnenden Stammesangehörigen selbst. Die *igurramen* sind vom Volk »auserwählt« (für eine spezielle soziale Rolle? Für eine moralische Tugend? Für eine religiöse Bestimmung?) Die »Wahl« erscheint als *vox Dei* und ist in Wirklichkeit doch die *vox populi*. Oder etwa nicht?

In Wirklichkeit ist der soziale Prozeß, der vom Anthropologen beschrieben wird, nur dann der Ort einer *vox*, wenn vorgegeben wird, daß dieser Prozeß einen kulturellen Text konstituiert. Denn ein Text bedarf eines Autors – desjenigen, der seine Stimme durch ihn hindurch hörbar werden läßt. Und wenn diese Stimme nicht die Stimme Gottes ist, so muß sie die Stimme von jemand anderem sein – des Volkes Stimme. So besteht der Atheist Gellner darauf, eine theologische Frage zu beantworten: Wer spricht durch die Geschichte, durch die Gesellschaft? In diesem speziellen Fall ist die Antwort vom Text abhängig, der zugleich die »wirkliche«, unbewußte Bedeutung und ihre angemessene Übersetzung enthält. Die Verschmelzung von Signifikant und Signifikat zeigt sich in besonderer Deutlichkeit, wenn wir uns vor Augen führen, auf welche Weise versucht wird, das islamische Konzept von *baraka* ähnlich wie das christliche Konzept von Gnade klingen zu lassen, so wie es von einem Skeptiker des 18. Jahrhunderts geschildert worden wäre. Dies hat zur Folge, daß die Voraussetzungen für das *baraka* eines *agurrams* mit wissendem Lächeln als »Stigmata« bezeichnet werden – und mit diesem geschickten Schachzug ist schlagartig ein Teil des kulturellen Texts der Berber innerhalb des Texts von Gellner konstruiert (zurechtgemacht) und in seiner Bedeutung festgelegt (entlarvt) worden – eine exquisite Vereinigung von Wort und Sache, wie sie ansonsten in keinem seiner Werke zu finden ist.

Aber die Gesellschaft ist kein Text, der sich dem geübten Leser eigenständig mitteilt. Es sind Menschen, die sprechen. Und die letztliche Bedeutung von dem, was sie sagen, liegt nicht in der Gesellschaft – Gesellschaft ist die kulturelle Voraussetzung, unter der Sprecher handeln und unter der sie Gegenstand des Handelns sind. Gellner nimmt für sich eine privilegierte Stellung in Anspruch, wenn es darum geht, die *wirkliche* Bedeutung dessen, was die Berber sagen, zu entschlüsseln (ungeachtet dessen, was sie zu sagen meinen); und diese privilegierte Stellung kann nur von demjenigen behauptet werden, der glaubt, daß es beim Übersetzen anderer Kulturen im wesentlichen darum geht, Sätze aus zwei Sprachen in Entsprechung zu bringen, derart, daß die zweite Gruppe von Sätzen die »wirkliche Bedeutung« der ersteren wiedergibt – insgesamt eine Tätigkeit, die der Anthropologe allein kontrolliert, von den Feldnotizen bis zur gedruckten Ethnographie. Mit anderen Worten, es ist die privilegierte Stellung von jemandem, der denselben Menschen, mit denen er einst zusammengelebt hat und über die er jetzt *schreibt*, den Dialog verweigert – und sich dieses auch noch leisten kann (siehe Asad 1973: 17).

In der Mitte seines Artikels und im Zusammenhang mit der Diskussion des anthropologischen Relativismus beklagt Gellner, daß »die Anthropologen gegenüber den Wilden, die schließlich recht weit entfernt sind, relativistisch, tolerant und um kontextuelles Verständnis bemüht seien, wogegen sie sich gegenüber ihren direkten Nachbarn oder Vorgängern, Mitgliedern ihrer eigenen Gesellschaft, die diesen verständnissuchenden Standpunkt nicht teilen und eine ›ethnozentrische‹ Attitude pflegen, absolutistisch und intolerant verhalten« (1970: 31).

Warum habe ich in diesem Artikel versucht, darauf zu insistieren, daß jeder, der mit Übersetzen aus anderen Kulturen befaßt ist, sich um die Kohärenz des Diskurses bemühen muß; und warum habe ich dem Nachweis, daß Gellners Text äußerst inkohärent ist, so viele Seiten gewidmet? Der Grund ist sehr einfach: Gellner und ich, wir sprechen dieselbe Sprache, gehören derselben akademischen Profession an, leben in derselben Gesellschaft. Indem ich seinem Text gegenüber kritisch Stellung beziehe, *bestreite* ich das, was er sagt, und *übersetze* es nicht. Es ist aber genau der grundlegende Unterschied zwischen diesen zwei Aktivitäten, auf dem ich beharre. Dennoch ist es nicht das Ziel meiner Argumentation, eine Haltung der »Intoleranz« gegenüber einem »unmittelbaren Nachbarn« einzunehmen; vielmehr bemühe ich mich, in seinem Text Inkohärenzen zu finden, die nach einem Heilmittel verlangen, da die anthropologische Arbeit des Übersetzens größere Kohärenz verdient. Das Ziel dieser Kritik ist es daher, eine kollektive Anstrengung zu fördern. »Wilde, die schließlich recht weit entfernt sind«, in einer Monographie zu kritisieren, die diese nicht lesen können, hat – wie mir scheint – nicht das gleiche Ziel. Eine Kritik die verantwortungsbewußt sein will, muß sich immer an jemanden richten, der sie auch anfechten kann.

Die Ungleichheit der Sprachen

Eine aufmerksame Lektüre des Gellnerschen Artikels zeigt, daß der Autor, obwohl er eine Reihe wichtiger Fragen aufwirft, es nicht nur unterläßt, diese zu beantworten, er versäumt es auch, die wichtigsten Aspekte des Problems, mit dem sich der Ethnograph befaßt, herauszuarbeiten. Das interessanteste davon, wie mir scheint, ist das Problem der – so könnte man sagen – »ungleichen Sprachen«, und darauf möchte ich nun genauer eingehen.
Jede gute Übersetzung versucht, die Struktur des fremden Diskurses in der dem Übersetzer eigenen Sprache wiederzugeben. Wie diese Struktur (oder »Kohärenz«) wiedergegeben wird, hängt natürlich ganz davon ab, um welches Genre es sich handelt (»Poesie«, »wissenschaftliche Analyse«, »Erzählung« usw.), es hängt auch ab von den Ressourcen der Sprache des Übersetzers sowie von den Interessen des Übersetzers und/oder seiner Leserschaft. Jede erfolgreiche Übersetzung setzt voraus, daß sie sich einer bestimmten Sprache bedient und somit auf bestimmte Praktiken, auf eine spezifische Lebensform bezogen wird. Je weiter diese Lebensform von dem Original entfernt ist, desto weniger mechanisch erfolgt die Reproduktion. Walter Benjamin schreibt: »Dagegen kann, ja muß dem Sinn gegenüber ihre Sprache [die der Übersetzung, *A. d. Ü.*] sich gehen lassen, um nicht dessen intentio als

Wiedergabe, sondern als Harmonie, als Ergänzung zur Sprache, in der diese sich mitteilt, ihre eigene Art der intentio ertönen zu lassen« (Benjamin 1977: 59). Nebenbei bemerkt, es ist die Aufgabe des Lesers, diese *intentio* zu beurteilen, nicht die des Übersetzers, die Bewertung vorzugreifen. Eine gute Übersetzung muß immer der Kritik vorausgehen. Und andersherum formuliert können wir sagen, daß eine gute Kritik immer eine »immanente« ist – das heißt eine Kritik, die auf einem gemeinsamen Verstehen basiert, auf einem gemeinsamen Leben, das sie beides zu erweitern sucht und dem sie mehr Kohärenz verleihen will. Bei solch einer Kritik – nicht weniger als bei dem Gegenstand der Kritik – handelt es sich um eine mögliche Perspektive, eine (Gegen-)Version, die nur vorübergehende und begrenzte Autorität besitzt.

Was geschieht, wenn die Sprachen, um die es geht, einander so fern sind, daß es schwierig wird, eine harmonisierende *intentio* zu formulieren? Rudolf Pannwitz, der in dem Aufsatz von Benjamin, auf den ich gerade Bezug genommen habe, zitiert wird, kommt zu folgender Beobachtung:

»unsere übertragungen auch die besten gehn von einem falschen grundsatz aus sie wollen das indische griechische englische verdeutschen anstatt das deutsche zu verindischen vergriechischen verenglischen. sie haben eine viel bedeutendere ehrfurcht vor den eigenen sprachgebräuchen als vor dem geiste des fremden werks [...] der grundsätzliche irrtum des übertragenden ist dass er den zufälligen stand der eignen sprache festhält anstatt sie durch die fremde sprache gewaltig bewegen zu lassen. er muß zumal wenn er aus einer sehr fernen sprache überträgt auf die letzten elemente der sprache selbst wo wort bild ton in eines geht zurück dringen er muss seine sprache durch die fremde erweitern und vertiefen« (zitiert nach Benjamin 1977: 61).

Dieser Ruf nach Umgestaltung einer Sprache, damit die Kohärenz des Originals übertragen werden kann, bildet für denjenigen eine interessante Herausforderung, der sich mit einer absurd klingenden Übersetzung unter der Annahme, daß das Original genauso absurd gewesen sein müsse, zufriedengibt: der gute Übersetzer oder die gute Übersetzerin nimmt nicht sofort an, daß außergewöhnliche Schwierigkeiten bei der Übertragung des Sinngehalts eines fremden Diskurses auf der Fehlerhaftigkeit des letzteren beruhen, vielmehr überprüft er bzw. sie kritisch den Status seiner oder ihrer *eigenen* Sprache. Die entscheidende Frage ist daher nicht, wie groß die Toleranz ist, die sich in der *Haltung* der Übersetzerin gegenüber dem ursprünglichen Autor zeigt (ein abstraktes ethisches Dilemma), sondern wie sie die Toleranz ihrer eigenen Sprache prüft, wenn es gilt, ungewohnte Formen aufzunehmen beziehungsweise sich anzueignen.

Aber dieser Vorstoß über die Grenzen des eigenen Sprachgebrauchs hinaus, dieses Einreißen und Neugestalten der eigenen Sprache im Prozeß des Übersetzens, ist niemals ein leichtes Unterfangen. Zum Teil deshalb (und man erlaube mir eine Personifizierung), weil es davon abhängt, inwieweit die *Sprache* des Übersetzers gewillt ist, sich dieser Transformationsmacht zu unterwerfen. In etwas fiktiver Weise attribuiere ich der Sprache Willenskraft, da ich betonen möchte, daß ein Übersetzer niemals durch seine individuellen Bemühungen diese Angelegenheit entscheiden kann (genausowenig wie der Sprecher die Entwicklung seiner Sprache beeinflussen kann) – diese Dinge sind von institutionalisierten Machtrelationen zwischen den entsprechenden Sprachen und Lebensformen bestimmt. Um es platt auszudrücken: Weil die Sprachen der Dritte-Welt-Gesellschaften – und hier sind natürlich auch die Gesellschaften einbezogen, welche die Sozialanthropologen traditionell studiert haben – im Verhältnis zu den westlichen Sprachen (und heute speziell zum Englischen) »schwächer« sind, werden sie im Prozeß des Übersetzens eher einer gewaltsamen Transformation unterzogen, als umgekehrt. Die Gründe dafür sind erstens, daß im Rahmen der politisch-ökonomischen Beziehungen zu den Ländern der Dritten Welt die westlichen Nationen die größeren Fähigkeiten zu deren Manipulation besitzen. Und zweitens, daß westliche Sprachen *erwünschtes* Wissen bereitwilliger produzieren und entfalten als die Dritte-Welt-Sprachen. (Das Wissen, das die Sprachen der Dritten Welt müheloser hervorbringen, wird von den westlichen Gesellschaften nicht in derselben Weise oder aus denselben Gründen begehrt.)

Man nehme als Beispiel das moderne Arabisch. Seit dem frühen 19. Jahrhundert gibt es eine wachsende Sammlung von Texten, die aus europäischen Sprachen – besonders Französisch und Englisch – ins Arabische übersetzt wurden. Darunter befinden sich Texte aus den Naturwissenschaften ebenso wie aus den »Sozialwissenschaften«, aus »Geschichte«, »Philosophie« und »Literatur«. Das Resultat ist, daß das Arabische seit dem 19. Jahrhundert einen Wandlungsprozeß durchzumachen begann (lexikalisch, grammatikalisch, semantisch), der bedeutend radikaler ist als irgend etwas, was man in europäischen Sprachen festgestellt hat – eine Transformation, die das Arabische den europäischen Sprachen weitaus näher gerückt hat, als es in der Vergangenheit der Fall war. Solche Wandlungsprozesse signalisieren Machtungleichheiten (das heißt Ungleichheiten in der *Aufnahmefähigkeit*) der jeweiligen Sprachen im Verhältnis zu den *herrschenden* Formen des Diskurses, die übersetzt wurden und immer noch übersetzt werden. Vielfältiges Wissen ist zu erlernen, ebenso wie es eine Unmenge von Modellen gibt, die es zu imitieren und zu reproduzieren gilt. In manchen Fällen ist die Kenntnis dieser Modelle eine Voraussetzung für die Produktion weiteren Wissens, in anderen Fällen ist sie ein Selbstzweck, Nachahmung einer Geste der Macht, ein Ausdruck des Verlangens nach Veränderung. Die Anerkennung dieser altbekannten Tatsache erinnert uns daran, daß der Industriekapitalismus in der Dritten Welt nicht nur die Produktionsweisen transformiert, sondern auch Arten von Wissen und Lebensweisen. Und mit ihnen Sprachformen. Daraus resultiert, daß diese halbtransformierten Lebensweisen Mehrdeutigkeiten begünstigen, die ein ungeübter westlicher Übersetzer in Richtung seiner eigenen »starken« Sprache glättet.

Was bedeutet diese Beweisführung für das anthropologische Konzept des Übersetzens zwischen Kulturen? Daß es vielleicht eine größere Zähigkeit der ethnographischen linguistischen Konventionen gibt, eine größere intrinsische Widerspenstigkeit, als durch individuelle Experimente ethnographischer Repräsentation überwunden werden könnte.

In seinem scharfsinnigen Aufsatz »Modes of Thought«, den Gellner in Hinblick auf die übermäßig wohlwollenden Annahmen über die Kohärenz »primitiven Denkens« kritisiert hat, meint Lienhardt:

»Wenn wir mit den Wilden leben und ihre Sprache sprechen, wenn wir lernen, ihre Erfahrungen in der ihnen eigenen Weise für uns zu repräsentieren, dann nähern wir uns ihrer Art zu denken so weit an, als wir dies können, ohne aufzuhören, wir selbst zu sein. Schließlich versuchen wir, ihre Konzeptionen mit Hilfe logischer Konstrukte zu repräsentieren, mit deren Anwendung wir aufgewachsen sind. Und bestenfalls hoffen wir, auf diese Weise das, was in ihrer Sprache ausgedrückt werden kann, mit dem in Übereinstimmung zu bringen, was in unserer auszudrücken ist. Wir vermitteln zwischen ihren Denkgewohnheiten, die wir uns zusammen mit ihnen angeeignet haben, und denen unserer eigenen Gesellschaft; und indem wir das tun, erkunden wir letztlich nicht irgendwelche mysteriöse ›primitive Philosophie‹, sondern weitere Möglichkeiten unseres Denkens und unserer Sprache« (1954: 96f.).

Während der Feldarbeit findet, wie Lienhardt richtig feststellt, der Prozeß des Übersetzens in jedem Augenblick statt, in dem sich der Ethnograph an einer spezifischen Art zu leben beteiligt – gerade so wie ein Kind, das lernt, in einer spezifischen Kultur aufzuwachsen. Er lernt, sich in einer neuen Umwelt und in einer neuen Sprache zurechtzufinden. Und wie ein Kind muß er *explizit* in Worte fassen, was die richtige Art ist, Dinge zu tun – denn dies ist die Art und Weise, wie Lernen vor sich geht (vgl. A.R. Luria über »synpraktische Rede« [*synpraxic speech*] in Luria und Yudovich 1971: 50). Wenn das Kind bzw. der Anthropologe in der Lage ist, die Lebensweise der Erwachsenen zu meistern, dann wird das, was es oder er gelernt hat, *implizit* – zu Annahmen über eine gemeinsame Lebensweise, mit all ihren Resonanzen und Unklarheiten.

Aber lernen, eine neue Lebensweise zu leben, ist nicht dasselbe, wie etwas *über* eine andere Lebensweise zu lernen. Wenn die Anthropologen in ihre jeweiligen Länder zurückkehren, müssen sie »ihr Volk« beschreiben, und sie müssen dies gemäß den Konventionen der Repräsentation tun, die von ihrer Disziplin, den Institutionen und der übrigen Gesellschaft bereits definiert (»umschrieben«, »begrenzt«) wurden. »Übersetzen zwischen Kulturen« muß sich an eine andere Sprache anpassen, wobei nicht nur das Englische dem Dinka gegenübersteht oder dem Kabbashi Arabisch, sondern auch eine Konfrontation zwischen dem akademischen Betrieb der britischen Mittelklasse und der Lebensweise des »tribalen« Sudans stattfindet. Die Starrheit einer machtvollen etablierten Lebensstruktur mit ihren eigenen diskursiven Spielen, ihren eigenen »starken« Sprachen, dies ist es, was letztlich über die Effektivität der Übersetzung entscheidet. Die Übersetzung richtet sich an ein bestimmtes Publikum, das nur darauf eingestellt ist, *über* andere Lebensweisen zu lesen und den Text entsprechend etablierter Regeln zu manipulieren, nicht aber zu lernen, eine neue Lebensweise zu *leben*.

Wenn Benjamin mit seiner Äußerung recht hatte, daß Übersetzungen keineswegs eine mechanische Reproduktion des Originals erfordern, sondern eine Harmonisierung mit dessen *intentio*, so folgt daraus, daß es keinen Grund gibt, warum dies immer auf ein und dieselbe Art und Weise getan werden sollte. Tatsächlich könnte man das Argument vorbringen, daß »das Übersetzen« einer fremden Lebensform, einer anderen Kultur nicht immer am besten mit Hilfe des repräsentationalen Diskurses der Ethnographie geschieht, sondern daß unter bestimmten Umständen die Aufführung eines Dramas, die Vorführung eines Tanzes, das Spielen eines Musikstückes durchaus angemessener wäre. Dies alles wären *Produktionen* des Originals und nicht nur reine Interpretationen: transformierte Augenblicke des Originals, nicht seine autoritativen textlichen Repräsentationen (vgl. Hollander 1959). Aber würden die meisten Sozialanthropologen dies als gelungene Versuche einer »Übersetzung von Kultur« anerkennen? Ich glaube nicht, denn diese Produktionen erheben Anspruch auf eine vollkommen andere Dimension in der Beziehung zwischen dem anthropologischen »Werk« und seinem Publikum; sie werfen die Frage auf nach unterschiedlichen *Gewohnheiten* (Praktiken), im Gegensatz zu lediglich unterschiedlichen *Schreibweisen* und *Lesarten* (Bedeutungen) dieses Werkes. Und als Sozialanthropologen sind wir darin geübt, die anderen kulturellen Ausdrucksweisen als Texte zu übersetzen, wir sind nicht darin geübt, solche kulturellen Fähigkeiten in unsere eigene Lebensweise einzuführen und zu verbreiten, die wir von anderen Lebensweisen erlernt haben. Es scheint mir sehr wahrscheinlich, daß der Begriff von Kultur als *Text* diese Perspektive auf unser Ziel bestärkt hat, denn er erleichtert die Annahme, daß Übersetzung *im wesentlichen* eine Angelegenheit verbaler Repräsentation ist.

Andere Kulturen lesen

Die Ungleichheit im Machtpotential der Sprachen zusammen mit der Tatsache, daß der Anthropologe typischerweise für ein überwiegend akademisches, Englisch-sprechendes Publikum über eine illiterate (oder zumindest nicht Englisch-sprechende) Bevölkerung schreibt, fördert eine Tendenz, die ich nun diskutieren möchte: die Tendenz, das *Implizite* fremder Kulturen zu lesen. Nach Meinung vieler Sozialanthropologen ist nicht die in einer bestimmten historischen Situation geäußerte Rede der Gegenstand ethnographischer Übersetzung (das ist die Aufgabe von

Folklore-Forschern und Linguisten), sondern »Kultur«. Um aber Kultur zu übersetzen, muß der Anthropologe zunächst die impliziten Bedeutungen, die hinter, in oder jenseits der situationsgebundenen Rede liegen, lesen und wieder einschreiben. Mary Douglas hat dies treffend ausgedrückt:

»Der Ethnologe, der das Gesamtbild des Kosmos, das hinter [den beobachteten] Praktiken steht, nachzeichnet, tut der primitiven Kultur Gewalt an, wenn er die Kosmologie als eine scheinbar systematische Philosophie darstellt, der die einzelnen bewußt anhängen. [...] Daher ist die primitive Weltsicht, wie ich sie oben definiert habe, selten selbst der Gegenstand der Kontemplation und der Spekulation in der primitiven Kultur. Sie ist im Anschluß an andere Institutionen entstanden, also indirekt hervorgebracht worden, und in diesem Sinne muß die primitive Kultur als sich ihrer selbst, ihrer eigenen Bedingungen nicht bewußt aufgefaßt werden« (1985: 120).

Was das Übersetzen betrifft, so liegt ein Unterschied zwischen dem Anthropologen und dem Linguisten vielleicht in folgendem: Während der Linguist mit einem bestimmten, in der untersuchten Gesellschaft unmittelbar produzierten Teilstück des Diskurses konfrontiert ist, eines Diskurses, der *danach* textualisiert wird, muß der Anthropologe den Diskurs *als* kulturellen Text konstruieren, in dem Sinne, daß die Bedeutungen dem breiten Feld der Praktiken implizit sind. Die Konstruktion eines kulturellen Diskurses und seine Übersetzung erscheinen so als Facetten ein und derselben Tätigkeit. Dieser Aspekt wird in den Kommentaren von Douglas über ihre eigene Übersetzung der Bedeutung des Pangolin-Kults bei den Lele deutlich.

»Es gibt bei den Lele keine theologischen oder philosophischen Bücher, die die Bedeutung des Kultes darlegen. Weder sind mir seine metaphysischen Implikationen von den Lele ausführlich erklärt worden, noch habe ich zumindest eine Unterhaltung zwischen Wahrsagern belauscht. [...] Welchen Beweis für die Bedeutung dieses oder jedes anderen Kultes kann man sinnvollerweise verlangen? Er kann viele verschiedene Ebenen und Arten von Bedeutungen haben. Die Bedeutung, auf die ich meine Argumentation gründe, ist jene, die sich aus einer Struktur ergibt, deren Teile nachweislich in einer geordneten Beziehung zueinander stehen. Ein Mitglied der Gesellschaft muß nicht notwendig die ganze Struktur kennen, ebensowenig wie der Sprecher einer Sprache sich explizit zu den verwendeten Sprachstrukturen äußern können muß« (1985: 224 f.).

Ich habe an anderer Stelle (Asad 1983) die Ansicht vertreten, daß die Tatsache, einer fremden Praxis implizite Bedeutungen zuzuschreiben – *egal ob sie von den Handelnden selbst anerkannt werden* – eine charakteristische Erscheinungsform theologischer Übungen ist, mit einer lang zurückreichenden Geschichte. Hier möchte ich anmerken, daß die Bezugnahme auf vom Sprecher erzeugte linguistische Strukturen keine gute Analogie abgibt, da es sich bei Sprach*strukturen* nicht um Bedeutungen handelt, die man übersetzen müßte, sondern vielmehr um systematisch zu beschreibende und zu analysierende Regeln. Ein einheimischer Sprecher weiß wohl, wie solche Strukturen erzeugt werden, selbst wenn er dieses Wissen keineswegs explizit in Form von Regeln verbalisieren kann. Das offensichtliche Fehlen der Fähigkeit, solches soziales Wissen in Worte zu fassen, ist nicht notwendigerweise ein Beweis für die Existenz unbewußter Bedeutungen (vgl. Dummett 1981). Das Konzept der »unbewußten Bedeutung« gehört zu einer Theorie der Verdrängung ins Unbewußte à la Freud, in deren Kontext man von einer Person sagen kann, sie »wisse« etwas unbewußt.

Das Unterfangen, unbewußte Bedeutungen im Zuge des »Übersetzens zwischen Kulturen« herauszufinden, ist von daher besser mit den Aktivitäten des Psychoanalytikers zu vergleichen als mit denen des Linguisten. In der Tat haben britische Sozialanthropologen zuweilen ihre Arbeit in exakt diesen Begriffen präsentiert. So schreibt David Pocock, ein Schüler von Evans-Pritchard:

»Kurzum, die Arbeit des Anthropologen kann als Übersetzungstätigkeit von höchster Komplexität angesehen werden, bei der Autor und Übersetzer zusammenarbeiten. Eine noch treffendere Analogie wäre die der Beziehung zwischen dem Psychoanalytiker und seinem Patienten. Der Analytiker gewinnt Zugang zu der privaten Welt seines Patienten, um die Grammatik seiner privaten Sprache zu lernen. Wenn die Analyse dabei stehenbleibt, so unterscheidet sie sich nicht vom Verstehen, das zwischen zwei Personen, sie sich gut kennen, gegeben ist [!]. Sie wird in dem Maße wissenschaftlich, wie die private Sprache intimen Verstehens in öffentliche Sprache übersetzt wird, wenn auch, vom Standpunkt des Laien aus gesehen, in eine spezialisierte Sprache, im vorliegenden Falle die der Psychologen. Aber der spezifische Akt des Übersetzens zerstört nicht die private Erfahrung des Patienten und ist im Idealfall, zumindest aber potentiell, für ihn als eine wissenschaftliche Reflexion dieser Erfahrung akzeptabel. In ähnlicher Weise ist das Modell des politischen Lebens der Nuer, das sich in Professor Evans-Pritchards Werk herauskristallisiert, ein bedeutungsvolles Modell für seine soziologischen Kollegen als Soziologen. Und es beansprucht Gültigkeit, *da es für die Nuer in so etwas wie einer Idealsitua-*

tion, in der man von ihnen annimmt, daß sie Interesse an sich selbst als gesellschaftliche Menschen haben, potentiell annehmbar ist. Von diesem Standpunkt aus mag die Zusammenarbeit der Naturwissenschaftler als eine sich in Entwicklung befindliche Sprache aufgefaßt werden, die einigen Menschen erlaubt, auf immer subtilere Weise über einen bestimmten Bereich der natürlichen Phänomene, der durch den Namen einer spezifischen Wissenschaft definiert ist, zu kommunizieren. Ihre Wissenschaft ist, wörtlich genommen, der von ihnen geteilte Sinn [*common sense*], die geteilte Bedeutung. Von diesem gemeinsamen Sinn zum »gesunden Menschenverstand« [*»common sense«*] des breiten Publikums überzugehen bedeutet erneut einen Akt der Übersetzung. Die Situation der Sozialanthropologie, oder allgemein der Soziologie, ist auf dieser Stufe nicht sehr viel anders. Der Unterschied liegt darin, daß soziologische Phänomene nur so weit objektiv untersucht werden können, wie ihre subjektive Bedeutung Berücksichtigung findet, und auch darin, daß die untersuchten Menschen potentiell fähig sind, das soziologische Wissen, das der Soziologe über sie besitzt, zu teilen« (1961: 88 f., Hervorhebung von T.A.).

Ich habe diesen bemerkenswerten Abschnitt in voller Länge zitiert, weil er in sehr klarer Weise eine Position wiedergibt, die, wie ich glaube, für viele Anthropologen, die ansonsten von sich glauben, daß sie in sehr verschiedenen Unternehmungen engagiert sind, weitgehend annehmbar ist. Ich habe den Abschnitt auch deshalb angeführt, weil der Charakter der Zusammenarbeit zwischen »Autor und Übersetzer« in der anschließenden Bezugnahme auf den Psychoanalytiker als Wissenschaftler treffend zum Ausdruck gebracht wird: Wenn dem anthropologischen Übersetzer, ebenso wie dem Analytiker, letzte Autorität bei der Festlegung der Bedeutungszuschreibungen zukommt, die sein Subjekt/Objekt vornimmt, so wird ersterer zum wirklichen Autor dieser Bedeutungen. Aus dieser Perspektive betrachtet ist »Übersetzen zwischen Kulturen« eine Sache des Festlegens impliziter Bedeutungen – nicht der Bedeutungen, zu denen sich der einheimische Sprecher in seiner Rede tatsächlich bekennt, auch nicht der Bedeutungen, die der einheimische Hörer notwendigerweise akzeptiert, sondern der Bedeutungen, die er »in einer Idealsituation potentiell« mit der wissenschaftlichen Autorität »zu teilen fähig ist«: wenn er zum Beispiel mit Gellner sagen kann, daß die *vox Dei* in Wirklichkeit die *vox populi* ist, dann äußert er die wahre Bedeutung seines traditionellen Diskurses, einen wesentlichen Sinngehalt seiner Kultur. Die Tatsache, daß er in der »Idealsituation« nicht mehr länger ein Stammesangehöriger der muslimi-

schen Berber ist, sondern so etwas ähnliches wie Professor Gellner, scheint solche Kultur-Übersetzer nicht zu beunruhigen.
Diese Macht, die es ermöglicht, für ein Subjekt mit Hilfe des Konzepts des »Impliziten« oder des »Unbewußten« Bedeutungen zu schaffen und *sie zu autorisieren*, wurde in bezug auf das Verhältnis Analytiker-Analysierter selbstverständlich diskutiert (zum Beispiel Malcolm 1982). Sie wurde aber, so viel ich weiß, niemals in Hinblick auf das erörtert, was der Kulturübersetzer tut. Natürlich existieren schwerwiegende Unterschiede im Fall des Anthropologen. Man sollte darauf hinweisen, daß derjenige, der zwischen Kulturen übersetzt, den Mitgliedern der Gesellschaft, deren kulturellen Diskurs er entwirrt, diese Übersetzung niemals *aufzwingt*, daß seine Ethnographie von daher niemals dieselbe Autorität beanspruchen kann wie die Fallstudie des Analytikers. Der Analysand kommt zum Analytiker, oder er wurde ihm von denen, die Autorität über ihn besitzen, als hilfesuchender Patient übergeben. Im Gegensatz dazu kommt der Anthropologe in die Gesellschaft, die er zu lesen wünscht, er sieht sich selbst als ein Lernender, nicht als ein Führer, und er zieht sich aus der Gesellschaft wieder zurück, wenn er genug an Informationen gesammelt hat, um deren Kultur aufzuzeichnen. Er hält die Gesellschaft – und genauso halten sich deren Mitglieder selbst – nicht für krank: die Gesellschaft ist niemals der Autorität des Anthropologen unterworfen.
Aber dieses Argument erweist sich nicht als ganz so schlüssig, wie es auf den ersten Blick erscheint. Was bleibt, ist die Tatsache, daß die Übersetzung oder Repräsentation einer bestimmten Kultur, die der Ethnograph vornimmt, unvermeidlich ein textliches Konstrukt darstellt, daß sie als Repräsentation im Normalfall nicht von den Menschen, denen sie zugeschrieben ist, angefochten werden kann, und daß sie als ein »wissenschaftlicher Text« schließlich zu einem privilegierten Element im potentiellen Fundus des historischen Gedächtnisses der betreffenden nicht-literaten Gesellschaft werden kann. In modernen und sich modernisierenden Gesellschaften besitzen inskribierte Aufzeichnungen eine größere Macht für die Gestaltung und Umgestaltung des Selbst und der Institutionen, als dies bei Volkserinnerungen der Fall ist. Sie konstruieren dieses Volksgedächtnis sogar. Die Monographie des Anthropologen mag, rückübersetzt, in eine »schwächere« Dritte-Welt-Sprache zurückkehren. Auf lange Sicht ist es daher nicht die

persönliche Autorität des Ethnographen, sondern die soziale Autorität seiner Ethnographie, die von Bedeutung ist. Und diese Autorität ist den institutionalisierten Kräften der industriekapitalistischen Gesellschaft eingeschrieben (siehe oben, S. 324), die ständig dahin *tendieren*, die Bedeutungsgehalte der verschiedenen Gesellschaften der Dritten Welt in eine einzige Richtung zu treiben. Das heißt nicht, daß es keine Widerstände gegen diese Tendenz gäbe. Aber »Widerstand« an sich ist ein Indikator für die Präsenz einer dominanten Kraft.
Ich muß betonen, daß ich nicht behaupte, die Ethnographie spiele irgendeine größere Rolle bei der Umgestaltung anderer Kulturen. In dieser Hinsicht sind die Auswirkungen der Ethnographie niemals mit anderen Formen der Repräsentation von Gesellschaften zu vergleichen – zum Beispiel Fernsehfilmen, die im Westen produziert und in die Länder der Dritten Welt verkauft werden. (Nebenbei bemerkt: die Tatsache, daß Anthropologen die Macht des Fernsehens erkannt haben, spiegelt sich in der wachsenden Zahl anthropologischer Filme, die für dieses Medium in England produziert werden.) Noch viel weniger kann man die Auswirkungen der Ethnographie mit den politischen, ökonomischen und militärischen Zwängen des Weltsystems vergleichen. Für mich ist einzig und allein der springende Punkt, daß der Prozeß der »Übersetzung zwischen Kulturen« unvermeidlich in Machtverhältnisse eingebunden ist – beruflich, national, international. Und unter diesen Verhältnissen befindet sich auch die Autorität des Ethnographen, implizite Bedeutungen subalterner Gesellschaften aufzudecken. Geht man davon aus, daß dies alles zutrifft, so ist die interessante Forschungsfrage nicht die, ob und gegebenenfalls in welchem Maße die Anthropologen gegenüber anderen Kulturen relativistisch oder rationalistisch, kritisch oder wohlwollend sein sollen, sondern wie die Macht in den Prozeß der »Übersetzung zwischen Kulturen«, sowohl als diskursive wie als nichtdiskursive Praxis verstanden, Eingang findet.

Fazit

Einige Jahre lang war ich angesichts dieses verwirrenden Problems beunruhigt. Wie kommt es, daß der Ansatz, so wie ihn Gellner in seinem Aufsatz ausgeführt hat, trotz seiner offensichtlichen Fehlerhaftigkeit vielen Akademikern attraktiv erscheint? Liegt es vielleicht daran, daß sie durch einen *Stil* eingeschüchtert sind? Wir wissen, daß natürlich auch Anthropologen, genauso wie andere Akademiker, nicht nur lernen, eine gelehrte Sprache zu benutzen, sondern auch lernen, sie zu fürchten, zu bewundern und von ihr gefesselt zu sein. Aber dies beantwortet unsere Frage nicht, denn wir erhalten keine Auskunft darüber, *warum* überhaupt solch ein gelehrter Stil so viele intelligente Leute gefangen halten sollte. Ich werde versuchsweise eine Lösung vortragen. Wir haben hier einen Stil, der leicht zu lehren, zu lernen und zu reproduzieren ist (in Examensantworten, bewertenden Stellungnahmen und Dissertationen). Es handelt sich um einen Stil, der die Textualisierung anderer Kulturen erleichtert, die Konstruktion schematischer Antworten auf komplexe kulturelle Fragestellungen begünstigt und gut dazu geeignet ist, fremde kulturelle Konzepte in deutlich markierte Teilmengen von »Sinn« und »Unsinn« einzuteilen. Abgesehen davon, daß er leicht zu lehren und nachzuahmen ist, verspricht dieser Stil erkennbare Resultate, die sich ohne weiteres klassifizieren lassen. Ein solcher Stil muß einfach hoch geachtet werden in einer etablierten universitären Disziplin, die nach den *Standards* wissenschaftlicher Objektivität strebt. Ist dann nicht vielleicht die Popularität dieses Stils eine Widerspiegelung der Art von pädagogischer Institution, in der wir uns bewegen?

Obwohl es nun geraume Zeit her ist, seit Gellners Aufsatz zuerst veröffentlicht wurde, so repräsentiert er doch eine doktrinäre Position, die heute noch Popularität besitzt. Ich denke dabei an den Soziologismus, der besagt, daß religiöse Ideen ihre wahre Bedeutung von der ökonomischen oder politischen Struktur erhalten, und an die sich selbst bestätigende Methodologie, nach der dieses reduktionistische semantische Prinzip für den (autoritativen) Anthropologen Evidenz besitzt, jedoch nicht für die Menschen, über die geschrieben wird. Diese Position geht deshalb davon aus, daß es für den Anthropologen nicht nur möglich, sondern notwendig ist, zu ein und derselben Zeit als Übersetzer und Kritiker zugleich zu fungieren. Ich erachte diese Position als unhaltbar, und ich glaube, daß es die Relationen und Praktiken der Macht sind, die ihr ein gewisses Maß an Lebensfähigkeit gewähren. (Zu einer kritischen Diskussion dieser Position in Hinblick auf die islamische Geschichte siehe Asad 1980.)

Das positive Argument, das ich im Verlauf meiner Auseinandersetzung mit dem Gellnerschen Text entwickeln wollte, hat mit dem zu tun, was ich die Ungleichheit der Sprachen genannt habe. Ich habe die These vertreten, daß das anthropologische Unterfangen der Übersetzung zwischen Kulturen durch das Vorhandensein asymmetrischer Tendenzen und Zwänge in den Sprachen der dominierten und dominierenden Gesellschaften beeinträchtigt wird. Und ich habe darauf hingewiesen, daß der Anthropologe diese Prozesse untersuchen muß, damit er feststellen kann, inwieweit sie die Möglichkeiten und Grenzen einer gültigen Übersetzung definieren.

Außer den Mitgliedern des Seminars in Santa Fe, die einen früheren Entwurf dieses Artikels diskutiert haben – und besonders Paul Rabinow, der eine längere Stellungnahme dazu abgab – möchte ich Tanya Baker, John Dixon, Rodney Needham und Keith Nield für ihre hilfreiche Kritik danken.

Übersetzt von Antje Linkenbach

Literatur

Asad, Talal (Hg.) (1973), *Anthropology and the Colonial Encounter*, London: Ithaca Press.
– (1980), »Ideology, Class and the Origin of the Islamic State«, in: *Economy and Society* 9 (4), S. 450-473.
– (1983), »Anthropological Concepts of Religion. Reflections on Geertz,« in: *Man* 18 (2), S. 237-259.
Beattie, John (1964), *Other Cultures*, London: Cohen and West.
Benjamin, Walter (1977), »Die Aufgabe des Übersetzers«, in: *Illuminationen. Ausgewählte Schriften*, Frankfurt am Main: Suhrkamp, S. 50-62.
Crick, Malcolm (1976), *Explorations in Language and Meaning*, London: Malaby Press.
Douglas, Mary (1985), *Reinheit und Gefährdung: Eine Studie zu Vorstel-*

lungen von Verunreinigung und Tabu, Berlin: Reimer (Frankfurt am Main: Suhrkamp 1988).

Dummett, Michael (1981), »Objections to Chomskiy«, in: *London Review of Books*, 3.-16. September, S. 56 f.

Eagleton, Terry (1983), *Literary Theory*, Oxford: Oxford University Press.

Evans-Pritchard, E. E., (1956), *Nuer Religion*, Oxford: Clarendon Press.

Gellner, Ernest (1959), *Words and Things*, London: Gollancz.

– (1969), *Saints of the Atlas*, London: Weidenfeld and Nicholson.

– (1970), »Concepts and Society«, in: B. R. Wilson (Hg.), *Rationality*, Oxford: Basil Blackwell, S. 18-49.

Gluckman, Max, (1973), »The State of Anthropology«, in: *Times Literary Supplement*, 3. August, S. 905.

Hollander, J. (1959), »Versions, Interpretations, and Performances«, in: R. A. Brower (Hg.), *On Translation*, Cambridge, Mass.: Harvard University Press, S. 205-231.

Leach, Edmund R., (1954), *Political Systems of Highland Burma*, London: G. Bell and Sons.

– (1973), »Ourselves and Others«, in: *Times Literary Supplement*, 6. Juli, S. 771 f.

Lienhardt, Godfrey (1954), »Modes of Thought«, in: E. E. Pritchard u. a., *The Institutions of Primitive Society*, Oxford: Basil Blackwell, S. 95-107.

Luria, A. R. und F. I. Yudovich (1971), *Speech and the Development of Mental Processes in the Child*, London: Penguin Books.

Malcolm, J. (1982), *Psychoanalysis. The Impossible Profession*, London: Pan Books.

Needham, Rodney (1972), *Belief, Language, and Experience*, Oxford: Basil Blackwell.

Pocock, David (1961), *Social Anthropology*, London/New York: Sheed and Ward.

Samuelsson, Kurt (1961), *Religion and Economic Action*, London: Heinemann.

Johannes Fabian
Präsenz und Repräsentation
Die Anderen und das
anthropologische Schreiben[1]

> »In den Diskussionen über den Orient [bedeutet] der Orient vollkommene Abwesenheit..., wohingegen man den Orientalisten und das, was er sagt, als eine Präsenz spürt. Wir dürfen jedoch nicht vergessen, daß die Gegenwart des Orientalisten durch die effektive Abwesenheit des Orients möglich wurde.«
>
> Edward W. Said, *Orientalismus*, S. 234

Repräsentation und Präsenz

Es ist nicht ganz ohne Bedeutung, daß Anthropologen und Soziologen *Repräsentation* zumeist im Plural gebrauchen. Der Singular würde den Akzent auf das Aktive und Prozeßhafte des Begriffs legen. Zieht man dagegen den Plural vor, so beschwört man Wesenheiten, Produkte der Erkenntnis oder der Kultur. Daß dies nicht nur aus Gründen der Praktikabilität geschieht – nämlich Begriffe zu erfinden, die den analytischen Zielsetzungen, für die sie gedacht sind, am ehesten entgegenkommen –, wird hoffentlich aus den nachfolgenden Überlegungen ersichtlich.

Unter philosophischen Gesichtspunkten betrachtet, impliziert die Idee der Repräsentation von vornherein die Annahme einer *Dif-*

---

[1] Dieser Aufsatz entstand aus einem Beitrag zu dem Panel »Othering: Representations and Realities«, der im Rahmen des 85th Annual Meeting of the American Anthropological Association in Philadelphia, Dezember 1986, von Smadar Lavie, Kirin Narayan und Renato Rosaldo organisiert wurde.

In einer früheren Fassung schrieb ich in diesem Zusammenhang: »Ich möchte meinem Freund und Kollegen Bob Scholte für seine unermüdliche Bereitschaft danken, als Diskussionspartner zu wirken und seine Kenntnis der Literatur mit mir zu teilen.« Ich widme diesen Aufsatz jetzt seinem Gedenken.

ferenz zwischen der Wirklichkeit und ihren »Verdopplungen«. Dinge sind gepaart mit Bildern, Konzepten oder Symbolen; Handlungen mit Regeln und Normen, Ereignisse mit Strukturen. Herkömmlicherweise bestand das Problem der Repräsentation in der Frage ihrer »Genauigkeit«, dem Grad der Übereinstimmung zwischen Wirklichkeit und ihren Reproduktionen im Bewußtsein. Als die Philosophen jede Hoffnung verloren hatten, diese Genauigkeit jemals bestimmen zu können (und somit *Wahrheit* zu erlangen), haben sie in der Prüfung auf Nützlichkeit Trost gefunden: eine gute Repräsentation ist eine, die funktioniert. Und als Beweis für das Funktionieren gilt die Tatsache, daß eine Repräsentation uns befähigt, gemeinsam auf die Welt einzuwirken.[2] In einem solchen Bezugsrahmen erscheint Wissenschaft, einschließlich der Anthropologie, als Streben nach privilegierten Repräsentationen; privilegiert, weil sie – von Natur aus oder aufgrund ihrer wechselseitigen Verknüpfung – ein Wissen von besonderer Art etablieren. Im Falle der Anthropologie diente »Kultur« als eine Art übergreifendes Konzept für Repräsentationen. Die Strukturalisten haben am klarsten die Notwendigkeit artikuliert, Repräsentation im Plural zu denken; ihre Position wird jedoch – in unterschiedlichem Grad – von all denen geteilt, die kulturelles Wissen als Auswahl und Kombination von Zeichen innerhalb von Systemen, Modellen oder Strukturen begreifen – kurz: als eine Art begriffliche Ordnung, die das Chaos der Wahrnehmung beherrscht.

Das Postulat einer Differenz zwischen der Wirklichkeit und ihren Verdopplungen erzeugt eine andere Annahme von Differenz oder eher von *Distanz*: die zwischen dem Erkennenden und dem Erkannten. Diese ergibt sich naturgemäß, wenn man den (wissen-

---

2 Man erinnere sich an die Verbindungen zwischen der Kantschen Frage nach den synthetischen Formen und Emile Durkheims Idee der durch die moralische Autorität einer Gesellschaft gestützten kollektiven Repräsentationen. Durkheim war zweifellos auf der Suche nach dem »Ethischen« im »Ethnisch«-Primitiven, und es würde mich wundern, wenn Stephen A. Tylers Charakterisierung der postmodernen Ethnographie als Rückkehr zu »dem frühen und machtvollen Wissen um den ethischen Charakter aller Diskurse, wie es in der antiken Bedeutung der Begriffsfamilie ›ethos‹, ›ethnos‹, ›Ethik‹ aufbewahrt wird«, nicht auch als Signal für eine Rückkehr in den Schoß der Durkheimschen Familie zu werten wäre (Tyler 1991a: 194).

schaftlich-philosophischen) Erkennenden als einen Betrachter und Beobachter begreift. Verstärkt wird sie von der Vorstellung, daß wissenschaftliche Erkenntnis immer bedeutet, ein System von Konzepten (eine Methode oder eine Logik) zwischen die Wirklichkeit und das Bewußtsein zu schieben. Wenn ich den speziellen Beitrag der Anthropologie zu den Debatten über die Natur der Erkenntnis benennen sollte, würde ich sagen, daß die Reflexion über Ethnographie uns dazu gebracht hat, den naiven Glauben an die Distanz aufzugeben. Dies kann dazu führen, daß man das Gegebensein der Anderen als Gegenstand unserer Fachdisziplin zurückweist. Auch wenn es unbeholfen und modisch klingt: *Othering* bezeichnet die Einsicht, daß die Anderen nicht einfach gegeben sind, auch niemals einfach gefunden oder angetroffen werden – sie werden *gemacht*. Für mich sind Untersuchungen über *Othering* Untersuchungen über die Produktion des Gegenstandes der Anthropologie. In *Time and the Other. How Anthropology Makes Its Object* (1983) habe ich versucht, die Verbindungen aufzuzeigen, die zwischen der Repräsentation als einer zentralen Idee verschiedener semiotischer und symbolischer Ansätze und der Schaffung von Distanz bestehen. In einem späteren Aufsatz, »Culture, Time and the Object of Anthropology« (1985), habe ich die Argumentation gegen einen »Repräsentationismus« (nicht zu verwechseln mit einer Theorie der Repräsentation) umfassender entwickelt. Selbstverständlich sollte unser Unbehagen an der in anthropologischen Texten wirksamen Distanzierung – als Voraussetzung wie auch als möglicherweise selbstzerstörerischer Kunstgriff – weiter untersucht und diskutiert werden. Hier attackiere ich Repräsentation, aber ich fordere den Leser gleichzeitig auf, Marilyn Strathers durchdachte Verteidigung der Repräsentation zu beachten. In ihrer Rezension von Vinzent Crapanzanos *Waiting. The Whites in South Africa* (1987) betont Strathern einen Aspekt, der sich in prägnanter Form auch bei Jean Paul Dumont findet:

»Die Anderen sind im Text, den die Anthropologin ihren Lesern vorlegt, nicht präsenter als ihre Stimmen in (oder gar hinter) der phonetischen Transkription ihrer Äußerungen. Tatsächlich ist es allein dieser phonetischen und existentiellen Abwesenheit geschuldet, daß die Anderen im Endeffekt vom Anthropologen repräsentiert werden können – denn wären sie da, wäre es sinnlos, sie zu repräsentieren, das heißt sie zu vertreten und für sie zu sprechen« (Dumont 1986: 359).

Vielleicht kann die Debatte fortgesetzt werden (ohne überzeugte »Repräsentationisten« einfach auszuschließen), wenn man das Problem mit den Repräsentationen nicht in der Differenz zwischen der Wirklichkeit und ihren Bildern lokalisiert, sondern in der Spannung zwischen Re-präsentation und *Präsenz*. Zunächst würde dies helfen, den Primat der Erfahrung als etwas, das Präsenz (als Teilen von Raum und Zeit) erfordert, wieder einzuholen. Zweitens würde es den prozessualen und produktiven Charakter von Repräsentation betonen – nicht im schwachen Sinne des Wortes, in dem *Prozeß* jede zeitliche Handlung oder Handlungsfolge bedeutet und *Produktion* alles das, was dem vorausgeht, was man als Ergebnis oder Resultat anzusehen gedenkt, sondern vielmehr im starken Sinne des Wortes, nämlich im Sinne von Transformieren, Gestalten, Erschaffen.[3] Mit anderen Worten: Wir Anthropologen sollten Repräsentation vielleicht nicht in erster Linie als eine Fähigkeit des menschlichen Geistes denken (obwohl die Erforschung einer solchen Fähigkeit für Psychologen, Hirnforscher und Philosophen durchaus als legitim erscheinen mag), sondern, wesentlich bescheidener, als etwas, was wir tatsächlich tun, als unsere Praxis. Dies würde uns helfen, zu erkennen, daß die Art und Weise, in der wir die Anderen »machen«, gleichbedeutend ist mit der Art und Weise, in der wir uns selbst machen. Das Bedürfnis, *dort* hinzugehen (an exotische Orte, mögen sie weit weg sein oder gerade um die Ecke), ist in Wirklichkeit unser Verlangen, *hier* zu sein (unseren Platz in der Welt zu finden oder zu verteidigen). Der Drang, Ethnographien zu verfassen, zielt auf die Verwandlung des *Damals* in ein *Jetzt*. In dieser Bewegung vom Damals zum Jetzt erwächst Erkennen aus der Erfahrung. Beide Bewegungen – von hier nach dort und vom Damals zum Jetzt – konvergieren in dem, was ich Präsenz genannt habe. So würde ich den Prozeß des *Othering* definieren.

3 Dean MacCannells und Juliet Flower MacCannells *Time of the Sign. A Semiotic Interpretation of Modern Culture* (1982) ist eine intelligente und durchdachte Verteidigung der Repräsentation (als Semiosis). Ihr Vorschlag, Semiotik als »die Erforschung der *Produktionsmittel* der Bedeutung« neu zu definieren, rückt diese in die Nähe einer Konzeption, die Repräsentation als Praxis faßt (MacCannell und MacCannell 1982: 9). Jedoch nicht nahe genug, denn die Autoren sind nicht bereit, den Gedanken aufzugeben, daß Semiotik (zu Recht) eine zentrale und privilegierte Stellung in ihrer Theorie der Erkenntnis einnimmt.

Man mag mir vorwerfen, Konfusion zu stiften, wenn ich das eine Mal Repräsentation und Praxis gegenüberstelle, das andere Mal von Repräsentation als Praxis oder von der Praxis der Repräsentation und ähnlichem rede. Ich befürchte jedoch, daß es unmöglich ist, weniger vieldeutig über ein Problem zu sprechen, so wie es in meinen Augen der »Repräsentationismus« darstellt – grob gesagt: jene philosophische Haltung mit ihren hegemonialen Ansprüchen, die auch den Gegenstand von Richard Rortys Kritik bildet (und nicht nur seiner; ich nenne ihn hier lediglich als ein gut geeignetes Beispiel; siehe Rorty 1981). Ziel ist es, dem Repräsentieren eine bescheidenere, weniger gebieterische Stellung in der Erkenntnistheorie zuzuweisen, nicht aber per Dekret eine offensichtlich bedeutende menschliche Fähigkeit[4] zu verbannen. Nebenbei bemerkt, wenn Repräsentation vor allen Dingen etwas mit Macht zu tun hat, dann ist sie nicht nur als Praxis zu *denken* – dann *ist* sie Praxis. Alle die Versuche, Repräsentation unangreifbar zu machen, indem man sie als im wesentlichen theoretisch erklärt, sind in Wirklichkeit jeweils praktische Schritte zum Erhalt ihrer Hegemonie.

Versteht man Repräsentation in erster Linie als Praxis, so zieht dies zwei Konsequenzen nach sich: (1) Das größte Problem hinsichtlich der Repräsentation ist dann nicht mehr primär die richtige Wiedergabe von Wirklichkeiten, sondern – wie sollen wir es nennen? – Wiederholung, Wieder-Darstellung. (2) Repräsentationen (im Plural) werden dann als Handlungen oder Sequenzen von Handlungen betrachtet, kurz: als *performances*. *Performances* benötigen Akteure und Publikum, Autoren und Leser. Darum sollten Repräsentationen ihre Autorität in erster Linie aus Kommunikation, Rhetorik und ihrer Überzeugungskraft gewinnen und nur zweitrangig aus Kongruenz oder logischer Beweisführung. Die Logik der Symbole – um eine unter Ethnologen beliebte Konzeptualisierung der Erkenntnis anzuführen – ist viel eher eine Frage sokratischer Überzeugungskraft in der Konversation denn ein platonischer Rekurs auf transzendentale Wahrheiten.

---

4 Und wichtigen Aspekt jeder wissenschaftlichen Praxis. Siehe Lynch und Woolgar (Hg.) (1988).

Repräsentation und die seltsame Geschichte der »Ethnographie«

Bevor ich zum *Othering* zurückkehre, erlaube ich mir, kurz abzuschweifen. Ich lasse mich gerne korrigieren, aber ich habe den Eindruck gewonnen, daß das derzeitige Problembewußtsein im Hinblick auf Textualität, Autorenschaft, Stil usw. noch nicht sehr weit vorangekommen ist, wenn es darum geht, unseren scheinbar unbekümmerten und doch tatsächlich äußerst entlarvenden Umgang mit dem Wort *Ethnographie* kritisch unter die Lupe zu nehmen.

Unkenntnis des Griechischen mag dazu beigetragen haben, aber sie dürfte kaum die einzige Erklärung sein für die mangelnde Sensibilität gegenüber der Unangemessenheit von Begriffen wie »ethnographisches Schreiben«. Bestenfalls handelt es sich um einen unbeholfenen Pleonasmus (*Schreiben* ist ja bereits in dem griechischen *graphein* enthalten), schlimmstenfalls signalisiert es die Hinwendung zu einem rein indexikalischen Gebrauch des qualifizierenden Worts »ethnographisch«. Es bezeichnet keine Sache; es weist lediglich einer bestimmten Art des Schreibens ihren Platz in einer Systematik von Schreib-Weisen zu. Aber dies ist noch nicht alles. Ohne uns dabei sonderlich unwohl zu fühlen, verwenden wir auch Begriffe wie »ethnographische Sammlungen/Ausstellungen/Museen« (Institutionen also, die weder schreiben noch üblicherweise Geschriebenes ausstellen). Und was ist mit Redewendungen wie »ethnographische Beobachtung«, »ethnographische Daten« und »ethnographische Gegenstände«? Kein Problem, so mag der eine oder andere antworten, es handelt sich um Beobachtungen, Daten und Gegenstände, über die in der Art und Weise der Ethnographie geschrieben wird. Wenn diese Begriffe auch nicht gerade elegant erscheinen, so sollten sie jedoch nicht anstößiger sein als solche allgemein anerkannten Wortzusammensetzungen wie »ethnographische Publikation« oder »ethnographische Autorität«.

In jedem Fall, so ließe sich weiter argumentieren, ist es uns möglich, die semantischen Verwirrungen zu vermeiden, wenn wir es schlichtweg als eine Tatsache akzeptieren, daß im gegenwärtigen technischen Gebrauch *Ethnographie* und *ethnographisch* ihre Bedeutung aus dem Kontrast zu *Theorie* und *theoretisch* gewinnen, etwa in der Art, in der unsere französischen Kollegen *Ethnographie* und *Ethnologie* gegenübergestellt haben. So hat es nun den Anschein, daß wir zu einer rein indexikalischen oder klassifikatorischen Funktion des Begriffs zurückgekehrt sind. Vielleicht, aber der Laie, der ein Buch zur Hand nimmt oder eine Ausstellung besucht, die als *ethnographisch* bezeichnet werden, weiß nichts von den Klassifikationen der Fachdisziplinen; seine Aufmerksamkeit wird durch den lockenden Beiklang geweckt – *ethnographisch* beschwört das Exotische. In prüderen Zeiten versprach (und lieferte) es nackte Busen und furchterregende Fetische; heute befriedigt es eine neue Ästhetik des Phantastischen und Imaginären bei den einen, das Bedürfnis nach Erkenntnis der Dritten Welt »von innen heraus« bei den anderen. Wie Roland Barthes festgestellt hat, ist das Signifikat der Konnotation »gleichzeitig allgemein, global und diffus; es ist, wenn man so will, ein Fragment von Ideologie« (Barthes 1970: 91). Wenn immer beim Gebrauch eines *terminus technicus* die Waagschale der Bedeutung stark zugunsten der Konnotation ausschlägt, drohen ideologische Verzerrung und schlichter intellektueller Betrug, wobei dann die Schuld zunächst einmal bei uns zu suchen ist und nicht beim Laien.

Aber wir können mehr tun, als Verdächtigungen auszusprechen. Ohne vorzugeben, etwas zu erarbeiten, was eigentlich die Aufgabe einer sorgfältigen Begriffsgeschichte (in verschiedenen Sprachen) zu sein hätte, können wir sagen, daß der gegenwärtige freischwebende Charakter des Begriffs *Ethnographie* aus bestimmten Disjunktionen resultiert, die gerade die Probleme mit sich bringen, die in erster Linie unseren Sorgen um die Bedeutung des Begriffs zugrunde liegen. Zusammenfassend lassen sich diese Disjunktionen wie folgt beschreiben:

(1) Angenommen, der Terminus Ethnographie entstand in Anlehnung an Vorbilder wie *Kosmographie* oder *Geographie*, so wäre seine »unschuldige« Bedeutung einfach »die Beschreibung von Völkern«.[5] Doch zu der Zeit, in der das Wort geprägt wurde,

---

5 Eine rasche Überprüfung anhand einiger Wörterbücher bestätigt dies. *The Shorter Oxford English Dictionary*, 3. Ausgabe, 2 Bde., Oxford 1975, datiert die Einführung des Begriffs *ethnography* auf das Jahr 1834 und definiert ihn als »wissenschaftliche Beschreibung von Nationen oder Rassen, ihrer Sitten, Gebräuche und Unterschiede« [»the scientific description of nations or races of men, their customs, habits, and differences«] (s. v. »ethnography«, 1:685). *Ethnology* taucht 1842 auf und ist

hatte *ethnoi* seit langem die Unschuld eines neutralen Betriffs verloren und eine bewertende Bedeutung angenommen (etwa wie das lateinische *gentes*, das – vorsichtig formuliert – im Hochmittelalter die »Nicht-Christen« bezeichnete). Wichtiger noch, das Element der Be-Schreibung [*de-scription*], das Über-etwas-oder-jemanden-Schreiben, hatte von Anbeginn an eine nominalistische Färbung: es bezog sich weniger auf den Akt des Schreibens denn auf dessen Produkte: Beschreibungen, bildliche Darstellungen, kurzum Repräsentationen.

(2) Zu einer viel späteren Zeit, als die Beschreibung von Völkern zu einer professionellen Tätigkeit und Feldforschung zu einer anerkannten und als notwendig erachteten Praxis wurde, hatte sich die Abtrennung der Ethnographie vom Schreiben bereits so verfestigt, daß man, ohne mit der Wimper zu zucken, Beobachtungen vor Ort als »Ethnographie betreiben« bezeichnen konnte. Bronislaw Malinowski, der Mann vor Ort, galt als Ethnograph; Sir James George Frazer, der Lehnstuhl-Wissenschaftler, jedoch nicht. Allerdings, so erinnert uns James A. Boon, hat Malinowski in seinen frühen Ethnographien (ehe er wissenschaftlich und langweilig wurde) Frazer nachzueifern versucht (siehe Boon 1982: 9-21).

(3) Die Trennung von Ethnographie und Schreiben liegt – wie

> »die Wissenschaft, die sich mit Rassen und Völkern, ihren Beziehungen, ihren unterschiedlichen Merkmalen usw. befaßt« [»the science which treats of races and peoples, their relations, their distinctive characteristics, etc.«] (s. v. »ethnology«, 1:685). Die Schwierigkeit des Verfassers der Stichworte, zwischen »-graphie« und »-logie« zu unterscheiden, ist offensichtlich. Der Gebrauch von *usw.* legt nahe, daß er die Suche nach einer präzisen Darlegung aufgegeben hat. In einem modernen französischen Wörterbuch, *Lexis-Larousse. Dictionnaire de la langue française*, Paris 1975, wird *ethnographie* auf das Jahr 1823 datiert und als »deskriptive Untersuchung von Ethnien« [étude descriptive des ethnies«] definiert (s. v. »ethnographie«, S. 655). Merke: während diese Formulierung eine Aktivität bezeichnet, ist der Bezug zum Schreiben lediglich in einem das Wort *Untersuchung* erläuternden Adjektiv enthalten. *Ethnologie* taucht ein Jahrzehnt später auf (1834) und wird beschrieben als »Wissenschaft, die das Studium ethnischer Merkmale zum Gegenstand hat, um allgemeine Gesetze menschlicher Gesellschaften abzuleiten« [»science qui a pour objet l'étude des charactères ethniques, en vue de dégager des lois générales des sociétés humaines«] (s. v. »ethnologie«, ebd.).

könnte es anders sein – der Unterscheidung zwischen Forschen und Aufschreiben zugrunde; verschleiert als eine schlichte Abfolge, hatte man es dabei in Wirklichkeit jedoch mit einer rituellen Dramatisierung der räumlichen Distanz zwischen den Stätten der Beobachtung und den Orten des Schreibens zu tun.

(4) Der Prozeß der Abtrennung gelangte zu seiner Apotheose, als die Professionalisierung der Anthropologie ihren Höhepunkt erreichte (ungefähr in den fünfziger Jahren unseres Jahrhunderts). Damals geschah zweierlei:

(a) Im allgemeinen Verständnis war nun Ethnographie gleichbedeutend mit empirischer Forschung und Datensammlung geworden. Als solche wurde sie der Theorie gegenübergestellt. Dieses offenbarte sich am deutlichsten in den Seminaranforderungen und in der Pflichtlektüre. Soviel ich weiß, wurde dieser Tatbestand in der Literatur nicht allzu häufig diskutiert; die Ausnahme bildeten einige Rezensenten, die ein Zuviel oder ein Zuwenig an Ethnographie in der einen oder der anderen Publikation bemängelten. Auch führte dies zu einer merkwürdigen Doppelzüngigkeit: »Theorie« erfreute sich allerhöchsten Lobes; Dissertationsvorschläge und fertige Dissertationen hatten keine Chance, angenommen zu werden, wenn man in ihnen einen Mangel an Theorie zu erkennen glaubte; dieselben Gutachter konnte man jedoch dabei ertappen, wie sie nostalgisch die großen Ethnographien der Vergangenheit beschworen.

(b) Der Genauigkeit halber müssen wir jedoch auch auf eine Avantgarde junger amerikanischer Anthropologen hinweisen, die in den fünfziger Jahren in Erscheinung trat und ihre Unzufriedenheit mit der gedankenlosen Abwertung der Ethnographie bekundete. Sie wurden die Begründer der »new ethnography«. Der alte Gegensatz zwischen Theorie und Ethnographie wurde über Bord geworfen und Ethnographie selbst zu einem theoretischen Unterfangen erklärt. Große Anstrengungen wurden auf Versuche verwandt, Ethnographie mit Regeln (in der *ethnography of speaking*) und mit formaleren und verfeinerten Methoden (in den verschiedenen Varianten der *ethnoscience*) auszustatten.[6] Der erstgenannte

6 Ein Beispiel für diese neue Richtung ist Harold C. Conklins Beitrag zum Stichwort »*Ethnography*« in *The International Encyclopedia of the Social Sciences*, 18 Bde., New York 1968, 5:172-178 – ein wichtiger Text, der in kurzer und prägnanter Form eine zeitgemäße Definition des Be-

Zweig der Bewegung – Dell Hymes und einige andere – war letztlich dazu gekommen, anthropologisches Schreiben selbst als bedeutend einzustufen – zwangsläufig, angesichts der Aufmerksamkeit, die Texten, Rhetorik, Stilvarianten, Genres usw. bereits geschenkt wurde. Die *ethnoscientists* dagegen haben auf Schemata, Tabellen, Grafiken und algebraische Formeln gesetzt. Als sie entdeckten, daß kein Weg am Text vorbeiführt, stand die Diskussion über ethnographisches Schreiben bereits in voller Blüte, und die »neue Ethnographie« sah sehr schnell alt aus. Nichtsdestotrotz sehe ich in den heutigen anthropologischen Schriften über ethnographisches Schreiben einen befremdlichen Mangel an Anerkennung für diese »Wende zur Sprache«, die sowohl von den *ethnographers of communication* als auch den *ethnoscientists* vorgenommen wurde. Ihnen vor allem verdanken wir unsere heutige kritische Position. Oder um es etwas anders zu formulieren: Wären wir nicht durch diese »Wende zur Sprache« vorbereitet gewesen, hätten die Rezeption der Hermeneutik (Paul Ricœur, Clifford Geertz), der Kritischen Theorie (Jürgen Habermas zum Beispiel) und des literarischen und historischen »Dekonstruktionismus« wahrscheinlich niemals den Einfluß erlangen können, den sie gehabt haben.

(5) Aus einer externen Perspektive betrachtet, welche die Anthropologie unter dem Einfluß der Literaturtheorie und -kritik erworben hat, diente die Trennung von Ethnographie und Theorie nicht nur dazu, unterschiedlichen Arten der Betätigung einen unterschiedlichen hierarchischen Status zuzuerkennen (was als Zeichen dafür hätte gewertet werden können, daß die Anthropologie als Wissenschaft Reife erlangt hatte). Vielmehr war diese Trennung Ausdruck der Differenzierung von Literaturgattungen oder, wie manche Beobachter bemerkt haben, Zeichen einer Krise des Genres.

Was immer diese literarische Wende sonst noch bewirkt haben mag, sie hat das Schreiben wieder in den Mittelpunkt der Diskussionen über das Wesen der Ethnographie gerückt, und das in

griffs vermittelt. Daß diese Definition das Anliegen einer Gruppe war, die definiert, was sie tut oder was ihrer Meinung nach getan werden sollte, zeigt sich dann, wenn man Conklins Artikel mit Harold E. Drivers Beitrag zum Stichwort »Ethnology« vergleicht (ebd. 1968,5:178-186). Der Unterschied ist weniger systematisch denn historisch. Driver vertritt die Sichtweise einer anderen Generation.

mehrfacher Hinsicht. Sie hat nicht nur Fragen nach Autorschaft und literarischer Form gestellt – Anliegen, die ja im Grunde genommen die Grenzen der eigenen Kultur nicht überschreiten[7] –, sondern sie hat auch kritische Denkansätze über die Rolle von Literalität gegenüber der Oralität neu belebt. Letzteres läßt Ethnographie politisch werden. *Othering* wird – aus meiner Sicht – erheblich heruntergespielt, wenn sich die Sensibilität für die politische Dimension des Schreibens auf die Einsicht in den politischen Charakter ästhetischer Standards und rhetorischer Kunstgriffe beschränkt. In einem solchen kritischen Diskurs gelten die Anderen der Anthropologie als von der Ethnographie beherrscht. Aber um beherrscht zu werden, braucht es mehr, als daß *über* die Betreffenden geschrieben wird [*written about*]. Um zum Opfer zu werden, müssen die Anderen an-geschrieben werden [*be written at*] (wie in »angeschossen werden [shot at]«), und dabei dient Literalität als Waffe zur Unterwerfung und Disziplinierung. Umgekehrt bringt es noch lange keine Befreiung, das Schreiben über Andere zu beenden. Doch mehr darüber später (siehe auch Fabian 1991 b).

Experimentieren mit dem Genre: Symptom oder Therapie?

Wie haben sich die Veränderungen, die aus der sogenannten Krise des Genres resultieren – wie etwa das Ende der Monographie als Modellform, das Abmildern der Vorschriften für einen »objektiven« und »realistischen« Prosastil, die Weigerung, eine klare Trennung zwischen systematischer Beschreibung und narrativer Darstellung beizubehalten –, auf die Repräsentation ausgewirkt? Ist die Krise des Genres eine Phase *innerhalb* der repräsentationistischen Haltung, eine Periode, in der neue Genres aufkommen, die

---

7 Es ist die Begrenztheit eines solchen Anliegens, die man auch Clifford Geertz' neuestem und wieder einmal brillantem Werk *Die künstlichen Wilden. Anthropologen als Schriftsteller* (1990) entgegenhalten kann. Es handelt sich um eine Kritik am anthropologischen Schreiben in einer Manier, die von, zu, über und vielleicht auch um Ethnographie herum redet als von einer in sich geschlossenen Praxis. Zu einer ähnlichen Kritik (mit vielen Hinweisen auf die rezente Debatte über den Geertzschen Ansatz) siehe Bob Scholte 1986.

möglicherweise die alten in ihrer Eigenschaft als privilegierte Repräsentationen der Anderen ersetzt werden? Sollten wir deshalb befürchten, daß das, was nach Krise aussieht, lediglich viel Lärm um nichts seitens der Anthropologen ist, die sich bei ihren Versuchen, die Privilegien des Repräsentierenden zu retten, neu gruppieren? Oder setzt die Krise des Genres so tief an, daß sie zu einer Krise *der* Repräsentation werden und möglicherweise zu einer Zurückweisung der Repräsentation führen kann? In diesem Falle gäbe es nur eine unentrinnbare Konsequenz: das Nicht-Repräsentieren, mitsamt ihrer radikalsten Form, dem Nicht-Schreiben, dem Schweigen der Feder. Im nächsten Abschnitt werde ich etwas über das Nicht-Schreiben sagen, aber lassen Sie mich zuvor einige Gedanken zur Debatte über Genres vortragen.

Einer der irritierenden Aspekte der Debatte ist der Mangel an Präzision beim Gebrauch des Begriffs *Genre*. Vielleicht ist so etwas in diesem frühen Stadium heilsam; ich finde es jedenfalls verwirrend. Im Laufe seiner Geschichte hat der Begriff manchmal eine gesonderte oder adjektivische Bedeutung angenommen (in Bezeichnung wie »Genre-Malerei«, oder »das ist nicht sein Genre«), in der gegenwärtigen kritischen Diskussion jedoch wird er, so glaube ich, hauptsächlich gebraucht, um Differenzierungen in einem speziellen Tätigkeitsbereich anzuzeigen. Wenn sich beispielsweise Ethnographie als *ein* Genre qualifiziert, kann dies nur bedeuten, daß sie voll und ganz unter Literatur (und deren andere Genres) subsumiert wird. Dies aber ist der sichere Weg, fruchtbare Einsichten, die bei der Betrachtung von Ethnographie *als* Literatur gewonnen werden können, zu unterlaufen. Was bleibt dann noch für die Kritiker übrig, als gute Literatur von schlechter zu unterscheiden? (Geertz verdient wahrscheinlich Anerkennung dafür, daß er in der Anthropologie einem neuen literarischen Bewußtsein den Weg bereitet hat – und das weniger, weil er mit Literaturkritikern fraternisierte, sondern weil er es wagte, gut zu schreiben, und damit auch noch Erfolg hatte.)

Die weitreichendste Behauptung, die im Zusammenhang mit der Krise des Genres aufgestellt wird, ist epistemologischer Natur. Das Experimentieren mit neuen Möglichkeiten des Schreibens hat zwar verschiedenerlei Gestalt angenommen, als gemeinsamer Hintergrund gilt jedoch eine Krise des Realismus (siehe Marcus und Cushman 1982). Zwangsläufig hat dies Kritiker veranlaßt, ihrer Befürchtung Ausdruck zu verleihen, daß eine Abkehr vom

Realismus gleichbedeutend sei mit dem Aufgeben der Objektivität, was wiederum das Ende der Anthropologie als Wissenschaft bedeuten würde (siehe etwa Friedman 1987). Aus meiner Sicht ist es zu früh, rundum Alarm zu schlagen. Statt dessen würde ich folgender Argumentationslinie den Vorzug geben: Das, was falsch war am ethnographischen Realismus (als literarischer Konvention), war nicht sein Realismus (als epistemologische Haltung), sondern das klammheimliche Ersetzen des letzteren durch den ersteren. Als eine literarische Form war Realismus ein Modus der Repräsentation, ausgestattet mit seinen verschiedenen bevorzugten darstellerischen Kunstgriffen. Als solcher war Realismus eine Stilrichtung anthropologischen Schreibens, die einer Theorie der Erkenntnis als Spiegel der Natur korrespondierte. Eine Form von Erkenntnis, die *in Realität* durch Konventionen des Schreibens geschaffen wird, erhebt den Anspruch auf Widerspiegelung dessen, was *real* ist. Der häufig unausgesprochene und ungerechtfertigte Anspruch des Realismus war der, daß *eine* Realität – eine Praxis des Schreibens von »realistischen« Ethnographien – für *die* Realität repräsentativ sein sollte. Das Experimentieren mit dem Genre könnte begriffen werden als eine Wende nicht zu weniger, sondern zu mehr Realismus, vorausgesetzt, daß es gelingt, die Konfusion zwischen literarischem und philosophischem Realismus zu vermeiden.

Daß die ganze Angelegenheit sogar noch komplizierter ist, können wir Steven Websters Kritik daran entnehmen, wie der ethnographische Realismus vielleicht allzu leichtfertig mit dem literarischen Realismus des 19. Jahrhunderts in Verbindung gebracht wurde (siehe Webster 1986). Hier ist nicht der Ort, um seine Bemerkungen zu George Marcus und Dick Cushman sowie James Clifford zu kommentieren. Aber ich stimme mit der generellen Stoßrichtung seiner Argumentation überein, die besagt – sofern ich ihn richtig verstehe –, daß das ethnographische Schreiben eher naiv naturalistisch denn realistisch war. Und ich teile seine Befürchtung, daß eine Reifizierung des Genres, wie kritisch und intellektuell anspruchsvoll sie auch sein mag, dazu führen kann, daß die kritische erkenntnistheoretische Diagnose zu einer literarischen »Therapie« der Ethnographie verkommt. Weitaus bedrückender noch ist die Aussicht, daß die Entdeckung von Genrezwängen innerhalb der Ethnographie eine analoge Wirkung haben könnte wie – sagen wir – die Dependenztheorie mit ihren Versu-

chen, die Beziehungen zwischen der Ersten und der Dritten Welt zu »erklären«. Nachdem sie die unausweichliche Logik der Unterdrückung und Ausbeutung offengelegt hat, droht eine solche Theorie diese zu verewigen (und zwar deshalb, weil sie viel leichter als Beweis der Überlegenheit denn als Programm für Wandel interpretiert wird). Ja, Genrezwänge sind am Werk, wenn wir schreiben, aber selbst wenn wir diese aufdecken, erteilt uns das noch keine Absolution. In der Tat ist Webster zuzustimmen, wenn er sagt: »Verwünscht sei das Genre« (Webster 1986: 59).
In den Diskussionen über Genres stellt sich die Anthropologie selbst in Frage, nicht nur beiläufig, sondern grundsätzlich. Zur Debatte steht eben nicht nur der Stil, sondern das Wesen dessen, was wir tun, wenn wir schreiben. Wie ich zuvor bemerkt habe: dies betrifft die *Praxis*, nicht einfach die Modi der Repräsentation. Alles das, was dazu führt, die praktischen Aspekte des Schreibens über die Anderen zu thematisieren, ist aus meiner Sicht nicht weniger, sondern mehr realistisch. Weiterhin bringt uns diese Perspektive zu der Frage, in welchem Verhältnis eine Praxis des Schreibens zu der Praxis steht, über die geschrieben wird. Dieses Verhältnis kann sich nicht in der »Widerspiegelung« erschöpfen, denn Praxis ist *Tun*. Das Tun spiegelt nichts wider, und das allein ist Grund genug, den naiven Realismus *ad acta* zu legen.[8] Tun ist gleichbedeutend mit: eine Sache bearbeiten, etwas machen, transformieren (Form geben), nicht versehentlich oder gelegentlich (wie es in Klagen über die subjektive Verzerrung in Texten zum Ausdruck kommt), sondern unvermeidlich. Praxis als Transformation ist die Voraussetzung aller Beziehungen zu den Anderen. *Othering* im Sinne von »die Anderen machen« ist die Art und Weise, in welcher eine spezifische Form interkultureller Beziehungen mit dem Namen »Ethnographie« auftritt, im wirklichen

---

8 Ich stimme Tyler völlig zu, wenn er behauptet, daß das Problem mit dem Realismus »weniger in der Komplexität des sogenannten Objekts der Beobachtung [besteht], auch nicht in dem vergeblichen Bemühen, hinreichend strenge und reproduzierbare Methoden anzuwenden, und noch weniger im scheinbaren Eigensinn der Sprache der Beschreibung. Das Problem liegt vielmehr im Scheitern der gesamten visualistischen Ideologie des referentiellen Diskurses mit seiner Rhetorik des ›Beschreibens‹, ›Vergleichens‹, ›Klassifizierens‹ und ›Generalisierens‹ sowie seiner Grundvoraussetzung repräsentationaler Signifikation« (Tyler 1991a: 199; Übersetzung bearbeitet).

Raum und in wirklicher Zeit, nicht (um Michel Foucaults Ausdruck zu benutzen) im »tabellarischen Raum« eines vorgefertigten Systems der Repräsentationen.

Macht man sich diese Sichtweise zu eigen, so folgt daraus, daß Genres unsere Aufmerksamkeit weniger aus Gründen ihrer Nützlichkeit für die Inventarisierung und Klassifikation von Texten verdienen (oder gar für das Einordnen anthropologischer Schriften in die westliche Literatur), sondern als konzeptuelles Element in einer Theorie der Textproduktion, die den »ethnographischen Text« und die Texte ethnographischen Schreibens umfaßt. Eine Lücke in der Genre-Debatte – die aus meiner Sicht eine lohnende Forschungsrichtung anzeigt – ist es, nicht bemerkt zu haben, daß manche Ethnologen begannen, über Genres nachzudenken, um Textproduktion »von Grund auf« zu verstehen. Zur Debatte stand nicht die Gestalt(ung) des endgültigen, publizierten Produkts, sondern die Art der zumeist mündlichen Berichte, auf der solche Produkte basieren müssen, wenn sie Ethnographie sein wollen: Es ging um Texte als Aufzeichnung kommunikativer Ereignisse.[9]

Ich möchte nun kurz zwei Themen aufgreifen, die eine wichtige Rolle in der gegenwärtigen Debatte über das Genre gespielt haben: die dialogische sowie die poetische Form der Textgestaltung.

Der Dialog, irgendwie verstanden als eine Alternative zum isolierenden oder gebieterischen Monolog, war während dieses Jahrhunderts mehr als einmal *en vogue*. Er war Bestandteil eines, wie man sagen könnte, sanften Existentialismus (hier denkt man an Martin Buber), aber auch Bestandteil harter kritischer Theorie

---

9 Ich verweise auf meine eigenen Bemühungen hierzu in »Genres in an Emerging Tradition: An Approach to Religious Communication« (Fabian 1974), mit Danksagungen an Dell Hymes, Dan Ben Amos und andere, sowie auf eine generellere Anwendung in einer Untersuchung über koloniale Sprachbeschreibung, *Language and Colonial Power. The Appropriation of Swaheli in the Former Belgian Congo, 1880-1938* (Fabian 1986). Übrigens wäre es für Ethnologen, die sich mit dieser Thematik befassen, gewinnbringend, die neuesten Entwicklungen in der afrikanischen Geschichte oder Geschichtsschreibung zu beobachten: siehe Jan Vansina, *Oral Tradition as History* (1985), und Bogumil Jewsiewicki und David Newbury (Hg.), *African Historiographies. What History for Which Africa?* (1986).

(Habermas); wirklich modisch wurde er, als die verschiedensten »Encounter«-Lehren den Globus überschwemmten, und er diente immer als Kunstgriff der Verschleierung im Munde von Politikern. Die Anthropologen begannen über den Begriff ernsthaft nachzudenken, als er im allgemeinen Gebrauch einen Tiefpunkt in seiner Bedeutung erreicht hatte. Dialog hatte einen unspezifischen ethischen Charakter von Wohlwollen erlangt; triefend von gutem Willen, entbehrte er offensichtlich jeglicher Schärfe, die für kritische Arbeit notwendig wäre. Wer konnte gegen den Dialog sein? Oft führte dies (für einige außenstehende Kritiker, vielleicht sogar zeitweise für einige Verfechter) zu der Verschleierung der Tatsache, daß der Begriff des Dialogs zuerst eingeführt wurde, nicht um eine ethische Haltung zu signalisieren, viel weniger noch eine literarische Form, sondern um der Reflexion über die Natur anthropologischer Feldforschung zu dienen. Wie im Falle des Realismus, so sollten wieder einmal zuerst die erkenntnistheoretischen und literarischen oder generischen Bedeutungen auseinandergehalten werden, bevor man über ihre Beziehung nachdenkt. Nachdem man den kommunikativen – und in diesem Sinn dialogischen – Charakter der Feldforschung festgestellt hatte, nachdem man erkannt hatte, daß es eine Tätigkeit ist, die mindestens genauso auf Austausch und Gespräch aufbaut wie auf Beobachtung und Aufzeichnung, ging die Reflexion weiter, wo sie doch vielleicht hätte verweilen sollen, um über erkenntnistheoretische Implikationen nachzudenken.
Kevin Dwyer und Dennis Tedlock sind zwei ausgesprochene Befürworter des Dialogs in der Anthropologie. Soweit ich verstanden habe, fragen sie in ihren bekannten Aufsätzen und später in ihren Büchern (durch Gegenüberstellung von dialogisch und monologisch bzw. analogisch), ob der Dialog, der in der frühen Phase der Erkenntnisproduktion zentral ist, nicht auch in späteren Phasen einen spezifischen Diskurs generieren sollte, bis hin zu der endgültigen ethnographischen Präsentation in Form eines publizierten Textes.[10]
Wie nicht anders zu erwarten, machen sich die Kritiker von Dwyer und Tedlock an den augenfälligsten Teil einer doch insgesamt komplexen epistemologischen Argumentation heran, näm-

---

10 Siehe Kevin Dwyer 1977, 1979 und 1982. Dennis Tedlock 1983 und 1985 sowie Tullio Maranhão (Hg.) 1990.

lich an die dialogische Form ethnographischen Schreibens. Nachdem sie entdeckt hatten, was in der Tat ein Schwachpunkt ist (die Frage, ob der tatsächliche Dialog in der Feldforschungssituation überhaupt mittels eines geschriebenen Dialogs wiedergegeben werden kann oder sollte), waren sie sehr schnell dabei, die dialogische Ethnographie als zwar gut gemeint, aber utopisch abzutun. Ich möchte an dieser Stelle dafür plädieren, die Untersuchung des dialogischen Charakters ethnographischer Forschung fortzusetzen.[11] In der Zwischenzeit können wir fortfahren, das Verhältnis von Dialog als Ereignis und Dialog als literarischer Form zu klären. Eines scheint sicher zu sein: Dialog als ein Genre ethnographischen Schreibens bewahrt nicht automatisch den dialogischen Charakter des Erkenntnisprozesses. Zu dieser Schlußfolgerung führen aus meiner Sicht zwei Argumentationslinien.

Erstens: Die für das Bekenntnis zum Dialog zwingende Begründung bezieht sich nicht darauf, daß der ethnographische Prozeß das wirkliche Gespräch meistens mit einschließt. Von viel größerer Bedeutsamkeit ist es, daß unser Geist oder unser Denken ethnographische Erkenntnis nur hervorbringen kann, weil er (oder es) zur Intersubjektivität fähig ist. Das Denken funktioniert nicht nur in der Form, daß es Daten eine Logik auferlegt, vielmehr funktioniert es auch, indem es Behauptungen vorbringt und Fragen stellt, indem es zuhört und antwortet, kurz, indem es mit einem wirklichen Anderen kommuniziert. Insofern der Appell an den Dialog dazu dient, den intersubjektiven Charakter ethnographischer Forschung zu betonen, kündet er von der Absicht, über Positivismus und Szientismus hinausgehen zu wollen. Um dafür zu sorgen, daß diese (erkenntnistheoretische) Haltung alle Stufen des ethnographischen Erkenntnisprozesses durchdringt, reicht es aber nicht aus, die »Ergebnisse« in eine dialogische Form zu gießen.

Zugegeben: der literarischen Form Beachtung zu schenken (anstatt Ethnographie als neutrale Berichterstattung anhand unreflektierter Regeln auszugeben) bringt die Anerkennung des dialogischen Charakters von Ethnographie zum Ausdruck, gleichermaßen wie die Anerkennung der vielfältigen Leserschaft, an die

---

11 Dies wird gerade von Paul Friedrich und John Attinasi in einem bislang noch unveröffentlichten Aufsatz »Dialogic Breakthrough: Catalysis and Synthesis in Life-Changing Dialogue« getan.

sich ein Verfasser wendet, und der »Auftraggeberschaft«, für die er zu sprechen sich anmaßt. Aber darauf zu beharren, daß nur eine einzige Form, nämlich der geschriebene Dialog, dies leisten kann, würde aus meiner Sicht den erklärten erkenntnistheoretischen Absichten des dialogischen Ansatzes zuwiderlaufen.

Es gibt noch einen anderen Weg, um zu derselben Schlußfolgerung zu gelangen. Er besteht darin, daß man das anwendet, was vorher über Repräsentation und Widerspiegelungstheorie gesagt wurde. Wenn der Dialog als literarisches Genre die einzig adäquate (oder akkurate) Form der Repräsentation der während der Feldforschung gemachten dialogischen Erfahrung wäre, so würde er auf diese Weise zur »Analogie« (so wie Tedlock diesen Begriff versteht). Wenn man den Repräsentationismus aufgibt und ihn durch einen Begriff der Praxis ersetzt, so wie er oben definiert wurde, dann sind die angemessenen Wege der Vermittlung von Erkenntnis, die auf der dialogischen Erfahrung mit den Anderen basiert, diejenigen, die diese Erfahrung in ein Ringen mit den »Produktionsmitteln« des Diskurses umgestalten. Diese umfassen Autobiographie, politische Ökonomie, Machtbeziehungen, wissenschaftliche Regeln *und* literarische Formen gleichermaßen, privilegieren aber keinesfalls den Dialog als Genre. Umgekehrt sollte man ethnographischen Repräsentationen, die mit dem, was sie repräsentieren (oder zu repräsentieren vorgeben), isomorph sind, mit Argwohn begegnen; höchstwahrscheinlich fehlt es ihnen an dem, was Erkenntnis von Nachahmung [*mimicry*] unterscheidet.[12]

Damit habe ich auch schon meine Argumentation zum Thema Poesie in der Anthropologie eingeführt. Ich behaupte nicht, alle Aspekte dieser speziellen Debatte vollständig erfassen zu können. Die Bemerkungen, die ich machen möchte, beziehen sich auf *Reflections. The Anthropological Muse*, insbesondere auf den Beitrag des Herausgebers: »Dialectics and Experience in Fieldwork. The Poetic Dimension« von J. Iain Prattis. Prattis diagnostiziert eine »Lücke« in der Feldforschungs-Berichterstattung und schlägt vor, diese Lücke mit einer neuen, andersartigen »Sprache der Erfah-

---

12 Damit soll nicht geleugnet werden, daß Mimesis wahrscheinlich ein Aspekt aller Formen von Erkenntnis ist, die sich als ethnographisch auszeichnen. Zum Thema Mimesis und Wahrnehmung des Anderen siehe die interessante Arbeit von Fritz Kramer (1987).

rung« zu füllen, einer Sprache, die er und andere in der Dichtung, als einer Form von Ethnographie, gefunden haben. Durchweg sieht er das Problem darin, die Unterscheidung zwischen emisch und etisch – zwischen dem Blick von innen und von außen auf andere Kulturen – und damit auch ihre erdrückende Wirkung auf Theorie und Methode der Anthropologie zu überwinden. Gleichzeitig scheint er jedoch anzuerkennen, daß die konstitutiven Handlungen einer Feldforschung aus »Beobachtungen« bestehen (siehe Prattis 1985). Wenn ich ihn richtig verstehe, plädiert er für Dichtung als eine neue, möglicherweise angemessenere und folglich privilegierte Form der Repräsentation. Damit steht Poesie, ein literarisches Genre, im Wettbewerb mit wissenschaftlicher Prosa, einem anderen literarischen Genre. Ich bestreite nicht, daß ein solcher Wettbewerb heilsam und unterhaltsam sein kann, und daß das Schreiben von Gedichten einzelnen Anthropologen geholfen hat, ihre Entfremdung von lebendiger Erfahrung zu bewältigen. Gleichzeitig befürchte ich jedoch, daß dies wenig dazu beiträgt, das Projekt des *Othering* voranzutreiben. Die Lösung für ein Problem, das sich auf die Produktion von Erkenntnis bezieht, in unterschiedlichen oder besseren Repräsentationen der Erkenntnis zu suchen heißt, die repräsentationistische Haltung zu bestätigen, nicht aber sie zu überwinden.

Die Angelegenheit zeigt sich bei einer Herangehensweise, wie sie von Paul Friedrich praktiziert wird, in einem anderen Licht. Als vollendeter Ethnograph *und* Dichter ist er jeglichen Verdachts enthoben, seine Hinwendung zur Poesie sei eine Flucht vor der Ethnographie. Wichtiger noch, Friedrich eröffnet seine theoretischen Überlegungen nicht damit, für Poesie als literarisches Genre einzutreten, er macht sich vielmehr stark für *poesis* als Alternative zu repräsentationistischen Konzeptionen von Sprache und Kultur. Ich halte seine eloquente Kritik an der in Linguistik und Anthropologie verbreiteten und an Besessenheit grenzenden Fixierung auf Ordnung (und in der Tat der Gleichsetzung von Erkenntnis damit, einem angenommenen Chaos eine Ordnung zu oktroyieren) für einen der bedeutendsten theoretischen Vorstöße in der gegenwärtigen Anthropologie.[13]

Zusammenfassend gesagt: Dialogische und poetische Konzeptio-

---

13 Siehe Friedrich 1980. Eine Würdigung von Friedrichs Dichtung sowie seiner theoretischen Beiträge findet sich bei Tyler (1984).

nen ethnographischer Erkenntnis treffen den Kern der Fragen nach dem *Othering*. Aber sie haben nur dann eine Chance, die Gestalt der Ethnographie zu verändern, wenn sie zu literarischen Verfahren führen, die eher hermeneutisch-dialektisch oder »praktisch« als repräsentationistisch sind. Den Dialog mit unseren Gesprächspartnern zu bewahren, die Präsenz der Anderen gegen die distanzierenden Kunstgriffe des anthropologischen Diskurses sicherzustellen heißt, auf allen Ebenen des Schreibens weiterhin mit den Anderen zu kommunizieren und nicht nur einfach Dialoge zu reproduzieren. Ich gehe so weit zu sagen: Gerade *wenn* die Feldforschung dialogisch durchgeführt wird, werden sich die Probleme beim Schreiben niemals durch die Verwendung der dialogischen Form lösen lassen. Entsprechend gilt: Poesie als eine Form von Schreiben garantiert nicht, daß wir den transformativen, kreativen Aspekten ethnographischer Erkenntnis, wofür ich gerne den Begriff *Poetik* übernehme, gebührende Aufmerksamkeit schenken.
Ich ziehe gerne die Idee in Betracht, daß Dialog oder Poesie als Leitidee [*master trope*] die Anthropologen von Naturgeschichtlern in umherziehende Barden, Clowns oder Prediger verwandeln mag und daß dies letztlich das Ziel des »Zusammenseins mit Anderen« sei. Aber ich glaube immer noch, daß eine solche zweckfreie Geselligkeit erst durch die kritischen Anstrengungen der Interpretation verdient werden muß.

Schreiben und Nicht-Schreiben

Von der Kritik am anthropologischen Schreiben, zu der ich bislang Stellung genommen habe, unterschieden, aber dennoch nicht ohne Bezug zu ihr, ist die Debatte über das Schreiben, die sich im Spannungsfeld von Literalität und Oralität bewegt. Die Teilnehmer an der Debatte nehmen unterschiedliche Ausgangspunkte ein: die einen beginnen mit dem Schreiben als Technologie oder mit den besonderen Zwängen, die dem Schreiben durch unser alphabetisches System auferlegt sind; andere grübeln über die Veränderungen nach, die auftreten, wenn Lautereignisse schriftlich wiedergegeben werden, ein Problem, das Verbindungen aufweist zu der Gegenüberstellung von verbal-aural und graphisch-visuell; wieder andere beginnen mit den gesellschaftsübergreifenden oder globalen Auswirkungen der Literalität als eines historischen Phänomens usw.[14] Ich habe den Eindruck, daß diese Debatte, vielleicht infolge des Einflusses von Denkern wie Walter Ong, Jacques Derrida und Michel Foucault, das anthropologische Schreiben als Praxis der Repräsentation in einem Kontext von Macht weit radikaler in Frage stellt als die Kritik der Genres. Daß das Problem mit dem anthropologischen Schreiben letztlich als ein Problem des Verhaltens gegenüber Anderen verstanden werden muß, steht in der Diskussion um Literalität viel stärker im Vordergrund als in der literarischen Debatte. Erstere gibt dem Dilemma des Anthropologen meist eine präzisere Formulierung: Wenn das Schreiben Teil eines Systems intellektueller und politischer Unterdrückung der Anderen ist, wie können wir vermeiden, zu dieser Unterdrückung beizutragen, solange wir fortfahren zu schreiben? Es gibt nun solche, die auf eine scheinbar radikale Frage mit einer radikalen Antwort aufwarten; sie hören auf, über die Anderen zu schreiben, und steigen aus, wenn nicht aus der Anthropologie, so doch aus der Ethnographie. Aber wenn die Prämisse richtig ist, daß unter den gegebenen Machtverhältnissen in der Welt das Schreiben als solches einen Akt der Unterdrückung darstellt, dann bedarf das Schreiben nicht der Anderen als seines direkten Gegenstandes, um diese Anderen zu unterdrücken. Es wäre eine logische Konsequenz (für die, welche sich besorgt zeigen), völlig mit dem Schreiben aufzuhören, aber es ist schwer zu erkennen, wie dies jemals mehr sein könnte als ein isolierter und vermutlich zeitlich begrenzter demonstrativer Akt. Niemand erwartet von kritischen Anthropologen, daß sie sich zu einer Gemeinschaft schweigender Grübler oder lautstarker Geschichtenerzähler zusammenschließen.[15]

Vielleicht getrauen wir uns nicht zu sagen, was wir nicht zu hoffen

14 Siehe Jack Goody 1977 und 1981. Siehe auch Ton Lemaire, 1984; Deborah Tannen (Hg.) 1982; Tedlock 1983; Tyler 1991 b, und Karen Schousboe und Mogens Trolle Larsen (Hg.) 1989, besonders der in dieser Sammlung enthaltene Aufsatz von Michael Harbsmeier (Harbsmeier 1989).

15 Das Problem, so wie es sich darstellt, ist heikel genug, aber eines sollte man doch festhalten: Wenn man, so wie es manche Teilnehmer an der Debatte zu tun scheinen, Literalität auf unserer und Oralität auf der Seite der Anderen plaziert, so ist dies eine Vereinfachung, die schnell zu ungeheuerlich wird, als daß man sie dulden könnte, und sei es auch nur um der Argumentation willen. Einige von uns, die anfänglich als

wagen: die Machtverhältnisse müssen sich ändern.[16] Was kann das Experimentieren mit Genres oder was kann die Kritik des Schreibens im Hinblick auf dieses Ziel ausrichten? Nun, zunächst einmal kann beides helfen, und hat dies auch schon getan, eine Art naiver Sicherheit zu untergraben, die mit dem Glauben an die wissenschaftliche Objektivität und den neutralen Charakter wissenschaftlicher Prosa einhergeht. Aber gibt es eine Garantie dafür, daß sich die Unterdrücker weniger unterdrückerisch verhalten, nur weil sie bewußter werden? Bewußtseinsentwicklung kann nur der Vorbereitung einer Kritik dienen, die vielleicht einmal die Chance haben wird, wahrhaft gesellschaftsverändernd zu wirken. Ich bin nicht sicher, ob ich zum jetzigen Zeitpunkt und in dem begrenzten Rahmen dieses Aufsatzes mein Argument entwickeln kann – aber ich möchte zumindest den Versuch machen.

Untergraben werden muß der hartnäckige Überrest von Positivität in den Vorstellungen vom anthropologischen Schreiben. Philosophischer Repräsentationismus erzeugt soziologischen Positivismus: Menschliches Verhalten – und Schreiben ist eine Ausdrucksform davon – wird verstanden und erklärt als Inszenierung kollektiver Repräsentationen, als Glaube an Anschauungen, als Wertung von Werten, als Gehorsam gegenüber Vorschriften, als Anwendung grammatischer Regeln. Solche Positivität macht es unmöglich, Verhalten in seiner Negativität zu denken – im Sinne von Nicht-Verhalten – und nicht einfach als schlechtes oder abweichendes Verhalten. Es ist unbestritten, daß in den letzten Jahrzehnten im Hinblick auf die Kritik des soziologischen Positivismus viel erreicht wurde, aber ich frage mich, in welchem Ausmaß dabei die Kritik des anthropologischen Schreibens einbezogen wurde. Eine dialektische Konzeption des Schreibens (und ich

Boten schriftkundiger (literater) Gesellschaften den oralen Kulturen gegenübergetreten sind, haben plötzlich entdeckt, daß uns die Literalität von der anderen Seite einholt. In meinem Fall war gerade dies eines der am meisten verblüffenden Ergebnisse eines »Revisiting«-Projekts, in dessen Rahmen ich die Jamaa-Bewegung in Shaba (Zaire) zwanzig Jahre, nachdem ich zuerst über sie geschrieben hatte, wieder aufsuchte. Siehe auch Fabian 1990 a.

16 Dieses Argument hat auch Edward W. Said (1989) vorgebracht. Ich wurde gebeten, diesen Aufsatz zu kommentieren, mußte aber aus Zeitgründen darauf verzichten. Obwohl früher verfaßt, kann mein Beitrag letztlich als eine Antwort auf Said gelesen werden.

maße mir hier weder an, diese zu erfinden, noch geht es mir im Augenblick darum, ihrer Herkunft nachzuspüren) beinhaltet, daß jede Handlung, jede Schöpfung zu ihrer Realisation ihr Gegenteil umfassen muß. Nicht-Schreiben ist ein »Moment« des Schreibens. Das klingt abstrakt, die Abstraktion ist aber notwendig, um das Ganze gedanklich zugänglich zu machen. Es ist nichtsdestoweniger überaus praxisbezogen – und dies möchte ich nun anhand einiger autobiographischer Überlegungen verdeutlichen.

Von den drei Feldforschungen, die ich bislang durchgeführt habe (alle im städtisch-industriellen südlichen Zaire), war das erste ein Dissertationsprojekt. Es dauerte die üblichen 18 Monate und lieferte eine Monographie sowie eine Vielzahl von Artikeln. Das letzte Forschungsprojekt bestand aus zwei Aufenthalten jeweils im Sommer der Jahre 1985 und 1986; ein Artikel und zwei Bücher sind in Vorbereitung.[17] Aber dazwischen gab es auch eine Periode von beinahe drei Jahren Feldforschung (sie liegt jetzt 18 Jahre zurück), viel besser geplant und vielleicht auch, im Vergleich zu den anderen beiden, sorgfältiger durchgeführt, aus der bislang nur ein größerer Artikel und keine Monographie hervorgegangen ist. Ich habe viel Zeit damit verbracht, mich mit meiner Unwilligkeit oder Unfähigkeit auseinanderzusetzen, die in diesen Jahren gesammelten reichhaltigen Daten »darzustellen«. In der Tat, ein Teil meiner Schwierigkeiten war es, zu entscheiden, ob es sich um Unwilligkeit oder Unfähigkeit handelte. Oder fehlte einfach nur der Druck, da ich mittlerweile eine gesicherte berufliche Position erreicht hatte?

Daß ich dieses Projekt nicht in Ethnographie umsetzte, war vielleicht ein Zeichen der Befreiung vom Szientismus und von einer Konzeption des Schreibens ähnlich der Fließbandarbeit, bei der der Weg von den »Rohdaten« über die theoretische Weiterverarbeitung bis hin zur Endfertigung der Monographie führt. Zwischen der ersten und der zweiten Feldforschung hatte ich diese Sichtweise mit viel theoretischer Energie als positivistisch und szientistisch kritisiert. Mußte ich jetzt den Preis dafür bezahlen, daß ich gewagt hatte, an der Wissenschaft zu rütteln? Aber ich fand auch folgendes heraus: Wenn jemand den empiristisch-positivistischen Begriff von Daten als gesammelten Bruckstücken von Information, die nur darauf warten, einer Analyse-Maschinerie

---

17 Davon ist eines (Fabian 1990 b) inzwischen publiziert. *A. d. Ü.*

eingespeist zu werden, aufgegeben hat; wenn jemand zu der Erkenntnis gelangt ist, daß ethnographische Daten nicht »gegeben« sind, sondern in der Kommunikation »gemacht« werden; wenn, in einem gewissen Sinne, ethnographisches »Material« subjektiv und autobiographisch geworden ist, dann wird das Problem der unbenutzten Daten oder ungeschriebenen Monographien noch drückender. Die Erwartung, daß Schreiben weniger dringlich sei, mag dadurch entstehen, daß der Druck, Forschungsprojekte nach einem rigiden Vorschriftenkatalog durchzuführen, geringer geworden ist. Aber so scheint es eben nicht zu funktionieren. Kein Druck ist stärker als derjenige, der aus der ureigensten Erfahrung einer unvollendeten Arbeit resultiert, vor allem deshalb, weil wir auf dieser Ebene, die eine persönliche ist, die Gegenwart der Anderen erfahren. Es ist diese Erfahrung, die eine persönliche ist, die Gegenwart der Anderen erfahren. Es ist diese Erfahrung von Präsenz – eine Erfahrung, die sich, nebenbei bemerkt, mit der Zeit vertiefen kann und die auf jeden Fall Zeit braucht, um sich zu vertiefen –, die meinem Ringen mit der Idee von Repräsentation als Praxis von Anfang an zugrunde liegt.

Befreit von den Zwängen, persönliche Erfahrungen und ihre Verkörperung in Aufzeichnungen, Notizen, Bildern usw. als ethnographische Daten aufzufassen, die nur durch die Repräsentation ihrer Bestimmung zugeführt werden können, verfügt der Ethnograph über mehrere Alternativen. Eine (siehe oben) ist die, mit dem Schreiben zu experimentieren, und zwar in dem Bemühen, »Ethnographie« so direkt und lebensnah wie möglich zu vermitteln. Eine andere wäre, die Daten von jeglichem Schema oder Zweck abzulösen und sie als notwendig, jedoch einfach vorhanden zu behandeln, so wie die Luft, die wir atmen (wenn dies noch ein angemessenes Bild ist), als Elemente, die die Anthropologie nähren, ohne vorher in ethnographischen Monographien verarbeitet zu sein. Das ist ein Aspekt dessen, was ich mit »Nicht-Schreiben als Teil des Schreibens« gemeint habe. Es ist unwahrscheinlich, daß die geldgebenden Institutionen diese Sichtweise akzeptieren und damit beginnen, freischwebende Felderfahrungen zu finanzieren (daß sie dies in der Vergangenheit allerdings häufig getan haben, kann ihrer Aufmerksamkeit nicht entgangen sein); und doch, vieles oder das meiste von dem, was erfahren wurde, ungeschrieben zu lassen – so funktioniert anthropologisches Schreiben und hat es schon immer getan, auch wenn dies nicht immer bemerkt wurde.[18] Weil es hier weniger um Schreiben allgemein, sondern um ethnographisches Schreiben geht, muß noch eine andere Form des Nicht-Schreibens in Betracht gezogen werden. Um dies zu verdeutlichen, greife ich noch einmal meinen eigenen Fall auf. Ich mag den Eindruck vermittelt haben, der Meinung zu sein, daß meine erste Feldforschung ausreichend in Form von ethnographischen Publikationen »wiedergegeben« wurde, daß das dritte Projekt auf dem besten Weg sei, in Ethnographie umgesetzt zu werden, während ich über das dazwischenliegende Projekt kaum etwas geschrieben hatte. Unsere erlernten Auffassungen von Ethnographie als Repräsentation sind so prägend, daß es einer besonderen Anstrengung der Reflexion bedarf, um festzustellen, daß alles dies ungenau ist. Im Laufe der Jahre produzierte ich »theoretische« und »historische« Studien, die, von der Warte der Ethnographie aus gesehen, als Nicht-Schreiben zu gelten hatten, da sie keine Beschreibung dessen waren, was ich während der Feldforschung herausgefunden hatte. Jedoch wäre keine dieser Studien ohne diese Erfahrungen konzipiert und durchgeführt worden. So gesehen, sind diese Schriften Resultate von Prozessen, die ihren Ursprung »im Feld« hatten, ohne aber deren Repräsentationen zu sein. Sie sind Versuche, Einsichten zu formulieren, die als Antworten auf konkrete, praktische Anforderungen zu verstehen sind – wie zum Beispiel Lehre, Vorlesungen halten, Publizieren und sich seinen Lebensunterhalt in den akademischen Institutionen verdienen –, und dies alles, während ich bemüht war, in der Gegenwart der Anderen zu verbleiben.[19]

18 Ich erinnere mich, daß Paul Bohannan vor vielen Jahren einmal erklärt hat, sollte er jemals einen Doktoranden erwischen, der alles, was er über sein Thema weiß, in der Dissertation niedergeschrieben hat, so würde er sich weigern, ihm die Weihen als Anthropologe zu erteilen. Die Erkenntnis, daß ethnographische Notizen, weit davon entfernt, lediglich eine begrenzte Menge an Information zu liefern, nur kontingente Auszüge aus einem unerschöpflichen Reservoir an Gedankenmaterial sind, zeigt, wie fehlgeleitet (vielleicht nicht ethisch, sondern erkenntnistheoretisch falsch) Forderungen sind, die eigenen »Daten« öffentlichen Datenbanken zur Verfügung zu stellen. Damit soll natürlich nicht geleugnet werden, daß bestimmte Arten von Material einen dokumentarischen Eigenwert haben und von mehr als einem Ethnographen benutzt werden können, ja sogar von Interesse für die erforschten Menschen sein mögen.
19 *Time and the Other* (Fabian 1983) zum Beispiel, handelt in keineswegs

Wenn die Anerkennung der Notwendigkeit dessen, was ich als Nicht-Schreiben bezeichnet habe, dazu verhilft, die Konzeption von Ethnographie als Praxis voranzutreiben, so ist dies um so besser. Ich sehe ein, daß diese Anerkennung nicht als solche ein Heilmittel für alles das ist, was falsch ist an unseren Beziehungen zu den Anderen. Sie hilft, Bedingungen für *Othering* zu schaffen – eine Anerkennung der Anderen, die nicht beschränkt ist auf Repräsentationen der Anderen.

All das ist kaum mehr als ein erster Schritt auf dem langen Weg, die Zwänge des ethnographischen Repräsentationismus zu überwinden. Viele von den Fragestellungen, die ich gestreift habe, müssen noch differenzierter formuliert werden. Zum Beispiel das Nicht-Schreiben. In seiner ersten Variante, die ich oben diskutiert habe, beschrieb ich es als recht trivialen Fall von unvermeidbarer Selektivität: einige Daten wählt man aus, andere läßt man liegen. In dieser Art schreiben Positivisten, was ist so dialektisch daran? Ich hoffe, ich habe zumindest Ansätze einer Antwort gegeben, aber die Idee verlangt eine gründlichere Ausarbeitung. Weiterhin: Sind Fälle von Nicht-Schreiben, die ein persönliches Gebrechen zu sein scheinen und bekanntermaßen Karrieren zerstört haben, etwas ganz anderes als die zeitweilige Schweigsamkeit des Ethnographen oder die Bewahrung der unbeschriebenen Erfahrung als ethnographischer Ast, auf dem es sich gut sitzen läßt? Wieviel Konfusion breitet sich in Diskussionen über anthropologisches Schreiben aus, weil man nicht nur versäumt, zwischen Literatur und Literalität zu unterscheiden, sondern auch zwischen Schreiben und Publizieren? Ich definiere mich heute zu einem wesentlichen Teil als Schriftsteller. Zieht man mein mangelndes Talent *en*

---

augenfälliger Weise von der Jamaa-Bewegung, die ich 1965 zu untersuchen begann. Aber ich weiß – und einem außenstehenden Leser mag das noch stärker auffallen als mir –, daß einige der theoretischen Fragestellungen, die ich in diesem Buch aufgreife, zuerst als praktische Probleme erfahren wurden; und es gibt theoretische Einsichten, die ich den Lehren verdanke, die ich von der Bewegung erhalten habe. In ähnlicher Weise ist *Language and Colonial Power* (Fabian 1986) keine Ethnographie einer soziolinguistischen Forschung über Sprache und Arbeit, die ich 1972-1974 durchgeführt habe. Es ist eine historische Studie mit einigen theoretischen Ambitionen, aber für mich war es der einzig praktikable Weg, um das, was ich naiv als eine »gegebene« linguistische Situation hingenommen hatte, zu verstehen.

belles lettres in Betracht, so wäre dies nicht geschehen, wenn ich nicht als Anthropologe das Gespräch mit den Anderen gesucht hätte und dann gezwungen worden wäre, meine Einsichten durch Schreiben zu vermitteln. Durch das Schreiben bemühe ich mich, so gut es geht, meine Erfahrungen sowohl zum Nutzen derer, für die ich schreibe, als auch zum Nutzen derer, über die ich schreibe (und es gibt Anzeichen, daß die beiden verschmelzen), kritisch aufzuarbeiten. Aber heißt das, daß die Leute, die ich untersucht habe, viel davon profitieren, wenn sie diejenigen meiner Schriften lesen, die gemäß den anthropologischen Konventionen als akzeptable Ethnographie bewertet wurden? In *Time and the Other* habe ich eine indirekte Bemerkung dahingehend gemacht, daß bei der vorherrschenden Rhetorik des anthropologischen Diskurses die ethnographische Präsenz der Anderen mit ihrer theoretischen Abwesenheit einhergeht. In der Ethnographie, wie wir sie kennen, werden die Anderen zur Schau gestellt und dadurch als Objekte der Repräsentation in Schach gehalten; die Stimme der Anderen, ihre Forderungen und Lehren bleiben unseren theoretischen Überlegungen normalerweise fern.

Sollte die derzeitige Suche ihr höchstes Ziel erreichen – Ethnographie umzugestalten zu einer Praxis, die fähig ist, die Anderen präsent zu machen (anstatt Repräsentationen zu erzeugen, die auf der Abwesenheit der Anderen gründen) –, dann kann die Arbeit der Interpretation beginnen. Am Ende müssen alle Fragen nach dem »Wie« dem Verständnis des »Was« bzw. dem »Was soll das alles« dienen. Und die Antwort auf diese Frage verspricht nicht unbedingt Erhellung:

»Es gibt diejenigen, die sagen, ein Eingeborener spricht nicht mit dem weißen Mann. Falsch. Kein Mensch spricht mit seinem Herrn; aber mit einem Wanderer oder Freund, mit dem, der nicht kommt, um zu belehren oder zu herrschen, mit dem, der nach nichts fragt und alles akzeptiert, da werden Worte gesprochen am Lagerfeuer, in der gemeinsam geteilten Einsamkeit des Meeres, in den Dörfern am Fluß, an den Rastplätzen inmitten der Wälder – Worte werden gesprochen, die fragen nicht nach Rasse oder Farbe. Ein Herz spricht – ein anderes hört zu; und die Erde, das Meer, der Himmel, der Wind, der vorbeistreift, und das Blatt, das sich leise bewegt, sie alle hören die vergebliche Erzählung von der Bürde des Lebens« (Conrad 1977: 65 f.).

Übersetzt von Antje Linkenbach

Literatur

Barthes, Roland (1970), *Writing Degree Zero and Elements of Semiology*, Boston.

Boon, James A. (1982), *Other Tribes, Other Scribes. Symbolic Anthropology in the Comparative Study of Cultures, Histories, Religions, and Texts*, Cambridge.

Conrad, Joseph (1977), »Karain: a Memory«, in: *Selected Tales from Conrad*, hg. von Nigel Stewart, London.

Dumont, Jean-Paul (1986), »Prologue to Ethnography or Prolegomena to Anthropography«, in: *Ethos* 14 (4), S. 344-367.

Dwyer, Kevin (1977), »On the Dialogic of Field Work«, in: *Dialectical Anthropology* 2, S. 143-151.

– (1979), »The Dialogic of Ethnology«, in: *Dialectical Anthropology* 4, S. 205-224.

– (1982), *Moroccan Dialogues. Anthropology in Question*, Baltimore.

Fabian, Johannes (1974), »Genres in an Emerging Tradition. An Approach to Religious Communication«, in: Allan W. Eister (Hg.), *Changing Perspectives in the Scientific Study of Religion*, New York, S. 249-272. [Wieder abgedruckt in Fabian 1991 a.]

– (1983), *Time and the Other. How Anthropology Makes Its Object*, New York: Columbia University Press.

– (1985), »Culture, Time and the Object of Anthropology«, in: *Berkshire Review* 20, S. 7-23. [Wieder abgedruckt in Fabian 1991 a].

– (1986), *Language and Colonial Power. The Appropriation of Swahili in the Former Belgian Congo, 1880-1938*, Cambridge.

– (1990 a), *History from Below. The Vocabulary of Elisabethville by André Yav*, Amsterdam und Philadelphia.

– (1990 b), *Power and Performance. Ethnographic Explorations through Proverbial Wisdom and Theater in Shaba (Zaire)*, Madison, Wis.

– (1991 a), *Time and the Work of Anthropology: Critical Essays 1971-1991*, Chur: Harwood Academic Publications.

– (1991 b), »Dilemmas of. Critical Anthropology«, in: Fabian (1991 a).

Friedman, Jonathan (1987), »Prolegomena to the Adventures of Phallus in Blunderland. An anti-anti-Discourse«, in: *Culture and History* 1, S. 31-49.

Friedrich, Paul (1980), »Linguistic Relativity and the Order-to-Chaos Continuum«, in: Jacques Maquet (Hg.), *On Linguistic Anthropology. Essays in Honor of Harry Hoijer, 1979*, Malibu, Calif., S. 89-139; Nachdruck in: Paul Friedrich, *The Language Parallax. Linguistic Relativism and Poetic Indeterminacy*, Austin, Tex. 1986, S. 117-152.

Geertz, Clifford (1990), *Die künstlichen Wilden. Anthropologen als Schriftsteller*, München: Hanser.

Goody, Jack (1977), *The Domestication of the Savage Mind*, Cambridge.

- (1981), *Literalität in traditionalen Gesellschaften*, Frankfurt am Main: Suhrkamp.
Harbsmeier, Michael (1989), »Writing and the Other. Travellers' Literacy, or Towards an Archaeology of Orality«, in: Schousboe und Larsen (Hg.), *Literacy and Society*, Kopenhagen, S. 197-228.
Jewsiewicki, Bogumil and David Newbury (Hg.) (1986), *African Historiographies. What History for Which Africa?* (Sage Series on African Modernization and Development, Bd. 12), Beverly Hills, Calif.
Kramer, Fritz (1987), *Der rote Fes. Über Besessenheit und Kunst in Afrika*, Frankfurt am Main: Athenäum.
Lemaire, Ton (1984), »Antropologie en Schrift«, in: ders., *Antropologie en Ideologie*, Groningen, S. 103-124.
Lynch, Michael und Steve Woolgar (Hg.) (1988), »Representation in Scientific Practice«, Schwerpunktheft von *Human Studies. A Journal for Philosophy and the Social Sciences* 11 (2/3).
MacCannell, Dean und Juliet Flower MacCannell (1982), *The Time of the Sign. A Semiotic Interpretation of Modern Culture*, Bloomington, Ind.
Maranhão, Tullio (Hg.) (1989), *The Interpretation of Dialogue*, Chicago: University of Chicago Press.
Markus, George und Dick Cushman (1982), »Ethnographies as Texts«, in: *Annual Review of Anthropology* 11, S. 25-69.
Prattis, J. Iain (1985), »Dialectics and Experience in Fieldwork. The Poetic Dimension«, in: ders. (Hg.), *Reflections. The Anthropological Muse*, Washington, D. C., S. 266-283.
Rorty, Richard (1981), *Der Spiegel der Natur. Eine Kritik der Philosophie*, Frankfurt am Main: Suhrkamp.
Said, Edward W. (1981), *Orientalismus*, Frankfurt/Berlin/Wien: Ullstein.
- (1989), »Representing the Colonized. Anthropology's Interlocutors«, in: *Critical Inquiry* 15 (2), S. 205-225.
Scholte, Bob (1986), »The Charmed Circle of Geertz's Hermeneutics. A Neo-Marxist Critique«, in: *Critique of Anthropology* 6 (1), S. 5-15.
Schousboe, Karen und Mogens Trolle Larsen (Hg.) (1989), *Literacy and Society*, Kopenhagen.
Strathern, Marilyn (1987), »Intervening, Review of *Waiting. The Whites of South Africa*, by Vincent Crapanzano«, in: *Cultural Anthropology* 2, S. 255-267.
Tannen, Deborah (Hg.) (1982), *Spoken and Written Language. Exploring Orality and Literacy*, Norwood, N. J.
Tedlock, Dennis (1983), *The Spoken Word and the Work of Interpretation*, Philadelphia.
- (1985), »Die analogische Tradition und die Anfänge einer dialogischen Anthropologie«, in: *Trickster* 12/13, S. 62-74.
Tyler, Stephen (1984), »The Poetic Turn in Postmodern Anthropology.

The Poetry of Paul Friedrich«, in: *American Anthropologist* 86 (2), S. 328-336.
- (1991 a), »Postmoderne Ethnographie. Vom Dokument des Okkulten zum okkulten Dokument«, in: ders., *Das Unaussprechliche. Ethnographie, Diskurs und Rhetorik in der postmodernen Welt*, München: Trickster, S. 191-208.
- (1991 b), »Auf der Suche nach der Vision des Westens oder: Was das Auge des Geistes sieht«, in: ders., *Das Unaussprechliche*, München: Trickster, S. 141-162.

Vansina, Jan (1985), *Oral Tradition as History*, Madison, Wis.: University of Wisconsin Press.

Webster, Steven (1986), »Realism and Reification in the Ethnographic Genre«, in: *Critique of Anthropology* 6, S. 39-62.

Pierre Bourdieu
Narzißtische Reflexivität
und wissenschaftliche Reflexivität

Für Loïc Wacquant

Die Geisteswissenschaftler zeigten sich bis vor kurzem wenig daran interessiert, ernsthaft über ihre Forschungspraxis nachzudenken. Und dies insbesondere in den herrschenden Traditionen, wie derjenigen der englischen Ethnologen (mit einigen berühmten Ausnahmen, wie Malinowski) und derjenigen der amerikanischen Soziologen. Diese positivistische *certitudo sui* ist heute in Gefahr. Und ähnlich wie Organismen, deren Immunsystem geschwächt ist, scheinen die angelsächsischen Wissenschaftler heute fast dabei, der Epidemie wilder Reflexivität zu erliegen, die sie überwältigt hat. Als jemand, der kaum der Wissenschaftsgläubigkeit zu verdächtigen ist, erachte ich es daher für notwendig, sowohl an das, was mir als das wahre Ziel des reflexiven Vorhabens erscheint, zu erinnern, als auch an die eigentlichen wissenschaftlichen Wirkungen, die von dieser wissenschaftlichen Rückwendung hin zur wissenschaftlichen Praxis zu erwarten sind.

Da eine systematische Untersuchung aller sich auf die Reflexivität berufenden Analysen von mir hier nicht geleistet werden kann, beschränke ich mich darauf, meine Position zu kennzeichnen, indem ich kurz mein Verhältnis zu einigen Einstellungen bestimme, die mir besonders typisch zu sein scheinen. Die Besinnung auf sich selbst, die meiner Meinung nach die reflexive Methode verlangt, geht weit über die Anforderungen des, wie ihn Sharrock und Anderson (1986: 35, 106) nennen, »egologischen Standpunktes« hinaus, der vertreten wird von der Ethnomethodologie, der Soziologie mit phänomenologischem Anspruch oder der Reflexivität in der Vorstellung Alvin Gouldners. Es genügt nicht, die »erlebte Erfahrung« des wissenden Subjekts zu explizieren; man muß die sozialen Bedingungen dieser Erfahrungsmöglichkeit und, genauer gesagt, des Aktes der Objektivierung objektivieren. Bei Gouldner bleibt die Reflexivität ein ziemlich vages Programm, das niemals wirklich angewendet worden ist. Es geht nicht *allein* darum, den Forscher in seinen biographischen Besonderheiten oder den intellektuellen Zeitgeist, der seine Arbeit angeregt hat, zu objektivieren (so die Vorgehensweise von Gouldner in seiner Parsons-Analyse, *Die westliche Soziologie in der Krise* [1974]), sondern um die Objektivierung der Stellung des Forschers im universitären Bereich und der »Verzerrungen« *[biais]*, die der Organisationsstruktur der Disziplin innewohnen, das heißt der gesamten kollektiven Geschichte der betrachteten Fachrichtung; ich denke besonders an die unbewußten *Vor-Urteile*, die in die Theorien eingeschrieben sind, an die Fragestellungen, die Kategorien (besonders die nationalen) des Wissenschaftsverständnisses. Das führt dazu, das wissenschaftliche Feld selbst zum *Subjekt und Objekt* der reflexiven Analyse zu machen.

Nach diesen Ausführungen brauche ich wohl nicht zu erwähnen, daß ich für die *diary disease* (»Tagebuchkrankheit«), wie die Formulierung von Geertz lautet (1990: 91), kaum Sympathie empfinde, diesem Ausbruch von Narzißmus nach langen Jahren positivistischer Verdrängung: Die wirkliche Reflexivität besteht nicht darin, sich *post festum* dem Nachdenken über die Feldforschung zu widmen. Sie hat nicht viel gemeinsam mit der »textuellen Reflexivität« und mit anderen künstlich verkomplizierten Analysen des »hermeneutischen Prozesses der kulturellen Interpretation« und der Konstruktion von Realität durch ethnographische Aufzeichnungen. Ich glaube sogar, daß sie in ihrer wahrhaften Absicht gänzlich einer Beobachtung des Beobachters entgegensteht, die, wie bei Marcus und Fischer (1986), bei Rosaldo (1989) oder selbst bei Geertz, dahin tendiert, die Begegnung mit der rauhen Wirklichkeit des »Feldes« durch den Reiz der Selbstuntersuchung zu ersetzen, was letztlich einfacher und dankbarer ist. Wenn sie zum *Selbstzweck* wird, anstatt auf die Verfeinerung und Verstärkung der Erkenntnismittel gerichtet zu werden, führt diese künstlich radikale Denunzierung des ethnographischen Schreibens als »poetisch und politisch«, so der Titel von Clifford und Marcus (1986), zwangsläufig zu einem »interpretativen Skeptizismus«, so der Begriff von Woolgar (1988: 14), wenn nicht sogar zu einem Nihilismus (wie übrigens die verschiedenen Formen des sogenannten »starken« Programmes in der Wissenschaftssoziologie auch).

Was die Ethnomethodologie angeht, so befürworte ich um so mehr ihr Vorhaben, mit dem sie daran geht, die *folk theories*, die

die sozialen Akteure in ihrer Praxis anwenden, zu explizieren, als ich selbst gleichzeitig zu einem sehr ähnlichen Programm der Analyse der »Vorbegriffe« (im Sinne von Durkheim) gelangt war, die die sozialen Akteure bei der Konstruktion der gesellschaftlichen Wirklichkeit einführen. Dabei bin ich teils von den gleichen Quellen ausgegangen (insbesondere von Husserl und Schütz und auch von der Tradition der kognitiven Anthropologie, die sich mit der Analyse der primitiven Klassifikationsformen befaßt) und teils von den Überlegungen von Erkenntnistheoretikern wie Gaston Bachelard und Georges Canguilhem, die sich mit dem Aufstöbern der Vor-Urteile der allgemeinen Erkenntnis beschäftigen. Wie wir es jedoch in *Soziologie als Beruf* (1991) gezeigt haben, kann die Wissenschaft die Objektivierung der Formen und Inhalte der allgemeinen Erkenntnis nicht zum ausschließlichen Gegenstand und allerletzten Ziel machen. Eine solche Analyse kann nur ein Moment der Forschung darstellen, ein besonders starkes Instrument, um mit der Illusion des gesunden Menschenverstandes zu *brechen*, und dadurch eine Vorbedingung für die wissenschaftliche Konstruktion des Gegenstandes sein.

Wenn es ferner sinnvoll sein soll, daran zu erinnern – wie bereits von Husserl und Schütz aufgezeigt –, daß die Primärerfahrung des Gesellschaftlichen ein Verhältnis unmittelbaren Glaubens darstellt, das uns dazu veranlaßt, die Welt zu akzeptieren, wie sie ist, dann muß man über die bloße Beschreibung hinausgehen und die Frage nach den Bedingungen der Möglichkeit dieser doxischen Erfahrung stellen. Man sieht dann, daß die Übereinstimmung der objektiven Strukturen mit den verinnerlichten, einverleibten Strukturen, welche die Illusion des sofortigen Verständnisses erzeugt, ein besonderer Fall im Universum der möglichen Beziehungen zur Welt darstellt, nämlich der indigenen Erfahrung. Der große Vorzug der Fremderfahrung, die der Ethnologe macht, besteht in der unmittelbaren Entdeckung, daß diese Bedingungen keine universelle Geltung besitzen, wie es die Phänomenologie glauben macht, wenn sie (ohne es zu wissen) die Betrachtung verallgemeinert, die sich auf den besonderen Fall der ursprünglichen Beziehung des Phänomenologen zu seiner eigenen Gesellschaft gründet.

Man muß die phänomenologische Analyse der *doxa* – als eine Unterwerfung unter die Alltagswelt, die nicht in Frage gestellt wird – soziologisieren, nicht einfach nur um festzulegen, daß sie nicht für jedes wahrnehmende und handelnde Subjekt universell gültig ist, sondern auch um aufzuzeigen, daß sie, wenn sie sich in bestimmten sozialen Positionen verwirklicht, insbesondere bei den Beherrschten, die radikalste Form der Akzeptanz der bestehenden Welt darstellt, die absoluteste Form des Konformismus. Es gibt keine vollständigere und umfassendere Zustimmung zur herrschenden Ordnung als diese infra-politische Beziehung der doxischen Selbstverständlichkeit, die dazu führt, Existenzbedingungen für natürlich zu halten, die empörend wären für jemanden, der unter anderen Bedingungen sozialisiert worden ist und der sie nicht durch die Wahrnehmungskategorien jener Welt erfaßte.

Die politischen Implikationen der *doxa* zeigen sich nirgends so deutlich wie in der symbolischen Gewalt, die über die Beherrschten ausgeübt wird, und besonders über die Frauen. Ich denke dabei insbesondere an diese Art der gesellschaftlich erzeugten Agoraphobie, die die Frauen dazu bringt, sich von den öffentlichen Aktivitäten und Zeremonien selbst auszuschließen, von denen sie ohnehin ausgeschlossen sind (so in den Dichotomien öffentlich/männlich versus privat/weiblich), besonders im offiziellen politischen Bereich. Oder die sie zu der Überzeugung führt, diesen Situationen nur um den Preis einer extremen Anspannung begegnen zu können, einer Anstrengung, wie sie nötig ist, die Erkenntnis über die in ihre Körper tief eingeschriebene Ausschließung zu besiegen. So führt eine eingeengte phänomenologische oder ethnomethodologische Analyse dazu, die historischen Grundlagen und damit die politische Bedeutung dieser Beziehung der unmittelbaren Angleichung subjektiver und objektiver Strukturen außer acht zu lassen.

Die meiner Meinung nach – wissenschaftlich gesehen – fruchtbarste Form der Reflexivität ist ganz und gar paradox in dem Sinne, daß sie zutiefst *antinarzißtisch* ist. Das ist wahrscheinlich einer der Gründe, warum sie so wenig angewendet wird und ihre Ergebnisse auf so viel Widerstand stoßen. Die Eigenschaften, die diese Soziologie der Soziologie, welche einer inneren und selbstgefälligen Rückkehr zur privaten *Person* des Soziologen in allem entgegensteht, freilegt, haben nichts Einmaliges, nichts Außergewöhnliches; sie werden zu einem Teil von der Gesamtkategorie der Forscher geteilt (und sind daher für die naive Neugier banal und wenig »aufregend«). Die Soziologie der Soziologie stellt die charismatische Vorstellung in Frage, die die Intellektuellen so oft von sich selbst haben, sowie ihre Neigung, sich frei von jeder sozialen Bestimmtheit zu glauben. Sie ermöglicht es, das Soziale im Herzen des Individuellen zu entdecken, das Unpersönliche hinter dem Persönlichen.

Nachdem ich kurz die Reflexivität charakterisiert habe, so wie ich sie in Vergleich zu anderen analytischen Formen konzipiere, die sich auf die gleiche Zielsetzung berufen, kann ich jetzt in großen Zügen die drei Hauptmomente der reflexiven Analyse beschreiben oder, was auf dasselbe hinaus läuft, die drei Formen der »Verzerrungen«, die sie zu entdecken hilft und zu kontrollieren auffordert. An erster Stelle geht es darum, die *sozialen Bedingungen der Produktion des Produzenten* zu objektivieren – wie es schon oft in einer strengen oder einer erweiterten marxistischen Tradition von Lukács bis Mannheim durchgeführt wurde –, das heißt die Eigenschaften, insbesondere die Einstellungen und Interessen, die er seiner sozialen, geschlechtlichen oder ethnischen Herkunft verdankt. Aber wie ich es besonders in meinen literatursoziologischen Arbeiten aufgezeigt habe (das gleiche allerdings gilt für die Wissenschafts- oder Rechtssoziologie), kann man es hierbei nicht bewenden lassen, ohne das Wesentliche zu verfehlen: Zum Beispiel war es eines meiner Ziele in *Homo academicus* (dt. 1988), aufzuzeigen, daß, – wenn man die kulturellen Produkte in unmittelbaren Zusammenhang stellt mit den wirtschaftlichen, gesellschaftlichen oder politischen Bedingungen, als deren Produkte die Produzenten oder die sozialen Klassen gelten, für die sie zu produzieren scheinen, – man das begeht, was ich als den »Paralogismus des Kurzschlusses« bezeichne, indem eine direkte Beziehung zwischen sehr entfernten Begriffen aufgestellt wird und man die wesentliche Vermittlung ausläßt, das heißt die relativ autonome gesellschaftliche Welt, die das Feld der kulturellen Produktion bildet.

Man muß daher auch den Mikrokosmos – die autonome soziale Welt – zum Gegenstand nehmen, innerhalb dessen die Handelnden um eine ganz besondere Art von Einsatz kämpfen und Interessen folgen, die unter einem anderen Aspekt völlig uneigennützig erscheinen mögen, wie zum Beispiel vom monetären Gesichtspunkt aus. Es muß daher die Stellung beleuchtet werden, die der Analysierende nicht mehr innerhalb der sozialen Struktur im weiten Sinne, sondern innerhalb des wissenschaftlichen (oder universitären) Feldes einnimmt, das heißt in dem objektiven Raum sozialer Positionen, die sich zu einem bestimmten Zeitpunkt innerhalb einer bestimmten wissenschaftlichen Welt darbieten (das, was in etwa in dem Satz enthalten ist: Mr. X ist Assistenzprofessor für Soziologie in Columbia.)

Dennoch, auf dieser Stufe stehenzubleiben hieße immer noch, das Wesentliche zu verfehlen, das heißt die Gesamtheit der (im wesentlichen unbewußten) *Voraussetzungen*, deren eigentliches Prinzip weder in der sozialen Stellung noch in der besonderen Stellung des Soziologen im Feld der kulturellen Produktion (und damit gleichzeitig in einem Bereich der möglichen theoretischen und methodologischen Positionen) liegt, sondern in den unsichtbaren Bestimmungen, die der Stellung des Wissenschaftlers eingeschrieben sind. Sobald wir die gesellschaftliche Umwelt beobachten, ist unsere Wahrnehmung dieser Welt von einem »Bias« beeinträchtigt, der an den Umstand gebunden ist, daß wir, um die Welt studieren, beschreiben und von ihr sprechen zu können, mehr oder weniger vollständig von ihr abstrahieren müssen. Der *theoretizistische oder intellektualistische »Bias«* besteht darin, daß wir vergessen, der von uns erstellten Theorie der gesellschaftlichen Welt den Tatbestand einzuschreiben, daß die Theorie das Produkt eines theoretischen Blicks ist, eines »kontemplativen Auges« (*theorein*), das dazu neigt, eher die Welt wie ein *Schauspiel* wahrzunehmen, wie eine (theatralische oder geistige) Darbietung, wie eine Gesamtheit von Bedeutungen, die nach einer Interpretation verlangt, denn als eine Gesamtheit von konkreten Problemen, die nach praktischen Lösungen ruft. Eine wirklich reflexive Soziologie muß ständig auf der Hut sein vor diesem Epistemozentrismus, diesem »Ethnozentrismus des Gelehrten«, der darin besteht, alles zu ignorieren, was den spezifischen Unterschied zwischen Theorie und Praxis ausmacht, und in die Beschreibung und die Analyse der Praktiken die Vorstellung zu projizieren, die der Analytiker davon haben kann, weil er außerhalb des Gegenstandes steht, den er von weitem und von oben betrachtet. So wie der Anthropologe, der eine Genealogie aufstellt, einen Bezug zur »Verwandtschaft« besitzt, der nichts gemein hat mit dem eines kabylischen Vaters, der ein praktisches und dringendes Problem zu lösen hat, nämlich eine passende Ehefrau für seinen Sohn zu finden, genauso hat der Soziologe, der das Schulsystem untersucht, einen »Zugang« zur

Schule, der nichts mit dem eines Vaters zu tun hat, der eine gute Schule für seinen Sohn sucht. Kurz gefaßt: Solange er sich selbst nicht der Analyse als *Wissenschaftler* unterzieht, der die *skholè* als soziale Bedingung der Möglichkeit hat, und das heißt über Muße, über den Abstand zur Notwendigkeit, zur Dringlichkeit, zum unmittelbaren Bedürfnis, kurzum zur Praxis verfügt, die die Bedingung für den objektivierenden Abstand und Rückzug darstellen, was wiederum die Voraussetzung bildet für den wissenschaftlichen Blick, ist der Forscher dem ausgesetzt, was ich nach Austin als *scholastic bias* bezeichne: In Ermangelung einer Analyse dessen, was dem Tatbestand, die Welt zu denken, sich von der Welt und vom Handeln zurückzuziehen, um sie zu denken, innewohnt, setzt sich der Denker, ohne es zu wissen, der Gefahr aus, *seine eigene Denkweise* an die Stelle der Denkweise der von ihm analysierten Handelnden zu setzen, die nicht die Muße haben (noch oft den Wunsch), sich selbst zu analysieren, und auf diese Weise in seinen Gegenstand die fundamentale Voraussetzung hineinzulegen, die mit der Tatsache verbunden ist, ihn *als Gegenstand* zu denken, anstatt *mit ihm zu tun zu haben*, etwas mit ihm tun, ihn zu seiner Sache zu machen (*pragma*). Darüber hinaus läuft er Gefahr, in seinen Erkenntnisakten alle nicht-gedachten gedanklichen Werkzeuge einzusetzen, die ebenfalls aus der langen gedanklichen Leistung seiner Vorgänger hervorgegangen sind, wie die Genealogie, den Fragebogen usw.

Aber, so könnte man einwenden, sind diese Analysen nicht das Produkt eines reinen epistemologischen Ehrenkodex ohne jede praktische Konsequenz? Man müßte in der Tat hier an die ganze Reihe von wissenschaftlichen Wirkungen dieser Überlegungen erinnern, die nicht zum Selbstzweck angestellt werden. Man müßte zum Beispiel auch aufzeigen, wie die Reflexion (von Wittgenstein skizziert) über die Regel und den Sinn der Verhaltensweisen, die darin bestehen, einer »Regel zu folgen«, dazu führt, die Verwandtschaftstheorie von Grund auf zu überdenken und die Logik der Strategie (die ohne ausdrückliche Absicht vom Habitus erzeugt wird) an die Stelle der Logik der Regel zu setzen. So führt die Soziologie der Soziologie – weit davon entfernt, zum Skeptizismus oder zum Nihilismus zu führen – zur strengeren Anwendung der wissenschaftlichen Methode. Der Umstand, daß die theoretische Erkenntnis eine Vielzahl ihrer fundamentalsten Eigenschaften der Tatsache verdankt, daß die Bedingungen ihrer Produktion (die *skholè* und alles, was darauf folgt) nicht jene der Praxis sind, führt nicht dazu, ihr jeden Wert abzusprechen. Im Gegenteil, das klare Erkennen der *Grenzen der theoretischen Erkenntnis* erlaubt es, die *scholastic fallacy* zu vermeiden, die darin besteht, in die Untersuchung eine nicht untersuchte Beziehung zum Objekt der Untersuchung zu projizieren und damit alle Irrtümer, die aus dem *Epistemozentrismus* entstehen, das heißt aus der Neigung der Wissenschaftler, die von ihnen untersuchten Handlungsakteure nach ihrem eigenen Bild zu denken: Ich könnte dafür in ungeordneter Reihenfolge die verschiedenen Formen (rechte und linke) der *Rational Action Theory* zitieren, die Chomskysche Sicht der linguistischen Kompetenz und ihrer Anwendung, den Strukturalismus von Lévi-Strauss usw.

Im Gegensatz zu dem, was die gewöhnliche Vorstellung über die Selbsterkenntnis als Erforschung einzigartiger Tiefen glauben läßt, ist die innerste Wahrheit dessen, was wir sind, das ungedachteste Ungedachte, ebenso in die Objektivität eingeschrieben und insbesondere in die Geschichte der gesellschaftlichen Stellungen, die wir in der Vergangenheit eingenommen haben und die wir in der Gegenwart besetzen. Paradoxerweise gelangt man durch die Objektivierung der objektivsten sozialen Bedingungen des Denkens am sichersten zu den eigentümlichsten Charakteristika der Subjektivität des Denkers. Die Sozialgeschichte und die Soziologie der Soziologie, verstanden als Erforschung des wissenschaftlichen Unbewußten des Soziologen, vermittelt durch die Formulierung der Problemgenese, der Denkkategorien und der von ihm eingesetzten Untersuchungswerkzeuge, bilden die absolute Grundvoraussetzung für die wissenschaftliche Praxis. Der Soziologe hat nur dann die Möglichkeit, den gesellschaftlichen Bedingungen, deren Produkt er wie jedermann selbst ist, zu entgehen, wenn er seine eigenen wissenschaftlichen Waffen gegen sich selbst richtet; wenn er sich mit der Erkenntnis der auf ihm lastenden gesellschaftlichen Determinierungen ausrüstet und ganz besonders mit der wissenschaftlichen Analyse all der Zwänge und all der Begrenzungen, die an eine vorbestimmte Stellung und eine vorbestimmte Bahn in einem Feld gebunden sind, um zu versuchen, die Wirkungen dieser Determinierungen zu neutralisieren.
Die Soziologie der gesellschaftlichen Determinanten der soziologischen Praxis zerstört nicht im entferntesten die Grundlagen der

Gesellschaftswissenschaft, sondern bildet überhaupt erst die einzige mögliche Grundlage für eine mögliche Freiheit von diesen Determinierungen. Und nur unter der Bedingung, daß er unter ständiger Anwendung dieser Analyse sich der völligen Nutzung dieser Freiheit versichert, kann der Soziologe eine strenge Wissenschaft der gesellschaftlichen Welt erzeugen, die die Handelnden nicht in den Käfig eines rigiden Determinismus sperrt, sondern ihnen die Mittel für eine potentiell befreiende Bewußtwerdung liefert. Diese kritische Analyse der gesellschaftlichen Determinanten der wissenschaftlichen Tätigkeit kann nur voll wirksam sein, wenn sie nicht der Aufmerksamkeit jedes einzelnen Wissenschaftlers obliegt, sondern der Gesamtheit aller konkurrierenden Stelleninhaber, deren Positionen Bestandteil des wissenschaftlichen Feldes sind. Der Reflexivität muß es, um sich zu verwirklichen, gelingen, sich in den Mechanismen des Feldes, besonders in der gesellschaftlichen Logik der Diskussion und wissenschaftlichen Auswertung einerseits und in den Einstellungen der Akteure andererseits zu institutionalisieren.

Den Standpunkt der Reflexivität einzunehmen bedeutet nicht, auf Objektivität zu verzichten; das heißt, man muß sich in den eigenen Begriffen der von dem wissenschaftlichen Subjekt konstruierten Objektivität über das empirische »Subjekt« klar werden – vor allem dadurch, daß man es an einem bestimmten Ort des gesellschaftlichen Raumes und der gesellschaftlichen Zeit einordnet – und dadurch das Bewußtsein und die (mögliche) Beherrschung der Zwänge gewinnen, die auf das wissenschaftliche Subjekt einwirken können durch all seine Bindungen an das empirische Subjekt, seine Interessen, seine Triebe, seine Vorurteile, Bindungen, die es unterbrechen muß, um sich gänzlich zu verwirklichen. Es genügt nicht, wie es die klassische Erkenntnisphilosophie lehrt, im Subjekt die Bedingungen der Möglichkeit und ebenso die Grenzen des von ihm begründeten objektiven Wissens zu suchen. Man muß ebenfalls in dem von der Wissenschaft konstruierten Objekt die sozialen Bedingungen der Möglichkeit des »Subjekts« suchen (zum Beispiel die *skholè* und das ganze Erbe an Problemen, Konzepten, Methoden usw., die seine Tätigkeit ermöglichen) sowie die möglichen Grenzen seiner Handlungsobjektivationen. Dies zwingt einen, die absolutistischen Ansprüche klassischer Objektivität zurückzuweisen, ohne daß dies dafür zum Relativismus führt: Insofern das Subjekt und das Objekt der reflexiven Analyse, wie zu sehen war, schließlich nichts anderes sind als das wissenschaftliche Feld selbst und insofern die Bedingungen der Möglichkeit des wissenschaftlichen »Subjekts« und die seines Objektes ein und dasselbe sind, entspricht jedem Fortschritt in der Erkenntnis der sozialen Bedingungen für die Herstellung der wissenschaftlichen »Subjekte« ein Fortschritt in der Erkenntnis des wissenschaftlichen Objektes und umgekehrt. Das wird nirgendwo deutlicher als dort, wo die Forschung das wissenschaftliche Feld selbst zum Untersuchungsgegenstand nimmt, das heißt das wirkliche Subjekt der wissenschaftlichen Erkenntnis.

Übersetzt von Daniel Devoucoux

Literatur

Bourdieu, Pierre (1988), *Homo academicus*, Frankfurt am Main: Suhrkamp.
–, Jean-Claude Chamboredon und Jean-Claude Passeron (1991), *Soziologie als Beruf. Wissenschaftstheoretische Voraussetzungen soziologischer Erkenntnis*, hg. von Beate Krais, Berlin: de Gruyter.
Clifford, James und George E. Marcus (Hg.) (1986), *Writing Culture. The Poetics and Politics of Ethnography*, Berkeley: University of California Press.
Geertz, Clifford (1990), *Die künstlichen Wilden. Anthropologen als Schriftsteller*, München: Hanser.
Gouldner, Alvin W. (1974), *Die westliche Soziologie in der Krise*, 2 Bde., Reinbek: Rowohlt.
Marcus, George E. und Michael M. J. Fischer (1986), *Anthropology as Cultural Critique. An Experimental Moment in the Human Sciences*, Chicago: University of Chicago Press.
Rosaldo, Renato (1989), *Culture and Truth. The Remaking of Social Analysis*, Boston: Beacon.
Sharrock, Wes und Bob Anderson (1986), *The Ethnomethodologists*, Chichester: Ellis Horwood und London: Tavistock.
Woolgar, Steve (1988), »Reflexivity is the Ethnographer of the Text«, in: ders. (Hg.), *Knowledge and Reflexivity. New Frontiers in the Sociology of Knowledge*. London: Sage, S. 14-34.

Renato I. Rosaldo
Der Kummer und die Wut eines Kopfjägers
Über die kulturelle Intensität von Emotionen

Im folgenden möchte ich darüber sprechen, wie über die kulturelle Intensität von Emotionen zu sprechen wäre. Der Ausdruck *emotionale Intensität [force]* meint jene Art von Gefühlen, die man empfindet, wenn man etwa erfährt, daß das Kind, das gerade von einem Auto überfahren wurde, das eigene ist und nicht das eines Fremden. Anders gesagt, um das emotionale Erleben eines Subjekts zu verstehen, muß man dessen Position innerhalb eines Feldes sozialer Beziehungen berücksichtigen. Dieser Ansatz, der darauf zielt, die Intensität einer schlichten, wörtlich genommenen Aussage zu demonstrieren, statt Kultur als allmähliche Verdichtung symbolischer Bedeutungsnetze zu erläutern, kann dazu beitragen, den theoretischen Horizont unserer Disziplin zu erweitern. Das Vokabular der symbolischen Analyse wird reicher, wenn wir den Begriff *Intensität* vertrauteren Begriffen wie *dichte Beschreibung*, *Vielstimmigkeit*, *Polysemie* und *Textur* hinzufügen.[1] Der Begriff der Intensität ermöglicht es unter anderem, die

---

[1] Intensität und ähnliche Begriffe – insbesondere solche, die sich auf Emotionen beziehen – hatten lange Zeit ihren Platz im anthropologischen Vokabular (siehe zum Beispiel Hildred Geertz, »The Vocabulary of Emotion: A Study of Javanese Socialization Processes«, in: *Psychiatry* 22 (1959), S. 225-237). In seinem Buch über *Religiöse Entwicklungen im Islam. Beobachtet in Marokko und Indonesien*, übersetzt von Brigitte Luchesi, Frankfurt am Main: Suhrkamp 1988, hielt es Clifford Geertz für notwendig, bei seiner Schilderung der Gegensätze zwischen den marokkanischen und javanischen Formen der Mystik die Intensität kultureller Muster von ihrer Reichweite zu unterscheiden. Er definierte den Unterschied zwischen Intensität und Reichweite folgendermaßen: »Unter ›Intensität‹ *[force]* verstehe ich den Grad der Verinnerlichung eines solchen Musters in der Person eines Individuums, das es annimmt, seine Zentralität oder Marginalität in seinem Leben. […] Unter ›Reich-

übliche Annahme in Frage zu stellen, daß das, was den Menschen am wichtigsten ist, sich stets dort befindet, wo der Wald von Symbolen am dichtesten ist und daß kulturelle Tiefe stets mit kultureller Komplexität [*elaboration*] einhergeht. Beschreiben die Leute wirklich immer das am dichtesten, was sie am meisten berührt?

Wenn Sie einen älteren Ilongot im Norden der Philippinen-Insel Luzon fragen, warum er Menschen den Kopf abschneidet, wird seine Antwort so knapp sein, daß kein Anthropologe daraus viel entnehmen kann. Er wird sagen, daß Wut, aus Kummer geboren, ihn dazu treibt, seine Mitmenschen zu töten. Indem er den Kopf seines Opfers abtrennt und fortschleudert, könne er seinen Zorn über den Verlust eines Angehörigen ablassen und sich so davon zu befreien hoffen. Die Aufgabe der kulturellen Analyse besteht dann darin, die Aussage dieses Mannes einleuchtend und verständlich zu machen. Weitere Nachfragen zeigen jedoch, daß der Ilongot über die Zusammenhänge zwischen schmerzlichem Verlust, Wut und Kopfjagd kaum mehr zu sagen weiß; Zusammenhänge, die ihm so überdeutlich erscheinen, daß sie sich von selbst verstehen und keiner weiteren Erläuterung bedürfen. Entweder verstehen Sie es, oder Sie verstehen es nicht. Und in der Tat habe ich es sehr lange einfach nicht verstanden.

Erst vierzehn Jahre nachdem ich diese schlichte Aussage über den Kummer und die Wut eines Kopfjägers zum ersten Mal aufgezeichnet hatte, ahnte ich allmählich deren überwältigende Intensität. Jahrelang hatte ich geglaubt, daß ausführlichere sprachliche Erläuterungen (zu denen es nie kam) oder eine andere Ebene der Analyse (die mir nie zugänglich wurde) besser erklären könnten, was diese älteren Männer ihren Mitmenschen anzutun vermögen, wenn Kummer sie in Wut versetzt. Erst als sich durch eigene Lebenserfahrung meine Position verschob, wurde mir klarer, daß

> weite‹ [*scope*] andererseits verstehe ich den Umfang der sozialen Kontexte, in denen religiösen Beweggründen eine mehr oder minder direkte Bedeutung zuerkannt wird« (ebd., S. 160 f.). – In späteren Arbeiten entfaltet Geertz den Begriff der Reichweite mehr als den der Intensität. Meine Verwendung des Ausdrucks »Intensität« unterscheidet sich von der bei Geertz, insofern mir die »Positionierung« eines Subjekts – der Blickwinkel, der sich ihm von einem bestimmten strukturalen Ort aus eröffnet – bedeutsamer erscheint als die Internalisierungsprozesse einzelner Personen.

die älteren Ilongot genau das meinen, was sie sagen, wenn sie ihre Begierde, Menschen den Kopf abzuschneiden, auf ihren Zorn über den Verlust eines Angehörigen zurückführen. Läßt man dieser Aussage nämlich ihr volles Gewicht und nimmt sie ernst, offenbart sie uns vieles darüber, wieso die Ilongot die Kopfjagd so zwingend finden können.

Die Wut im Kummer der Ilongot

Die Ilongot, etwa 3500 Personen, leben in einem Hochland etwa 150 Kilometer nordöstlich von Manila. Sie ernähren sich von der Jagd auf Rotwild und Wildschweine und bauen in regenbewässerten Gärten im Brandrodungsfeldbau Reis, Süßkartoffeln, Maniok und Gemüse an. Ihre Verwandtschaftsbeziehungen sind bilateral. Da sie nach der Heirat uxorilokal wohnen, leben Eltern und ihre verheirateten Töchter im selben oder in benachbarten Haushalten. Geschwisterbeziehungen zwischen verheirateten Paaren der älteren Generation verbinden die verstreuten Häuser einer Siedlung. Die größte Einheit innerhalb dieser Gesellschaft, eine im wesentlichen territorial definierte vermeintliche Abstammungsgruppe (*bertan*), tritt vor allem bei Kopfjagdfehden hervor. Kopfjagd gilt den Ilongot selbst, ihren Nachbarn und ihren Ethnographen als der auffälligste Zug ihrer kulturellen Praxis.

Wann immer die Ilongot mir erzählten, wie die Wut beim Verlust eines Angehörigen die Männer zur Kopfjagd treiben könne, wischte ich ihre einsilbigen Erklärungen als zu einfach, zu mager, dunkel, unplausibel, stereotyp oder sonstwie unbefriedigend beiseite. Vermutlich war ich so naiv, Kummer mit Traurigkeit gleichzusetzen. Gewiß hatte ich keine eigene Erfahrung, die mir hätte verständlich machen können, welche Intensität die Wut über einen schmerzlichen Verlust bei älteren Ilongot-Männern annehmen kann. Solche scheinbar einfachen Aussagen der Ilongot brachten mich dazu, nach einer anderen Ebene der Analyse zu suchen, die mir tiefere Erklärungen für die Begierde der älteren Männer nach Kopfjagd bieten könnte.

Bei einem Streifzug durch die repräsentative Literatur zu dieser Thematik versuchte ich, mit der Theorie des Austausches zu einer tieferen Erklärung zu kommen, vielleicht weil sie für so viele berühmte Ethnographien bei der Lösung analytischer Probleme hilfreich war. Eines Tages (im Jahre 1974) erläuterte ich einem älteren Ilongot namens Insan dieses anthropologische Modell. Ich fragte ihn, was er von der Idee halte, daß sich die Kopfjagd daraus erkläre, daß ein Tod (der des geköpften Opfers) einen anderen (den des nächsten Verwandten) ungeschehen macht. Er blickte verwirrt, so daß ich fortfuhr, ob nicht das Opfer der Kopfjagd gegen den eigenen toten Verwandten ausgetauscht werde, so daß sich beide per Saldo gewissermaßen aufheben. Insan überlegte einen Augenblick und antwortete dann, er könne sich wohl vorstellen, daß jemand so etwas denke (keine riskante Vermutung, schließlich hatte ich es gerade getan), daß aber er und die anderen Ilongot nicht so dächten. Ebensowenig gab es im Ritual, bei Prahlereien, im Gesang oder bei zwanglosen Unterhaltungen irgendeine Bestätigung für meine Tauschtheorie.[2]

Rückblendend erscheinen diese Versuche, die Tauschtheorie auf einen Aspekt des Ilongot-Verhaltens anzuwenden, läppisch. Angenommen, ich hätte gefunden, was ich suchte. Auch wenn die Vorstellung eines Kontoausgleichs eine gewisse Eleganz hat und durchaus kohärent wäre, fragt man sich, warum ein solches Buchhalterdogma irgend jemanden dazu bringen könnte, sein eigenes Leben zu gefährden, um einem anderen Menschen das Leben zu nehmen.

Mir fehlte noch die Lebenserfahrung, um mir vorstellen zu können, welche Wut ein niederschmetternder Verlust auslösen kann. Ebensowenig konnte ich damals das akute Sinnproblem richtig einschätzen, das sich den Ilongot 1974 stellte. Kurz nachdem Ferdinand Marcos 1972 das Kriegsrecht ausgerufen hatte, erreichten die Hügel der Ilongot Gerüchte, daß Kopfjagd nun mit der Entsendung von Erschießungskommandos beantwortet werde. Wenn in früheren Zeiten die Kopfjagd unmöglich geworden war, hatten die

---

2 Damit die von Insan verworfene Hypothese nicht allzu unplausibel erscheint, sollte ich erwähnen, daß bei den Berawan auf Borneo »der Tod den Charakter einer Kettenreaktion hat. Es besteht die erhebliche Befürchtung, daß Tod auf Tod folgen wird, wenn nicht etwas geschieht, um die Kette zu zerbrechen. Die Logik der Sache liegt damit auf der Hand: Die unruhige Seele tötet und schafft dadurch mehr unruhige Seelen« (Peter Metcalf, *A Borneo Journey into Death. Berawan Eschatology from Its Rituals*, Philadelphia: University of Pennsylvania Press 1982, S. 127). Mit anderen Worten, die Berewan verknüpfen eine bestimmte Version der Tauschtheorie mit der Kopfjagd.

Ilongot ihrer Wut, so gut es ging, im Alltag freien Lauf gelassen. 1974 begannen sie statt dessen, den Übertritt zum evangelischen Christentum zu erwägen, um auf diese Weise mit ihrem Kummer fertigzuwerden. Die Annahme der neuen Religion, hieß es, schließe den Verzicht auf ihre alten Gewohnheiten, einschließlich der Kopfjagd. Sie erleichtere auch die Bewältigung des Schmerzes nach einem Todesfall, da sie nun glauben könnten, der Verstorbene sei in eine bessere Welt eingegangen. Sie stünden nicht mehr vor der entsetzlichen Endgültigkeit des Todes.

Wie schwerwiegend das Dilemma war, dem die Ilongot ausgesetzt waren, blieb mir damals verborgen. Auch wenn ich ihre Äußerungen über Kummer und das Bedürfnis, ihre Wut von sich zu werfen, korrekt aufzeichnete, begriff ich einfach nicht das Gewicht ihrer Worte. 1974 zum Beispiel, als ich mit Michelle Rosaldo bei den Ilongot lebte, starb ein sechs Monate altes Baby, wahrscheinlich an Lungenentzündung. An jenem Nachmittag besuchten wir den Vater und fanden ihn entsetzlich niedergeschlagen: »Er schluchzte und starrte mit glasigen und blutunterlaufenen Augen auf die Baumwolldecke«, die sein totes Kind verbarg.[3] Der Mann litt sehr, da es das siebte Kind war, das er verloren hatte. Erst ein paar Jahre vorher waren drei seiner Kinder gestorben, eines nach dem anderen, binnen weniger Tage. Bei unserem Besuch war die Situation undurchsichtig, da einige Anwesende sowohl vom evangelischen Glauben als auch von ihrem Groll gegen die Bewohner des Tieflands sprachen, als sie ihrem Zorn Ausdruck gaben und vielleicht Kopfjagdstreifzüge durch die umliegenden Täler erwogen.

In den folgenden Tagen und Wochen rief der Kummer bei diesem Mann eine Wandlung hervor, mit der ich nicht gerechnet hatte. Kurz nach dem Tod des Kindes trat der Vater zum evangelischen Christentum über. Allzu voreilig schloß ich, der Mann glaube, die neue Religion könne irgendwie weitere Todesfälle in seiner Familie verhindern. Als ich diesen Gedankengang weiterverfolgte, widersprach mir ein Freund unter den Ilongot scharf; er sagte,

»ich hätte den entscheidenden Punkt übersehen: Was der Mann in der neuen Religion im Grunde suche, sei nicht die Verleugnung unseres unvermeidlichen Todes, sondern ein Mittel, um mit seinem Kummer fertig-

---

3 Renato Rosaldo, *Ilongot Headhunting, 1883-1974. A Study in Society and History*, Stanford: Stanford University Press 1980, S. 286.

zuwerden. Mit der Verkündung des Kriegsrechts kam die Kopfjagd als Mittel, seiner Wut freien Lauf zu lassen und seinen Kummer auf diese Weise zu erleichtern, nicht mehr in Frage. Wäre er der traditionellen Lebensweise der Ilongot treu geblieben, wäre der Schmerz seines Unglücks einfach unerträglich geworden.«[4]

Diese Beschreibung, wörtlich aus meiner Monographie zitiert, scheint mir heute so angemessen, daß ich kaum verstehe, wie ich trotzdem verkennen konnte, welches Gewicht und welche Gewalt der Wunsch des Mannes hatte, »seiner Wut freien Lauf zu lassen und seinen Kummer auf diese Weise zu erleichtern«.

Wie wenig ich mir damals vorstellen konnte, zu welcher Wut die Ilongot in ihrem Schmerz über einen Tod fähig sind, macht eine zweite Anekdote noch deutlicher. Bei dieser Gelegenheit wurden Michelle Rosaldo und ich von befreundeten Ilongot gedrängt, eine Tonbandaufnahme von einem Fest abzuspielen, das fünf Jahre zuvor im Anschluß an eine Kopfjagd begangen worden war und an dem wir teilgenommen hatten. Kaum hatten wir den Recorder eingeschaltet und die Prahlerei eines Mannes gehört, der in der Zwischenzeit gestorben war, als wir abrupt aufgefordert wurden, das Gerät abzuschalten. Michelle Rosaldo berichtete über das spannungsgeladene Gespräch, das sich daran anschloß:

»Als Insan sich einen Ruck gab und zu sprechen begann, wurde die Spannung im Raum fast unheimlich. Ich sah, wie sich die Anwesenden aufrichteten, und mein Ärger verwandelte sich in Nervosität und so etwas wie Furcht, als ich sah, daß Insans Augen rot waren. Tukbaw, Renatos Ilongot-›Bruder‹, brach das eisige Schweigen und sagte, er könne die Dinge klären. Es sei schmerzhaft, eine Kopfjagd-Feier anzuhören und zu wissen, daß es nie wieder eine geben werde. ›Der Gesang‹, sagte er, ›zerrt an uns, nagt an unseren Herzen, läßt uns an unseren toten Onkel denken.‹ Und dann: ›Es wäre anders, wenn ich Gott angenommen hätte, aber im Herzen bin ich noch ein Ilongot, und wenn ich den Gesang höre, zieht es mir die Brust zusammen; und genauso tut es mir weh, wenn ich mir die unfertigen jungen Leute ansehe und weiß, daß ich ihnen niemals mehr zeigen kann, wie man einen Kopf nimmt.‹ Dann gab Wagat, Tukbaws Frau, mit den Augen zu erkennen, daß ihr alle meine Fragen Schmerz bereiteten, und sagte: ›Hör jetzt auf, ist es nicht genug? Selbst ich, eine Frau, kann das Gefühl im Herzen nicht mehr ertragen.‹«[5]

4 Ebd., S. 288.
5 Michelle Rosaldo, *Knowledge and Passion. Ilongot Notions of Self and Social Life*, Cambridge: Cambridge University Press 1980, S. 33.

Rückblickend ist mir klar, daß die Bandaufzeichnung mit der Prahlerei des toten Mannes bei den Zuhörern spontan heftige Verlustgefühle wiederbelebte, zumal Wut und den Impuls, auf Kopfjagd zu gehen. Damals konnte ich nur erschrocken die Intensität der Emotionen ahnen, die Tukbaw, Insan, Wagat und die übrigen Anwesenden verspürten.

Das Dilemma der Ilongot erwuchs aus einer Reihe kultureller Praktiken, die – wenn sie ihnen verwehrt waren – das Leben zur Qual machten. Diese Blockade verlangte schmerzhafte Anpassungen an andere Formen, den Verlust eines Toten zu durchleben. Man könnte dieses Dilemma mit Radcliffe-Browns Vorstellung vergleichen, daß ein Ritual, besonders wenn es nicht ausgeübt wird, Angst hervorrufen kann. Wenn in unserem Fall das Fortwerfen eines Kopfes eine Metapher (*via* sympathetischer Magie) für die Abfuhr des übermäßigen Zorns darstellt, der sich im Kummer aufgestaut hat, entsteht ein Sinnproblem, wenn Kopfjagd nicht mehr in Frage kommt. Tatsächlich ist das klassische Webersche Sinnproblem von genau dieser Art. Logisch betrachtet, erscheint die Prädestinationslehre einwandfrei: Gott hat die Erwählten vorbestimmt, doch wie seine Entscheidung ausgefallen ist, kann kein Sterblicher je wissen. Wenn nun einer Gruppe nichts so wichtig ist wie die Sorge um das Heil, erweist sich diese kohärente Lehre außer für religiöse Virtuosen im Leben als unpraktikabel. Beim Sinnproblem der Calvinisten ging es um Praxis, nicht um Theorie – und bei den Ilongot ist es nicht anders. Für beide Gruppen stand die praktische Frage auf dem Spiel, wie man mit dem eigenen Glauben leben kann – nicht bloß ein logisches Dilemma als Folge einer abstrakten Lehre.

Wie ich die Wut im Kummer fand

Eine Schwierigkeit, die auf diesem Artikel lastet, liegt in der befremdlichen Behauptung, daß ich mehr als vierzehn Jahre brauchte, um zu begreifen, was mir die Ilongot über ihren Kummer, ihre Wut und die Kopfjagd erzählt hatten. In all diesen Jahren war ich nicht in der Lage zu verstehen, welche Intensität die Wut über den schmerzlichen Verlust bei dem Todesfall annehmen kann, während ich jetzt dazu in der Lage bin. Aus zwei Gründen zögere ich, mich selbst in die Darstellung einzuführen: Zum einen ist ein solches Vorgehen in der Disziplin tabuiert, zum anderen wird dieses Tabu immer häufiger von Essays verletzt, die mit einem Schuß modischer kontinentaleuropäischer Philosophie und autobiographischer Fragmente versetzt sind. Der Mangel des zuletztgenannten Trends besteht natürlich darin, daß die Reflexivität des von sich selbst absorbierten Selbst den Anderen überhaupt aus den Augen verliert. Trotz dieser Gefahr muß ich als Ethnograph an dieser Stelle in die Darstellung eingehen, um bestimmte methodische Probleme zu klären.

Der Schlüsselbegriff im folgenden ist der des Subjekts, das in einem Feld eine bestimmte Position (oder eine veränderte Position) einnimmt. Folgt man dem üblichen Deutungsverfahren nach hermeneutischer Methode, kann man sagen, daß sich Ethnographen neu positionieren, wenn sie sich daran machen, andere Kulturen zu verstehen. Man beginnt mit einem Bündel von Fragen und revidiert sie im Laufe der Untersuchung. So verlassen Ethnographen die Arbeit im Feld mit anderen Fragen als jenen, die sie ursprünglich an das Feld gestellt hatten. Mit anderen Worten: Stelle eine Frage, und deine Überraschung über die Antwort wird dich dazu bringen, deine Frage zu revidieren, bis die Überraschungen nachlassen oder abnehmende Erträge einen Haltepunkt anzeigen. Dieser Ansatz wurde in der Anthropologie am einflußreichsten von Clifford Geertz vertreten.[6]

Diese Auffassung der Deutungsmethode beruht im allgemeinen auf dem Axiom, daß begabte Ethnographen ihr Geschäft während einer langen Vorbereitungszeit erlernen. Um dem gewundenen Gang der ethnographischen Forschung zu folgen, benötigen Feldforscher weitgespannte theoretische Kenntnisse und ein feinabgestimmtes Wahrnehmungsvermögen. Schließlich kann man nicht im voraus sagen, was uns im Feld begegnen wird. Clyde Kluckhohn ging sogar so weit, eine doppelte Initiation zu empfehlen: zuerst die Feuerprobe der Psychoanalyse und dann die der Feldarbeit. Allzuoft wird diese Auffassung überzogen, so als ob bestimmte Voraussetzungen für effektive Feldforschung die Gewähr für eine Ethnographie mit gültigem Autoritätsanspruch böten. Eklektisches Buchwissen und ein Fundus von Lebenserfahrung,

---

6 Clifford Geertz, *Dichte Beschreibung. Beiträge zum Verstehen kultureller Systeme*, übersetzt von Brigitte Luchesi und Rolf Bindemann, Frankfurt am Main: Suhrkamp 1983.

erbauliche Lektüre und Bewußtheit des eigenen Selbst bezwingen angeblich das zweifache Laster des Unwissens und der Unsensibilität.

Vorbereitung, Wissen und Feinfühligkeit machen also den guten Ethnographen aus. Obwohl vieles für diese respektable Lehre spricht, sollte man der falschen Zufriedenheit entgegenwirken, zu der sie verführen kann. An welchem Punkt kann man beispielsweise sagen, man habe nun genügend gelernt oder ausreichende Lebenserfahrung? Nimmt man diese Art der Vorbereitung des Ethnographen zu ernst, kann sie zu einem falschen Anschein von Sicherheit, einem anmaßenden Anspruch auf Gewißheit und Endgültigkeit führen, den unsere Analysen nicht erheben können. Alle Deutungen sind vorläufig; sie werden von Subjekten gegeben, die von einer bestimmten Position aus sprechen und darauf vorbereitet sind, bestimmte Dinge zu erkennen, andere jedoch nicht. Gute Ethnographen, kenntnisreich und feinfühlig, redegewandt und fähig, sich ohne Mühe in der Welt einer fremden Kultur zu bewegen, haben dennoch ihre Grenzen, und ihre Analysen sind stets unvollständig. So konnte ich die Intensität dessen, was mir die Ilongot über ihre Gefühle beim Verlust eines Angehörigen erzählt hatten, erst ermessen, als ich selbst einen solchen niederschmetternden Verlust erlebte – und nicht dank irgendwelcher systematischer Vorbereitung auf die Arbeit im Feld.

Meine eigene Fähigkeit zum Verstehen solcher Gefühle war etwas mehr als zehn Jahre zuvor durch den Tod meines Bruders (1970) geweckt worden. Ich erlebte diese qualvolle Prüfung zusammen mit meinen Eltern und gewann dabei Einblick in das Trauma von Eltern, die ein Kind verlieren. Von diesem Verständnis war denn auch meine (oben auszugsweise zitierte) Darstellung der Reaktion jenes Ilongot durchdrungen, der gerade sein siebtes Kind verloren hatte. Gleichzeitig war mein Schmerz um so vieles geringer als der meiner Eltern, daß ich mir damals noch nicht die überwältigende Intensität der Wut vorzustellen vermochte, mit der ein solcher Kummer einhergehen kann. Wohl herrscht in der Disziplin noch fast allgemein meine frühere Position vor. Man sollte jedoch erkennen, daß die ethnographische Erkenntnis ihre Stärken und ihre Grenzen in der relativen Jugendlichkeit der Feldforscher findet, die zum Beispiel noch keine eigene Erfahrung damit haben, wie niederschmetternd der Verlust eines langjährigen Partners für den Überlebenden sein kann.

1981 begannen Michelle Rosaldo und ich mit der Feldforschung bei den Ifuago im Norden der Philippinen-Insel Luzon. Am 11. Oktober ging Shelly, zusammen mit zwei Ifuago, auf einem Pfad hoch über einem angeschwollenen Fluß, als sie ausglitt, den Halt verlor und zwanzig Meter einen Steilhang hinunter zu Tode stürzte. Als ich ihren Körper fand, verspürte ich unmittelbar ein Gefühl der Wut. Wie konnte sie mich im Stich lassen? Wie konnte sie so dumm sein und fallen? Ich versuchte zu weinen. Ich schluchzte, doch die Wut hemmte die Tränen. Frühere Erfahrungen, am vierten Todestag meines Bruders, hatten mich gelehrt, darin eine Form der Erbitterung zu erkennen. Diese Erbitterung in mancherlei Form hat mich bei vielen Gelegenheiten seit Shellys Tod überwältigt, stundenlang, manchmal sogar tagelang. Solche Gefühle können durch Rituale geweckt werden; häufiger entstehen sie jedoch bei unerwarteten Erinnerungen (ähnlich der Erfahrung der Ilongot, als sie die Stimme ihres toten Onkels auf Band hörten).

Um jedes Mißverständnis zu vermeiden, möchte ich betonen, daß der Schmerz über einen Verlust nicht auf Erbitterung reduziert werden sollte, weder bei mir noch bei irgend jemand sonst. Heftige viszerale Erregungszustände überwältigten mich, manchmal einzeln und manchmal zusammen. Unter anderem spürte ich in der Brust den tiefen, stechenden Schmerz einer fast nicht mehr zu ertragenden Trauer, die eisige Kälte der Einsicht in die Endgültigkeit des Todes, ein Zittern, das in den Eingeweiden begann und sich als Wimmern durch den ganzen Körper fortsetzte, eine traurige Wehklage, die ohne meinen Willen begann, und häufig tränenreiches Schluchzen. Da es mir im Augenblick darum geht, bisherige Auffassungen über die Kopfjagd der Ilongot zu revidieren, und nicht so sehr um den schmerzlichen Verlust überhaupt, rückt die Erbitterung mehr als andere Empfindungen des Kummers in den Mittelpunkt.

Wahrscheinlich sollte man hinzufügen, daß gerade englisch geschriebene Texte das Gefühl des Zorns besonders hervorheben müssen. Obwohl Therapeuten in solchen Fällen regelmäßig dazu ermutigen, die Wahrnehmung der Erbitterung im Schmerz zuzulassen, ignoriert die amerikanische Kultur gewöhnlich die Wut, mit der ein niederschmetternder Verlust einhergehen kann. Paradoxerweise leugnet die kulturelle Weisheit den Zorn im Kummer, obwohl die Mitglieder der unsichtbaren Gemeinschaft der Hinterbliebenen ermutigt werden, geradezu zwanghaft über ihre Erbitterung zu sprechen. Durch die Lehren der Ilongot über den Zorn – der für sie eher ein öffentlich zelebriertes als verstecktes Gefühl ist – und durch den Tod meines Bruders war ich darauf vorbereitet, das Erleben von Wut unmittelbar wahrzunehmen und anzuerkennen.

Etwa sechs Wochen nach Shellys Tod notierte ich in meinem Tagebuch: »Sollte ich jemals zur Anthropologie zurückkehren mit einem Artikel ›Über den Kummer und die Wut eines Kopfjägers‹...« Ich stieß auf diese Stelle, eine Woche bevor ich mit der ersten Fassung dieses Artikels fertig war. Offenbar hatte ich mir gelobt, *wie* ich (wenn überhaupt jemals) zum Schreiben anthropologischer Texte zurückkehren würde. In meinem Tagebuch folgen Reflexionen über Tod, Wut und Kopfjagd, und es beschreibt meinen »Wunsch nach der Lösung der Ilongot; sie sind der Realität viel näher als die Christen. Darum brauche ich einen Ort, um meine Wut abzuladen – und können wir sagen, daß eine Lösung in der Einbildung besser ist als ihre? Und können wir sie verurteilen, während wir ganze Dörfer mit Napalm verbrennen? Ist unsere Begründung so viel vernünftiger als ihre?« All dies war in Verzweiflung und Wut niedergeschrieben.

In der Tat war dieser Artikel eine Katharsis, doch anders, als man vielleicht denken mag. Erst fünfzehn Monate nach Shellys Tod war ich wieder imstande, einen anthropologischen Text zu schreiben. Einen Monat ehe ich mit diesem Artikel begann, war ich fieberkrank und fühlte mich irgendwie deprimiert. Eines Tages jedoch hob sich der fast schon buchstäbliche Nebel, und es begannen Wörter zu fließen. So ermöglichte mir die kathartische Erfahrung, mit dem Schreiben zu beginnen, und war nicht umgekehrt dessen Ergebnis.

Wer gelebte Erfahrung als analytische Kategorie beschwört, läuft Gefahr, abschätzig behandelt zu werden. Verständnislose Leser mögen in diesem Artikel bloß ein Stück Trauerarbeit oder einen persönlichen Bericht über die Entdeckung des latenten Zorns im Schmerz über einen Verlust sehen. Offen gesagt, ist dieser Artikel beides und mehr. Als Akt der Trauer *und* als persönlicher Bericht umfaßt er zugleich eine Reihe unterscheidbarer Prozesse, von denen keiner den anderen aufhebt. Tatsächlich ist es genau dieses Argument, das ich im folgenden zum Ritual im allgemeinen und zur Kopfjagd der Ilongot im besonderen geltend machen werde.

Der Anspruch, der hier erhoben wird, zielt – über eine Revision der ethnographischen Darstellung der Kopfjagd hinaus – letztlich darauf, wie meine eigene Trauer und daran anknüpfende Überlegungen zu Schmerz, Wut und Kopfjagd der Ilongot methodologische Fragen aufwerfen, die für die Anthropologie generell von Belang sind.

Der Tod in der Anthropologie

Insbesondere die symbolische Anthropologie bevorzugt Deutungen, die ihr Verständnis auf die Analyse tieferer Bedeutungsschichten komplexer kultureller Phänomene stützen. In der Praxis beschränken sich viele Analysen auf Bereiche, in denen formelle und wiederkehrende Ereignisse im Mittelpunkt stehen. Denken wir etwa an Victor Turners Untersuchung von Ritualprozessen oder Clifford Geertz' Bemerkungen zum »Deep play« im balinesischen Hahnenkampf. Studien über Wortspiele richten sich eher auf Witze (das heißt programmierte Monologe) als auf improvisierte Wortwechsel bei scherzhaften Neckereien (die nicht so sehr nach einem festen Drehbuch ablaufen). Die symbolische Anthropologie konzentriert sich häufig auf Rituale, Zeremonien, Spiele und andere Aktivitäten, die in einer sichtbar begrenzten Arena ausgetragen werden. Solche Ereignisse finden an einem bestimmten Ort statt, der einen Mittelpunkt und eine Peripherie hat. Auch zeitlich sind sie gut definiert; sie haben einen festen Anfang, eine Mitte und ein Ende. Historisch scheinen sie identische Strukturen zu wiederholen. Diese definitorischen Abgrenzungen heben solche Ereignisse aus dem Fluß des Alltags heraus, so daß sie gleichsam wie Artikel, Bücher oder, wie wir heute sagen, *Texte* lesbar sind.

Diese Bemerkungen werden noch stichhaltiger, wenn man sie in den Rahmen bestimmter Untersuchungen über den Tod und seine Rituale stellt. Nehmen wir beispielsweise das Buch von William Douglas über das Begräbnisritual in einem Dorf des spanischen Baskenlandes.[7] Man beachte, daß im Titel »Tod« und »Begräbnisritual« gleichgesetzt werden. Sein Ziel sei es, erklärt Douglas, Tod

---

7 William A. Douglas, *Death in Murelaga. Funerary Ritual in a Spanish Basque Village*, Seattle: University of Washington Press 1969.

und Begräbnisritual als »hermeneutischen Ausgangspunkt für die Untersuchung der bäuerlichen Gesellschaft des Baskenlandes zu benutzen«.[8] Der Autor beginnt seine Analyse mit der Bemerkung, daß »der Tod nicht immer zufällig oder unvorhersehbar« ist[9], und beschreibt, wie eine alte Frau, die an Gebrechen ihres Alters litt, ihren Tod willkommen hieß. Die Beschreibung ignoriert weitgehend die Perspektive der engsten hinterbliebenen Verwandten und osziliert statt dessen zwischen der Sicht der Frau selbst und dem Blickwinkel eines distanzierten Beobachters.

Gewiß, manche Menschen leiden nach einem erfüllten Leben an ihrer Hinfälligkeit so sehr, daß sie die Erlösung, die der Tod bringen mag, dankbar annehmen. Wird ein solcher »sanfter Tod« (ich verwende den Titel Simone de Beauvoirs mit der gleichen Ironie wie die Autorin[10]) jedoch zum Musterfall des Sterbens, so entsteht der Eindruck, als wäre der Tod für die Überlebenden etwas ebenso Gewohntes und Vertrautes wie offenbar in diesem Fall für die Verstorbene. Douglas bekommt auf diese Weise nur ein Extrem einer weiten Spanne möglicher Tode in den Blick. Dieser Fall erscheint beispielhaft, nicht weil er beschreibt, wie die Hinterbliebenen mit dem Tod fertig werden, sondern weil er weitgehend als Routine behandelt wird; und insofern paßt er ausgezeichnet zu der Auffassung des Autors, der im Begräbnisritual eine mechanische, programmierte Abfolge vorgeschriebener Handlungen sieht. »Für den Basken«, sagt Douglas, »ist das Ritual Ordnung und die Ordnung Ritual.«[11]

Legt man die Betonung auf die Routineaspekte des Rituals, so macht man es sich einfach und verhüllt den Schmerz, den ein unerwarteter, vorzeitiger Tod weckt, etwa wenn Eltern ein heranwachsendes Kind verlieren oder wenn eine Mutter bei der Geburt eines Kindes stirbt. Verhüllt werden von solchen Beschreibungen die Leiden der Überlebenden, die sich durch wechselhafte Gefühlsstürme hindurchquälen. Obwohl Douglas den Unterschied zwischen den hinterbliebenen Mitgliedern der Familiengruppe der Toten und der eher öffentlichen Ritualgruppe anerkennt,

---

8 Ebd., S. 209.
9 Ebd., S. 19.
10 Simone de Beauvoir, *Ein sanfter Tod*, übersetzt von Liliane Weissberg, Reinbek: Rowohlt 1965.
11 Douglas, *Death in Murelaga*, a.a.O., S. 75.

schreibt er seine Darstellung vorwiegend aus dem Blickwinkel der zweiten. Er maskiert die emotionale Intensität des Verlustes, indem er das Begräbnisritual auf ordnungsgemäße Routine herunterschraubt.

In einem neueren anthropologischen Handbuch über Todesrituale verfolgen Richard Huntington und Peter Metcalf eine andere Strategie, um die Intensität der Emotionen vernachlässigen zu können.[12] Sie geben die Existenz von Emotionen ohne weiteres zu, leugnen aber ihre Erklärungskraft für das Verständnis des Rituals. Die klassischen Vertreter dieser Argumentation waren Émile Durkheim und Claude Lévi-Strauss. Huntington und Metcalf berufen sich auf Radcliffe-Brown, wenn sie behaupten, daß »Weinen bei Begräbnissen nicht nur geduldet wird; die Sitte erfordert es, und zu vorherbestimmten Augenblicken wird die Versammlung der Trauernden in laute und durchdringende Schreie ausbrechen. Ebenso plötzlich hört das Weinen auf, und die Tränen, die eben noch so reichlich geflossen sind, versiegen.«[13] Die Autoren schließen sich Radcliffe-Browns Meinung an, wonach »nicht das Gefühl die Handlung hervorruft, sondern das Wehklagen im vorgeschriebenen Augenblick und in der vorgeschriebenen Weise erzeugt beim Wehklagenden erst das eigentliche Gefühl«.[14] Insoweit scheinen die Autoren der üblichen Standardargumentation über Gefühle treu zu folgen; man beachte jedoch, daß nach der konventionellen Weisheit der Disziplin Ritual und obligatorisches Verhalten als ein und dasselbe definiert sind. Läßt man beides zusammenfallen, ist kein Raum mehr für Improvisation und spontane Regungen im Ritual.

Bei ihrer Erörterung Durkheims dehnen Huntington und Metcalf ihre Argumentation aus und bemerken zur rituellen Klage: »Wir können nicht annehmen, daß die Menschen den Kummer, den sie zum Ausdruck bringen, wirklich empfinden.«[15] Gewiß entstehen die vorgeschriebenen Handlungen im Ritual nicht aus spontanen

12 Richard Huntington und Peter Metcalf, *Celebrations of Death. The Anthropology of Mortuary Ritual*, Cambridge: Cambridge University Press 1979. Ebenso wie Douglas verwischen Huntington und Metcalf den Unterschied zwischen Tod und Begräbnisritual, indem sie im Untertitel das Ritual stillschweigend an die Stelle des Todes setzen.
13 Ebd., S. 24.
14 Ebd., S. 26.
15 Ebd., S. 31.

Empfindungen, doch daraus folgt weder, daß die Leute »den Kummer, den sie zum Ausdruck bringen, wirklich empfinden«, noch daß sie ihn nicht wirklich empfinden. Vielmehr wäre es plausibel anzunehmen, daß manche die Gesten und Äußerungen der rituellen Klage nur »mechanisch«, »pro forma« vollziehen, während sie bei anderen von Herzen kommen. Doch man könnte nicht einfach sagen, daß die gezeigten Emotionen am stärksten von denen empfunden werden, die dem Toten am nächsten standen, am schwächsten dagegen von denen, die ihm am fernsten standen. Auch wenn wir keine enge Beziehung zu dem Verstorbenen hatten, kann uns ein Tod tief berühren, weil er andere schmerzliche Verluste in uns anklingen läßt. Entscheidend jedoch ist, daß die Analyse weder behaupten noch bestreiten kann, daß die Individuen die Gefühle, die sie bei einem Begräbnis äußern, auch empfinden.

Bei Huntington und Metcalf gipfelt die Abwertung der Emotionen beim Begräbnisritual in der Feststellung: »Trotz der Intensität, die sie oft annehmen, sind emotionale Reaktionen auf den Tod zu verschieden und zu unbeständig, um die Grundlage einer Theorie des Begräbnisrituals abgeben zu können.« Soweit bin ich mit ihnen einig; dann aber heißt es bei ihnen:

»Das Bedürfnis, Aggression freizusetzen, die Notwendigkeit, die Bindungen an den Verstorbenen zu lösen oder sonst einen vermeintlich universellen psychischen Prozeß zu vollziehen, genügt nicht, um Begräbnisse zu erklären. Umgekehrt wird ein Schuh draus: Was immer die einzelnen an psychischen Leistungen im Angesicht des Todes erbringen müssen, sie müssen es, so gut sie können, im Rahmen von Ritualen tun, die ihnen die Gesellschaft vorgibt.«[16]

Ihre Behauptung, die einzelnen seien »im Angesicht des Todes« völlig auf Rituale angewiesen, »die ihnen die Gesellschaft vorgibt«, begeht einen entscheidenden Fehler: sie läßt den Prozeß des Rituals und den Prozeß der Trauer zusammenfallen. Zweifellos trauern Menschen nicht nur im Rahmen von Ritualen, sondern auch in informellen Alltagssituationen. Betrachten wir etwa die folgende Passage aus einer von Huntington und Metcalf zitierten Studie von Godfrey Wilson über Begräbniskonventionen bei den Nyakyusa:

---

16 Ebd., S. 44.

»Daß zumindest einige von denen, die an einem Nyakyusa-Begräbnis teilnehmen, von Kummer erfüllt sind, läßt sich leicht feststellen. Ich habe gehört, wie in Alltagsgesprächen der Tod eines Mannes beklagt wurde; ich habe gesehen, wie ein Mann, dessen Schwester gerade gestorben war, allein zu ihrem Grab ging und still vor sich hin weinte, ohne seinen Kummer irgendwie demonstrativ vorzuführen; und ich habe vom Selbstmord eines Mannes gehört, der den Tod seines Sohnes nicht verwinden konnte.«[17]

Man beachte, daß sich all diese Begebenheiten, bei denen Wilson zugegen war, außerhalb der umschriebenen Sphäre des Rituals ereignet haben: in einem Bereich, in dem man alltägliche Gespräche führt, einen Weg allein geht oder gar impulsiv Selbstmord verübt. Die wahrscheinlich universelle Arbeit der Trauer findet in obligatorischen Ritualhandlungen ebenso wie im alltäglicheren Rahmen statt, dort, wo Menschen allein oder nur mit nahen Verwandten zusammen sind.

Man kann das Hauptargument, das Huntington und Metcalf vorbringen, ohne weiteres umkehren. Sowenig heftige Emotionen über einen schmerzlichen Verlust obligatorische Ritualhandlungen zu erklären vermögen, können obligatorische Ritualhandlungen den intensiven Schmerz über einen Verlust erklären. Daß alle intensiven Gefühlszustände obligatorisch sind, wie Huntington und Metcalf offenbar annehmen, ist ebensowenig wahr wie die Behauptung, alle obligatorischen Gefühlszustände seien intensiv. Die von diesen Autoren vertretene Konzeption des Rituals läuft darauf hinaus, die sozial folgenreiche Intensität von Emotionen zu leugnen – Emotionen, welche die Hinterbliebenen, vor allem die Haupttrauernden, überwältigen können. Selbst wo sie mit aufbrausender Wut und tiefem Kummer konfrontiert sind, machen es solche Analysen leicht, derartige Emotionen zu verleugnen und den Blick statt dessen auf die elegante Ordnung zu richten, die in vorgeschriebenen kulturellen Äußerungsformen oftmals zu finden ist.

Bei den Nyakyusa, um zu Wilsons Bericht zurückzukehren, tanzten die Männer ihre leidenschaftliche Erregung über einen Verlust. Sie beschrieben ihre Gefühle folgendermaßen:

»Dieser Kriegstanz (*ukukina*)«, sagte ein alter Mann, ›ist Trauer, wir trauern um den Toten. Wir tanzen, weil Krieg in unseren Herzen ist. Ein

---

17 Godfrey Wilson, *Nyakyusa Conventions of Burial*, Johannisburg: University of Witwatersrand Press 1939, S. 22 f.

leidenschaftliches Gefühl von Kummer und Furcht macht uns zornig (*ilyyojo likutusila*).‹ [...] *Elyoyo* bedeutet ein heftiges Gefühl von Kummer, Wut oder Furcht; *ukusila* heißt soviel wie: unerträglich zornig oder wütend werden. Ein Mann erläuterte *ukusila* so: ›Wenn mich jemand ständig beleidigt, macht er mich wütend (*ukusila*), so daß ich mit ihm kämpfen will.‹ Tod ist ein schreckliches und quälendes Ereignis, das die nahe betroffenen Männer wütend und kampflustig macht.«[18]

Beschreibungen des Tanzes und nachfolgender Streitereien, die tödlich enden können, belegen hinreichend die Intensität der Gefühle, die dabei im Spiel sind. Das eindeutige Zeugnis von Wilsons Informanten beweist, daß selbst heftigste Empfindungen von Ethnographen untersucht werden können.[19]
Seien nun Objektivitätsvorstellungen oder Dogmen über die Vagheit innerer Zustände der Grund dafür, daß ethnographische Untersuchungen Gefühlsempfindungen wie Erbitterung, Gier oder Zärtlichkeit ausblenden, auf jeden Fall verzerrt ein solches Vorgehen ihre Beschreibungen und entfernt potentielle Schlüsselvariablen aus ihren Erklärungen. Wenn ich von persönlichen Erfahrungen ausgegangen bin, um die Wut zu charakterisieren, welche die Ilongot in ihrem Kummer empfinden, so wollte ich damit die Leser für die Intensität der Emotionen in einer anderen Kultur empfänglich machen. Natürlich überlappen sich die Wut der Ilongot und meine eigene nur, und zwar in einer bedeutsamen Hinsicht, doch es ist nicht die gleiche Wut. Phantasien über Lebensversicherungsagenten, die sich weigerten, Shellys Tod als Berufsunfall anzuerkennen, brachten mich zum Beispiel nicht dazu, die Herren zu töten, ihnen den Kopf abzuschneiden und anschließend zu feiern. Die bescheidene, ganz konkret formulierte Binsenwahrheit, daß zwei beliebige Gruppen von Menschen bestimmte Dinge gemeinsam haben müssen, widerspricht offenbar der (früher einmal durchaus sinnvollen) methodologischen Vorsicht, die davor warnt, eigene Kategorien und Erfahrungen unbekümmert Mitgliedern einer anderen Kultur zu unterstellen. Solche Warnungen vor rasch verallgemeinerten Ideen einer universellen Menschennatur können auch zu weit getrieben werden und sich dann zu der nicht minder schädlichen Lehre verhärten, daß

18 Ebd., S. 13.
19 Michelle Rosaldo, *Knowledge and Passions. Ilongot Notions of Self and Social Life*, a.a.O.

mir, von meiner eigenen Gruppe abgesehen, jedes menschliche Wesen fremd ist.

So eliminieren die Forscher in den meisten anthropologischen Studien über Tod ganz einfach die Emotionen, indem sie die Position eines äußerst distanzierten Beobachters einnehmen. Ihre Haltung setzt das Ritual mit dem Obligatorischen gleich, übergeht die Beziehung zwischen Ritual und Alltag und vermengt den Vorgang des Rituals mit dem der Trauer. Trotz solcher Ausnahmen wie Wilsons Bericht scheint die allgemeine Regel zu lauten: Wisch möglichst alles hübsch sauber, putz die Tränen ab und sieh über die Wutanfälle hinweg.

Wenn die Analytiker Tod und Begräbnisritual gleichsetzen, unterstellen sie, daß Rituale kulturelle Weisheit verkapseln, codieren und speichern, als enthielten sie – *en miniature* und formalisiert – alles, was das Alltagsleben in einer Kultur informell leistet. Johannes Fabian fand beispielsweise, daß die vier wichtigsten anthropologischen Zeitschriften in den sechziger Jahren nur neun Aufsätze zum Tod brachten, und die meisten davon »beschäftigten sich nur mit den rein zeremoniellen Aspekten des Todes«.[20] Bei solcher Voreingenommenheit für das Ritual entsteht die Gefahr, daß man die Antworten auf die Fragen, die am dringlichsten gestellt werden müßten, bereits stillschweigend voraussetzt. Offenbaren Rituale zum Beispiel stets kulturelle Tiefe? Huntington und Metcalf geben bloß die Gemeinplätze der Disziplin wieder, wenn sie ihre Arbeit zuversichtlich mit der Behauptung beginnen, daß Rituale »die kollektive Weisheit vieler Kulturen verkörpern«.[21] Zweifellos wäre gerade diese Behauptung zu prüfen.

Betrachtet man die beiden Extremfälle, so können Rituale entweder kulturelle Tiefe sichtbar machen oder von Plattheiten strotzen. Im zweiten Fall können Rituale beispielsweise als Katalysatoren wirken, die Vorgänge beschleunigen, die sich über einen Zeitraum von Monaten oder Jahren entfalten. Meine eigene Erfahrung paßt eher zu dem Platitüden- und Katalysatormodell als zu dem Modell des Mikrokosmos kultureller Tiefe. Selbst eine

---

20 Johannes Fabian, »How Others Die. Reflections on the Anthropology of Death«, in: A. Mack (Hg.), *Death in American Experience*, New York: Schocken 1973, S. 177-201, hier S. 178.
21 Huntington und Metcalf, *Celebrations of Death. The Anthropology of Mortuary Ritual*, a.a.O., S. 1.

sorgfältige Analyse der Sprache und der symbolischen Handlungen bei den zwei Begräbnissen, an denen ich als einer der Haupttrauernden beteiligt war, brächte herzlich wenig von der gelebten Erfahrung eines schmerzlichen Verlusts zum Vorschein.[22] Diese Feststellung sollte natürlich niemanden dazu verführen, aus der persönlichen Erfahrung eines anderen ein Universale abzuleiten. Vielmehr sollte sie Ethnographen zu der Frage ermutigen, ob die Weisheit eines Rituals tief oder konventionell ist und ob dieser Prozeß unmittelbar eine Verwandlung bewirkt oder nur einen einzelnen Schritt auf einem längeren Weg ritueller und alltäglicher Ereignisse darstellt.

Will man versuchen, die kulturelle Intensität der Wut und anderer mächtiger Gefühlszustände zu erfassen, sollte man sowohl das formelle Ritual als auch die informellen Alltagspraktiken im Auge behalten. Mit anderen Worten, die symbolische Analyse läßt sich vom formellen Ritual auf die Myriaden weniger ausgearbeiteter und genau begrenzter kultureller Praktiken ausdehnen. Solche Beschreibungen können Intensität ebensogut wie Dichte als Kriterium herausgreifen.

Kummer, Wut und die Kopfjagd der Ilongot

Lassen Sie mich nun skizzieren, wie sich diese Überlegungen zur kulturellen Intensität auf die Kopfjagd der Ilongot anwenden lassen. Vielleicht sollten wir die Kopfjagd zunächst versuchsweise als rituelle Inszenierung eines Sühneopfers betrachten. Die Expedition beginnt mit der Beschwörung des Geistes des potentiellen Opfers sowie mit Abschiedsritualen und setzt sich fort mit der Suche nach günstigen Vorzeichen auf dem Wege. Die meisten Ilongot sprechen von Hunger und Entbehrung auf dem tagelang

22 Man darf annehmen, daß das Ritual für die am meisten Betroffenen andere Funktionen erfüllt als für jene, die von einem bestimmten Todesfall nur sehr wenig berührt sind. Während Begräbnisse der ersten Gruppe vielleicht eine gewisse Distanz zu überwältigenden emotionalen Zuständen ermöglichen, mögen sie die anderen zu stärker empfundenen Gefühlen hinführen (siehe T. J. Scheff, *Catharsis in Healing, Ritual, and Drama*, Berkeley: University of California Press 1979). Solche Fragen lassen sich mit dem Begriff des »positionierten« Subjekts untersuchen.

dauernden, langsamen Zug zu der Stelle, wo sie einen Hinterhalt legen und auf den ersten besten warten, der zufällig vorbeikommt. Haben sie ihr Opfer getötet, behalten sie den Kopf nicht als Trophäe, sondern schleudern ihn meist fort. Vor einem solchen Streifzug beschreiben die Männer ihren inneren Zustand mit den Worten, sie fühlten sich bedrückt und gelähmt von den Bürden des Lebens, wie ein Baum, an den sich Misteln klammern. Nach einer erfolgreichen Expedition fühlen sie sich flink auf den Beinen und spüren wieder eine gesunde Gesichtsfarbe. Die kollektive Energie des Fests mit Gesang, Musik und Tanz gebe den Teilnehmern ein Gefühl des Wohlbefindens. Dieser Ritualvorgang schließt Reinigung und Katharsis ein.

Die eben skizzierte Auffassung wird analytisch folgenreich, insofern sie das Ritual als in sich geschlossenen Prozeß betrachtet. Ohne die Einsicht zu leugnen, die dieser Ansatz vermittelt, sollten wir auch seine Grenzen beachten. Angenommen etwa, wir betrachteten exorzistische Rituale als vollständiges und abgeschlossenes Ganzes und sähen darin niemals Teile umfassenderer Vorgänge, die vor und nach der Ritualperiode ablaufen. Was könnten wir dann über den Zustand der Besessenheit sagen? Was geschieht, wenn jemand geheilt wird oder, wenn das Ritual scheitert, besessen bleibt? Unterläßt man es, über solche Fragen nachzudenken, raubt man den Leiden und den Therapien, die während des formellen Rituals nur zum Teil greifbar werden, möglicherweise ihre Intensität. Noch andere Fragen könnten sich stellen, nicht nur zu den besessenen Kranken, sondern auch zu so unterschiedlich positionierten Subjekten wie dem Heiler und den Zuschauern. In jedem Falle bedarf es der genauen Nachzeichnung der Prozesse, die nicht nur während des rituellen Moments, sondern auch vorher und nachher stattfinden.

Während die eben kritisch umrissene Position *das Ritual als Mikrokosmos* einer Kultur charakterisiert, so möchte ich als Alternative dazu *das Ritual als belebte Kreuzung* verstehen. Statt als abgeschlossene Sphäre tiefer kultureller Aktivität läßt sich das Ritual eher als ein Ort verstehen, an dem sich zahlreiche unterschiedliche soziale Prozesse schneiden. Kreuzungen bilden schlicht einen Raum, der von verschiedenen Bahnen durchquert wird – sie sind in ihm nicht eingeschlossen und verkapselt. Unter diesem Gesichtspunkt betrachtet, könnte man die Kopfjagd der Ilongot im Schnittpunkt dreier analytisch unterscheidbarer Prozesse ansiedeln.

Der erste Prozeß hat damit zu tun, ob die Gelegenheit für eine Expedition günstig ist oder nicht. In der Vergangenheit haben historische Bedingungen für solche Streifzüge Muster festgelegt, deren Spannweite von »häufig« über »wahrscheinlich« zu »unwahrscheinlich« und »ausgeschlossen« reicht. Zu diesen Bedingungen gehörten zum Beispiel die Befriedungsversuche der amerikanischen Kolonialpolitik, die Weltwirtschaftskrise, der Zweite Weltkrieg, revolutionäre Bewegungen im umliegenden Flachland, Fehden zwischen Ilongot-Gruppen und die bereits erwähnte Erklärung des Kriegsrechts im Jahre 1972. Die Ilongot selbst benutzen Analogien zur Jagd, wenn sie über solche historischen Randbedingungen sprechen. Und Jäger sagen, daß man das Jagdglück nicht in der Hand hat, denn wer kann wissen, ob Wild unseren Weg kreuzt oder ob der Pfeil sein Ziel trifft? Mein Buch über die Kopfjagd der Ilongot untersucht diese historischen Faktoren.[23]

Zweitens erleben heranwachsende junge Männer eine längere Phase des Gefühlsaufruhrs, in der sie sich nichts so sehr wünschen, wie einen Kopf zu nehmen. Es ist die Zeit, in der sie einen Lebenspartner suchen und ihnen deshalb eine traumatische Ortsveränderung bevorsteht, weil sie nämlich nach der Heirat ihre Herkunftsfamilie verlassen und als Fremder in den Haushalt ihrer neuen Frau eintreten. Ihr intensiver, glühender Wunsch, einen Kopf zu nehmen und die begehrten roten Nashornvogel-Ohrringe zu tragen, mit denen sich jene Männer schmücken, die ihnen, wie die Ilongot sagen, zuvorgekommen (*tabi*) sind, veranlaßt die jungen Männer zu Tränenausbrüchen, Schreien und Wutanfällen. Launisch, neidisch, hitzig – zumindest nach ihrem eigenen kulturellen Stereotyp des jungen unverheirateten Mannes (*buintaw*) – gieren sie ständig danach, einen Kopf zu nehmen. Zu Beginn unserer Feldarbeit bei den Ilongot war es erst ein Jahr her, daß Shelly und ich unser Junggesellendasein aufgegeben hatten; wir hatten also keine Mühe, uns in spätadoleszente Gefühlsstürme einzufühlen. Shellys Buch über die Selbstvorstellungen der Ilongot enthält tiefschürfende Untersuchungen über die hitzige Wut junger Männer.[24]

23 Renato Rosaldo, *Ilongot Headhunting, 1883-1974. A Study in Society and History*, a.a.O.
24 Michelle Rosaldo, *Knowledge and Passion. Ilongot Notions of Self and Social Life*, a.a.O.

Drittens nehmen die älteren Männer im sozialen Raum der Ilongot eine Position ein, die sich von der jüngerer Männer erheblich unterscheidet. Da sie schon einmal jemanden geköpft haben, können sie die roten Nashornvogel-Ohrringe tragen, um die sie die Jungen so beneiden. Ihre Sehnsucht nach einer Kopfjagd entspringt daher weniger dem chronischen Gefühlsaufruhr der Heranwachsenden als einem periodisch auftretenden akuten Schmerz über einen Verlust. Nach dem Tod eines Menschen, dem sie sehr nahe standen, geloben ältere Männer oft, sich so lange zu bestrafen, bis sie an einer erfolgreichen Kopfjagd teilgenommen haben. Anlaß kann ein natürlicher Tod, ein gewaltsamer Tod durch Köpfen, aber auch ein sozialer Tod sein, etwa wenn die Frau eines Mannes mit einem anderen davonläuft. All diesen Fällen ist die Wut gemeinsam, die aus einem überwältigenden Gefühl des Verlusts entsteht. Dieser Zorn darüber, böswillig verlassen worden zu sein, ist irreduzibel, insofern er von keiner tieferen Ebene aus erklärbar ist. Obschon die symbolische Analyse sich häufig gegen die gefürchtete »letzte Instanz« in der Analyse wendet, hat die Verbindung von Kummer, Wut und Kopfjagd hier ihren harten Fels erreicht.

Offensichtlich haben meine früheren Versuche, die Kopfjagd der Ilongot zu verstehen, nicht richtig erfaßt, wie ältere Männer Verlust und Wut empfinden. Die Position der älteren Männer erweist sich in unserem Zusammenhang als entscheidend, da sie – und nicht die Jungen – den Ablauf der Kopfjagd in Gang setzen. Ihre Wut erscheint wie ein Anfall; die der Jüngeren ist permanent. In der Kopfjagd-Gleichung sind die Älteren deshalb die Variable, die Jüngeren die Konstante. Kulturell gesehen verfügen ältere Männer über ein Wissen und eine Ausdauer, die den Jungen noch nicht eigen ist, weshalb sie sich auf einer Expedition um die jüngeren Männer kümmern (*saysay*) und sie anführen (*bukur*).

Als ich mir einen ersten Überblick über die Literatur zur Kopfjagd verschaffte, fand ich, daß nach einem erfolgreichen Streifzug häufig die Trauerverbote aufgehoben werden. Verglichen mit den Vorstellungen, von denen in dieser Literatur berichtet wird – etwa daß die Männer Köpfe abschneiden, um sich Seelenstoff anzueignen oder sich einen Namen zu machen[25] –, nimmt meine Darstel-

---

25 Robert McKinley, »Human and Proud of It! A Structural Treatment of Headhunting Rites and the Social Definition of Enemies«, in: G. Ap-

lung den jugendlichen Zorn und die aus niederschmetternden Verlusterfahrungen entstandene Wut der Älteren ernst und billigt den Kopfjägern ein höheres Maß an menschlicher Glaubwürdigkeit zu, wenn sie erklären, sie empfänden ihre kulturellen Praktiken als unwiderstehlichen Zwang. Da sich die anthropologische Disziplin mit Recht weigert, zu behaupten, Kopfjäger seien von Natur aus blutrünstig, muß sie überzeugende Erklärungen dafür entwickeln, wie in den Kopfjägern das heftige Bedürfnis wach wird, Menschen den Kopf abzuschneiden. Darin liegt die Bedeutung des Versuchs, durch die Erforschung der kulturellen Intensität von Emotionen die Leidenschaften zu erklären, die das menschliche Verhalten antreiben.

Emotionen, Rituale und das »positionierte« Subjekt

Von den vier Hauptthesen dieses Artikels beziehen sich die ersten beiden auf Probleme, die daraus entstehen, daß man vorschnell als korrekte Antwort akzeptiert, was noch untersuchungsbedürftig wäre; die beiden anderen deuten bestimmte methodologische Konsequenzen an, die sich aus der Rede vom »positionierten Subjekt« ergeben.

1. Ist kulturelle Tiefe immer mit kultureller Komplexität gleichzusetzen? Denken Sie bloß an einen Dauerredner im Parlament, der eine Abstimmung verschleppen will. Die Sprache, in der er Wort auf Wort häuft, kann durchaus elaboriert erscheinen, doch ist sie gewiß nicht tief. Tiefe hat also, mit anderen Worten, nichts mit Komplexität zu tun. Umgekehrt können auch Einzeiler nichtssagend oder tiefsinnig sein.

Der Begriff der Intensität macht auf eine länger andauernde Heftigkeit in menschlichen Verhaltensweisen aufmerksam, deren Auftreten nicht an die dichte symbolische Komplexität gebunden ist, an die man gewöhnlich denkt, wenn von kultureller Tiefe die Rede ist. Obgleich sie sich in Worten, Gesang und Ritual kaum

---

pell (Hg.), *Studies in Borneo Societies. Social Process and Anthropological Explanation*, DeKalb, Ill.: Center for Southeast Asian Studies, Northern Illinois University 1976, S. 92-126; Rodney Needham, »Skulls and Causality«, in: *Man*, N. S. 11 (1976), S. 71-88; Michelle Rosaldo, »Skulls and Causality«, in: *Man*, N. S. 12 (1977), S. 168-170.

manifestiert, zeitigt die Wut älterer Ilongot-Männer, die niederdrückende Verluste erlitten haben, erhebliche Folgen, vor allem insofern sie diese Männer dazu treibt, ihren Mitmenschen den Kopf abzuschneiden. So liegen in dem Begriff der Intensität nicht nur die Heftigkeit der Affekte, sondern auch die bedeutenden Konsequenzen, die sich über einen längeren Zeitraum entfalten.

2. Liegt in Ritualen stets tiefe kulturelle Weisheit verborgen? Könnte es sich nicht auch um die Weisheit eines Polonius handeln? Gewiß können Rituale höchste Werte, kulturelle Schlüsselvorstellungen und die Grundlagen des Gruppenzusammenhalts zum Ausdruck bringen und sogar schaffen. In anderen Fällen bringen sie bloß Leute zusammen und liefern ihnen eine Reihe von Gemeinplätzen, auf deren Basis die Menschen ihr Leben weiterführen können, die ihnen aber keine Einsicht vermitteln.

Ein Ritual kann also Vorgänge fördern, die sowohl vor als auch nach seiner Ausführung ablaufen. Begräbnisrituale umfassen zum Beispiel nicht den gesamten Prozeß der Trauer. Es ist falsch, beides zusammenfallen zu lassen, da Ritual und Trauer sich weder vollständig decken noch erklären. In solchen Fällen kann der Ritualvorgang ein bloßer Ruhepunkt im Verlauf einer Reihe längerer Entwicklungsbahnen sein; daher das Bild des Rituals als Kreuzung, auf der sich unterschiedliche Lebensprozesse schneiden können.

3. Als »positioniertes Subjekt« kann der Ethnograph bestimmte ethnographische Phänomene besser verstehen als andere. Der Begriff der Position bezieht sich ganz einfach auf einen strukturalen Ort, von dem aus sich ein bestimmter Blickwinkel eröffnet. Überlegen Sie etwa, wie Alter, Geschlecht, eine Existenz als Außenseiter und Verbindungen zu einem neokolonialen Regime auf das, was man währnimmt, Einfluß haben können.

Unter Position kann man auch verstehen, wie die eigene Lebenserfahrung bestimmte Arten von Einsicht ermöglicht oder verhindert. Zum Beispiel besaß ich keine Erfahrungen, die mir auch nur eine Ahnung davon vermittelt hätten, zu welcher Wut ein schmerzlicher Verlust führen kann. Erst nach Shellys Tod 1981 war ich in der Lage, die Intensität zu begreifen, von der die Ilongot wiederholt gesprochen hatten, wenn von Kummer, Wut und Kopfjagd die Rede war.

4. Als »positionierte Subjekte« unterliegen natürlich auch die Einheimischen der Konstellation von Einsicht und Blindheit. Der

vorliegende Artikel beschäftigt sich mit den strukturalen Positionen älterer und jüngerer Männer sowie mit dem Umstand, daß die Lebenserfahrung den Haupttrauernden eine andere Stellung zuweist als den weniger Betroffenen. In meiner Besprechung anthropologischer Schriften über den Tod habe ich die Analyse zumeist einfach von der Position der am wenigsten Betroffenen zu derjenigen der Haupttrauernden verschoben.

Unter diesem Gesichtspunkt sollten die Positionen des Ethnographen und des Einheimischen im Zusammenhang betrachtet werden. Die folgenden Bemerkungen Pierre Bourdieus scheinen hier treffend:

»Die besondere Beziehung des Ethnologen zu seinem Objekt, die des Beobachters, der vom realen Spiel der sozialen Praktiken dadurch ausgeschlossen ist, daß er im beobachteten System keinen Platz hat und sich dort auch keinen zu schaffen braucht (es sei denn, er tut es absichtlich oder spielerisch), beschwört die Möglichkeit einer theoretischen Verzerrung herauf. Denn die Situation des Beobachters, die ihm eine hermeneutische Repräsentation der sozialen Praxisformen nahelegt, verführt ihn dazu, alle sozialen Situationen auf kommunikative Beziehungen und, genauer gesagt, Operationen der Entzifferung zu reduzieren. [...] Zweifellos kommt auch der Begeisterung für die Tugenden der Distanz, die durch die Exteriorität garantiert wird, die Funktion zu, die objektive Situation des Ethnologen – des ›unparteiischen Beobachters‹ (wie Husserl formuliert), der dazu verurteilt ist, alle Praktiken als bloßes Schauspiel zu betrachten – in eine epistemologische Entscheidung zu verwandeln.«[26]

Ähnlich schreiben die meisten Anthropologen über den Tod, als wären sie in der Position unparteiischer Beobachter ohne jene Lebenserfahrung, die ihnen Kenntnis der kulturellen Intensität von Emotionen vermitteln könnte.

---

26 Pierre Bourdieu, *Outline of a Theory of Practice*, Cambridge: Cambridge University Press 1977, S. 1. [Übersetzt nach der englischen Ausgabe, die von der deutschen stark abweicht; vgl. die entsprechende Passage in: *Entwurf einer Theorie der Praxis auf der ethnologischen Grundlage der kabylischen Gesellschaft*, übersetzt von Bernd Schwibs, Frankfurt am Main: Suhrkamp 1976, S. 140 f.]

Danksagung

Meine Feldforschung bei den Ilongot, die sich in den Jahren 1967-1969 und 1974 über dreißig Monate erstreckte, wurde mit einem Doktorandenstipendium der *National Science Foundation*, einem Forschungsstipendium derselben Institution (GS-1509 und GS-40788) und einem Mellon-Preis für Nachwuchswissenschaftler der *Stanford University* finanziert. Ein *Fulbright*-Stipendium ermöglichte einen zweimonatigen Aufenthalt auf den Philippinen im Jahre 1981. Vieles verdankt dieser Artikel den Kommentaren von Jane Atkinson, Edward Bruner, Roberto DaMatta, Louise Lamphere, Rick Maddox, Kirin Narayan, Emiko Ohnuki-Tierney, Mary Pratt, Amelie Rorty und Maidi Rosenblatt.

Übersetzt von Horst Brühmann

Literatur

Bourdieu, Pierre (1976), *Entwurf einer Theorie der Praxis auf der ethnologischen Grundlage der kabylischen Gesellschaft*, übersetzt von Bernd Schwibs, Frankfurt am Main: Suhrkamp; *Outline of a Theory of Practice*, Cambridge: Cambridge University Press 1977.

Beauvoir, Simone de (1965), *Ein sanfter Tod*, übersetzt von Liliane Weissberg, Reinbek: Rowohlt.

Douglas, William A. (1969), *Death in Murelaga. Funerary Ritual in a Spanish Basque Village*, Seattle: University of Washington Press.

Fabian, Johannes (1973), »How Others Die. Reflections on the Anthropology of Death«, in: A. Mack (Hg.), *Death in American Experience*, New York: Schocken, S. 177-201.

Geertz, Clifford (1983), *Dichte Beschreibung. Beiträge zum Verstehen kultureller Systeme*, übersetzt von Brigitte Luchesi und Rolf Bindemann, Frankfurt am Main: Suhrkamp.

– (1988), *Religiöse Entwicklungen im Islam. Beobachtet in Marokko und Indonesien*, übersetzt von Brigitte Luchesi, Frankfurt am Main: Suhrkamp.

Geertz, Hildred (1959), »The Vocabulary of Emotion. A Study of Javanese Socialization Processes«, in: *Psychiatry* 22, S. 225-237.

Huntington, Richard und Peter Metcalf (1979), *Celebrations of Death. The Anthropology of Mortuary Ritual*, Cambridge: Cambridge University Press.

McKinley, Robert (1976), »Human and Proud of It! A Structural Treatment of Headhunting Rites and the Social Definition of Enemies«, in:

G. Appell (Hg.), *Studies in Borneo Societies. Social Process and Anthropological Explanation*, DeKalb, Ill.: Center for Southeast Asian Studies, Northern Illinois University, S. 92-126.

Metcalf, Peter (1982), *A Borneo Journey into Death. Berawan Eschatology from Its Rituals*, Philadelphia: University of Pennsylvania Press.

Needham, Rodney (1976), »Skulls and Causality«, in: *Man*, N.S. 11, S. 71-88.

Rosaldo, Michelle (1977), »Skulls and Causality«, in: *Man*, N.S. 12, S. 168-170.

– (1980), *Knowledge and Passion. Ilongot Notions of Self and Social Life*, Cambridge: Cambridge University Press.

Rosaldo, Renato (1980), *Ilongot Headhunting, 1883-1974. A Study in Society and History*, Stanford: Stanford University Press.

Scheff, T. J. (1979), *Catharsis in Healing, Ritual, and Drama*, Berkeley: University of California Press.

Wilson, Godfrey (1939), *Nyakyusa Conventions of Burial*, Johannesburg: The University of Witwatersrand Press.

Veena Das
Der anthropologische Diskurs über Indien
Die Vernunft und ihr Anderes

Einführung

Daß die Anthropologie ebenso wie einige andere Sozialwissenschaften eurozentrisch orientiert ist, wird seit langem zugegeben. Was die Anthropologie gegenüber anderen Disziplinen jedoch auszeichnet, ist ihre Verwendung der Kategorie des »Anderen«, um die Beschränkungen ihres Ursprungs und ihrer geographischen Herkunft zu überwinden. In diesem Beitrag möchte ich die »Andersheit« der indischen Gesellschaft untersuchen und prüfen, welche Rolle sie in der anthropologischen Theorie gespielt hat.[1] Es entbehrt nicht der Ironie, daß sich die Auseinandersetzungen in der anthropologischen Theorie nicht nur in den ideologischen Konflikten der modernen indischen Gesellschaft spiegeln, sondern daß man sogar sagen kann, sie hätten diesen Konflikten neue Artikulationsräume geschaffen. Ich möchte dieses Argument untermauern, indem ich – eher an eine Sprach- als an eine Bewußtseinsphilosophie angelehnt – die expliziten und impliziten Dialoge zu entwirren versuche, die der anthropologische Text enthält. Ich nehme an, daß die Beziehung zum Anderen auf der begrifflichen Ebene des anthropologischen Textes in mancherlei Hinsicht eindeutig mit unserem kommunikativen Verhalten gegenüber anderen in Bezug zu setzen ist. So erkenne ich im ethnographischen oder soziologischen Text über Indien zumindest drei Arten von Dialogen: den innerhalb der Disziplin verlaufenden Dialog mit den westlichen Forschungstraditionen; den Dialog mit dem indischen Soziologen und Anthropologen; und den Dialog mit dem »Informanten«, dessen Stimme entweder als im Feld gewonnene Information präsent ist oder sich in den schriftlichen Texten der Tradi-

---

[1] Dieser Artikel erhebt nicht den Anspruch, einen umfassenden Überblick über diese Frage zu liefern. Er beschränkt sich vielmehr auf einige Probebohrungen auf dem Gelände der sozialwissenschaftlichen Literatur, um Licht auf bestimmte Probleme zu werfen, die der anthropologische Diskurs über die indische Gesellschaft stellt.

tion niedergeschlagen hat. Und eben aus der Wechselbeziehung zwischen diesen drei Dialogen gewinnen wir unsere Methode zu einem Verständnis des anthropologischen Textes.

Die Entwirrung des Wir und des Ihr. Der Text von Louis Dumont

Ich beginne mit der Frage: An wen richtet sich der anthropologische Text? Und hat der Adressat Einfluß auf die Wahl des Gegenstands? Einer der einflußreichsten Autoren, die sich mit der indischen Gesellschaft beschäftigt haben, Louis Dumont, charakterisierte die traditionelle Hierarchie als das »herausragende ideologische Merkmal« des indischen Sozialsystems (unter dem Gesichtspunkt seiner Morphologie).[2] Als geeignetes Untersuchungsobjekt bot sich die Hierarchie deshalb an, weil sie den absoluten Gegenpol zu dem darstellt, was Dumont als »die moderne Ideologie« bezeichnet hat. Das Ziel seiner Erforschung dieses Gegenpols bestand darin, »unsere Ideologie – als unumgängliche Voraussetzung ihrer Überwindung – zu isolieren, einfach weil wir uns sonst im Medium unseres eigenen Denkens verfangen«. Als Charta für die Legitimität anthropologischer Forschung verstanden, macht dieser programmatische Satz deutlich, daß die Subjekte dieser Forschung – also »wir« ebenso wie das Publikum, an das sie sich richtet – *per definitionem* Gesellschaften mit »modernen Ideologien« angehören. In der »Modernität« dieser im Westen vorherrschenden Ideologie liegt bereits die Aufforderung an das Publikum, die Fähigkeit zu entwickeln und zu pflegen, andere Werte intellektuell zu verstehen, selbst wenn man einräumt, daß diese die eigenen Werte des Lesers nicht ernsthaft in Frage zu stellen vermögen. In den Worten Dumonts:

2 Louis Dumont, *Homo hierarchicus. Essai sur le système des castes*, Paris: Gallimard 1966. Englisch: *Homo Hierarchicus. The Caste System and its Implications*, London: Weidenfeld & Nicholson (und Chicago: University of Chicago Press) 1970; erstmals vollständige, zum Teil revidierte englische Ausgabe: London/Chicago: The University of Chicago Press 1980. Deutsch: *Gesellschaft in Indien. Die Soziologie des Kastenwesens*, übersetzt von Margarete Venjakob, Wien: Europaverlag 1976. – Die zitierte Stelle findet sich nur im Vorwort der revidierten englischen Ausgabe, S. XXI.

»Selbstverständlich kann sich der Leser weigern, seinen eigenen Wertmaßstab aufzugeben, er kann darauf beharren, daß der Mensch für ihn mit der Deklaration der Menschenrechte beginnt, und schlicht und einfach all das verurteilen, was davon abweicht. Damit setzt er sich gewiß Grenzen, und sein Anspruch darauf, ›modern‹ zu sein, gibt nicht nur de facto, sondern auch de iure Anlaß zur Diskussion. In Wirklichkeit handelt es sich hier keineswegs – sagen wir es klipp und klar heraus – darum, die modernen Werte direkt oder indirekt anzugreifen. Sie erscheinen uns im übrigen genügend gesichert, als daß sie etwas von unseren Untersuchungen zu fürchten hätten. Es handelt sich lediglich um einen Versuch, andere Werte *intellektuell* zu erfassen.«[3]

Akzeptiert man eine solche Beschreibung der anthropologischen Problemstellung, welchen intellektuellen Raum könnte die Anthropologie dann in Indien für sich beanspruchen? Wäre eine solche Anthropologie oder Soziologie »indisch« in dem Sinne, daß sie eine allgemeine, durch verwandte Begriffssysteme und Methoden geprägte Wissenschaft mit Hilfe adjektivischer Bestimmungen näher qualifiziert? Müßte man sie besser als Soziologie oder Anthropologie *in* Indien beschreiben, insofern Indien nur den Ort angibt, von dem aus kulturelle Differenzen und ihre Erscheinungen beobachtet werden? Oder sollte man lieber an eine »Soziologie *Indiens*« denken, für die sich Dumont einsetzt und mit deren Hilfe die Sehnsucht des Westens, den Beschränkungen seiner Ideologie intellektuell zu entrinnen, zum Ziel kommen könnte? Hier ist nicht der Ort, systematisch zu untersuchen, welche subtilen Folgen sich jeweils aus der geistigen Haltung der Anthropologin zu diesen Fragen für ihre Einstellung zur indischen Gesellschaft ergeben. Ich hoffe jedoch, daß sich im Laufe der Diskussion eine Antwort abzeichnet. Die nächstliegende Gefahr für indische Anthropologen besteht jedoch darin, sich den Vorwurf anhängen zu lassen, entweder »defensiv« oder »chauvinistisch« zu sein. Auf diesen Punkt macht Dumont seine westlichen Leser folgendermaßen aufmerksam:

»Heutzutage erklären die Hindus Vertretern des Westens gegenüber sehr oft, daß die Kaste eine soziale, nicht eine religiöse Angelegenheit sei. Es ist klar, daß die Motivation für diese Behauptung eine ganz andere ist als die der vorerwähnten Ansichten: In erster Linie handelt es sich darum, die Institutionen zu einem gewissen Grad vom westlichen Standpunkt aus zu rechtfertigen – ein Standpunkt, den der gebildete Hindu meist akzeptiert.«[4]

3 Ebd., S. 18.   4 Ebd., S. 43.

Somit kann der gebildete Hindu über Kaste und Religion nicht mit authentischer Stimme sprechen, weil er dazu verurteilt ist, die Einrichtungen seiner Gesellschaft »vom Standpunkt des Westens aus« zu betrachten. Nimmt er jedoch eine Perspektive ein, die man als »indisch«, »hinduistisch« oder »islamisch« bezeichnen könnte, wird er den Vorwurf ernten, »rückwärtsgewandt« zu sein. Legitim scheint die Orientierung an den Traditionen seiner eigenen Gesellschaft allenfalls dann, wenn sie eindeutig in die Vergangenheit gestellt werden. Blicken wir dazu noch einmal auf eine alte Kontroverse zwischen Dumont und zwei indischen Anthropologen, um die Beziehungsfalle einschätzen zu können, in der indische Anthropologen gefangen sind.

In seiner Antrittsvorlesung anläßlich der Übernahme des Lehrstuhls für die Soziologie Indiens an der École Pratique des Hautes Études (1955) regte Dumont die Schaffung einer (neuen?) Soziologie Indiens an, die sich dort ansiedeln sollte, »wo Soziologie und Indologie zusammenfließen«.[5] In diesem Entwurf bestimmte Dumont das Kastensystem als die grundlegende Institution der indischen Gesellschaft, die sowohl nach den Schriftquellen als auch empirisch erforscht werden könne. Die Bestimmung der Kaste als grundlegende Institution der indischen Gesellschaft erlaube es, ungeachtet aller beobachteten regionalen und historischen Verschiedenheiten einen Begriff von der *Einheit* Indiens zu gewinnen. Dumont war sich darüber im klaren, daß die Behauptung, die Einheit Indiens liege in seinem Kastensystem, sowohl als soziologisches Theorem wie auch als politische Feststellung aufgefaßt werden konnte. So schrieb er 1960, er fürchte, daß sein Projekt von einigen indischen Lesern mißverstanden worden sei. In seinen Worten:

»Haben nicht einige unserer indischen Leser in dem Satz, die Kaste sei die Grundeinheit der indischen Gesellschaft, mehr gesehen als ein soziologisches Theorem – so etwas wie eine politische Affirmation, um nicht zu sagen eine Waffe? [...] Zur Klärung aller Mißverständnisse sollte es genügen, daran zu erinnern, daß die von uns gemeinte Einheit keine politische, sondern eine religiöse Einheit ist. Im Sinne von ›Handlungszielen‹ heißt das: *artha* wird *dharma* untergeordnet [...], was hier bedeutet: politische Zwietracht wird in Kauf genommen, um den Vorrang der Religion zu sichern. Und der gesamte Verlauf der indischen Geschichte liefert die Be-

---

5 Dumont, »For a Sociology of India«, in: *Contributions to Indian Sociology* 1 (1957), S. 7-22.

stätigung dafür. Aus diesem Blickwinkel betrachtet, liegt die Aufgabe des modernen indischen Staatsmannes genau darin, die eine Art der Einheit durch die andere zu ersetzen. Der Weg von einer Kastengesellschaft zu einer Nation ist lang, und die politische Aufgabe wird um so schwieriger erscheinen, je besser die Art der bestehenden Einheit begriffen wird. Unsere indischen Freunde werden uns vergeben, wenn wir – in dem Wunsch, eine Verwechslung der Ebenen zu vermeiden – unsere gewohnten Grenzen ein wenig überschritten haben.«[6]

An dieser Stelle unserer Argumentation wollen wir auf zwei Punkte hinweisen, die sich aus Dumonts Klärung ergeben. Erstens: Während es bei der Bestimmung des Kastensystems als einheitsstiftendes Fundament Indiens für westliche Leser lediglich um die *intellektuelle* Aneignung fremder Werte geht, haben zumindest einige indische Leser dieses soziologische Theorem offenbar als *politische* Waffe benutzt. Zweitens: Die indische Nation kann nur *gegen* den »gesamten Verlauf der indischen Geschichte« errichtet werden, und selbst auf die Gefahr hin, die eigenen Grenzen dabei zu überschreiten, gehört es zur hehren Verantwortung des westlichen Anthropologen, die indischen Staatsmänner an ihre Aufgabe zu erinnern. Nebenbei gesagt steht dieses Konzept, das den Begriff der Nation in diametralen Gegensatz zu den Traditionen der Gesellschaft rückt, in der diese Nation errichtet wurde, sowie jenes Zeitbewußtsein, das die Vergangenheit als Bedrohung der künftigen politischen Stabilität Indiens betrachtet, im Mittelpunkt einer bedeutenden ideologischen Debatte, die in der kulturellen Öffentlichkeit der indischen Gesellschaft geführt wird. Mit dieser doppelten Konzeption einer »Nation« im Gegensatz zur »Gemeinschaft« (lies: Kaste) und einer Vergangenheit, die man bewußt von sich abwerfen muß, kommt eine politische Ökonome der Zeichen ins Spiel. Die politischen Implikationen dieser Begriffsverwendung thematisiert Dumont mit Hilfe zweier methodologischer Kunstgriffe. Zum einen liegt Indien vom Westen räumlich so weit entfernt, daß westliche Gelehrte die »Kaste« und ihr Wertsystem auf rein intellektueller Ebene untersuchen können, ohne daß diese »überholten« Werte für den westlichen Leser irgendeine politische Chance oder Herausforderung darstellten. Für den indischen Anthropologen, der in Gesellschaften lebt, die

---

6 Siehe das Editorial (»A First Step«) in: *Contributions to Indian Sociology* 4 (1960), S. 7-12, hier S. 8 f.

von diesen Werten durchdrungen sind, besteht nach Dumont die Herausforderung darin, diese traditionellen Institutionen und Werte zu überwinden, um einen modernen Nationalstaat zu errichten. Die einzige Haltung, die der moderne Inder seinen eigenen Traditionen gegenüber einnehmen kann, besteht darin, sie in die Vergangenheit zu verlegen. In keinem Falle stellen sie einen geistigen Reichtum dar, aus dem zeitgenössische Gesellschaften schöpfen könnten. An die Stelle der räumlichen Entfernung tritt die zeitliche Distanz, so daß dem indischen Anthropologen seine eigene Vergangenheit als das Andere erscheint. So gehen diese Zeichen in diskursive Konstrukte ein, in denen *beide*, die moderne indische Identität wie auch eine theoretische Anthropologie Indiens, konkrete Gestalt annehmen.

Im Jahre 1962 schrieb der indische Soziologe A. K. Saran, der sich längere Zeit mit der Frage beschäftigt hat, welche Auswirkungen die Soziologie – als westliche Disziplin – auf die Entwicklung der indischen Wissenssysteme hat, eine Besprechung des vierten Bandes der *Contributions to Indian Sociology*.[7] In dieser Rezension vertrat Saran die Auffassung, Dumont stelle mit seiner Behauptung, der Blick eines externen Beobachters auf die indische Gesellschaft sei in höherem Maße objektiv als ein Blick von innen, eine positivistische Falle auf. Der Blick von außen, behauptete er, sei nichts weiter als die Deutung einer Kultur in den Kategorien einer anderen, fremden Kultur. Ein solcher Zweifel an der Vorstellung, daß der Blick von außen irgendwie objektiver sei, ist nun weder für die Philosophie noch für die Anthropologie sonderlich verblüffend. Tatsächlich wäre die Idee einer von ihrer Beschreibung unabhängigen Realität im heutigen philosophischen Diskurs kaum haltbar. So stellen Goodman und Elgin in prägnanter Formulierung fest:

»Die Irrtümer der Wahrheit sind vielfältig und schlimm. Als Korrespondenz zwischen Diskurs und der vorgefertigten Welt jenseits des Diskurses konstruiert, verstrickt sie sich in zweifache Schwierigkeit: Es gibt keine derartige, von Beschreibung unabhängige Welt; und Korrespondenz zwischen Beschreibung und dem Unbeschriebenen ist unverständlich. Wahrheit ist eine brauchbare Klassifikation von Aussagen, sie muß jedoch etwas anders aufgefaßt werden.«[8]

7 A. K. Saran, Rezension von *Contributions to Indian Sociology* 4 (1960), in: *Eastern Anthropologist* 15 (1962) 1, S. 53-68.
8 Nelson Goodman und Catherine Z. Elgin, *Revisionen. Philosophie und*

Von anthropologischer Seite kommentierte Clifford Geertz die epistemologische Nähe von Ethnographie und Dichtung. Er vertrat die Ansicht, daß die Konventionen, nach denen Wahrheit in Ethnographie und Dichtung behauptet und akzeptiert wird, zu einer nicht-fiktionalen Erzähltradition gehörten, welche die Illusion eines unverstellten Blicks auf die Tatsachen durch das transparente Medium unschuldiger Fiktionen hindurch erzeuge.[9] Tatsächlich ist es heute beinahe schon gang und gäbe, die Krise der Repräsentation im Zusammenhang mit der Preisgabe ethnographischer Autoritätsansprüche auf die »objektive« Beurteilung einer »äußeren« Realität zu erörtern. Dumonts Antwort auf Saran blieb jedoch nicht im Rahmen eines Dialogs über die Beschaffenheit der Welt, die der Ethnograph erschafft oder repräsentiert, sondern bestand eher darin, Saran als Faschisten zu denunzieren. Die folgenden beiden Zitate sprechen für sich:

»Mit anderen Worten, während der westliche Sozialanthropologe sich bemüht, seine eigene Kultur – das heißt jene Kultur, die gegenwärtig die Welt materiell beherrscht – ›in Perspektive‹ zu betrachten, möchte Dr. Saran unbehelligt im seligen Besitz seines neo-hinduistischen Glaubens bleiben. Dies ist verständlich, denn die hinduistische Religion und Philosophie ist in ihrer Weise mindestens ebenso allumfassend, wie es irgendeine soziologische Theorie nur sein könnte.«[10]

Die Uneindeutigkeit dieser Aussage wird auf der folgenden Seite freilich beseitigt:

»Am beunruhigendsten scheint mir, daß Dr. Saran sich der gefährlichen Implikationen nicht bewußt zu sein scheint, die sich im weiteren Rahmen aus seinem Standpunkt ergeben. Wir Europäer haben einen Herrscher gehabt, der uns die Undurchdringlichkeit der Kulturen (*er sagte: Rassen*) lehren wollte; sein Name war Adolf Hitler. Solipsismus ist mit Gewalt keineswegs unvereinbar. [...] Ich hoffe, daß uns jedenfalls so viel zugute gehalten wird: daß wir einen gewissen Beitrag dazu geleistet haben, den Weg zu einem Verständnis zu ebnen, ohne die Schwierigkeiten und Hindernisse zu unterschätzen. Ich hätte nicht gedacht, daß ein Gelehrter vom

andere Künste und Wissenschaften, übersetzt von Bernd Philippi, Frankfurt am Main: Suhrkamp 1989, S. 203.
9 Zu einer Analyse dieser Auffassung siehe Steven Webster, »Dialogue and Fiction in Ethnography«, in: *Dialectical Anthropology* 7 (1982) 2, S. 91-114.
10 Louis Dumont, »A Fundamental Problem in the Sociology of Caste«, in: *Contributions to Indian Sociology* 9 (1966), S. 17-32, hier S. 26.

Rang Dr. Sarans sich für neo-hinduistische ›provinzielle‹ und rückwärtsgerichtete Gefühle hergeben würde.«[11]

In diesen bemerkenswerten Passagen entwirft Dumont, wie es scheint, nicht nur Indien als Objekt der Anthropologie, sondern legt im selben Moment die Bedingungen fest, unter denen (moderne?) Inder Anspruch auf einen legitimen Platz in der Welt anthropologischer Forschung erheben können. Für den westlichen Anthropologen gehört es zu den Werten seines modernen aufgeklärten Bewußtseins, Werte anderer Kulturen intellektuell zu verstehen. Dies hilft ihm bei seinen Bemühungen, Ideologie in ein Werkzeug wissenschaftlicher Argumentation zu verwandeln. Dieses intellektuelle Unternehmen kann jedoch die gegenwärtig für ihn verbindlichen Werte nicht bedrohen, da die »Andersheit« fremder Kulturen von der Lebenswelt des Anthropologen hermetisch abgeschottet bleiben kann.[12] Für den indischen Anthropologen besteht jedoch keine Möglichkeit, sich an der Entmystifizierung der »universalistischen«, »objektivierten« Kategorien der westlichen Soziologie zu beteiligen, indem er die Spuren einer fremden Kultur in der Entstehung dieser Kategorien nachweist. Damit steht dem westlichen Anthropologen die Möglichkeit offen, durch intellektuelle Aneignung anderer Werte seine eigene Ideologie zu überschreiten; für den indischen Anthropologen dagegen gibt es keine legitime Weise, das gleiche Verfahren auf die Ideologie *seiner* Kultur anzuwenden. Die Wissenskategorien

---

11 Ebd., S. 27.
12 Dumont war sehr im Irrtum mit der Vorstellung, »andere Kulturen« würden vom modernen westlichen Leben hermetisch abgeschottet bleiben. In Frankreich selbst hat die Entscheidung muslimischer Mädchen, den Schleier in der Schule zu tragen, zu erheblichen Auseinandersetzungen geführt. Die Salman-Rushdie-Affäre brachte ans Licht, daß die englischen Gesetze gegen Blasphemie zwar für die christliche Religion gelten, jedoch nicht auf andere Religionen anwendbar sind. Es scheint, daß es im Rahmen moderner Globalgesellschaften sehr schwierig werden wird, Kulturen in hermetisch voneinander abgeschotteten Abteilen getrennt zu halten. Die an entfernten Orten erfahrene Andersheit ist in den europäischen Gesellschaften bereits Teil der Alltagserfahrung. Siehe zum Beispiel Etienne Balibar, »Le symbole et la vérité«, in: *Libération* vom 3. November 1989, und die Diskussion unter dem Titel »L'islam face à la République«, in: *Le Point*, Nr. 893, 30. Oktober 1989.

nicht-westlicher Kulturen sind bloße Überzeugungen ohne epistemologisches Fundament, während die westlichen Kategorien den Status wissenschaftlicher und objektiver Wahrheiten annehmen. Zudem ist einer Soziologie, die etwa auf den Werten einer anderen als der westlichen Kultur gründet, jede Zukunft versperrt, da von vornherein feststeht, daß eine solche Soziologie faschistisch wäre – »neo-hinduistisch«, »provinziell« und »rückwärtsgerichtet«. Damit ist das Schicksal indischer Wissenssysteme besiegelt. Sie mögen ihren Platz in der Ideengeschichte haben; »wir« aus dem Westen können sie intellektuell erfassen und können mit ihrer Hilfe die Grenzen »unserer« Ideologie überschreiten; doch als Mittel zum Aufbau von Wissenssystemen, in denen der moderne Inder heimisch ist, stehen sie nicht zur Verfügung. Andere Kulturen erlangen Legitimität nur als Gegenstände des Denkens – niemals als Instrumente des Denkens. Ich behaupte nicht, daß Dumonts Werk damit erschöpfend beschrieben wäre und sonst keinen Wert hätte. Ich sage nur, daß der indische Anthropologe überall, wo er von Dumonts Diskurs unmittelbar angesprochen wird, auf die Rolle eines Informanten beschränkt wird.[13] Die Bedingung dafür, daß der nicht-westliche Anthropologe am soziologischen Diskurs teilnehmen darf, ist der aktive Verzicht auf das gegenwärtige Potential seiner Kultur. Dumont schreibt:

»Wenn es keinen ›Blick von außen‹, keinen Vergleich und keine Objektivität gäbe, dann könnte es so viele ›Soziologien‹ geben, wie es verschiedene Kulturen gibt. Doch wenn Dr. Madan beklagt, daß die indischen Gelehrten westliche Wissenschaftler auf dem Gebiet der Soziologie nur ›nachgeahmt‹ hätten, so ist dieser Satz doppeldeutig. Meint er, daß indische Soziologen einen originellen Beitrag im Rahmen der (›westlichen‹) Soziologie hätten leisten können, aber nicht geleistet haben (was richtig sein mag), oder meint er, sie hätten eine eigene Soziologie aufbauen sollen, die sich von der westlichen Soziologie grundsätzlich unterscheidet (womit er ganz und gar unrecht hätte)? Eine hinduistische Soziologie ist ein Widerspruch in sich...«[14]

13 Welche zentrale Bedeutung Dumonts Schriften über Indien zukommt, wird von verschiedenen Symposien über sein Werk belegt. Ich möchte noch einmal meine Bewunderung äußern für seine bemerkenswerte Fähigkeit, Material aus sehr unterschiedlichen Bereichen unter dem Dach eines einzigen theoretischen Ansatzes zusammenzubringen.
14 Siehe Dumont, »A Fundamental Problem in the Sociology of Caste«, a.a.O., S. 23.

Der abwesende Andere: Der Brahmane als ungebetener Gast

Ich wende mich nun einem anderen wichtigen Merkmal der Soziologie Dumonts zu, nämlich ihrer Fixierung auf den Begriff der Totalität, auf eine stabile Realität und damit auf ein stabiles Repräsentationssystem.[15] Ich behaupte, daß diese Stabilität eines Repräsentationssystems dadurch erreicht wird, daß er eine bestimmte Weltsicht – nämlich die (oder genauer: eine) von brahmanischen Traditionskonzepten geprägte – privilegiert und annimmt, diese Weltsicht könne die indische Gesellschaft als »objektive Totalität« der Welt repräsentieren. Ich will sogleich hinzufügen, daß diese objektive Totalität für Dumont keinen empirischen oder quantitativen Begriff darstellt. Vielmehr benutzt Dumont den Begriff der Hierarchie, um die Spuren kontingenter Umstände aus der begrifflichen Repräsentation zu löschen und so die zugrundeliegenden Gesetze der indischen Gesellschaft und Geschichte zu erfassen. Erinnern wir uns an seine Feststellung, daß *der gesamte Verlauf der indischen Geschichte* das hierarchische Verhältnis bestätigt zwischen dem Prinzip der Religion, für das der Brahmane steht, und dem Prinzip der weltlichen Macht, das vom Kshatriya-König repräsentiert wird: »politische Zwietracht um der religiösen Einheit willen«.

Gerade diese Verknüpfung des Totalitätsprinzips mit dem Hierarchieprinzip hat es Dumont erlaubt, der Kritik an seiner Vernachlässigung anderer Werte in der indischen Gesellschaft dadurch zu begegnen, daß er solche Werte als empirisch vorhanden, jedoch als theoretisch residual behandelt. So werden die Praktiken niederer Kasten verächtlich mit der Bemerkung abgetan: »Weil Barbiere sich gegenseitig rasieren, möchte jemand[16] daraus schließen, daß ›Gleichheit und Reziprozität‹ in dem System die gleiche Bedeutung haben wie Hierarchie.« Der Hinweise auf Praktiken in unteren Kasten, die zu den brahmanischen Praktiken im Widerspruch stehen, sollte den Begriff eines »Systems« oder einer »Totalität« ja gerade in Frage stellen, einer Totalität, welche die Welt-

---

[15] Ironischerweise zeigt sich diese Fixierung auf Totalisierung auch in Sarans Soziologie; ein Punkt, auf den ich noch zurückkommen werde.
[16] So jemand kann natürlich nicht einmal Anspruch auf einen Namen erheben! Dumont, *Homo Hierarchicus*, englische Ausgabe von 1980, S. 341.

sicht des Brahmanen privilegiert und ihr den Status einer »objektiven« Wahrheit einräumt, statt sie als umstrittene Position zu behandeln. Indem er allein dem Brahmanen eine »Stimme« verleiht, schreibt Dumont in der Tat an einem narrativen Grundmuster mit, welches die brahmanischen Weltauffassungen irgendwie als repräsentativ für die indische Gesellschaft betrachtet.

Wie kam es, daß die brahmanische Weltsicht im anthropologischen Diskurs über Indien derart privilegiert wurde? Richard Burghart gibt eine interessante Erklärung dafür, warum vor allem der Brahmane zum »Anderen« im Diskurs der indischen Anthropologie wurde.[17] Als sich die Anthropologen für den indischen Subkontinent als Arena anthropologischer Interpretationen zu interessieren begannen, fanden sie, daß er »bereits von Leuten besetzt war und definiert wurde, die sozusagen das lokale Pendant zu den Anthropologen darstellten – nämlich von Brahmanen und Asketen, die im Namen Brahmas über das soziale Universum sprachen.« Die Begegnung zwischen diesen beiden Arten der Wissensproduktion – der des Brahmanen und der des Anthropologen – ist Burghart zufolge deshalb von Interesse, weil »beide Arten von Personen soziale Beziehungen zu einem System totalisieren, in dem sie als Wissende agieren und in dem ihr Wissen über das aller anderen Akteure hinausgeht«.[18] Er beschreibt dann, wie die unterschiedlichen Formationsweisen von anthropologischem Wissen über Indien hauptsächlich von der jeweiligen Art des Dialogs zwischen dem Anthropologen und der brahmanischen Tradition abhingen. Diese Dialoge reichen, wie Burghart meint, von bewußter Meidung der brahmanischen Tradition (wie im Werk des indischen Anthropologen M. N. Srinivas) bis zu deren vollständiger Nachahmung (wie bei Louis Dumont). Der Orientalismus-Vorwurf, der von Said[19] erhoben und kürzlich von Inden[20]

17 Richard Burghart, »Ethnographers and Their Local Counterparts in India«, in: Richard Fardon (Hg.), *Localizing Strategies. Regional Traditions of Ethnographic Writing*, Edinburgh: Scottish Academic Press (und Washington: Smithsonian Institution Press) 1990, S. 260-279.
18 Ebd., S. 261.
19 Edward W. Said, *Orientalismus*, übersetzt von Paul Mayer, Frankfurt/Berlin/Wien: Ullstein 1981.
20 Ronald Inden, »Orientalist Constructions of India«, in: *Modern Asian Studies* 20 (1986), S. 401-446; ders., *Imagining India*, Oxford: Blackwell 1990.

mit Bezug auf Indien wiederholt wurde – daß nämlich der Orient eine europäische Projektion sei –, zielt also hier an der Sache vorbei: Nach Burgharts Meinung gehen die unterworfenen Völker, die Objekte der anthropologischen Forschung, in den Text des Anthropologen durchaus nicht nur als Lieferanten von Rohdaten ein, sondern auch als Leute, die an der Gestaltung des Forschungsprojekts und an seinem Ergebnis aktiv beteiligt waren. »Doch in seinem Bewußtsein übersteigt der Ethnograph das Feld; nachträglich setzt er Beobachtungen aus verschiedenen Zusammenhängen in Beziehung zueinander, und diese Überschreitung der Grenzen des Feldes prägt den Text nachhaltig. Kann man jetzt noch sagen, daß zumindest im Text Spuren des Untersuchungsobjektes erhalten bleiben, nicht als ›Rohdaten‹, sondern als Gestalter dieser Daten – gleichsam als Agenten einer fremden Macht, die zwischen den Zeilen des Textes lauern?«[21]

Mit dieser Einsicht unternimmt Burghart nun eine Analyse der Werke Dumonts und kommt zu der Auffassung, daß die brahmanischen Gesprächspartner Dumonts keineswegs nur passive Objekte gelehrter Wahrnehmung gewesen seien, sondern seine Repräsentation der Kaste ermöglicht und geprägt hätten. Eigentlich ist »Repräsentation« in diesem Zusammenhang nicht das richtige Wort, denn Burghart stellt fest: »Meine Dumont-Lektüre beginnt mit dieser Beobachtung[22] und führt letztlich zu der Ansicht, daß die Besonderheit von *Homo hierarchicus* nicht darin liegt, daß Dumont in diesem Buch das brahmanische Verständnis der hinduistischen Gesellschaft repräsentiert, sondern in seiner Nachahmung der brahmanischen Repräsentation der hinduistischen Gesellschaft.«[23] Zur Rechtfertigung dieser These untersucht Burghart zwei verschiedene Merkmale des brahmanischen Traditionsverständnisses. Das erste bezieht sich auf die Konstitution der Zeit, wonach die Gegenwart ein Abbild der Vergangenheit ist. Das zweite ist die besondere Beziehung zwischen Text und Welt. In der brahmanischen Zeittheorie, wie sie von Burghart aufgefaßt wird, werden zeitliche Unterschiede durch die Herstellung einer

---

21 Burghart, »Ethnographers and Their Local Counterparts in India«, a.a.O., S. 266.
22 Nämlich der Beobachtung, »daß Dumont, kurz gesagt, ein europäischer Brahmane ist«.
23 Ebd., S. 268.

funktionalen Äquivalenz zwischen unterschiedlichen Praktiken in Entsprechung gebracht. So wird etwa in der Entropie des Bewegungsbegriffs zwischen dem ersten Zeitalter, der Epoche der Wahrheit (*satya yuga*), und dem letzten Zeitalter, der Epoche der Zeit und des Todes (*kali yuga*), eine Reihe von Ähnlichkeiten zwischen verschiedenen Arten ritueller Praktiken hergestellt. Um das Verdienst zu erlangen, für das im ersten Zeitalter strikte Askese erfordert ist, genügt im letzten Zeitalter, in dem die Menschen geschwächt und zu strenger Askese unfähig geworden sind, die Wiederholung des Namens Gottes. Diese besondere Konstruktion des Zeitbegriffs erlaubt es, die Gegenwart als Abbild der Vergangenheit zu betrachten. Dieses brahmanische Verständnis von Tradition tritt nun, als »Transformation« kostümiert, im anthropologischen Diskurs auf, so daß die Gabe beispielsweise als Transformation des Opfers betrachtet werden kann; oder im Gewande bestimmter Metatermini, die es erlauben, Begriffe wie *dharma, karma* und so weiter in einer Vielzahl von Zusammenhängen zu verwenden, die zeitliche Entfernungen überbrücken und jede Diskussion über die Beziehung zwischen Terminus, Begriff und Kontext kurzschließen. Burghart formuliert das folgendermaßen:

»Dank dieser Stabilität konnte eine bestimmte Art europäischer Gelehrsamkeit entstehen. Nach akademischer Arbeitsteilung erforschen Indologen das klassische Altertum, Historiker die Vergangenheit und Anthropologen die Gegenwart; doch die Struktur des brahmanischen Traditionsverständnisses erlaubt es Anthropologen, Historikern und Indologen, über die hinduistische Gesellschaft zu diskutieren, als wäre sie ihr gemeinsames Problem. Dumonts Eintreten für eine Soziologie Indiens, die dort angesiedelt wäre, wo Indologie und Anthropologie zusammenfließen, ist eine methodologische Erfindung, zu der Dumont durch die methodologischen Konventionen der Brahmanen gelangte.«[24]

Mit anderen Worten, eben weil die brahmanische Tradition Geschichte als eine Abfolge von Ähnlichkeiten sieht, kann Dumont so tun, als bezögen sich die Kasten, wie sie in den Manu-Texten des zweiten Jahrhunderts vor Christus vorkommen, und die Kasten, wie sie in der Dorfgesellschaft des heutigen Indiens funktionieren, auf dieselbe ethnographische Realität.

24 Burghart, »Ethnographers and Their Local Counterparts in India«, a.a.O., S. 269 f.

Als zweiten Punkt hebt Burghart hervor, daß nach brahmanischem Traditionsverständnis Texte ihre Autorität nicht von der Erfahrung herleiten, sondern von der Tatsache, daß sie von göttlichen Personen geäußert wurden, die dem Wandel der Zeiten enthoben sind. »Texte sind authentisch, insofern Erkenntnis den Gegenstand vorwegnimmt und die Erzählung dem Ereignis vorausgeht.«[25] Außerdem schreiben Texte (einschließlich der *Dharmashastras*, welche die Regeln für unser Benehmen angeben) Verhalten nicht in dem Sinne vor, daß sie bestimmte Bereiche von Verpflichtungen festlegen würden; vielmehr beschreiben sie Verhaltenscodes, die als vorbildlich oder wünschenswert gelten. Deshalb wurde das tatsächliche Verhalten gewohnheitsrechtlich geregelt, und nicht einmal der König war berechtigt, die Gewohnheitsrechte des Volkes zu ändern.[26] Burghart schließt daraus, daß nach brahmanischem Traditionsverständnis die Texte nicht faktisch gültig sein mußten. Entscheidend für dieses Traditionsverständnis war vielmehr die Unterscheidung zwischen lokalen Umständen, die gewohnheitsrechtlich geregelt wurden, und autoritativem Wissen, das nur die Texte enthielten. Srinivas brachte diesen Unterschied auf eine handliche Formel, indem er »Buchwissen« und »Weltwissen« in der indischen Gesellschaft scharf voneinander abgrenzte und das letztere dem Anthropologen als legitimes For-

---

25 Ebd., S. 270.
26 Hier ist nicht der Ort, die Relevanz eines solchen Regelbegriffs für das Verständnis der Natur des Rechts zu untersuchen. Ich will nur bemerken, daß man in große Schwierigkeiten gerät, wenn man Gesetze als Befehle konzeptualisieren will, da ein Großteil der rechtlichen Regeln nicht die Form von Vorschriften hat. Zu einer schlüssigen Kritik an der Konzeption des Gesetzes als Befehl siehe H. L. A. Hart, *Essays in Jurisprudence and Philosophy*, New York: Oxford University Press 1983, S. 57-62, und die beiden Aufsätze von Ronald Dworkin über »Das Regelmodell« in: ders., *Bürgerrechte ernstgenommen*, übersetzt von Ursula Wolf, Frankfurt am Main: Suhrkamp 1984, S. 42-143. Algirdas J. Greimas und E. Landowski haben eine interessante Konzeption des Gesetzes als Begehren entwickelt, die dem sanskritischen Begriff einer Regel näherkommt. Siehe »Analyse sémiotique d'un discours juridique«, in: Algirdas J. Greimas (Hg.), *Sémiotique et sciences sociales*, Paris: Seuil 1976. Leider wurde die Struktur der *Dharmashastras* als »Eigentümlichkeit« der hinduistischen Gesellschaft betrachtet, so daß ihr potentieller Beitrag zur Formulierung einer allgemeinen Regeltheorie noch kaum erforscht ist.

schungsgebiet vorbehielt.[27] Dumont jedoch, so Burghart, imitierte diesen Unterschied bloß, indem er zwischen empirischen Wahrheiten und Ideologie eine hierarchische Beziehung herstellte, mit der er Abweichungen von den Textwahrheiten schlicht als Überreste behandeln konnte. Es wäre also weit gefehlt, das Bild Indiens als Projektion europäischer Einbildungskraft aufzufassen; vielmehr gelingt es der brahmanischen Imagination, die europäische Repräsentation Indiens mimetisch zu gestalten.

Burgharts Formulierung gehört zweifellos zu den aufschlußreichsten Deutungen, die sich in der Literatur über Dumont finden. Doch inwieweit hat er recht, *Homo hierarchicus* als Beispiel interkultureller Mimesis zu kennzeichnen? Zunächst einmal beschäftigt sich Burghart nicht mit der Frage, ob seine eigene Formulierung der brahmanischen Traditionsauffassung nicht vielleicht selbst schon eine Repräsentation ist, in der eine Vielzahl von Stimmen zu einer einzigen verarbeitet wurde. Und wenn er zweitens meint, zwischen den Zeilen des *Homo hierarchicus* laure der Brahmane als Agent einer fremden Macht, achtet er kaum darauf, *wie* Dumont hier seine Argumentation für die Beschränkung sogenannter traditioneller Werte und Weltauffassungen auf die Vergangenheit dieser Gesellschaften aufbaut, so als hätten sie nicht das Potential, eine Kritik der Moderne anzubieten. Doch ich möchte diesen Abschnitt mit der Schlußbemerkung Burgharts und einem Kommentar dazu beenden:

»Mein Forschungsinteresse richtete sich in diesem Essay mehr auf den interlinearen als auf den den intertextuellen Dialog, da der Dialog zwischen dem Anthropologen und seinem lokalen Gegenüber eine binnenorientierte regionale Ethnographie hervorgebracht hat, in der grundsätzliche Fragen danach gestellt werden, wie eigentlich ethnographische Texte geschrieben und gelesen werden können. Wie ›schreibt‹ man die Kultur eines Volkes, die bereits von einheimischen Informanten ›geschrieben‹ wurde? [...] Konzentriert man sich auf den interlinearen Dialog, so wird klar, daß ethnographische Texte über die hinduistische Gesellschaft – auch wenn sie nur von einem Autor gezeichnet werden – das Ergebnis eines komplexen Zusammenspiels [*complex agency*] sind. Auch wenn der Dialog zwischen dem Ethnographen und seinem lokalen Gegenüber nicht in der Form des Textes zum Ausdruck kommt, macht er den Text zu einer

---

27 Zur Kritik dieser Unterscheidung siehe Veena Das, *Structure and Cognition. Aspects of Hindu Caste and Ritual*, Delhi: Oxford University Press 1977.

Sammlung von Artefakten. Überdies zeigt die meta-anthropologische Perspektive, in der dieser Dialog sichtbar wird, daß ›Dialog‹ keine postmoderne Lösung für bestimmte Probleme der Repräsentation ›ethnographischer Realität‹ liefert. Vielmehr wird der Dialog gerade im Scheitern aller Repräsentationen dieser Realität erkennbar. Doch es stellt sich die Frage, ob dieses Scheitern speziell für den hinduistischen Kontext kennzeichnend ist, in dem der Ethnograph privilegierten einheimischen Informanten begegnet, die über bestimmte begriffliche Vorstellungen von Realismus, über hierarchische Wissensansprüche und nichtkonsensuelle Wahrheitsauffassungen verfügen. Oder geht dieses Scheitern allgemeiner auf das Problem der Selbstrepräsentation zurück? Vielleicht ist es für die Südasienforscher an der Zeit, nach draußen zu blicken und in einen intertextuellen Dialog mit ihren Kollegen einzutreten.«[28]

Weiter oben habe ich bereits darauf hingewiesen, daß ein »intertextueller Dialog« in Dumonts Werk durchaus stattfindet, aber auf seine westlichen Kollegen beschränkt ist. Wenn Burghart recht hat, daß Dumonts Werk als Nachahmung der brahmanischen Traditionsauffassung zu kennzeichnen ist, so fällt um so mehr auf, daß Dumont sein Gegenüber, den Brahmanen, in der Vergangenheit Indiens ansiedeln will. Jeder Versuch, eine soziologische Sprache zu entwickeln, die in der indischen Tradition wurzelt, ist einer geistigen Auseinandersetzung nicht wert und wird schlicht als Gefahr für den Aufbau einer indischen Nation betrachtet – den Prüfstein für moderne Werte. Die Zukunft eines solchen Wissenssystems ist nicht offen; daß es sich als faschistisch erweisen wird, liegt von vornherein fest. Um diese besonderen Momente von Dumonts Werk kümmert sich Burghart nicht, sowenig er seine Überlegungen zu den sogenannten »einheimischen Sozialanthropologen« (wie etwa Srinivas) und ihre Rolle in diesem intertextuellen Dialog fortführt. Sind diese einheimischen Sozialanthropologen als einheimische Informanten zu betrachten? Verdienen sie es, in die Forschergemeinschaft der Anthropologen aufgenommen zu werden, sofern sie auf alle Wissensformen verzichten (also nicht nur solche Wissensformen überschreiten), die sie als Mitglieder der Gesellschaft, über die sie nun schreiben, erlangt haben?[29] Mit diesen Fragen kommen wir auf das eingangs gestellte

---

28 Burghart, »Ethnographers and Their Local Counterparts in India«, a.a.O., S. 277.
29 Das Gefühl, das Betreten des Feldes anzeigen zu müssen, als handelte es sich dabei um ein fremdes Land, zeigt sich deutlich in M. N. Srini-

Problem zurück: Welchen intellektuellen Raum kann die Anthropologie in Indien beanspruchen? Könnte man die Begriffe Gemeinschaft und Tradition, auf die Saran sich stützt, als tragfähige Grundlage einer alternativen Anthropologie betrachten?

Gemeinschaft, Tradition und Nostalgie

Der Begriff der Gemeinschaft war in der klassischen soziologischen Literatur eng mit der Vorstellung eines räumlich begrenzten Gebiets unmittelbarer zwischenmenschlicher Beziehungen auf der Grundlage einer eingelebten Moralordnung verbunden. Doch die Gemeinschaft richtet sich in der modernen Welt nicht als Bereich unmittelbarer zwischenmenschlicher Beziehungen ein, sondern stellt sich als imaginierte Gemeinschaft dar, die Loyalität von Leuten fordert, die in keinen konkreten Beziehungen zueinander stehen, indem sie Bilder von Gemeinsamkeit und Einklang erzeugt. Es ist jedoch interessant zu beobachten, daß die Krise der Moderne, wie sie im Tode Gottes zum Ausdruck kommt, das nostalgische Bild eines Gemeinschaftsverlusts heraufbeschworen hat, nicht nur in Indien, sondern auch in den Reflexionen der klassischen Soziologie. So ist etwa der Begriff der Gemeinschaft – in Tönnies' Gegenüberstellung zum Begriff der Gesellschaft[30] –

---

vas' Bericht über Rampura. Seinen schärfsten Ausdruck findet dieser Zwang jedoch bei T.N. Madan, der von seinem engen Zusammenleben mit »Fremden« spricht. Diese Fremden waren kaschmirische Pandite, Mitglieder seiner eigenen Gemeinschaft also in einem Dorf nicht weit von dem Ort, wo Madan aufwuchs. Bei Srinivas finden wir bemerkenswerte Überlegungen zu der Frage, was es bedeutet, daß er Brahmane ist. Während die Probleme der Repräsentation des »äußeren« Anderen in den letzten zehn Jahren große Beachtung gefunden haben, ist eine vergleichbare Beschäftigung mit der Andersheit, die in jedem von uns liegt, bisher kaum auf Interesse gestoßen. Siehe T. N. Madan, »On Living Intimately with Strangers«, in: André Beteille und T. N. Madan (Hg.), *Encounter and Experience. Personal Accounts of Fieldwork*, New Delhi: Vikas 1975; M. N. Srinivas, *Social Change in Modern India*, Berkeley: University of California Press 1966, S. 147-165; und ders., *The Remembered Village*, Delhi: Oxford University Press 1976.

30 Ferdinand Tönnies, *Gemeinschaft und Gesellschaft. Grundbegriffe der*

aus dem Bedürfnis nach einem echten, organischen Leben zu verstehen, während Gesellschaft als eine Form des sozialen Verhältnisses charakterisiert wird, die auf den künstlichen und mechanischen Beziehungen eines reflexiven Willens beruht. So ist die Formulierung von Tönnies zu verstehen, daß man die Gesellschaft betritt wie ein fremdes Land. In neueren Studien wurde Gemeinschaft als ein Mittel betrachtet, das zur Remoralisierung von Lebensbereichen beitragen kann, die durch das Anwachsen einer bürokratischen, unpersönlichen Rationalität ihren moralischen Sinn verloren haben.[31] Für uns wirft dieser nostalgische Rekurs auf die Gemeinschaft hauptsächlich zwei Probleme auf. Da wir erstens nicht wissen, in welchem Maße bei der Definition einer solchen Gemeinschaft Gewalt eine Rolle spielt, liefert die nostalgische Sicht eher ein geschöntes Bild von Tradition und Gemeinschaft. Zweitens wird dabei die Tatsache übersehen, daß die Gemeinschaft im heutigen Rahmen ebensosehr von Strukturen der Moderne (einschließlich des bürokratischen Rechts) bestimmt wird wie von einer eingelebten gewohnheitsrechtlichen Ordnung. Der Gedanke, daß eine in Indien wurzelnde Soziologie ihre *raison d'être* in der radikalen Kritik der modernen Lebensauffassung findet, beflügelt die Arbeiten vieler Sozialwissenschaftler des heutigen Indiens. Eine deutlich vernehmbare Stimme im Chor derer, die diese Vision ausmalen, ist die von Saran. Für ihn bedeutet die Thematisierung der Tradition weniger eine Rückkehr zu einer ruhmreichen Vergangenheit als vielmehr die Entwicklung eines anderen Begriffs von »Normalität«, der geeignet wäre, die Pathologien der modernen Gesellschaft – wie Saran sie sieht – in Frage zu stellen.[32] Das am weitesten ausformulierte politische Credo,

---

reinen Soziologie (1. Auflage 1887), Darmstadt: Wissenschaftliche Buchgesellschaft 1991.
31 Eine durchschlagende Kritik an den klassischen Emanzipationstheorien wurde von Roberto M. Unger in seinem Buch *Knowledge and Politics*, New York: The Free Press 1975 entwickelt. In der zweiten Auflage des Buches, die 1984 erschien, äußerte Unger selbst einige Vorbehalte gegen seine unbekümmerte Erwartung, mit Hilfe der Theorie organischer Gruppen eine Kritik an den restriktiven Annahmen formulieren zu können, mit denen die klassischen Emanzipationslehren die möglichen Formen gesellschaftlichen Lebens einengen (ebd., S. 340).
32 Siehe besonders A. K. Saran, »Gandhi and the Concept of Politics.

das sich dieser Herausforderung stellen könnte, ist Saran zufolge im Denken Gandhis zu finden. Dieses Denken lasse sich jedoch nicht getrennt von der Tradition untersuchen, der es zugehört.

»Man muß über Gandhis Werk [sic] hinausgehen und immer tiefer in sein Leben-und-Denken eintauchen; man muß danach streben, den Mittelpunkt des Gandhischen Denkens zu erreichen, das Zentrum, von dem Gandhi ausgeht und zu dem er zurückkehrt... Gandhi bemühte sich darum, ein Zentrum gänzlich jenseits der modernen westlichen Zivilisation zu entdecken. Was gewöhnlich als ›Ursprüngliche Tradition‹ bezeichnet wurde, ist dieses Zentrum.«[33]

Während viele Gelehrte annehmen würden, daß eine so tiefe spirituelle Weltsicht ihren Platz im Bereich der geistigen Bildung des Menschen hat, also vom Gebiet der Politik weit entfernt liegt, meint Saran, daß gerade die Politik der angemessene Ort sei, eine so »radikal spirituelle« Kritik zu üben. Grundlage dieser Kritik ist eine Prüfung des menschlichen Lebens unter dem Gesichtspunkt dreier Beziehungen: des Menschen zur Natur, des Menschen zum Menschen und des Menschen zum Göttlichen. Saran meint, daß die Fragmentierung des menschlichen Lebens, wie sie sich in der modernen Lebensauffassung vollzogen hat, auf der Trennung dieser drei Arten von Beziehungen beruht, während nach traditioneller Sicht die Beziehung des Menschen zu Gott das Muster für alle übrigen Arten von Beziehungen liefert. Folglich beruhen moderne Begriffe wie das Wettbewerbsprinzip, der Wunsch, das Leiden zu besiegen, und der Fortschrittsgedanke auf »Unwahrheit«. Unter diesen Umständen fällt es Saran nicht schwer, sich Gandhis Ideen zu den Übeln der modernen westlichen Medizin oder der modernen westlichen Erziehung zu eigen zu machen. Gandhi hatte erklärt, daß die moderne westliche Medizin der konzentrierte Extrakt Schwarzer Magie sei und daß Hospitäler Werkzeuge des Teufels seien. Saran begründet seine Unterstützung Gandhis übrigens nicht nur mit den Exzessen der modernen Medizin, sondern mit einer anderen Theorie des Leidens überhaupt.

Towards a Normal Civilization«, in: *Gandhi Marg*, Delhi, Februar 1980, S. 675-727. Zu Sarans Kritik an den universalistischen Annahmen der modernen Soziologie vgl. seinen Artikel »Some Reflections on Sociology in Crisis«, in: G. Saran (Hg.), *Crisis and Contention in Sociology*, Jaipur: Rawat Press 1979, S. 85-121.
33 Saran, »Gandhi and the Concept of Politics«, a.a.O., S. 681.

»Krankheit kann Körper und Geist des Menschen befallen, doch in traditionellen Gesellschaften, die stets um beide besorgt sind, wird zwischen körperlichen, psychischen und spirituellen Krankheiten nicht scharf unterschieden. Jede Krankheit und jedes Leiden hat eine spirituelle und kosmische Bedeutung, da alles Unwissen letztlich Unkenntnis dessen ist, wer man ist. Alles Wissen ist folglich Erkenntnis des eigenen wahren Selbst (Autologie), und alles Heilen ist Heilen der Wunde der Unkenntnis des eigenen wahren Selbst.«[34]

Diese sehr eindringliche Passage bezeichnet aber auch die Grenzen, auf die ein solcher visionärer Entwurf eines anthropologischen Raumes in den heutigen Erkenntnistheorien stößt. Kurz gesagt, Saran ist jener Vorstellung erlegen, die in der traditionellen indischen Zivilisation das Andere (man möchte fast sagen: ein extraterritoriales Anderes) der Vernunft sieht. Während Dumont völlig fehlging mit der Annahme, Saran sei nur zu kulturellem Solipsismus imstande, führt die Neigung zur Totalisierung in Sarans Denken dazu, daß bei ihm die Tradition über jede strittige Frage erhaben ist. Die Erfahrung lehrt freilich, daß die Tradition in der indischen Gesellschaft (wie in den meisten vergleichbaren Gesellschaften) doppelt verankert ist: einerseits in Institutionen, die als traditionell gelten dürfen, wie Kaste oder Religion, und andererseits in Institutionen, die als modern betrachtet werden können, wie Bürokratie oder Recht. Ein unverdorbenes traditionales *telos* findet sich in der heutigen indischen Gesellschaft ebensowenig wie eine moderne Institution, etwa ein Gerichtshof, der von seinem gesellschaftlichen Umfeld nicht eine gewisse Färbung angenommen hätte.

Gerade diese doppelte Verankerung macht aus Institutionen wie der Kaste oder der religiösen Gemeinschaft etwas Neues und Eigentümliches, wobei nicht etwa bloß alten Merkmalen neue addiert werden. Wenn Gandhi zum Beispiel *satyagraha* als eine Form des gewaltfreien Widerstands gegen die britische Herrschaft benutzt, verwandelt er einen traditionellen Begriff in einen neuen. Nur im Rahmen der brahmanischen Zeittheorie, von der weiter oben in diesem Beitrag die Rede war, kann Saran in dieser Begriffsverwendung einen Fall »traditionellen« Denkens sehen. Ranajit Guha gelingt eine sehr treffende Formulierung dieses Arguments, wenn er von einer Gesamtheit überdeterminierender Wir-

---

34 Ebd., S. 721.

kungen spricht, die in einer doppelten Bedeutung gründen, in der »die ideologischen Momente der sozialen Widersprüche, die im vorkolonialen Indien und im modernen England bestanden, mit denen der lebendigen Widersprüche der Kolonialherrschaft verschmolzen wurden, um die Beziehung Dominanz/Unterordnung zu strukturieren.«[35]

Wenn diese doppelte Verankerung das Merkmal von Tradition wie von Modernität im heutigen Indien ist, können wir nicht auf den Begriff »Fortschritt« zurückgreifen, um die »Tradition« zu kritisieren. Umgekehrt ist es aber auch nicht möglich, sich beim Entwurf einer Alternative zur Fortschrittsvision auf ein nostalgisches Ideengebilde zu stützen. Anders als Dumont können wir den Nationalstaat nicht in seinem Anspruch bestärken, Quelle aller Werte zu sein; doch ebensowenig können wir uns Saran anschließen und seinem Konzept eines totalen »traditionellen Menschen« folgen. Wenn man sich vor Augen hält, daß Kultur ein Konstrukt ist und daß die ethischen Räume, in denen sich die Sozialwissenschaften ansiedeln können, Gegenstand von Auseinandersetzungen sind, so bleibt der Anthropologie als vertretbare intellektuelle Position[36] offenbar nur noch die Möglichkeit, sich den Verlockungen des Konsenses im Namen sowohl der Moderne wie auch der Tradition zu verweigern. Anders als die Sozialwissenschaftler, die als Teil der antikolonialen, nationalistischen Bewegung in die Welt des Wissens eintraten, muß die neue Generation von Sozialwissenschaftlern in Indien mit der Zerstörung von Gewißheiten als der einzigen Bedingung der Produktion von Wissen über die indische Gesellschaft leben. Diese Wissenschaftler können Indien nicht »repräsentieren«, als ob Indien abwesend und stumm wäre. Sie können nur mit ihrer Stimme in den vielstimmigen Chor einfallen, in dem Aussagen aller Art (präskriptive, normative, deskriptive, indikative) einen latenten Krieg um den Charakter der indischen Gesellschaft führen – vor allem darum, welchen Platz dem Gedächtnis in dieser Gesellschaft zukommen soll.

---

35 Ranajit Guha, »Dominance Without Hegemony and Its Historiography«, in: *Subaltern Studies. Writings on South Asian History and Society*, Bd. 6, hg. von Ranajit Guha, Delhi: Oxford University Press 1989, S. 210-309.
36 Ich sollte an dieser Stelle in aller Offenheit feststellen, daß dies eine Position ist, die ich selbst einnehmen kann.

Nachbemerkung

In seinem abschließenden Essay zu dem vielgelesenen Sammelband *Writing Culture. The Poetics and Politics of Ethnography* stellte Paul Rabinow fest, daß seit den einflußreichen Schriften von Talal Asad und Edward Said die Beziehungen zwischen Weltpolitik und Anthropologie (»The West versus The Rest«, wie er sagt) unverrückbar auf der Tagesordnung anthropologischer Debatten stehen. Wie er jedoch zuvor bemerkt hatte, »[lassen] die Metareflexionen über die Krise der Repräsentation in der ethnographischen Literatur [...] erkennen, daß das Interesse an den Beziehungen zu anderen Kulturen nachgelassen hat. An ihre Stelle ist die (nicht thematisierte) Beschäftigung mit Traditionen der Repräsentation sowie mit Metatraditionen von Metarepräsentationen in unserer Kultur getreten.«[37] Im vorliegenden Beitrag hoffe ich gezeigt zu haben, daß die Beziehung, in der die westliche Forschung zu anderen Kulturen steht, nicht bloß die Beziehung zum Anderen als ethnographischem Objekt ist. Unterhalb davon stellt sich das Problem des Verhältnisses zwischen verschiedenen *Wissens*traditionen. Mit der Verwendung des Possessivpronomens »wir« (»unsere Kultur«, heißt es bei Rabinow in dem zitierten Satz!) beansprucht selbst die radikale Kritik der Anthropologie noch ein Eigentumsrecht an den anthropologischen Schreibweisen einzig für jene, die sich in diese Tradition stellen können. Die Herausforderung an die Anthropologie und an jene, die sich auf diese Tradition stützen, selbst wenn sie außerhalb der von der westlichen Kultur geschaffenen Metatraditionen leben und arbeiten, lautet: Läßt sich der Plural »wir« so erweitern, daß er »dich« und »mich« umfaßt, oder ist er zwangsläufig nur eine Verstärkung des »ich«? So gesehen könnte die indische Soziologie oder Anthropologie vielleicht gerade in der Marginalität, in der sie zu den vorherrschenden Traditionen der westlichen Anthropologie steht, eine Quelle der eigenen Erneuerung finden.

Übersetzt von Horst Brühmann

37 Paul Rabinow, »Representations Are Social Facts. Modernity and Post-Modernity in Anthropology«, in: James Clifford und George E. Marcus (Hg.), *Writing Culture. The Poetics and Politics of Ethnography*, Berkeley: University of California Press 1986, S. 234-261, hier: S. 251 [deutsche Übersetzung in diesem Band, hier S. 183].

Literatur

Balibar, Étienne (1989), »Le symbole et la vérité«, in: *Libération* vom 3. November 1989.

Burghart, Richard (1990), »Ethnographers and Their Local Counterparts in India«, in: Richard Fardon (Hg.), *Localizing Strategies. Regional Traditions of Ethnographic Writing*, Edinburgh: Scottish Academic Press (und Washington: Smithsonian Institution Press), S. 260-279.

Das, Veena (1977), *Structure and Cognition. Aspects of Hindu Caste and Ritual*, Delhi: Oxford University Press.

Dumont, Louis (1957), »For a Sociology of India«, in: *Contributions to Indian Sociology* 1, S. 7-22.

– (1960), »A First Step«, in: *Contributions to Indian Sociology* 4, S. 7-12.

– (1966), »A Fundamental Problem in the Sociology of Caste«, in: *Contributions to Indian Sociology* 9, S. 17-32.

– (1966), *Homo hierarchicus. Essai sur le système des castes*, Paris: Gallimard. Englisch: *Homo Hierarchicus. The Caste System and its Implications*, London: Weidenfeld & Nicholson (und Chicago: University of Chicago Press) 1970; vollständige, revidierte englische Ausgabe: London/Chicago: The University of Chicago Press 1980. Deutsch: *Gesellschaft in Indien. Die Soziologie des Kastenwesens*, übersetzt von Margarete Venjakob, Wien: Europaverlag 1976.

Dworkin, Ronald (1984), »Das Regelmodell«, in: ders., *Bürgerrechte ernstgenommen*, übersetzt von Ursula Wolf, Frankfurt am Main: Suhrkamp, S. 42-143.

Goodman, Nelson und Catherine Z. Elgin (1989), *Revisionen. Philosophie und andere Künste und Wissenschaften*, übersetzt von Bernd Philippi, Frankfurt am Main: Suhrkamp.

Greimas, Algirdas J. und E. Landowski (1976), »Analyse sémiotique d'un discours juridique«, in: Algirdas J. Greimas (Hg.), *Sémiotique et sciences sociales*, Paris: Éditions du Seuil.

Guha, Ranajit (1989), »Dominance Without Hegemony and Its Historiography«, in: *Subaltern Studies. Writings on South Asian History and Society*, Bd. 6, hg. von Ranajit Guha, Delhi: Oxford University Press, S. 210-309.

Hart, H. L. A. (1983), *Essays in Jurisprudence and Philosophy*, New York: Oxford University Press.

Inden, Ronald (1986), »Orientalist Constructions of India«, in: *Modern Asian Studies* 20, S. 401-446.

– (1990), *Imagining India*, Oxford: Blackwell.

Madan, T. N. (1975), »On Living Intimately with Strangers«, in: André Beteille und T. N. Madan (Hg.), *Encounter and Experience. Personal Accounts of Fieldwork*, New Delhi: Vikas 1975.

Rabinow, Paul (1986), »Representations Are Social Facts. Modernity and

Post-Modernity in Anthropology«, in: James Clifford und George E. Marcus (Hg.), *Writing Culture. The Poetics and Politics of Ethnography*, Berkeley: University of California Press, S. 234-261 [deutsche Übersetzung in diesem Band].

Said, Edward W. (1981), *Orientalismus*, übersetzt von Paul Mayer, Frankfurt/Berlin/Wien: Ullstein.

Saran, A. K. (1962), Rezension von *Contributions to Indian Sociology* 4 (1960), in: *Eastern Anthropologist* 15 (1), S. 53-68.

– (1979), »Some Reflections on Sociology in Crisis«, in: G. Saran (Hg.), *Crisis and Contention in Sociology*, Jaipur: Rawat Press 1979, S. 85-121.

– (1980), »Gandhi and the Concept of Politics. Towards a Normal Civilization«, in: *Gandhi Marg*, Delhi, Februar 1980, S. 675-727.

Srinivas, M. N. (1966), *Social Change in Modern India*, Berkeley: University of California Press, S. 147-165.

– (1976), *The Remembered Village*, Delhi: Oxford University Press.

Tönnies, Ferdinand (1887), *Gemeinschaft und Gesellschaft. Grundbegriffe der reinen Soziologie*, Darmstadt: Wissenschaftliche Buchgesellschaft 1991.

Unger, Roberto M. (1975), *Knowledge and Politics*, New York: The Free Press.

Webster, Steven (1982), »Dialogue and Fiction in Ethnography«, in: *Dialectical Anthropology* 7 (2), S. 91-114.

Quellennachweise

Martin Fuchs und Eberhard Berg, »Phänomenologie der Differenz. Reflexionsstufen ethnographischer Repräsentation«. Originalbeitrag.

James Clifford, »Über ethnographische Autorität«, erschien unter dem Titel »On Ethnographic Authority« in Cliffords Buch *The Predicament of Culture. Twentieth-Century Ethnography, Literature, and Art*, Cambridge, Mass: Harvard University Press 1988, S. 21-54. Ursprüngliche Fassung in: *Representations* 1 (2), 1983, S. 118-146. Übersetzung der ursprünglichen Fassung in: *Trickster* 16 (1988), S. 4-35. Mit freundlicher Genehmigung des Trickster-Verlages korrigiert und nach der Neuausgabe überarbeitet.

Paul Rabinow, »Repräsentationen sind soziale Tatsachen. Moderne und Postmoderne in der Anthropologie«, erschien unter dem Titel »Representations are Social Facts: Modernity and Post-Modernity in Anthropology« in: James Clifford und George E. Marcus (Hg.), *Writing Culture. The Poetics and Politics of Ethnography*, Berkeley: University of California Press 1986, S. 234-261.

James Clifford, »Über ethnographische Allegorie«, erschien unter dem Titel »On Ethnographic Allegory« in: James Clifford u. George E. Marcus (Hg.), *Writing Culture. The Poetics and Politics of Ethnography*, Berkeley: University of California Press 1986, S. 98-121.

Robert J. Thornton, »Die Rhetorik des ethnographischen Holismus«, erschien unter dem Titel »The Rhetoric of Ethnographic Holism« in: *Cultural Anthropology* 3 (3), 1988, S. 285-303.

Dennis Tedlock, »Fragen zur dialogischen Anthropologie«, erschien zusammen mit dem Kommentar von Stephen Tyler und der Replik von Tedlock unter dem Titel »Questions Concerning Dialogical Anthropology« in: *Journal of Anthropological Research* 43 (3), 1987, S. 325-344.

Talal Asad, »Übersetzen zwischen Kulturen. Ein Konzept der britischen Sozialanthropologie«, erschien unter dem Titel »The Concept of Cultural Translation in British Social Anthropology« in: James Clifford und George E. Marcus (Hg.), *Writing Culture. The Poetics and Politics of Ethnography*, Berkeley: University of California Press 1986, S. 141-164.

Johannes Fabian, »Präsenz und Repräsentation. Die Anderen und das anthropologische Schreiben«, erschien unter dem Titel »Presence and Representation. The Other and Anthropological Writing«, in: *Critical Inquiry* 16 (4), 1990, S. 753-772. Die Übersetzung wurde vom Autor durchgesehen.

Pierre Bourdieu, »Narzißtische Reflexivität und wissenschaftliche Reflexivität«. Originalbeitrag.

Renato Rosaldo, »Der Kummer und die Wut eines Kopfjägers. Über die kulturelle Intensität von Emotionen«, erschien unter dem Titel »Grief and a Headhunter's Rage. On the Cultural Force of Emotions« in: Edward M. Bruner (Hg.), *Text, Play, and Story. The Construction and Reconstruction of Self and Society*, Washington, D.C.: American Ethnological Society 1984, S. 178-195. Überarbeitete Fassung in: Renato Rosaldo, *Culture and Truth. The Remaking of Social Analysis*, Boston: Beacon 1989, S. 1-21 und 225-228. Die Übersetzung folgt der ursprünglichen Fassung.

Veena Das, »Der anthropologische Diskurs über Indien: Die Vernunft und ihr Anderes«. Originalbeitrag.

Hinweise zu den Autoren

Talal Asad ist Professor für Anthropologie an der New School for Social Research in New York. Zuvor an der Universität von Hull (England). Veröffentlichungen unter anderem: *The Kababish Arabs. Power, Authority and Consent in a Nomadic Tribe*, London 1970; (Hg.), *Anthropology and the Colonial Encounter*, London 1973; Aufsätze zur politischen Anthropologie, zu Theorien der Religion und zur Analyse von Ideologie.

Eberhard Berg, Ethnologe, lehrte an den Universitäten Bayreuth, Mainz und Zürich. Er arbeitet zur Zeit an einem Forschungsprojekt zum Pilgerwesen in Nepal. Buchveröffentlichungen: *Zwischen den Welten. Anthropologie der Aufklärung und das Werk Georg Forsters*, Berlin 1982; (Hg., zusammen mit Jutta Lauth und Andreas Wimmer), *Ethnologie im Widerstreit. Kontroversen über Macht, Geschäft, Geschlecht in fremden Kulturen. Festschrift für Lorenz G. Löffler*, München 1991.

Pierre Bourdieu ist Professor am Collège de France und Directeur d'Études an der École des Hautes Études en Sciences Sociales, Paris. Er veröffentlichte jüngst zusammen mit Loïc Wacquant *Réponses. Pour une anthropologie réflexive*, Paris 1992. Nachdem er seine Laufbahn als Ethnologe begonnen hatte (vgl. *Entwurf einer Theorie der Praxis. Auf der ethnologischen Grundlage der kabylischen Gesellschaft*, Frankfurt am Main 1976; *Sozialer Sinn. Kritik der theoretischen Vernunft*, Frankfurt am Main 1987), wandte er sich der Soziologie der Erziehung (*Die Illusion der Chancengleichheit*, Stuttgart 1971; *Grundlagen einer Theorie der symbolischen Gewalt*, Frankfurt am Main 1973 [beide Titel in Zusammenarbeit mit Jean-Claude Passeron]; *La noblesse d'État: Grandes écoles et esprit de corps*, Paris 1989) und der Kunst- und Kultursoziologie zu (*Eine illegitime Kunst. Die sozialen Gebrauchsweisen der Photographie* [in Zusammenarbeit mit Luc Boltanski und anderen], Frankfurt am Main 1981; *L'amour de l'art. Les musées d'art européens et leur public*, Paris 1966; *Die feinen Unterschiede. Kritik der gesellschaftlichen Urteilskraft*, Frankfurt am Main 1982). Zahlreiche Aufsätze zu verschiedensten Bereichen der sozialen Welt (Mode, Sport, Wissenschaft, Literatur usw.).

James Clifford ist Professor im History of Consciousness Program der University of California in Santa Cruz. Veröffentlichungen unter anderem: *Person and Myth. Maurice Leenhardt in the Melanesian World*, Berkeley 1982; »On Ethnographic Authority«, 1983; (Hg., zusammen mit George E. Marcus), *Writing Culture. The Poetics and Politics of Ethnography*, Berkeley 1986; *The Predicament of Culture. Twentieth-Century Ethnography, Literature, and Art*, Cambridge, Mass. 1988.

Veena Das ist Professorin für Soziologie an der Delhi School of Economics, University of Delhi. Veröffentlichungen unter anderem: *Structure and Cognition. Aspects of Hindu Caste and Ritual*, Delhi 1977; (Hg.), *The Word and the World. Fantasy, Symbol and Record*, New Delhi 1986; (Hg.), *Mirrors of Violence. Communities, Riots and Survivors in South Asia*, Delhi 1990.

Johannes Fabian ist Professor für Anthropologie an der Universität von Amsterdam. Zuvor an der Northwestern und der Wesleyan University, USA, und der National University, Zaire. Veröffentlichungen: *Jamaa. A Charismatic Movement in Katanga*, Evanston 1971; *Time and the Other. How Anthropology Makes its Object*, New York 1983; *Language and Colonial Power. The Appropriation of Swahili in the Former Belgian Congo 1880-1938*, Cambridge 1986; *History from Below. The »Vocabulary of Elisabethville« by André Yav*, Amsterdam und Philadelphia 1990; *Power and Performance. Ethnographic Explorations Through Proverbial Wisdom and Theater in Shaba, Zaire*, Madison 1990; *Time and the Work of Anthropology. Critical Essays 1971-1991*, Chur 1991.

Martin Fuchs, Ethnologe und Soziologe, lehrte an den Universitäten Zürich und Heidelberg. Er arbeitet zur Zeit an einem Forschungsprojekt zu sozialen Bewegungen in Indien. Buchveröffentlichung: *Theorie und Verfremdung. Max Weber, Louis Dumont und die Analyse der indischen Gesellschaft*, Frankfurt am Main 1988.

Paul Rabinow ist Professor für Anthropologie an der University of California in Berkeley. Veröffentlichungen unter anderem: *Symbolic Domination. Cultural Form and Historical Change in Morocco*, Chicago 1975; *Reflections on Fieldwork in Morocco*, Berkeley 1977; (Hg., zusammen mit William Sullivan), *Interpretive Social Science. A Reader*, Berkeley 1979 (revidierte Ausgabe 1987); (zusammen mit Hubert Dreyfus), *Michel Foucault. Jenseits von Strukturalismus und Hermeneutik*, Frankfurt am Main 1987; (Hg., zusammen mit Norma Haan, Robert Bellah und William Sullivan), *Social Science as Moral Inquiry*, New York 1983; (Hg.), *The Foucault Reader*, New York 1984; *French Modern. Norms and Forms of the Social Environment*, Cambridge, Mass. 1989. Gegenwärtiges Forschungsinteresse: die kulturelle, politische und ethische Bedeutung der Biotechnologie.

Renato Rosaldo ist Mellon Professor für Interdisziplinäre Studien an der Stanford University, Stanford (California). Veröffentlichungen unter anderem: *Ilongot Headhunting, 1883-1974. A Study in Society and History*, Stanford 1980; *Culture and History. The Remaking of Social Analysis*, Boston 1989. Interessensschwerpunkte: Kulturkritik und Sozialanalyse; kulturelle Bürgerrechte, Identität und Emotionen; Chicanos, Südostasien.

Dennis Tedlock ist McNulty Professor an der State University von New York in Buffalo (Department of English, Poetics Program, und Department of Anthropology), zuvor an den Universitäten in Berkeley, Yale, New School for Social Research und Boston. Buchveröffentlichungen: *Finding the Center. Narrative Poetry of the Zuni Indians*, New York 1972 und Lincoln 1978; (Hg., zusammen mit Barbara Tedlock), *Über den Rand des tiefen Canyon. Lehren indianischer Schamanen*, Köln, 7. Aufl. 1992; *The Spoken Word and the Work of Interpretation*, Philadelphia 1983; *Days from a Dream Almanac*, Urbana, Illinois 1990. Feldforschungen über die oralen Kunstformen, Religion und Philosophie der Zuni in New Mexico und der Quiché Maya in Guatemala.

Robert Thornton ist Professor für Anthropologie an der Universität von Witwatersrand, Südafrika; zuvor an der Universität Kapstadt, Institute for Advanced Studies in Princeton und Rutgers University, New Jersey. Buchveröffentlichungen: *Space, Time and Culture among the Iraqw of Tanzania*, New York 1980; (Hg., zusammen mit Peter Skalnik), *The Early Writings of Bronislaw Malinowski, 1904-1914*, Cambridge 1991 (im Erscheinen). Forschungsschwerpunkte: südafrikanische Ethnologie, speziell Fragen von Macht, Gewalt, Rasse, Ethnizität und *witchcraft*; Geschichte der Anthropologie; Kulturtheorie sowie Theorie und Methoden der Ethnographie.

Stephen Tyler ist Professor für Anthropologie und Linguistik an der Rice University, Texas. Veröffentlichungen unter anderem: (Hg.), *Cognitive Anthropology*, New York 1969; *The Said and the Unsaid*, New York 1978; *Das Unaussprechliche. Ethnographie, Diskurs und Rhetorik in der postmodernen Welt*, München 1991.

suhrkamp taschenbücher wissenschaft
Soziologie, Theorie der Gesellschaft

Adorno: Einleitung in die Musiksoziologie. stw 142
- Prismen. stw 178
- Soziologische Schriften I. stw 306

Assmann/Hölscher (Hg.): Kultur und Gedächtnis. stw 724

Baecker: Womit handeln Banken? stw 946

Beck/Bonß (Hg.): Weder Sozialtechnologie noch Aufklärung? stw 715

Bendix: Freiheit und historisches Schicksal. stw 390
- Könige oder Volk. stw 338

Berg/Fuchs (Hg.): Kultur, soziale Praxis, Text. stw 1051

Bertram (Hg.): Gesellschaftlicher Zwang und moralische Autonomie. stw 450

Bonß/Honneth (Hg.): Sozialforschung als Kritik. stw 400

Bourdieu: Entwurf einer Theorie der Praxis. stw 291
- Die feinen Unterschiede. stw 658
- Homo academicus. stw 1002
- Sozialer Raum und »Klassen«. Leçon sur la leçon. stw 500
- Zur Soziologie der symbolischen Formen. stw 107
- *siehe auch Eder*
- *siehe auch Gebauer/Wulf*

Bourdieu u. a.: Eine illegitime Kunst. stw 441

Brandt: Arbeit, Technik und gesellschaftliche Entwicklung. stw 780

Bude: Bilanz der Nachfolge. stw 1020

Cicourel: Methode und Messung in der Soziologie. stw 99

Claessens: Kapitalismus und demokratische Kultur. stw 1041

Coulmas: Die Wirtschaft mit der Sprache. stw 977

Cremerius (Hg.): Die Rezeption der Psychoanalyse in der Soziologie, Psychologie und Theologie im deutschsprachigen Raum bis 1940. stw 296

Dahme: *siehe Simmel*

Duby: Ritter, Frau und Priester. stw 735

Durkheim: Erziehung, Moral und Gesellschaft. stw 487
- Die Regeln der soziologischen Methode. stw 464
- Der Selbstmord. stw 431
- Soziologie und Philosophie. stw 176
- Über soziale Arbeitsteilung. stw 1005

Dux: Die Logik der Weltbilder. stw 370
- Die Zeit in der Geschichte. stw 1025

Edelstein/Habermas (Hg.): Soziale Interaktion und soziales Verstehen. stw 446

Edelstein/Keller (Hg.): Perspektivität und Interpretation. stw 364

Edelstein/Nunner-Winkler (Hg.): Zur Bestimmung der Moral. stw 628

suhrkamp taschenbücher wissenschaft
Soziologie, Theorie der Gesellschaft

Eder: Die Entstehung staatlich organisierter Gesellschaften. stw 332

– Geschichte als Lernprozeß? stw 941

– Die Vergesellschaftung der Natur. stw 714

Eder (Hg.): Klassenlage, Lebensstil und kulturelle Praxis. stw 767

Eisenstadt: Die Transformation der israelischen Gesellschaft. stw 1009

Eisenstadt (Hg.): Kulturen der Achsenzeit. 2 Bde. stw 653

– Kulturen der Achsenzeit II. stw 930

Elias: Engagement und Distanzierung. stw 651

– Die Gesellschaft der Individuen. stw 974

– Die höfische Gesellschaft. stw 423

– Studien über die Deutschen. stw 1008

– Über den Prozeß der Zivilisation. 2 Bde. stw 158/159

– Über die Zeit. stw 756

Korte (Hg.): Gesellschaftliche Prozesse und individuelle Praxis. Bochumer Vorlesungen zu Norbert Elias' Zivilisationstheorie. stw 894

Evers/Nowotny: Über den Umgang mit Unsicherheit. stw 672

Fend: Sozialgeschichte des Aufwachsens. stw 693

v. Friedeburg: Bildungsreform in Deutschland. stw 1015

Frisby: Georg Simmel. stw 926

Fromm: Die Gesellschaft als Gegenstand der Psychoanalyse. stw 1054

Garz (Hg.): Die Welt als Text. stw 1031

Gebauer/Wulf (Hg.): Praxis und Ästhetik. Neue Perspektiven im Denken Pierre Bourdieus. stw 1059

Gerhardt: Gesellschaft und Gesundheit. stw 970

Gerhardt/Schütze (Hg.): Frauensituation. stw 726

Geulen: Das vergesellschaftete Subjekt. stw 586

Geulen (Hg.): Perspektivenübernahme und soziales Handeln. stw 348

Giddens: Die Klassenstruktur fortgeschrittener Gesellschaften. stw 452

Giegel (Hg.): Kommunikation und Konsens in modernen Gesellschaften. stw 1019

Giesen: Die Entdinglichung des Sozialen. stw 908

Giesen (Hg.): Nationale und kulturelle Identität. stw 940

Goffman: Das Individuum im öffentlichen Austausch. stw 396

– Interaktionsrituale. stw 594

– Rahmen-Analyse. stw 329

– Stigma. stw 140

Goldmann: Soziologie des Romans. stw 470

– Der verborgene Gott. stw 491

Goudsblom: Soziologie auf der Waagschale. stw 223

suhrkamp taschenbücher wissenschaft
Soziologie, Theorie der Gesellschaft

Greiffenhagen: Das Dilemma des Konservatismus in Deutschland. stw 634

Groethuysen: Die Entstehung der bürgerlichen Welt- und Lebensanschauung in Frankreich. 2 Bde. stw 256

Groh: Anthropologische Dimensionen der Geschichte. stw 992

Habermas: Strukturwandel der Öffentlichkeit. stw 891
– Zur Logik der Sozialwissenschaften. stw 517
– Zur Rekonstruktion des Historischen Materialismus. stw 154
– *siehe auch Edelstein/Habermas*
– *siehe auch Honneth/Joas*

Haferkamp (Hg.): Sozialstruktur und Kultur. stw 793

Haferkamp/Schmid (Hg.): Sinn, Kommunikation und soziale Differenzierung. Beiträge zu Luhmanns Theorie sozialer Systeme. stw 667

Hahn/Kapp (Hg.): Selbstthematisierung und Selbstzeugnis: Bekenntnis und Geständnis. stw 643

Halbwachs: Das Gedächtnis und seine sozialen Bedingungen. stw 538

Haupert/Schäfer: Jugend zwischen Kreuz und Hakenkreuz. stw 952

Hausen/Nowotny (Hg.): Wie männlich ist die Wissenschaft? stw 590

Heinsohn: Privateigentum, Patriarchat, Geldwirtschaft. stw 455

Hirschauer: Die soziale Konstruktion der Transsexualität. stw 1045

Hörning/Gerhard/Michailow: Zeitpioniere. stw 909

Honig: Verhäuslichte Gewalt. stw 857

Honneth: Kritik der Macht. stw 738

Honneth/Joas (Hg.): Kommunikatives Handeln. Beiträge zu Jürgen Habermas' »Theorie des kommunikativen Handelns«. stw 625

Institut für Sozialforschung (Hg.): Kritik und Utopie im Werk von Herbert Marcuse. stw 1037

Jäger (Hg.): Kriminologie im Strafprozeß. stw 309

Jaeggi: Theoretische Praxis. stw 149

Joas: Pragmatismus und Gesellschaftstheorie. stw 1018
– Praktische Intersubjektivität. stw 765

Joas (Hg.): Das Problem der Intersubjektivität. stw 573

Joas/Steiner (Hg.): Machtpolitischer Realismus und pazifistische Utopie. stw 792

Joerges (Hg.): Technik im Alltag. stw 755

Jokisch (Hg.): Techniksoziologie. stw 379

Jung/Müller-Doohm (Hg.): Wirklichkeit im Deutungsprozeß. stw 1048

Kempski: Schriften 1-3. stw 922-924

suhrkamp taschenbücher wissenschaft
Soziologie, Theorie der Gesellschaft

- Brechungen. stw 922
- Recht und Politik. stw 923
- Prinzipien der Wirklichkeit. stw 924

Kern/Schumann: Industriearbeit und Arbeiterbewußtsein. stw 549

Kettler/Meja/Stehr: Politisches Wissen. stw 649

Kippenberg/Luchesi (Hg.): Magie. Die sozialwissenschaftliche Kontroverse über das Verstehen fremden Denkens. stw 674

Kocka (Hg.): Interdisziplinarität. stw 671

Korte: *siehe unter Elias*

Lenhardt: Schule und bürokratische Rationalität. stw 466

Lenski: Macht und Privileg. stw 183

Lepenies: Melancholie und Gesellschaft. stw 967

Lepenies (Hg.): Geschichte der Soziologie. 4 Bde. stw 367

Löwenthal: Schriften 1-5. stw 901-905

Luckmann: Die unsichtbare Religion. stw 947

Lüderssen/Sack (Hg.): Vom Nutzen und Nachteil der Sozialwissenschaften für das Strafrecht. 2 Bde. stw 327

- Seminar: Abweichendes Verhalten I-IV. 4 Bde. stw 84-87

Luhmann: Funktion der Religion. stw 407
- Legitimation durch Verfahren. stw 443
- Soziale Systeme. stw 666
- Die Wissenschaft der Gesellschaft. stw 1001
- Zweckbegriff und Systemrationalität. stw 12
- *siehe auch Haferkamp/Schmid*
- *siehe auch Welker; Welker/Krawietz*

Luhmann/Fuchs: Reden und Schweigen. stw 848

Luhmann/Pfürtner (Hg.): Theorietechnik und Moral. stw 206

Luhmann/Schorr: Reflexionsprobleme im Erziehungssystem. stw 740

Luhmann/Schorr (Hg.): Zwischen Absicht und Person. stw 1036
- Zwischen Anfang und Ende. stw 898
- Zwischen Intransparenz und Verstehen. stw 572
- Zwischen Technologie und Selbstreferenz. stw 391

Luhmann/Spaemann: Paradigm lost: Über die ethische Reflexion der Moral. stw 797

Mannheim: Konservatismus. stw 478
- Strukturen des Denkens. stw 298
- *siehe Kettler/Meja/Stehr*

Mead: Geist, Identität und Gesellschaft. stw 28
- Gesammelte Aufsätze. Bd. 1. stw 678
- Gesammelte Aufsätze. Bd. 2. stw 679
- *siehe auch Joas*

Meja/Stehr (Hg.): Der Streit um die Wissenssoziologie. stw 361

suhrkamp taschenbücher wissenschaft
Soziologie, Theorie der Gesellschaft

Mommsen: Max Weber. stw 53
Moore: Ungerechtigkeit. stw 692
Müller: Sozialstruktur und Lebensstil. stw 982
Münch: Dialektik der Kommunikationsgesellschaft. stw 880
– Die Struktur der Moderne. stw 978
– Theorie des Handelns. stw 704
Niemitz (Hg.): Erbe und Umwelt. stw 646
Nowotny: Eigenzeit. stw 1052
Oakes: Die Grenzen kulturwissenschaftlicher Begriffsbildung. stw 859
Oser: Moralisches Urteil in Gruppen. stw 335
Otto/Sünker (Hg.): Politische Formierung und soziale Erziehung im Nationalsozialismus. stw 927
– Soziale Arbeit und Faschismus. stw 762
Parsons: Gesellschaften. stw 106
– *siehe auch Schluchter (Hg.): Verhalten*
– *siehe auch Schütz/Parsons*
Plessner: Die verspätete Nation. stw 66
Rammstedt: Deutsche Soziologie 1933-1945. stw 581
– *siehe auch Simmel*
Ribeiro: Der zivilisatorische Prozeß. stw 433
Rosenbaum: Formen der Familie. stw 374
– Proletarische Familien. stw 1029
Rosenbaum (Hg.): Familie und Gesellschaftsstruktur. stw 244

Rossi: Vom Historismus zur historischen Sozialwissenschaft. stw 699
Roth: Politische Herrschaft und persönliche Freiheit. stw 680
Sachße/Engelhardt (Hg.): Sicherheit und Freiheit. stw 911
Schluchter: Aspekte bürokratischer Herrschaft. stw 492
– Rationalismus der Weltbeherrschung. stw 322
– Religion und Lebensführung. 2 Bde. stw 961/962
Schluchter (Hg.): Max Webers Sicht des antiken Christentums. stw 548
– Max Webers Sicht des Islam. stw 638
– Max Webers Sicht des okzidentalen Christentums. stw 730
– Max Webers Studie über das antike Judentum. stw 340
– Max Webers Studie über Hinduismus und Buddhismus. stw 473
– Max Webers Studie über Konfuzianismus und Taoismus. stw 402
– Verhalten, Handeln und System. Talcott Parsons' Beitrag zur Entwicklung der Sozialwissenschaften. stw 310
Schöfthaler/Goldschmidt (Hg.): Soziale Struktur und Vernunft. stw 365
Schröter: »Wo zwei zusammenkommen in rechter Ehe ...« stw 860
Schütz: Das Problem der Relevanz. stw 371

suhrkamp taschenbücher wissenschaft
Soziologie, Theorie der Gesellschaft

- Der sinnhafte Aufbau der sozialen Welt. stw 92
- Theorie der Lebensformen. stw 350

Schütz/Luckmann: Strukturen der Lebenswelt. Bd. 1. stw 284

- Strukturen der Lebenswelt. Bd. 2. stw 428

Schütz/Parsons: Zur Theorie sozialen Handelns. Ein Briefwechsel. stw 202

Simmel: Aufsätze 1887-1890. Über sociale Differenzierung (1890). Die Probleme der Geschichtsphilosophie (1892). stw 802

- Einleitung in die Moralwissenschaft I. stw 803
- Einleitung in die Moralwissenschaft II. stw 804
- Aufsätze und Abhandlungen 1894-1900. stw 805
- Philosophie des Geldes. stw 806
- Aufsätze und Abhandlungen 1901-1908. Band II. stw 808
- Soziologie. stw 811
- Schriften zur Soziologie. stw 434

Simmel und die frühen Soziologen. Hg. Rammstedt. stw 736

Georg Simmel und die Moderne. Hg. von H.-J. Dahme und O. Rammstedt. stw 469

Soeffner: Auslegung des Alltags
- Der Alltag der Auslegung. stw 785
- Die Ordnung der Rituale. stw 993

Srubar (Hg.): Exil, Wissenschaft, Identität. stw 702

Stolk/Wouters: Frauen im Zwiespalt. stw 685

Tibi: Der Islam und das Problem der kulturellen Bewältigung sozialen Wandels. stw 531

Voland (Hg.): Fortpflanzung: Natur und Kultur im Wechselspiel. stw 983

Vranicki: Geschichte des Marxismus. stw 406

Wahl: Die Modernisierungsfalle. stw 842

Wahl/Honig/Gravenhorst: Wissenschaftlichkeit und Interessen. stw 398

Weingart (Hg.): Technik als sozialer Prozeß. stw 795

Weiß, J. (Hg.): Max Weber heute. stw 711

Welker (Hg.): Theologie und funktionale Systemtheorie. stw 495

Welker/Krawietz (Hg.): Kritik der Theorie sozialer Systeme. stw 996

Wieland (Hg.): Wirtschaftsethik und Theorie der Gesellschaft. stw 1053

Winch: Die Idee der Sozialwissenschaft und ihr Verhältnis zur Philosophie. stw 95

Über sämtliche bis Mai 1992 erschienenen suhrkamp taschenbücher wissenschaft (stw) informiert Sie das Verzeichnis der Bände 1 – 1000 (stw 1000) ausführlich. Sie erhalten es in Ihrer Buchhandlung.

suhrkamp taschenbücher wissenschaft
Evolutionstheorie, Ethnologie, Kulturgeschichte, Religionswissenschaft

Arbeitsgruppe Ethnologie, Wien (Hg.): Von fremden Frauen. stw 784
Assmann/Hölscher (Hg.): Kultur und Gedächtnis. stw 724
Bachofen: Das Mutterrecht. stw 135
– siehe auch Wesel
Bateson: Geist und Natur. stw 691
– Ökologie des Geistes. stw 571
Berg/Fuchs (Hg.): Kultur, soziale Praxis, Text. stw 1051
Bilz: Studien über Angst und Schmerz. stw 44
– Wie frei ist der Mensch? stw 17
Childe: Soziale Evolution. stw 115
Devereux: Angst und Methode in den Verhaltenswissenschaften. stw 461
– Normal und anormal. stw 395
– Träume in der griechischen Tragödie. stw 536
Dilcher/Staff (Hg.): Christentum und modernes Recht. stw 421
Dodds: Heiden und Christen in einem Zeitalter der Angst. stw 1024
Douglas: Reinheit und Gefährdung. stw 712
Dux: Die Logik der Weltbilder. stw 370
– Die Zeit in der Geschichte. stw 1025
Eder: Die Entstehung staatlich organisierter Gesellschaften. stw 332
– Die Vergesellschaftung der Natur. stw 714
Eisenstadt (Hg.): Kulturen der Achsenzeit. 2 Bde. stw 653
– Kulturen der Achsenzeit II. 3 Bde. stw 930
Eliade: Schamanismus und archaische Ekstasetechnik. stw 126
Erdheim: Die gesellschaftliche Produktion von Unbewußtheit. stw 465
– Psychoanalyse und Unbewußtheit in der Kultur. stw 654
Evans-Pritchard: Hexerei, Orakel und Magie bei den Zande. stw 721
– Theorien über primitive Religion. stw 359
Geertz: Dichte Beschreibung. stw 696
– Religiöse Entwicklungen im Islam. stw 972
Giesecke: Sinnenwandel, Sprachwandel, Kulturwandel. stw 997
Goody: Die Entwicklung von Ehe und Familie in Europa. stw 781
Goody/Watt/Gough: Entstehung und Folgen der Schriftkultur. stw 600
Gould: Der Daumen des Panda. stw 789
– Der falsch vermessene Mensch. stw 583
– Wie das Zebra zu seinen Streifen kommt. stw 919

suhrkamp taschenbücher wissenschaft
Evolutionstheorie, Ethnologie, Kulturgeschichte, Religionswissenschaft

Granet: Das chinesische Denken. stw 519
- Die chinesische Zivilisation. stw 518

Groh, D.: Anthropologische Dimensionen der Geschichte. stw 992

Groh, R./Groh, D.: Weltbild und Naturaneignung. stw 939

Kippenberg: Die vorderasiatischen Erlösungsreligionen. stw 917

Kippenberg/Luchesi (Hg.): Magie. Die sozialwissenschaftliche Kontroverse über das Verstehen fremden Denkens. stw 674

Klibansky/Panofsky/Saxl: Saturn und Melancholie. stw 1010

Leiris: Ethnologische Schriften. 4 Bde. stw 574-577
- Bd. 1: Die eigene und die fremde Kultur. stw 574
- Bd. 2: Das Auge des Ethnographen. stw 575
- Bd. 3: Phantom Afrika 1. stw 576
- Bd. 4: Phantom Afrika 2. stw 577

Leroi-Gourhan: Hand und Wort. stw 700

Lévi-Strauss: Die elementaren Strukturen der Verwandschaft. stw 1044
- Mythologica I. Das Rohe und das Gekochte. stw 167
- Mythologica II. Vom Honig zur Asche. stw 168
- Mythologica III. Der Ursprung der Tischsitten. stw 169
- Mythologica IV. Der nackte Mensch. 2 Bde. stw 770
- Strukturale Anthropologie I. stw 226
- Strukturale Anthropologie II. stw 1006
- Traurige Tropen. stw 240
- Das wilde Denken. stw 14

Luckmann: Die unsichtbare Religion. stw 947

Luhmann: Funktion der Religion. stw 407
- *siehe auch Welker*

Malinowski: Eine wissenschaftliche Theorie der Kultur. stw 104

Mauss: Die Gabe. stw 743

Meillassoux: »Die wilden Früchte der Frau«. stw 447

Niemitz (Hg.): Erbe und Umwelt. stw 646

Oppitz: Frau für Fron. stw 731
- Notwendige Beziehungen. stw 101

Pannenberg: Wissenschaftstheorie und Theologie. stw 676

Parin/Morgenthaler/Parin-Matthèy: Fürchte deinen Nächsten wie dich selbst. stw 235

Peukert: Wissenschaftstheorie – Handlungstheorie – Fundamentale Theologie. stw 231

Rodinson: Islam und Kapitalismus. stw 584

suhrkamp taschenbücher wissenschaft
Evolutionstheorie, Ethnologie, Kulturgeschichte, Religionswissenschaft

Sabean: Das zweischneidige Schwert. stw 888
Schluchter: Religion und Lebensführung. 2 Bde. stw 961/962
Schluchter (Hg.): Max Webers Sicht des antiken Christentums. stw 548
– Max Webers Sicht des Islam. stw 638
– Max Webers Sicht des okzidentalen Christentums. stw 730
– Max Webers Studie über das antike Judentum. stw 340
– Max Webers Studie über Hinduismus und Buddhismus. stw 473
– Max Webers Studie über Konfuzianismus und Taoismus. stw 402
Schöfthaler/Goldschmidt (Hg.): Soziale Struktur und Vernunft. stw 365
Scholem: Die jüdische Mystik in ihren Hauptströmungen. stw 330
– Von der mystischen Gestalt der Gottheit. stw 209
– Zur Kabbala und ihrer Symbolik. stw 13

Thompson: Über Wachstum und Form. stw 410
Tibi: Der Islam und das Problem der kulturellen Bewältigung sozialen Wandels. stw 531
– Die Krise des modernen Islams. stw 889
– Islamischer Fundamentalismus, moderne Wissenschaft und Technologie. stw 990
– Vom Gottesreich zum Nationalstaat. stw 650
Uexküll: Theoretische Biologie. stw 20
Voland (Hg.): Fortpflanzung: Natur und Kultur im Wechselspiel. stw 983
Wahl (Hg.): Einführung in den Strukturalismus. stw 10
Weber, Max: *siehe Schluchter (Hg.)*
Welker (Hg.): Theologie und funktionale Systemtheorie. stw 495
Wesel: Der Mythos vom Matriarchat. stw 333
Whitehead: Wie entsteht Religion. stw 847
Zimmer: Philosophie und Religion Indiens. stw 26

Über sämtliche bis Mai 1992 erschienenen suhrkamp taschenbücher wissenschaft (stw) informiert Sie das Verzeichnis der Bände 1 – 1000 (stw 1000) ausführlich. Sie erhalten es in Ihrer Buchhandlung.